现代精算风险理论
——基于 R
（第二版）

〔荷〕 R. 卡尔斯
M. 胡法兹
〔比〕 J. 达呐
M. 狄尼特
著
魏 丽 周 明 译

科学出版社
北 京

图字：01-2015-4360 号

内 容 简 介

本书对非寿险数学做了全面详尽的概述，内容包括效用理论和保险、个体风险模型、聚合风险模型、破产理论、保费原则和风险度量、奖惩系统、风险排序、信度理论、广义线性模型、IBNR 技术和关于广义线性模型的进一步讨论. 书中收录了丰富的例题，章末附有习题，并强调通过 R 软件来实现这些方法. 书中的内容和方法也适用于非寿险的研究，精算领域其他分支学科的研究，以及在精算实务中的应用研究.

本书可作为精算学、概率统计及有很强保险背景的定量金融、经济学专业本科高年级学生和研究生的教材，也可供有关科研人员参考.

图书在版编目(CIP)数据

现代精算风险理论：基于 R/（荷）卡尔斯(Kaas, R.)等著；魏丽，周明译. —2 版. —北京：科学出版社，2016.3

书名原文：Modern Actuarial Risk Theory: Using R

ISBN 978-7-03-047115-4

Ⅰ. ①现… Ⅱ. ①卡… ②魏… ③周… Ⅲ. ①保险-计算方法 Ⅳ. ①F840.4

中国版本图书馆 CIP 数据核字(2016) 第 012098 号

责任编辑：姚莉丽／责任校对：张凤琴
责任印制：赵 博／封面设计：陈 敬

科学出版社 出版
北京东黄城根北街 16 号
邮政编码：100717
http://www.sciencep.com
天津市新科印刷有限公司印刷
科学出版社发行 各地新华书店经销
*
2005 年 3 月第 一 版 开本：720×1000 1/16
2016 年 3 月第 二 版 印张：23 1/2
2025 年 9 月第十次印刷 字数：473 000

定价：79.00 元

(如有印装质量问题，我社负责调换)

第一版英文版序

温故而知新.

——孔子, 公元前 551- 公元前 479

风险理论已被公认是精算学教育的重要部分, 这一点我们从北美精算师协会(SoA) 列出的教学大纲以及精算咨询委员会的推荐意见中可见一斑. 因此, 该领域迫切需要一本涉猎广泛、内容丰厚的教科书.

欣闻这本关于风险理论的新书问世, 非常高兴, 该书在多个方面具有开创性意义. 用溜冰或者健身的行话来说, 该书由两部分构成: 第一部分相当于基础动作要领, 是必须掌握的部分, 而第二部分是可选动作部分, 读者可以根据自身情况自由选择. 第一部分包括第 1~4 章, 它们与 SoA 指定学习的官方材料相当, 从而便于准备精算师考试的学生使用该书. 该书的其余章节写作较为自由, 如第 7 章风险排序, 是作者潜心研究的领域. 另外, 值得一提的是第 9 章和第 11 章, 据我所知, 这是风险理论领域第一本介绍广义线性模型的教材.

纵观全书, 通篇体现着作者为使该书便于教学使用所作的努力, 清晰的语言和大量的习题便是佐证. 为此, 我强烈推荐该书作为教科书使用.

我为新作的问世向作者表示热烈的祝贺, 同时也代表广大师生向他们表示衷心的感谢, 感谢他们为把该书翻译成英文而付出的辛勤劳动. 我确信, 该书作为教材一定能受到师生的青睐并得到广泛使用.

Hans U. Gerber

2001 年于洛桑

第一版英文版序

第二版前言

我刚上任时，只有高能物理学家听说过所谓的万维网，而现在，连我的猫都有自己的主页.

——比尔 · 克林顿 (Bill Clinton), 1996

本书对非寿险数学进行了全面而详尽的概述, 它最初是为阿姆斯特丹 (Amsterdam) 大学和鲁汶 (Leuven) 大学的精算学教学而写, 但现在已经被其他多所大学以及荷兰精算学会组织的非学历精算教育项目所使用. 本书为精算学的进一步深入理论研究提供了一个衔接, 书中提到的方法不仅可以用于非寿险研究, 而且对精算科学的其他分支同样有效, 当然, 也包括对精算实务的应用研究.

除了标准的理论, 本书还包含与精算实务息息相关的研究方法, 例如, 机动车辆保险单的评级、保费原则和风险度量以及 IBNR 模型等. 同时, 广义线性模型作为重要的精算统计工具也被囊括其中, 这些模型提供了超越普通线性模型和回归模型的额外性能, 从而成为计量经济学家更喜欢使用的统计工具. 此外, 我们还对信度理论给出了简短的介绍. 书中另一个能够激起风险理论专家浓厚兴趣的专题是关于风险排序的研究. 本书反映了精算风险理论研究领域的现状, 书中展示的许多成果来自于该领域最近发表的文献.

在本书第二版中, 我们旨在借用 R 软件使理论更直接地用于实践, 它提供了语言 S 的实施方案, 而不是 S-PLUS, 它不只是一套统计程序, 而是一个完整的面向对象的编程语言. 其他软件可能会提供类似的功能, 但 R 的巨大优势在于它是开放的资源, 因此每个人都可以免费使用, 这就是为什么我们感觉嵌入 R 对于本书的使用者是正当的理由. 在互联网上, 有很多关于如何使用 R 的文档. 在附录中, 我们也给了一些使用 R 的例子, 在整体介绍后, 为解释它是如何工作的, 我们研究了一个风险管理的问题, 即基于一个简单的模型和近三年的股票价格, 尝试预测股票价格的未来走势; 再接下来, 我们展示了像在精算实践中很可能遇到的如何使用 R 生成伪随机数据集等问题.

模型和研究范式

在大部分寿险模型中, 时间是不可或缺的因素, 通常, 从期初的保费缴纳到后来相应的养老金领取之间的时间跨度有几十年. 而在非寿险当中, 时间因素就显得不那么突出了, 但是使用的统计模型更加复杂. 第 1~5 章的内容是非寿险精算学的基础部分, 第 6~11 章简明扼要地介绍了传统上被认为属于非寿险精算学的其他话题.

1. 期望效用模型

期望效用模型可以很好地解释保险人的存在, 在期望效用模型中, 被保险人是风险厌恶的理性决策者, 根据詹森 (Jensen) 不等式, 为了财务安全他们愿意支付高于自身赔付额期望值的保费. 这是一个在不确定性情况下采取的决策机制, 人们不是通过直接比较赔付额期望值的大小来进行决策, 而是按照赔付额的期望效用值进行决策.

2. 个体风险模型

不管是个体风险模型还是随后的聚合风险模型, 关于保险合同风险组合的总赔付额通常用一个随机变量来表示. 例如, 我们想计算"一定的资本足以支付这些赔付款"这样一个事件的概率, 或者计算该风险组合在 99.5% 置信水平下的在险价值 (VaR), 即总赔付额累积分布函数 99.5% 的分位点. 总赔付额建模为各保单赔付额之和, 各保单赔付额用独立的随机变量表示, 但通常它们既不能建模为纯离散型随机变量, 也不能建模为纯连续型随机变量. 为此, 我们将使用一个涉及黎曼–斯蒂尔切斯 (Riemann-Stieltjes)积分和微分的记号涵盖上述两种情况.

尽管个体风险模型是最符合现实可能性的, 但由于我们可获得的是被取整后的数据且有时不具有密度函数, 该模型并非总能够很方便地使用. 该模型最直接可用的方法是卷积, 但卷积通常是很难处理的, 反而使用一些像矩母函数 (moment generating function)这样的变换常常会有利于问题的解决. 快速傅里叶变换 (Fast Fourier Transform, FFT)技术给出了一个利用特征函数 (characteristic function)快速计算其分布的便捷方法, 它可以很容易地在 R 中实现.

我们还介绍了通过拟合分布函数各阶矩进行逼近的近似方法. 由于中心极限定理 (Central Limit Theorem, CLT)只用到前两阶矩, 这对于逼近那些重要的具有较厚右尾的分布是不够精确的. 因此, 我们也介绍了用三阶矩逼近的方法: 平移伽玛近似 (translated gamma approximation)和正态幂阶近似 (Normal Power, NP).

3. 聚合风险模型

聚合风险模型常常被用于近似个体风险模型. 在聚合风险模型中, 保险组合被看成是随时间不断产生赔付的一个过程, 赔付额用一列独立同分布的随机变量表示, 并且它们与相应时间段内的赔付次数随机变量独立, 这样总赔付额就是一个由这些独立同分布的赔付额随机变量相加构成的随机和. 通常, 假设赔付次数是一个具有特定均值的泊松 (Poisson) 变量, 即具有泊松分布的随机变量, 或者是负二项变量, 即赔付次数服从负二项分布的随机变量. 至于单个赔付额的累积分布函数, 常用各保单赔付额的累积分布函数的平均值来代替. 这些假设使得模型具有良好的性质, 易于处理和计算. 我们在书中给出了一些计算总赔付额累积分布函数的技巧,包括 Panjer 递推公式等.

有时候将赔付严重程度的分布用参数损失分布代替会很方便, 例如, 可以使用伽玛分布或者对数正态分布. 本书提供了许多这样的分布, 并展示了如何通过数据来估计这些分布的参数. 此外, 我们还演示了如何从这些分布产生伪随机样本, 尽管这不是 R 提供的标准工具.

4. *破产模型*

破产模型描述了保险人经营的稳健性. 初始资本为 u 的保险人, 假设收取的年保费固定不变, 那么其资本将随着时间线性增长, 但是当有一次赔付发生, 其资本就会跳跃式减少. 如果在某个时刻, 其资本变成负值, 我们就说该保险人破产了. 在年保费和赔付过程保持不变的情况下, 破产事件是否发生成为衡量保险人资产和负债是否匹配的一个很好的指标. 如果其资产不足以支撑负债, 那么保险人就要采取一些措施进行调整, 比如增加再保险比例、提高保费或者增加初始资本等.

只有当赔付额分布是指数分布的混合或线性组合时, 才有计算破产概率的解析方法. 当赔付额服从离散型分布且没有太多支撑点时, 可以编制一些程序来计算, 而且, 我们还可以给出破产概率上、下界的精确估计. 更多时候, 我们关心的是破产概率的 Lundberg 指数上界 e^{-Ru} 而不是破产概率本身, 其中, R 称为调节系数, 由赔付额分布和保费的安全附加确定.

关于破产概率的计算总是假设风险组合永远不变, 并且, 仅仅考虑保险风险, 不考虑金融风险. 因此, 我们不必要求很高的精度, 小数点后一位就够了. 尽管有人说生存概率是风险理论的研究目标, 但是对于学术界经典的破产理论, 许多精算实务工作者却觉得这对他们来说没有意义. 尽管如此, 我们仍然建议至少要学习第 4 章的 §4.1~§4.3, 这包括对泊松过程的描述和一些关键的结论. 我们还给出了 Lundberg 指数上界的证明以及当赔付额服从指数分布时, 破产概率的推导.

5. *保费原则和风险度量*

假设风险变量的累积分布函数已知, 或者至少它的一些数字特征, 如期望和方差等已知, 保费原则会为该风险变量赋予一个实数值, 作为对于承担了该风险的一方的经济补偿. 注意, 我们这里仅仅考虑单纯的风险保费, 而不考虑保险人经营过程中产生的附加保费. 根据大数法则, 为了避免破产, 总保费应该至少等于总赔付额的期望值. 此外, 保险人出于风险承受能力的考虑, 往往会在保费上附加一个正的安全负荷, 由这些安全负荷形成储备金, 以备不时之需, 避免破产. 本书将讲述各种保费计算原则以及刻画保费原则的一些最重要的性质, 保费原则的选择在很大程度上依赖于这些性质的重要性, 没有一个保费原则是一致最优的.

风险度量也是对某些风险状况赋予一个实数值, 例如, 保费、无限时间破产概率、一年期破产概率、以一定的预设概率能够支付所有赔付而需要的资本、赔付额高于可用资本的数额的期望值等.

6. 奖惩系统

对于某些类型的保险, 特别是机动车辆保险, 仅仅依靠先验因素确定保费的多少是不够的. 虽然像种族和性别等风险因素用来作为保费厘定的依据是不合适的, 但是它们的作用应该被考虑进去. 此外, 还应该考虑到一些观察不到的因素的影响, 如健康状况、反应能力和事故倾向性等. 为此, 许多国家使用了经验评估系统. 在这个系统中, 一方面, 保险人凭借那些先验因素如保障类型、汽车购置价和载重量等来厘定保费, 另一方面, 保险人使用某种奖惩系统对保费进行调整, 如果保单持有人一年没有申请赔付, 那么就可以得到更多保费折扣; 如果一年有一次或者多次申请赔付, 就要缴纳更高的保费续保. 这样一来, 保费的收取便可以更准确地反映司机的驾驶能力, 这种情形可以看成马尔可夫链 (Markov chain).

奖惩系统的质量取决于在多大程度上保费与风险成比例. Loimaranta 效率等于保费的期望值对于赔付额期望值的弹性, 找到它涉及计算马尔可夫转移概率矩阵的特征向量. R 提供的工具就可以做到这一点.

7. 风险排序

作为精算师这个职业的精髓就是能够在未来的随机收益或者随机损失中表达出自己的风险偏好, 因此, 随机排序就成为他所接受教育和他所掌握技能中至关重要的部分. 有时, 对于两个损失变量 X 和 Y, 其中变量 Y 在一定意义上"大于"变量 X, 这时明智的决策者会偏好损失变量 X. 当然也有可能是仅由风险厌恶决策者构成的小群体在风险偏好上达成一致. 在这种情况下, 有可能风险变量 Y 真的大于风险变量 X, 也有可能仅仅是 Y 比 X"更扩散"一些, 但这导致 Y 不受欢迎. 当我们把"更扩散"理解为其累积分布函数具有更厚的尾时, 便得到了一种风险排序的方法, 它具有很多诱人的性质. 例如, 在零效用保费、破产概率和停止–损失 (止损) 保费意义下, 我们偏好的那个变量的复合分布仍然优于另一个变量的复合分布. 可以证明, 第 3 章的聚合风险模型较之于它要去逼近的个体风险模型更扩散一些, 因此, 很多时候, 在考虑要收取的保费、要提取的准备金以及 VaR 等问题时, 使用聚合风险模型会导致更保守的决策. 我们还可以证明, 当其他条件相同时, 风险厌恶型决策者偏好第 1 章给出的自留风险最小的止损再保险策略.

有时候, 我们需要在不完全信息下计算止损保费. 假设风险变量的均值、方差和一个相关的上界已知, 我们给出了计算最大可能的止损保费的方法.

在个体、聚合和破产模型中, 我们假设赔付额是相互独立的非负随机变量, 但有时候, 这个假设并不能满足. 例如, 一对夫妇的死亡风险之间、相邻房屋的地震风险之间是明显的相依风险. 又比如, 考虑那些产生于同一张寿险保单的连续赔付, 如果由于死亡而导致赔付停止或者开始, 亦或有随机利率的作用, 那么这些赔付变量之间也存在明显的相依关系. 我们将给出一个简短的介绍, 以阐明随机排序在这些情形中的应用. 可以证明, 如果有一组随机变量, 它们的联合分布未知, 但每一个边缘分布已知, 并且这些变量尽可能地相依而不可能出现一个被另一个“对冲”的情况, 那么这组随机变量和的止损保费是最大的.

金融中, 我们经常需要确定不独立的对数正态随机变量和的分布, 利用风险排序理论和同单调理论可以给出这个分布的一些界.

我们还简单介绍了多变量风险排序理论. 有人可能会说, 如果两个随机变量的相关性较大, 那么由这两个随机变量组成的“变量对”就比另外一个和它们有同样边缘分布的“随机变量对”更相关, 但是另一个更加稳健的判别准则是: 联合分布函数一致地更大时, “随机变量对”更相关. 可以证明, 在这样的情形下, 这些随机变量的和在止损序下更大一些. 关于联合分布函数的界可以追溯到 20 世纪 50 年代的 Fréchet 和 40 年代的 Höffding. “随机变量对”(X, Y) 的 copula 是 $F_X(X)$ 和 $F_Y(Y)$ 的联合分布函数. 对于任意给定的边缘分布和相关系数, 利用最小和最大 copula 可以构造出相应的“随机变量对”.

8. **信度理论**

同一保单下的赔付情况会由于两种不同的原因而有所差别. 一种原因是风险的客观属性, 通常用一个风险参数来表示, 如果一份保单在很长时间内没有变化, 该风险参数就代表了平均年赔付额; 另一种原因是纯随机的保单持有人的运气因素, 它导致了赔付额对风险参数的逐年偏离. 信度理论认为风险的客观属性可以通过满足一定结构的分布函数来刻画, 并且在给定风险属性的条件下, 实际赔付情况是来自于以该风险属性为均值的母体分布的一个样本. 在最小二乘意义下, 对下一年赔付情况的最佳线性预测是单一合同赔付情况与整个保险组合赔付情况的某种形式的加权平均, 这里的加权因子可以视为附着在单一理赔情况下的一个信度因子, 由此计算出的保费称为信度保费. 作为一个特例, 基于泊松–伽玛混合模型, 我们研究了机动车辆保险的一个奖惩系统.

信度理论实际上是一种贝叶斯推断方法. 事实上, 信度和下述广义线性模型都是所谓的广义线性混合模型 (GLMM) 的特例. 利用 R 中的函数 glmm 就可以处理这些模型中的参数.

9. **广义线性模型**

精算统计学领域的很多问题可以归结为广义线性模型 (GLM). 除了假设误差项服从正态分布, 我们还可以假设其他类型的分布, 如泊松分布、伽玛分布、二项分布等. 此外, 观察变量 (因变量) 的期望值不一定必须是回归变量 (自变量) 的线性函数, 也可以是一些协变量的线性变换的函数. 例如, 由对数函数产生的乘积模型, 在保险的许多情形中都是适用的.

用这种方法我们可以处理 IBNR 赔付下准备金的估计问题, 详见随后的内容. 此外, 我们也可以很容易地估算来自第 i 地区、属于第 j 级费率且驾驶汽车载重量为 w 的驾驶员的保费.

在信度模型中, 组别间存在随机效应, 但是在 GLM 中, 这个效应是固定的 (尽管未知). 利用 R 中的函数 glmm 就可以处理多种形式的模型, 包括那些既有随机效应又有固定效应的模型.

10. IBNR技术

我们将导致赔付的事故已经发生但还没有进行赔付的潜在赔付称为 IBNR 赔付, 对从事精算实务的精算师来说, 一个重要的统计问题就是预测 IBNR 赔付总额. 估计这个赔付总额的大部分方法是基于所谓的流量三角形, 将赔付总额按照起始年和发展年分组. 可以证明, 许多传统的精算准备金估计方法可以归结为 GLM 在特殊情形下的极大似然估计.

我们描述了常用的链梯法预测未来损失的工作原理, 以及简言之的 Bornhuetter-Ferguson方法, 后者旨在把关于风险组合的精算知识结合起来使用. 我们还展示了这些模型如何利用 glm 函数在 R 中实现. 在同样的框架下, 链梯法的很多扩展和变形也可以很容易地被引入. England和 Verrall提出了用链梯法描述预测误差的方法, 这既是方差的一种解析估计, 也是获得预测分布估计的一种 bootstrapping方法. 我们同样讲述了这些方法在 R 中如何实现.

11. 关于GLM的更多内容

本书第二版几乎所有的章节都扩充了材料, 主要是关于 R 的使用, 但我们也增加了更多关于 GLM 的材料. 我们简单概括了普通线性模型的高斯–马尔可夫 (Gauss-Markov)理论, 这在很多经济统计的教材中可以看到. 我们还解释了由 Nelder 和 Wedderburn 提出的算法是如何工作的, 以及该算法如何在 R 中实现. 我们还研究了 GLM 的随机分量, 说明观测变量是独立的随机变量, 且其分布函数属于指数族的某个子类. 我们熟知的正态、泊松和伽玛分布族分别具有和 μ^p, $p = 0, 1, 2$ 成比例的方差, 其中 μ 是均值 (异方差性). 所谓的 Tweedie类包含的是方差与 μ^p, $p \in (1, 2)$ 成比例的随机变量, 如复合泊松–伽玛风险变量. 从精算的目的看, 这些均值–方差的关系是非常有趣的. 由 Dunn 和 Smyth 发展的 R 中的扩展包提供了计算累积分布函数、累积分布函数的逆函数、概率密度函数和生成这些分布的随机样本的工具, 并给出了具有 Tweedie 分布风险变量的 GLM 的估计方法.

教学方面

由于本书已经在阿姆斯特丹大学 (University of Amsterdam) 和其他地方使用了很长时间, 我们有机会储备了一系列的考试试卷, 从而形成现在书中章后丰富的习题. 同时, 书中还给出了很多例题, 使得本书很适合作为一本教科书. 加 [♠] 标记的习题有一定的难度, 初学者可以跳过去.

本书所要求的数学基础相当于定量经济学 (计量经济学或精算学) 或者数理统计学专业本科学习第一阶段的水平. 为了说明所需的水平, Bain 和 Engelhardt(1992)

就是一个很好的例子. 因此, 本书可以在这样的本科教学的最后一年使用, 或者在以下专业的硕士研究生阶段使用: 精算专业、有很强保险成分的定量金融经济学专业. 为了使得非精算专业的学生也能够使用本书, 我们略去了人寿保险数学中一些专业的记号和术语. 因此, 应用数学专业或者统计专业的学生, 如果对保险的随机方面感兴趣, 也可以学习本书. 我们在写作过程中一直努力地保持着本书在数学上的严谨性和在统计学上的灵活性. 例如, 我们按惯例使用了矩母函数这个术语, 而回避了特征函数和测度论的相关术语. 回归模型的先验分布不要求掌握, 但对本书的学习有帮助.

为了给学生的学习提供帮助, 在附录 B 中给出了很多习题的答案. 有的习题给出了最终答案以方便读者检查自己的工作, 而有的习题只给出了一些提示. 书后还提供了详细的名词索引, 以及一些可能在考试中需要用到的图表. 我们没有列出所有相关参考文献以涵盖书中用到的每一个结果, 而是着重收集了对于所研究主题能提供更多细节, 且为进一步学习提出建议的那些有益的书和论文.

我们对于精确的计算技巧和 R 所提供的可能性投入了大量的精力, 同时对一些经典的近似方法如中心极限定理 (CLT)也给予了重视. 一般地, CLT 本身在保险应用中显得过于粗糙, 但是它的微小改进, 不仅速度快, 而且还经常被证明是出奇的准确. 此外, 它们提供的参数特性的解决方案, 使人们不必在数据轻微改变后重新计算一切. 另外, 我们要强调的是 "精确" 的方法只有在输入的数据准确的条件下才有意义, 不准确的输入数据导致的误差的数量级通常会远远大于由使用近似方法导致的误差.

本书所使用的记号与数理统计学和非寿险数学一致. 例如, 请参阅 Bowers 等 (1986, 1997), 本书第一部分与该书非寿险部分的设计类似. 特别地, 随机变量都是大写字母, 但实际上并不是所有的大写字母都表示随机变量.

致谢

首先, 我们要特别感谢 David Vyncke 对本书第一版做出的所有工作. 此外, 还有许多人也提供了有益的帮助. 我们感谢 (排名不分先后)Hans Gerber, Elias Shiu, Angela van Heerwaarden, Dennis Dannenburg, Richard Verrall, Klaus Schmidt, Bjørn Sundt, Qihe Tang, Taizhong Hu, Shixue Cheng, Roger Laeven, Ruud Koning, Pascal Schoenmders, Julien Tomas, Katrien Antonio和 Steven Vanduffel 对本书提出的建议, 感谢 Vsevolod Malinovskii 将本书翻译成俄文, 感谢唐启鹤、胡太忠和成世学将本书的第一版翻译成中文, 感谢 Vincent Goulet 帮助我们处理了一些 R 的问题, 我们也感谢无数的使用者、学生和教师提出的宝贵建议. J. 达呐和 M. 胡法兹感谢富通金融与精算风险管理基金的支持.

万维网支持

本书的作者非常乐意和本书的使用者保持联系, 分享信息和资源. 我们在网页 http://www1.fee.uva.nl/ke/act/people/kaas/ModernART.htm 上展示了使用至今本书发现的所有拼写错误列表, 我们还说明了教师如何获取习题答案以及本书在阿姆斯特丹大学的课堂上使用的幻灯片. 为节省使用者大量的打字时间和减少拼写错误, 该网站还提供了书中例题所使用的 R 语言的命令.

作 者

2009 年 3 月 22 日

目　录

在星系中有 10^{11} 颗星星, 这曾经是一个巨大的数字, 但是也只不过上千亿, 还不如国家的赤字! 过去, 我们习惯称它们为天文数字; 现在, 我们应该称它们为经济数学.

——理查德 · 费曼 (Richard Feynman, 1918–1988)

第 1 章　效用理论和保险

科学不是为了解释现象, 更不只是为了说明一些事情, 科学的主要任务是建立模型. 所谓模型是指附加一定言语解释、描述所观察现象的数学结构. 评判这种数学结构唯一准确的理由是它的有效性.

—— 约翰 · 冯 · 诺伊曼 (John von Neumann, 1903–1957)

§1.1　引　言

保险业存在的原因是人们愿意支付一定价格来获取保障. 效用理论解释了为什么被保险人乐意支付高于纯保费(承保损失的数学期望) 的保费. 效用理论假设决策者用一个函数值 $u(w)$($u(\cdot)$ 称为效用函数)而不是其财富 w 本身来衡量其财富水平, 尽管通常他们自己都没有意识到这一点. 为了在随机损失 X 和 Y 之间做出选择, 决策者会比较期望效用$\mathrm{E}[u(w-X)]$ 与 $\mathrm{E}[u(w-Y)]$ 的大小, 并选择具有较高期望效用的那个损失. 利用这个模型, 财富水平为 w 的被保险人就可以确定其为随机损失 X 而准备支付的最高保费P^+, 这可通过求解均衡方程 $\mathrm{E}[u(w-X)]=u(w-P)$ 而得出. 在均衡状态下, 被保险人认为其投保与否的效用是无差别的. 这个模型也适用于保险合同的另一方, 保险人通过其自身的效用函数和可能的附加费用, 确定一个最低保费P^-. 如果被保险人的最高保费P^+ 超过保险人的最低保费P^-, 那么当保费介于 P^- 与 P^+ 之间时, 被保险人和保险人双方效用都增加了.

尽管精确地确定一个人的效用函数不太可能, 但是我们可以给出它的一些合理的性质. 例如, 更多的财富通常意味着更高的效用水平, 因此 $u(\cdot)$ 应该是一个非减函数. 同时, 理性决策者是风险厌恶型的这一假设也合乎逻辑, 这就意味着, 在确定损失和具有相同期望的随机损失之间, 他们更加偏好于确定损失. 我们将给出具有这样性质的一些效用函数族, 并研究其优缺点.

假设被保险人可以在一份具有固定免赔额的保单和一份与之具有相同期望赔付额、相同保费的保单之间做出选择, 可以证明, 对被保险人来说, 前者是更好的选择. 如果再保险人承保了保险人所有的风险组合, 那么具有固定的最大自留风险额的再保险称为停止–损失 (止损) 再保险. 根据风险排序理论, 这种类型的再保险对风险厌恶型的决策者来说是最优的选择. 在本章中, 我们将证明止损再保险可以使自留风险的方差达到最小. 此外, 我们还将讨论在何种情形下保险人偏好于**比例再保险**, 即再保险赔付额与赔付总额成一定比例的再保险类型.

§1.2　期望效用模型

假设一个个体面临损失额为 B, 损失概率为 0.01 的风险, 他可以选择对损失进行投保, 并愿意为这份保单支付保费 P. 如果 B 非常小, 那么 P 几乎不会大于 $0.01B$; 然而, 如果 B 稍微大一些, 如 500, 那么 P 就可能略大于 5; 如果 B 非常大, 那么 P 就会比 $0.01B$ 大很多, 因为这么大的损失一旦发生, 很可能会导致破产. 因此, 一个风险的保费不是**齐次**的, 即保费不与风险成比例.

例 1.2.1(圣彼得堡悖论 (St. Petersburg paradox))　支付 P 元可以参与如下游戏: 抛掷一枚均匀的硬币, 直到正面出现. 如果首次出现正面时, 共抛掷了 n 次, 那么参与者就可以获得 2^n 元. 因此, 从该游戏中获得的期望收益为 $\sum\limits_{n=1}^{\infty} 2^n \left(\frac{1}{2}\right)^n = \infty$. 但事实上是, 除非 P 非常小, 否则几乎没有人愿意参与这个游戏. 这表明, 人们并不是仅仅关注期望收益.　▽

在经济学中, 该模型由 Von Neumann 和 Morgenstern(1947) 提出, 旨在描述决策者如何在不确定的前景中做出选择. 如果决策者可以在潜在的随机损失 X 中进行一致的选择, 那么就存在一个评估财富 w 的效用函数 $u(\cdot)$, 使得由此做出的决策恰好等同于按照期望 $\mathrm{E}[u(w-X)]$ 去比较损失 X 所做出的决策. 通过这种方式, 复杂的决策问题就简化成了数值比较问题.

为了比较 X 和 Y, 效用函数 $u(\cdot)$ 和它的线性变换 $a\,u(\cdot)+b$ $(a>0)$ 是等价的, 因为二者导致相同的决策:

$$\mathrm{E}[u(w-X)] \leqslant \mathrm{E}[u(w-Y)] \quad \text{当且仅当} \quad \mathrm{E}[a\,u(w-X)+b] \leqslant \mathrm{E}[a\,u(w-Y)+b]. \tag{1.1}$$

因此, 从所有等价的效用函数族中, 我们可选择其中的一个, 例如, 要求 $u(0)=0$ 和 $u(1)=1$. 假设 $u'(0)>0$, 我们也可以使用效用函数 $v(\cdot)$, 满足 $v(0)=0$ 和 $v'(0)=1$:

$$v(x) = \frac{u(x)-u(0)}{u'(0)}. \tag{1.2}$$

在实际中, 我们几乎不可能确定使用什么样的效用函数, 效用理论仅仅说明了效用函数的存在性. 我们可以通过向决策者提出大量问题, 并根据他对这些问题的回答来构建其效用函数. 这些问题类似于: “为了规避发生概率为 q 的 1 元钱损失, 你愿意支付的保费 P 为多少?” 不失一般性, 取 $u(0)=0$, $u(-1)=-1$ 和初始财富 $w=0$, 通过在距离 w 上平移效用函数, 对于任意 P 值, 有

$$u(-P) = (1-q)u(0) + q\,u(-1) = -q. \tag{1.3}$$

然而, 这种确定效用函数的方法在实践中也存在局限性: 随着询问的持续进行, 决策者将会很快变得急躁起来, 他们的决策也会变得越来越不协调一致. 例如, 决策者回答, 愿意为较小的风险支付较大的保费, 或者为几乎同样的风险支付完全不同的保费. 除非决策者明确地使用了一个效用函数, 否则这样的错误总是不可避免的.

例 1.2.2(风险喜好与风险厌恶) 假设一个人拥有资本 w, 并通过效用函数 $u(\cdot)$ 来衡量其财富水平. 他面临两种选择: 以 1/2 的概率损失 b 元, 或仅仅支付固定的 $b/2$ 元. 当 $b=1$ 时, 他选择前者; 当 $b=4$ 时, 他选择后者; 当 $b=2$ 时, 他认为两种选择无差异. 很明显, 这个人喜欢一定程度的冒险, 但又害怕大的损失, 这就像一个拥有火灾险保单的人却又愿意购买彩票. 对于这样的决策者, 他的效用函数 $u(\cdot)$ 应该具有怎样的形式呢?

再次选取 $w=0$ 和 $u(0)=0$, $u(-1)=-1$. 决策者认为“以 1/2 的概率损失 2 元”和“固定的损失 1 元 $(b=2)$”没有差异, 这意味着

$$u(-1) = \frac{u(0)+u(-2)}{2}. \tag{1.4}$$

此时, 函数 $u(\cdot)$ 既不是凸函数, 也不是凹函数, 这是因为当 $b=1$ 和 $b=4$ 时, 我们得到

$$u\left(-\frac{1}{2}\right) < \frac{u(0)+u(-1)}{2} \quad 且 \quad u(-2) > \frac{u(0)+u(-4)}{2}. \tag{1.5}$$

注意, 我们使用的术语“凸函数”常常被认为是“向上凹的函数”的同义词, 而“凹函数”通常被认为与“向下凹的函数”是同义词. 实函数 f 的凸性与集合的凸性的联系即所谓的 f 的上图像 (epigraph), 也就是凸函数曲线上面的点构成的集合, 是一个凸集.

因为 $u(0)=0$ 和 $u(-1)=-1$, 所以由式 (1.4) 和式 (1.5) 可得

$$u(-2) = -2, \quad u\left(-\frac{1}{2}\right) < -\frac{1}{2} \quad 和 \quad u(-4) < -4. \tag{1.6}$$

连接这五个点得到一条光滑曲线, 当 $-1<x<0$ 和 $x<-2$ 时, 该曲线位于对角线之下的区域; 当 $x\in(-2,-1)$ 时, 该曲线位于对角线之上的区域. ▽

我们假设效用函数是非减函数 (尽管相反的情况也是可以想象到的, 如资本征税), 因此, *边际效用*是非负的: $u'(x)\geqslant 0$. 风险厌恶型的决策者是一类重要的群体, 他们的*边际效用递减*, 即 $u''(x)\leqslant 0$. 注意, 我们并不严格区分“递增”和“非减”这两个概念. 如果需要, 我们将使用“严格递增”这一概念. 为了解释为什么这样的决策者是风险厌恶型的, 我们用如下的基本定理 (定理证明见习题 1.2 第 1、2 题) 来说明.

定理 1.2.1 (詹森不等式 (Jensen's inequality))　如果 $v(x)$ 是一个凸函数, Y 是一个随机变量, 则

$$\mathrm{E}[v(Y)] \geqslant v(\mathrm{E}[Y]), \tag{1.7}$$

其中等号成立当且仅当 $v(\cdot)$ 在 Y 的支撑集上是线性的或者 $\mathrm{Var}[Y]=0$.　∇

根据詹森不等式, 对于一个凹的效用函数有

$$\mathrm{E}[u(w-X)] \leqslant u(\mathrm{E}[w-X]) = u(w-\mathrm{E}[X]). \tag{1.8}$$

显然, 具有这种效用函数的决策者更加偏好于支付固定的数额 $\mathrm{E}[X]$, 而不是随机损失 X, 因此他们是风险厌恶型的.

现在, 假设一个风险厌恶型的被保险人拥有资本 w, 效用函数是 $u(\cdot)$, 并通过支付保费 P 来获取对损失 X 的保险保障, 如果满足条件

$$\mathrm{E}[u(w-X)] \leqslant u(w-P), \tag{1.9}$$

那么他的期望效用将会提高. 因为 $u(\cdot)$ 是一个非减的连续函数, 所以这等价于 $P \leqslant P^+$, 其中 P^+ 代表被保险人愿意支付的最高保费. 而所谓的零效用保费就是如下效用均衡方程的解:

$$\mathrm{E}[u(w-X)] = u(w-P^+). \tag{1.10}$$

另一方面, 假设保险人的资本为 W, 效用函数为 $U(\cdot)$, 如果 $\mathrm{E}[U(W+P-X)] \geqslant U(W)$, 那么保险人愿意以保费 P 承保损失 X, 因此, $P \geqslant P^-$, 其中 P^- 表示保险人要求的最低保费, 它可通过求解反映保险人状况的效用均衡方程得出

$$U(W) = \mathrm{E}[U(W+P^- - X)]. \tag{1.11}$$

如果 $P^+ \geqslant P^-$, 那么保险交易可以同时提高被保险人和保险人双方的期望效用.

从理论的角度看, 保险人实际上被视为是风险中性的. 因此, 如果不考虑其他费用, 对于任意风险 X, 保费 $\mathrm{E}[X]$ 就已足够. 由此, 我们有

$$\mathrm{E}[U(W+\mathrm{E}[X]-X)] = U(W), \quad \text{对任意风险} X. \tag{1.12}$$

在习题 1.2 第 3 题中, 我们可以证明满足这样条件的效用函数 $U(\cdot)$ 一定是线性的.

例 1.2.3 (风险厌恶系数)　给定效用函数 $u(\cdot)$, 我们如何近似计算风险 X 的最高保费 P^+?

以 μ 和 σ^2 分别表示 X 的均值和方差, 利用 $u(\cdot)$ 在 $w-\mu$ 处的级数展开的前几项, 得到

$$\begin{aligned}
u(w-P^+) &\approx u(w-\mu) + (\mu - P^+)u'(w-\mu); \\
u(w-X) &\approx u(w-\mu) + (\mu - X)u'(w-\mu) + \frac{1}{2}(\mu - X)^2 u''(w-\mu).
\end{aligned} \tag{1.13}$$

对式 (1.13) 的第二个式子两边同时取期望, 得到

$$\mathrm{E}[u(w-X)] \approx u(w-\mu)+\frac{1}{2}\sigma^2 u''(w-\mu). \tag{1.14}$$

将式 (1.10) 代入式 (1.14), 由式 (1.13) 可得

$$\frac{1}{2}\sigma^2 u''(w-\mu) \approx (\mu-P^+)u'(w-\mu). \tag{1.15}$$

因此, 风险 X 的最高保费 P^+ 近似为

$$P^+ \approx \mu-\frac{1}{2}\sigma^2\frac{u''(w-\mu)}{u'(w-\mu)}. \tag{1.16}$$

由此引出如下定义: 效用函数 $u(\cdot)$ 在财富 w 处的 (绝对)**风险厌恶系数** $r(w)$ 为

$$r(w)=-\frac{u''(w)}{u'(w)}. \tag{1.17}$$

于是, 对于风险 X 可支付的最高保费 P^+ 近似为

$$P^+ \approx \mu+\frac{1}{2}r(w-\mu)\sigma^2. \tag{1.18}$$

注意到当 $u(\cdot)$ 由线性变换 $a\,u(\cdot)+b$ 替换时, $r(w)$ 并没有改变. 从式 (1.18) 可以发现, 风险厌恶系数确实反映了决策者的风险厌恶程度: 对风险的厌恶程度越高, 愿意支付的保费就越多. ▽

§1.3 效用函数族

除线性函数外, 还存在其他合适的效用函数族, 有如下几种形式:

$$\begin{aligned}
&\textbf{线性效用:} && u(w)=w,\\
&\textbf{二次效用:} && u(w)=-(\alpha-w)^2 \quad (w\leqslant\alpha),\\
&\textbf{对数效用:} && u(w)=\log(\alpha+w) \quad (w>-\alpha),\\
&\textbf{指数效用:} && u(w)=-\alpha\mathrm{e}^{-\alpha w} \quad (\alpha>0),\\
&\textbf{幂效用:} && u(w)=w^c \quad (w>0,\ 0<c\leqslant 1),
\end{aligned} \tag{1.19}$$

这些效用函数具有我们感兴趣的性质: 这些效用函数及其线性变换形式, 都具有非负的、非增的边际效用. 对于二次效用函数, 当 $w>\alpha$ 时, 令 $u(w)=0$. 线性效用函数的风险厌恶系数等于 0, 而指数效用函数的风险厌恶系数等于 α. 对其他效用函数而言, 风险厌恶系数可以表示为 $(\gamma+\beta w)^{-1}$, 其中 γ 和 β 是参数, 见习题 1.3 第 1 题.

注意, 如果 $\mathrm{E}[w+P^- -X]=w$, 则 $P^-=\mathrm{E}[X]$, 因此, 线性效用将导致**等效原理**和**风险中性**(纯保费).

例 1.3.1 (指数保费)　假设一个保险人使用参数为 α 的指数效用函数, 那么对风险 X 的最低保费 P^- 应该是多少?

把 $U(x) = -\alpha e^{-\alpha x}$ 代入均衡方程 (1.11) 求解得

$$P^- = \frac{1}{\alpha}\log(m_X(\alpha)), \tag{1.20}$$

其中 $m_X(\alpha) = E[e^{\alpha X}]$ 是 X 在参数 α 的矩母函数 (mgf). 我们发现, 指数保费与保险人当前的财富 W 独立, 这与风险厌恶系数是常数相吻合.

最高保费P^+ 的表达式同 (1.20), 见习题 1.3 第 3 题, 但是此时 α 代表被保险人的风险厌恶系数. 假设损失 X 服从参数为 β 的指数分布, 令 $\beta = 0.01$, 得到 $E[X] = \frac{1}{\beta} = 100$. 如果被保险人的效用函数是参数 $\alpha = 0.005$ 的指数效用函数, 那么

$$P^+ = \frac{1}{\alpha}\log(m_X(\alpha)) = 200\log\left(\frac{\beta}{\beta-\alpha}\right) = 200\log(2) \approx 138.6, \tag{1.21}$$

因此, 在纯保费 $E[X]$ 的基础上, 被保险人愿意接受一定数量的附加保费. ▽

由近似式 (1.18) 可得

$$P^+ \approx E[X] + \frac{1}{2}\alpha \mathrm{Var}[X] = 125. \tag{1.22}$$

显然, 近似式 (1.22) 随 α 递增, 如果 X 是方差有限的非负随机变量, 那么由式 (1.20) 所决定的保费也是递增的, 正如下面的定理所得.

定理 1.3.1 (指数保费随风险厌恶程度递增)　风险 X 的指数保费(1.20) 是风险厌恶系数α 的增函数.

证明　对 $0 < \alpha < \gamma$, 令严格凹函数$v(\cdot)$

$$v(x) = x^{\alpha/\gamma}. \tag{1.23}$$

由詹森不等式可得

$$v(E[Y]) > E[v(Y)], \tag{1.24}$$

对于任意方差大于 0 的随机变量 Y 成立. 取 $Y = e^{\gamma X}$, 则 $v(Y) = e^{\alpha X}$ 且

$$\{E[e^{\gamma X}]\}^\alpha = \{(E[Y])^{\alpha/\gamma}\}^\gamma = \{v(E[Y])\}^\gamma > \{E[v(Y)]\}^\gamma = \{E[e^{\alpha X}]\}^\gamma. \tag{1.25}$$

因此,

$$\{m_X(\alpha)\}^\gamma < \{m_X(\gamma)\}^\alpha, \tag{1.26}$$

这意味着对任意 $\gamma > \alpha$, 对于指数保费我们有

$$\frac{1}{\alpha}\log(m_X(\alpha)) < \frac{1}{\gamma}\log(m_X(\gamma)). \tag{1.27}$$

▽

正如近似式 (1.18) 那样, 当 $\alpha \downarrow 0$ 时, 式 (1.20) 的极限就是纯保费, 这可以从 $\log(\mathrm{m}_X(t))$ 的级数展式中立即得到, 见习题 1.3 第 4 题. 但是当 $\alpha \uparrow \infty$ 时, 指数保费趋近于 $\max[X]$, 近似趋于无穷大.

例 1.3.2 (二次效用) 假设被保险人的效用函数为 $u(w) = 10w - w^2$, $w < 5$, 对以概率 1/2 发生损失额 1 的风险进行承保的保单, 其最大保费 P^+ 作为财富 w, $w \in [0, 5]$ 的函数是何种形式? 如果财富 w 增加, 保费将会如何变化?

我们继续求解均衡方程 (1.10), 发生损失 X 之后的期望效用为

$$\mathrm{E}[u(w - X)] = 11w - \frac{11}{2} - w^2, \tag{1.28}$$

支付保费 P 之后的效用为

$$u(w - P) = 10(w - P) - (w - P)^2. \tag{1.29}$$

根据均衡方程 (1.10), 式 (1.28) 和式 (1.29) 的右端应该相等, 通过计算求得最大保费为

$$P = P(w) = \sqrt{\left(\frac{11}{2} - w\right)^2 + \frac{1}{4}} - (5 - w), \quad w \in [0, 5]. \tag{1.30}$$

可以验证 $P'(w) > 0$, 见习题 1.3 第 2 题. 我们注意到, 使用二次效用的决策者, 随着其财富增加至临界值 5, 他所愿意支付的保费也随之增加. 基于这个性质, 二次效用函数不适合模拟风险厌恶型决策者的行为. 当然, 二次效用函数也有优点, 因为只要知道风险的均值和方差, 就足以应付计算之用. ▽

例 1.3.3 (不可保风险) 某决策者使用风险厌恶系数 $\alpha > 0$ 的指数效用函数, 他想为服从 gamma$(n, 1)$ 分布的风险进行投保, 见附录 D 表 A(以下简称表 A), 请确定 P^+, 并证明 $P^+ > n$. 何时 $P^+ = \infty$? 它意味着什么?

由式 (1.20) 可得

$$P^+ = \frac{1}{\alpha}\log(\mathrm{m}_X(\alpha)) = \begin{cases} -\dfrac{n}{\alpha}\log(1 - \alpha), & 0 < \alpha < 1, \\ \infty, & \alpha \geqslant 1. \end{cases} \tag{1.31}$$

因为 $\log(1 + x) < x$, $\forall x > -1, x \neq 0$, 有 $\log(1 - \alpha) < -\alpha$, 从而 $P^+ > \mathrm{E}[X] = n$, 所以计算出的保费大于纯保费. 如果 $\alpha \geqslant 1$, 则 $P^+ = \infty$, 这意味着决策者愿意支付任意有限额度的保费. 按照效用理论, 如果风险厌恶系数为 $\alpha \geqslant 1$, 那么承保该风险的保险人对于任意有限额度的保费 P 都将遭受损失, 因为最低保费 $P^- = \infty$, 对这些保险人而言, 该风险就是不可保的. ▽

注 1.3.1 (阿莱悖论 (Allais paradox, 1953), 尤里对偶理论 (Yaari's dual theory, 1987)) 考虑如下可能的资本收益:

$$X = 1000\,000, \quad 以概率1,$$

$$Y = \begin{cases} 5000\,000, & \text{以概率}0.10, \\ 1000\,000, & \text{以概率}0.89, \\ 0, & \text{以概率}0.01, \end{cases}$$

$$V = \begin{cases} 1000\,000, & \text{以概率}0.11, \\ 0, & \text{以概率}0.89, \end{cases}$$

$$W = \begin{cases} 5000\,000, & \text{以概率}0.10, \\ 0, & \text{以概率}0.90, \end{cases}$$

实验经济学表明, 在 X 和 Y 之间, 很多人选择 X, 但与此同时, 相比 V 他们更加偏好于 W. 这个结果与期望效用理论相悖, 因为在假设初始财富为 0 的条件下, 后者 $\mathrm{E}[u(W)] > \mathrm{E}[u(V)]$ 等价于 $0.11\,u(1\,000\,000) < 0.1\,u(5\,000\,000) + 0.01\,u(0)$, 但是前者恰恰导致相反的不等式. 显然, 期望效用理论并不总能充分地描述决策者行为. 从这个例子可以判断, 与期望效用指标相比, 完全没有风险的状态对决策者似乎更具有吸引力, 这种吸引力诱导人们做出非理性的决定.

Yaari(1987) 提出了另一套具有相似公理化基础的风险决策理论. Yaari 所提出的对偶理论放弃了使用效用函数的做法, 不用转换后的财富期望值 (效用) 来计算“必然的等价”, 而是使用大额损益的扭曲概率. 但是, 该理论也导致与效用理论非常类似的悖论. ▽

§1.4　止损再保险

再保险合同通常不会承保保险人的全部风险. 止损 (再) 保险承保损失超过自留额的超额部分. 它的定义如下：对于非负的损失 X, 其理赔支付为

$$(X-d)_+ := \max\{X-d, 0\} = \begin{cases} X-d, & X > d, \\ 0, & X \leqslant d. \end{cases} \tag{1.32}$$

保险人保留了损失小于 d(自留额)的风险, 同时再保险公司支付损失的剩余部分, 因此, 保险人的最大损失止于 d. 在再保险实务中, 自留额 d 被称为优先赔偿部分, 它等于保险人对每一单独索赔的最大支付额. 我们将证明, 无论保险人自留额的方差如何, 止损再保险都是最优的. 另一方面意味着, 在与其他再保险类型同等条件下, 再保险人不会提供停止–损失再保险.

定理 1.4.1 (止损纯保费)　止损保险合同的纯保费 $\pi_X(d) := \mathrm{E}[(X-d)_+]$ 称为**止损保费**. 在离散情形下, $F_X(x)$ 为在 x 处的跃度为 $f_X(x)$ 的阶梯函数; 在连续情形下, $F_X(x)$ 具有导函数 $f_X(x)$. 可以证明, 不管是离散情形还是连续情形, 止损保

费都可以由下面的式子给出:

$$\pi_X(d)=\left\{\begin{array}{l}\displaystyle\sum_{x>d}(x-d)f_X(x)\\ \displaystyle\int_d^{\infty}(x-d)f_X(x)\,\mathrm{d}x\end{array}\right\}=\int_d^{\infty}[1-F_X(x)]\,\mathrm{d}x. \tag{1.33}$$

证明 这个命题可以通过多种形式来证明. 离散情形下的图示"证明"如图 1.1 所示. 等式 (1.33) 的右边, 即由曲线 $F_X(x)$、通过 1 处的水平线和通过 d 处的垂直线所围住的阴影部分的面积, 可被细分成高为 $f_X(x)$, 宽为 $x-d$ 的长方形, 它们的总面积等于式 (1.33) 的左边. 连续情形可以采用同样的方法证明, 只需考虑其高度无限小的长方形, 然后求和取极限. 为证明这一点, 由分部积分 $\int Fg=FG-\int gF$ 得

$$\begin{aligned}\mathrm{E}[(X-d)_+]&=\int_d^{\infty}(x-d)f_X(x)\,\mathrm{d}x\\&=-(x-d)[1-F_X(x)]\Big|_d^{\infty}+\int_d^{\infty}[1-F_X(x)]\,\mathrm{d}x.\end{aligned} \tag{1.34}$$

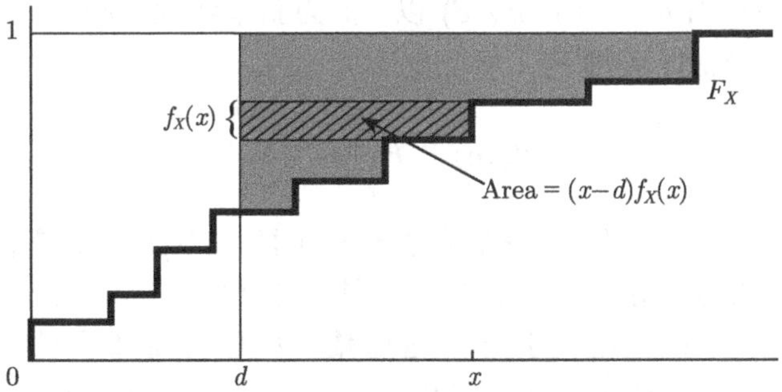

图 1.1 离散分布情形下式 (1.33) 的图形推导

注意, 我们不只把 $F_X(x)$ 看成 $f_X(x)$ 的一个原函数, 为了能使等式右边的各项有限, $F_X(x)+C$ 的唯一选择是 $F_X(x)-1$. 通过分部积分, 积分项通常消失, 但这并不总是很容易证明. 在这种情况下, $x\to\infty$ 可以这样来看: 因为 $\mathrm{E}[X]<\infty$, 积分 $\int_0^{\infty}tf_X(t)\,\mathrm{d}t$ 收敛, 所以"尾"趋向于 0, 因此

$$x[1-F_X(x)]=x\int_x^{\infty}f_X(t)\,\mathrm{d}t\leqslant\int_x^{\infty}tf_X(t)\,\mathrm{d}t\downarrow 0,\quad x\to\infty. \tag{1.35}$$

很多情况下, 较容易的证法是使用 Fubini 定理, 即交换双重积分的顺序, 需要小心的是要确保积分域一定是 $\mathbb{R}^2$ 中相同的区域. 在这种情况下, 我们将只有一重积分, 但却可以记 $x-d$ 为 $x-d=\int_d^x\mathrm{d}y$. 在积分区域上, 数对 (x,y) 满足 $d<y<x<\infty$,

因此得到

$$\begin{aligned}\int_d^\infty (x-d)f_X(x)\,\mathrm{d}x &= \int_d^\infty \int_d^x \mathrm{d}y f_X(x)\,\mathrm{d}x = \int_d^\infty \int_y^\infty f_X(x)\,\mathrm{d}x\,\mathrm{d}y \\ &= \int_d^\infty [1-F_X(y)]\,\mathrm{d}y.\end{aligned} \tag{1.36}$$

同理, 离散情形的证明可以写成

$$\sum_{x>d}(x-d)f_X(x) = \sum_{x>d}\int_d^x \mathrm{d}y f_X(x) = \int_d^\infty \sum_{x>y} f_X(x)\,\mathrm{d}y = \int_d^\infty [1-F_X(y)]\,\mathrm{d}y. \tag{1.37}$$

注意, 对于黎曼积分, 在可数集上改变被积函数的值并不影响最终的积分值. 因此, 使用 $\sum_{x\geqslant y} f_X(x)$ 还是 $\sum_{x>y} f_X(x)$ 并不影响结果. ▽

定理 1.4.2 (止损变换) 函数 $\pi_X(d) = \mathrm{E}[(X-d)_+]$ 称为 X 的**止损变换**. 止损变换是一个连续的凸函数, 当 $F_X(d) < 1$ 时, 它关于自留额 d 是严格递减的; 当 $F_X(d) = 1$ 时, $\pi_X(d) = 0$, 并且总有 $\pi_X(\infty) = 0$. 如果 X 是非负的, 那么 $\pi_X(0) = \mathrm{E}[X]$, 并且当 $d < 0$ 时, $\pi_X(d)$ 以 -1 为斜率线性递减.

证明 由式 (1.33) 可得

$$\pi_X'(d) = F_X(d) - 1. \tag{1.38}$$

由 $F_X(x) = \Pr[X \leqslant x]$ 可知, 每个累积分布函数 (cdf)F_X 都是右连续的, 因此, 式 (1.38) 中的导数是右导数. 因为 $F_X(x)$ 是非减函数, 所以 $\pi_X(d)$ 是连续的凸函数, 且只要 $F_X(d) < 1$, 它就关于 d 严格递减. 如果 X 是非负的, 则当 $d \leqslant 0$ 时, $\pi_X(d) = \mathrm{E}[(X-d)_+] = \mathrm{E}[X-d] = \mathrm{E}[X] - d$. 而 $\lim\limits_{d\to\infty} \pi_X(d) = 0$ 是显然的, 这些性质如图 1.2 所示. ▽

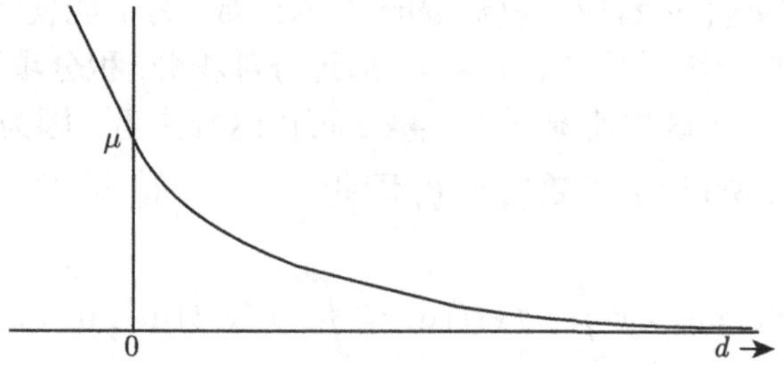

图 1.2 风险 $X \geqslant 0$, $\mathrm{E}[X] = \mu$ 的止损变换 $\pi_X(d)$

在下面定理中, 我们将证明一个重要的结论, 即止损再保险使自留风险的方差达到最小.

定理 1.4.3 (止损再保险的最优性) 令 $I(X)$ 表示当损失为 $X, X \geqslant 0$ 时, 某再保险合同约定的理赔支付. 假设 $0 \leqslant I(x) \leqslant x$ 对所有 $x \geqslant 0$ 成立, 那么

$$\mathrm{E}[I(X)] = \mathrm{E}[(X-d)_+] \Rightarrow \mathrm{Var}[X - I(X)] \geqslant \mathrm{Var}[X-(X-d)_+]. \tag{1.39}$$

证明 由前面的定理, 对于每一个 $I(\cdot)$, 我们总能找到一个自留额 d, 使得两个期望 $\mathrm{E}[I(X)]$ 和 $\mathrm{E}[(X-d)_+]$ 相等. 我们将自留风险写成如下形式:

$$V(X) = X - I(X) \quad 和 \quad W(X) = X-(X-d)_+. \tag{1.40}$$

因为 $\mathrm{E}[V(X)] = \mathrm{E}[W(X)]$, 所以只需要证明

$$\mathrm{E}[\{V(X)-d\}^2] \geqslant \mathrm{E}[\{W(X)-d\}^2]. \tag{1.41}$$

式 (1.41) 成立的一个充分条件是 $|V(X)-d| \geqslant |W(X)-d|$ 以概率 1 成立. 当 $X \geqslant d$ 时, 这是显然的, 因为 $W(X) \equiv d$; 当 $X < d$ 时, 有 $W(X) \equiv X$, 所以

$$V(X)-d = X-d-I(X) \leqslant X-d = W(X)-d < 0. \tag{1.42}$$

∇

该证明本质上是在自留风险具有固定的均值时, 止损再保险使风险尽可能地接近自留额 d, 因为这样的风险小可预测性强, 所以它更具有吸引力. 如前文所述, 该定理可以推广: 利用风险排序理论, 我们可以证明, 止损保险不仅使自留风险的方差达到最小, 而且同时使被保险人的期望效用达到了最大, 见第 7 章.

在定理 1.4.3 中, 止损再保险与其他类型的保险具有相同的期望赔付和保费是关键所在. 既然再保险人的资本在止损保险下的方差大于在其他类型保险下的方差, 而再保险人无一例外地至少是有些厌恶风险的, 所以在实践中, 再保险人对止损再保险收取更高的保费.

例 1.4.1 (比例再保险最优的情形) 为了说明保费不依赖于再保险类型这一条件的重要性, 我们考虑一个相关问题: 假设保险人收取保费 $(1+\theta)\mathrm{E}[X]$, 正在寻找最有利的再保险 $I(X)$ 满足 $0 \leqslant I(X) \leqslant X$, 并且方差给定如下:

$$\mathrm{Var}[X - I(X)] = V. \tag{1.43}$$

在自身财务状况不稳定的前提假设下, 保险人希望最大化其期望利润. 我们用两种方法来计算再保险人收取的再保费: 第一种情形 (A), 再保险人收取保费 $(1+\lambda)\mathrm{E}[I(X)]$, 结构与原保险人一致; 第二种情形 (B), 再保险人根据*方差原则*决定再保费, 这就意味着再保险人收取的保费等于期望值加上 $I(X)$ 方差的常数倍, 如 α

倍的附加保费. 这样, 保险人就可以确定自己的期望利润, 该利润等于所收取的保费减去自留风险期望值以及再保险保费, 具体计算如下:

$$\begin{aligned}&\text{A}: \quad (1+\theta)\mathrm{E}[X]-\mathrm{E}[X-I(X)]-(1+\lambda)\mathrm{E}[I(X)]=\theta\mathrm{E}[X]-\lambda\mathrm{E}[I(X)];\\&\text{B}: \quad (1+\theta)\mathrm{E}[X]-\mathrm{E}[X-I(X)]-(\mathrm{E}[I(X)]+\alpha\mathrm{Var}[I(X)])=\theta\mathrm{E}[X]-\alpha\mathrm{Var}[I(X)].\end{aligned} \tag{1.44}$$

正如我们所见, 两种情形下保险人的期望利润都等于原保险合同的期望利润 $\theta\mathrm{E}[X]$ 减去再保险人的期望利润. 显然, 我们必须最小化再保险人的期望利润. 由此, 产生了下面的最小化问题:

$$\begin{aligned}\text{A}: \quad &\min\ \mathrm{E}[I(X)], &\qquad \text{B}: \quad &\min \mathrm{Var}[I(X)],\\ &\text{s.t.}\mathrm{Var}[X-I(X)]=V, & &\text{s.t. }\mathrm{Var}[X-I(X)]=V,\end{aligned} \tag{1.45}$$

为求解问题 B, 记

$$\mathrm{Var}[I(X)]=\mathrm{Var}[X]+\mathrm{Var}[I(X)-X]-2\mathrm{Cov}[X,X-I(X)]. \tag{1.46}$$

由于右边的前两项是固定的, 所以左边的最小化等价于协方差项的最大化. 因为 X 和 $X-I(X)$ 的方差是给定的, 所以可以取 $I(x)=\gamma+\beta x$ 使得 X 和 $X-I(X)$ 完全线性相关. 由 $0\leqslant I(x)\leqslant x$ 可得 $\gamma=0$ 和 $0\leqslant\beta\leqslant 1$, 再由式 (1.43) 得 $(1-\beta)^2=V/\mathrm{Var}[X]$, 因此, 如果给定自留风险的方差 V 且再保险人采用方差原则, 则比例再保险 $I(X)=\beta X$ 是最优的, 其中 $\beta=1-\sqrt{V/\mathrm{Var}[X]}$.

对于问题 A 的情形, 利用定理 1.4.3. 通过对 d 求导, 可以证明 $\mu(d)=\mathrm{E}[X-(X-d)_+]$ 和 $\sigma^2(d)=\mathrm{Var}[X-(X-d)_+]$ 是 d 的连续增函数, 见习题 1.4 第 3 题. 注意: $\mu(0)=\sigma^2(0)=0$, $\mu(\infty)=\mathrm{E}[X]$ 和 $\sigma^2(\infty)=\mathrm{Var}[X]$.

在图 1.3 中, 对于损失随机变量 X, 我们绘出了 $(\mu(d),\sigma^2(d))$, $d\in[0,\infty)$, 对应的曲线. 根据定理 1.4.3, 其他再保险合同 $I(\cdot)$ 的均值和方差只能在 μ-σ^2 平面的上述曲线之上, 因为当均值相同时, 其他再保险类型的方差至少不小于止损再保险的方差, 这也隐含这些点只能位于曲线的左边. 由此我们可以推断, 类似于定理 1.4.3,

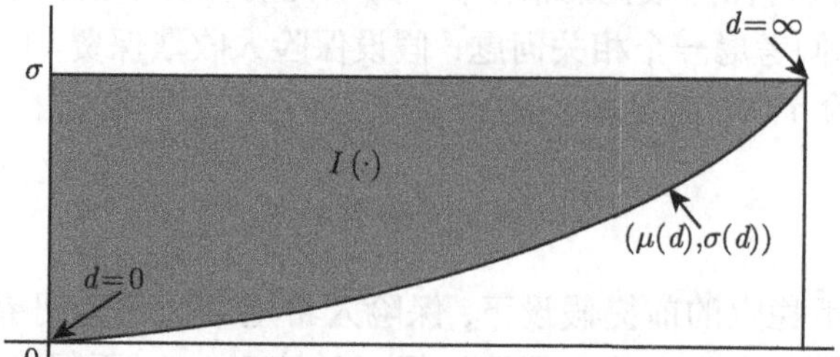

图 1.3 不同再保险合同自留风险的均值和方差; 边界线为止损再保险, 其中 $d\in[0,\infty)$; 阴影部分为其他可行的再保险合同

非比例止损再保险是情形 A 的最优解. 这种情形下的止损 (再保险) 合同也是帕累托最优的: 其他任何再保险方案都无法同时使保险人的方差更小, 且期望利润更高. ▽

§1.5 习　　题

习题提示请参考附录 B, 书后的索引会更加便于查找解释.

§1.2

1. 证明詹森不等式: 如果 $v(x)$ 是凸函数, 则 $\mathrm{E}[v(X)] \geqslant v(\mathrm{E}[X])$. 特别地, 注意 $v(x) = x^2$ 的情形.

2. 证明詹森不等式的逆命题: 如果 $\mathrm{E}[v(X)] \geqslant v(\mathrm{E}[X])$ 对任意随机变量 X 成立, 则 v 是凸的.

3. 证明: 如果 $\mathrm{E}[v(X)] = v(\mathrm{E}[X])$ 对任意随机变量 X 成立, 则 v 是线性的.

4. 一个决策者使用的效用函数 $u(x) = \sqrt{x}$, $x \geqslant 0$, 他面临如下选择: 可以用其全部财富 w 来交换随机额 X 或 Y, X 和 Y 的概率分布分别为: $\Pr[X = 400] = \Pr[X = 900] = 0.5$ 和 $\Pr[Y = 100] = 1 - \Pr[Y = 1600] = 0.6$. 证明该决策者偏好 X 甚于 Y, 并确定 w 取何值时, 他拒绝做任何交换. 你能想出使得决策者偏好 Y 甚于 X 的效用函数吗?

5. 证明对风险厌恶的保险人, 有 $P^- \geqslant \mathrm{E}[X]$.

6. 一个保险人承保了风险 X, 收取保费后其拥有财富 $w = 100$. 假设该保险人使用的效用函数是 $u(w) = \log(w)$, 且 $\Pr[X = 0] = \Pr[X = 36] = 0.5$, 那么为了让再保险人承担所有的风险, 该保险人愿意向再保险人支付的最高保费是多少? 不仅要确定精确值, 而且也要给出式 (1.18) 的近似值.

7. 假设第 6 题中再保险人的最低保费为 19, 且该再保险人与保险人使用的效用函数相同, 试确定再保险人的财富 W.

8. 试描述具有如下风险行为个体的效用函数: 在一公平赌博中, 当他赢得 1 元钱之后, 他对“加倍赌注或退出”的选择是“加倍赌注”; 当再次赢了之后, 他犹豫了很长时间才选择“加倍赌注”; 他的第三次回答是“退出”.

9. 证明当 $w = 0$, $X \sim \text{Bernoulli}(1/2)$, 且

$$u(x) = \begin{cases} 2x/3, & x > -3/4, \\ 2x+1, & -1 < x < -3/4, \\ 3x+2, & x < -1 \end{cases}$$

时, $P^-[2X] < 2P^-[X]$.

§1.3

1. 证明式 (1.19) 中的各型效用函数都有非负、递减的边际效用, 且其风险厌恶系数都可以写成 $r(w) = (\gamma + \beta w)^{-1}$ 的形式.

2. 证明二次效用函数的风险厌恶系数随拥有的财富递增. 验证式 (1.28)∼ 式 (1.30), 并证明由式 (1.30) 给出的 $P(w)$ 满足 $P'(w) > 0$.

3. 对指数效用函数, 证明 P^- 满足式 (1.20), 且式 (1.10) 的解 P^+ 具有和式 (1.20) 相同的表达式.

4. 证明: 当风险厌恶系数 α 趋于 0 时, 式 (1.20) 中的指数保费P^- 单调递减趋于纯保费.

5. 证明: 若 $X \sim \mathrm{N}(\mu, \sigma^2)$ 且 $u(\cdot)$ 是指数型的, 则例 1.2.3 中的近似式都是精确的.

6. 利用参数 $\alpha = 0.001$ 的指数效用函数, 对于两个风险变量 $X \sim \mathrm{N}(400, 25\,000)$ 和 $Y \sim \mathrm{N}(420, 20\,000)$, 确定哪一个保费较高; 并给出 α 的取值范围, 使得前者的保费较高.

7. 假定 $u(w)$ 的边际效用与 $1/w$ 成比例, 即对某个 $k > 0$ 和任意 $w > 0$, 有 $u'(w) = k/w$, 求 $u(w)$. 利用该效用函数和 $w = 4$, 证明只有当价格 $P < 4$ 时, 参与例 1.2.1 圣彼得堡悖论中的游戏才是值得的.

8. 一个保险人使用指数效用函数, 以保费 P 承保服从 $\mathrm{N}(1000, 100^2)$ 分布的风险. 已知 $P \geqslant 1250$, 求其风险厌恶系数 α. 如果风险 X 的量纲为"元", 那么 α 的量纲是什么?

9. 风险随机变量 X 的均值和方差分别为 $\mathrm{E}[X] = \mu$ 和 $\mathrm{Var}[X] = \sigma^2$. 已知对任意可能的 $\alpha > 0$, 风险厌恶系数为 α 的指数效用函数对应的零效用保费含有相对安全附加系数 $\frac{1}{2}\sigma^2\alpha/\mu$, 试确定 X 的分布.

10. 在幂效用函数族 w^c, $0 < c < 1$ 中, 令 $c \downarrow 0$ 可以导出何种效用函数? [考虑线性变换 $(w^c - 1)/c$]

11. 哪种效用函数族具有常相对风险厌恶系数 (CRRA) $\dfrac{-w\,u''(w)}{u'(w)} \equiv \rho$?

12. 对于指数保费(1.20), 证明 $P^-[2X] > 2P^-[X]$.

13. 一个经验丰富的保险人知道一种特殊的保险风险 $X \sim \mathrm{gamma}(2, \beta)$, 其均值为 50. 而被保险人根据自己的认知, 认为该风险 $X^* \sim \mathrm{exponential}(\beta^*)$, 且其均值为 45. 他们具有风险厌恶系数分别为 $\alpha = 0.001$ 和 $\alpha^* = 0.005$ 的指数效用函数, 试求保费的区间, 使得被保险人和保险人都可以提高其感知到的期望效用.

§1.4

1. 绘出以下分布的止损变换:

$$F(x) = \begin{cases} 0, & x < 2, \\ x/4, & 2 \leqslant x < 4, \\ 1, & 4 \leqslant x. \end{cases}$$

2. 如果 $\mathrm{E}[(S - d)_+] = \dfrac{1}{3}(1 - d)^3$, $0 \leqslant d \leqslant 1$, 试确定 S 的分布.

3. [♠] 对于问题 A 的优化, 证明

$$\mu'(d) = 1 - F_X(d) \quad 和 \quad (\sigma^2)'(d) = 2[1 - F_X(d)][d - \mu(d)],$$

并验证这两项是非负的.

4. [♠] 如果在式 (1.43) 中把"="换成"$\leqslant$", 即视 V 为 A, B 两情形下自留风险方差的上界, 那么将得到什么结论?

5. 对于一个均值为 μ、方差为 σ^2 的风险 X, 定义其变异系数 $V[\cdot] = \sigma/\mu$. 通过比较止损再保险中自留风险 $W(X) = X - (X - d)_+$ 的方差与某个适当的比例再保险中自留风险的方差, 证明 $V[W] \leqslant V[X]$. 利用等式: 如果 $d < t$, 则 $\min\{X, d\} = \min\{\min\{X, t\}, d\}$, 证明 $V[\min\{X, d\}]$ 关于 d 递增.

6. 设随机损失 $X \sim \mathrm{N}(0,1)$, 考虑如下的保险: 当损失额为 x 且 $x \geqslant d$ 时, 理赔额 $I(x) = x$; 否则 $I(x) = 0$, 其中 $d > 0$ 是某个给定的数. 证明这类保险的纯保费为标准正态分布的概率密度函数 $\varphi(x)$, 见表 A, 并把该保费与自留额为 d 的止损纯保费作对比.

7. 考虑如下的 R 程序和结果:

```
set.seed(2525); n <- 1e6; X <- rnorm(n)
rbind(c(mean(X[X>1]), mean(X*(X>1)), mean(pmax(X-1,0))),
      c(dnorm(1)/pnorm(-1), dnorm(1), dnorm(1)-pnorm(-1)))
## 结果:
##           [,1]      [,2]       [,3]
## [1,] 1.524587 0.2416943 0.08316332
## [2,] 1.525135 0.2419707 0.08331547
```

结果是巧合吗?

第 2 章　个体风险模型

如果汽车与计算机的发展周期相同，那么今天一部劳斯莱斯将值 100 美元，每加仑汽油可行使一百万英里，每年爆炸一次，杀死车中所有的人.

—— 罗伯特 · X. 克林格里 (Robert X. Cringely)

§2.1　引　　言

本章我们主要讨论保险人风险组合的总理赔额 S 的分布函数. 我们不仅仅对保险人随机资产的均值和方差感兴趣，还想知道其理赔额超过某一给定门限值的概率. 为了能够应用第 1 章所提到的效用理论，我们有必要知道总理赔额 S 的分布. 为了确定在险价值 (VaR)，比如，在 99.5%的水平下，我们也需要对分布函数的逆函数做出好的近似，尤其在遥远的尾部. 本章我们提出的模型仍然是针对个体 (通常是不同的) 保单. 如同在非寿险数学中常常做的那样，我们不考虑货币的时间价值. 然而这个问题在残疾险和长期护理险中是非常重要的，基于这个原因，我们有时把这两种类型的险种看成寿险.

在保险实务中，风险通常不能完全由纯离散的或纯连续的随机变量来刻画. 例如，在责任险中，理赔额有很大的取值范围，但每个理赔额对应的发生概率都非常小. 有两种例外情况不容忽视：一种是无理赔，即理赔额为 0，发生的概率相当大；另一种是理赔额等于最大保险金额的概率，即损失超过某一门限值的概率. 为了求这种混合随机变量的均值，我们将黎曼–斯蒂尔切斯 (Riemann-Stieltjes) 积分作为一个记号用，而不必过于深究其数学原理. 能够产生这种类型随机变量的一个简单而灵活的模型是混合模型，也称为“瓮中瓮 (urn-of-urns)”模型. 该模型取决于事件的结果：对于“无 (零) 理赔”和“最大额理赔”采用离散分布，对于“其他理赔”采用连续分布. 后面，我们将给出每个保单理赔额混合模型的一些例子.

假设一个风险组合中的风险是独立的随机变量，那么它们和的分布可以用卷积得到. 然而这样做非常麻烦，因此我们需要其他更简单的方法. 方法之一是利用矩母函数 (mgf) 或相关的一些变换，如特征函数、概率母函数 (pgf) 和累积量母函数 (cgf)，有时候可以通过独立随机变量和的矩母函数来识别其对应的分布函数. 在某些情况下, 我们可以有效地使用一种称为**快速傅里叶变换**(Fast Fourier Transform, FFT)的技术从变换中重构密度函数.

一种完全不同的方法是计算总理赔额 S 的近似分布. 如果把 S 看成“大量”随机变量的和, 那么根据中心极限定理, 我们可以用与 S 有相同均值和方差的正态分布去近似 S 的分布. 我们也将指出, 这种近似在保险实践中不能令人满意, 尤其是在尾部, 尾概率对应于保险实践中大额理赔的概率, 所以需要对 S 的分布更为精细的近似以精确识别大额理赔的真实概率. 更专业地说, S 的三阶中心矩通常大于 0, 而正态分布的三阶中心矩等于 0, 所以误差较大. 我们给出一种基于平移伽玛随机变量的近似和另一种正态幂阶 (NP) 近似, 这两种近似的效果相当, 后者可以由标准正态分布 N(0, 1) 表直接得出, 而前者需要由计算机经过数值计算得到.

另一种近似个体风险模型的办法是用第 3 章中的聚合风险模型.

§2.2 混合分布与风险

本节我们讨论一些保险风险的实例, 即一份保单的理赔额. 由于纯离散随机变量和纯连续随机变量都不能充分地刻画这种风险, 所以我们首先要拓展分布函数类.

由概率理论, 我们知道任一满足

$$\begin{aligned} &F(-\infty)=0, \quad F(+\infty)=1; \\ &F(\cdot)\text{单调增且右连续} \end{aligned} \tag{2.1}$$

的函数 $F(\cdot)$ 均为某随机变量的累积分布函数 (cdf), 例如, $F^{-1}(U)$, U 服从 $(0,1)$ 上的均匀分布, 见 §3.9.1 和定义 5.6.1. 如果 $F(\cdot)$ 是一个阶梯函数, 即具有常数部分和可数个不连续点的函数, 那么 $F(\cdot)$ 以及具有 $F(x)=\Pr[X\leqslant x]$ 的随机变量 X 称为**离散的**. 相应的概率密度 (质量) 函数代表 x 处的跨度, 因此

$$f(x)=F(x)-F(x-0)=\Pr[X=x], \quad x\in(-\infty,\infty). \tag{2.2}$$

这里, $F(x-0)=\lim\limits_{\varepsilon\downarrow 0}F(x-\varepsilon)$, 因为右连续性 $F(x+0)=F(x)$. 对于所有的 x, 我们都有 $f(x)\geqslant 0$ 和 $\sum\limits_{x}f(x)=1$, 其中求和是对那些满足 $f(x)>0$ 的所有 x 进行求和.

一种特殊情形是 $F(x)$ 是**绝对连续的**, 这意味着如果 $f(x)=F'(x)$, 则有

$$F(x)=\int_{-\infty}^{x}f(t)\,\mathrm{d}t. \tag{2.3}$$

此时, $f(\cdot)$ 也称为概率密度函数. 同样有 $f(x)\geqslant 0$, $\forall x$, 且 $\int f(x)\,\mathrm{d}x=1$. 注意, 正如

在数理统计中常常出现的那样, 这种没有积分限的记号代表 $f(x)$ 在区间 $(-\infty,\infty)$ 上的定积分, 而不是任意一个不定积分, 即以 $f(x)$ 为其导函数的任一函数.

在统计学中, 所有随机变量或者是离散的或者是连续的, 几乎无一例外, 但是在保险领域却不总是这样. 许多刻画保险理赔支付的分布函数既有连续增长的部分, 又有正的跳跃部分. 令 Z 表示某个保单的理赔支付, 则有三种可能:

(1) 保单合同无理赔, 因此 $Z=0$;

(2) 保单合同产生了索赔数额大于最大保险金额 M 的理赔, 则 $Z=M$;

(3) 保单合同产生"正常"的索赔额, 即 $0<Z<M$.

显然, Z 的累积分布函数在 0 和 M 处各有一个跳跃. 对于中间部分, 我们可以用一个离散分布, 因为理赔支付是货币单位的某些整数倍. 这样会有很多可能的理赔支付额, 但其各自的发生概率都很小, 因此用一个连续分布函数会更方便. 在这种情况下, 分布函数既不是纯离散的, 也不是纯连续的. 后面的图 2.2 展示了连续/离散分布函数的混合分布, 也见习题 1.4 第 1 题.

下面的"瓮中瓮"两阶段模型使我们可以构造这样一个随机变量, 它的分布为离散分布和连续分布组成的混合分布. 设 I 为一个示性随机变量, 取值为 $I=1$ 或 $I=0$, 其中 $I=1$ 表示某事件发生. 假设某事件发生的概率为 $q=\Pr[I=1]$, $0\leqslant q\leqslant 1$, 如果 $I=1$, 那么在第二阶段中索赔支付 Z 与 X 的分布相同; 如果 $I=0$, 那么 Z 与 Y 的分布相同. 这意味着

$$Z=IX+(1-I)Y. \tag{2.4}$$

如果 $I=1$, 则 Z 可用 X 替代; 如果 $I=0$, 则 Z 可用 Y 替代. 注意到, 我们不仅可以假设 I 与 X,Y 相互独立, 而且三元组 (X,Y,I) 独立, 只有条件分布 $X\,|\,I=1$ 和 $Y\,|\,I=0$ 是相关的. 所以可以认为 $\Pr[X\leqslant x\,|\,I=0]=\Pr[X\leqslant x\,|\,I=1]$. 因此, Z 的分布函数可以写成

$$\begin{aligned}F(z)&=\Pr[Z\leqslant z]\\&=\Pr[Z\leqslant z,I=1]+\Pr[Z\leqslant z,I=0]\\&=\Pr[X\leqslant z,I=1]+\Pr[Y\leqslant z,I=0]\\&=q\Pr[X\leqslant z]+(1-q)\Pr[Y\leqslant z].\end{aligned} \tag{2.5}$$

现在, 令 X 为一个离散随机变量, Y 为一个连续随机变量, 由式 (2.5) 可得

$$F(z)-F(z-0)=q\Pr[X=z]\quad 和\quad F'(z)=(1-q)\frac{\mathrm{d}}{\mathrm{d}z}\Pr[Y\leqslant z]. \tag{2.6}$$

由这种构造方法所产生的分布函数 $F(z)$ 在使得 $\Pr[X=z]>0$ 的 z 处有跳跃, 但它却不是阶梯函数, 因为在 Y 的支撑上 $F'(z)>0$.

为了计算 Z 的矩、矩母函数 $\mathrm{E}[\mathrm{e}^{tZ}]$ 和止损保费 $\mathrm{E}[(Z-d)_+]$, 我们必须计算 Z 的函数的期望. 为此, 我们用条件期望的迭代公式, 也称为全期望公式、重期望公式、塔规则 (tower rule)或者平滑定理 (smoothing theorem):

$$\mathrm{E}[W]=\mathrm{E}[\mathrm{E}[W\,|\,V]]. \tag{2.7}$$

取公式中的 $W=g(Z)$, 其中 $g(\cdot)$ 是某个合适的函数, 且用 I 替代 V, 再引入 $h(i)=\mathrm{E}[g(Z)\,|\,I=i]$, 利用式 (2.6), 最终可得

$$\begin{aligned}\mathrm{E}[g(Z)]&=\mathrm{E}[\mathrm{E}[g(Z)\,|\,I]]=qh(1)+(1-q)h(0)=\mathrm{E}[h(I)]\\&=q\mathrm{E}[g(Z)\,|\,I=1]+(1-q)\mathrm{E}[g(Z)\,|\,I=0]\\&=q\mathrm{E}[g(X)\,|\,I=1]+(1-q)\mathrm{E}[g(Y)\,|\,I=0]\\&=q\mathrm{E}[g(X)]+(1-q)\mathrm{E}[g(Y)]\\&=q\sum_z g(z)\Pr[X=z]+(1-q)\int_{-\infty}^{\infty}g(z)\frac{\mathrm{d}}{\mathrm{d}z}\Pr[Y\leqslant z]\,\mathrm{d}z\\&=\sum_z g(z)[F(z)-F(z-0)]+\int_{-\infty}^{\infty}g(z)F'(z)\,\mathrm{d}z.\end{aligned} \tag{2.8}$$

注 2.2.1 (黎曼–斯蒂尔切斯积分) 式 (2.8) 的结果由一个求和项和一个普通的黎曼积分项构成, 它可以写成如下的黎曼–斯蒂尔切斯积分的形式:

$$\mathrm{E}[g(Z)]=\int_{-\infty}^{\infty}g(z)\,\mathrm{d}F(z). \tag{2.9}$$

微分 $\mathrm{d}F(z)=F_Z(z)-F_Z(z-\mathrm{d}z)$ 代替了 z 的概率, 即如果概率存在, 则该微分表示函数在 z 点的跳跃高度; 如果分布函数在 z 处没有跳跃, 则该微分等于 $F'(z)\,\mathrm{d}z$. 这里, $\mathrm{d}z$ 表示一个正的无穷小量. 注意分布函数 $F(z)=\Pr[Z\leqslant z]$ 是右连续的, 在寿险数学理论中, 黎曼–斯蒂尔切斯积分被用作一种工具来描述被积函数取何种值才是至关重要的问题, 可能的取值包括左极限、右极限或被积函数的真实值, 但精算实务工作者还没有采用这一约定. 我们通过只考虑连续的被积函数来回避这一问题. ▽

注 2.2.2(混合随机变量和混合分布) 上述内容可以概括为: 当使用如式 (2.10) 所示的混合随机变量时, 就会产生一个相应的混合连续/离散分布函数 $F_Z(z)=\Pr[Z\leqslant z]$, 则

$$Z=IX+(1-I)Y, \tag{2.10}$$

其中, X 是一个离散随机变量, Y 是一个连续随机变量且 I 是一个 Bernoulli(q) 随机变量, X, Y 和 I 是独立的. Z 的分布函数是 X 和 Y 的分布函数的混合 (凸组

合), 见式 (2.5):

$$F_Z(z) = qF_X(z) + (1-q)F_Y(z). \tag{2.11}$$

为了求得随机变量函数 $g(Z)$ 的期望, 我们可以由 $\mathrm{E}[g(X)]$ 和 $\mathrm{E}[g(Y)]$ 的混合得到, 见式 (2.8):

$$\mathrm{E}[g(Z)] = q\mathrm{E}[g(X)] + (1-q)\mathrm{E}[g(Y)]. \tag{2.12}$$

区分由“瓮中瓮”两阶段模型 (2.10) 导致的分布函数的凸组合和随机变量 $T = qX + (1-q)Y$ 的凸组合是十分重要的. 尽管在 $g(z) = z$ 的情形, 式 (2.12) 对于 $T = Z$ 是成立的, 但随机变量 T 并没有式 (2.11) 作为其分布函数, 见习题 2.2 第 8、9 题. ▽

例 2.2.1 (自行车盗窃险)　考虑一种自行车盗窃险保单: 如果自行车被盗, 那么保险人向被保险人支付 b, 同时保险合同终止. 显然, 如同寿险保单一样, 我们在事先就知道赔付次数是 0 或 1. 假设“自行车被盗”这一保险事故发生的概率是 q, 设 $X = Ib$ 表示理赔支付, 其中 I 是一个服从 Bernoulli(q) 分布的示性随机变量, $I = 1$ 表示自行车被盗, $I = 0$ 表示自行车没有被盗. 类似于式 (2.4), 我们可以把 X 重写为 $X = Ib + (1-I)0$, 则 X 的分布和矩可由 I 的分布和矩得到

$$\begin{aligned} &\Pr[X=b] = \Pr[I=1] = q; \quad &&\Pr[X=0] = \Pr[I=0] = 1-q; \\ &\mathrm{E}[X] = b\mathrm{E}[I] = bq; &&\mathrm{Var}[X] = b^2\mathrm{Var}[I] = b^2q(1-q). \end{aligned} \tag{2.13}$$

现在, 假设自行车因未锁而被盗, 保险人只赔付一半 (一些自行车盗窃险的保单有这样的限制). 保险公司通过要求被保险人在索赔时呈交所有的原始关键材料来检查这一点. 于是 $X = IB$, 其中 B 表示随机赔付额. 假设赔付额 $X = 400$ 和 $X = 200$ 的概率分别为 0.05 和 0.15, 则可以得到

$$\Pr[I=1, B=400] = 0.05; \quad \Pr[I=1, B=200] = 0.15. \tag{2.14}$$

因此, $\Pr[I=1] = 0.2$, $\Pr[I=0] = 0.8$, 并且

$$\Pr[B=400 \,|\, I=1] = \frac{\Pr[B=400, I=1]}{\Pr[I=1]} = 0.25. \tag{2.15}$$

这表示在自行车被盗的情况下, 被盗时自行车是锁着的条件概率. ▽

例 2.2.2 (有索赔, 且索赔额服从指数分布)　假设风险 X 的分布如下:

(1) $\Pr[X=0] = \dfrac{1}{2}$;

(2) $\Pr[X \in [x, x+\mathrm{d}x)] = \dfrac{1}{2}\beta\mathrm{e}^{-\beta x}\mathrm{d}x$, 对 $\beta = 0.1$, $x > 0$,

其中, $\mathrm{d}x$ 表示正的无穷小量, 那么 X 的期望值是多少? 对于使用指数效用函数、风险厌恶系数 $\alpha = 0.01$ 的人, 愿意为风险 X 支付的最高保费是多少?

因为 X 的分布函数在 0 处有一个跳跃, 所以 X 不是连续型随机变量; 又因为其分布函数不是阶梯函数, 所以 X 也不是离散型随机变量, 当 $x>0$ 时其分布函数的导数 $\Pr[x \leqslant X < x+\mathrm{d}x]/\mathrm{d}x$ 为正. 通过单独处理分布函数中的跳跃部分, 可以计算 X 的期望值, 见式 (2.9). 由此, 我们有

$$\mathrm{E}[X]=\int_{-\infty}^{\infty} x\,\mathrm{d}F_X(x)=0\,\mathrm{d}F_X(0)+\int_0^{\infty} xF_X'(x)\,\mathrm{d}x=\frac{1}{2}\int_0^{\infty} x\beta\mathrm{e}^{-\beta x}\mathrm{d}x=5. \tag{2.16}$$

如果被保险人使用的是参数 $\alpha=0.01$ 的指数效用函数, 则由式 (1.21) 得到最高保费P^+:

$$\begin{aligned}P^+&=\frac{1}{\alpha}\log(\mathrm{m}_X(\alpha))=\frac{1}{\alpha}\log\left(\mathrm{e}^0\mathrm{d}F_X(0)+\frac{1}{2}\int_0^{\infty}\mathrm{e}^{\alpha x}\beta\mathrm{e}^{-\beta x}\mathrm{d}x\right)\\&=\frac{1}{\alpha}\log\left(\frac{1}{2}+\frac{1}{2}\frac{\beta}{\beta-\alpha}\right)=100\log\left(\frac{19}{18}\right)\approx 5.4.\end{aligned} \tag{2.17}$$

当然, 通过把 X 写成式 (2.10) 的形式, 也可以得到同样的结果. ▽

例 2.2.3 (有最大限额的责任险) 考虑承保责任损失为 S 的保单, 我们要确定这个保单理赔支付 X 的均值、方差和分布函数, 其中免赔额为 100, 最高赔付限额为 1000. 换言之, 如果 $S \leqslant 100$, 则 $X=0$; 如果 $S \geqslant 1100$, 则 $X=1000$; 否则, $X=S-100$. 发生正的理赔 ($S>100$) 的概率是 10%, 发生大额损失 ($S \geqslant 1100$) 的概率是 2%; 给定 $100<S<1100$, S 服从 $(100,1100)$ 上的均匀分布. 同样地, X 可以表示成 $X=IB$, 其中 I 表示理赔支付次数 0 或 1, B 表示理赔支付. 因此,

$$\begin{aligned}&\Pr[B=1000\,|\,I=1]=0.2;\\&\Pr[B\in(x,x+\mathrm{d}x)\,|\,I=1]=c\,\mathrm{d}x,\quad 0<x<1000.\end{aligned} \tag{2.18}$$

后者在 $x\in(0,1000)$ 上积分等于 0.8, 于是 $c=0.0008$. 给定 $I=1$, B 的条件分布函数既不是离散型的, 也不是连续型的. 在图 2.1 中, 我们尝试画出给定 $I=1$ 时, B 的"概率密度函数", 在水平轴 1000 处, 我们用水平轴无限小的宽度、垂直轴无限长的高度, 且其面积为 0.2 的区域表示这一点的概率密度 (质量). 实际上, 我们已画出 $f(\cdot)$, 其中 $f(x)=0.0008$, $x\in(0,1000)$, $f(x)=0.2/\varepsilon$, $x\in(1000,1000+\varepsilon)$, 其中 $\varepsilon>0$ 为充分小的正数.

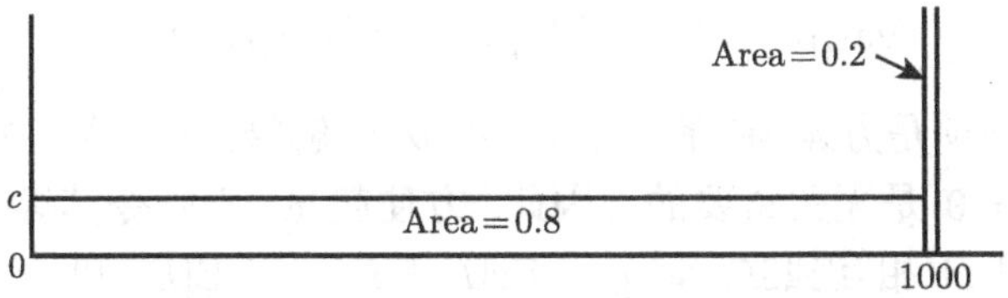

图 2.1 例 2.2.3 中给定 $I=1$ 时, B 的"概率密度函数"

对于 X 的分布 F, 有

$$\begin{aligned}F(x) &= \Pr[X \leqslant x] = \Pr[IB \leqslant x] \\ &= \Pr[IB \leqslant x, I=0] + \Pr[IB \leqslant x, I=1] \\ &= \Pr[IB \leqslant x \mid I=0]\Pr[I=0] + \Pr[IB \leqslant x \mid I=1]\Pr[I=1].\end{aligned} \tag{2.19}$$

由此得

$$F(x)=\begin{cases} 0\times 0.9+0\times 0.1=0, & x<0, \\ 1\times 0.9+1\times 0.1=1, & x\geqslant 1000, \\ 1\times 0.9+c\,x\times 0.1, & 0\leqslant x<1000. \end{cases} \tag{2.20}$$

图 2.2 绘出了 X 的分布函数 F 的曲线, F 的微分(“密度”) 为

$$\mathrm{d}F(x)=\begin{cases} 0.9, & x=0, \\ 0.02, & x=1000, \\ 0, & x<0 \text{ 或 } x>1000, \\ 0.00008\,\mathrm{d}x, & 0<x<1000. \end{cases} \tag{2.21}$$

X 的矩可用这个微分算出. ▽

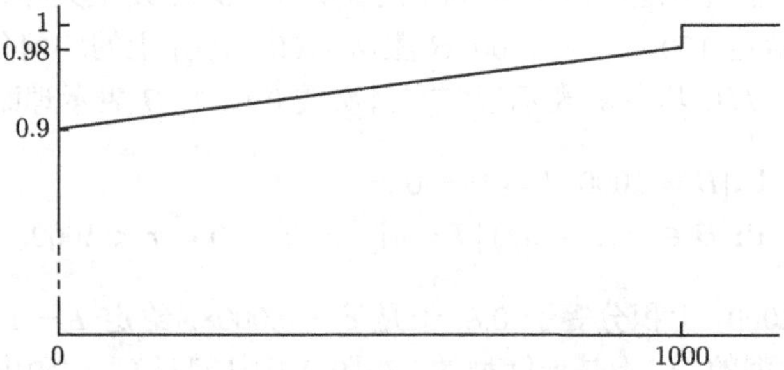

图 2.2　例 2.2.3 中 X 的分布函数 F

利用众所周知的**方差分解准则**(variance decomposition rule), 也称为总方差法 (law of total variance), 见式 (2.7), 风险 IB 的方差可以在给定 I 的情况下, 由 B 的条件分布求得

$$\mathrm{Var}[W] = \mathrm{Var}[\mathrm{E}[W \mid V]] + \mathrm{E}[\mathrm{Var}[W \mid V]]. \tag{2.22}$$

在统计学中, 第一项是方差 W 的一部分, 不被 V 解释; 第二项是方差的解释部分. 条件分布 $B \mid I=0$ 是无关紧要的. 因此, 方便起见, 不妨令其等于 $B \mid I=1$, 这意味着假定 I 和 B 相互独立. 记 $q=\Pr[I=1]$, $\mu=\mathrm{E}[B]$ 和 $\sigma^2=\mathrm{Var}[B]$, 则有 $\mathrm{E}[X \mid I=1]=\mu$ 和 $\mathrm{E}[X \mid I=0]=0$. 因此, $\mathrm{E}[X \mid I=i]=\mu i$, $i=0,1$, 类似地,

$\text{Var}[X \mid I = i] = \sigma^2 i$, $i = 0, 1$. 从而,

$$\text{E}[X \mid I] \equiv \mu I \quad 和 \quad \text{Var}[X \mid I] \equiv \sigma^2 I, \tag{2.23}$$

由此得

$$\begin{aligned}\text{E}[X] &= \text{E}[\text{E}[X \mid I]] = \text{E}[\mu I] = \mu q;\\ \text{Var}[X] &= \text{Var}[\text{E}[X \mid I]] + \text{E}[\text{Var}[X \mid I]] = \text{Var}[\mu I] + \text{E}[\sigma^2 I]\\ &= \mu^2 q(1-q) + \sigma^2 q.\end{aligned} \tag{2.24}$$

注意, 连续的分布函数 F 不必是式 (2.3) 意义下的绝对连续, 如下面的例子所示.

例 2.2.4 (♠ 康托尔 (Cantor) 分布函数, 连续但非绝对连续)　设 $X_1, X_2, \cdots$ 是独立同分布于 Bernoulli(1/2) 的随机变量序列, 定义如下的随机变量:

$$W = \sum_{i=1}^{\infty} \frac{2X_i}{3^i} = \frac{2}{3}X_1 + \frac{1}{3}\sum_{i=1}^{\infty} \frac{2X_{i+1}}{3^i}, \tag{2.25}$$

在三进制中, W 可能的取值为 $0.d_1d_2d_3\cdots$, 其中对所有 $i = 1, 2, \cdots$, $d_i \in \{0, 2\}$, 且 $X_i = 1$ 时, $d_i = 2$. 显然, 对应于所有有特定值的 X_i, 这些取值的概率都为 0. 因此, F_W 是连续的.

另一方面, 所有 $(0, 1)$ 上的实数区间, 在某个 i, $i = 1, 2, \cdots, n$ 处, 总有三进制数 $d_i = 1$, 它们不是 W 的可能取值. 因此, 在所有这些区间的并 B_n 上, F_W 是常数. 但是, 易知, 当 $n \to \infty$ 时, 这些区间的总长度趋近于 1.

由此, 我们构造了一个连续分布函数 F_W, 称为**康托尔分布函数**, 除了一个长度为 0 的集合 (该集合称为**康托尔集**), 其取值为常数. 但是分布函数 F_W 不等于其导数的积分, 因为关于勒贝格 (Lebesgue) 测度 (“区间长度”) 其取值几乎处处为 0. 所以, F_W 是连续的, 但却不是式 (2.3) 的绝对连续. ▽

§2.3 卷　积

在个体风险模型中, 我们感兴趣的是多份保单总理赔 S 的分布:

$$S = X_1 + X_2 + \cdots + X_n, \tag{2.26}$$

其中, X_i, $i = 1, 2, \cdots, n$ 表示第 i 张保单的理赔额. 假定风险 X_i $(i = 1, \cdots, n)$ 是相互独立的, 如果这种独立性对某些风险不成立, 例如, 同一建筑中不同楼层的火灾保险保单, 那么这些风险应当合在一起作为式 (2.26) 中的一项.

卷积运算是通过两个独立随机变量 X 和 Y 的分布函数按如下方式来计算它们的和 $X+Y$ 的分布函数:

$$\begin{aligned}F_{X+Y}(s) &= \Pr[X+Y \leqslant s] \\ &= \int_{-\infty}^{\infty} \Pr[X+Y \leqslant s \mid X=x]\,\mathrm{d}F_X(x) \\ &= \int_{-\infty}^{\infty} \Pr[Y \leqslant s-x \mid X=x]\,\mathrm{d}F_X(x) \\ &= \int_{-\infty}^{\infty} \Pr[Y \leqslant s-x]\,\mathrm{d}F_X(x) \\ &= \int_{-\infty}^{\infty} F_Y(s-x)\,\mathrm{d}F_X(x) =: F_X * F_Y(s). \end{aligned} \tag{2.27}$$

分布函数 $F_X * F_Y(\cdot)$ 称为分布函数 $F_X(\cdot)$ 和 $F_Y(\cdot)$ 的卷积. 对于密度函数, 我们用同样的记号. 如果 X 和 Y 是离散型随机变量, 则对 $X+Y$ 的分布函数及其对应的密度有

$$F_X * F_Y(s) = \sum_x F_Y(s-x) f_X(x) \quad 和 \quad f_X * f_Y(s) = \sum_x f_Y(s-x) f_X(x), \tag{2.28}$$

其中求和是取遍所有使得 $f_X(x) > 0$ 的 x. 如果 X 和 Y 是连续型随机变量, 则有

$$F_X * F_Y(s) = \int_{-\infty}^{\infty} F_Y(s-x) f_X(x)\,\mathrm{d}x \tag{2.29}$$

和对积分号下求导所得的密度函数

$$f_X * f_Y(s) = \int_{-\infty}^{\infty} f_Y(s-x) f_X(x)\,\mathrm{d}x. \tag{2.30}$$

由于 $X+Y \equiv Y+X$, 所以卷积运算 $*$ 满足交换律: $F_X * F_Y \equiv F_Y * F_X$. 另外, 卷积运算并不局限于两个分布函数, 对于三个独立随机变量的和 $X+Y+Z$ 的分布函数, 进行卷积运算时所采用的次序无关紧要, 因此卷积运算还满足结合律:

$$(F_X * F_Y) * F_Z \equiv F_X * (F_Y * F_Z) \equiv F_X * F_Y * F_Z. \tag{2.31}$$

n 个独立同分布随机变量之和的分布函数是它们共同的边缘分布函数 F 的 n 重卷积, 记为

$$F * F * \cdots * F =: F^{*n}. \tag{2.32}$$

例 2.3.1 (两个均匀分布的卷积)　设 $X \sim \mathrm{uniform}(0,1)$, $Y \sim \mathrm{uniform}(0,2)$, 且 X 和 Y 相互独立, 求 $X+Y$ 的分布函数.

为便于表达, 我们引进示性函数, 一个集合 A 的示性函数定义为

$$I_A(x)=\begin{cases}1, & x\in A,\\ 0, & x\notin A.\end{cases} \tag{2.33}$$

示性函数可以为定义于不同区间上的函数提供非常简洁的表达形式, 对任意 x, X 的分布函数可以写为

$$F_X(x)=xI_{[0,1)}(x)+I_{[1,\infty)}(x), \tag{2.34}$$

又 $F'_Y(y)=\dfrac{1}{2}I_{[0,2)}(y)$, $\forall y$, 所以有如下微分:

$$\mathrm{d}F_Y(y)=\frac{1}{2}I_{[0,2)}(y)\,\mathrm{d}y. \tag{2.35}$$

对 $Y+X$ 而不是 $X+Y$ 应用卷积公式 (2.27) 得

$$F_{Y+X}(s)=\int_{-\infty}^{\infty}F_X(s-y)\,\mathrm{d}F_Y(y)=\int_0^2 F_X(s-y)\frac{1}{2}\,\mathrm{d}y, \quad s\geqslant 0. \tag{2.36}$$

我们感兴趣的区间是 $0\leqslant s<3$, 把该区间划分为 $[0,1)$, $[1,2)$ 和 $[2,3)$ 得

$$\begin{aligned}F_{X+Y}(s)=&\left\{\int_0^s (s-y)\frac{1}{2}\,\mathrm{d}y\right\}I_{[0,1)}(s)\\ &+\left\{\int_0^{s-1}\frac{1}{2}\,\mathrm{d}y+\int_{s-1}^{s}(s-y)\frac{1}{2}\,\mathrm{d}y\right\}I_{[1,2)}(s)\\ &+\left\{\int_0^{s-1}\frac{1}{2}\,\mathrm{d}y+\int_{s-1}^{2}(s-y)\frac{1}{2}\,\mathrm{d}y\right\}I_{[2,3)}(s)\\ =&\frac{1}{4}s^2I_{[0,1)}(s)+\frac{1}{4}(2s-1)I_{[1,2)}(s)+\left[1-\frac{1}{4}(3-s)^2\right]I_{[2,3)}(s).\end{aligned} \tag{2.37}$$

注意, $X+Y$ 关于 $s=1.5$ 对称. 尽管这个问题可利用计算图形面积来求得概率, 见习题 2.3 第 5 题, 但是上面的推导过程却很好地说明了, 即使很简单的情形, 卷积计算也是非常繁琐的. ▽

例 2.3.2(离散分布的卷积) 设 $f_1(x)=\dfrac{1}{4},\dfrac{1}{2},\dfrac{1}{4}$, $x=0,1,2$, $f_2(x)=\dfrac{1}{2},\dfrac{1}{2}$, $x=0,2$, $f_3(x)=\dfrac{1}{4},\dfrac{1}{2},\dfrac{1}{4}$, $x=0,2,4$. 令 f_{1+2} 表示 f_1 和 f_2 的卷积, f_{1+2+3} 表示 f_1, f_2 和 f_3 的卷积. 为了计算 F_{1+2+3}, 我们需要计算出表 2.1 中的各个数值. 可见, 在离散情形求卷积运算也是非常繁琐的, 并且 $f_i(x)\neq 0$ 的点越多, 计算量就越大. ▽

表 2.1　例 2.3.2 的卷积计算

x	$f_1(x)$	$*$	$f_2(x)$	$=$	$f_{1+2}(x)$	$*$	$f_3(x)$	$=$	$f_{1+2+3}(x)$	$\Rightarrow$	$F_{1+2+3}(x)$
0	1/4		1/2		1/8		1/4		1/32		1/32
1	1/2		0		2/8		0		2/32		3/32
2	1/4		1/2		2/8		1/2		4/32		7/32
3	0		0		2/8		0		6/32		13/32
4	0		0		1/8		1/4		6/32		19/32
5	0		0		0		0		6/32		25/32
6	0		0		0		0		4/32		29/32
7	0		0		0		0		2/32		31/32
8	0		0		0		0		1/32		32/32

例 2.3.3 (独立同均匀分布的卷积)　设 $X_i,\ i=1,2,\cdots,n$ 是独立同分布 (iid) 的随机变量, 它们服从共同的均匀分布 uniform(0, 1), 利用卷积公式和归纳法, 可以证明对任意 $x>0$, $S=X_1+\cdots+X_n$ 的概率密度函数为

$$f_S(x)=\frac{1}{(n-1)!}\sum_{h=0}^{[x]}\binom{n}{h}(-1)^h(x-h)^{n-1}, \tag{2.38}$$

其中 $[x]$ 表示 x 的整数部分, 见习题 2.3 第 4 题. ▽

例 2.3.4 (泊松分布的卷积)　设 $X\sim\text{Poisson}(\lambda)$, $Y\sim\text{Poisson}(\mu)$, X 和 Y 相互独立, 由 (2.28) 有

$$\begin{aligned} f_{X+Y}(s)&=\sum_{x=0}^{s}f_Y(s-x)f_X(x)=\frac{\mathrm{e}^{-\mu-\lambda}}{s!}\sum_{x=0}^{s}\binom{s}{x}\mu^{s-x}\lambda^x\\ &=\mathrm{e}^{-(\lambda+\mu)}\frac{(\lambda+\mu)^s}{s!},\quad s=0,1,2,\cdots, \end{aligned} \tag{2.39}$$

其中最后一个等式由二项式定理可得. 因此, $X+Y$ 服从 $\text{Poisson}(\lambda+\mu)$ 分布. 另一种不同的证明方法见习题 2.4 第 2 题. ▽

§2.4　变　　换

利用分布函数的变换有时可以更容易地确定独立随机变量和的分布, 矩母函数 (mgf)就是很符合这一目标的变换. 对一个非负随机变量 X, 其矩母函数定义为

$$\mathrm{m}_X(t)=\mathrm{E}\left[\mathrm{e}^{tX}\right],\quad -\infty<t<h, \tag{2.40}$$

其中 h 为某个常数. 因为我们尤其要用到矩母函数在 0 点附近的小区间内的取值, 所以要求 $h>0$. 注意, 这种情况只适用于右尾风险, 要求其指数矩 $\mathrm{E}[\mathrm{e}^{\varepsilon x}]$ 对某个 $\varepsilon>0$ 存在.

如果 X 和 Y 相互独立, 则

$$\mathrm{m}_{X+Y}(t) = \mathrm{E}\left[\mathrm{e}^{t(X+Y)}\right] = \mathrm{E}\left[\mathrm{e}^{tX}\right]\mathrm{E}\left[\mathrm{e}^{tY}\right] = \mathrm{m}_X(t)\mathrm{m}_Y(t), \tag{2.41}$$

即分布函数的卷积对应于矩母函数的简单乘积. 注意到矩母函数变换是一一对应的, 所以每个分布函数恰对应唯一的矩母函数, 而且一个分布函数序列极限的矩母函数等于对应的矩母函数序列的极限, 见习题 2.4 第 12、13 题.

对于重尾分布, 如帕累托 (Pareto) 分布, 矩母函数是不存在的. 然而, **特征函数**却总是存在的, 特征函数定义为

$$\phi_X(t) = \mathrm{E}\big[\mathrm{e}^{\mathrm{i}tX}\big] = \mathrm{E}\big[\cos(tX) + \mathrm{i}\sin(tX)\big], \quad -\infty < t < \infty. \tag{2.42}$$

特征函数的一个不足之处是需要处理复数, 尽管大多数情形, 无论是用实数 t 还是虚数 t, 我们都会得到想要的结果, 例如, 矩母函数为 $\exp(t^2)$ 的正态分布 $\mathrm{N}(0,2)$ 的特征函数为 $\exp((\mathrm{i}t)^2) = \exp(-t^2)$.

正如其名称所指, 矩母函数可被用于产生随机变量的矩. 由常用的 e^x 的展开式可以得到

$$\mathrm{m}_X(t) = \mathrm{E}[\mathrm{e}^{tX}] = \sum_{k=0}^{\infty} \frac{\mathrm{E}[X^k]t^k}{k!}, \tag{2.43}$$

于是 X 的 k 阶矩等于

$$\mathrm{E}[X^k] = \frac{\mathrm{d}^k}{\mathrm{d}t^k}\mathrm{m}_X(t)\bigg|_{t=0}. \tag{2.44}$$

随机变量的矩也可通过特征函数利用类似的技巧求得.

概率母函数 (pgf) 仅用于取值为自然数的随机变量, 定义为

$$g_X(t) = \mathrm{E}[t^X] = \sum_{k=0}^{\infty} t^k \Pr[X = k]. \tag{2.45}$$

所以, 在式 (2.45) 中, 概率 $\Pr[X = k]$ 恰好是概率母函数展开式的系数. 当 $|t| \leqslant 1$ 时, 式 (2.45) 中的级数是绝对收敛的.

累积量母函数(cgf)为计算三阶中心矩提供了很大方便, 其定义为

$$\kappa_X(t) = \log \mathrm{m}_X(t). \tag{2.46}$$

对式 (2.46) 求三次导并令 $t = 0$, 就可得到 $t^k/k!$, $k = 1,2,3$ 的系数分别为 $\mathrm{E}[X]$, $\mathrm{Var}[X]$ 和 $\mathrm{E}[(X-\mathrm{E}[X])^3]$. 由这种方法得到的是 X 的**累积量**, 记为 κ_k, $k = 1,2,\cdots$. 另一种推导方法如下：记 $\mu_k = \mathrm{E}[X^k]$, 并以 $O(t^k)$ 表示 t 的 k 次幂或高于 k 次幂的项, 则有

$$\mathrm{m}_X(t) = 1 + \mu_1 t + \frac{1}{2}\mu_2 t^2 + \frac{1}{6}\mu_3 t^3 + O(t^4), \tag{2.47}$$

再利用 $\log(1+z) = z - \frac{1}{2}z^2 + \frac{1}{3}z^3 + O(z^4)$, 可得

$$\begin{aligned}\log \mathrm{m}_X(t) &= \log\left(1+\mu_1 t + \frac{1}{2}\mu_2 t^2 + \frac{1}{6}\mu_3 t^3 + O(t^4)\right)\\ &= \mu_1 t + \frac{1}{2}\mu_2 t^2 + \frac{1}{6}\mu_3 t^3 + O(t^4)\\ &\quad -\frac{1}{2}\left(\mu_1^2 t^2 + \mu_1\mu_2 t^3 + O(t^4)\right)\\ &\quad +\frac{1}{3}\left(\mu_1^3 t^3 + O(t^4)\right) + O(t^4)\\ &= \mu_1 t + \frac{1}{2}(\mu_2 - \mu_1^2)t^2 + \frac{1}{6}(\mu_3 - 3\mu_1\mu_2 + 2\mu_1^3)t^3 + O(t^4)\\ &= \mathrm{E}[X]t + \mathrm{Var}[X]\,\frac{1}{2}t^2 + \mathrm{E}[(X-\mathrm{E}[X])^3]\,\frac{1}{6}t^3 + O(t^4).\end{aligned} \tag{2.48}$$

随机变量 X 的偏度定义为

$$\gamma_X = \frac{\kappa_3}{\sigma^3} = \frac{\mathrm{E}[(X-\mu)^3]}{\sigma^3}, \tag{2.49}$$

其中 $\mu = \mathrm{E}[X]$, $\sigma^2 = \mathrm{Var}[X]$. 如果 $\gamma_X > 0$, 那么 $X - \mu$ 往往有取较大值的趋势, 因此其分布函数的 (右) 尾很重; 若偏度 $\gamma_X < 0$, 则表明该分布函数的左尾很重; 如果 X 是对称的, 则 $\gamma_X = 0$, 但反过来, 偏度为 0 并非随机变量的分布是对称的充分条件, 反例见习题.

累积量母函数、概率母函数、特征函数和矩母函数之间有如下的关系:

$$\kappa_X(t) = \log \mathrm{m}_X(t);\quad g_X(t) = \mathrm{m}_X(\log t);\quad \phi_X(t) = \mathrm{m}_X(\mathrm{i}t). \tag{2.50}$$

在习题 2.4 第 14 题中, 要求读者检验最后一个等式. 通常情况下, 矩母函数可以自然地拓展到整个复平面, 矩母函数在实轴上起作用, 而特征函数在虚轴上起作用.

§2.5　近　　似

最著名的近似分布函数的方法是基于中心极限定理 (CLT). 我们接下来讨论这种近似方法, 同时也讨论两种更加精确的近似方法, 这两种近似方法考虑了三阶矩, 而不是仅考虑二阶矩.

§2.5.1　正态近似

在统计学中, 中心极限定理是仅次于大数定律的最重要的定理. 该定理表明, 将大量的独立随机变量加总, 就得到了一个极限为正态分布的随机变量. 形式最简单的中心极限定理 (CLT)如下.

定理 2.5.1 (中心极限定理)　设 $X_1, X_2, \cdots, X_n$ 是独立同分布 (iid) 的随机变量, 共同的均值为 μ、方差为 $\sigma^2 < \infty$, 则

$$\lim_{n\to\infty} \Pr\left[\sum_{i=1}^{n} X_i \leqslant n\mu + x\sigma\sqrt{n}\right] = \Phi(x). \tag{2.51}$$

证明　我们欲证明累积量母函数的收敛性. 令 $S^* = (X_1+\cdots+X_n-n\mu)/\sigma\sqrt{n}$, 则当 $n\to\infty$ 时, 对所有的 t,

$$\begin{aligned}\log \mathrm{m}_{S^*}(t) &= -\frac{\sqrt{n}\mu t}{\sigma} + n\left\{\log \mathrm{m}_X\left(\frac{t}{\sigma\sqrt{n}}\right)\right\}\\ &= -\frac{\sqrt{n}\mu t}{\sigma} + n\left\{\mu\left(\frac{t}{\sigma\sqrt{n}}\right) + \frac{1}{2}\sigma^2\left(\frac{t}{\sigma\sqrt{n}}\right)^2 + O\left(\left(\frac{1}{\sqrt{n}}\right)^3\right)\right\}\\ &= \frac{1}{2}t^2 + O\left(\frac{1}{\sqrt{n}}\right),\end{aligned} \tag{2.52}$$

式 (2.52) 收敛于 N(0, 1) 分布的累积量母函数 $\exp\left(\frac{1}{2}t^2\right)$. 作为推论, S^* 的分布函数收敛于标准正态分布函数 Φ.　▽

基于上述结果, 如果被加项相互独立并且具有有限的方差, 那么 $S = X_1 + \cdots + X_n$ 的近似分布可以表示为

$$F_S(s) \approx \Phi\left(s; \sum_{i=1}^{n} \mathrm{E}[X_i], \sum_{i=1}^{n} \mathrm{Var}[X_i]\right). \tag{2.53}$$

如果 n 足够"大", 那么上面这种近似可以放心地使用. 但是我们很难对"大"定义一个标准, 正如在下面的例子中将要看到的那样.

例 2.5.1 (快速生成近似正态随机数)　借助计算机的二进制处理能够快速生成伪随机数, 但是计算正态分布的对数和反函数却需要花费大量时间, 而产生近似 N(0, 1) 随机数的一个快速、简单的方法是把 12 个 uniform(0, 1) 随机数加到一起, 然后减去 6, 这种方法基于 $n = 12$ 的中心极限定理 (CLT). 比较这个分布函数和正态分布函数, 用式 (2.38) 得到最大的偏差为 0.002. 因此, 中心极限定理在这个例子中给出的近似精度很好, 见习题 2.4 第 5 题.　▽

例 2.5.2 (各种近似的说明)　假设有 $n = 1000$ 个年轻男性购买了保险期限为 1 年的保单, 每个投保人在 1 年内死亡的概率为 0.001, 且死亡发生的理赔支付为 1, 我们要计算这批保单总的理赔支付至少为 4 的概率. 总的理赔支付服从二项分布 binomial(1000, 0.001), 由于这里 $n = 1000$ 非常大, $p = 0.001$ 非常小, 根据泊松定理, 我们可用泊松分布 Poisson(np) 来近似所要求的概率. 首先计算 3.5 而非 4 处的概率, 然后再用一个连续性的修正, 我们有

$$\Pr[S \geqslant 3.5] = 1 - \mathrm{e}^{-1} - \mathrm{e}^{-1} - \frac{1}{2}\mathrm{e}^{-1} - \frac{1}{2}\mathrm{e}^{-1} = 0.01899. \tag{2.54}$$

注意到所求二项分布概率的精确值为 0.01893. 尽管此处的 n 比例 2.5.1 中的 n 大得多, 但用中心极限定理 (CLT) 给出的近似却很差: 由 $\mu = \mathrm{E}[S] = 1$ 和 $\sigma^2 = \mathrm{Var}[S] = 1$, 得

$$\Pr[S \geqslant 3.5] = \Pr\left[\frac{S-\mu}{\sigma} \geqslant \frac{3.5-\mu}{\sigma}\right] \approx 1 - \Phi(2.5) = 0.0062. \tag{2.55}$$

这里, 中心极限定理 (CLT) 近似差的原因是: 每一项 X_i 都是有偏度的, 进而导致 S 的偏度 $\gamma_S = 1$, 而在例 2.5.1 中, 我们考虑的是对称分布, 收敛速度较快, 这可从式 (2.52) 的推导看出. ▽

除了中心极限定理 (CLT) 近似, 我们还要给出两种更精细的近似: 平移伽玛近似和正态幂阶近似 (NP 近似). 从数值示例中可以看出, 这两种近似比中心极限定理 (CLT) 近似精确得多. 至于近似的质量, 在后两者之间没有太多的选择, 因为与所包含的前三阶矩估计缺乏精度所造成的误差相比, 两个方法导致的不精确性是非常小的, 可以忽略不计.

§2.5.2 平移伽玛近似

多数情况下, 总理赔额分布是右偏 (偏度 $\gamma > 0$)、取值非负且具有单峰, 类似于伽玛分布的形状. 为了更加灵活, 除了通常的参数 α 和 β, 我们允许偏移大小为 x_0 的距离. 由此, 我们用 $Z + x_0$ 的分布函数来近似 S 的分布函数, 其中 $Z \sim \text{gamma}(\alpha, \beta)$(见表 A). 我们通过选择 α, β 和 x_0, 使得 $Z + x_0$ 与 S 有相同的前三阶矩.

平移伽玛近似公式如下:

$$\begin{aligned} &F_S(s) \approx G(s - x_0; \alpha, \beta), \\ &\text{其中 } G(x; \alpha, \beta) = \frac{1}{\Gamma(\alpha)} \int_0^x y^{\alpha-1} \beta^\alpha \mathrm{e}^{-\beta y} \mathrm{d}y, \quad x \geqslant 0. \end{aligned} \tag{2.56}$$

这里 $G(x; \alpha, \beta)$ 是伽玛分布函数. 为使两者前三阶矩相同, α, β 和 x_0 的选取必须满足 $\mu = x_0 + \dfrac{\alpha}{\beta}$, $\sigma^2 = \dfrac{\alpha}{\beta^2}$ 和 $\gamma = \dfrac{2}{\sqrt{\alpha}}$(见表 A), 从而有

$$\alpha = \frac{4}{\gamma^2}, \quad \beta = \frac{2}{\gamma\sigma} \quad \text{和} \quad x_0 = \mu - \frac{2\sigma}{\gamma}. \tag{2.57}$$

为使这种近似有效, 要求偏度 γ 必须严格为正. 如果 $\gamma \downarrow 0$, 则其极限为正态近似. 注意, 如果分布函数 $F(\cdot)$ 和 $G(\cdot)$ 的前三阶矩相同, 则由分部积分可以证明对于 $\displaystyle\int_0^\infty x^j [1 - F(x)]\, \mathrm{d}x$, $j = 0, 1, 2$, 同样如此, 这就限制了这些分布函数, 使它们彼此不能差别太大.

例 2.5.3 (各种近似的说明, 续) 如果 $S \sim \text{Poisson}(1)$, 则 $\mu = \sigma = \gamma = 1$, 于是由 (2.57) 得 $\alpha = 4$, $\beta = 2$ 和 $x_0 = -1$. 因此, $\Pr[S \geqslant 3.5] \approx 1 - G(3.5-(-1);4,2) = 0.0212$, 这个结果比中心极限定理 (CLT) 近似更接近于精确值. ▽

平移伽玛近似可以给出止损赔付 $(S-d)_+$ 或自留损失 $S-(S-d)_+$ 的矩相当简单的近似公式. 运用 R 可以很容易地对伽玛分布函数进行估计, 并且伽玛分布函数值在电子制表软件中也是能够求出的, 尽管有时精确度有待进一步提高. 注意到在许多实际应用中, 如 MS Excel, 参数 β 应替换成 $1/\beta$; 在 R 中, $\beta = 2$ 通过 `rate=2` 或 `scale=1/2` 来指定.

例 2.5.4 (平移伽玛近似) 总理赔额 S 有均值 10000, 标准差 1000 和偏度 1, 由式 (2.57) 得 $\alpha = 4$, $\beta = 0.002$ 和 $x_0 = 8000$, 因此,

$$\Pr[S > 13000] \approx 1 - G(13000-8000;4,0.002) = 0.010. \tag{2.58}$$

通常的中心极限定理 (CLT) 近似得到的结果非常小: 0.0013, 使用伽玛分布函数的反函数, 对式 (2.58) 进行逆运算, 可以得到 95%水平的在险价值, 所求结果为 11875. ▽

§2.5.3 NP 近似

另一种使用近似随机变量三阶矩的近似方法是 NP 近似, 具体形式如下.

如果 $\text{E}[S] = \mu$, $\text{Var}[S] = \sigma^2$ 和 $\gamma_S = \gamma$, 则当 $s \geqslant 1$ 时,

$$\Pr\left[\frac{S-\mu}{\sigma} \leqslant s + \frac{\gamma}{6}(s^2-1)\right] \approx \varPhi(s), \tag{2.59}$$

或等价地, 当 $x \geqslant 1$ 时,

$$\Pr\left[\frac{S-\mu}{\sigma} \leqslant x\right] \approx \varPhi\left(\sqrt{\frac{9}{\gamma^2} + \frac{6x}{\gamma} + 1} - \frac{3}{\gamma}\right). \tag{2.60}$$

式 (2.60) 可以用来近似 S 的分布函数, 第一个公式可以得到近似的分位数. 如果 $s < 1$(或 $x < 1$), 那么修正项为负, 意味着中心极限定理 (CLT) 近似更为保守.

例 2.5.5 (各种近似的说明, 续) 如果 $S \sim \text{Poisson}(1)$, 则由 NP 近似可得 $\Pr[S \geqslant 3.5] \approx 1 - \varPhi(2) = 0.0228$, 这个结果也比中心极限定理 (CLT) 近似要好.

使用 R 所需生成的全部数值如下:

```
x <- 3.5; mu <- 1; sig <- 1; gam <- 1; z <-
(x-mu)/sig 1-pbinom(x, 1000, 0.001)                          ##
0.01892683 1-ppois(x,1)                                      ##
0.01898816 1-pnorm(z)                                        ##
0.00620967 1-pnorm(sqrt(9/gam^2 + 6*z/gam + 1) - 3/gam)      ##
```

```
0.02275013 1-pgamma(x-(mu-2*sig/gam), 4/gam^2, 2/gam/sig)##
0.02122649
```

其中用到了 (2.53), (2.60) 和 (2.56), (2.57). ▽

例 2.5.6 (用 NP 近似重新计算例 2.5.4)　我们用式 (2.59) 来决定资本量, 使资本量以 95%的概率不小于理赔额 S:

$$\Pr\left[\frac{S-\mu}{\sigma}\leqslant s+\frac{\gamma}{6}(s^2-1)\right]\approx\varPhi(s)=0.95,\quad s=1.645, \tag{2.61}$$

因此, S 的 95%的分位点为

$$\mathrm{E}[S]+\sigma_S\left(1.645+\frac{\gamma}{6}(1.645^2-1)\right)=\mathrm{E}[S]+1.929\sigma_S=11929. \tag{2.62}$$

为计算资本量 13000 不足以弥补损失 S 的概率, 我们对 $\mu=10000$, $\sigma=1000$ 和 $\gamma=1$ 应用式 (2.60) 得

$$\begin{aligned}\Pr[S>13000]&=\Pr\left[\frac{S-\mu}{\sigma}>3\right]\approx1-\varPhi(\sqrt{9+6\times3+1}-3)\\&=1-\varPhi(2.29)=0.011.\end{aligned} \tag{2.63}$$

注意, 平移伽玛近似的结果为 0.010, 而中心极限定理 (CLT) 近似的结果仅为 0.0013. ▽

注 2.5.1(证明 NP 近似)　对于 $U\sim\mathrm{N}(0,1)$, 考虑随机变量 $Y=U+\frac{\gamma}{6}(U^2-1)$. 记 $w(x)=\sqrt{\left(\frac{9}{\gamma^2}+\frac{6x}{\gamma}+1\right)_+}$, 很容易证明 (见习题 2.5 第 21 题)

$$F_Y(x)=\varPhi\left(+w(x)-\frac{3}{\gamma}\right)-\varPhi\left(-w(x)-\frac{3}{\gamma}\right)\approx\varPhi\left(w(x)-\frac{3}{\gamma}\right). \tag{2.64}$$

$\varPhi(-w(x)-3/\gamma)$ 说明了很小的 U 可以导致很大的 Y, 该项通常可以忽略, 而且当 $\gamma\downarrow0$ 时, 该项趋于 0. 同时, 对 $\mathrm{E}[U^6]=15$, $\mathrm{E}[U^4]=3$ 和 $\mathrm{E}[U^2]=1$ 和很小的 γ, 可以证明

$$\mathrm{E}[Y]=0;\quad \mathrm{E}[Y^2]=1+O(\gamma^2);\quad \mathrm{E}[Y^3]=\gamma\big(1+O(\gamma^2)\big). \tag{2.65}$$

因此, $\frac{S-\mu}{\sigma}$ 和 Y 的前三阶矩一样, 由式 (2.64), 这就证明了可用式 (2.60) 去近似 $\frac{S-\mu}{\sigma}$ 的分布函数. ▽

例 2.5.7(♠ 用埃奇沃思展式 (Edgeworth expansion) 推导 NP 近似)　式 (2.59) 可通过对分布函数使用某种展开式进行推导, 尽管这不是严格的数学方法. 定义 $Z=(S-\mathrm{E}[S])/\sqrt{\mathrm{Var}[S]}$, 并令 $\gamma=\mathrm{E}[Z^3]$ 为 S(和 Z) 的偏度. 对 Z 的累积量母函数, 有

$$\log\mathrm{m}_Z(t)=\frac{1}{2}t^2+\frac{1}{6}\gamma t^3+\cdots, \tag{2.66}$$

因此,

$$m_Z(t) = e^{t^2/2} \cdot \exp\left\{\frac{1}{6}\gamma t^3 + \cdots\right\} = e^{t^2/2} \cdot \left(1 + \frac{1}{6}\gamma t^3 + \cdots\right). \tag{2.67}$$

$\varphi(x)$ 为 N(0,1) 的密度函数, 则 $\varphi^{(3)}(x)$ 的"矩母函数"(这里把矩母函数的概念推广到广义函数的情形) 可以通过分部积分求得

$$\begin{aligned}\int_{-\infty}^{\infty} e^{tx}\varphi^{(3)}(x)\,dx &= e^{tx}\varphi^{(2)}(x)\Big|_{-\infty}^{\infty} - \int_{-\infty}^{\infty} te^{tx}\varphi^{(2)}(x)\,dx \\ &= 0 - 0 + \int_{-\infty}^{\infty} t^2 e^{tx}\varphi^{(1)}(x)\,dx \\ &= 0 - 0 + 0 - \int_{-\infty}^{\infty} t^3 e^{tx}\varphi(x)\,dx = -t^3 e^{t^2/2}.\end{aligned} \tag{2.68}$$

因为, 对应矩母函数 (2.67) 的分布函数为

$$F_Z(x) = \Phi(x) - \frac{1}{6}\gamma\Phi^{(3)}(x) + \cdots, \tag{2.69}$$

式 (2.69) 称为 F_Z 的**埃奇沃思展式**(Edgeworth expansion), 去掉省略号部分, 我们得到**埃奇沃思近似**(Edgeworth approximation). 不能保证后者是一个增函数, 为了由它求得 NP 近似式 (2.59), 对参数 s, 我们试图找到一个修正 $\delta = \delta(s)$, 使得

$$F_Z(s + \delta) \approx \Phi(s). \tag{2.70}$$

这意味着我们需要找到辅助函数 $g(\delta)$ 的零点, 其中 $g(\delta)$ 定义为

$$g(\delta) = \Phi(s) - \left\{\Phi(s + \delta) - \frac{1}{6}\gamma\Phi^{(3)}(s + \delta)\right\}. \tag{2.71}$$

利用泰勒展式 (Taylor expansion) $g(\delta) \approx g(0) + \delta g'(0)$ 可得, 当 $\delta \approx -g(0)/g'(0)$ 时, $g(\delta) = 0$, 因此

$$\delta \approx \frac{-\frac{1}{6}\gamma\Phi^{(3)}(s)}{-\Phi'(s) + \frac{1}{6}\gamma\Phi^{(4)}(s)} = \frac{-\frac{1}{6}\gamma(s^2 - 1)\varphi(s)}{\left(-1 + \frac{1}{6}\gamma(-s^3 + 3s)\right)\varphi(s)}. \tag{2.72}$$

由于偏度 γ 具有 $\lambda^{-1/2}$ 的阶数, 例如, 见式 (2.48), 因此, 在比较大的风险组合中是很小的部分, 所以我们将省略掉 (2.72) 分母中有 γ 的项, 可得

$$F_Z(s + \delta) \approx \Phi(s), \qquad \text{当 } \delta = \frac{1}{6}\gamma(s^2 - 1)\text{时}. \tag{2.73}$$

这恰好是之前给出的 NP 近似式 (2.59).

式 (2.69) 中省略号部分的项表示 (2.67) 中省略号部分的项的反矩母函数变换. 不大可能证明该公式中省略号部分的项很小, 更不用说它们的绝对和了. 因此, 宣称用这种方法得到了近似表达式有夸大其辞的嫌疑, 这种方法省略了可能发散的级数项, 然后用近似的反函数求解, 但通过理论论证是有道理的. ▽

§2.6 应用：最优再保险

一保险人正在为由 20 000 份一年期寿险保单构成的组合寻找最优再保险策略, 这批保单被分成如下三组：

保险金额 b_k	保单数 n_k
1	10 000
2	5 000
3	5 000

每个被保险人在一年内发生死亡的概率 $q_k = 0.01$, 并且保单之间相互独立. 保险人希望通过选择最佳的自留额, 即每张保单的最大给付额, 以尽量优化其偿付能力. 一次理赔中, 扣除自留额后的剩余部分由再保险人给付. 例如, 若自留额为 1.6, 保险金额为 2 的某个被保险人死亡, 那么保险人给付 1.6, 再保险人给付 0.4. 收取保费后, 保险人持有资本 B, 用于理赔给付和缴纳再保险费, 假定再保险费为纯保费的 120%.

首先, 设定自留额为 2, 从保险人的角度看, 保单是如下分布的：

保险金额 b_k	保单数 n_k
1	10 000
2	10 000

保险人总理赔额 S 的均值和方差等于

$$\begin{aligned} \mathrm{E}[S] &= n_1 b_1 q_1 + n_2 b_2 q_2 \\ &= 10\,000 \times 1 \times 0.01 + 10\,000 \times 2 \times 0.01 = 300, \\ \mathrm{Var}[S] &= n_1 b_1^2 q_1(1-q_1) + n_2 b_2^2 q_2(1-q_2) \\ &= 10\,000 \times 1 \times 0.01 \times 0.99 + 10\,000 \times 4 \times 0.01 \times 0.99 = 495. \end{aligned} \tag{2.74}$$

运用中心极限定理 (CLT), 我们得到成本 S 加上再保险费 $1.2 \times 0.01 \times 5\,000 \times 1 = 60$ 超过可用资本 B 的概率为

$$\Pr[S + 60 > B] = \Pr\left[\frac{S - \mathrm{E}[S]}{\sigma_S} > \frac{B - 360}{\sqrt{495}}\right] \approx 1 - \Phi\left(\frac{B - 360}{\sqrt{495}}\right). \tag{2.75}$$

当自留额介于 2 和 3 之间时, 这个概率是多少, 以及给定资本 B 如何确定自留额以使保险人的生存概率最大, 这些问题留给读者自己分析. 详见本节习题.

§2.7 习　题

§2.2

1. 设理赔概率为 0.1, 求以下两种情形下风险 $X = IB$ 的均值与方差: (1)B 以概率 1 等于 5; (2)$B \sim \text{uniform}(0, 10)$.

2. 投掷一枚质地均匀的骰子, 以 X 代表出现的点数; 然后, 抛一枚硬币 X 次, 令 Y 代表正面出现的次数, 求 Y 的均值和方差.

3. 画出例 2.2.2 中 X 的分布函数; 利用已得到的微分求被保险人为寻求损失 $1.1X$ 的保险保障愿意支付的保费; 把损失 X 写成 $X = IB$, 重新计算上述保费; 请问零效用保费是否随通货膨胀同步变化?

4. 借助微分计算例 2.2.3 中的 $\mathrm{E}[X]$, $\mathrm{Var}[X]$ 和矩母函数 $\mathrm{m}_X(t)$, 并画出"密度"图.

5. 若 $X = IB$, 求 $\mathrm{m}_X(t)$.

6. 考虑如下的分布函数 F:

$$F(x) = \begin{cases} 0, & x < 2, \\ \dfrac{x}{4}, & 2 \leqslant x < 4, \\ 1, & 4 \leqslant x. \end{cases}$$

试确定相互独立的随机变量 I, X 和 Y, 使得 $Z = IX + (1 - I)Y$ 的分布函数为 F, 其中 I 为 Bernoulli 随机变量, X 是离散随机变量, Y 是连续随机变量.

7. 分布函数 F 的微分如下:

$$\mathrm{d}F(x) = \begin{cases} \mathrm{d}x/3, & 0 < x < 1 \text{ 和 } 2 < x < 3, \\ \dfrac{1}{6}, & x \in \{1, 2\}, \\ 0, & \text{其他}. \end{cases}$$

试找一个离散分布函数 G, 一个连续分布函数 H 和一个实常数 c 使得 $F(x) = cG(x) + (1 - c)H(x)$, $\forall x$.

8. 设 $T = qX + (1 - q)Y$ 和 $Z = IX + (1 - I)Y$, 其中 $I \sim \text{Bernoulli}(q)$, 求 $\mathrm{E}[T^k]$ 和 $\mathrm{E}[Z^k]$, $k = 1, 2$.

9. 在第 8 题中, 如果再假设 X 和 Y 相互独立且有共同的分布 $\mathrm{N}(0, 1)$, 求 T 和 Z 的分布.

10. [♠] 在例 2.2.4 中, 证明 $\mathrm{E}[W] = \dfrac{1}{2}$ 和 $\mathrm{Var}[W] = \dfrac{1}{8}$. 注意 $\cosh(t) = (\mathrm{e}^t + \mathrm{e}^{-t})/2$, 证明 $\mathrm{m}_W(t) = \mathrm{e}^{t/2} \prod_{i=1}^{\infty} \cosh(t/3^i)$.

§2.3

1. 设 $S = X_1 + 2X_2 + 3X_3$, 其中 $X_j \sim \text{Poisson}(j)$, 求 $\Pr[S = s]$, $s = 0, 1, \cdots, 6$.

2. 在例 2.3.2 中, 求为计算所有的概率 $f_{1+2+3}(x)$ 所需要的非零项乘积运算的次数. 如果 $f_k = f_3$, $k = 4, \cdots, n$, 那么为计算 $F_{1+\cdots+n}(x)$, $x = 0, \cdots, 4n-4$ 需要作多少次乘积运算?

3. 利用卷积证明两个独立的正态随机变量 (见表 A) 之和仍然服从正态分布.

4. [♠] 利用卷积验证例 2.3.3 中表达式 (2.38) 当 $n = 1, 2, 3$ 时成立, 对上述的 n 确定 $F_S(x)$ 的值, 用归纳法证明式 (2.38) 对任意 n 成立.

5. 设 $X \sim \text{uniform}(0, 3)$, $Y \sim \text{uniform}(-1, 1)$, 利用区域 $\{(x, y) \mid x+y \leqslant z, x \in (0, 3)$ 且 $y \in (-1, 1)\}$ 的面积来计算 $F_{X+Y}(z)$.

§2.4

1. 设 X_1 和 X_2 相互独立, 且 $X_k \sim \text{exponential}(k)$, 分别利用卷积和矩母函数确定 $S = X_1 + X_2$ 的分布函数, 并用部分分式法识别对应的密度.

2. 利用矩母函数重新考虑例 2.3.4.

3. 利用中心矩给出四阶累积量 κ_4 的表示.

4. 证明累积量实际通过如下方式累积: 如果 X 和 Y 独立, 那么 $X + Y$ 的 k 阶累积量等于 X 的 k 阶累积量和 Y 的 k 阶累积量之和.

5. 证明 12 个相互独立且分别服从 uniform(0,1) 分布的随机变量之和的均值为 6, 方差为 1, 并确定其 κ_3 和 κ_4. 利用习题 2.3 第 4 题中得到的 $F_S(x)$ 的表达式, 画出这个随机变量的分布函数与 $\text{N}(6, 1)$ 分布函数的差别.

6. 求 $\text{Poisson}(\mu)$ 分布的偏度.

7. 求 $\text{gamma}(\alpha, \beta)$ 分布的偏度.

8. 证明: 如果 S 是对称的, 那么 $\gamma_S = 0$. 设 $X_1 \sim \text{Bernoulli}(0.4)$, $X_2 \sim \text{Bernoulli}(0.7)$ 和 $X_3 \sim \text{Bernoulli}(p)$, 且相互独立, 记 $S = X_1 + X_2 + X_3$, 试求使得 S 的偏度 $\gamma_S = 0$ 的 p 值, 并验证 S 不是对称的.

9. 设 $I \sim \text{Bernoulli}(q)$, b 是个固定的量, 请确定形如 Ib 的风险的偏度. 当 q 和 b 取何值时, I 的偏度等于 0? 当 q 和 b 取何值时, I 实际上是对称的?

10. 求二项分布、泊松分布和负二项分布的概率母函数, 见表 A.

11. 求以下分布的累积量母函数和累积量: 泊松分布、二项分布、正态分布和伽玛分布.

12. 证明: 如果 X 和 Y 有同样的支撑 $\{0, 1, \cdots, n\}$ 和同样的概率母函数, 那么 X 和 Y 依分布相等. 如果 $X_1, X_2, \cdots$ 是风险变量, 并且也取值于 $\{0, 1, \cdots, n\}$, 使得对每个参数 t, 当 $i \to \infty$ 时, X_i 的概率母函数收敛到 Y 的概率母函数, 验证对所有 x, $\Pr[X_i = x] \to \Pr[Y = x]$ 成立.

13. 如果对某个 $\delta > 0$, X 和 Y 有同样的支撑 $\{0, \delta, 2\delta, \cdots, n\delta\}$ 且有同样的矩母函数, 证明 X 和 Y 依分布相等.

14. [♠] 对特殊情形 $X \sim \text{exponential}(1)$, 检验式 (2.50) 中的等式 $\phi_X(t) = \text{m}_X(\text{i}t)$, 并证明如果 X 关于 0 点对称, 则其特征函数是实值的.

15. 设 $X \sim \text{binomial}(8, p)$ 和 $Y \sim \text{Bernoulli}(1-p)$, 证明 $Z = X + 2Y$ 的偏度为 0, 并确定 p 取何值时 Z 是对称的.

16. 如果 $X \sim \text{gamma}(2, 1)$ 和 $Y \sim$ exponential(1), 试确定 δ 的值使得 $X - \delta Y$ 的偏度等于 0.

17. 是否可以利用一个随机变量的概率母函数生成该变量的各阶矩? 是否可以利用一个整值随机变量的矩母函数来生成该变量取值的概率?

§2.5

1. 在例 2.5.2 中把 3.5 改为 $3-0, 3+0, 4-0$ 和 $4+0$, 结果会怎样? 这里是否需要连续性修正?

2. 证明 NP 近似的两种形式是等价的.

3. 如果 $Y \sim \text{gamma}(\alpha, \beta)$ 且 $\gamma_Y = \dfrac{2}{\sqrt{\alpha}} \leqslant 4$, 则 $\sqrt{4\beta Y} - \sqrt{4\alpha - 1} \overset{\approx}{\sim} \text{N}(0, 1)$, 见习题 2.5 第 14 题并比较前四阶矩. 所以, 近似参数为 α, β 和 x_0 的平移伽玛分布, 我们也有 $\Pr[S \leqslant s] \approx \Phi\big(\sqrt{4\beta(s-x_0)} - \sqrt{4\alpha - 1}\big)$. 如果 $\alpha = \dfrac{4}{\gamma^2}$, $\beta = \dfrac{2}{\gamma\sigma}$, $x_0 = \mu - \dfrac{2\sigma}{\gamma}$, 证明 $\Pr[S \leqslant s] \approx \Phi\left(\sqrt{\dfrac{8}{\gamma}\,\dfrac{s-\mu}{\sigma} + \dfrac{16}{\gamma^2}} - \sqrt{\dfrac{16}{\gamma^2} - 1}\right)$. 反之, 如果 $\Phi(y) = 1 - \varepsilon$, 证明 $\Pr\left[S \leqslant x_0 + \dfrac{1}{4\beta}(y + \sqrt{4\alpha - 1})^2\right] \approx 1 - \varepsilon$ 以及 $\Pr\left[\dfrac{S-\mu}{\sigma} \leqslant y + \dfrac{\gamma}{8}(y^2 - 1) + y(\sqrt{1 - \gamma^2/16} - 1)\right] \approx \Phi(y)$.

4. 如果固定 μ 和 σ^2 且令 $\gamma \downarrow 0$, 证明平移伽玛近似和 NP 近似均导致正态近似.

5. 用 NP 近似分别近似求出 χ^2_{18} 分布在 $\varepsilon = 0.05, 0.1, 0.5, 0.9, 0.95$ 的临界值, 并与 χ^2 分布表查出的精确值作对比.

6. 在第 5 题中, 如果用平移伽玛近似, 其结果又如何?

7. 利用泊松过程中的恒等式"等待第 n 个事件发生的时间大于 x"等价于"在 $(0, x)$ 时间段中至多有 $n-1$ 个事件发生", 证明: 若 $Z \sim \text{gamma}(n,1)$ 和 $N \sim \text{Poisson}(x)$, 则 $\Pr[Z > x] = \Pr[N < n]$. 如何将这一事实用于平移伽玛近似的计算?

8. 取 $\varepsilon = 0.05, 0.1, 0.5, 0.9, 0.95$, 比较由第 3 题得到的 χ^2_{18} 分布的近似临界值和对应的精确临界值.

9. 一保险人由 2000 份一年期寿险保单构成的组合, 其中有一半保单其理赔给付是 $b_1 = 1$, 被保险人在一年内死亡的概率是 $q_1 = 1\%$; 另一半保单是 $b_2 = 2$ 和 $q_2 = 5\%$. 用中心极限定理 (CLT) 确定附加在纯保费之上的最小安全附加系数(纯保费的一定比例), 以确保总理赔额超过总保费收入的概率至多为 5%.

10. 对于第 9 题, 利用总理赔额的三阶累积量等于风险的三阶累积量之和, 采用 NP 近似方法重新计算.

11. 证明对于所有的 $x \geqslant -1$, 式 (2.60) 的右边有定义. 其最小值和最大值分别是什么? 是否为增函数? 若 $x = 1$, 结果又如何?

12. 设 X 的均值为 $\mu = 1000$, 标准差为 $\sigma = 2000$, 试确定以下分布的偏度 γ: (i) X 是正态的; (ii)$X/\phi \sim \text{Poisson}(\mu/\phi)$; (iii)$X \sim \text{gamma}(\alpha, \beta)$; (iv)$X \sim$ inverse Gaussian(α, β); (v)$X \sim \text{lognormal}(\nu, \tau^2)$, 并证明如果 X 服从帕累托分布, 则偏度为无穷大, 见表 A.

13. 一个风险组合由两种类型的保单合同构成, 对于类型 $k(k=1,2)$ 理赔的概率是 q_k, 相应的保单数目是 n_k. 如果有理赔发生, 则理赔额以概率 $p_k(x)$ 取值为 x:

	n_k	q_k	$p_k(1)$	$p_k(2)$	$p_k(3)$
类型 1	1000	0.01	0.5	0	0.5
类型 2	2000	0.02	0.5	0.5	0

假设保单合同之间相互独立, 以 S_k 记第 k 类型保单的总理赔额, 并记 $S=S_1+S_2$. 计算 S_k, $k=1,2$ 的均值和方差, 然后再计算 S 的均值和方差; 用中心极限定理 (CLT) 确定能以 95% 的概率覆盖所有理赔额的最小资本金.

14. [♠] 设 $U\sim\text{gamma}(\alpha,1)$, $Y\sim\text{N}(\sqrt{4\alpha-1},1)$ 和 $T=\sqrt{4U}$, 证明 $\text{E}[U^t]=\Gamma(\alpha+t)/\Gamma(\alpha)$, $t>0$; 然后运用 $\Gamma(\alpha+1/2)/\Gamma(\alpha)\approx\sqrt{\alpha-1/4}$ 和 $\alpha\Gamma(\alpha)=\Gamma(\alpha+1)$, 证明 $\text{E}[Y^j]\approx\text{E}[T^j]$, $j=1,3$; 同时, 也证明 $\text{E}[Y^2]=\text{E}[T^2]$ 和 $\text{E}[Y^4]=\text{E}[T^4]-2$.

15. [♠] 例 2.5.2 中用到的“连续性修正”, 即用连续随机变量分布函数对整值随机变量的分布函数作出近似, 其理由如下: 设 G 为某非负随机变量的连续分布函数, 由关系式 $H(k+\varepsilon)=G(k+0.5)$, $k=0,1,2,\cdots$, $0\leqslant\varepsilon<1$, 构造分布函数 H. 用在长度为 1 的区间里取被积函数中间点值的原则, 近似求出 $d=0$ 时式 (1.33) 的右端项, 证明 G 和 H 的均值是大约相等的. 由此推出, 如果 G 是一个可能用于近似离散分布函数 F 的连续分布函数, 且与 F 有相同的均值, 那么令 $F(x):=G(x+0.5)$, 可以得到均值大致相同的分布 F 的一个近似. 然而若令 $F(x)=G(x)$, 得到的均值大约是 $\mu+0.5$ 而不是 μ, 由此, 粗略地说, 用来逼近式 (1.33) 的求和项的尾概率过大, 其因子为 $\dfrac{1}{2\mu}$.

16. 为体会近似误差与在 NP 近似和平移伽玛近似中对 μ, σ, γ 进行估计时的估计精度所引起的误差的区别, 重新计算例 2.5.1, 其中的参数按如下方式改变: (i)$\mu=10100$; (ii)$\sigma=1020$; (iii)$\mu=10100$ 和 $\sigma=1020$; (iv)$\gamma=1.03$, 其余参数同例 2.5.4.

17. 当使用不小心时, 函数 `pNormalPower` 有时会产生结果 `NaN` (不是一个数), 在什么时候会发生这种情况? 原因是什么? 建立一个检验来更自如地处理这种情况.

18. 用 `pTransGam(0:10,1,1,1)` 和 `ppois(0:10,1)` 比较平移伽玛近似和准确的 Poisson(1) 分布的结果. 为观察运用连续性修正的影响, 再去比较 `pTransGam(0:10+0.5,1,1,1)` 的结果.

19. 用 NP 近似, 再做一遍第 18 题的练习.

20. 注意到, 按照 `R` 的惯例, 我们已对近似的分布函数加上前缀 `p`, 现在写出分位数函数 `qTransGam` 和 `qNormalPower`, 并做一些测试.

21. 证明式 (2.64) 和 (2.65).

§2.6

1. 在 §2.6 的假设下, 计算当自留额 $d\in[2,3]$ 时资本金 B 不足的概率; 若 $B=405$, 给出 $d=2$ 和 $d=3$ 的数值结果.

2. 对 $B=405$, 求自留额 $d\in[2,3]$ 以使资本金 B 不足的概率最小; 若 $B=404$, 最佳的自留额为多少?

3. 设 $d=2$, 用 NP 近似计算资本金 B 不足的概率.

第 3 章　聚合风险模型

任何非常先进的技术, 初看都与魔法无异.
—— A. C. Clarke, 克拉克第三基本定律, 1973

§3.1　引　　言

本章我们引入聚合风险模型. 同第 2 章那样, 我们要计算总理赔额的分布函数, 但是现在要把风险组合理解为在一定时间段内产生的随机多个理赔的全体. 记

$$S = X_1 + X_2 + \cdots + X_N, \tag{3.1}$$

其中, X_i 表示第 i 个理赔, N 表示一个整值随机变量, 记录理赔次数, 显然, 当 $N = 0$ 时总理赔额 $S = 0$. 式 (3.1) 中 S 的各项对应着实际的理赔; 在式 (2.26) 里面有许多项为 0, 这是由于对应的保单没有产生理赔. 我们假设个体理赔额 X_i 是独立同分布的, 且理赔次数 N 和所有的 X_i 独立. 特别地, 当 N 服从泊松分布时, S 具有*复合泊松分布*; 当 N 服从 (负) 二项分布时, S 具有*复合 (负) 二项分布*.

聚合风险模型忽略了一些保单信息, 如果风险组合中只包含一个可能产生高理赔额的保单, 这个理赔额在个体风险模型 (2.26) 中至多出现一次. 然而, 在聚合风险模型 (3.1) 中, 它可能出现若干次. 而且, 在聚合风险模型中, 我们要求理赔次数 N 和理赔额 X_i 之间相互独立. 这对车险保单组合来说稍显不合适, 如坏天气条件将会导致许多小额理赔发生, 不过, 在实践中这些现象影响似乎很小.

聚合风险模型不仅在计算上有效, 还相当接近现实. 我们将给出一些计算式 (3.1) 中 S 的分布的算法. 一个显而易见但费时费力的方法就是对于所有的 n, 在 $N = n$ 的条件下求卷积. 我们还讨论了稀疏向量算法. 这个算法可以用于 N 服从泊松分布时, 基于理赔额出现的频率是一些独立的泊松随机变量的事实. 对于更大的分布类, 我们可以使用 Panjer 递推算法 (Panjer's recursion), 这种算法利用事件 $S = k$, $k = 0, 1, \cdots, s-1$ 的概率, 来递推事件 $S = s$ 的概率. 另一种算法是利用*快速傅里叶变换*(FFT)来反演特征函数.

我们可以用 N 和 X_i 的矩来表示 S 的矩. 如果 $\mathrm{E}[N]$ 比较大, 我们可以再次利用中心极限定理 (CLT) 以及第 2 章讨论的平移伽玛近似和 NP 近似等方法近似 S 的分布.

接下来, 我们为 N 和 X_i 寻找一些合适的分布, 使得聚合风险模型充分接近于一个给定的个体风险模型. 事实证明, 泊松分布和负二项分布作为 N 的分布常常是合适的选择, 我们将展示一下这些分布间的相互关系, 也会讨论复合泊松分布的一些特殊性质. 许多参数分布都适合于对保险损失建模, 我们将研究它们的性质, 包括如何利用极大似然估计来估计参数, 以及如何从中进行随机模拟.

止损保险保单不仅用于再保险条约中, 而且可用于因疾病导致的保险缺失或者存在免赔额的情形. 对于离散分布和若干连续分布, 我们给出了许多计算止损再保险保费的技术. 借助第 2 章引入的分布函数的近似, 我们也可以近似计算止损再保险的保费.

§3.2 复合分布

假设 S 是由式 (3.1) 给出的复合随机变量, 所有 X_i 与 X 同分布, 记

$$\mu_k = \mathrm{E}[X^k], \quad P(x) = \Pr[X \leqslant x], \quad F(s) = \Pr[S \leqslant s], \tag{3.2}$$

则利用给定 N 之下 S 的条件分布, 可以计算 S 的期望值. 首先, 对 N 的所有可能值应用全概率公式, 然后再利用 X_i 和 N 的独立性去掉全概率公式中的条件 $N=n$, 这样便得到了如下的计算:

$$\begin{aligned}
\mathrm{E}[S] &= \mathrm{E}\big[\mathrm{E}[S \mid N]\big] = \sum_{n=0}^{\infty} \mathrm{E}[X_1 + \cdots + X_N \mid N = n] \Pr[N = n] \\
&= \sum_{n=0}^{\infty} \mathrm{E}[X_1 + \cdots + X_n] \Pr[N = n] \\
&= \sum_{n=0}^{\infty} n\mu_1 \Pr[N = n] = \mu_1 \mathrm{E}[N].
\end{aligned} \tag{3.3}$$

注意到总理赔额的期望值等于理赔次数期望值与单次理赔额期望值的乘积.

总理赔额的方差可以由方差分解准则 (2.22) 来确定:

$$\begin{aligned}
\mathrm{Var}[S] &= \mathrm{E}\big[\mathrm{Var}[S \mid N]\big] + \mathrm{Var}\big[\mathrm{E}[S \mid N]\big] \\
&= \mathrm{E}\big[N\mathrm{Var}[X]\big] + \mathrm{Var}[N\mu_1] \\
&= \mathrm{E}[N]\mathrm{Var}[X] + \mu_1^2 \mathrm{Var}[N].
\end{aligned} \tag{3.4}$$

使用和式 (3.3) 中同样的技巧可以求出总理赔额 S 的矩母函数:

$$\begin{aligned}
\mathrm{m}_S(t) &= \mathrm{E}\big[\mathrm{E}[\mathrm{e}^{tS} \mid N]\big] \\
&= \sum_{n=0}^{\infty} \mathrm{E}\big[\mathrm{e}^{t(X_1+\cdots+X_N)} \mid N=n\big] \Pr[N=n] \\
&= \sum_{n=0}^{\infty} \mathrm{E}\big[\mathrm{e}^{t(X_1+\cdots+X_n)}\big] \Pr[N=n] \\
&= \sum_{n=0}^{\infty} \{\mathrm{m}_X(t)\}^n \Pr[N=n] = \mathrm{E}\big[(\mathrm{e}^{\log \mathrm{m}_X(t)})^N\big] \\
&= \mathrm{m}_N(\log \mathrm{m}_X(t)).
\end{aligned} \tag{3.5}$$

例 3.2.1 (具有闭型分布函数的复合分布)　设 $N \sim \text{geometric}(p)$, $0 < p < 1$, $X \sim \text{exponential}(1)$, 那么 S 的分布函数是什么呢?

记 $q = 1-p$. 首先, 我们来计算 S 的矩母函数, 然后尝试通过得到的矩母函数来确定该复合分布. 当 $q\mathrm{e}^t < 1$(即 $t < -\log q$) 时, 有

$$\mathrm{m}_N(t) = \sum_{n=0}^{\infty} \mathrm{e}^{nt} pq^n = \frac{p}{1-q\mathrm{e}^t}. \tag{3.6}$$

因为 $X \sim \text{exponential}(1)$, 所以 $\mathrm{m}_X(t) = (1-t)^{-1}$, 由式 (3.5) 得

$$\mathrm{m}_S(t) = \mathrm{m}_N(\log \mathrm{m}_X(t)) = \frac{p}{1-q\mathrm{m}_X(t)} = p + q\frac{p}{p-t}, \tag{3.7}$$

所以 S 的矩母函数是由常数 0 的矩母函数和指数分布 exponential(p) 的矩母函数混合而成. 由于分布函数和矩母函数之间存在一一对应关系, 所以我们可以断言 S 的分布函数也可通过相同的方式混合而成

$$F(x) = p + q(1-\mathrm{e}^{-px}) = 1 - q\mathrm{e}^{-px}, \quad x \geqslant 0. \tag{3.8}$$

这是一个在 0 点有跃度 p, 而在其他处为指数型的分布函数. ▽

从提出唯一的具有闭型累积分布函数的非平凡复合分布的意义上说, 这个例子是独一无二的.

§3.2.1 复合分布函数的卷积公式

利用给定 $N = n$ 之下 S 的条件分布, 可计算分布 F:

$$F(x) = \Pr[S \leqslant x] = \sum_{n=0}^{\infty} \Pr[X_1 + \cdots + X_N \leqslant x \mid N=n] \Pr[N=n], \tag{3.9}$$

于是

$$F(x)=\sum_{n=0}^{\infty}P^{*n}(x)\Pr[N=n],\quad f(x)=\sum_{n=0}^{\infty}p^{*n}(x)\Pr[N=n]. \tag{3.10}$$

这些表达式即为复合分布函数的**卷积公式**.

例 3.2.2 (卷积公式的应用)　设 $\Pr[N=j-1]=j/10$, $j=1,2,3,4$, $p(1)=0.4$, $p(2)=0.6$, 利用式 (3.10), $F(x)$ 的计算如下:

x	$p^{*0}(x)$	$p^{*1}(x)$	$p^{*2}(x)$	$p^{*3}(x)$		$f(x)$		$F(x)$
0	1					0.1000		0.1000
1		0.4				0.0800		0.1800
2		0.6	0.16			0.1680		0.3480
3			0.48	0.064		0.1696		0.5176
4			0.36	0.288		⋮		⋮
5				0.432		⋮		⋮
⋮				⋮		⋮		⋮
	$\updownarrow\times$	$+\updownarrow\times$	$+\updownarrow\times$	$+\updownarrow\times$	$=$	$\uparrow$	$\Rightarrow$	$\uparrow$
$\Pr[N=n]$	0.1	0.2	0.3	0.4				

把最后一行的概率 $\Pr[N=n]$ 对应乘以上面每一行的数字, 然后把所得乘积的和放到 $f(x)$ 列中对应的行上, 例如, $0.2\times0.6+0.3\times0.16=0.168$.　∇

注意, 如果我们试图求任意离散理赔额的卷积, 而不是像例 3.2.2 中具有整数值的理赔额, 那么可能的取值和计算量将以指数速度增加.

例 3.2.3 (复合分布, 指数型理赔额)　由 $F(x)$ 的表达式 (3.10) 可以看出, 为方便起见, 应当选取 n 重卷积易于计算的 X 的分布. 正态分布和伽玛分布便是如此: n 个服从 $\mathrm{N}(\mu,\sigma^2)$ 分布的独立随机变量和的分布为 $\mathrm{N}(n\mu,n\sigma^2)$; 同样地, n 个服从 gamma(α,β) 分布的独立随机变量和的分布为 gamma$(n\alpha,\beta)$.

设理赔额服从 exponential(1) 分布, 这和 $\alpha=\beta=1$ 的 gamma(α,β) 是一样的. 在泊松等待时间过程 (也可见习题 2.5 第 7 题和第 4 章) 中, 已知等待第 n 个事件发生的时间至少为 x, 或者等价地, 到时刻 x 为止至多发生了 $n-1$ 个事件的概率是一个 Poisson(x) 概率. 于是

$$1-P^{*n}(x)=\int_x^{\infty}y^{n-1}\frac{\mathrm{e}^{-y}}{(n-1)!}\,\mathrm{d}y=\mathrm{e}^{-x}\sum_{i=0}^{n-1}\frac{x^i}{i!}. \tag{3.11}$$

这也可由分部积分或由比较导数的办法来证明, 见习题 3.2 第 7 题, 所以

$$1-F(x)=\sum_{n=1}^{\infty}\Pr[N=n]\,\mathrm{e}^{-x}\sum_{i=0}^{n-1}\frac{x^i}{i!},\quad x>0. \tag{3.12}$$

只要 $\Pr[N \geqslant n]$ 小于所要求的精度, 我们便可以停止外层的求和运算. 此外, 内层两个相继的和仅仅相差最后一项, 所以单个求和就足够了. ▽

如果加项是整数值, 那么总理赔额分布的计算将大大简化, 因此我们常常用一个尽可能相近的离散随机变量来近似 X.

§3.3 赔付次数的分布

在实际中, 我们没有大量可使用的相关数据来确定 N 的分布. 为刻画"稀有事件", 只有一个待估计参数的泊松分布通常是我们的首选. 如果所研究过程可以描述为泊松过程, 使用泊松分布也是合理的, 见第 4 章. 众所周知, 泊松分布 $\text{Poisson}(\lambda)$ 的期望和方差都等于 λ. 如果 $\text{Var}[N]/\text{E}[N] > 1$, 意味着**过度分散**, 这时我们可以运用负二项分布来代替泊松分布. 我们考虑两个模型, 其中后一个的分布可以看成泊松分布的推广.

例 3.3.1 (泊松分布, 参数的不确定性) 假设某个司机在一年内发生交通事故的次数服从泊松分布 $\text{Poisson}(\lambda)$, 参数 λ 未知, 并且不同司机的 λ 也不同. 我们假设 λ 是某一随机变量 Λ 的取值, 给定 $\Lambda = \lambda$ 时, 一年内交通事故总次数 N 的条件分布是泊松分布 $\text{Poisson}(\lambda)$. 那么, N 的边缘分布是什么?

令 $U(\lambda) = \Pr[\Lambda \leqslant \lambda]$ 表示 Λ 的分布函数, 则事件 $N = n$ 的边缘分布为

$$\Pr[N = n] = \int_0^\infty \Pr[N = n \mid \Lambda = \lambda]\, \mathrm{d}U(\lambda) = \int_0^\infty \mathrm{e}^{-\lambda}\frac{\lambda^n}{n!}\, \mathrm{d}U(\lambda), \tag{3.13}$$

而 N 的无条件均值和方差为

$$\begin{aligned} \text{E}[N] &= \text{E}\big[\text{E}[N \mid \Lambda]\big] = \text{E}[\Lambda]; \\ \text{Var}[N] &= \text{E}\big[\text{Var}[N \mid \Lambda]\big] + \text{Var}\big[\text{E}[N \mid \Lambda]\big] = \text{E}[\Lambda] + \text{Var}[\Lambda] \geqslant \text{E}[N]. \end{aligned} \tag{3.14}$$

现在再假设 $\Lambda \sim \text{gamma}(\alpha, \beta)$, 记 $p = \beta/(\beta+1)$, 则

$$\begin{aligned} \text{m}_N(t) &= \text{E}\big[\text{E}[\mathrm{e}^{tN} \mid \Lambda]\big] = \text{E}\big[\exp\{\Lambda(\mathrm{e}^t - 1)\}\big] = \text{m}_\Lambda(\mathrm{e}^t - 1) \\ &= \left(\frac{\beta}{\beta - (\mathrm{e}^t - 1)}\right)^\alpha = \left(\frac{p}{1 - (1-p)\mathrm{e}^t}\right)^\alpha, \end{aligned} \tag{3.15}$$

由表 A 可以识别出这是参数为 $(\alpha, \beta/(\beta+1))$ 的负二项分布的矩母函数. 可以证明, 过度分散的 $\text{Var}[N]/\text{E}[N]$ 为 $1/p = 1 + 1/\beta$.

显然, 对于一个特定的司机, Λ 是一个不可观测的随机变量. 这是一个"远期理赔频率", 它是指如果该司机可以被长时期观测, 并且在被观测期间其理赔模式不发生变化, 其每年被观测到的平均交通事故次数将会收敛到的值. Λ 的分布被称为结构分布, 见第 8 章. ▽

例 3.3.2 (复合负二项分布也是复合泊松分布) 在某个交叉路口一年之中发生 N 次重大交通事故, 第 i 次事故中伤亡人数是 L_i, 所以总伤亡人数为 $S = L_1 + L_2 + \cdots + L_N$. 设 $N \sim \text{Poisson}(\lambda)$, $L_i \sim \text{logarithmic}(c)$, $0 < c < 1$, 即

$$\Pr[L_i = k] = \frac{c^k}{k\,h(c)}, \quad k = 1, 2, \cdots, \tag{3.16}$$

这里除以函数 $h(\cdot)$ 是为了使得这些概率之和为 1. 显然, 由通常的 $\log(1+x)$ 的级数展开式可知这个函数为 $h(c) = -\log(1-c)$, 由此得名对数分布. 那么, S 的分布是什么?

L_i 的矩母函数为

$$\mathrm{m}_L(t) = \sum_{k=1}^{\infty} \frac{\mathrm{e}^{tk} c^k}{k\,h(c)} = \frac{h(c\,\mathrm{e}^t)}{h(c)}, \tag{3.17}$$

则 S 的矩母函数为

$$\begin{aligned} \mathrm{m}_S(t) &= \mathrm{m}_N(\log \mathrm{m}_L(t)) = \exp \lambda(\mathrm{m}_L(t) - 1) \\ &= \left(\exp\{h(c\,\mathrm{e}^t) - h(c)\}\right)^{\lambda/h(c)} = \left(\frac{1-c}{1-c\,\mathrm{e}^t}\right)^{\lambda/h(c)}, \end{aligned} \tag{3.18}$$

再次由表 A 可以识别出这是参数为 $\lambda/h(c) = -\lambda/\log(1-c)$ 和 $1-c$ 的负二项分布的矩母函数.

一方面, 对伤亡者的总给付 Z 是次数服从 $\text{Poisson}(\lambda)$ 分布的多次重大车祸导致的给付之和, 所以它服从复合泊松分布; 另一方面, 按照伤亡者相加我们又得到总给付额 Z 服从一个复合负二项分布. 可以证明, 如果 S_2 是一个参数为 r 和 $p = 1-q$ 的复合负二项分布, 且理赔分布为 $P_2(\cdot)$, 则 S_2 和 S_1 有同样的分布, 而 S_1 服从一个具有参数 λ 和理赔分布 $P_1(\cdot)$ 的复合泊松分布, 且

$$\lambda = rh(q) \quad \text{和} \quad P_1(x) = \sum_{k=1}^{\infty} \frac{q^k}{kh(q)} P_2^{*k}(x). \tag{3.19}$$

因此, 任何一个复合负二项分布都可以写成一个复合泊松分布. ▽

注 3.3.1 (概率论中的复合泊松分布) 复合泊松分布也是概率论的研究对像. 如果随机变量 X 满足性质: 对任何自然数 n, 存在一列独立同分布的随机变量 $X_1, X_2, \cdots, X_n$ 使得 $X \sim X_1 + X_2 + \cdots + X_n$, 则称 X 是*无穷可分的*. 如果我们将复合泊松分布类拓展成一个更大的类, 使其对极限运算封闭, 那么我们恰好得到无穷可分分布类, 伽玛分布和正态分布就属于这个类. ▽

§3.4 复合泊松分布的性质

本节将证明关于复合泊松分布的一些重要定理, 并利用这些定理来构造一个比 (3.10) 更好的算法来计算 $F(\cdot)$. 首先, 我们证明复合泊松分布类关于卷积封闭.

定理 3.4.1 (复合泊松随机变量的和仍是复合泊松随机变量) 如果 $S_1, S_2, \cdots, S_m$ 是一列独立的复合泊松随机变量, 分别具有参数 λ_i 和理赔分布 P_i, $i = 1, 2, \cdots, m$, 那么 $S = S_1 + S_2 + \cdots + S_m$ 仍是一个复合泊松随机变量, 具有参数

$$\lambda = \sum_{i=1}^{m} \lambda_i \quad \text{和} \quad P(x) = \sum_{i=1}^{m} \frac{\lambda_i}{\lambda} P_i(x). \tag{3.20}$$

证明 记 m_i 是 P_i 的矩母函数, 则 S 的矩母函数如下:

$$\mathrm{m}_S(t) = \prod_{i=1}^{m} \exp\left\{\lambda_i \left[m_i(t) - 1\right]\right\} = \exp \lambda \left\{\sum_{i=1}^{m} \frac{\lambda_i}{\lambda} m_i(t) - 1\right\}. \tag{3.21}$$

故 S 是一个复合泊松随机变量, 其参数由式 (3.20) 给出. ▽

因此, m 个独立复合泊松风险组合的总和仍然服从复合泊松分布, 或者对同一个复合泊松风险组合观测 m 年且假设每年的结果相互独立, 则有同样的结论, 即 m 年结果的总和也仍然服从复合泊松分布.

我们来看一个特例: 当 S_i 有确定的理赔额 x_i 时, 有 $S_i = x_i N_i$, 其中 $N_i \sim \text{Poisson}(\lambda_i)$. 假设所有 x_i 全不相同, 则由定理 3.4.1 知

$$S = x_1 N_1 + x_2 N_2 + \cdots + x_m N_m \tag{3.22}$$

是一个复合泊松随机变量, 参数为

$$\lambda = \lambda_1 + \cdots + \lambda_m \quad \text{和} \quad p(x_i) = \frac{\lambda_i}{\lambda}, \quad i = 1, \cdots, m. \tag{3.23}$$

我们还可以证明如下逆命题.

定理 3.4.2 (理赔次数服从独立泊松分布) 假设 S 服从参数为 λ 的复合泊松分布, 其中理赔分布是一个离散型分布, 满足

$$\pi_i = p(x_i) = \Pr[X = x_i], \quad i = 1, 2, \cdots, m. \tag{3.24}$$

如果把 S 写成式 (3.22) 那样, 其中 N_i 是理赔额 x_i 出现的频次, 即 S 的和式里的值 x_i 出现的次数, 则 $N_1, \cdots, N_m$ 是独立的 $\text{Poisson}(\lambda\pi_i)$, $i = 1, \cdots, m$ 随机变量.

证明　记 $N = N_1 + \cdots + N_m$ 和 $n = n_1 + \cdots + n_m$, 对 $N = n$ 取条件得 $N_1, \cdots, N_m \sim \text{Multinomial}(n, \pi_1, \cdots, \pi_m)$, 于是

$$\begin{aligned}
&\Pr[N_1 = n_1, \cdots, N_m = n_m] \\
=&\Pr[N_1 = n_1, \cdots, N_m = n_m \mid N = n] \Pr[N = n] \\
=&\frac{n!}{n_1! n_2! \cdots n_m!} \pi_1^{n_1} \pi_2^{n_2} \cdots \pi_m^{n_m} \mathrm{e}^{-\lambda} \frac{\lambda^n}{n!} \\
=&\prod_{i=1}^{m} \mathrm{e}^{-\lambda \pi_i} \frac{(\lambda \pi_i)^{n_i}}{n_i!}.
\end{aligned} \tag{3.25}$$

把式 (3.25) 对所有的 n_i, $i \neq k$ 相加, 可求出 N_k 的边缘分布为 Poisson$(\lambda\pi_k)$. 因为 $\Pr[N_1 = n_1, \cdots, N_m = n_m]$ 等于 $N_i = n_i$ 的边际概率的乘积, 所以 N_i 是独立的. ▽

例 3.4.1(应用：稀疏向量算法)　如果理赔额 X 是非负整值随机变量, 可以用一种有效的方式来计算复合泊松分布函数 F, 我们用下面的例子来演示这个方法. 取 $\lambda = 4$ 和 $\Pr[X = 1, 2, 3] = \frac{1}{4}, \frac{1}{2}, \frac{1}{4}$, 然后如式 (3.22) 那样, 把所有的项集中起来, 可以把 S 写成 $S = 1N_1 + 2N_2 + 3N_3$, 并用卷积来计算 S 的分布. 现计算 $f(x) = \Pr[S = x]$ 如下：

x	$\Pr[N_1 = x]$ ($\mathrm{e}^{-1}\times$)	$*$	$\Pr[2N_2 = x]$ ($\mathrm{e}^{-2}\times$)	$=$	$\Pr[N_1 + 2N_2 = x]$ ($\mathrm{e}^{-3}\times$)	$*$	$\Pr[3N_3 = x]$ ($\mathrm{e}^{-1}\times$)	$=$	$\Pr[S = x]$ ($\mathrm{e}^{-4}\times$)
0	1		1		1		1		1
1	1		-		1		-		1
2	1/2		2		5/2		-		5/2
3	1/6		-		13/6		1		19/6
4	1/24		2		⋮		-		⋮
⋮	⋮		⋮		⋮		⋮		⋮
	↑		↑				↑		
	$1/x!$		$2^{x/2}/(x/2)!$				$1/(x/3)!$		

理赔额为 $1, 2, \cdots, j-1$ 的这些理赔总和的密度与 jN_j 的密度取卷积, 在以 jN_j 的概率开头的那些列中, 我们只需要在 $0, j, 2j, \cdots$ 行对应的位置上填写相应的结果, 这就是之所以这种方法被称为“稀疏向量”算法的原因, 这些概率都是一些 Poisson$(\lambda\pi_j)$ 概率.

在 R 中很容易就可以实现稀疏向量算法, 因为两个向量的卷积可以通过 `convolve` 函数进行处理, 这运用了快速傅里叶变换(FFT) 技术, 原理将在 §3.6 中给予解释. R 中稀疏向量算法的实现方法如下：

```
SparseVec <- function (freq)
{if (any(freq<0)) stop("negative frequency")
```

```
 M <- length(freq)
 mu <- sum((1:M)*freq); sigma2 <- sum((1:M)^2*freq)
 ##mean and variance of the compound r.v.; see (3.4)
 MM <- ceiling(mu + 10 * sqrt(sigma2)) + 6
 fs <- dpois(0:(MM-1), freq[1])  ##density of S_1 = 1*N_1
 for (j in 2:M)
 {MMM <- trunc((MM-1)/j)
  fj <- rep(0, MM)  ##construct the density of j*N_j
  fj[(0:MMM)*j+1] <- dpois(0:MMM, freq[j])
  fs <- convolve(fs, rev(fj), type="o") }
 ##fs is the density of S_j = 1*N_1 + ... + j*N_j, j=2..M
 return(fs)  }
f <- SparseVec(c(1,2,1)); f[1:7] * exp(4)
```

最后一行产生了例 3.4.1 的表中最后一列的 7 个数字. 命令 `freq` 包含了每个理赔额 $j=1,2,\cdots$ 的期望频率 λp_j, 当然要保证这些值是非负的. 向量长度 `MM` 取值为均值加上 10 倍标准差加上 7, 以确保 `sum(fs[1:MM])` 恒等于 1. 向量 `fs` 初始为 $1N_1$ 的密度, 之后依次在第 $j(j=2,\cdots,m)$ 步对每个 jN_j 进行卷积. 注意, 要求作为卷积运算 `convolve` 的参数的第二个向量是可逆的, 并且类型是 "o", 即 "open" 的简写. 函数结果返回的值为复合随机变量的概率分布.

这种算法的运算速度很快, 因为它使用了快速傅里叶变换 (FFT) 技术来计算卷积. 然而, 它并不是一个妥当的稀疏向量算法, 因为向量 `fj` 在 `j` 的非倍数处取零, 这种情况从不被使用. 可以证明, 对于大的 m 和 n, 通过卷积 `convolve` 来计算具有最大理赔额 m 的理赔额 $0,\cdots,n$ 的概率, 需要进行 $O(mn\log n)$ 的操作, 然而稀疏向量算法却需要 $O(n^2\log m)$, 见习题 3.5 第 7 题. ▽

§3.5 Panjer 递推

Panjer 于 1981 年给出了计算概率 $f(x)$ 的一种递推方法, 事实上, 这种方法最早可以被追溯到欧拉 (Euler). 自 Panjer 的成果公开发表之后, 已经出现大量精算学相关论文研究类似的递推关系. Panjer 递推关系如下面定理所示.

定理 3.5.1 (Panjer 递推) 考虑这样一个复合分布, 其中理赔额取非负整数值, 且具有概率分布函数 $p(x)$, $x=0,1,2,\cdots$; 对于实数 a 和 b, 事件"有 n 个理赔发生"的概率 q_n 满足如下的递推关系式:

$$q_n=\left(a+\frac{b}{n}\right)q_{n-1},\quad n=1,2,\cdots. \tag{3.26}$$

于是事件“总理赔额等于 s”的概率满足如下关系式:

$$f(0)=\begin{cases}\Pr[N=0], & p(0)=0,\\ \mathrm{m}_N\big(\log p(0)\big), & p(0)>0;\end{cases}$$
$$f(s)=\frac{1}{1-ap(0)}\sum_{h=1}^{s}\Big(a+\frac{bh}{s}\Big)p(h)f(s-h),\quad s=1,2,\cdots. \tag{3.27}$$

证明　由 $\Pr[S=0]=\sum_{n=0}^{\infty}\Pr[N=n]p^n(0)$ 可得初始值 $f(0)$, 记 $T_k=X_1+\cdots+X_k$. 首先, 由对称性得

$$\mathrm{E}\Big[a+\frac{bX_1}{s}\,\Big|\,T_k=s\Big]=a+\frac{b}{k}. \tag{3.28}$$

期望 (3.28) 也可以由如下方式来确定:

$$\begin{aligned}\mathrm{E}\Big[a+\frac{bX_1}{s}\,\Big|\,T_k=s\Big]&=\sum_{h=0}^{s}\Big(a+\frac{bh}{s}\Big)\Pr[X_1=h\,|\,T_k=s]\\&=\sum_{h=0}^{s}\Big(a+\frac{bh}{s}\Big)\frac{\Pr[X_1=h]\Pr[T_k-X_1=s-h]}{\Pr[T_k=s]}.\end{aligned} \tag{3.29}$$

由式 (3.26) 和上面的两个等式, 对 $s=1,2,\cdots$, 我们有

$$\begin{aligned}f(s)&=\sum_{k=1}^{\infty}q_k\Pr[T_k=s]=\sum_{k=1}^{\infty}q_{k-1}\Big(a+\frac{b}{k}\Big)\Pr[T_k=s]\\&=\sum_{k=1}^{\infty}q_{k-1}\sum_{h=0}^{s}\Big(a+\frac{bh}{s}\Big)\Pr[X_1=h]\Pr[T_k-X_1=s-h]\\&=\sum_{h=0}^{s}\Big(a+\frac{bh}{s}\Big)\Pr[X_1=h]\sum_{k=1}^{\infty}q_{k-1}\Pr[T_k-X_1=s-h]\\&=\sum_{h=0}^{s}\Big(a+\frac{bh}{s}\Big)p(h)f(s-h)\\&=ap(0)f(s)+\sum_{h=1}^{s}\Big(a+\frac{bh}{s}\Big)p(h)f(s-h),\end{aligned} \tag{3.30}$$

由此立即得到式 (3.27) 中的第二个关系式.　▽

例 3.5.1(适合使用 Panjer 递推的分布)　只有如下一些分布满足递推关系式 (3.26):

(1) Poisson(λ) 分布, 此时 $a=0$, $b=\lambda\geqslant 0$, 并且式 (3.27) 可以被简化为

$$f(0)=\mathrm{e}^{-\lambda(1-p(0))},$$
$$f(s)=\frac{1}{s}\sum_{h=1}^{s}\lambda hp(h)f(s-h). \tag{3.31}$$

(2) 负二项分布, 参数为 (r,p), 其中 $r=1+\dfrac{b}{a}$, $p=1-a$, 因此 $0<a<1$, $a+b>0$.

(3) 二项分布 binomial(k,p), 其中 $k=-\dfrac{b+a}{a}$, $p=\dfrac{a}{a-1}$, 因此 $a<0$, $b=-a(k+1)$.

如果 $a+b=0$, 则 $q_0=1$ 且 $q_j=0$, $j=1,2,\cdots$, 从而得到一个 Poisson(0) 分布. 对于其他一些 a 和 b 的值, $q_n=\left(a+\dfrac{b}{n}\right)q_{n-1}$, $n=1,2,\cdots$ 未必能导出一个概率分布:

$q_0\leqslant 0$ 不可行, 所以假设 $q_0>0$;

$a+b<0$ 导致 $q_1<0$;

$a<0$ 和 $b\neq a(n+1)$, $\forall n$ 也将导致负概率;

若 $a\geqslant 1$ 且 $a+b>0$, 则由式 (3.26) $nq_n=\big((n-1)a+a+b\big)q_{n-1}>(n-1)q_{n-1}$, 所以 $q_n>q_1/n$, $n=1,2,\cdots$, 从而 $\sum\limits_n q_n=\infty$.

为使式 (3.26) 只对 $n\geqslant 2$ 成立, 因此需要允许一个没有理赔额的任意概率, 我们可以从一大批计数分布中找到类似的递推式, 包括对数分布等, 见习题 3.5 第 14、15 题. ▽

例 3.5.2 (用 Panjer 递推求解例 3.4.1)　和在例 3.4.1 中一样, 考虑一个复合泊松分布, 其中参数 $\lambda=4$ 且理赔额分布 $\Pr[X=1,2,3]=\dfrac{1}{4},\dfrac{1}{2},\dfrac{1}{4}$, 则式 (3.31) 简化为

$$f(s)=\frac{1}{s}\big[f(s-1)+4f(s-2)+3f(s-3)\big],\quad s=1,2,\cdots,\tag{3.32}$$

初始值 $f(0)=\mathrm{e}^{-4}\approx 0.0183$. 我们有

$$\begin{aligned}f(1)&=f(0)=\mathrm{e}^{-4},\\ f(2)&=\frac{1}{2}\big[f(1)+4f(0)\big]=\frac{5}{2}\mathrm{e}^{-4},\\ f(3)&=\frac{1}{3}\big[f(2)+4f(1)+3f(0)\big]=\frac{19}{6}\mathrm{e}^{-4},\end{aligned}\tag{3.33}$$

等等. ▽

例 3.5.3 (Panjer 递推和止损保费)　对于一个整值随机变量 S, 其取整值自留额 d, 则其止损保费可以表示为 (见 §1.4)

$$\mathrm{E}[(S-d)_+]=\sum_{x=d}^{\infty}(x-d)f(x)=\sum_{x=d}^{\infty}[1-F(x)].\tag{3.34}$$

由式 (1.38) 止损保费的右导数满足

$$\frac{\mathrm{d}}{\mathrm{d}t}\mathrm{E}[(S-t)_+]=F(t)-1.\tag{3.35}$$

而按照自留额所在的区间, 分布函数取常数值, 故止损保费是逐段线性的. 所以, 当自留额 d 取非整数值时, 止损保费可通过线性插值法求得.

利用 Panjer 递推法, 止损保费也可递推求得. 由式 (3.34) 的最后一个关系式, 对整数 d, 有

$$\pi(d) := \mathrm{E}[(S-d)_+] = \pi(d-1) - [1-F(d-1)]. \tag{3.36}$$

作为一个例子, 取 $S\sim$ 复合 Poisson(1)分布, 其中 $p(1)=p(2)=\dfrac{1}{2}$, 则 Panjer 递推关系式 (3.31) 可被简化为

$$f(x) = \frac{1}{x}\left[\frac{1}{2}f(x-1)+f(x-2)\right], \quad x=1,2,\cdots, \tag{3.37}$$

初始值为

$$f(0)=\mathrm{e}^{-1}\approx 0.368, \quad F(0)=f(0), \quad \pi(0)=\mathrm{E}[S]=\lambda\mu_1=\frac{3}{2}. \tag{3.38}$$

由此, 可得到如下的计算结果:

x	$f(x)=(3.37)$	$F(x)=F(x-1)+f(x)$	$\pi(x)=\pi(x-1)-1+F(x-1)$
0	0.368	0.368	1.500
1	0.184	0.552	0.868
2	0.230	0.782	0.420
3	0.100	0.881	0.201
4	0.070	0.951	0.083
5	0.027	0.978	0.034

用递推法同时计算分布函数和止损保费的优势在于, 我们不需要存储全部由 n 个 $f(x)$ 的值组成的数组, 这对最大理赔额 m 远比 n 小的情况可能会有影响. 在 R 中, $f(x)$ 的值存储在 `f` 中, `cumsum(f)`生成分布函数的值. 关于如何计算连续的止损保费, 见习题 3.5 第 15 题. ▽

注 3.5.1 (基于概率母函数证明 Panjer 递推) Panjer 递推也可通过概率母函数来证明. 对于复合泊松分布, 证明过程如下. 首先,

$$\frac{\mathrm{d}g_S(t)}{\mathrm{d}t} = \frac{\mathrm{d}}{\mathrm{d}t}\sum_{s=0}^{\infty} t^s \Pr[S=s] = \sum_{s=1}^{\infty} s t^{s-1}\Pr[S=s]. \tag{3.39}$$

如式 (3.5) 那样, 有

$$g_S(t) = g_N(g_X(t)) = \exp\lambda(g_X(t)-1), \tag{3.40}$$

所以, 该导数也等于 $g_S'(t)=\lambda g_S(t) g_X'(t)$. 对于其他分布, 类似的表达式可以由式

(3.26) 导出. 现在, 把 $g_S(\cdot)$ 和 $g'_X(\cdot)$ 代入到它们的级数展开式中可得

$$
\begin{aligned}
\lambda g_S(t)g'_X(t) &= \lambda\left(\sum_{s=0}^{\infty} t^s \Pr[S=s]\right)\left(\sum_{x=1}^{\infty} xt^{x-1}\Pr[X=x]\right)\\
&= \sum_{x=1}^{\infty}\sum_{s=0}^{\infty} \lambda x t^{s+x-1}\Pr[S=s]\Pr[X=x]\\
&= \sum_{x=1}^{\infty}\sum_{v=x}^{\infty} \lambda x t^{v-1}\Pr[S=v-x]\Pr[X=x]\\
&= \sum_{v=1}^{\infty}\sum_{x=1}^{v} \lambda x t^{v-1}\Pr[S=v-x]\Pr[X=x].
\end{aligned}
\tag{3.41}
$$

比较 t^{s-1} 在式 (3.39) 和式 (3.41) 中的系数可得

$$
s\Pr[S=s] = \sum_{x=1}^{s} \lambda x \Pr[S=s-x]\Pr[X=x]. \tag{3.42}
$$

将式 (3.42) 除以 s 后发现, 这等价于泊松情形下的 Panjer 递推关系式 (3.31). ▽

注 3.5.2 (使用 Panjer 递推计算卷积) 我们怎样才能利用 Panjer 递推法来计算支撑为 $0,1,2,\cdots$ 的分布的 n 重卷积?

假设 $p(0)>0$, 如果我们以 I_iY_i 代替 X_i, 其中 $\Pr[I_i=1]=\Pr[X_i>0]=:p$ 且 $Y_i\sim X_i\,|\,X_i>0$, 则 $\sum_i X_i$ 和 $\sum_i I_iY_i$ 同分布, 这样便产生了一个复合二项分布, 其参数值 $p<1$ 满足例 3.5.1 的要求. 另一种方法是在式 (3.27) 中对那些产生 binomial(n,p) 的 a 和 b 取 $p\uparrow 1$ 时的极限. ▽

注 3.5.3 (Panjer 递推在 R 中的实现) 计算 Panjer 递推式 (3.31) 中的和, 可以使用 R 中的循环进程. 但是, R 是一种解释语言, 因此用命令 sum 来代替最里层的循环从而使计算"向量化"是很有价值的. 由此, 注意到为计算 $f(s)$, 添加到式 (3.31) 中的项是 λ/s 乘上三个向量 $(1,\cdots,m)$, $(p(1),\cdots,p(m))$ 和 $(f(s-1),\cdots,f(s-m))$ 的连续元素的乘积. 这里, $m=\min\{s,r\}$, 其中 r 是使得 $p_r>0$ 的最大下标, 第二个向量是 p- 向量的头部, 第三个向量是 f- 向量尾部的逆. 实现 Panjer 递推并得到例 3.5.2 的结果的 R 程序如下:

```
Panjer.Poisson <- function (p, lambda)
{ if (sum(p)>1||any(p<0)) stop("p parameter not a density")
  if (lambda * sum(p) > 727) stop("Underflow")
  cumul <- f <- exp(-lambda * sum(p))
  r <- length(p)
  s <- 0
  repeat
```

```
  { s <- s+1
    m <- min(s, r)
    last <- lambda / s * sum(1:m * head(p,m) * rev(tail(f,m)))
    f <- c(f,last)
    cumul <- cumul + last
    if (cumul > 0.99999999) break  }
    return(f)  }
Panjer.Poisson(c(0.25,0.5,0.25), 4) * exp(4)
```

参数 p 必须包括 $p(1), p(2), \cdots$ 的值, 并且检验这些值与 $p(0) = 1 - \sum_h p(h)$ 组合在一起是否确实是一个概率密度.

参数 lambda 代表 λ, 并且不能太大; 在一个标准的 Windows 操作系统中, 如果 $\lambda(1-p(0)) > 727$ 就会出现问题, 因为此时, $f(0)$ 太小了. R 使用**双倍精度** (64-bit 实数), 但在程序环境中, 使用**扩展精度** (80-bit 实数), 我们可以很容易处理初始值为 $\Pr[S=0] \approx 10^{-5000}$, $\lambda \approx 11340$ 的风险组合. 在一些旧的程序语言中, 使用 48-bit 实数型数据, 导致 $\lambda(1-p(0)) \geqslant 88$ 时就已经下溢. 因此, n 份理赔概率为 0.5% 的寿险保单构成的风险组合, 计算 $\Pr[S=0]$ 时, 对 $n = 17600$ 就已经发生下溢. R 本身也不能很容易地解决这种下溢问题, 但却可以调用编译的外部代码, 通过拓展精度计算. 这样也可以减少计算时间, 而且处理复合二项概率时, 还会纠正有时会出现的数值不稳定问题.

调用 pp <- Panjer.Poisson(···) 的结果是得到概率 $f(0), f(1), \cdots, f(n)$ 的向量 pp, 且上界 n 使得 $f(0)+f(1)+\cdots+f(n) > 1-10^{-8}$. 注意到在 R 中, 所有数组都从指标 1 开始, 因此 pp[1] 存储 $f(0)$, 以此类推. ▽

§3.6　复合分布和快速傅里叶变换

另一种计算复合分布概率的方法是基于特征函数的反演. 设 $X_1, X_2, \cdots \sim X$ 是取值于 $\{0,1,2,\cdots\}$ 的随机变量, 它们之间相互独立, 并且与理赔次数 N 也相互独立. 记 $S = X_1 + \cdots + X_N$, 并记如下概率为

$$p_h = \Pr[X=h];\quad q_n = \Pr[N=n];\quad f_s = \Pr[S=s]. \tag{3.43}$$

设 m 足够大以使得 $\Pr[S \leqslant m] \approx 1$. 对泊松分布和负二项分布来说, Panjer 递推在计算 $f_0, \cdots, f_m$ 时要满足 $O(m^2)$ 阶, 或者 X 有界时满足 $O(m)$ 阶. 本节我们将引入快速傅里叶变换法, 并证明对于所有具有简单可计算的表达式的理赔次数母函数的复合分布, 需要满足 $O(m \log m)$ 阶.

复合随机变量 S 的特征函数为 $\phi_S(t) \stackrel{\text{def}}{=} \mathrm{E}[\mathrm{e}^{\mathrm{i}tS}]$, 按照式 (3.5) 可以证明 $\phi_S(t) = g_N(\phi_X(t))$, 其中 g_N 是 N 的概率母函数. 概率 f_s 可通过特征函数如下所示求得

$$f_s = \frac{1}{2\pi}\int_0^{2\pi} \mathrm{e}^{-\mathrm{i}ts}\phi_S(t)\,\mathrm{d}t. \tag{3.44}$$

这个反演公式的证明很容易, 即

$$\frac{1}{2\pi}\int_0^{2\pi} \mathrm{e}^{-\mathrm{i}ts}\phi_S(t)\,\mathrm{d}t = \frac{1}{2\pi}\int_0^{2\pi} \left\{ f_s + \sum_{k\neq s} f_k \mathrm{e}^{-\mathrm{i}t(k-s)} \right\} \mathrm{d}t = f_s + 0, \tag{3.45}$$

对于所有的 $k \neq s$, 正如通过替换 $u = t(k-s)$ 已经验证的

$$\int_0^{2\pi} \mathrm{e}^{-\mathrm{i}t(k-s)}\mathrm{d}t = \int_0^{2\pi} \{\cos(-t(k-s)) + \mathrm{i}\sin(-t(k-s))\}\,\mathrm{d}t = 0. \tag{3.46}$$

对式 (3.44) 在长度为 $2\pi/n$ 的区间上使用梯形 (积分) 法则, 可得到 f_s 的近似表达式

$$f_s \approx r_s := \frac{1}{n}\sum_{h=0}^{n-1} \mathrm{e}^{-\mathrm{i}2\pi sh/n}\phi_S(2\pi h/n). \tag{3.47}$$

值得注意的是, 式 (3.47) 只适用于 $s = 0, 1, \cdots, n-1$ 的情形, 对于 $s = n, 2n, \cdots$ 时我们得到与 $s = 0$ 一样的近似.

现在介绍向量 $\vec{f} = (f_0, \cdots, f_{n-1})$ 的**离散型傅里叶变换**向量 $\vec{y} = \boldsymbol{T}^-\vec{f}$, 其中矩阵 $\boldsymbol{T}^-$ 定义如下:

$$\boldsymbol{T}^-_{jk} = \mathrm{e}^{-\mathrm{i}2\pi jk/n}, \quad j, k = 0, 1, \cdots, n-1. \tag{3.48}$$

这意味着, 在 $\boldsymbol{T}^-$ 中出现的每个元素 t 都是一个单位根, 有 $t^n = 1$. 用同样的方式定义 $\boldsymbol{T}^+$, 但在指数中带有加号, 则近似式 (3.47) 可以写成

$$\vec{f} \approx \frac{1}{n}\boldsymbol{T}^- g_N(\boldsymbol{T}^+\vec{p}). \tag{3.49}$$

这些都不是很有用, 但是有两点需要注意: 第一, 它使得用一种称为**快速傅里叶变换**的算法非常快速地计算近似式 (3.49) 成为可能, 它仅需要时间 $O(n\log n)$ 和存储空间 $O(n)$, 如果用标准方式实现, 将需要 $O(n^3)$ 操作时间和 $O(n^2)$ 存储空间; 第二, 对 (3.47) 的右端用另一种解释, 我们将证明在 n 足够大时, 如何使近似的误差可忽略不计.

事实上, 矩阵 $\boldsymbol{T}^+$ 和 $\boldsymbol{T}^-$ 在 $\frac{1}{n}\boldsymbol{T}^- = (\boldsymbol{T}^+)^{-1}$ 的意义上是互为反演的, 因为对固定的 j, k, 记 $\omega = \mathrm{e}^{\mathrm{i}2\pi(j-k)/n}$, 可得

$$(\boldsymbol{T}^+\boldsymbol{T}^-)_{jk} = \sum_{h=0}^{n-1} \mathrm{e}^{+\mathrm{i}2\pi jh/n}\mathrm{e}^{-\mathrm{i}2\pi hk/n} = \sum_{h=0}^{n-1}\omega^h = \begin{cases} n, & j = k, \\ \dfrac{1-\omega^n}{1-\omega} = 0, & j \neq k. \end{cases} \tag{3.50}$$

如果 $z = x + \mathrm{i}y = r\mathrm{e}^{\mathrm{i}\phi}$, 则 $\overline{z} = x - \mathrm{i}y = r\mathrm{e}^{-\mathrm{i}\phi}$ 是它的复共轭, 所以

$$(\boldsymbol{T}^+\vec{g})_j = \sum_{h=0}^{n-1} \mathrm{e}^{+\mathrm{i}2\pi jh/n} g_h = \sum_{h=0}^{n-1} \overline{\mathrm{e}^{-\mathrm{i}2\pi jh/n}\,\overline{g}_h} = \overline{(\boldsymbol{T}^-\overline{\vec{g}})}_j. \tag{3.51}$$

因此, 除了取复共轭和除以向量的长度, 一个快速傅里叶变换的反演可通过同样的算法进行处理.

为了证明一个快速傅里叶变换算法只需要时间 $O(n\log n)$ 就可以构造, 我们采取"分而治之"的策略. 假设 n 为偶数, 则对于 $m = 0, 1, \cdots, n-1$, 替换 $k = 2h + j$ 得

$$y_m = \sum_{h=0}^{n-1} \mathrm{e}^{\mathrm{i}2\pi mk/n} g_k = \sum_{j=0}^{1} \underbrace{\sum_{h=0}^{n/2-1} \mathrm{e}^{\mathrm{i}2\pi m\,2h/n} g_{2h+j}} \tag{3.52}$$

下括号部分的求和包含了 $j = 0$ 时, 在 $(g_0, g_2, \cdots, g_{n-2})$ 上, 以及 $j = 1$ 时, 在 $(g_1, g_3, \cdots, g_{n-1})$ 上的长度为 $\dfrac{n}{2}$ 的 FFT. 因此, 用归纳假设法计算长度为 n 的 FFT 耗时 $2 \times \alpha\dfrac{1}{2}n\log\dfrac{1}{2}n + \beta n$, 对某 α 和 β, 这是因为有两个长度为 $n/2$ 的 FFT 需要计算, 再加上对每个 n 关于 j 的求和项, 这些加起来总计 $\alpha n\log n + n(\beta - \alpha\log 2)$, 只要 $\alpha > \beta/\log 2$, 其比 $\alpha n\log n$ 要小. 将其迭代, 可证明 FFT 只需操作时间 $O(n\log n)$ 便可完成.

对一个随机变量 Z, 如果 $\mathrm{Re}(g_j) = \Pr[Z = j]$, $\mathrm{Im}(g_j) = 0$, 且 $\Pr[Z \in \{0, 1, \cdots, n-1\}] = 1$, 则对其特征函数 $\phi_Z(t) = \mathrm{E}[\mathrm{e}^{\mathrm{i}tZ}]$ 有

$$\phi_Z(2\pi j/n) = \sum_{k=0}^{n-1} \mathrm{e}^{\mathrm{i}2\pi jk/n} g_k = (\boldsymbol{T}^+\vec{g})_j, \quad j = 0, 1, \cdots, n-1. \tag{3.53}$$

因为 Z 是整值的, 对所有实数 t, $\phi_Z(t + 2\pi) = \mathrm{E}[\mathrm{e}^{\mathrm{i}tZ}\mathrm{e}^{\mathrm{i}2\pi Z}] = \phi_Z(t)$, 所以 ϕ_Z 以 2π 为周期.

由上述分析, 对支撑 (取值) 为 $\{0, 1, \cdots, n-1\}$ 的随机变量 Z, 我们有

$$y_j = \phi_Z(2\pi j/n) \quad \Longrightarrow \quad \boldsymbol{T}^+\vec{g} = \vec{y} \quad \Longrightarrow \quad \vec{g} = \frac{1}{n}\boldsymbol{T}^-\vec{y}. \tag{3.54}$$

为把它运用到 $S = X_1 + \cdots + X_N$ 上, 记 $Z \equiv S \bmod n$: S 除以 n 后的余数, 则 Z 的取值为 $\{0, 1, \cdots, n-1\}$, 且 $\Pr[Z \in \{S, S \pm n, S \pm 2n, \cdots\}] = 1$. 因此, 它们的离散傅里叶变换是一致的:

$$\phi_S(2\pi j/n) = \phi_Z(2\pi j/n), \quad \text{对所有的整数 } j. \tag{3.55}$$

当 n 很大时, $\Pr[Z = k] \approx \Pr[S = k]$. 为了从 N 和 X 的变换计算 S 的特征函数, 可以用关系式 $\phi_S(t) = g_N(\phi_X(t))$, 见式 (3.5).

我们将上述讨论总结为下面的定理.

定理 3.6.1 (用 FFT 计算复合分布函数)　如果 S 具有式 (3.43) 所述的复合分布, 我们可以用 $Z=s$ 的准确概率 r_s 来近似 $S=s$ 的概率 f_s, $s=0,\cdots,n-1$, 其中 $Z\equiv S \bmod n$. 以时间 $O(n\log n)$, 这些概率可如下计算:

$$\vec{f}\approx\vec{r}:=\frac{1}{n}\boldsymbol{T}^{-}g_N(\boldsymbol{T}^{+}\vec{q}). \tag{3.56}$$

误差 $r_s-f_s=\Pr[S\in\{s+n,s+2n,\cdots\}]$, $s=0,\cdots,n-1$. ▽

例 3.6.1 (用 FFT 计算例 3.5.3)　R 有一个内置的函数 fft 来做这个计算. 利用它, 理赔额分布 $\Pr[X=1]=\Pr[X=2]=\frac{1}{2}$ 的复合 Poisson($\lambda=1$)随机变量 (见例 3.5.3) 的概率可按如下方式重新生成:

```
n <- 64; p <- rep(0, n); p[2:3] <- 0.5; lab <- 1
f <- Re(fft(exp(lab*(fft(p)-1)), inverse=TRUE))/n
```

注意, R 函数本身并不自动除以 n, 而且我们需要向 p 向量中填补足够多的 0, 以使 $S\in\{0,1,\cdots,n-1\}$ 的全部概率之和充分地接近 1. 为使 FFT 名副其实, 向量中元素的个数最好为 2 的幂, 但在任何情况下, 都会有很多因素干扰. ▽

在 N 服从二项分布或负二项分布的情形, 我们只需要代入适当的母函数. 此外, 例如, 理赔额为对数分布时也可以很容易地处理. 而且, FFT 技术可用于处理负理赔额的情况.

当可以想象的总理赔额的数量 n 很大时, 如果个体理赔额无界, 那么 Panjer 递推需要时间 $O(n^2)$. 在这种情形, FFT 提供了一种容易使用并且非常快速的算法, 虽然这种算法不是十分精确, 但是误差是可控的, 而且只需要时间 $O(n\log n)$. 对于 Panjer 递推, 典型的做法是要么计算到自留额 d 的概率, 要么到某一特定的分位数, 例如, 75%分位数, 但若用 FFT, 它强制性地使 n 很大, 以令 $\Pr[S>n]$ 可以忽略不计, 而从渐近角度看, 这不太影响结果.

注意到对 FFT 来说, 并不需要像 Panjer 递推那样的循环. 因此, 在许多情况下, 使用 FFT 会比递推法快很多.

§3.7 复合分布的近似

第 2 章介绍的近似方法都是中心极限定理 (CLT) 的精细表达形式, CLT 主要指的是大量随机变量的和的分布可以由正态分布来近似. 当和式的项数是一个取大值的随机变量时这些近似方法仍然有效. 例如, 对复合泊松分布来说, 如果 λ 较大, 我们有如下对应的中心极限定理, 类似的结论对于其他复合分布也成立.

定理 3.7.1 (复合泊松分布的 CLT)　设 S 服从复合泊松分布, 其参数为 λ, 理赔额分布函数 $P(\cdot)$ 具有有限的方差, 记 $\mu=\mathrm{E}[S]$ 和 $\sigma^2=\mathrm{Var}[S]$, 则

$$\lim_{\lambda\to\infty} \Pr\left[\frac{S-\mu}{\sigma} \leqslant x\right] = \Phi(x). \tag{3.57}$$

证明 如果 $N_1, N_2, \cdots$ 是一列独立的 Poisson(1) 随机变量, X_{ij}, $i=1,2,\cdots$, $j=1,2,\cdots$ 是分布函数为 $P(\cdot)$ 的独立随机变量, 则对整值 λ, 有

$$S \sim \sum_{j=1}^{\lambda}\sum_{i=1}^{N_j} X_{ij}, \quad \text{因为} \sum_{j=1}^{\lambda} N_j \sim N. \tag{3.58}$$

由于式 (3.58) 中的 S 是 λ 个独立同分布的随机变量的和, 因此可以直接运用中心极限定理. 注意到 λ 取整值是不失一般性的, 因为当 λ 很大时, 其小数部分的影响是可以忽略不计的.

在这个证明中, 我们已把问题简化到中心极限定理的情形. 习题 3.7 第 3 题将要求用类似证明定理 2.5.1 的方法来进行证明. ▽

为使用 CLT, 平移伽玛近似和正态幂阶近似, 我们需要 S 的累积量. 记 μ_k 为理赔额分布的 k 阶矩, 对于复合泊松分布, 有

$$\kappa_S(t) = \lambda(\mathrm{m}_X(t)-1) = \lambda\sum_{k=1}^{\infty}\mu_k\frac{t^k}{k!}. \tag{3.59}$$

由式 (2.46) 我们知道式 (3.59) 中 $\frac{t^k}{k!}$ 的系数就是累积量. 因此, 复合 Poisson(λ, x) 随机变量的均值、方差和三阶中心距可由理赔额分布的*原始原点矩*$\mu_j = \mathrm{E}[X^j]$ 表示为

$$\mathrm{E}[S] = \lambda\mu_1, \quad \mathrm{Var}[S] = \lambda\mu_2 \quad \text{和} \quad \mathrm{E}[(S-\mathrm{E}[S])^3] = \lambda\mu_3. \tag{3.60}$$

偏度与 $\lambda^{-1/2}$ 成正比:

$$\gamma_S = \frac{\mu_3}{\mu_2^{3/2}\sqrt{\lambda}}. \tag{3.61}$$

注 3.7.1 (渐近和下溢) 在某些情况下, 我们不得不求助于一些近似公式. 首先, 如果计算时间相当长: 如 s 较大时式 (3.31) 中 $f(s)$ 的计算, 我们就需要完成大量的乘法运算, 见习题 3.5 第 4 题; 其次, 递推法有时可能会使计算“原地踏步”, 见注 3.5.3.

幸运的是, 近似效果随着 λ 的增大而改善; 它们是渐近精确的, 因为在极限意义下, 它们与通常基于中心极限定理的正态近似相吻合. ▽

§3.8 个体和聚合风险模型

在 §3.1~§3.7 我们已经展示了用聚合风险模型代替个体风险模型在计算上具有的明显优势, 本节将主要关注应该选择什么样的聚合风险模型这一问题. 我们考

虑寿险中的一种情形, 但同样的情形也会出现在非寿险中, 比如: 若职员伤残, 何时进行惩罚 (malus).

考虑 n 份一年期寿险保单, 被保险人死亡的概率是 q_i, 如果被保险人死亡, 则保单 i 的理赔额为 $b_i > 0$, 否则理赔额为 0, 即如果被保险人没有死亡, 则理赔额为 0. 我们想用一个聚合风险模型来近似所有保单的总理赔额. 为此, 我们将记录保单 i 的理赔额 b_i 出现次数的随机变量 I_i, 其中 $I_i \sim \text{Bernoulli}(q_i)$ 分布, 用服从 $\text{Poisson}(\lambda_i)$分布的随机变量替代. 在个体风险模型中, 总理赔额

$$\widetilde{S} = \sum_{i=1}^{n} I_i b_i, \quad \text{其中} \quad \Pr[I_i = 1] = q_i = 1 - \Pr[I_i = 0], \tag{3.62}$$

现在考虑用下面的近似随机变量的分布替代个体风险模型中总理赔额的分布:

$$S = \sum_{i=1}^{n} Y_i, \quad \text{其中} \quad Y_i = N_i b_i = \sum_{j=1}^{N_i} b_i \quad \text{且} \quad N_i \sim \text{Poisson}(\lambda_i). \tag{3.63}$$

如果取 $\lambda_i = q_i$, 则在两个模型中保单 i 的期望赔付次数相同. 为了安全起见, 我们也可以取 $\lambda_i = -\log(1 - q_i) > q_i$, 这时, 不管是聚合模型还是个体模型下保单 i 发生 0 理赔的概率相等. 这样, 我们通过使用比原先模型下更大的总理赔额而并入了一些隐含的差额, 参阅 §7.4.1 和注 3.8.2.

尽管式 (3.63) 仍然具有个体风险模型的形式, 根据定理 3.4.1, S 是一个复合泊松分布的随机变量, 因此这确实是一个如式 (3.1) 所示的聚合风险模型, 其参数为

$$\lambda = \sum_{i=1}^{n} \lambda_i \quad \text{和} \quad P(x) = \sum_{i=1}^{n} \frac{\lambda_i}{\lambda} I_{[b_i,\infty)}(x), \tag{3.64}$$

这里 $I_A(x)$ 表示 A 的示性函数, 即当 $x \in A$ 时 $I_A(x) = 1$, 否则为 0. 由此可见, 如果 $\lambda_i = q_i$, 则期望赔付次数保持相等:

$$\lambda = \sum_{i=1}^{n} \lambda_i = \sum_{i=1}^{n} q_i. \tag{3.65}$$

此外, 由式 (3.62) 和式 (3.63), $\widetilde{S}$ 和 S 的期望也是相等的:

$$\text{E}[\widetilde{S}] = \sum_{i=1}^{n} q_i b_i = \text{E}[S]. \tag{3.66}$$

至于 S 和 $\widetilde{S}$ 的方差, 我们有

$$\text{Var}[S] = \sum_{i=1}^{n} q_i b_i^2; \quad \text{Var}[\widetilde{S}] = \sum_{i=1}^{n} q_i(1 - q_i) b_i^2 = \text{Var}[S] - \sum_{i=1}^{n} (q_i b_i)^2. \tag{3.67}$$

可见 S 的方差较大一些. 如果 $\lambda_i = q_i$, 那么使用聚合模型会使得那些风险厌恶型的决策者倾向于采取更为保守的决策, 进一步讨论见第 7 章. 我们也注意到 $\sum_{i=1}^{n}(q_i b_i)^2$ 的值越小, 聚合模型与个体模型之间的差异就越小.

注 3.8.1 (聚合模型) 所谓风险组合的聚合模型是指形如式 (3.64) 中的复合泊松分布, 其中 $\lambda_i = q_i$, 我们也称其为**经典**聚合模型近似.

在习题 3.8 第 3 题中, 我们证明了在式 (3.62) 的情形下, 聚合模型也可由如下方法得到: 将每个保单的理赔额 X_i 替换成 Poisson(1) 个与 X_i 同分布的相互独立的理赔额, 当随机变量 X_i 比在式 (3.62) 中的更一般时, 我们也可以作同样的处理. 例如, 假设保险合同 i 分别以概率 $p_0, p_1, \cdots, p_n$ 产生了理赔额 $b_0 = 0, b_1, b_2, \cdots, b_n$, 由于 X_i 确切地等于其中的一个值, 我们可以记

$$X_i \equiv I_0 b_0 + I_1 b_1 + \cdots + I_n b_n, \tag{3.68}$$

如果 $X_i = b_j$, 则 $I_j = 1$; 否则 $I_j = 0$. 因此, I_j 的边缘分布满足 $\Pr[I_j = 1] = p_j$, 且它们的联合分布是使得 $I_0 + I_1 + \cdots + I_n \equiv 1$. 可以证明, 如果选择经典聚合模型, 我们实际上将 X_i 替换成了服从复合泊松分布的随机变量 Y_i,

$$Y_i = N_0 b_0 + N_1 b_1 + \cdots + N_n b_n, \tag{3.69}$$

其中, N_j 是独立的服从 Poisson(p_j) 分布的随机变量. 这样, 所有理赔的期望发生次数保持不变. ▽

注 3.8.2 (开放风险组合的模型) 上面建议的第二个模型, 取参数值 $\lambda_i = -\log(1-q_i)$, 可以被用来模拟一个开放的风险组合, 其到来 (entries) 和离开 (exits) 的时间不是发生在更新时刻. 假设在某个特定保单中, 死亡等待时间 W 服从指数分布 exponential(β), 为使事件"没有理赔发生"的概率为 $1-q$, 则必须有 $\Pr[W > 1] = 1-q$, 即 $\beta = -\log(1-q)$. 现在假设在每次死亡时刻, 该保单都被更换为另一个同样的保单, 这样, 我们真正为风险组合建立了一个开放的模型, 死亡等待时间总是服从指数分布 exponential(β). 但是根据泊松过程的理论, 见习题 2.5 第 7 题, 我们知道在时刻 1 之前的死亡数服从泊松分布 Poisson(β). 在该模型中, 对每个 i, 我们实际上把第 i 份保单替换为其 Poisson$(-\log(1-q_i))$ 个 (含义是服从 Poisson$(-\log(1-q_i))$ 的随机变量) 复制. 由于 $I_i \sim \min\{N_i, 1\}$, 我们通过这种方法构建的**开放**聚合模型是比个体模型更为安全的近似, 因为对于每个保单而言, 它允许多次理赔而不是仅一次, 见 §7.4.1. ▽

注 3.8.3 (负风险额) 如果假设 b_i 是正整数, 那么利用 Panjer 递推法就可以迅速求出 S 的概率分布, 从而很快得到 $\widetilde{S}$ 的概率分布的近似值. 但是, 如果 b_i 既可能为正又可能为负, 我们就不能使用这个递推法, 在这种情况下, 可以把 S 分成

两部分 $S = S^+ - S^-$, 其中 S^+ 对应于 $b_i \geqslant 0$, 它刚好是式 (3.63) 中那些 Y_i 项的和. 由定理 3.4.2, S^+ 和 S^- 都是由非负项构成的复合泊松随机变量且它们是相互独立的, 进而 S 的分布函数可以通过对 S^+ 和 S^- 的分布函数求卷积得到.

如果只想通过一个 d 值来计算止损保费, 那么不需要对 S^+ 和 S^- 的分布求卷积. 对负的总理赔额 S^- 取条件, 止损保费可以重新写成

$$\mathrm{E}[(S-d)_+] = \sum_{x\geqslant 0} \mathrm{E}[(S^+ - (x+d))_+]\Pr[S^- = x]. \tag{3.70}$$

为计算这个值, 我们只需要计算 S^+ 的止损保费即可, 这可作为 Panjer 递推的一个"副产品"得到, 见例 3.5.3, 则所需要的止损保费由简单的求和运算便可以算出. 对卷积来说, 双重求和是必须的, 或者也可以通过调用 `convolve` 函数来处理.

值得注意的是, FFT 技术(见例 3.6.1) 不受非负理赔额的限制. ▽

§3.9 损失分布：性质、估计和抽样

在一个关于损失的复合模型中, 我们需要同时规定理赔次数的分布和理赔额的分布. 对于前者, 我们经常选用泊松分布, 如经典或者开放模型、或者泊松过程的假设可用时, 见第 4 章. 在过度分散的情形, 由于参数的不确定性或者事件的累积 (见例 3.3.1 和例 3.3.2), 我们可以选用负二项分布. 出于某些目的, 例如, 为了计算在具有免赔额情况下的保费减免, 选用一个适合所观察到的损失程度的参数型分布是非常方便的. 根据不同的保险类型, 候选分布可以从轻尾 (如高斯分布) 到非常重的尾 (如帕累托分布) 有很大不同. 本节将介绍一些描述损失严重程度的分布, 解释它们的性质, 并给出何时选用它们的建议. 我们用极大似然估计来估计参数. 通常, 从损失分布中生成伪随机样本是很有用的, 例如, 假如我们想计算实施像复杂的再保险计划等风险管理工具后的财务后果.

§3.9.1 生成伪随机样本的技术

对许多分布而言, 伪随机样本可以通过标准的 R 函数产生. 通常使用*反演方法*, 也被称为概率积分变换, 该方法基于如下事实：如果 $U \sim$uniform$(0,1)$, 那么 $F^{-1}(U) \sim F$, 这是因为 $\Pr[F^{-1}(U) \leqslant x] = \Pr[U \leqslant F(x)] = F(x)$. 例如, 函数 `rnorm` 在其标准模式下, 运用正态分布函数的反函数 `qnorm` 得到 `runif` 的结果, 见附录 A.

在 R 中, 函数 `runif` 生成均匀分布伪随机数的技术是最先进的. 它的默认方法是 Mersenne-Twister 算法, 在 R 的帮助文件中被描述成"周期为 $2^{19937}-1$ 且具有 623 维均匀分布 (全周期上) 的扭曲的广义反馈移位寄存器算法".

另一种抽样方法是**拒绝法**, 假设从概率密度函数 $f(\cdot)$ 抽样比较困难, 但是存在一个较容易处理的分布 $g(\cdot)$, 对某些适当的边界 $k \geqslant 1$, 满足 $f(x) \leqslant kg(x)$, $\forall x$. 我们在 $f(x)$ 曲线下方的区域中均匀地抽样一个点, 并取其 x 坐标, 进而从 $f(\cdot)$ 中得到一个随机结果, 则结果为 x 或更小的概率恰好是 $F(x)$. 约翰 · 冯 · 诺伊曼于 1951 年提出一个想法是不直接这么做, 而是从 $kg(x)$ 曲线下方的区域中均匀地随机抽样一个点, 在大多数情况下, 用反演法画出它的 x 坐标, 则其 x 坐标在 $(0, kg(x))$ 上均匀分布. 如果这个随机点恰好也位于 $f(x)$ 下方, 则 x 坐标即被认为是来自 $f(\cdot)$ 的结果. 如果 `rg()` 从 $g(x)$ 和 $f(x)/g(x) \leqslant k$ 产生了随机抽取的随机数, 那么从 $f(\cdot)$ 中随机抽取 x 的 R 程序如下所示:

```
repeat {x <- rg(); if (runif(1) < f(x)/k/g(x)) break}
```

被拒绝的点数是一个服从几何分布 geometric$(1/k)$ 的随机变量, 因此 k 越小, 产生随机数的速度就越快.

在许多情况下, 我们可以从给定的分布中构建抽样: 利用它们是其他随机变量的一个简单转换这个事实, 而对那些随机变量, 存在标准的 R- 函数 `r` $\cdots$ 产生伪随机数. 习题 3.9 第 24 题给出了它的一些应用, 包括从对数正态分布、帕累托分布、Erlang 分布、Weibull 分布或者 Gompertz 分布等分布中抽样.

在混合模型中, 我们可以先从作为条件的随机变量 (结构变量) 的分布中抽样, 然后再从感兴趣的随机变量的条件分布中抽样.

对于一些简单的 G 和 H, 当分布函数 $F(x) = G(x)H(x)$, 或者生存函数 $1 - F(x) = (1 - G(x))(1 - H(x))$ 时, 从 F 产生一个随机值便可通过取分布分别为 G 和 H 的独立随机变量的最大 (最小) 值来实现. 习题 3.9 第 16 题就是用这种方法从 Makeham 生存分布中抽样的.

§3.9.2 计算极大似然估计的技术

我们旨在通过最大化 (对数) 似然函数

$$\ell(\alpha, \beta, \cdots; \vec{y}) = \log \prod f_{Y_i}(y_i; \alpha, \beta, \cdots) \tag{3.71}$$

来估计 $\alpha, \beta, \cdots$. 第一步, 我们检查**正规方程组** $\partial\ell/\partial\alpha = 0$, $\partial\ell/\partial\beta = 0$, $\cdots$ 是否具有显式解, 对正态、对数正态、泊松和逆高斯样本而言是这样的, 而对帕累托样本而言, 最优解是显式的, 但它却不是正规方程组的解. 有时, 正规方程组提供的是局部解, 通常是在最优参数必须以一定的相关方式使得拟合均值与样本均值一致的意义下, 这样做的优点在于它降低了要解决的最大化问题的维数, 其中的一个参数可能被取代, 这出现在负二项分布和伽玛分布中. 如果只剩一个正规方程, 那么可以调用 R 函数 `uniroot` 求解, 这样既可靠又快捷. 另外, 最优化问题可以通过函数 `optimize` 进行区间搜索来为一个实函数确定最大值或最小值. 如果需要, 我们也可以使用 optim 来解决更多维的优化问题.

§3.9.3 泊松理赔次数分布

对复合总损失的理赔次数分布而言, 泊松分布是一个富有吸引力的选择, 这不仅是因为泊松过程通常以稀有事件为基础 (见第 4 章), 而且还因为它只有一个待估计参数. 对于 Poisson(λ) 样本 $Y_1 = y_1, \cdots, Y_n = y_n$, 其对数极大似然函数为

$$\ell(\lambda;\ \vec{y}) = \log \prod f_{Y_i}(y_i;\lambda) = -n\lambda + \sum y_i \log\lambda - \sum \log n_i!, \tag{3.72}$$

由此可得 λ 的极大似然估计$\widehat{\lambda} = \overline{Y}$.

在保险中, 往往涉及保单的理赔次数不是在整个日历年中有效, 而只是其中已知的部分时间. 我们把这样的保单 i 的风险暴露记为 w_i, 在这种情况下, 它具有泊松过程的性质, 参见第 4 章, 则保单 i 的理赔次数服从 Poisson(λw_i) 分布. 因此, 对数似然函数为

$$\begin{aligned}\ell(\lambda;\ \vec{y},\vec{w}) &= \log \prod f_{Y_i}(y_i;\lambda w_i)\\ &= -\sum \lambda w_i + \sum y_i \log\lambda + \sum y_i \log w_i - \sum \log n_i!,\end{aligned} \tag{3.73}$$

在这种情况下, $\widehat{\lambda} = \sum Y_i/\sum w_i$ 是 λ 的极大似然估计, 即理赔次数除以全部风险暴露.

如果考虑每一单位风险暴露的理赔次数 Y_i/w_i, 对于保险期限只有 9 个月的保险合同而言, 其一次理赔被记为 $\frac{4}{3}$, 则 $\widehat{\lambda}$ 是这些量的*加权*平均, 其权重为 $w_i/\sum w_i$. 然而在实践中, 经常简单地对每一单位风险暴露的理赔次数直接取平均值.

泊松分布的随机抽样可通过调用 rpois 获得. 习题 3.9 第 17 题通过运用式 (3.11) 来说明这种随机抽样的方法, 其中事件数与指数等待时间有关.

§3.9.4 负二项理赔次数分布

在 §3.3 中我们已发现, 有时对理赔次数分布选取比均值和方差相等的泊松分布更广的分布会更为合理. 事实上, 泊松过程中的参数不确定性和累积量都可能导致一个参数为 (r,p) 的负二项分布的理赔次数, 参见例 3.3.1 和例 3.3.2, 其过度分散因子为 $\mathrm{Var}[N]/\mathrm{E}[N] = 1/p$. 基于抽样结果 $Y_1 = y_1, \cdots, Y_n = y_n$, 我们用极大似然法来估计参数 r 和 p. 在表 A 中, 我们可以看到相应的密度为

$$f_Y(y;\ r,p) = \binom{r+y-1}{y} p^r (1-p)^y, \quad y = 0,1,\cdots, \tag{3.74}$$

对于非整数 r, 二项式系数由伽玛函数来定义, 对所有实数 $x > 0$, $x! = \Gamma(x+1)$.

现在, 正如在定理 3.4.2 中一样, 令 N_j, $j = 0, 1, \cdots$ 表示样本元素 Y_i 在样本中的值等于 j 的次数, 观察到 $\sum N_j \equiv n$, 而 $\sum Y_i \equiv \sum jN_j$. 在总样本的对数似然函数中, 我们发现了密度 (3.74) 中阶乘的对数, 同时也找到了阶乘出现的原因, 是样本中 $Y_i = j$ 发生的位置 i 是任意的, 参见式 (3.25). 后者关于 r 和 p 是常量, 因此忽略掉它们, 从而得到

$$\begin{aligned}\ell(r,p;\ \vec{y}) &= \log \prod_{j=0}^{\infty} \{f_Y(j;\ r,p)\}^{n_j} + \cdots \\ &= \sum_j n_j \{\log(r+j-1) + \cdots + \log r - \log j!\} \\ &\quad + rn\log p + \sum_j jn_j \log(1-p) + \cdots,\end{aligned} \tag{3.75}$$

注意到观测值 $y_1, \cdots, y_n$ 并不比它们出现的频数 $n_0, n_1, \cdots$ 带有更多关于 r 和 p 的信息, 除了独立同分布观测值发生的顺序, 样本也可从频数分析中重新构建. 在给定频数条件下, 样本的条件联合密度不再依赖于参数 r 和 p, 换句话说, 这些频数是充分统计量. 当然, 使用频数进行迭代计算的极大似然估计对大的整值样本来说速度更快.

首先来看偏导数 $\partial\ell/\partial p$, 这些 r, p 必须使其等于 0 以使得似然函数最大化:

$$0 = \frac{\partial \ell}{\partial p} = \frac{rn}{p} - \frac{\sum jn_j}{1-p} \iff \frac{r(1-p)}{p} = \overline{y} \iff p = \frac{r}{r+\overline{y}}, \tag{3.76}$$

方程 (3.76) 表示极大似然估计密度的均值等于观测到的样本均值.

第二个极大似然方程 $\partial\ell/\partial r = 0$ 导致

$$0 = \sum_{j=1}^{\infty} n_j \left(\frac{1}{r} + \cdots + \frac{1}{r+j-1}\right) + n\log p. \tag{3.77}$$

由此可见, 极大似然估计量没有解析表达式, 但是将 $p = r/(r+\overline{y})$ 从式 (3.76) 代入式 (3.77), 可得到一个关于 r 的一维方程, 这个方程可以用 `R` 进行数值求解. 我们可以使用 `R` 的函数 `optimize` 来求关于 r 的最大化, 或者简单地用 `optim`, 见后面的阐述.

关于生成参数为 (r, p) 的负二项分布的随机样本 (见表 A), 首先要说的是, 在初等概率教材中, 这样的随机变量是用来描述一系列伯努利实验, 第 r 次成功之前

失败的次数, 或者有时用来描述成功和失败结合起来需要的试验次数, 这要求 r 为整数. 对于一般情形, 取代标准函数 rnbinom, 可用例 3.3.1 中的混合模型来生成参数为 (r, p) 的负二项分布的样本, 具体做法是首先从一个适当的伽玛分布中抽取参数, 然后从以其为参数的泊松分布中抽样. 如下的 R 命令可以生成一个负二项分布的样本, 记录每个样本值出现的频数, 并与理论频数相比较.

```
set.seed(1); n <- 2000; r <- 2; p <- 0.5
hh <- rpois(n, rgamma(n,r,p/(1-p)))
n.j <- tabulate(1+hh); j <- 0:max(hh)
rbind(n.j, round(dnbinom(j,r,p)*n))
```

在第一行, 我们初始化随机数生成器以便能使结果重现. 第二行使用建议的方法进行抽样. 函数 tabulate 记录了数字 $1, 2, \cdots$ 在它们的参数中出现的频数. 我们将样本中的每一个元素加 1 以使得 0 的频数也包括在内. 运行该脚本可以发现观测频数与使用 dnbinom 计算的理论频数是匹配的, 而且非常接近.

为得到参数的初始估计, 我们使用矩方法:

$$\frac{r(1-p)}{p} = \overline{y}; \quad \frac{r(1-p)}{p^2} = \overline{y^2} - \overline{y}^2. \tag{3.78}$$

求解上述关于 r 和 p 的方程组的方法是用第一个式子除以第二个式子:

```
y.bar <- sum(j*n.j/n); y2.bar <-sum(j^2*n.j/n)
p0 <- y.bar/(y2.bar-y.bar^2); r0 <- p0 * y.bar/(1-p0)
```

对于怎样利用 uniroot 并代入式 (3.76) 来求解第二个极大似然方程 (3.77) 的方法, 见习题 3.9 第 26 题. 用 R 中的函数 optimize 来最大化对数似然函数时, 对数似然方程可通过在密度中指定 log=T, 并取频数 n_j, $\forall j = 0, 1, \cdots$ 作为权重进行加权求和来计算:

```
g <- function (r) {sum(dnbinom(j,r,r/(r+y.bar),log=T)*n.j)}
r <- optimize(g, c(r0/2, 2*r0), max=T, tol=1e-12)$maximum
p <- r/(r+y.bar)
```

我们得到 $\widehat{r} = 1.919248$ 和 $\widehat{p} = 0.4883274$.

利用一般的 R 函数 optim, 在最优化过程中我们就不必依赖 "因为式 (3.76) 中 $p = r/(r + \overline{y})$ 必须成立" 这个事实:

```
h <- function (x) {-sum(dnbinom(j,x[1],x[2],log=T)*n.j)}
optim(c(r0,p0), h, control=list(reltol=1e-14))
```

optim 的第一个参数是初始值向量, 第二个是函数 h(x), 其中 x 是参数向量, x 的第一个元素代表 r, 第二个元素代表 p. control 参数包含了最优化过程精炼的列表; 为得到如前面一样完全相同的结果, 我们已经设置了相对容忍度为 10^{-14}. 注意到 h 的定义中负号是必要的, 因为 optim 的标准模式是最小化函数.

§3.9.5 伽玛理赔的严重程度分布

伽玛分布 gamma(α,β) 可用来刻画分布函数的尾不太“重”的损失, 如在汽车保险中自己车辆的损失. 伽玛分布的密度函数、分布函数、分位数和随机偏差分别由标准的 R 函数`dgamma`、`pgamma`、`qgamma`和`rgamma` 给出. 注意到, 参数 α 对应于这些函数中的`shape`参数, 而 β 对应于`rate`, $1/\beta$ 对应于`scale`, 见表 A.

基于来自伽玛分布 gamma(α,β) 的随机样本 $Y_1=y_1,\cdots,Y_n=y_n$, 求参数 α, β 的极大似然估计的过程如下. 首先, (对数) 极大似然函数 $\ell(\alpha,\beta)$ 为

$$\ell(\alpha,\beta;\ \vec{y})=\log\prod_{i=1}^{n}f_Y(y_i;\ \alpha,\beta). \tag{3.79}$$

代入伽玛密度函数 $f_Y(y)=\dfrac{1}{\Gamma(\alpha)}\beta^{\alpha}y^{\alpha-1}\mathrm{e}^{-\beta y}$, 我们得到

$$\ell(\alpha,\beta)=n\alpha\log\beta-n\log\Gamma(\alpha)+(\alpha-1)\log\prod y_i-\beta\sum y_i, \tag{3.80}$$

其中一个似然方程再一次确保拟合均值为观测均值:

$$\frac{\partial\ell}{\partial\beta}=\frac{n\alpha}{\beta}-\sum y_i=0\iff\widehat{\beta}=\frac{\widehat{\alpha}}{\overline{y}}. \tag{3.81}$$

记 $\overline{\log y}$ 为观测值对数的均值, 我们从另一个似然方程中看到, 它没有显式解:

$$\frac{\partial\ell}{\partial\alpha}=n\log\beta-n\frac{\Gamma'(\alpha)}{\Gamma(\alpha)}+\sum\log y_i=0\iff\log\widehat{\alpha}-\frac{\Gamma'(\widehat{\alpha})}{\Gamma(\widehat{\alpha})}-\log\overline{y}+\overline{\log y}=0. \tag{3.82}$$

利用 R 函数`digamma()`来计算定义为 $\Gamma'(\alpha)/\Gamma(\alpha)$ 的 digamma(psi) 函数, 其解如下:

```
set.seed(2525); y <- rgamma(2000, shape=5, rate=1)
aux <- log(mean(y)) - mean(log(y))
f <- function(x) log(x) - digamma(x) - aux
alpha <- uniroot(f, c(1e-8,1e8))$root  ##  5.049
beta <- alpha/mean(y)                  ##  1.024
```

我们找到了上述`f`取 0 的区间 $(10^{-8},10^{8})$, 它覆盖了偏度区间 $(+2\times10^{-4},+2\times10^{4})$. 函数`f(x)`从`f(0)` $=+\infty$ 到`f(`∞`)` <0 递减, 这是因为 $\log(x)-\Gamma'(x)/\Gamma(x)$ 递减至 0, 并且如习题 3.9 第 13 题已证, 除非所有的 y_i 都相等, 否则`aux`是严格正的.

正如对于负二项分布那样, 最优的 $\widehat{\alpha}$ 和 $\widehat{\beta}$ 也可以通过`optimize`和 $\widehat{\beta}=\widehat{\alpha}/\overline{y}$ 得到, 或者通过`optim`得到.

§3.9.6 逆高斯理赔的严重程度分布

出于一些原因, 逆高斯分布 (IG)有时出现在精算文献中, 它的性质类似于伽玛分布和对数正态分布. 它的名字源于其累积量母函数和高斯分布的累积量函数之间

的反函数关系, 参见下面的式 (3.85). 多种参数化方法可以使用. 就像用伽玛分布那样, 我们将使用一个形状参数 α 和一个尺度参数 β, 参见表 A.

逆高斯分布的概率密度函数为

$$f(x;\alpha,\beta)=\frac{\alpha}{\sqrt{2\pi\beta}}x^{-\frac{3}{2}}\mathrm{e}^{-\frac{(\alpha-\beta x)^2}{2\beta x}},\quad x>0. \tag{3.83}$$

逆高斯分布从未盛行的主要原因是数学上不容易处理. 在不知道对应的分布函数时, 甚至证明其密度函数的积分等于 1 也不简单. 其分布函数为

$$F(x;\alpha,\beta)=\Phi\Big(\frac{-\alpha}{\sqrt{\beta x}}+\sqrt{\beta x}\Big)+\mathrm{e}^{2\alpha}\Phi\Big(\frac{-\alpha}{\sqrt{\beta x}}-\sqrt{\beta x}\Big),\quad x>0. \tag{3.84}$$

该函数具有 $\lim\limits_{x\downarrow 0}F(x;\alpha,\beta)=0$, $\lim\limits_{x\to\infty}F(x;\alpha,\beta)=1$, 且其导数 (3.83) 在 $(0,\infty)$ 上是非负的, 因此函数 (3.84) 是一个绝对连续的分布函数, 且函数 (3.83) 是它的密度. 习题 3.9 第 3 题将要求对此详细证明.

利用函数 (3.83) 是一个密度函数的事实来计算由此产生的积分, 我们可以证明其矩母函数等于

$$m(t;\alpha,\beta)=\exp\left\{\alpha\left[1-\sqrt{1-2t/\beta}\right]\right\},\quad t\leqslant\frac{\beta}{2}. \tag{3.85}$$

注意, 这个矩母函数在 $t=\beta/2$ 时是有限的, 但是对 $t>\beta/2$ 是无限的.

对于 $\alpha=\beta$ 的特殊情形, 逆高斯分布也被称为 Wald 分布. 由矩母函数易见 β 的确是一个尺度参数, 这是因为如果 $X\sim\mathrm{IG}(\alpha,\beta)$, $\beta X\sim\mathrm{IG}(\alpha,1)$. 我们还可以看到, 将两个独立的服从参数分别为 α_1,β 和 α_2,β 的逆高斯分布的随机变量相加, 便得到一个服从参数为 $\alpha_1+\alpha_2,\beta$ 的逆高斯分布的随机变量. $\mathrm{IG}(\alpha,\beta)$ 分布的均值和方差分别为 α/β 和 α/β^2, 与伽玛分布类似. 最简单的证明方法就是对累积量母函数进行级数展开. 偏度为 $3/\sqrt{\alpha}$, 相对于具有相同均值和方差的伽玛分布的偏度 $2/\sqrt{\alpha}$ 略大. 图 3.1 展示了逆高斯分布由非常倾斜到几乎正态的灵活性, 其中所有描绘的分布都具有相同的均值 $\alpha/\beta=1$ 和严格正的模式.

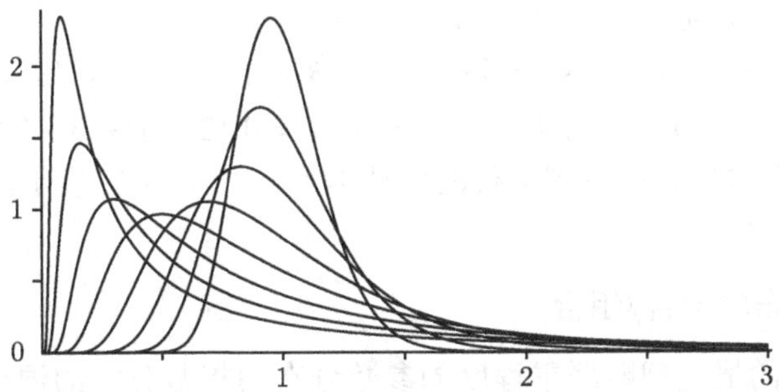

图 3.1 参数值分别为 $\alpha=\beta=\frac{1}{4},\frac{1}{2}$, 1,2,4,8,16,32(从左到右) 的逆高斯密度

对于 IG(α,β) 分布, 其 (对数) 似然函数为

$$\ell(\alpha,\beta;\,\vec{y})=\sum\left(\log\frac{\alpha}{\sqrt{2\pi\beta}}-\frac{3}{2}\log y_i-\frac{\alpha^2}{2\beta y_i}+\alpha-\frac{\beta y_i}{2}\right). \tag{3.86}$$

令偏导数等于 0, 得到

$$\begin{aligned}\frac{\partial\ell}{\partial\alpha}&=\sum\left(\frac{1}{\alpha}-\frac{\alpha}{\beta y_i}+1\right)=0;\\ \frac{\partial\ell}{\partial\beta}&=\sum\left(\frac{-1}{2\beta}+\frac{\alpha^2}{2\beta^2 y_i}-\frac{y_i}{2}\right)=0.\end{aligned} \tag{3.87}$$

记 $\overline{1/y}$ 为数字 $1/y_i$ 的平均值, 我们可以重新写为

$$\frac{1}{\alpha}+1=\frac{\alpha}{\beta}\overline{1/y}\quad 和\quad \frac{1}{\alpha}+\frac{\beta}{\alpha}\overline{y}=\frac{\alpha}{\beta}\overline{1/y}, \tag{3.88}$$

于是我们得到了 (参数的) 极大似然估计的非常简洁的解析表达式:

$$\widehat{\alpha}=\frac{1}{\overline{y}\,\overline{1/y}-1}\quad 和\quad \widehat{\beta}=\frac{\widehat{\alpha}}{\overline{y}}. \tag{3.89}$$

再一次地, 第二个方程确保了拟合均值等于样本均值. 可以很容易地证明, 对样本 $Y_1,\cdots,Y_n$ 而言, $\sum Y_i$ 和 $\sum 1/Y_i$ 都是充分统计量.

在 R 的扩展包 statmod 中, 我们可以找到逆高斯分布的密度函数、分布函数、分位数和随机数生成的函数命令 d/p/q/rinvgauss, 类似的函数命令也可以在 SuppDist (带有大写字母 G) 中找到. 它们的参数和我们使用的不同, 参见习题 3.9 第 12 题. 它们有均值 $\mu=\alpha/\beta$ 和一个精确的参数 λ, 后者是通过方差 α/β^2 等于 μ^3/λ 而得到的, 因此, $\lambda=\alpha^2/\beta$, 反过来, 有 $\alpha=\lambda/\mu$ 和 $\beta=\lambda/\mu^2$. 利用式 (3.89), 生成一个随机样本, 并利用极大似然估计进行参数估计的方法如下:

```
library(statmod); set.seed(2525)
y <- rinvgauss(2000, mu=5, lambda=3)
alpha <- 1/(mean(y)*mean(1/y)-1); beta <- alpha/mean(y)
```

我们得到 $\widehat{\alpha}=0.626$, $\widehat{\beta}=0.128$. 于是, $\widehat{\mu}=\widehat{\alpha}/\widehat{\beta}=4.89$, $\widehat{\lambda}=\widehat{\alpha}^2/\widehat{\beta}=3.06$. 真实值是 $\mu=\alpha/\beta=5$, $\lambda=\alpha^2/\beta=3$ 得出 $\alpha=0.6$ 和 $\beta=0.12$. 习题 3.9 第 12 题要求读者证明, 我们总能用这种方法得到可行的估计 $\widehat{\alpha}>0$ 和 $\widehat{\beta}>0$, 换句话说, (3.89) 中的 $\overline{y}\,\overline{1/y}>1$ 必须成立.

§3.9.7　指数分布的混合/组合

另一类常用的描述理赔严重程度的参数分布由指数分布的混合/组合构成, 尤其是在破产理论的内容中, 参见第 4 章. 如果一个指数分布的参数是随机变量, 以

概率 q 取值 α, 以概率 $1-q$ 取值 β, 那么就生成了一个混合分布, 其密度函数为

$$p(x) = q\alpha e^{-\alpha x} + (1-q)\beta e^{-\beta x}, \quad x > 0. \tag{3.90}$$

对每个 q, $0 \leqslant q \leqslant 1$, 函数 $p(\cdot)$ 是一个概率密度函数; 当 $q < 0$ 或者 $q > 1$ 时, (3.90) 中的 $p(\cdot)$ 有时也是一个概率密度函数. 因为 $\int p(x)\,dx = 1$ 总是成立, 我们只需要验证对所有 x 是否有 $p(x) \geqslant 0$, 而由习题 3.9 第 4 题可以知道, 这只需要验证 $p(0) \geqslant 0$ 和 $p(\infty) \geqslant 0$ 即可. 假设 $\alpha < \beta$, 如果 $1 < q \leqslant \beta/(\beta-\alpha)$ 则上述条件成立, 在这种情况下式 (3.90) 称为指数分布组合.

一个适当的指数分布组合的例子如下:

$$p(x) = 2(e^{-x} - e^{-2x}) = 2 \times 1e^{-1x} - 1 \times 2e^{-2x}, \tag{3.91}$$

其中 $q = 2$, $\alpha = 1$, $\beta = 2$. 第二个例子是函数

$$p(x) = \frac{4}{3}\left(e^{-x} - \frac{1}{2}e^{-2x}\right) = \frac{4}{3} \times 1e^{-1x} - \frac{1}{3} \times 2e^{-2x}. \tag{3.92}$$

如果 $X \sim \text{exponential}(\alpha)$, $Y \sim \text{exponential}(\beta)$, 且 $\alpha \neq \beta$, 则

$$m_{X+Y}(t) = \frac{\alpha\beta}{(\alpha-t)(\beta-t)} = \frac{\beta}{\beta-\alpha}\frac{\alpha}{\alpha-t} - \frac{\alpha}{\beta-\alpha}\frac{\beta}{\beta-t}. \tag{3.93}$$

这是 $q = \dfrac{\beta}{\beta-\alpha}$ 时, 式 (3.90) 的矩母函数. 因此, 独立指数分布随机变量之和的密度函数是指数分布组合. 但是, 反之却不一定成立. 例如, 由于 $q = \beta/(\beta-\alpha) = 2$, 所以式 (3.91) 是 exponential(1) 和 exponential(2) 分布的卷积的概率密度函数, 但是概率密度函数 (3.92) 却不能写成这种卷积的形式.

如果 $\alpha \uparrow \beta$, 则 $\beta/(\beta-\alpha) \to \infty$ 且 $X+Y$ 趋向于 gamma(2,β) 随机变量. 因此, 参数 $r = 2$ 的伽玛分布是指数分布组合的极限, 同样的结论对所有形状参数取整值的伽玛分布成立 (所谓的 Erlang 分布).

参数为 $0 < \alpha < \beta$ 和 $0 \leqslant q \leqslant 1$ 的指数分布混合可以用"瓮中瓮 (urn-of-urns)"模型 $Z = IX/\alpha + (1-I)Y/\beta$ 生成, 其中 X, Y 和 I 相互独立, X 和 Y 服从 exponential(1) 分布, $I \sim \text{Bernoulli}(q)$. 同样有一个两阶段模型, 产生所有概率密度函数为式 (3.90) 的随机变量. 对于这个模型, 设 $I \sim \text{Bernoulli}(\gamma)$, $0 \leqslant \gamma \leqslant 1$, 且 $0 < \alpha < \beta$, 则

$$Z = I\frac{X}{\alpha} + \frac{Y}{\beta} \tag{3.94}$$

有矩母函数

$$m_Z(t) = \left(1 - \gamma + \gamma\frac{\alpha}{\alpha-t}\right)\frac{\beta}{\beta-t} = \frac{\alpha\beta - t\beta(1-\gamma)}{(\alpha-t)(\beta-t)}. \tag{3.95}$$

为了证明这是一个指数分布组合或混合的矩母函数, 只需要利用部分分式找到一个 q, 使得式 (3.95) 等于式 (3.90) 的矩母函数

$$q\frac{\alpha}{\alpha-t}+(1-q)\frac{\beta}{\beta-t}. \tag{3.96}$$

比较式 (3.95) 和式 (3.96) 可得 $q\alpha+(1-q)\beta=\beta(1-\gamma)$, 因此

$$q=\frac{\beta\gamma}{\beta-\alpha}. \tag{3.97}$$

由于 $0<\alpha<\beta$, 当 $0\leqslant\gamma\leqslant 1-\alpha/\beta$ 时, 有 $0\leqslant q\leqslant 1$, 因此 Z 的分布是指数分布混合; 当 $1-\alpha/\beta<\gamma\leqslant 1$, 有 $q>1$, 则 Z 的分布是指数分布组合.

式 (3.94) 中的损失 Z 可以看成是一项试验的结果: 某人在任何情况下确定遭受损失 Y/β, 并根据一项成功概率为 γ 的试验结果决定是否遭受额外的损失 X/α. 另一种解释是: 由于 $Z=I(X/\alpha+Y/\beta)+(1-I)Y/\beta$, 则损失来自于 Y/β 或者 $X/\alpha+Y/\beta$. 再次地, 如果 $\gamma=1$, 即为两个指数分布的和.

写出计算分布函数 $P(x)$ 及其密度 $p(x)$ 的 R 函数是小事一桩, 当 $0<u<1$ 时, 分位数 $x=P^{-1}(u)$ 从分布函数的 (数值) 逆可得, 因此可以由 $P(x)=u$ 求解 x. 为此, 我们可以调用 R 函数 `uniroot`. 对于生成随机数值, 只要简单地用模型 (3.94):

```
set.seed(1); n <- 2000; q <- 1.5; alpha <-1; beta <- 2
gam <- (beta-alpha)/beta * q
y <- rbinom(n,1,gam) * rexp(n)/alpha + rexp(n)/beta
```

一种估计联合似然函数 $\prod p(y_i;\,q,\alpha,\beta)$(其中 $p(x)$ 如式 (3.90) 所示) 的方法是**矩估计**, 并不是对每个前三阶样本矩的组合都能找到式 (3.90) 的可行的参数, 以产生正确的均值、方差和偏度, 更多细节可参考 Babier 和 Chan(1992), 也可参见例 4.9.1. 极大似然优化问题要求三维最大化, 而且正如我们之前曾看到的那样不是很容易进行降维. 但是由 R 函数 `optim` 来完成这一工作却是很简单的, 例如:

```
f <- function (y, q, alpha, beta){
  q * alpha * exp(-alpha*y) + (1-q) * beta * exp(-beta*y)}
h <- function (x) {-sum(log(f(y, x[1], x[2], x[3])))}
optim(c(0.8,0.9, 1.8), h)
```

所求得的参数估计的结果是 $\widehat{q}=1.285$, $\widehat{\alpha}=0.941$ 和 $\widehat{\beta}=2.362$.

§3.9.8　对数正态理赔严重程度

利用 $X\sim\text{lognormal}(\mu,\sigma^2)$ 当且仅当 $\log X\sim\text{N}(\mu,\sigma^2)$, 由链式法则可得这个理赔严重程度分布的分布函数及其密度为

$$F_X(x)=\varPhi(\log x;\mu,\sigma^2)\quad \text{和}\quad f_X(x)=\frac{1}{x}\varphi(\log x;\mu,\sigma^2), \tag{3.98}$$

其中 φ 和 Φ 分别是正态密度和分布, 参见表 A.

基于与正态分布的关系很容易编写 R 函数 `d/p/q/rlnorm`, 但这些函数也包含在 `stats` 包中.

为了和与它具有同样均值 α/β 和方差 α/β^2 的逆高斯分布 $\mathrm{IG}(\alpha,\beta)$ 的尾部的厚度相比较, 注意到对数正态分布的偏度是 $\gamma=(3+1/\alpha)/\sqrt{\alpha}$, 见表 A, 而逆高斯分布的偏度是 $\gamma=3/\sqrt{\alpha}$. 对数正态分布适合描述损失严重程度具有中度重尾理赔分布的险种, 如火灾保险.

对数正态分布 $\mathrm{lognormal}(\mu,\sigma^2)$ 随机样本的极大似然估计可以简化为正态情形. 如果样本为 $Y_1=y_1,\cdots,Y_n=y_n$, 令 $X_i=\log Y_i$, 则 $X_i\sim\mathrm{N}(\mu,\sigma^2)$, 众所周知, $\widehat{\mu}=\overline{X}$, $\widehat{\sigma}^2=\overline{(X-\widehat{\mu})^2}$.

§3.9.9 帕累托理赔严重程度

帕累托分布 $\mathrm{Pareto}(\alpha,x_0)$(见表 A) 可被用于以较高的概率发生大额理赔的险种, 特别是责任保险. 习题 3.9 第 1 题证明了 $Y\sim\mathrm{Pareto}(\alpha,x_0)$ 等价于 $\log(Y/x_0)\sim\mathrm{exponential}(\alpha)$, 有了这个特性, 很容易编写函数 `rpareto`, 其他的都是平凡的.

计算帕累托分布 $\mathrm{Pareto}(\alpha,x_0)$ 样本的极大似然估计与我们之前看到的大致相同, 因为在这种情况下, 最优估计不能通过简单地求解 (极大) 似然方程而得到. 如果 $\mathrm{Pareto}(\alpha,x_0)$ 的样本为 $Y_1=y_1,\cdots,Y_n=y_n$, $y_{(1)}:=\min(y_i)$ 表示样本最小值, 则其 (对数) 似然函数为

$$\ell(\alpha,x_0;\vec{y})=\begin{cases}n\log\alpha+\alpha n\log x_0-(\alpha+1)\sum\log y_i, & x_0\leqslant y_{(1)},\\ -\infty, & x_0>y_{(1)}.\end{cases}\tag{3.99}$$

$\forall\alpha$, 我们有 $\ell(\alpha,x_0)\leqslant\ell(\alpha,y_{(1)})$, 所以 x_0 的极大似然估计一定是 $\widehat{x}_0=y_{(1)}$. 进一步,

$$\begin{aligned}\frac{\partial\ell(\alpha,\widehat{x}_0)}{\partial\alpha}=0 &\iff \frac{n}{\alpha}+n\log\widehat{x}_0-\sum\log y_i=0\\ &\iff \widehat{\alpha}=\left(\frac{1}{n}\sum\log(y_i/\widehat{x}_0)\right)^{-1}.\end{aligned}\tag{3.100}$$

极大似然估计 $\widehat{\alpha}$ 具有这样的形式一点也不意外, 因为变换的样本 $X_i=\log(Y_i/x_0)$ 服从指数分布 $\mathrm{exponential}(\alpha)$, 在指数情形, 已知 α 的极大似然估计为 $1/\overline{X}$. 同理, $\mathrm{Pareto}(\alpha,x_0)$ 的随机样本可以通过一个指数分布 $\mathrm{exponential}(\alpha)$ 的随机样本乘以 x_0 而得到. 因此, 抽样并求 α 和 x_0 的极大似然估计可通过如下程序实现:

```
set.seed(2525); x0 <- 100; alpha <- 2; n <-2000
y <- x0*exp(rexp(n)/alpha)
x0.hat <- min(y); alpha.hat <- 1/mean(log(y/x0.hat))
```

得到极大似然估计的结果是 $\widehat{x}_0=100.024$ 和 $\widehat{\alpha}=2.0014$. 因为总体 (母体) 矩 $\mathrm{E}[Y^j]$ 仅在 $j<\alpha$ 时才存在, 所以用矩方法来确定帕累托样本的参数估计可能会遇到问

题.

§3.10　止损再保险和近似

对于自留额为 d 的止损再保险, 再保险人对损失 S 的赔付额为 $(S-d)_+$. 本节将要对一些分布寻找止损纯保费的解析表达式. 值得注意的是, 止损保费的表达式也可以用来计算超额损失再保险的纯保费.

用 $\pi(d)$ 表示一个具有分布函数 $F(\cdot)$ 的损失变量的止损保费, 其为 d 的函数, 那么 $\pi'(d+0)=F(d)-1$, 这个事实可以用来验证止损保费的表达式. 在一些必要的积分运算中, 我们常常使用分部积分法.

例 3.10.1 (正态分布的止损保费)　设 $X\sim \mathrm{N}(\mu,\sigma^2)$, 那么 X 取自留额 d 的止损保费等于多少?

对于非标准正态分布, 一个方便的做法是先考虑特殊情形 $\mu=0$ 和 $\sigma^2=1$, 再利用一个事实: 如果 $U\sim \mathrm{N}(0,1)$, 则 $X=\sigma U+\mu\sim \mathrm{N}(\mu,\sigma^2)$. 于是所要计算的止损保费为

$$\mathrm{E}[(X-d)_+]=\mathrm{E}[(\sigma U+\mu-d)_+]=\sigma\mathrm{E}\left[\left(U-\frac{d-\mu}{\sigma}\right)_+\right]. \tag{3.101}$$

因为 $\varphi'(u)=-u\varphi(u)$, 我们有如下关系式

$$\int_t^{\infty} u\varphi(u)\,\mathrm{d}u=\int_t^{\infty}[-\varphi'(u)]\,\mathrm{d}u=\varphi(t). \tag{3.102}$$

于是立即得到

$$\pi(t)=\mathrm{E}[(U-t)_+]=\varphi(t)-t[1-\Phi(t)], \tag{3.103}$$

从而

$$\mathrm{E}[(X-d)_+]=\sigma\varphi\left(\frac{d-\mu}{\sigma}\right)-(d-\mu)\left[1-\Phi\left(\frac{d-\mu}{\sigma}\right)\right]. \tag{3.104}$$

对于标准正态分布的止损保费数值表参见例 3.10.4, 也可见本书表 C.　▽

例 3.10.2 (伽玛分布)　另一个具有相当简洁的止损保费表达式的分布是伽玛分布. 设 $S\sim\mathrm{gamma}(\alpha,\beta)$, 并用 $G(\cdot;\alpha,\beta)$ 表示 S 的分布函数, 可以证明

$$\mathrm{E}[(S-d)_+]=\frac{\alpha}{\beta}[1-G(d;\alpha+1,\beta)]-d[1-G(d;\alpha,\beta)]. \tag{3.105}$$

我们还可以推导出止损赔付的更高阶矩 $\mathrm{E}[(S-d)_+^k]$, $k=2,3,\cdots$, 甚至矩母函数, 从而止损赔付的指数保费也可以类似地计算出来.　▽

注 3.10.1(自留损失的矩) 当 $S \leqslant d$ 时, $(S-d)_+ = 0$; 当 $S > d$ 时, $(S-d)_+ = S-d$, 于是下面的等式恒成立:

$$[(S-d)-(S-d)_+][(S-d)_+] \equiv 0. \tag{3.106}$$

由此, 我们从止损赔付推导出自留损失 $S-(S-d)_+$ 的矩, 利用恒等式

$$\begin{aligned}\{S-d\}^k &\equiv \{[S-d-(S-d)_+]+(S-d)_+\}^k\\ &\equiv \{S-d-(S-d)_+\}^k + \{(S-d)_+\}^k.\end{aligned} \tag{3.107}$$

由于式 (3.106), 在二项展开式中其余的项均为 0, 因此式 (3.107) 成立. ▽

如果损失近似服从一个平移伽玛分布, 用同样的方式也可以近似求出自留损失的均值、方差以及偏度, 见习题 3.10 第 4 题.

例 3.10.3(止损保费的 NP 近似) 某些随机变量 $X > y$ 的概率可以用 NP 法近似得非常好, 那么, 是否也可以对 X 的止损保费给出一个近似呢?

对 $u \geqslant 1$ 和 $y \geqslant 1$ 定义如下的辅助函数:

$$q(u) = u + \frac{\gamma}{6}(u^2-1) \quad 和 \quad w(y) = \sqrt{\frac{9}{\gamma^2}+\frac{6y}{\gamma}+1}-\frac{3}{\gamma}. \tag{3.108}$$

由 §2.5 我们知道 $w(q(u)) = u$ 和 $q(w(y)) = y$, 此外, $q(\cdot)$ 和 $w(\cdot)$ 是单调递增的, 并且 $q(u) \geqslant y$ 当且仅当 $w(y) \leqslant u$. 设 Z 是一个均值为 0、标准差为 1、偏度 $\gamma > 0$ 的随机变量, 我们要借助式 (3.101), 由 Z 的止损保费来计算一个满足 $\mathrm{E}[X] = \mu$, $\mathrm{Var}[X] = \sigma^2$ 和偏度为 γ 的随机变量 X 的止损保费.

NP 近似(2.59) 指出

$$\Pr[Z > q(u)] = \Pr[w(Z) > u] \approx 1-\Phi(u), \quad 若 u \geqslant 1. \tag{3.109}$$

假设 $U \sim \mathrm{N}(0,1)$, 并定义: 当 $U \geqslant 1$ 时, $V = q(U)$; 否则 $V = 1$, 即 $V = q(\max\{U,1\})$, 于是

$$\Pr[V > q(u)] = \Pr[U > u] = 1-\Phi(u), \quad u \geqslant 1. \tag{3.110}$$

因而

$$\Pr[Z > y] \approx \Pr[V > y] = 1-\Phi(w(y)), \quad y \geqslant 1. \tag{3.111}$$

$d > 1$ 时 Z 的止损保费可以通过 V 的止损保费来近似, 这是因为

$$\begin{aligned}\int_d^\infty \Pr[Z > y]\,\mathrm{d}y &\approx \int_d^\infty \Pr[V > y]\,\mathrm{d}y = \mathrm{E}[(V-d)_+]\\ &= \int_{-\infty}^\infty (q(\max\{u,1\})-d)_+\varphi(u)\,\mathrm{d}u\\ &= \int_{w(d)}^\infty (q(u)-d)\varphi(u)\,\mathrm{d}u.\end{aligned} \tag{3.112}$$

为了计算该积分, 利用 $\frac{\mathrm{d}}{\mathrm{d}u}[u\varphi(u)] = (1-u^2)\varphi(u)$, 从而

$$\int_t^{\infty} [u^2-1]\varphi(u)\,\mathrm{d}u = t\varphi(t). \tag{3.113}$$

将式 (3.102), 式 (3.113) 和函数 $q(\cdot)$ 代入式 (3.112) 得到

$$\begin{aligned}\mathrm{E}[(Z-d)_+] &\approx \int_{w(d)}^{\infty} \left(u + \frac{\gamma}{6}(u^2-1) - d\right)\varphi(u)\,\mathrm{d}u \\ &= \varphi(w(d)) + \frac{\gamma}{6}w(d)\varphi(w(d)) - d[1-\Phi(w(d))]\end{aligned} \tag{3.114}$$

为任一均值为 0、方差为 1、偏度为 γ 的风险变量 Z 的止损纯保费的近似公式. ▽

例 3.10.4 (比较止损保费的各种近似)　当自留额 $d = 0, \frac{1}{2}, \cdots, 4$ 时, 求满足 $\mathrm{E}[X] = \mu = 0$, $\mathrm{Var}[X] = \sigma^2 = 1$ 以及偏度分别为 $\gamma = 0, 1, 2$ 的随机变量 X 的止损保费的近似值.

为得到 NP 近似, 当 $\gamma = 0$ 时应用公式 (3.104), 否则用公式 (3.114). 均值为 0、方差为 1 和偏度为 γ 的平移伽玛分布随机变量的参数为 $\alpha = 4/\gamma^2$, $\beta = 2/\gamma$ 和 $x_0 = -2/\gamma$. 当 $\gamma \downarrow 0$ 时, 由式 (3.105) 可得 N(0,1) 分布的止损保费. 所有的平移伽玛止损保费都比由 NP 近似得到的止损保费略小一些.

当 $d = 0$ 时, NP 近似 (3.114) 给出了合理的结果, 但是表 3.1 中平移伽玛近似的结果却令人惊讶, 其止损保费随着偏度的增加而减少. 从下面的式 (3.116) 中立即可以得到, 如果一个分布所有的止损保费都大于另一个具有相同均值的分布的止损保费, 那么前一个分布具有较大的方差. 既然在本例中分布的方差是相等的, 和较大的平移伽玛止损保费同时存在的还应该有一些较小的平移伽玛止损保费.

表 3.1　不同自留额下、偏度为 0, 1, 2 的标准随机变量使用中心极限定理 (CLT)、NP 近似和平移伽玛近似得到的近似止损保费

d	CLT	NP 近似		平移伽玛近似	
	$\gamma=0$	$\gamma=1$	$\gamma=2$	$\gamma=1$	$\gamma=2$
0.0	0.3989	0.4044	0.4195	0.3907	0.3679
0.5	0.1978	0.2294	0.2642	0.2184	0.2231
1.0	0.0833	0.1236	0.1640	0.1165	0.1353
1.5	0.0293	0.0637	0.1005	0.0598	0.0821
2.0	0.0085	0.0316	0.0609	0.0297	0.0498
2.5	0.0020	0.0151	0.0365	0.0144	0.0302
3.0	0.0004	0.0070	0.0217	0.0068	0.0183
3.5	0.0001	0.0032	0.0128	0.0032	0.0111
4.0	0.0000	0.0014	0.0075	0.0015	0.0067

对于 NP 近似, 高偏度但低止损保费的情况是可能发生的, 例如, 当 $d < 0$ 时. 注意到, 平移伽玛近似给出了具有恰当的均值和方差的风险变量的止损保费. 另一方面, NP 近似给出了具有几乎相同矩的随机变量的止损保费的近似. 显然, 在区域 $d \in (0, \infty)$ 内, 具有 NP 尾部概率以及恰当的前三阶矩的随机变量是存在的.

对任意的 μ 和 σ, 只需简单地使用如式 (3.101) 中给出的变换, 在这种情况下, 首先确定 $d = (t - \mu)/\sigma$, 然后用 σ 乘以表 3.1 相应的止损保费, 如果需要, 可以使用插值. ▽

§3.10.1 方差不相等情形下止损保费的比较

本小节我们将比较均值相同但方差不同的两个风险的止损保费, 尽管我们不可能建立一个精确的一般准则, 但是我们可以给出一些有用的近似结果.

正如在 $(0, \infty)$ 上对分布函数积分可以得到期望值一样, 我们还可以对止损保费积分. 在习题 3.10 第 1 题中, 请读者证明: 如果以概率 1 有 $U \geqslant 0$, 那么

$$\frac{1}{2}\mathrm{Var}[U] = \int_0^\infty \left\{\mathrm{E}[(U-t)_+] - (\mu - t)_+\right\} \mathrm{d}t. \tag{3.115}$$

式 (3.115) 里的被积函数总是非负的, 由式 (3.115), 如果 U 和 W 是两个具有相同期望值 μ 的风险变量, 则

$$\int_0^\infty \left\{\mathrm{E}[(U-t)_+] - \mathrm{E}[(W-t)_+]\right\} \mathrm{d}t = \frac{1}{2}\left\{\mathrm{Var}[U] - \mathrm{Var}[W]\right\}. \tag{3.116}$$

通过使用区间宽度为 1 的梯形法则近似 (3.116) 中的积分 (也见式 (3.47)), 我们得到下面这个关于 U 和 W 的止损保费所有差额总和的近似结果 (注意, 我们不使用绝对值):

$$\sum_{i=1}^\infty \left\{\mathrm{E}[(U-i)_+] - \mathrm{E}[(W-i)_+]\right\} \approx \frac{1}{2}\left\{\mathrm{Var}[U] - \mathrm{Var}[W]\right\}. \tag{3.117}$$

因此, 当我们用 W 的止损保费来替代 U 的实际止损保费时, 式 (3.117) 提供了在所有整数值处的误差总和的一个近似结果. 在第 7 章, 我们要给出一些使得不等式 $\mathrm{E}[(U-d)_+] \geqslant \mathrm{E}[(W-d)_+]$ 对所有 d 都成立的条件. 在此情况下, 式 (3.117) 中的所有项都是正的, 从而所有这些项的最大误差将小于右边.

如果两个被积函数是近似成比例的, 它们的比值大约等于相应积分的比值, 因此由式 (3.115) 可得

$$\frac{\mathrm{E}[(U-t)_+] - (\mu-t)_+}{\mathrm{E}[(W-t)_+] - (\mu-t)_+} \approx \frac{\mathrm{Var}[U]}{\mathrm{Var}[W]}. \tag{3.118}$$

如果 $\mu = \mathrm{E}[U]$, $W = (1-I)\mu + IU$, 其中 $I \sim \mathrm{Bernoulli}(\alpha)$且独立于 U, 且 $\alpha = \mathrm{Var}[W]/\mathrm{Var}[U]$, 那么该近似式是精确的, 见习题 3.10 第 2 题.

如果 $t \geqslant \mu$, 那么 $(\mu - t)_+ = 0$, 从而近似式 (3.118) 可简化为如下的经验法则.

经验法则 3.10.1(止损保费的比)　当自留额 t 大于期望值 $\mu = \mathrm{E}[U] = \mathrm{E}[W]$ 时, 风险变量 U 和 W 的止损保费满足:

$$\frac{\mathrm{E}[(U-t)_+]}{\mathrm{E}[(W-t)_+]} \approx \frac{\mathrm{Var}[U]}{\mathrm{Var}[W]}. \tag{3.119}$$

当 t 的值适中 (既不太大也不太小) 时, 该法则的运行效果最好, 详见下文.　▽

例 3.10.5 (“不明确配偶情形”)　习题 3.8 第 4 题处理了保险人不知道应该向哪位被保险人死后留下的遗孀支付保险抚恤金的情形. 如果被保险人中已婚的频率为 80%, 那么我们或者把所有的风险额乘以 0.8, 而保持一年内死亡的概率不变; 或者把死亡概率乘以 0.8, 而保持赔付额不变. 我们得出前一种处理方法得到的所有理赔额的方差大约是后一种处理方法得到的方差的 80%. 因此, 如果我们用第一种方法而不是正确的方法来计算止损保费, 那么对于自留额大于期望理赔额的止损保费将会大约少 20%.　▽

例 3.10.6 (经验法则的数值评估)　我们对自留额 $d = 0, \frac{1}{2}, 1, \cdots, 3$ 分别计算 $\mathrm{N}(0, 1.01)$ 和 $\mathrm{N}(0, 1.25)$ 的止损保费, 并与 $\mathrm{N}(0,1)$ 的对应结果进行比较. 按照经验法则 3.10.1, 前两个分布的计算结果应当分别为 $\mathrm{N}(0,1)$ 所对应结果的 1.01 倍和 1.25 倍. 表 3.2 给出了一些修正因子, 为了得到真正的误差这些因子必须被乘进去. 例如, 在 $d = 0$ 时比值 $\pi(d; 0, 1.01)/\pi(d; 0, 1)$ 等于 1.005, 而不是 1.01, 所以对应的误差只是经验法则预测的误差的 50%. 我们可以看到, 当自留额接近于期望值时, 经验法则修正因子将过大; 当自留额较大时, 修正因子又将过小; 当自留额等于期望值加上 0.6 倍的标准差时, 修正因子才基本正确. 经验法则的修正因子对较远尾部的自留额具有一个较大的误差, 其中当分布的方差较小时, 止损保费基本上可以忽略不计, 但是当分布的方差较大时就不一定了.　▽

表 3.2　根据经验法则, $\mathbf{N}(0, 1.01)$ 和 $\mathbf{N}(0, 1.25)$ 的止损保费相对于 $\mathbf{N}(0,1)$ 的止损保费的修正因子

d	$\pi(d; 0, 1)$	修正因子	
		$1 + 0.01\times$	$1 + 0.25\times$
0.0	0.39894	0.50	0.47
0.5	0.19780	0.89	0.85
1.0	0.08332	1.45	1.45
1.5	0.02931	2.22	2.35
2.0	0.00849	3.20	3.73
2.5	0.00200	4.43	5.84
3.0	0.00038	5.92	9.10

§3.11 习　题

§3.2

1. 当 N 具有如下分布时: (a) Poisson(λ), (b) binomial(n,p) 和 (c) 参数为 (r,p) 的负二项分布, 计算式 (3.3), 式 (3.4) 和式 (3.5).

2. 对于累积量母函数, 给出类似于式 (3.5) 的推导.

3. 假设鸟巢中鸟蛋的数量服从 Poisson(λ) 分布, 并且孵化出雌鸟的概率为 p, 求鸟巢中雌鸟个数的分布.

4. 假设 S 服从参数为 $\lambda = 2$ 和 $p(x) = x/10$, $x = 1, 2, 3, 4$ 的复合泊松分布. 对 $s \leqslant 4$, 利用式 (3.10) 计算事件 $S = s$ 的概率.

5. 对 $x = 0, \cdots, 6$, 完成例 3.2.2 中的表格, 并求 N, X 和 S 的均值与方差.

6. 设 S 的定义同例 3.2.2, 但是现在 N 服从参数为 $\lambda = 2$ 的泊松分布, 求 S 的均值和方差.

7. 用分部积分法证明关系式 (3.11). 再按如下办法证明该式: 对方程两边求导, 比较当 $x = 0$ 或 $x \to \infty$ 时方程两边的值.

§3.3

1. (泊松定理) 对于参数为 (r,p) 的负二项分布, 若 $r \to \infty$ 和 $p \to 1$, 使得 $r(1-p) = \lambda$ 保持为常数, 证明该负二项分布的极限分布是泊松分布.

2. 在什么情况下通常的泊松分布可以取代例 3.3.1 和例 3.3.2 中的负二项分布?

3. [♠] 证明式 (3.19).

§3.4

1. 同习题 3.2 第 4 题, 但是现在要求用稀疏向量算法.

2. 如果在式 (3.22) 中有一些 x_i 是相等的, 那么式 (3.23) 会怎样?

3. 假设 S_1 服从参数为 $\lambda_1 = 4$ 和理赔额分布 $p_1(j) = \dfrac{1}{4}, j = 0, 1, 2, 3$ 的复合泊松分布, S_2 服从参数 $\lambda_2 = 2$ 以及理赔额分布 $p_2(j) = \dfrac{1}{2}, j = 2, 4$ 的复合泊松分布, 如果 S_1 和 S_2 相互独立, 那么 $S_1 + S_2$ 服从什么分布?

4. 在习题 3.2 第 3 题中, 证明雄鸟和雌鸟的数量相互独立.

5. 记 N_j, $j = 1, 2$ 为例 3.2.2 中理赔额等于 j 的发生次数, 试问 N_1 和 N_2 独立吗?

6. 假设 S 服从参数为 λ 且具有离散的理赔额分布 $p(x)$, $x > 0$ 的复合泊松分布, 再设 S_0 服从参数 $\lambda_0 = \lambda/\alpha$, $0 < \alpha < 1$, 且具有理赔额分布 $p_0(x)$, 其中 $p_0(0) = 1 - \alpha$ 且 $p_0(x) = \alpha p(x)$, $x > 0$ 的复合泊松分布, 通过比较矩母函数证明 S 和 S_0 同分布; 再通过验证式 (3.22) 中理赔额 $x \neq 0$ 的发生频数同分布来证明 $S \sim S_0$.

7. 例 3.4.1 中用稀疏向量法计算所有的概率 $\Pr[S = x]$, $x = 0, 1, \cdots, n-1$ 需要多少次与非零数字的乘法? 假设理赔额是以 T 为界的有界变量, 并注意 $1 + 1/2 + 1/3 + \cdots + 1/T \approx \log T + 0.5772$(Euler-Mascheroni 常数).

8. 用 `R` 重新做第 1 题.

§3.5

1. 同习题 3.2 第 4 题, 但现在要求用 Panjer 递推法.

2. 同习题 3.4 第 6 题的第一部分, 但现在要求通过归纳 "Panjer 递推得出同样的概率 $f(s)$" 来证明.

3. 验证例 3.5.1.

4. 设一个复合泊松分布, 其理赔额分布有质点 $1, 2, \cdots, m$, 即在这些点处取正概率, 求在用 Panjer 递推计算概率 $F(t)$ 时需要用到的乘法运算次数. 区分 $m < t$ 和 $m \geqslant t$ 两种情况.

5. 设 $q_n = \Pr[N = n]$ 满足式 (3.26), 证明 $\mathrm{E}[N] = (a+b)/(1-a)$.

6. 在例 3.5.3 中, 求使得 $\pi(d) = 0.3$ 的自留额 d.

7. 设 N_1, N_2 和 N_3 相互独立且服从 Poisson(1) 分布, 对自留额 $d = 2.5$, 求 $\mathrm{E}[(N_1 + 2N_2 + 3N_3 - d)_+]$.

8. 设 S_1 服从参数 $\lambda = 2$ 且理赔额分布 $p(1) = p(3) = \dfrac{1}{2}$ 的复合泊松分布, 令 $S_2 = S_1 + N$, 其中 N 服从 Poisson(1) 分布且与 S_1 独立, 求 S_2 的矩母函数及其对应的分布函数; 求概率 $\Pr[S_2 \leqslant 2.4]$.

9. 设 Z 是一个服从复合泊松分布的整值随机变量, 如果对某个 $\alpha > 0$, Panjer 递推关系式等于 $\Pr[Z = s] = f(s) = \dfrac{\alpha}{s}[f(s-1) + 2f(s-2)]$, $s = 1, 2, 3, \cdots$, 求该复合泊松分布的参数值. (不要忘记 $p(0) \neq 0$ 的情况!)

10. 设 S 服从复合泊松分布, 其参数 $\lambda = 3$、理赔额分布 $p(1) = \dfrac{5}{6}$ 和 $p(2) = \dfrac{1}{6}$, 对 $x = 0, 1, 2, \cdots$, 计算 $f(x)$, $F(x)$ 和 $\pi(x)$, 并计算 $\pi(2.5)$.

11. 从式 (3.34) 推导出止损保费的计算公式, 要求分别只用到 $f(0), f(1), \cdots, f(d-1)$ 和 $F(0), F(1), \cdots, F(d-1)$.

12. 给出一个类似于式 (3.36) 的公式来计算 $\mathrm{E}[(S-d)_+^2]$.

13. [♠] 编写函数 `Panjer.NegBin` 和 `Panjer.Bin` 来处理 (负) 二项理赔次数.

14. 对某 r, p, $0 < p < 1$, $M \sim$negative binomial(r, p), 设 $\Pr[L = m] = \lim\limits_{r \to 0} \Pr[M = m \mid M > 0]$, $m = 1, 2, \cdots$, 请问 L 服从什么分布? 并对该随机变量证明关系式 (3.26) 对所有 $n = 2, 3, \cdots$ 成立.

15. [♠] 对定理 3.5.1 的证明稍加拓展便可以证明: 如果式 (3.26) 对所有 $n = 2, 3, \cdots$ 成立, 那么总理赔额 s 的概率满足如下关系式:

$$f(s) = \frac{[q_1 - (a+b)q_0]f(s) + \sum\limits_{h=1}^{s}\left(a + \dfrac{bh}{s}\right)p(h)f(s-h)}{1 - ap(0)}, \quad s = 1, 2, \cdots,$$

其中 q_0 是给定频率分布下, 在零点的任意量的概率. 如果 $q_1 = (a+b)q_0$, 分子中的第一项为 0, 得到式 (3.27). 对 $n > k$, 满足式 (3.26) 的计数分布类称为 (a, b, k) 类, $k = 0, 1, \cdots$, $(a, b, 1)$ 类包含零修正或零截断分布. 由之前的习题知, 对数分布属于 $(a, b, 1)$ 类, 但不属于 $(a, b, 0)$ 类. 对 $(a, b, 1)$ 类, 写出一个 Panjer 函数.

16. 利用 R 函数 cumsum 和 rev, 演示如何从概率向量 p, 其中 p[1] = $\Pr[S=0]$, p[2] = $\Pr[S=1], \cdots$, 得到自留额为 $d=0,1,\cdots$ 的止损保费向量. 利用关系式 (3.34).

§3.6

1. 描述 R 命令所产生的结果:

```
y <- rep(0,64); y[2:7] <- 1/6; Re(fft(fft(y)^10,T))/64
```

2. 有一个复合分布, 理赔额取值为 1 和 3 的概率各为 $\dfrac{1}{2}$, 理赔次数随机变量 L 服从对数分布, 且有 $\mathrm{E}[L]=3$, 见例 3.3.2, 利用 fft 函数计算该复合分布当自留额 $d=10$ 时的止损保费. 当 $\Pr[L=0,1,3,7,8,9,10]=0.3,0.2,0.1,0.1,0.1,0.1,0.1$ 时, 做同样的事情.

§3.7

1. 设 S 服从复合泊松分布, 其参数 $\lambda=12$、理赔额分布是 uniform$(0,1)$, 试用中心极限定理 (CLT)、平移伽玛近似和 NP 近似来近似计算概率 $\Pr[S<10]$.

2. 设 S 服从复合泊松分布, 其参数 $\lambda=10$、理赔额分布为 $\chi^2(4)$ 分布, 试用平移伽玛近似来近似求出 S 的分布函数, 并用 NP 近似来估计使得 $F_S(s)\approx 0.95$ 成立的分位数 s 以及概率 $F_S(\mathrm{E}[S]+3\sqrt{\mathrm{Var}[S]})$.

3. 正如在定理 3.5.1 中的证明, 通过证明当 $\lambda\to\infty$ 时, 标准复合泊松 (λ,X) 随机变量 $(S-\mu_S)/\sigma_S$ 的矩母函数对所有 t 收敛到 $\mathrm{e}^{t^2/2}$ 来证明定理 3.7.1.

§3.8

1. 试证在式 (3.63) 中, 与 $\lambda_j=q_j$ 相比, 取 $\lambda_j=-\log(1-q_j)$时, S 的期望和方差会更大. 试在两种情况下比较式 (3.62) 和式 (3.63) 中的 $\Pr[I_i=j]$ 和 $\Pr[N_i=j]$, $j=0,1,2,\cdots$, 以及 I_i 和 N_i 的分布函数.

2. 考虑一个由 100 份一年期寿险保单构成的组合, 这些保单按照承保金额 1 和 2 以及本年死亡概率 0.01 和 0.02 均匀分开. 求总理赔额 $\widetilde{S}$ 的期望和方差. 选择一个合适的复合泊松分布随机变量 S 去近似 $\widetilde{S}$, 并比较它们的期望和方差. 求用适当的平移伽玛分布对 S 和 $\widetilde{S}$ 做近似时所选取的参数.

3. 通过比较各自的矩母函数来证明下面关于聚合模型的表述是等价的:

(a) 由式 (3.64) 刻画的复合泊松分布, 其中 $\lambda_i=q_i$;

(b) 由式 (3.63) 描述的随机变量 $\sum\limits_i N_ib_i$, 其中 $\lambda_i=q_i$;

(c) 随机变量 $Z_1+\cdots+Z_n$, 其中 Z_i 服从理赔次数参数为 1 且理赔额与 I_ib_i 同分布的复合泊松分布;

(d) 具有参数 $\lambda=n$ 且理赔分布 $Q(x)=\dfrac{1}{n}\sum\limits_j\Pr[X_j\leqslant x]$ 的复合泊松分布. (因此, $Q(\cdot)$ 是理赔额分布函数的算术平均, 它可以被解释为来自随机抽取的一份保单的理赔额分布, 其中每份保单被抽到的概率均为 $\dfrac{1}{n}$.)

4. 考虑由 n 份一年期男性寿险保单构成的组合, 第 i 个保单持有人本年死亡的概率为 q_i. 假如该保单持有人在一年内死亡且留下一位寡妇, 那么保险公司必须赔付一笔抚恤金 b_i, 而保单持有人有没有留下寡妇 (“不明确配偶情况”) 这个信息保险人事前并不知道, 但保险人知道对每份保单来说“保单持有人死亡留有遗孀”这个事件的概率为 80%. 在这种情况下, 我们有两种方法用一个聚合模型来近似该个体模型, 一种方法是将保单 i 的保险金额替换为 $0.8b_i$, 另一种方法是将保单 i 的死亡概率替换为 $0.8q_i$, 那么到底哪种方法是正确的呢? 试求在两种方法下总理赔额的方差. 如果我们有一个程序可以从死亡率表 (生命表) 和包含性别、年龄以及风险额的档案中计算出止损保费, 请展示如何能够对上面两种情形进行计算?

5. [♠] 如果要求绝对精度为 ε, 那么式 (3.70) 中的 x 取何值时我们可以停止连加?

6. 考虑由两类保单构成的组合, 其中第 i 类含有 1000 份保单, 且每份保单以概率 0.01 产生额度为 $b_i = i$ 的理赔, $i = 1, 2$. 记 B_i 为第 i 类保单的总理赔次数, 则总理赔额 S 可以表示为 $S = B_1 + 2B_2$, 总理赔次数为 $N = B_1 + B_2$. 考虑服从复合二项分布的随机变量 $T = X_1 + X_2 + \cdots + X_N$, 其中 $\Pr[X_i = 1] = \Pr[X_i = 2] = 1/2$. 试从最大值、期望值、方差、理赔次数分布以及它们本身的分布等角度比较 S 和 T. 再在假设 B_1 和 $B_2 \sim \text{Poisson}(10)$ 分布下作这些比较.

7. 考虑某风险组合的超额损失再保险. 当理赔额为 x 时, 再保险人赔付 $h(x) = (x - \beta)_+$. 设理赔过程为一个复合泊松过程, 其理赔次数的参数为 10、理赔额服从均匀分布 uniform(1000, 2000). 试对 $\beta \in [1000, 2000]$ 来求一年里再保险人赔付总额的分布函数.

8. 考虑具有如下特征的两个风险组合 P_1 和 P_2:

	风险额	保单数	理赔概率
P_1	z_1	n_1	q_1
	z_2	n_2	q_2
P_2	z_1	$2n_1$	$\frac{1}{2}q_1$
	z_2	$2n_2$	$\frac{1}{2}q_2$

在 P_1 和 P_2 的个体风险模型下求总理赔额的方差之差; 用书中所推荐的方法构造 P_1 和 P_2 的聚合近似, 并验证它们是否相等.

9. 一个特定的保险组合包含两种类型的保险合同. 对于类型 k, $k = 1, 2$, 理赔发生的概率为 q_k, 所含保单的数量为 n_k. 如果有一个理赔发生, 理赔额以概率 $p_k(x)$ 等于 x, 如下所示:

	n_k	q_k	$p_k(1)$	$p_k(2)$	$p_k(3)$
Type 1	1000	0.01	0.5	0	0.5
Type 2	2000	0.02	0.5	0.5	0

假设所有的保单都相互独立. 试构建一个聚合模型 T 来近似总理赔额, 构建时确保正理赔的期望次数和总理赔额的期望保持不变. 在这种情况下, 给出 Panjer 递推关系式的一个最简单的形式, 同时给出一个初始值. 在 T 下, 求资本金以 95%的概率偿还该保单组合所有理赔的一个近似值. 用一个基于三阶矩的近似方法, 并将结果与习题 2.5 第 13 题进行比较.

10. 考虑一个包含 n 份保险合同的保单组合, 每份合同产生一个大小为 1 的理赔额的概率为 q, 请分别在个体模型、聚合模型以及开放聚合模型下求总理赔额的分布函数. 当 $n \to \infty$

而 q 固定时, 在概率差 $\Pr[(S-\mathrm{E}[S])/\sqrt{\mathrm{Var}[S]}\leqslant x]-\Pr[(T-\mathrm{E}[S])/\sqrt{\mathrm{Var}[S]}\leqslant x]$ 收敛到 0 意义下, 验证个体模型 S 是否收敛于聚合模型 T.

§3.9

1. 按照如下的提示求对数正态分布和帕累托 (Pareto) 分布的期望和方差 (参见表 A): $Y\sim \mathrm{lognormal}(\mu,\sigma^2)$ 意味着 $\log Y\sim \mathrm{N}(\mu,\sigma^2)$; 如果 $Y\sim \mathrm{Pareto}(\alpha,x_0)$, 那么 $Y/x_0\sim \mathrm{Pareto}(\alpha,1)$ 且 $\log(Y/x_0)\sim \mathrm{exponential}(\alpha)$.

2. 如果随机变量 λX, 或者更一般地对某个函数 f, 随机变量 $f(\lambda)X$ 的分布不依赖于 λ, 我们就称 λ 为随机变量 X 的尺度参数. 指出本节中哪些分布参数是尺度参数; 证明偏度 γ_X 和变异系数 σ_X/μ_X 都不依赖于这类参数, 并对给定的分布求这两个量.

3. [♠] 证明式 (3.84) 确为一个分布函数, 它当 $x=0$ 时等于 0, 当 $x\to\infty$ 时趋于 1, 具有正的导数 (3.83). 再请验证 (3.85) 是一个矩母函数, 并证明关于逆高斯分布的其他陈述.

4. 证明在 (3.90) 中的 q 上所加的条件足以保证 $p(\cdot)$ 是一个概率密度函数.

5. 设 Z 是如 (3.90) 所示的指数分布的混合/组合随机变量, 试求其分布函数 $\Pr[Z\leqslant d]$ 和止损保费 $\mathrm{E}[(Z-d)_+]$; 再求给定 $Z>z$ 的条件下, $Z-z$ 的条件分布.

6. 求指数分布混合/组合的众数, 以及对数正态分布的众数和中位数.

7. 求逆高斯分布 $\mathrm{IG}(\alpha,\alpha)$ 的众数. 对于图 3.1 给出的那些参数值, 请使用计算机来求该分布的中位数.

8. 为指数分布混合/组合编写 R 函数 `d/p/q/rCombExp`.

9. 设 $\mathrm{E}[X]=1$ 且变异系数 $\sqrt{\mathrm{Var}[X]}/\mathrm{E}[X]=2$, 当 X 分别服从伽玛分布、逆高斯分布、对数正态分布和正态分布时, 求其 97.5% 的分位数.

10. [♠] 一个小保险公司有三个险种: 火灾保险、责任保险和汽车保险, 每个险种的总理赔额都是复合泊松分布的随机变量, 且它们相互独立, 具体描述如下:

火灾保险: 平均理赔次数 $\lambda_1=10$, 理赔额服从均值 $\mu_1=10000$ 和变异系数 $\sigma_1/\mu_1=0.5$ 的逆高斯分布;

责任保险: 平均理赔次数 $\lambda_2=3$, 理赔额服从均值为 30000 和变异系数为 0.5 的 (Pareto) 分布;

机动车辆保险: 平均理赔次数 $\lambda_3=500$, 理赔额服从均值为 1000 和变异系数为 0.3 的伽玛分布.

利用 NP 近似, 计算给定水平 $q=0.5,0.75,0.9,0.95,0.99$ 时这个风险组合的在险价值 VaR(即使得 $\Pr[S>s]=q$ 的分位数 s). 保费收入 $P=P_1+P_2+P_3$, 其中包含火灾保险 30%、责任保险 50%和汽车保险 10%的安全附加 (safety loading). 该保费通过以下方式投资: 使得投资一年后其服从均值为 $1.1P$、标准差为 $0.3P$ 的对数正态分布. 求投资后资本足以偿付理赔的概率. 此外, 为保证该保险公司以 99%的概率不会因为理赔发生和 (或) 投资损失而破产, 求所必须的初始资本额.

11. [♠] 在注 3.8.3 的情形, 求复合泊松分布 ($\lambda=50,\ p(7)=p(10)=p(19)=1/3$) 下 S^+ 的概率向量和复合泊松分布 ($\lambda=3,\ p(1)=p(4)=1/2$) 下 S^- 的概率向量. 用快速傅里叶变换 (FFT) 或者 Panjer 递推. 然后对 $k=1,2,3$, 自留额 $d=\lfloor \mathrm{E}[S]+k\sigma_S\rfloor$, 用式 (3.70) 计

算止损保费. 再利用 convolve 计算 $S=S^+-S^-$ 的全概率向量. 最后, 基于 S 本身也是复合泊松分布随机变量 (具有可能的理赔额 $-1,-4,+7,+10,+19$)这一事实, 用 FFT 技术计算概率向量 $\Pr[S=s]$.

12. 证明式 (3.89) 产生正的估计 $\widehat{\alpha}$ 和 $\widehat{\beta}$. 提示: 对具有 $\Pr[Z=y_i]=\dfrac{1}{n}$, $i=1,\cdots,n$ 的随机变量 Z 应用 Jensen 不等式.

13. 当用 R 程序给定的 uniroot 计算伽玛样本的极大似然估计时, 证明 aux > 0, 从而 $\overline{\log y}<\log\overline{y}$ 成立.

14. [♠] 对 $y>0$, 形状参数 $\alpha>0$ 和尺度参数 $\beta>0$, Weibull(α,β) 随机变量 Y 的密度函数 $f(y;\alpha,\beta)=\alpha\beta\,(\beta y)^{\alpha-1}\exp\big(-(\beta y)^{\alpha}\big)$. 求 Y 的分布函数. 证明 $X=(\beta Y)^{\alpha}$ 服从 exponential(1) 分布; 再证明利用样本 $Y_1=y_1,\cdots,Y_n=y_n$ 估计 α 和 β 的极大似然方程可以写成 $g(\alpha):=1/\alpha+\overline{\log y}-\overline{y^{\alpha}\log y}/\overline{y^{\alpha}}=0$ 和 $\beta=(1/\overline{y^{\alpha}})^{1/\alpha}$. 利用 rweibull 函数生成容量为 2000, 参数 $\alpha=5$ 和 $\beta=1$ 的 Weibull 样本, 并由该样本计算参数的极大似然估计.

15. 编写函数 rTransGam 来生成平移伽玛分布的随机偏差. 抽取一个大样本, 并验证前三阶样本矩是否 "接近" 于理论值. 并用程序 rNormalPower 来识别这个问题.

16. 在寿险精算学中, 有时能够生成 Gompertz 和 Makeham 寿命分布样本是很有用的. Makeham(死亡) 律假设的死亡率等于

$$\mu_X(x)\overset{\text{def}}{=}\frac{f_X(x)}{1-F_X(x)}=-\frac{\mathrm{d}}{\mathrm{d}x}\log(1-F_X(x))=a+bc^x,$$

而 Gompertz 死亡律是 $a=0$ 的特殊情形. 假设 $c>1$, 死亡率的第二部分随年龄以指数速度递增, 第一部分是常数. 易知两个独立随机变量的最小值 $X=\min(Y,Z)$ 以 $\mu_X(x)=\mu_Y(x)+\mu_Z(x)$ 作为其死亡率, 在 Makeham 死亡律下, 人们或者在时间 $Y\sim$ Gompertz(b,c) 之后死于 "衰老", 或者在时间 $Z\sim$ exponential(a) 之后死于某独立发生的 "意外", 以先发生者为准. 在给定的参数化过程中, X 的生存函数如下:

$$1-F_X(x)=\Pr[Z>x]\Pr[Y>x]=\exp\Big(-ax-\frac{b}{\log c}(c^x-1)\Big),\quad x>0.$$

如果 $Y\sim$ Gompertz(b,c), 证明 c^Y-1 服从指数分布 exponential$\left(\dfrac{b}{\log c}\right)$. 利用这个事实编写函数 rGompertz 来生成 Gompertz 分布的随机偏差, 同时利用它编写函数 rMakeham, 并验证你的结果是否有意义, 例如, 用 $a=0.0005$, $b=0.00007$ 和 $c=1.1$ 进行验证.

17. 利用关系式 (3.11) 构造一个 R 函数来从 Poisson(λ) 分布中抽样.

18. [♠] 设 U_1 和 U_2 是独立同分布的 uniform(0,1) 随机变量, 证明 $\tan\left(\pi\left(U_1-\dfrac{1}{2}\right)\right)\sim$ Cauchy(0,1). 再证明 $\Phi^{-1}(U_1)/\Phi^{-1}(U_2)$ 有同样分布 (因为具有肥尾且形式简单, 这个分布常常用于在拒绝法中寻找优 (强) 函数).

19. 运用 §3.9.1 的拒绝法构造一个 R 函数来从三角形分布中抽样, 其中在 $(0,1)$ 上 $f(x)=x$, 在 $(1,2)$ 上 $f(x)=2-x$. 利用 uniform(0,2) 分布的密度求 $f(x)$ 的一个上界. 利用如下事实: 如果 U_1 和 U_2 是独立同分布的 uniform(0,1) 随机变量, 则 $U_1+U_2\sim f(x)$, 从 $f(x)$ 中抽样.

20. 拒绝法也可用于从整值随机变量抽样. 事实上, 为了从 N 中生成数值, 可以通过从 $N+U$ 中生成一个数值然后四舍五入得到. 这里 $U\sim$uniform$(0,1)$, 且与 N 独立. 描绘 $N+U$ 的密度函数. 应用到 binomial$(3,p)$ 分布上.

21. 由 `sum(runif(10)<1/3)` 可产生什么结果? 由 `sum(runif(12))-6` 可产生什么结果?

22. [♠] 对于逆高斯分布, 证明 $\sum Y_i$ 和 $\sum \dfrac{1}{Y_i}$ 是联合充分统计量. 回想一下, 这可以通过使用因式分解准则来证明, 即证明存在 g 和 h, 使得 $Y_1,\cdots,Y_n$ 的联合密度可以分解为 $f_{Y_1,\cdots,Y_n}(y_1,\cdots,y_n;\alpha,\beta)=g\left(\sum y_i,\sum\dfrac{1}{y_i};\alpha,\beta\right)h(y_1,\cdots,y_n).$

23. [♠] 设 $X\sim$gamma$(\alpha+1,1)$, $\alpha>0$, $U\sim$uniform$(0,1)$, 且 X 和 U 相互独立, 证明 $\mathrm{m}_{\log X}(t)=\dfrac{\Gamma(\alpha+t+1)}{\Gamma(\alpha+1)}$ 和 $\mathrm{m}_{\frac{1}{\alpha}\log U}(t)=\dfrac{1}{1+t/\alpha}$. 并问 $XU^{1/\alpha}$ 服从什么分布?

24. 设 $U\sim$uniform$(0,1)$, 为下列随机变量变换的分布命名:

(a) $B=I_{(0,p)}(U)$ 和 $N=\sum_1^n B_i$, 其中 $B_i\sim B$ 独立同分布 (iid)(见第 21 题);

(b) $X=\Phi^{-1}(U)$ 和 $\mu+\sigma X$;

(c) $\mathrm{e}^{\mu+\sigma X}$;

(d) $Y=-\log U$ 和 Y/β;

(e) $\sum_1^n Y_i/\beta$, 其中 $Y_i\sim Y$ 独立同分布 (iid);

(f) $\mathrm{e}^Y(=1/U)$ 和 $x_0\mathrm{e}^{Y/\beta}$;

(g) $Y^{1/\alpha}/\beta$(见第 14 题);

(h) $\log\big(1+Y\log(c)/b\big)/\log(c)$(见第 16 题).

25. [♠] 假设我们有一个风险组合的理赔次数的观测值 $N_i=n_i, i=1,\cdots,n$, 已知给定结构变量$\Lambda_i=\lambda_i$ 的值, 理赔次数在该条件下的条件分布为 Poisson$(\lambda_i w_i)$ 分布, 其中 $w_i\in[0,1]$ 是已知的风险暴露. 再假设 $\Lambda_i\sim$gamma(α,β), 求 N_i 的边缘分布. 从 N_i 中抽取一个容量为 $n=10000$ 的随机样本, 假设对于前 2000 份保单 $w_i=0.6$, 对于其余保单 $w_i=1.0$. 取 α,β 使得每单位风险暴露理赔次数的均值为 0.1, 风险参数的变异系数$\sigma_\Lambda/\mu_\Lambda=1.3$. 从这个样本中求出 α,β 的极大似然估计.

26. [♠] 利用 `uniroot` 并代入式 (3.76) 来求解第二个 (极大) 似然方程 (3.77), 为此, 编写一个 x 的函数来传输 $n_1,n_2,\cdots$ 的和乘以 $\dfrac{1}{x},\dfrac{1}{x+1},\cdots$ 的累积和 (cumulative sum), 使其小于 $n\log\dfrac{x}{x+\overline{y}}$.

27. [♠] 如何从下列分布中生成伪随机样本：学生分布、卡方(chi-square) 分布、贝塔(Beta) 分布和 Fisher-Snedecor 分布 (F 分布)? 利用它们与正态随机样本的关系.

28. 编写一个函数从对数正态分布生成伪随机样本, 见例 11.5.2.

§3.10

1. 设 X 服从期望为 10000、标准差为 1000 的正态分布, 求自留额为 13000 时的止损保费. 设另有一随机变量 Y, 与 X 有相同的前两阶矩, 但偏度为 1, 同样对 Y 求自留额为 13000 时的止损保费.

2. 证明 $\mathrm{E}[(S-d)_+]=\mathrm{E}[S]-d+\int_0^d (d-x)\,\mathrm{d}F(x)=\mathrm{E}[S]-\int_0^d [1-F(x)]\,\mathrm{d}x$.

3. 设 $X\sim \mathrm{N}(\mu,\sigma^2)$, 证明 $\int_\mu^\infty \mathrm{E}[(X-t)_+]\,\mathrm{d}t=\frac{1}{4}\sigma^2$, 并计算 $\mathrm{E}[(X-\mu)_+]$.

4. 验证 (3.105), (3.106) 和 (3.107), 并说明如何使用它们来近似自留损失的方差.

5. 设理赔次数服从 Poisson(λ) 分布, 理赔额服从帕累托分布, 免赔额为 d, 请给出纯保费的表达式.

6. [♠] 设 $X\sim \mathrm{lognormal}(\mu,\sigma^2)$, 证明对 $d>0$, 止损保费为

$$\mathrm{E}[(X-d)_+]=\mathrm{e}^{\mu+\sigma^2/2}\varPhi\Big(\frac{-\log d+\mu+\sigma^2}{\sigma}\Big)-d\varPhi\Big(\frac{-\log d+\mu}{\sigma}\Big).$$

把你的结果与 Black-Scholes 期权定价公式进行比较, 并给出解释.

7. 在表 3.1 中, 在有些地方 (例如, $d=0.4$ 和一个给定的 γ 的值) 使用线性插值来计算止损保费会不会导致计算结果过高或者过低?

8. 设 N 是一个整值风险变量, 对 $d=0,1,2,\cdots$ 满足 $\mathrm{E}[(N-d)_+]=\mathrm{E}[(U-d)_+]$, 其中 $U\sim \mathrm{N}(0,1)$, 求 $\Pr[N=1]$.

9. 令 $\pi(t)=\mathrm{E}[(U-t)_+]$ 表示 $U\sim \mathrm{N}(0,1)$ 且自留额为 t, $-\infty<t<\infty$ 的止损保费, 证明 $\pi(-t), t\geqslant 0$ 满足 $\pi(-t)=t+\pi(+t)$, 并画出 $\pi(t)$ 的图形.

10. 在 §3.9 和 §3.10 中, 将自留额写成 $\mu+k\sigma$, 即用期望损失以上的一定倍数的标准差来表示. 然而在保险实务中, 自留额总是表示为期望损失的百分比. 现在我们考虑两家保险公司, 对不是因疾病风险导致的赔付由止损保险来承担. 该风险变量服从复合泊松分布, 其中理赔次数参数为 λ_i, $i=1,2$, 单个损失 X 服从期望值为 $\mathrm{E}[X]=1000$ 的指数分布, 第一个公司小一些: $\lambda_1=3$; 第二个公司大一些: $\lambda_2=300$. 当自留额 d 分别取为期望损失的 80%, 100% 和 120% 时, 两个公司对应的纯止损保费分别为多少? 把这些量表示为期望损失的百分比, 并使用正态近似.

11. 对于正态分布、对数正态分布、伽玛分布和指数分布的混合/组合, 编写类似 `slnorm` 的函数, 给出相应随机变量的止损保费. 另外, 基于 NP 近似, 给出一个函数近似均值为 μ、方差为 σ^2 和偏度为 γ 的随机变量的止损保费, 见式 (3.114); 基于平移伽玛近似做同样的事情, 见式 (2.57) 和式 (3.105).

12. 用 R 验证表 3.1 和表 3.2.

13. 证明式 (3.115) 和式 (3.116), 并验证式 (3.115) 中的被积函数是非负的.

14. 如果 $W=(1-I)\mu+IU$, 其中 $\mu=\mathrm{E}[U]$, $I\sim \mathrm{Bernoulli}(\alpha)$, $\alpha=\mathrm{Var}[W]/\mathrm{Var}[U]$, 证明式 (3.118) 是精确的.

15. 在 $U\sim \mathrm{Poisson}(1)$和 $V\sim \mathrm{binomial}\Big(10,\frac{1}{10}\Big)$的情形, 验证经验法则 3.10.1.

16. 设 $X_1, X_2, \cdots$ 是一列独立同分布的风险变量, 代表着一个风险组合在连续几年的损失情况. 对某个自留额 d, 我们可以每年用一个单独的止损合同来承保这些风险, 但是也可以考虑对全部 n 年期限只用一个取自留额为 nd 的合同, 试证 $\mathrm{E}[(X_1-d)_+]+\cdots+\mathrm{E}[(X_n-d)_+] \geqslant \mathrm{E}[(X_1+\cdots+X_n-nd)_+]$. 当 $d \geqslant \mathrm{E}[X_i]$ 时, 检查那些一年期合同的纯止损保费 $\mathrm{E}[(X_1-d)_+]$ 的总和与 n 年期的止损保费 $\mathrm{E}[(X_1+\cdots+X_n-nd)_+]$ 有怎样的关系?

17. 设 $B_1 \sim \text{binomial}(4,0.05)$, $B_2 \sim \text{binomial}(2,0.1)$, $S=B_1+B_2$ 且 $T \sim \text{Poisson}(0.4)$, 分别对自留额 $d=\dfrac{1}{2}, 1, \dfrac{3}{2}$ 使用经验法则 3.10.1, 并对结果进行讨论.

18. 试用区间宽度为 $\delta=1$ 的梯形法则 $\int_0^\infty f(x)\,\mathrm{d}x \approx \dfrac{1}{2\delta}\sum_1^\infty [f(i\delta)+f((i-1)\delta)]$ 来推导式 (3.117).

第 4 章　破 产 理 论

风险理论的目标 —— 生存概率.

——Hilary Seal, 1978

§4.1　引　　言

本章我们再次关注聚合风险模型, 不过现在基于长期的视角. 我们考虑保险人的资本金 $U(t)$ 随时间的积累问题. 这个随机过程随着保费收入连续增加, 而在理赔发生时阶梯下降. 当资本金变为负值时, 我们说"破产"发生了. 假设年保费率和理赔过程保持不变, 以 $\psi(u)$ 表示初始资本金为 $u = U(0)$ 时的破产概率. 这个概率是一个很有用的管理工具, 因为它可作为保险公司保费和理赔过程组合稳健性的一个指标. 破产概率高意味着经营不稳定: 保险人应该考虑采取再保险或者提高保费等措施, 或者设法吸引更多的营运资金. **注意**, 保险人是保险学的专业术语, 通常保险人的组织形式是公司, 所以从本章起我们不严格区分保险人和保险公司的说法, 在本书中, 这两种说法通用.

破产概率使我们能够比较不同的风险组合, 但是我们不能附加给破产概率任何绝对的意味, 因为它并不真正代表保险公司在不久的将来会实际发生破产的概率. 首先, 实际的破产可能等到数个世纪后才发生; 其次, 破产概率的定义中排除了一些明显的干预, 如派发红利 (分红)或对一些理赔记录不良的风险提高保费等; 再次, 通货膨胀和资本收益被假设为正好相互抵消, 并且破产概率只针对保险风险, 而不考虑管理上的可能风险; 最后, 破产状态只是一个数学的抽象概念: 当资本金变为 -1 时, 保险公司实际上并没有倒闭, 而资本金只有 $+1$ 时, 保险公司几乎没有了偿付能力. 因此, 破产概率的精确值并不至关重要, 一个好的近似值同样有用.

然而, 破产概率的计算是精算学中的核心问题之一. 经典破产模型假设独立同分布的索赔的到达服从泊松过程 (**注意**, 索赔和理赔是一个事情的两个方面, 站在保单持有人的角度是索赔, 站在保险人的角度是理赔, 所以本书根据场景和上下文选用其中一种说法). 在这样的设置下, 虽然有可能求出未破产概率, 或者说*生存概率* $1-\psi(u)$ 的矩母函数, 但是破产概率只对两种类型的理赔严重程度容易计算. 它们是指数分布随机变量及其和、极小值、极大值、混合/组合, 以及只取有限个值的随机变量. 但是对于其他分布, 可以找到一个优美的并且足够精确的上界估计 $\psi(u) \leqslant e^{-Ru}$, 即所谓的 Lundberg 上界, 该表达式中的实数 R 被称为*调节系数*; 它可通过求解一个包含理赔的矩母函数、期望值以及保费和理赔期望之比的方程而算出. 这个上界常常被用来替代实际的破产概率值: R 越大, 破产概率的上界就越小, 从而形势就越安全. 在大多数情况下, 它实际上代表 $\psi(u)$ 的一个渐近表达式, 因此当 u 较大时, 有 $\psi(u) \propto \mathrm{e}^{-Ru}$(成比例). 这意味着 e^{-R} 可以被解释为一个这样的因子: 对于较大的 u, 如果破产过程的初始资本金从 u 增加到 $u+1$ 时, 破产概率是下降的. R 的另一个解释是它恰好是一个风险厌恶系数, 致使当前的年保费保持指数效用在同一水平. 对较大的 u, 关系式 $\psi(u) \propto \mathrm{e}^{-Ru}$ 意味着 R 是 $\psi(u)$ 的渐近风险率 $-\psi'(u)/\psi(u)$. 对于指数理赔额的特殊情形, 事实上有 $\psi(u) = \psi(0)\mathrm{e}^{-Ru}$ 对所有的 u 成立.

对保险费率和期望理赔频率乘以同一个因子不会改变最终的破产概率: 让时钟走得更快一些不会带来影响. 人们已经尝试用一个更"实际的"量代替破产概率, 例如, *有限时间破产概率*, 即破产发生在时刻 t_0 前的概率, 但是这个量表现得有些无序, 并且还引入了时间区间长度的选择这样一个额外的问题. 如果我们只考虑在离散时间点 $0, 1, 2, \cdots$ 处的资本金情况, 例如, 保险人记录下经营情况后合上账本的那些时刻, 那么另一个可选的风险度量便产生了. 对于这个*离散时间模型*, 我们将会推导一些结果.

首先, 我们讨论以泊松过程作为模型来描述索赔次数随着时间增长的情况, 泊松过程的一个典型特征是它的*无记忆性*: 下一秒钟索赔事件发生的概率与该过程的历史情况是独立的. 无记忆性过程的优点是数学上容易处理, 缺点是通常不现实. 泊松过程中支付的总理赔额构成一个复合泊松过程. 基于这个过程方便的数学特性, 我们将能够以一种简单的方式推导出破产概率的 Lundberg 指数上界, 以及理赔额服从指数分布、初始资本金为 u 时的破产概率公式 $\psi(u) = \psi(0)\mathrm{e}^{-Ru}$, 这里, $\psi(0)$ 很简单, 即为年期望理赔额与年保费的比值. 对于非指数理赔额, 这个公式是一个有用的近似, 其在 0 时的值是准确的, 同时渐近风险率也是准确的.

在 §4.2, 我们将通过研究最大累积损失来推导未破产概率的矩母函数, 这里所说的最大累积损失是指在任何一个时刻, 已收取保费与总赔付之差的最大值. 在理赔额服从指数分布的一些变体时, 我们将用这个矩母函数来确定破产概率的值. 接下来, 我们还将考虑破产概率的一些近似.

§4.2 经典破产过程

一个随机过程由一些相关的下标为 t 的随机变量组成. 我们定义*盈余过程*或者*风险过程*如下:

$$U(t) = u + ct - S(t), \quad t \geqslant 0, \tag{4.1}$$

其中

$$U(t) = \text{保险人在时刻 } t \text{ 的资本金};$$
$$u = U(0) = \text{初始资本金};$$
$$c = \text{单位时间的 (常数) 保费收入};$$
$$S(t) = X_1 + X_2 + \cdots + X_{N(t)},$$

并且

$$N(t) = \text{到时刻 } t \text{ 为止的理赔次数},$$
$$X_i = \text{第 } i \text{ 个理赔额 (设为非负)}.$$

图 4.1 描绘了该风险过程一个典型的实现形式, 随机变量 $T_1, T_2, \cdots$ 表示每个理赔发生的时刻, 在没有理赔发生的时候该过程图形的斜率是 c; 在第 j 个理赔发生的时刻 $t = T_j$ 资本金就减少 X_j, X_j 是第 j 个理赔额. 图 4.1 中在时刻 T_4, 因为发生的总理赔额 $X_1 + X_2 + X_3 + X_4$ 大于初始资本金 u 加上所收取的保费 cT_4, 所以资本金盈余 $U(T_4)$ 就小于 0, 过程的这种状态称为*破产*, 并且记这种状态第一次发生的时刻为 T, 于是

$$T = \begin{cases} \min\{t \mid t \geqslant 0 \text{ 且 } U(t) < 0\}, \\ \infty, \quad \text{如果对所有的 } t, U(t) \geqslant 0. \end{cases} \tag{4.2}$$

在 $T = \infty$ 的概率为正的情况下, 随机变量 T 被称为*亏损的*. 破产事件曾经发生的概率, 即 T 取有限值的概率, 称为破产概率, 它可表示为

$$\psi(u) = \Pr[T < \infty]. \tag{4.3}$$

令 $S(t)$ 表示到时刻 t 为止的总理赔额, 在研究理赔过程 $S(t)$ 之前, 我们先研究到时刻 t 为止的理赔次数过程 $N(t)$. 假设 $N(t)$ 是一个泊松过程, 其定义如下.

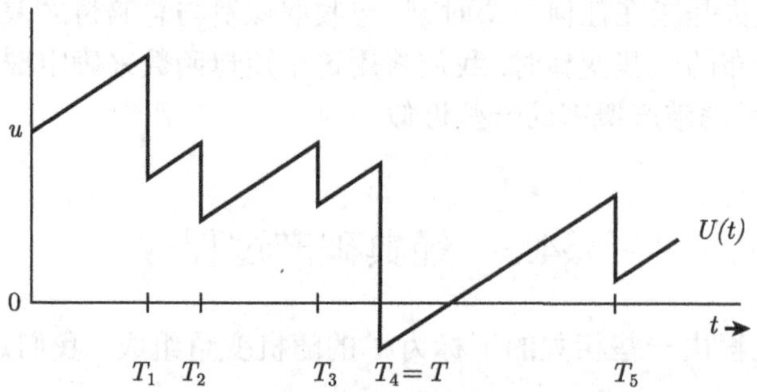

图 4.1　风险过程 $U(t)$ 的一个实现形式 (样本轨道)

定义 4.2.1 (泊松过程) 如果对某个参数 $\lambda>0$(称为过程的强度), 过程 $N(t)$ 的增量具有如下性质:

$$N(t+h)-N(t)\sim \text{Poisson}(\lambda h), \tag{4.4}$$

对所有 $t>0$, $h>0$ 和每个历史记录 $N(s)$, $s\leqslant t$ 成立, 则 $N(t)$ 是一个*泊松过程*. ▽

泊松过程的增量具有如下性质.

独立性: 增量 $N(t_i+h_i)-N(t_i)$ 在不相交的区间 (t_i,t_i+h_i), $i=1,2,\cdots$ 上是相互独立的;

平稳性: 对每个 t, 增量 $N(t+h)-N(t)$ 服从 Poisson(λh).

在给出理赔次数过程这个全局性的定义之后, 我们还可以考虑在*无穷小区间* $(t,t+\mathrm{d}t)$ 上的增量$N(t+\mathrm{d}t)-N(t)$. 对于泊松过程, 由 (4.4) 有

$$\begin{aligned}
&\Pr[N(t+\mathrm{d}t)-N(t)=1\,|\,N(s),0\leqslant s\leqslant t]=\mathrm{e}^{-\lambda\mathrm{d}t}\lambda\mathrm{d}t=\lambda\mathrm{d}t,\\
&\Pr[N(t+\mathrm{d}t)-N(t)=0\,|\,N(s),0\leqslant s\leqslant t]=\mathrm{e}^{-\lambda\mathrm{d}t}=1-\lambda\mathrm{d}t,\\
&\Pr[N(t+\mathrm{d}t)-N(t)\geqslant 2\,|\,N(s),0\leqslant s\leqslant t]=0.
\end{aligned} \tag{4.5}$$

事实上, 如通常所涉及微分的情况一样, 式 (4.5) 的最后一个等式并不真正相等, 只有那些具有数量级 $(\mathrm{d}t)^2$ 的项被忽略后, 它们才有效.

第三种定义这样一个过程的方法是考虑*等待时间*

$$W_1=T_1,\quad W_j=T_j-T_{j-1},\quad j=2,3,\cdots. \tag{4.6}$$

因为泊松过程是无记忆的, 所以这些等待时间是独立同分布 (iid) 服从 exponential(λ) 分布的随机变量, 它们也独立于过程的历史记录. 这可以通过如下方式证明: 如果历史记录 $\mathcal{H}$ 代表到时刻 t 为止满足性质 $T_{i-1}=t$ 的任何一个实现, 那么

$$\Pr[W_i>h\,|\,\mathcal{H}]=\Pr[N(t+h)-N(t)=0\,|\,\mathcal{H}]=\mathrm{e}^{-\lambda h}. \tag{4.7}$$

如果 $N(t)$ 是一个泊松过程, 那么 $S(t)$ 是一个复合泊松过程; 对于固定的 $t=t_0$, 累积理赔额 $S(t_0)$ 服从参数为 λt_0 的复合泊松分布.

我们需要更多的记号: 个体理赔额 X_i 的分布函数和矩记作:

$$P(x)=\Pr[X_i\leqslant x];\quad \mu_j=\mathrm{E}[X_i^j],\quad i,j=1,2,\cdots, \tag{4.8}$$

安全附加因子或者安全附加系数θ 定义为 $c=(1+\theta)\lambda\mu_1$, 因此

$$\theta=\frac{c}{\lambda\mu_1}-1. \tag{4.9}$$

§4.3　关于破产概率的一些简单结果

本节将给出 F. Lundberg 破产概率指数上界的一个简洁而优美的证明, 并推导具有指数理赔额的泊松破产过程的破产概率. 首先来介绍调节系数.

定义 4.3.1 (调节系数)　设破产过程中的理赔额 $X \geqslant 0$ 满足 $\mathrm{E}[X]=\mu_1>0$, 则调节系数 R 定义为下列关于 r 的方程的正数解:

$$1+(1+\theta)\mu_1 r=\mathrm{m}_X(r). \tag{4.10}$$

如图 4.2 所示.　▽

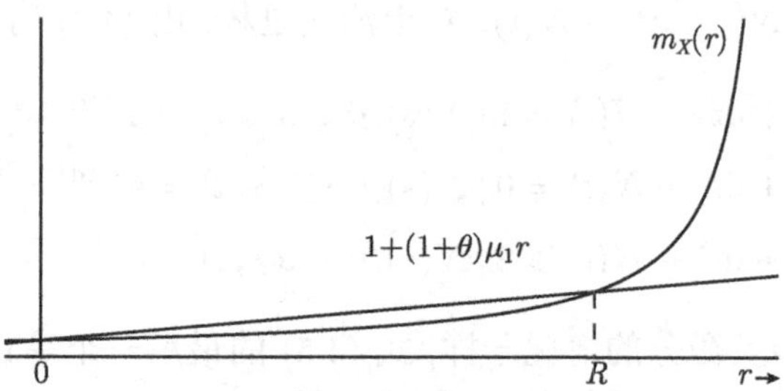

图 4.2　确定调节系数 R

一般地, 调节系数方程 (4.10) 有一个正数解: 因为 $\mathrm{m}_X''(t)=\mathrm{E}[X^2\mathrm{e}^{tX}]>0$ 和 $\mathrm{m}_X'(0)<(1+\theta)\mu_1$, 所以 $\mathrm{m}_X(t)$ 是严格凸的, 并且几乎无一例外地 $\mathrm{m}_X(t)$ 连续趋近于 ∞. 注意到当 $\theta\downarrow 0$ 时, R 的极限是 0, 而当 $\theta\uparrow\infty$ 时, R 趋近于 $\mathrm{m}_X(r)$ 的渐近线或者趋向于 ∞.

调节系数方程 (4.10) 等价于 $\lambda+cR=\lambda\mathrm{m}_X(R)$. 现将长度为 1 的时间区间上产生的总理赔额记为 S; 从而 $c-S$ 为这一区间上的收益. 因为 S 服从参数为 λ 的复合泊松分布, 所以 $\mathrm{m}_S(r)=\exp\{\lambda(\mathrm{m}_X(r)-1)\}$. 因此, R 也可以被看成如下任何一个等价方程的正数解, 见习题 4.3 第 1 题:

$$\mathrm{e}^{Rc}=\mathrm{E}[\mathrm{e}^{RS}] \iff \mathrm{m}_{c-S}(-R)=1 \iff c=\frac{1}{R}\log\mathrm{m}_S(R). \tag{4.11}$$

注 4.3.1 (调节系数和风险厌恶)　从最后一个方程和式 (1.20) 可以发现, 在指数效用函数情形, R 恰好是使得年保费为 c 的风险厌恶系数 α.　▽

例 4.3.1 (指数分布下的调节系数)　设 X 服从参数 $\beta=1/\mu_1$ 的指数分布, 那么对应的调节系数是下列方程的正数解:

$$1+(1+\theta)\mu_1 r=\mathrm{m}_X(r)=\frac{\beta}{\beta-r}. \tag{4.12}$$

该方程有一个平凡解 $r=0$ 和另一个解

$$r = R = \frac{\theta\beta}{1+\theta}. \tag{4.13}$$

可见, 这种情况下的调节系数有一个解析表达式. ▽

对于大多数分布, 调节系数都没有解析表达式. 为便于对式 (4.10) 进行数值求解, 我们可以利用 $R\in[0,2\theta\mu_1/\mu_2]$ 这个事实, 见习题 4.3 第 2 题, 但是式 (4.12) 中的 $R<\beta$ 也必须同时成立.

在下面的定理中, 我们将证明著名的 F. Lundberg 破产概率指数不等式. 令人惊讶的是, 这里的证明使用的仅仅是数学归纳法.

定理 4.3.1 (破产概率的 Lundberg 指数界) 设在一个复合泊松风险过程中, 初始资本金为 u, 单位时间的保费为 c, 理赔额分布及其矩母函数分别为 $P(\cdot)$ 和 $\mathrm{m}_X(t)$, 调节系数 R 满足式 (4.10), 则我们有如下关于破产概率的不等式:

$$\psi(u) \leqslant \mathrm{e}^{-Ru}. \tag{4.14}$$

证明 定义 $\psi_k(u)$, $-\infty<u<\infty$, $k=0,1,2,\cdots$ 为破产发生在第 k 个理赔到来的时刻或之前的概率. 因为对所有的 u, 当 $k\to\infty$ 时有 $\psi_k(u)$ 增大到它的极限 $\psi(u)$, 所以我们只需要证明对于每个 k 有 $\psi_k(u)\leqslant \mathrm{e}^{-Ru}$. 当 $k=0$ 时所证不等式自然成立, 这是因为如果 $u<0$, 则 $\psi_0(u)=1$; 如果 $u\geqslant 0$, 则 $\psi_0(u)=0$. 我们将 "破产发生在第 k 个理赔到来的时刻或之前" 这一事件根据第一次理赔的时刻和数额进行细分. 假设第一次理赔发生在时刻 t 和 $t+\mathrm{d}t$ 之间, 而该事件的 "概率" 为 $\lambda\mathrm{e}^{-\lambda t}\mathrm{d}t$; 同时, 假设第一次理赔额的大小介于 x 和 $x+\mathrm{d}x$ 之间, 其概率为 $\mathrm{d}P(x)$, 那么恰在时刻 t 后资本金等于 $u+ct-x$. 对 x 和 t 积分可得

$$\psi_k(u) = \int_0^\infty \int_0^\infty \psi_{k-1}(u+ct-x)\,\mathrm{d}P(x)\,\lambda\mathrm{e}^{-\lambda t}\,\mathrm{d}t. \tag{4.15}$$

现在归纳假设结论对 $k-1$ 成立, 即对于所有实数 u 有 $\psi_{k-1}(u)\leqslant \mathrm{e}^{-Ru}$, 那么, 由式 (4.15) 可得

$$\begin{aligned}\psi_k(u) &\leqslant \int_0^\infty \int_0^\infty \exp\{-R(u+ct-x)\}\,\mathrm{d}P(x)\,\lambda\mathrm{e}^{-\lambda t}\,\mathrm{d}t\\ &= \mathrm{e}^{-Ru}\int_0^\infty \lambda\exp\{-t(\lambda+Rc)\}\,\mathrm{d}t\int_0^\infty \mathrm{e}^{Rx}\,\mathrm{d}P(x)\\ &= \mathrm{e}^{-Ru}\frac{\lambda}{\lambda+cR}\mathrm{m}_X(R) = \mathrm{e}^{-Ru},\end{aligned} \tag{4.16}$$

其中, 最后一个等式来自式 (4.10). ▽

推论 4.3.1 (正的调节系数意味着破产是不确定的) 由于直到时刻 1 没有理赔发生有一个正的概率 $e^{-\lambda}$, 且根据定理 4.3.1, $\psi(c) \leqslant e^{-Rc}$. 所以对任何非负初始资本金 $u \geqslant 0$ 有 $1-\psi(u) \geqslant 1-\psi(0) \geqslant e^{-\lambda}(1-e^{-Rc})$. 于是, 未破产概率 (又称为生存概率) 当 $R>0$(即理赔额分布的矩母函数在一个包含 0 点的区间上是有限的) 时是严格正的. ▽

接下来, 我们推导具有指数分布理赔额的复合泊松风险过程的破产概率的解析表达式. 结果是, 除了一个因子 $\psi(0)$, Lundberg 指数上界 (4.14) 在此是一个等式.

定理 4.3.2 (指数理赔的破产概率) 设有一个泊松破产过程, 理赔额服从 exponential$(1/\mu_1)$ 分布, 强度为 λ, 保费率 $c=(1+\theta)\lambda\mu_1$, $\theta>0$, 则初始资本金为 u 时的破产概率为

$$\psi(u)=\psi(0)e^{-Ru}, \tag{4.17}$$

其中 $R=\dfrac{\theta}{(1+\theta)\mu_1}$ 是求解 (4.12) 得到的调节系数, 且 $\psi(0)=\dfrac{1}{1+\theta}$.

证明 为了简化记号, 假设理赔额和理赔到达的时间间隔都服从 exponential(1) 分布, 即 $\mu_1=\lambda=1$, 进而具有任意时间和货币单位的一般情况可很容易得出. 在这种情况下, 我们要求初始资本金 $u \geqslant 0$ 时的破产概率 $\psi(u)$. 证明过程分为两步: 第一步, 我们导出破产概率必须满足的一个简单的微分方程. 从中, 我们将会得到破产概率的一个表达式, 但其中初始资本金为 0 的破产概率 $\psi(0)$ 仍然是未知的; 第二步, 我们用一个类似于式 (4.15) 的公式求出 $\psi(0)$.

假设我们有初始资本金为 u 的有破产发生的风险过程的一个实现 (样本轨道). 在这种情况下, 存在一个导致破产的理赔额 X ~exponential(1) 分布. 已知 $X>v$, v 代表在这个过程的实现中恰好破产前 (破产前瞬间) 资本金的现值. 现假设初始资本金不是 u, 但是比 u 仅大一个无穷小数, 即 $u+\mathrm{d}u$. 有两种情况, 使得该过程这一特定的实现从 $u+\mathrm{d}u$ 开始而导致破产. 第一, 导致破产的理赔额可能非常大, 以至于额外的初始资本金 $\mathrm{d}u$ 也无济于事, 换句话说, $X>v+\mathrm{d}u$. 由于 X 服从指数分布, 从而 $\Pr[X>v+\mathrm{d}u \,|\, X>v]=e^{-v-\mathrm{d}u}/e^{-v}=1-\mathrm{d}u$, 注意到这个概率不依赖于 v. 第二, 额外的初始资本金 $\mathrm{d}u$ 可能使我们一时免于破产, 这个事件有条件概率 $\mathrm{d}u$, 但是我们还是可能在晚些时候破产, 而由于泊松过程的无记忆性, 其发生的概率恰好等于 $\psi(0)$. 因此, 我们有如下微分方程:

$$\psi(u+\mathrm{d}u)=\psi(u)\big(1-\mathrm{d}u+\psi(0)\,\mathrm{d}u\big). \tag{4.18}$$

重新整理可得

$$\frac{\psi'(u)}{\psi(u)}=\psi(0)-1. \tag{4.19}$$

左边为 $\mathrm{d}\log\psi(u)/\mathrm{d}u$, 于是必然有

$$\log\psi(u) = u(\psi(0)-1) + \log\psi(0). \tag{4.20}$$

因此, 对于具有单位指数理赔额的经典风险过程, 破产概率作为初始资本金 u 的函数一定有如下形式:

$$\psi(u) = \begin{cases} \psi(0)\mathrm{e}^{-u(1-\psi(0))}, & u \geqslant 0, \\ 1, & u < 0. \end{cases} \tag{4.21}$$

证明的第二步是寻找作为 c 的函数的 $\psi(0)$ 的值. 为此, 假设第一次理赔发生在时刻 t, 理赔额为 x; 相同的策略曾用于推导式 (4.15). 这个事件的"概率"等于 $\mathrm{e}^{-t}\,\mathrm{d}t\,\mathrm{e}^{-x}\,\mathrm{d}x$. 第一次理赔之后, 资本金变为 $u+ct-x$, 从而在 u 处的破产概率可以表示为

$$\psi(u) = \int_0^\infty \int_0^\infty \psi(u+ct-x)\,\mathrm{e}^{-t}\,\mathrm{d}t\,\mathrm{e}^{-x}\,\mathrm{d}x, \tag{4.22}$$

利用式 (4.21), 对于 $u=0$ 的特殊情形, 式 (4.22) 可被改写为

$$\begin{aligned} \psi(0) = &\int_0^\infty \int_{x/c}^\infty \psi(0)\mathrm{e}^{-(1-\psi(0))(ct-x)}\,\mathrm{e}^{-t}\,\mathrm{d}t\,\mathrm{e}^{-x}\,\mathrm{d}x \\ &+ \int_0^\infty \int_0^{x/c} \mathrm{e}^{-t}\,\mathrm{d}t\,\mathrm{e}^{-x}\,\mathrm{d}x. \end{aligned} \tag{4.23}$$

利用 $\int_0^\infty \mathrm{e}^{-\alpha x}\,\mathrm{d}x = 1/\alpha$, 并作替换 $y = ct - x$, 可得

$$\begin{aligned} \psi(0) = &\frac{\psi(0)}{c}\int_0^\infty \mathrm{e}^{-x/c}\int_0^\infty \mathrm{e}^{-y(1-\psi(0)+1/c)}\,\mathrm{d}y\,\mathrm{e}^{-x}\,\mathrm{d}x \\ &+ \int_0^\infty (1-\mathrm{e}^{-x/c})\,\mathrm{e}^{-x}\,\mathrm{d}x \\ = &\frac{\psi(0)}{c}\int_0^\infty \mathrm{e}^{-x/c}\frac{1}{1-\psi(0)+1/c}\,\mathrm{e}^{-x}\,\mathrm{d}x + 1 - \frac{1}{1+1/c} \\ = &\frac{\psi(0)}{c}\,\frac{1}{1-\psi(0)+1/c}\,\frac{1}{1+1/c} + \frac{1}{c+1}, \end{aligned} \tag{4.24}$$

式 (4.24) 可被简化为如下的 $\psi(0)$ 关于 c 的二次方程表达式:

$$\psi(0) = \frac{1}{c}\,\frac{1}{1-\psi(0)+1/c}. \tag{4.25}$$

方程 (4.25) 有两个解, 一个为 $\psi(0)=1$, 这已经被推论 4.3.1 排除; 另一个为 $\psi(0) = \frac{1}{c}$. 于是式 (4.17) 得证. ▽

由式 (4.25) 所证明的对于指数理赔的等式 $\psi(0)=\dfrac{1}{1+\theta}$, 实际上对所有理赔额分布都成立, 见式 (4.59). 由于当 $\theta\downarrow 0$ 时, $\psi(0)\uparrow 1$, 由定理 4.3.2 可知, 当没有安全附加 (即 $\theta=0$) 时, 对指数理赔有 $\psi(u)\equiv 1$.

例 4.3.2 (泊松破产过程的模拟) 如下的 R 程序记录了在模拟破产过程的前 $n=400$ 个理赔中, 破产多长时间发生一次. 我们通过这种方式得到了定理 4.3.1 的证明中所定义的 "破产发生在第 n 个理赔到来的时刻或之前" 的概率 $\psi_n(u)$ 的一个估计值. 理赔额服从参数 $\alpha=2$ 的 gamma(α,α) 分布, 理赔额分布的尾不是很重, 可以预料的是如果破产要发生, 那么它会早出现. 这是因为由 $\mathrm{E}[U(t)]=u+\theta\lambda t\mathrm{E}[X]$ 和 $\mathrm{Var}[U(t)]=\lambda t\mathrm{E}[X^2]$ 可知, 随着时间的推移盈余过程将会远离 0. 因此, 这个程序给了 $\psi(u)$ 一个很好的近似:

```
lab <- 1; EX <- 1; theta <- 0.3; u <- 7.5; alpha <- 2
n <- 400; nSim <- 10000; set.seed(2)
c. <- (1+theta)*lab*EX
N <- rep(Inf, nSim)
for (k in 1:nSim){
  Wi <- rexp(n)/lab; Ti <- cumsum(Wi)
  Xi <- rgamma(n, shape=alpha)/alpha ## severity has mean EX=1
  Si <- cumsum(Xi); Ui <- u + Ti*c. - Si
  ruin <- !all(Ui>=0)
  if (ruin) N[k] <- min(which(Ui<0))}
N <- N[N<Inf]; length(N); mean(N); sd(N); max(N)
## 745 30.78792 24.71228 255
```

向量 U_i 包含第 i 次赔付后的盈余, 745 个有限的破产理赔次数 `N[N<Inf]` 有最大值 255、均值 30.8、标准差 24.7. 因此在 400 次理赔后破产才会发生是极不可能的, 所以 $\psi(u)\approx\psi_{400}(u)$. 因此, 最终破产概率的一个很好的估计为 $\psi(u)\approx 7.45\%$.

读者可以验证, 近似式 $\psi(u)\approx\psi(0)\mathrm{e}^{-Ru}$ 给出的结果是 7.15%, 用 §4.8 的技术算出的破产概率的精确值是 7.386%, 在这种情形下, Lundberg 指数上界为 $\mathrm{e}^{-Ru}=9.29\%$. ▽

§4.4 破产概率和破产时的资本金

为了能够给出更多关于破产过程的结果, 我们必须推导更多理论. 首先, 我们给出一个包含 $U(T)$ 的矩母函数的破产概率的表达式, 其中 $U(T)$ 表示给定破产会在有限时间内发生的条件下, 第一次破产发生时在破产时刻的资本金.

定理 4.4.1 (破产概率和破产时的资本金) 对初始资本金 $u\geqslant 0$, 破产概率满

足

$$\psi(u)=\frac{\mathrm{e}^{-Ru}}{\mathrm{E}[\mathrm{e}^{-RU(T)}\,|\,T<\infty]}. \tag{4.26}$$

证明 对 $R>0$ 和 $t>0$, 有

$$\mathrm{E}[\mathrm{e}^{-RU(t)}]=\mathrm{E}[\mathrm{e}^{-RU(t)}\,|\,T\leqslant t]\Pr[T\leqslant t]+\mathrm{E}[\mathrm{e}^{-RU(t)}\,|\,T>t]\Pr[T>t]. \tag{4.27}$$

左边等于 e^{-Ru}, 这可以证明如下：因为 $U(t)=u+ct-S(t)$, 且 $S(t)$ 服从参数为 λt 的复合泊松分布, 利用方程 (4.10) 可以证明下述第二个等号右边方括号中的表达式等于 1, 所以有

$$\begin{aligned}\mathrm{E}[\mathrm{e}^{-RU(t)}]&=\mathrm{E}[\mathrm{e}^{-R\{u+ct-S(t)\}}]\\&=\mathrm{e}^{-Ru}[\mathrm{e}^{-Rc}\exp\{\lambda(\mathrm{m}_X(R)-1)\}]^t\\&=\mathrm{e}^{-Ru}.\end{aligned} \tag{4.28}$$

对于式 (4.27) 的第一个条件期望, 取 $v\in[0,t]$, 利用 $U(t)=U(v)+c(t-v)-[S(t)-S(v)]$, 参见式 (4.28), 记

$$\begin{aligned}\mathrm{E}[\mathrm{e}^{-RU(t)}\,|\,T=v]&=\mathrm{E}[\mathrm{e}^{-R\{U(v)+c(t-v)-[S(t)-S(v)]\}}\,|\,T=v]\\&=\mathrm{E}[\mathrm{e}^{-RU(v)}\,|\,T=v]\mathrm{e}^{-Rc(t-v)}\mathrm{E}[\mathrm{e}^{R\{S(t)-S(v)\}}\,|\,T=v]\\&=\mathrm{E}[\mathrm{e}^{-RU(v)}\,|\,T=v]\left\{\mathrm{e}^{-Rc}\exp[\lambda(\mathrm{m}_X(R)-1)]\right\}^{t-v}\\&=\mathrm{E}[\mathrm{e}^{-RU(T)}\,|\,T=v].\end{aligned} \tag{4.29}$$

在 v 和 t 之间的总理赔额 $S(t)-S(v)$ 也服从复合泊松分布. 在 v 之后发生的事件与在 v 之前发生的事件相互独立, 所以 $U(v)$ 和 $S(t)-S(v)$ 是相互独立的. 再一次由方程 (4.10) 可得上述大括号中的项等于 1. 等式 (4.29) 对于所有的 $v\leqslant t$ 都成立, 因此 $\mathrm{E}[\mathrm{e}^{-RU(t)}\,|\,T\leqslant t]=\mathrm{E}[\mathrm{e}^{-RU(T)}\,|\,T\leqslant t]$ 也成立.

因为当 $t\to\infty$ 时 $\Pr[T\leqslant t]\uparrow\Pr[T<\infty]$, 所以只需要证明当 $t\to\infty$ 时式 (4.27) 中的最后一项趋于 0. 为此, 我们根据 $U(t)$ 的大小对事件 $T>t$ 进行拆分, 更精确地说, 对某个合适的函数 $u_0(t)$, 考虑 $U(t)\leqslant u_0(t)$ 和 $U(t)>u_0(t)$ 的情形. 注意到 $T>t$ 意味着在时刻 t 没有破产, 亦即 $U(t)\geqslant 0$, 于是 $\mathrm{e}^{-RU(t)}\leqslant 1$. 我们有

$$\begin{aligned}&\mathrm{E}[\mathrm{e}^{-RU(t)}\,|\,T>t]\Pr[T>t]\\&=\mathrm{E}[\mathrm{e}^{-RU(t)}\,|\,T>t,0\leqslant U(t)\leqslant u_0(t)]\Pr[T>t,0\leqslant U(t)\leqslant u_0(t)]\\&\quad+\mathrm{E}[\mathrm{e}^{-RU(t)}\,|\,T>t,U(t)>u_0(t)]\Pr[T>t,0\leqslant U(t)>u_0(t)]\\&\leqslant\Pr[U(t)\leqslant u_0(t)]+\mathrm{E}[\exp(-Ru_0(t))].\end{aligned} \tag{4.30}$$

当 $u_0(t)\to\infty$ 时, 式 (4.30) 的第二项趋于 0. 对于第一项, 注意到 $U(t)$ 有期望值 $\mu(t)=u+ct-\lambda t\mu_1$ 和方差 $\sigma^2(t)=\lambda t\mu_2$, 基于切比雪夫不等式 (Chebyshev's inequality), 只需要选择函数 $u_0(t)$ 使得 $(\mu(t)-u_0(t))/\sigma(t)\to\infty$. 例如, 可以取 $u_0(t)=t^{2/3}$. ▽

推论 4.4.1 (定理 4.4.1 的推论) 由前面的定理立即可得:

(1) 如果 $\theta\downarrow 0$, 那么图 4.2 的弦趋于一条切线, 并由定理 4.4.1, 可得 $\psi(u)\to 1$; 如果 $\theta\leqslant 0$, 那么 $\psi(u)\equiv 1$, 见习题 4.4 第 1 题.

(2) 如果 $T<\infty$, 那么 $U(T)<0$. 因此, 式 (4.26) 中的分母大于 1, 于是 $\psi(u)<\mathrm{e}^{-Ru}$; 这是定理 4.3.1 的又一证明方法.

(3) 如果 b 是理赔额的一个上界, 那么 $\Pr[U(T)>-b]=1$, 于是我们得到破产概率的一个指数下界: $\psi(u)>\mathrm{e}^{-R(u+b)}$.

(4) 由于初始资本金的多少并不太影响破产时资本金的概率分布, 当 $u\to\infty$ 时, 式 (4.26) 的分母的极限有限是相当合理的, 记为 c_0, 则 $c_0>1$. 这将得到 $\psi(\cdot)$ 如下的渐近近似: 对于取大值的 u, 我们有 $\psi(u)\approx\dfrac{1}{c_0}\mathrm{e}^{-Ru}$.

(5) 如果 $R>0$, 那么对所有的 $u\geqslant 0$ 有 $1-\psi(u)>0$. 因此对于某些 $u_0\geqslant 0$, 如果 $1-\psi(u_0)=0$, 那么必须有 $R=0$ 成立, 于是 $1-\psi(u)=0$ 对所有 $u\geqslant 0$. ▽

注 4.4.1 (调节系数的解释; 鞅) 在式 (4.28) 中我们看到调节系数 R 使得 $\mathrm{E}[\mathrm{e}^{-RU(t)}]$ 关于 t 保持不变, 换句话说, $\mathrm{e}^{-RU(t)}$ 是一个鞅: 它可以被解释为一个参与公平赌博的赌徒的财富. 注意到如果 R 被任意其他的非零实数替换, 那么在式 (4.28) 第二个等号右边的方括号中的表达式就不再等于 1, 因此事实上, 调节系数 R 是使得 $\mathrm{e}^{-RU(t)}$ 成为鞅的唯一一个正实数. ▽

例 4.4.1 (破产概率, 指数理赔) 由式 (4.26), 当理赔额服从 exponential(β) 分布时, 我们可以验证破产概率的表达式 (4.17). 为此, 假设到时刻 t 为止的过程的历史信息由 $\mathcal{H}$ 给出, 破产发生时刻 $T=t$, 破产前瞬间的资本金 $U(T-0)$ 等于 v. 于是, 导致破产的理赔额 X 比 v 大. 因此, 对于每个 $\mathcal{H}$, v, t 和 y, 我们有

$$\Pr[-U(T)>y\,|\,\mathcal{H}]=\Pr[X>v+y\,|\,X>v]=\frac{\mathrm{e}^{-\beta(v+y)}}{\mathrm{e}^{-\beta v}}=\mathrm{e}^{-\beta y}. \tag{4.31}$$

显然, 破产时的赤字 (deficit) $-U(T)$ 也服从 exponential(β) 分布, 所以式 (4.26) 的分母等于 $\beta/(\beta-R)$, 其中 $\beta=1/\mu_1$, 且 $R=\theta\beta/(1+\theta)$, 见式 (4.13), 从而 $\beta/(\beta-R)=1+\theta$, 我们再次得到理赔额服从 exponential($\beta=1/\mu_1$) 分布时的破产概率 (4.17):

$$\psi(u)=\frac{1}{1+\theta}\exp\left(-\frac{\theta\beta u}{1+\theta}\right)=\frac{1}{1+\theta}\exp\left(-\frac{\theta}{1+\theta}\frac{u}{\mu_1}\right)=\psi(0)\mathrm{e}^{-Ru}. \tag{4.32}$$

在这个特殊的情形, 式 (4.26) 的分母不依赖于 u. ▽

§4.5 离散时间模型

在离散时间模型中, 我们考虑比前面的复合泊松过程更为一般的风险过程 $U(t)$,

不过只在时刻 $n=0,1,2,\cdots$ 上. 区间 $(n-1,n]$ 上的盈余记为 G_n, 因此

$$U(n)=u+G_1+G_2+\cdots+G_n,\quad n=0,1,\cdots,\tag{4.33}$$

随后, 我们将要讨论 $U(t)$ 为复合泊松过程时的情况, 但是当前只假设盈余 $G_1,G_2,\cdots$ 是独立同分布的, 满足 $\Pr[G_n<0]>0$ 和 $\mathrm{E}[G_n]=\mu>0$. 我们定义离散时间模型的破产时刻 $\widetilde{T}$, 破产概率 $\widetilde{\psi}(u)$ 和调节系数 $\widetilde{R}>0$ 如下:

$$\widetilde{T}=\min\{n:U(n)<0\};\quad \widetilde{\psi}(u)=\Pr[\widetilde{T}<\infty];\quad \mathrm{m}_G(-\widetilde{R})=1.\tag{4.34}$$

最后一个方程有唯一解, 原因如下: 由 $\mathrm{E}[G]>0$ 和 $\Pr[G<0]>0$, 我们有 $\mathrm{m}_G'(0)>0$ 且当 $r\to\infty$ 时 $\mathrm{m}_G(-r)\to\infty$, 而 $\mathrm{m}_G''(-r)=\mathrm{E}[G^2\mathrm{e}^{-Gr}]>0$, 所以 $\mathrm{m}_G(\cdot)$ 是一个凸函数.

例 4.5.1 (服从复合泊松分布的年理赔额) 在 $U(t)$ 是复合泊松过程这个特殊情形下, 我们有 $G_n=c-Z_n$, 其中 Z_n 表示第 n 年的服从复合泊松分布的总理赔额. 由式 (4.11) 可知 R 满足方程 $\mathrm{m}_{c-Z}(-R)=1$, 因此 $R=\widetilde{R}$. ▽

例 4.5.2 (服从正态分布的年理赔额) 如果 $G_n\sim\mathrm{N}(\mu,\sigma^2)$ 且 $\mu>0$, 那么 $\widetilde{R}=2\mu/\sigma^2$ 可以通过求解如下方程得到

$$\log(\mathrm{m}_G(-r))=0=-\mu r+\frac{1}{2}\sigma^2r^2.\tag{4.35}$$

结合这个结果与例 4.5.1, 我们观察到: 如果所考虑的复合泊松过程具有较大的泊松参数, 即在时间点 $0,1,2,\cdots$ 之间有许多理赔发生, 那么 S_n 将近似服从一个正态分布, 从而两个调节系数将彼此接近, 即有 $R\approx 2\mu/\sigma^2$. 但是, 如果在习题 4.3 第 2 题中取 $\mu=c-\lambda\mu_1=\theta\lambda\mu_1$ 和 $\sigma^2=\lambda\mu_2$, 那么可以看出 $2\mu/\sigma^2$ 是 R 的一个上界. ▽

类似于定理 4.4.1, 如下等式与破产概率和破产时的资本金有关:

$$\widetilde{\psi}(u)=\frac{\mathrm{e}^{-\widetilde{R}u}}{\mathrm{E}[\mathrm{e}^{-\widetilde{R}U(\widetilde{T})}\,|\,\widetilde{T}<\infty]}.\tag{4.36}$$

于是, 在离散时间模型下, 我们也可以给出破产概率的一个指数上界

$$\widetilde{\psi}(u)\leqslant \mathrm{e}^{-\widetilde{R}u}.\tag{4.37}$$

§4.6 再保险和破产概率

在第 1 章假定的经济环境下, 再保险合同应该用它们的期望效用进行比较. 然而在实务中这个方法是不可行的. 另一个方法是我们可以比较不同再保险保单下

的破产概率, 这也是相当困难的. 因此, 我们将集中讨论调节系数, 并尝试通过再保险得到一个更有利的调节系数. 调节系数正是从这个可能性而得名.

在再保险中, 我们向再保险人转移一部分期望收益, 以换取更加稳定的经营, 这两个相互冲突的准则不可能同时达到最优化. 在统计学中也有类似的问题, 比如, 要在检验功效和样本容量之间找到一个折中的办法. 我们可以借鉴统计学中的方法, 即最大化一个准则而限制另一个准则. 例如, 我们在限定 "调节系数 R 大于某个 R_0" 的条件下最大化期望收益.

我们考虑两种情形. 在离散时间模型情形, 我们对一年的总理赔额进行再保险, 然后检验离散调节系数 $\widetilde{R}$. 在连续时间模型情形, 我们比较比例再保险和对每个理赔额赋予一个自留额的超额损失再保险的 R.

例 4.6.1 (离散时间复合泊松理赔过程)　考虑例 3.5.3 中具有参数 $\lambda = 1$ 和 $p(1) = p(2) = \dfrac{1}{2}$ 的复合泊松分布, 一年期总理赔额 S 的离散调节系数 $\widetilde{R}$ 是多少? 如果安全附加因子 $\theta = 0.2$, 是否意味着年保费 c 等于 1.8?

调节系数 $\widetilde{R}$ 可以通过求解如下方程算出:

$$\lambda + cr = \lambda \mathrm{m}_X(r) \iff 1 + 1.8r = \frac{1}{2}\mathrm{e}^r + \frac{1}{2}\mathrm{e}^{2r}. \tag{4.38}$$

使用 R 中的数值例程 uniroot 求一维根 (0), 通过如下方式可以得到 (4.38) 中的调节系数:

```
f <- function (r) exp(r)/2 + exp(2*r)/2 - 1 - 1.8*r
R <- uniroot(f, low=0.00001, up=1)$root ## 0.2105433
```

上述 uniroot 的第一个参数是函数 f, 由此找到 R 的零点. 参数 lower 和 upper 给出了方程 $f(R) = 0$ 的根所在的区间; 函数 f 在区间的两个端点的符号必须是相反的. 注意到函数在端点上先行计算, 因此这种情况下, 上界的选取必须小心. 当然, 我们可以用上界 $R \leqslant 2\theta\mu_1/\mu_2$(见习题 4.3 第 2 题), 如果它比 m_X 的渐近更小. 除了 root, 函数 uniroot 提供了更多关于 0 点的信息, 包括其精度的指示.

现在假设去除一份自留额 $d = 3$ 的止损再保险, 再保险附加费率 $\xi = 0.8$, 即若 $d = 3$, 由例 3.5.3 我们看到再保险费是 $(1+\xi)\mathrm{E}[(S-d)_+] = 1.8\pi(3) = 0.362$. 为确定调节系数, 我们计算一年期收益 G_i 的分布函数, 它由保费收入减去支付的再保险费以及自留损失构成. 因此,

$$G_i = \begin{cases} 1.8 - 0.362 - S_i, & S_i = 0, 1, 2, 3, \\ 1.8 - 0.362 - 3, & S_i > 3. \end{cases} \tag{4.39}$$

相应的离散调节系数 $\widetilde{R}$ 为式 (4.34) 的解, 近似等于 0.199.

由于再保险 (分保), 我们的期望年收益减少了, 它等于原始的期望收益减去再

保险人的收益. 例如, 对于 $d=3$, 它等于 $1.8-1.5-\xi\pi(3)=0.139$. 对不同自留额 d, 相应的结果如下表所示:

自留额 d	$\widetilde{R}$	期望收益
3	0.199	0.139
4	0.236	0.234
5	0.230	0.273
∞	0.211	0.300

可见 $d=3$ 这个决定是不合理的: $d=4$, $d=5$ 和 $d=\infty$(即没有再保险) 的决定更好一些, 因为它们不仅具有更高的期望收益, 而且在调节系数 $\widetilde{R}$ 更大的意义下更加稳定. ▽

例 4.6.2 (再保险, 个体理赔)　再保险也会影响每个个体理赔, 而不仅是某一时期的总理赔额. 当理赔额为 x 时, 假设再保险人支付 $h(x)$. 换句话说, 自留损失等于 $x-h(x)$. 考虑两种特殊情形:

$$h(x)=\begin{cases}\alpha x, & 0\leqslant\alpha\leqslant 1, \quad \text{比例再保险,}\\ (x-\beta)_+, & 0\leqslant\beta, \quad \text{超额损失再保险,}\end{cases} \tag{4.40}$$

显然, 比例再保险可以看成对总理赔额的再保险. 我们将考察通常的调节系数R_h, 其为如下方程

$$\lambda+(c-c_h)r=\lambda\int_0^\infty \mathrm{e}^{r[x-h(x)]}\,\mathrm{d}P(x) \tag{4.41}$$

的根, 其中 c_h 表示再保险费. 再保险人在纯保费的基础上使用一个安全附加 ξ. 假设 $\lambda=1$, 对 $x=1$ 和 $x=2$ 有 $p(x)=\dfrac{1}{2}$. 进一步, 令 $c=2$, 于是 $\theta=\dfrac{1}{3}$, 我们考虑 $\xi=\dfrac{1}{3}$ 和 $\xi=\dfrac{2}{5}$ 两个值.

在比例再保险情形 $h(x)=\alpha x$, 保费等于

$$c_h=(1+\xi)\lambda\mathrm{E}[h(X)]=(1+\xi)\frac{3}{2}\alpha, \tag{4.42}$$

由于 $x-h(x)=(1-\alpha)x$, 故 (4.41) 导出方程

$$1+\left[2-(1+\xi)\frac{3}{2}\alpha\right]r=\frac{1}{2}\mathrm{e}^{r(1-\alpha)}+\frac{1}{2}\mathrm{e}^{2r(1-\alpha)}. \tag{4.43}$$

对 $\xi=\dfrac{1}{3}$, 我们有 $c_h=2\alpha$ 和 $R_h=\dfrac{0.325}{1-\alpha}$; 对 $\xi=\dfrac{2}{5}$, 我们有 $c_h=2.1\,\alpha$.

接下来, 我们考虑超额损失再保险$h(x)=(x-\beta)_+$, 其中 $0\leqslant\beta\leqslant 2$, 再保费等于

$$c_h=(1+\xi)\lambda\left[\frac{1}{2}h(1)+\frac{1}{2}h(2)\right]=\frac{1}{2}(1+\xi)[(1-\beta)_++(2-\beta)_+], \tag{4.44}$$

而 $x-h(x)=\min\{x,\beta\}$, 故 R_h 是方程

$$1+\left(2-\frac{1}{2}(1+\xi)[(1-\beta)_++(2-\beta)_+]\right)r=\frac{1}{2}[\mathrm{e}^{\min\{\beta,1\}r}+\mathrm{e}^{\min\{\beta,2\}r}] \tag{4.45}$$

的根. 在下表中我们给出了对应于不同 β 值的 R_h 的若干结果, 并与比例再保险情况下同样的结果进行比较, 其中再保险人的期望赔付是相同的: $\frac{3}{2}\alpha=\frac{1}{2}(1-\beta)_++\frac{1}{2}(2-\beta)_+$.

对于 $\xi=\frac{1}{3}$, 再保险人和保险人的安全附加因子是相等的, 并且再保险越多调节系数就越大. 如果再保险人的安全附加因子等于 $\frac{2}{5}$, 那么对 $\alpha\geqslant\frac{5}{6}$, 期望自留损失 $\lambda\mathrm{E}[X-h(X)]=\frac{3}{2}(1-\alpha)$ 不再小于自留保费 $c-c_h=2-2.1\alpha$. 因此, 作为结果的自留安全附加因子不是正的, 最终破产是必然的. 同样的现象发生在 $\beta\leqslant\frac{1}{4}$ 时的超额损失再保险情形. 在下表中, 这种情形由符号 $*$ 标记.

	β	2.0	1.4	0.9	0.6	0.3	0.15	0.0
	α	0.0	0.2	0.4	0.6	0.8	0.9	1.0
$\xi=\frac{1}{3}$	XL	0.325	0.444	0.611	0.917	1.83	3.67	∞
	Prop.	0.325	0.407	0.542	0.813	1.63	3.25	∞
$\xi=\frac{2}{5}$	XL	0.325	0.425	0.542	0.676	0.426	$*$	$*$
	Prop.	0.325	0.390	0.482	0.602	0.382	$*$	$*$

由上表可见, 所有超额损失再保险 (XL)的调节系数都至少与具有相同赔付期望的比例再保险 (Prop.)的调节系数一样大. 这不是巧合, 由风险排序理论可以证明, 在具有相同自留风险赔付期望值的所有再保险合同中, XL 再保险总是得到最好的 R 值和最小的破产概率, 见 §7.4.4. ▽

§4.7 Beekman 卷积公式

本节我们将证明未破产概率可以表示成一个参数已知的复合几何分布函数. 为此, 考虑**最大累积损失**, 即到时刻 t 为止的总赔付和所收取保费之差的最大值:

$$L=\max\{S(t)-ct\,|\,t\geqslant0\}. \tag{4.46}$$

因为 $S(0)=0$, 所以 $L\geqslant0$. 事件 $L>u$ 发生当且仅当存在一个有限时刻 t 使得 $U(t)<0$, 换一句话说, 事件 $L>u$ 和 $T<\infty$ 是等价的, 从而

$$\psi(u)=1-F_L(u). \tag{4.47}$$

接下来, 我们考虑盈余过程创历史新低的点, 这必然发生在有理赔支付的时刻. 令随机变量 $L_j, j=1,2,\cdots$ 表示第 j 个历史新低小于第 $j-1$ 个历史新低的量, 如图 4.3 所示, 其中共画出了三个历史新低点, 假设在没有画出的时间段上盈余过程漂移向 ∞. 令 M 表示历史新低的随机个数, 有

$$L = L_1 + L_2 + \cdots + L_M. \tag{4.48}$$

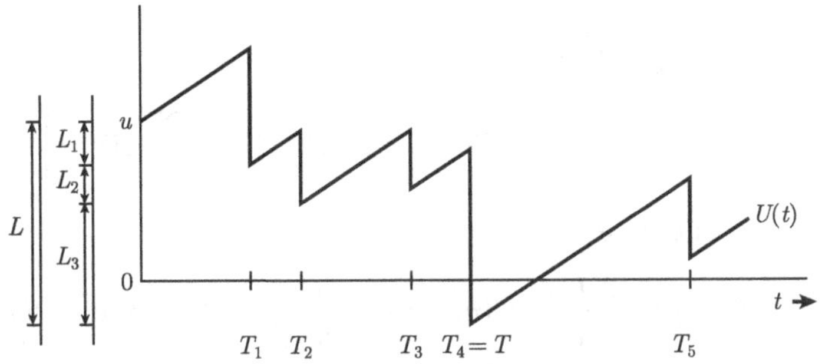

图 4.3 $L, L_1, L_2, \cdots$

由泊松过程的无记忆性这一事实, 可以得到每一个特定的历史新低是最后一个的概率都是相同的. 因此, M 服从几何分布. 基于相同的原因, $L_1, L_2, \cdots$ 是独立同分布的. M 的参数值, 即前一个历史新低是最后一个的概率, 等于过程从初始资本金 0 出发而没有发生破产的概率, 于是该参数值等于 $1-\psi(0)$.

所以 L 服从一个复合几何分布, 具有几何参数 $1-\psi(0)$ 以及给定事件"$M \geqslant 1$"的条件下 L_1 的条件分布, 二者均可从如下定理得到.

定理 4.7.1 (破产时刻资本金的分布) 如果初始资本金 u 等于 0, 则对所有 $y>0$ 我们有

$$\Pr[U(T) \in (-y-\mathrm{d}y, -y), T<\infty] = \frac{\lambda}{c}[1-P(y)]\,\mathrm{d}y. \tag{4.49}$$

证明 在复合泊松过程下, 在时间区间 $(t, t+\mathrm{d}t)$ 内有一个理赔发生的概率等于 $\lambda\,\mathrm{d}t$, 其独立于时刻 t 以及直到该时刻的过程的历史. 因此, 在 0 和 $\mathrm{d}t$ 之间, 要么没有理赔发生 (其概率为 $1-\lambda\,\mathrm{d}t$) 且资本金从 u 增加到 $u+c\mathrm{d}t$, 要么有一个大小为 X 的理赔发生. 后一种情况有两种可能: 如果理赔额比 u 小, 那么过程将以资本金 $u+c\mathrm{d}t-X$ 继续下去; 否则破产发生, 不过只有当 $X>u+y$ 时破产时赤字会大于 y. 定义

$$G(u,y) = \Pr[U(T) \in (-\infty, -y), T<\infty \mid U(0)=u], \tag{4.50}$$

有

$$G(u,y)=(1-\lambda \mathrm{d}t)G(u+c\mathrm{d}t,y)$$
$$+\lambda \mathrm{d}t\left\{\int_0^u G(u-x,y)\,\mathrm{d}P(x)+\int_{u+y}^{\infty}\mathrm{d}P(x)\right\}. \tag{4.51}$$

记 G' 为 G 关于 u 的偏导数, 则

$$G(u+c\mathrm{d}t,y)=G(u,y)+c\mathrm{d}t\,G'(u,y). \tag{4.52}$$

把式 (4.52) 代入式 (4.51), 并除以 $c\mathrm{d}t$, 我们得到

$$G'(u,y)=\frac{\lambda}{c}\left\{G(u,y)-\int_0^u G(u-x,y)\,\mathrm{d}P(x)-\int_{u+y}^{\infty}\mathrm{d}P(x)\right\}. \tag{4.53}$$

对其在 $u\in[0,z]$ 上积分可得

$$G(z,y)-G(0,y)=\frac{\lambda}{c}\left\{\int_0^z G(u,y)\,\mathrm{d}u-\int_0^z\int_0^u G(u-x,y)\,\mathrm{d}P(x)\,\mathrm{d}u\right.$$
$$\left.-\int_0^z\int_{u+y}^{\infty}\mathrm{d}P(x)\,\mathrm{d}u\right\}. \tag{4.54}$$

式 (4.54) 中的二重积分可以通过如下方式化为一重积分: 对于第一个二重积分, 用 Fubini 定理交换积分顺序, 使用变量替换 $v=u-x$ 后再一次交换积分顺序, 可得

$$\int_0^z\int_0^u G(u-x,y)\,\mathrm{d}P(x)\,\mathrm{d}u=\int_0^z\int_0^{z-v}G(v,y)\,\mathrm{d}P(x)\,\mathrm{d}v$$
$$=\int_0^z G(v,y)P(z-v)\,\mathrm{d}v. \tag{4.55}$$

对于式 (4.54) 的第二个二重积分, 由变量替换 $v=u+y$ 可得

$$\int_0^z\int_{u+y}^{\infty}\mathrm{d}P(x)\,\mathrm{d}u=\int_y^{z+y}[1-P(v)]\,\mathrm{d}v. \tag{4.56}$$

因此,

$$G(z,y)-G(0,y)=\frac{\lambda}{c}\left\{\int_0^z G(u,y)[1-P(z-u)]\,\mathrm{d}u\right.$$
$$\left.-\int_y^{z+y}[1-P(u)]\,\mathrm{d}u\right\}. \tag{4.57}$$

令 $z\to\infty$, 式 (4.57) 两边的第一项消失, 剩下的便是

$$G(0,y)=\frac{\lambda}{c}\int_y^{\infty}[1-P(u)]\,\mathrm{d}u. \tag{4.58}$$

▽

推论 4.7.1 (定理 4.7.1 的推论)

(1) 初始资本金为 0 时的破产概率只依赖于安全附加因子. 将式 (4.49) 对 $y \in (0, \infty)$ 积分可得 $\Pr[T < \infty]$. 所以对于每个均值为 μ_1 的 $P(\cdot)$, 我们有

$$\psi(0) = \frac{\lambda}{c}\int_0^{\infty}[1-P(y)]\,\mathrm{d}y = \frac{\lambda}{c}\mu_1 = \frac{1}{1+\theta}. \tag{4.59}$$

(2) 假设至少有一个创历史新低的纪录, 则 L_1 与起始于 $u=0$ 的过程在破产 (如果破产发生) 时的赤字有相同的分布, 因此, 我们有如下的密度函数表达式:

$$f_{L_1}(y) = \frac{1-P(y)}{(1+\theta)\mu_1}\frac{1}{\psi(0)} = \frac{1-P(y)}{\mu_1}, \quad y > 0. \tag{4.60}$$

(3) 令 $H(x)$ 表示 L_1 的分布函数, p 为 M 的参数. 因为 L 服从复合几何分布, 所以风险过程的未破产概率可由 Beekman 卷积公式给出:

$$1-\psi(u) = \sum_{m=0}^{\infty} p(1-p)^m H^{m*}(u), \tag{4.61}$$

其中

$$p = \frac{\theta}{1+\theta}, \quad H(x) = 1-\frac{1}{\mu_1}\int_x^{\infty}[1-P(y)]\,\mathrm{d}y. \tag{4.62}$$

(4) 由式 (4.47), 最大累积损失 L 的矩母函数也是未破产概率 $1-\psi(u)$ 的矩母函数, 其为

$$\mathrm{m}_L(r) = \frac{\theta}{1+\theta} + \frac{1}{1+\theta}\frac{\theta(\mathrm{m}_X(r)-1)}{1+(1+\theta)\mu_1 r - \mathrm{m}_X(r)}. \tag{4.63}$$

证明 只有最后一个论断需要证明. 由于 $L = L_1 + \cdots + L_M$, 且 M 服从参数 $p = \dfrac{\theta}{1+\theta}$ 的几何分布, 我们有

$$\mathrm{m}_L(r) = \mathrm{m}_M(\log \mathrm{m}_{L_1}(r)) = \frac{p}{1-(1-p)\mathrm{m}_{L_1}(r)}. \tag{4.64}$$

由其密度 (4.60) 可得 L_1 的矩母函数:

$$\begin{aligned}\mathrm{m}_{L_1}(r) &= \frac{1}{\mu_1}\int_0^{\infty}\mathrm{e}^{ry}(1-P(y))\,\mathrm{d}y\\ &= \frac{1}{\mu_1}\left\{\frac{1}{r}[\mathrm{e}^{ry}-1][1-P(y)]\Big|_0^{\infty} + \int_0^{\infty}\frac{1}{r}[\mathrm{e}^{ry}-1]\,\mathrm{d}P(y)\right\}\\ &= \frac{1}{\mu_1 r}\left[\mathrm{m}_X(r)-1\right],\end{aligned} \tag{4.65}$$

对 $t \to \infty$, 积分项在 ∞ 时消失:

$$\int_0^\infty \mathrm{e}^{ry}\,\mathrm{d}P(y) < \infty \Longrightarrow \int_t^\infty \mathrm{e}^{ry}\,\mathrm{d}P(y) \downarrow 0$$
$$\Longrightarrow \mathrm{e}^{rt}\int_t^\infty \mathrm{d}P(y) = \mathrm{e}^{rt}(1-P(t)) \downarrow 0. \tag{4.66}$$

将式 (4.65) 代入式 (4.64) 可得式 (4.63). 注意到和通常一样, 利用 Fubini 定理代替分部积分来证明会稍微容易些; 见定理 1.4.3. ▽

注 4.7.1 (破产概率的递推公式)　初始资本金为 u 的破产概率可由更小的初始资本金的破产概率表示如下:

$$\psi(u) = \frac{\lambda}{c}\int_0^u [1-P(y)]\psi(u-y)\,\mathrm{d}y + \frac{\lambda}{c}\int_u^\infty [1-P(y)]\,\mathrm{d}y. \tag{4.67}$$

为证明这一点, 注意到 $T < \infty$ 意味着盈余最终会降到初始资本水平之下, 所以由式 (4.60) 可得:

$$\begin{aligned}\psi(u) &= \Pr[T<\infty] = \Pr[T<\infty, M>0]\\ &= \Pr[T<\infty \mid M>0]\Pr[M>0]\\ &= \frac{1}{1+\theta}\int_0^\infty \Pr[T<\infty \mid L_1 = y] f_{L_1}(y)\,\mathrm{d}y\\ &= \frac{\lambda}{c}\left(\int_0^u \psi(u-y)(1-P(y))\,\mathrm{d}y + \int_u^\infty (1-P(y))\,\mathrm{d}y\right),\end{aligned} \tag{4.68}$$

其中我们用了变量替换 $c = (1+\theta)\lambda\mu_1$. ▽

§4.8　破产概率的解析表达式

在两种情况下, 我们可以很容易地计算破产概率. 在指数分布及其混合或者组合的情形下, 我们已经得到破产概率的解析表达式; 在离散分布情形下, 也有一个算法.

在 §4.7 我们得到了未破产概率 $1-\psi(u)$ 的矩母函数, 为寻找破产概率的表达式, 我们只需要去鉴别这个矩母函数, 我们将结合两个指数分布的混合和组合的情形 (见 §3.8) 来说明如何去做. 因为 $1-\psi(0) = \theta/(1+\theta)$ 和

$$\mathrm{m}_L(r) = \int_0^\infty \mathrm{e}^{ru}\mathrm{d}[1-\psi(u)] = 1-\psi(0) + \int_0^\infty \mathrm{e}^{ru}(-\psi'(u))\,\mathrm{d}u, \tag{4.69}$$

由式 (4.63) 可得 $-\psi'(u)$ 的“矩母函数”等于

$$\int_0^\infty \mathrm{e}^{ru}(-\psi'(u))\,\mathrm{d}u = \frac{1}{1+\theta}\frac{\theta(\mathrm{m}_X(r)-1)}{1+(1+\theta)\mu_1 r - \mathrm{m}_X(r)}. \tag{4.70}$$

注意到除了一个常数外, $-\psi'(u)$ 是一个密度函数, 见习题 4.8 第 1 题. 如果 X 服从如 (3.90) 那样的两个指数分布的组合或混合, 即对某些 $\alpha<\beta$ 和 $0\leqslant q\leqslant \dfrac{\beta}{\beta-\alpha}$, 其具有密度函数

$$p(x)=q\alpha\mathrm{e}^{-\alpha x}+(1-q)\beta\mathrm{e}^{-\beta x},\quad x>0. \tag{4.71}$$

那么分子和分母同时乘以 $(r-\alpha)(r-\beta)$ 后, 式 (4.70) 的右边可以写成两个关于 r 的多项式之比, 通过使用部分分式法, 它可以写成具有形式 $\delta\gamma/(\gamma-r)$ 的两项之和, 每一项都对应于一个 exponential(γ) 分布的矩母函数的 δ 倍. 下面我们用两个例子来阐明这个方法.

例 4.8.1 (指数分布下的破产概率) 在式 (4.71) 中, 取 $q=0$ 和 $\beta=1$, 从而理赔额服从 exponential(1) 分布. 然后, 对 $\delta=1/(1+\theta)$ 和 $\gamma=\theta/(1+\theta)$, 式 (4.70) 的右边给出

$$\frac{1}{1+\theta}\frac{\theta\left(\dfrac{1}{1-r}-1\right)}{1+(1+\theta)r-\dfrac{1}{1-r}}=\frac{\theta}{(1+\theta)[\theta-(1+\theta)r]}=\frac{\delta\gamma}{\gamma-r}. \tag{4.72}$$

除了一个常数 δ 外, 这是一个 exponential(γ) 分布的矩母函数. 由式 (4.70) 我们知道 $-\psi'(u)/\delta$ 等于该分布的密度函数. 利用边界条件 $\psi(\infty)=0$, 我们可以发现对 exponential(1) 分布有

$$\psi(u)=\frac{1}{1+\theta}\exp\left(\frac{-\theta u}{1+\theta}\right), \tag{4.73}$$

这对应于式 (4.32) 在 $\beta=\mu_1=1$ 下的结果, 也对应于式 (4.17) 的结果. ▽

例 4.8.2 (破产概率, 指数分布的混合) 取 $\theta=0.4$ 和 $p(x)=\dfrac{1}{2}\times 3\mathrm{e}^{-3x}+\dfrac{1}{2}\times 7\mathrm{e}^{-7x}$, $x>0$, 则

$$\mathrm{m}_X(r)=\frac{1}{2}\frac{3}{3-r}+\frac{1}{2}\frac{7}{7-r};\quad \mu_1=\frac{1}{2}\frac{1}{3}+\frac{1}{2}\frac{1}{7}=\frac{5}{21}. \tag{4.74}$$

所以, 通过一些计算得到式 (4.70) 的右边等于

$$\frac{6(5-r)}{7(6-7r+r^2)}=\frac{\delta}{1-r}+\frac{6\varepsilon}{6-r},\quad 其中\delta=\frac{24}{35},\varepsilon=\frac{1}{35}. \tag{4.75}$$

这种情况下的破产概率为

$$\psi(u)=\frac{24}{35}\mathrm{e}^{-u}+\frac{1}{35}\mathrm{e}^{-6u}. \tag{4.76}$$

注意到 $\psi(0)=\dfrac{1}{1+\theta}$ 确实成立. ▽

这种方法对于指数分布的组合及其极限情形 gamma(2,β) 效果也都很好, 见习题 4.8 第 5~7 题; 也可以将这种方法推广到多于两个指数分布的混合/组合的情形, 但是将面临求解三次或更高次多项式的根的问题. 此时, 可以用 R 的函数 polyroot.

为了找到破产概率像式 (4.76) 那样的表达式中指数的系数, 即式 (4.75) 的渐近线, 我们需要知道式 (4.70) 右边分母的根. 假设在密度函数 (4.71) 中, $\alpha < \beta$ 且 $q \in (0,1)$, 我们必须求解如下方程:

$$1 + (1+\theta)\mu_1 r = q\frac{\alpha}{\alpha - r} + (1-q)\frac{\beta}{\beta - r}. \tag{4.77}$$

注意到只有当 r 处于渐近线的左侧、即 $r < \alpha$ 时, 该方程的右边才对应于理赔额分布的矩母函数. 如果 r 更大, 该矩母函数就等于 $+\infty$; 因此我们把图 4.4 中的这些分支记作 "$\mathrm{m}_X(r)$" 而不是 $\mathrm{m}_X(r)$. 从图 4.4 立即可见式 (4.77) 的正根 r_1 和 r_2 是实数, 并且满足

$$r_1 = R < \alpha < r_2 < \beta. \tag{4.78}$$

注 4.8.1 (离散分布下的破产概率) 如果理赔额 X 分别以概率 $p_1, p_2, \cdots, p_m$ 只取有限个正值 $x_1, x_2, \cdots, x_m$, 那么破产概率等于

$$\psi(u) = 1 - \frac{\theta}{1+\theta}\sum_{k_1,\cdots,k_m}(-z)^{k_1+\cdots+k_m}\mathrm{e}^z\prod_{j=1}^{m}\frac{p_j^{k_j}}{k_j!}, \tag{4.79}$$

其中 $z = \dfrac{\lambda}{c}(u - k_1x_1 - \cdots - k_mx_m)_+$. 连加号对所有的使得 $z > 0$ 成立的那些 $k_1, \cdots, k_m = 0, 1, 2, \cdots$ 进行, 从而结果是有限的. 关于式 (4.79) 的证明可参见 Gerber (1989). ▽

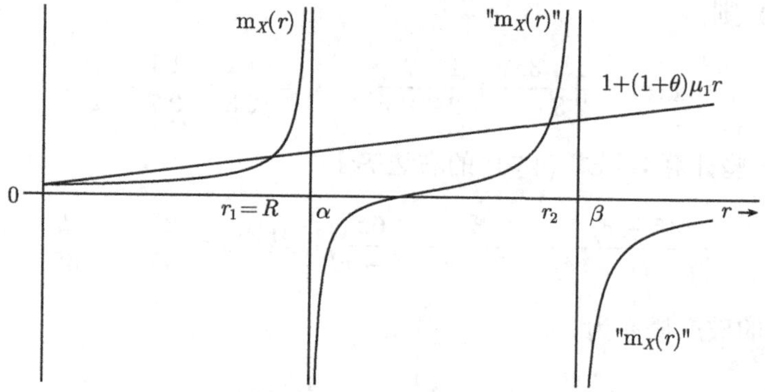

图 4.4 方程 (4.77) 的解, 只有左边那支曲线才真正代表 X 的矩母函数

§4.9 破产概率的近似

对 §4.8 没有提到的其他分布来说, 找到破产概率 $\psi(u)$ 的精确值是很难的. 但是人们可能会辩解说这个精确值并不是很重要, 因为模型的其他因素也有可能会起决定性的作用. 因此, 给出破产概率一些良好而简单的近似是必要的.

这些近似应该尽量满足破产概率的一些全局性质. 首先, 由方程 (4.59) 得 $\psi(0)=\dfrac{1}{1+\theta}$; 其次, 我们知道 $\psi(u)=1-F_L(u)$, 于是由分部积分可得

$$\begin{aligned}\mathrm{E}[L]&=\int_0^\infty u\,\mathrm{d}[1-\psi(u)]=\int_0^\infty \psi(u)\,\mathrm{d}u,\\ \mathrm{E}[L^2]&=\int_0^\infty u^2\,\mathrm{d}[1-\psi(u)]=\int_0^\infty 2u\psi(u)\,\mathrm{d}u.\end{aligned} \tag{4.80}$$

由于 $L=L_1+\cdots+L_M$ 服从复合几何分布, 其中 M 和 L_j 的分布已由 §4.7 给出, 该最大累积损失 L 的矩可以很容易地求出. 所需要的 L_j 的矩为

$$\mathrm{E}[L_j^k]=\frac{\mu_{k+1}}{\mu_1(k+1)},\quad k=1,2,\cdots, \tag{4.81}$$

由于 $\mathrm{E}[M]=\dfrac{1}{\theta}$, 我们有

$$\int_0^\infty \psi(u)\,\mathrm{d}u=\frac{\mu_2}{2\theta\mu_1}. \tag{4.82}$$

还可以证明

$$\mathrm{Var}[L]=\frac{\mu_3}{3\theta\mu_1}+\frac{\mu_2^2}{4\theta^2\mu_1^2}, \tag{4.83}$$

因此,

$$\int_0^\infty u\psi(u)\,\mathrm{d}u=\frac{1}{2}\mathrm{E}[L^2]=\frac{\mu_3}{6\theta\mu_1}+\frac{\mu_2^2}{4\theta^2\mu_1^2}. \tag{4.84}$$

做完这些准备工作之后, 我们介绍一些可能的近似式.

(1) 在 §4.3 中我们已经发现, 近似式的一个可能的选择是

$$\psi(u)\approx\frac{1}{1+\theta}\mathrm{e}^{-Ru}, \tag{4.85}$$

其中 R 为理赔额分布的调节系数. 式 (4.85) 具有准确值 $\psi(0)$, 也具有准确的渐近风险率 R.

(2) 在前面的近似中, 我们还可在调节系数为 R 的指数分布理赔额下, 得到确切的破产概率为

$$\psi(u)\approx(1-R\mu_1)\mathrm{e}^{-Ru}, \tag{4.86}$$

在这种方式下, 风险率是准确的, 但在 0 时的破产概率可能会有所不同.

(3) 用一个具有相同期望值的指数分布代替理赔额分布, 见式 (4.32), 可以得到

$$\psi(u) \approx \frac{1}{1+\theta}\exp\left(-\frac{\theta}{1+\theta}\frac{u}{\mu_1}\right). \tag{4.87}$$

当 $u=0$ 时, 该近似是准确的, 但在一般情况下左、右两边的积分是不等的.

(4) 用 $\psi(0)\mathrm{e}^{-ku}$ 来近似 $\psi(u)$, 选择 k 使得式 (4.82) 成立, 这样便得到近似式

$$\psi(u) \approx \frac{1}{1+\theta}\exp\left(\frac{-2\theta\mu_1 u}{(1+\theta)\mu_2}\right). \tag{4.88}$$

注意到如果理赔额服从 exponential$(1/\mu_1)$ 分布, 那么 $\mu_2 = 2\mu_1^2$, 所以式 (4.87) 和式 (4.88) 均给出了准确的破产概率.

(5) 我们可以用一个伽玛分布来近似破产概率:

$$\psi(u) \approx \frac{1}{1+\theta}(1-G(u,\alpha,\beta)), \quad u \geqslant 0. \tag{4.89}$$

为使前两阶矩相同, 伽玛分布的分布函数 $G(\cdot;\alpha,\beta)$ 的参数 α 和 β 必须满足如下条件:

$$\mathrm{E}[L] = \frac{1}{1+\theta}\frac{\alpha}{\beta}; \quad \mathrm{E}[L^2] = \frac{1}{1+\theta}\left(\frac{\alpha^2}{\beta^2}+\frac{\alpha}{\beta^2}\right). \tag{4.90}$$

(6) 正如在第三个近似式中那样, 我们可以用另一个分布来替换理赔额分布, 使得它们的一些矩相同, 并且相应的破产概率容易计算. 这样替换的合适候选分布是指数分布的混合或组合.

(7) 另一个可能的替换是离散分布, 由式 (4.79) 可以很容易地计算破产概率. 对于每个理赔额分布, 我们都可以找到与之前三阶矩相同的两点分布, 而这对于两个指数分布的混合/组合的情形并非总是可能的. 这些方法都可以得到很好的近似, 见例 4.9.1.

(8) 由风险排序理论可知, 如果我们用一个在 μ 上的单点分布取代一个期望值为 μ 的理赔额分布, 那么我们可以得到破产概率的一个下界; 如果我们知道理赔额的最大值 b, 那么可以得到一个简单的上界. 如果理赔额分布分别以概率 μ/b 取 b、以概率 $1-\mu/b$ 取 0, 那么一个泊松过程便出现了, 其等价于理赔额总是等于 b, 理赔次数参数为 $\lambda\mu/b$ 而不是 λ 的泊松过程. 因此, 不管是上界还是下界都可用 $m=1$ 时的式 (4.79) 来计算.

(9) 只要个体理赔额取整数值, 那么几何分布使得我们可以利用 Panjer 递推法, 而对 L 中的加项 L_j 并非如此 (取整数值), 见式 (4.60). 但是我们可以用下面的方法 (凑整法) 很容易地导出破产概率的上界和下界: 这种方法是简单地把 L_j 向下凑成 δ 的整数倍而得到一个随机变量 L', 该随机变量适合运用 Panjer 递推算法,

并且由于 $\Pr[L \leqslant u] \leqslant \Pr[L' \leqslant u]$, 于是可以给出 $F_L(u)$ 的一个上界. 而向上凑整会得到 $F_L(u)$ 的一个下界. 通过取 δ 充分小, 我们可以经过少量的计算而得到相当好的上界和下界.

例 4.9.1 (通过使用两点理赔额分布近似破产概率)　为使用前几阶矩都相等的 m 点理赔额分布来近似破产概率, 我们限制于分布的前三阶矩, 从而我们仅仅需要使用式 (4.79) 在 $m=2$ 时的特殊情形, 这是因为两点分布有三个自由的参数, 两个质点的位置和一个质量, 这允许我们去匹配分布的前三阶矩. 对于 $m=2$ 时的两点理赔额分布的算法 (4.79) 的 R 实现如下; 而将其推广到更一般的 m 点的情形并不是平凡的. 这里, 理赔额以概率 px 取值 x, 以概率 1-px 取值 y.

```
psi <- function (u, theta, x, y, px)
{ if (px<0||px>1||theta<=0||x<=0||y<=0||u<0) stop("bad params")
  mu <- x*px + y*(1-px)
  ss <- 0
  for (k in 0:(u/x))
  { n <- 0:((u-k*x)/y)
    h <- 1/mu/(1+theta) * (u - k*x - n*y)
    tt <- sum((-h)^(k+n)*exp(h)*(1-px)^n/factorial(n))
    ss <- ss + px^k / factorial(k) * tt }
  return(1 - theta/(1+theta)*ss) }
psi(2.5,0.5,1,2,0.5) ## 0.2475216
```

为确定一个服从两点分布的随机变量 X(其中 x, y 是两个质点且 $p_x = \Pr[X=x]$), 需要求解三个具有一些不确定参数的非线性方程. 解析解是存在的, 但是在此将以不同的方式进行求解. 从关系式 (7.28) 和 (7.30) 我们可以推出 $y = \mu + \sigma^2/(\mu - x)$, 且 $p_x = \sigma^2/(\sigma^2 + (\mu - x)^2)$ 刻画了具有两个质点 x 和 y、均值为 μ、方差为 σ^2 的两点分布. 那么通过变化 x, 我们确保偏度也是正确的. 最后一步是通过调用函数 uniroot 而获得的. 为了匹配第三阶矩 $\mathrm{E}[X^3] = x^3 p_x + y^3(1-p_x)$, 我们利用恒等式

$$\mathrm{E}[X^3] = \mathrm{E}[((X-\mu)+\mu)^3] = \gamma\sigma^3 + 3\mu\sigma^2 + \mu^3. \tag{4.91}$$

给定 μ, σ^2, γ, 质点和近似的 $\psi(u)$ 可由如下 R 程序得到

```
mu <- 1.5; sig2 <- 0.25; gam <- 0;
mu3 <- gam * sig2^1.5 + 3 * mu * sig2 + mu^3
mu3.diff <- function(x)
{  y <- mu + sig2/(mu-x); px <- sig2 / (sig2+(x-mu)^2)
   px*x^3 + (1-px)*y^3 - mu3  }
x <- uniroot(mu3.diff, low=0, up=mu*0.9999999)$root
psi(2.5, 0.5, x, mu + sig2/(mu-x), sig2 / (sig2+(x-mu)^2))
```

显然, x 和 y 的较小者一定小于 μ, 这就是为什么我们要在区间 $(0,\mu)$ 中寻找 mu3.

diff的零点的原因. 最后一行是对于给定的前三阶矩所产生的近似破产概率. ▽

§4.10 习 题

§4.2

1. 假设等待时间$W_1, W_2, \cdots$ 是一列独立同分布的随机变量, 分布函数为 $F(x)$, 密度函数为 $f(x)$, $x \geqslant 0$. 对某 $s \leqslant t$ 给定 $N(t)=i$ 和 $T_i=s$, 求有一个理赔发生于时刻 t 和 $t+\mathrm{d}t$ 之间的条件概率 (这个泊松过程的推广被称为*更新过程*).

2. 设 $\{N(t), t \geqslant 0\}$ 是一个参数为 λ 的泊松过程, 并令 $p_n(t)=\Pr[N(t)=n]$ 和 $p_{-1}(t) \equiv 0$. 证明 $p_n'(t)=-\lambda p_n(t)+\lambda p_{n-1}(t)$, $n=0,1,2,\cdots$, 并通过比较 $p_n(t)$ 和 $p_n(t+\mathrm{d}t)$ 来解释这些公式.

§4.3

1. 证明式 (4.11) 中的那些表达式确实等价于式 (4.10). 并用分部积分法或 Fubini 定理证明:

$$1+(1+\theta)\mu r=0 \text{ 和 } r>0 \iff \int_0^{\infty}[\mathrm{e}^{rx}-(1+\theta)][1-P(x)]\,\mathrm{d}x=0.$$

2. 对 $r>0$ 和 $x>0$, 利用 $\mathrm{e}^{rx}>1+rx+\frac{1}{2}(rx)^2$ 证明 $R<2\theta\mu_1/\mu_2$.

3. 对 $\theta=0.4$ 和 $p(x)=\frac{1}{2}(3\mathrm{e}^{-3x}+7\mathrm{e}^{-7x})$, 求使得 $\mathrm{m}_X(t)$ 有限的 t 值, 并确定 R.

4. 已知理赔额服从离散分布 $p(1)=p(2)=\frac{1}{2}$ 且 $R=\log 3$, 求 θ.

5. 什么样的保费会使得 $\mathrm{e}^{-Ru}=\varepsilon$ 成立?

6. 设 $\Pr[X=0,1,2,4]=\frac{1}{4}$, 对 $\lambda=1$ 和 $c=3$ 用 R 软件来求 R.

7. 在一个 $\theta=\frac{2}{5}$ 的破产过程中, 理赔额 X 由如下方式生成: 首先, 变量 Y 分别以相等的概率 $\frac{1}{2}$ 取两个可能的值 3 和 7. 然后, 在 $Y=y$ 的条件下, 理赔额 X 服从 exponential(y) 分布. 求调节系数 R. 如果对同样的分布有 $R=2$, 那么 θ 会大于还是小于 $\frac{2}{5}$?

8. 在某破产过程中, 个体理赔额服从 gamma(2, 1) 分布, 求作为调节系数 R 的函数的安全附加因子 θ, 并求 $R(\theta)$. 如果调节系数等于 $\frac{4}{3}$, $\theta=2$ 是否成立? 用理赔额的矩母函数的图像来讨论 R 作为 θ 的函数的变化情况.

9. [♠] 在一个破产过程中, 如果理赔额服从对数正态分布, 讨论如何确定调节系数 R? 如果理赔额服从逆高斯分布呢?

10. 讨论 $\mathrm{d}c/\mathrm{d}R \geqslant 0$. 利用关系式 $c=\frac{1}{R}\log(\mathrm{m}_S(R))$, 其中 S 表示在某个长度为 1 的时间区间内的总理赔额, 来证明指数保费随着参数 (风险厌恶系数)α 的增大而增加.

11. 在例 4.3.2 中, 用一个具有相同均值和方差的帕累托分布替换理赔严重程度的分布, 并用 $n=1000$ 替换 $n=400$, 那么破产概率会怎样? 调节系数会怎样? 破产是否仍然只会在该过程的早期阶段发生?

12. 在相同的例子中, 用参数为 $\alpha=1$ 和 $\alpha=3$ 的 gamma(α,α) 分布替换理赔严重程度的分布, 观察到破产概率关于 α 单减. 当 $\alpha=3$ 时, 用 `uniroot` 计算调节系数.

§4.4

1. 由推论 4.4.1 可知当 $\theta\downarrow 0$ 时 $\psi(u)\to 1$. 为什么由此可以推出在 $\theta<0$ 时有 $\psi(u)=1$?

2. 什么样的复合泊松过程有破产概率$\psi(u)=\dfrac{1}{2}\mathrm{e}^{-u}$?

3. 对于一个复合泊松过程, 已知连续破产概率以 $\psi(u)=\alpha\mathrm{e}^{-u}+\beta\mathrm{e}^{-2u}$ 依赖于初始资本金 u, 求这个过程的调节系数. 我们是否可以得到关于该过程的泊松参数的一些信息? $\mathrm{E}[\exp(-RU(T))\,|\,T<\infty]$ 等于多少?

4. 设 $\psi(\varepsilon)<1$, 通过考察事件"在 ε/c 之前没有破产或没有理赔发生"来证明 $\psi(0)<1$ 一定成立, 其中 c 表示每单位时间的保费收入.

5. 对某个特定的风险过程, 给定 $\theta=0.4$ 和 $p(x)=\dfrac{1}{2}(3\mathrm{e}^{-3x}+7\mathrm{e}^{-7x})$. 数字 0, 1 和 6 中哪些是调节系数方程 $1+(1+\theta)\mu_1R=\mathrm{m}_X(R)$ 的根? 哪个是真正的调节系数?

已知下面四个表达式中有一个是该过程的破产概率, 请确定到底是哪一个, 并讨论为什么其他三个表达式不可能是其破产概率.

(a) $\psi(u)=\dfrac{24}{35}\mathrm{e}^{-u}+\dfrac{1}{35}\mathrm{e}^{-6u}$;

(b) $\psi(u)=\dfrac{24}{35}\mathrm{e}^{-u}+\dfrac{11}{35}\mathrm{e}^{-6u}$;

(c) $\psi(u)=\dfrac{24}{35}\mathrm{e}^{-0.5u}+\dfrac{1}{35}\mathrm{e}^{-6.5u}$;

(d) $\psi(u)=\dfrac{24}{35}\mathrm{e}^{-0.5u}+\dfrac{11}{35}\mathrm{e}^{-6.5u}$.

6. 已知某破产过程的破产概率为 $\psi(u)=\dfrac{1}{5}\mathrm{e}^{-u}+\dfrac{2}{5}\mathrm{e}^{-0.5u}$, $u\geqslant 0$, 利用破产过程的如下事实: 一般存在 $c\in(0,1)$ 使得 $\lim\limits_{u\to\infty}\psi(u)/\mathrm{e}^{-Ru}=c$ 成立, 来求本题的调节系数 R 和这种情况下适当的常数 c.

§4.5

1. 设 G_i 的分布满足 $\Pr[G_i=+1]=p$ 和 $\Pr[G_i=-1]=q=1-p$, $p>\dfrac{1}{2}$ 且 u 是一个整数, 当 $\widetilde{T}<\infty$ 时, 求 $U(\widetilde{T})$. 用 $\widetilde{R}$ 把 $\widetilde{\psi}(u)$ 表示出来, 再用 p 和 q 把 $\widetilde{R}$ 和 $\widetilde{\psi}(u)$ 表示出来.

2. [♠] 设保险人使用一个风险厌恶系数为 α 的指数效用函数 $w(\cdot)$, 求证 $\mathrm{E}[w(U_{n+1})\,|\,U_n=x]\geqslant w(x)$ 成立当且仅当 $\alpha\leqslant\widetilde{R}$, 并解释这个结果.

3. 如果离散和连续风险过程都是由同一个复合泊松过程确定, 试证以概率 1 有 $\widetilde{T}\geqslant T$ 成立, 并且 $\widetilde{\psi}(u)\leqslant\psi(u)$ 对所有的 u 成立.

4. 设对任何一个初始资本金 u 和某个常数 α, 复合泊松过程的连续无限时间破产概率等于 $\alpha\mathrm{e}^{-u}$, 再设理赔额服从一个参数为 2 的指数分布且一年的期望理赔次数等于 50, 试求该过程的安全附加因子, 同时给出离散无限时间破产概率的一个上界.

§4.6

1. 某保险组合的理赔过程是参数 $\lambda = 1$ 和 $p(x) = \mathrm{e}^{-x}$, $x > 0$ 的复合泊松过程. 安全附加因子为 θ. 在去除一个安全附加因子等于 $\xi > 0$ 的比例再保险 $h(x) = \alpha x$ 的情况下, 计算调节系数. 计算再保险之后的相对安全附加因子. 哪些因素对 α 起制约作用?

2. 同第 1 题, 但现在使用超额损失再保险 $h(x) = (x - \beta)_+$, 请写下关于调节系数的方程, 并求再保险后的安全附加因子.

3. 设每年的理赔额 W_i, $i = 1, 2, \cdots$ 服从正态 $\mathrm{N}(5, 1)$ 分布, $\theta = 0.25$. 再保险人使用保费安全附加因子 $\xi = 0.4$, 赔付每个风险的比例等于 α. 试给出再保险保单组合的调节系数 $\widetilde{R}$ 关于 α 的函数关系. α 取什么值会使保险人最安全?

4. 设总理赔额过程是一个复合泊松过程, 其中 $\lambda = 1$ 且 $p(x) = \mathrm{e}^{-x}$, $x \geqslant 0$, 相对安全附加因子是 $\theta = \dfrac{1}{2}$; 再设公司进行了比例再保险 $h(x) = \alpha x$, 再保险人的相对安全附加因子等于 1, 试求调节系数 R_h, 并问 α 取哪些值时破产不会必然发生?

5. 复制本节两张表中的调节系数.

§4.7

1. 求下面两种情况下 L_1 的矩母函数: (a) 理赔额以概率 1 等于 b; (b) 理赔额服从指数分布.

2. 证明 $\Pr[L = 0] = 1 - \psi(0)$.

3. 习题 4.4 第 3、6 题中的 θ 是多少?

4. 对例 4.8.1 中 $\theta = 1$ 的情况验证式 (4.67).

5. [♠] 利用式 (4.67), 对 $u = 0, 0.1, 0.2, \cdots$ 用递推法求例 4.8.2 的破产概率, 并用解析结果进行检验.

6. 求 $\mathrm{m}_{L_1}(R)$.

§4.8

1. 当常数 γ 取何值时, $\gamma(-\psi'(u))$, $u > 0$ 是一个密度函数?

2. 分别对指数分布某个适当的组合和 $\mathrm{gamma}(2, \beta)$ 分布绘制出类似于图 4.4 那样的图像来确定式 (4.70) 的渐近线.

3. 如果 $\psi(u) = 0.3\mathrm{e}^{-2u} + 0.2\mathrm{e}^{-4u} + \alpha\mathrm{e}^{-6u}$, $u \geqslant 0$, 计算 θ 和 R. 考虑到 $\psi(u)$ 关于 u 递减以及安全附加因子 θ 是一个正数, 请问 α 的可能取值有哪些?

4. 如果 $\lambda = 3$, $c = 1$ 且 $p(x) = \dfrac{1}{3}\mathrm{e}^{-3x} + \dfrac{16}{3}\mathrm{e}^{-6x}$, 求 μ_1, θ, m_X, 式 (4.70) 和 $\psi(u)$ 的一个解析表达式.

5. 借助式 (4.28), 求上题中的 $\mathrm{E}[\mathrm{e}^{-RU(t)}]$. 请给出三个独立随机变量 X, Y 和 I, 使得 $IX + (1 - I)Y$ 具有密度 $p(\cdot)$.

6. 要求同第 4 题, 但现在 $p(x)$ 是 $\mathrm{gamma}\left(2, \dfrac{3}{5}\right)$ 的密度, $\lambda = 1$ 且 $c = 10$.

7. 设 $\theta = \dfrac{5}{7}$, 理赔额 $X_i = Y_i/4 + Z_i/3$, 其中 Y_i 和 Z_i 独立同分布, 均服从 exponential(1) 分布, 求 $\psi(u)$.

8. 在离散理赔额分布下绘制 L_j 的密度函数的图像.

9. [♠] 在 $m=1$ 和 $m=2$ 的情况下, 证明式 (4.79).

10. 设一个破产过程中的个体理赔额 X_i 等于两个独立服从 exponential(1) 分布的随机变量的最大值, 即 $X_i=\max\{Y_{i1},Y_{i2}\}$, $Y_{ik}\sim$exponential(1), $k=1,2$. 求 X_i 的分布函数, 并用其证明相应的密度函数 $p(x)$ 是一个指数分布的组合. 并计算使调节系数分别为 $R=0.5$ 和 $R=2.5$ 时的安全附加因子θ.

11. 设两家公司具有独立的复合泊松破产过程, 强度分别为 $\lambda_1=1$ 和 $\lambda_2=8$, 理赔额分布分别为 exponential(3) 和 exponential(6), 初始资本金分别为 u_1 和 u_2, 安全附加因子分别为 $\theta_1=1$ 和 $\theta_2=\dfrac{1}{2}$. 这两家公司打算在不改变它们的保费的情况下进行合并, 求合并后公司破产过程的理赔到来强度、理赔额分布、初始资本金和安全附加因子. 假设 $u_1=u_2=0$, 比较下列事件的概率 (连续无限时间破产概率):“两个公司都永不破产”和“合并后的公司永不破产”. 请说明无论 u_1 和 u_2 的取值如何, 前一事件的概率都小于后一事件的概率.

12. [♠] 用 R 执行例 4.8.2 中的方法. 如式 (4.76), 以 u,θ 和 q,α,β 作为输入量; 以 $\psi(u)$ 和式 (4.75) 中的 $\delta,\varepsilon,r_1,r_2$ 作为输出量.

13. [♠] 将第 12 题推广至 m 个指数分布的混合/组合.

§4.9

1. 验证式 (4.80), 式 (4.81), 式 (4.83)/式 (4.84) 和式 (4.90). 从式 (4.90) 中求解 α 和 β.

2. 补充出最后那个近似式的一些细节. [♠] 用 Panjer 递推法来实现. 对某些非负理赔额分布, 检验并比较上述近似.

3. [♠] 为能够近似破产概率, 寻找与 μ, σ^2 和 γ 相匹配的指数分布的混合/组合的参数. 为使其成为可能, 给出偏度 γ 的界限.

第 5 章　保费原则和风险度量

精算师长期以来致力于解决困难的定量问题. 损失估计、计提准备金以及其他定量分析是他们的传统领域, 但未来的精算师有机会拓宽他们的知识范围, 包括面向全球各地公司的其他风险. 尽管这起初看起来像一项艰巨的任务, 但现实是, 分析经营风险所需要的技能并不是传统意义上精算师的背景延伸.

——Timothy Essaye, imageoftheactuary.org

§5.1　引　言

保险人的业务可以描述成一个系统. 在这个系统中, 盈余由于保费和利息的收入而增加, 由于赔付和费用的支出而减少, 参见第 4 章. 本章我们将讨论一些利用理赔额分布来确定保费的数学方法. 从精算角度来看, 保费计算就是计算最低保费, 它不仅足以应对理赔, 而且还使得所考虑保单组合的期望盈余增长到足以被认为该组合是稳定的程度.

Bühlmann(1985) 描述了关于保费计算的上下 (top-down) 方法. 首先着眼于整个保单组合必需的保费, 其次考虑将总保费以一种公平的方式分摊到每个保单上去. 为确定最低年保费, 我们用第 4 章介绍的破产模型, 得到的结果为指数保费(见第 1 章), 其中风险厌恶参数 α 由所容许的最大破产概率和可用的初始资本金确定. 假设对初始资本金的出资人奖励一定的年度分红, 并且求得的保费应该尽可能低, 以具有尽可能强的竞争性, 据此我们可以推导出最优的初始资本金. 进一步, 我们还要说明在总保费保持满足我们目标的条件下, 如何以一种公平的方式将总保费分摊到每个保单上.

对于保单的保费, 我们可以使用的保费原则很多. 一些保费原则可以从像零效用模型这样的模型中推导出来, 其中保险前后的期望效用是相等的; 另一些保费原则可以作为指数保费原则的近似而推导出来. 我们将要验证这些保费原则在多大程度上满足一些合理的要求. 我们也会考虑这些保费原则的一些特性. 例如, 可以证明: 保持效用不变且满足“独立保单的总保费等于个体保费之和”的保费原则只能是纯保费和指数保费原则.

作为应用, 我们分析保险公司如何通过联营优化形成一个"风险池 (pool)". 假设使用指数效用, 可以证明: 当每个保险公司承担池中风险的一个固定份额 (共保), 且该份额与公司的风险厌恶度成反比、从而与其风险容忍度成正比时, 我们得到最具竞争力的总保费, 参见 Gerber(1979).

从数学上讲, 随机变量 S 的一个风险度量就是连接 S 到一个实数的泛函. 基本的例子当然是保费原则, 另一个是对给定初始资本金的破产概率. 实践中, 最常用的风险度量是在一定 (置信) 水平 p, $0<p<1$ 下的*在险价值*(VaR), 表示以概率 p 可能发生的最大损失, 因此是分布函数的反函数. VaR 也被称为分位数风险度量. 注意方差与在险价值在记号上的区别: 方差记作 $\mathrm{Var}[X]$, 而在险价值以驼峰式大小写的形式记作 $\mathrm{VaR}[X;p]$. 幸好, 向量自回归 (VAR) 模型不在本书的研究范围之内.

VaR 不是一个理想的风险度量. 一个缺点是它仅仅关注理赔额对资本金为正缺口的概率, 然而缺口的大小也必然是重要的; 有人必须支付剩余的部分. 当资本金 d 可用时, 考虑缺口额 $(X-d)_+$ 的风险度量包括尾在险价值 (TVaR)、期望损失 (ES)和条件尾部期望 (CTE).

VaR 的另一个可能的不足是非次可加性: X 和 Y 的 VaR 的和可能大于 $X+Y$ 的 VaR. 因此, VaR 不是一个*一致性*风险度量. 但是坚持一致性只有在考虑完备市场时才合理, 而保险市场不是完备市场, 因为对于一个风险并不是总能进行分散.

§5.2 利用上下法计算保费

如第 4 章所述, 承保一个风险组合的盈余会随着保费的收取而增加、随着理赔的发生而减少. 破产模型在整数时刻的盈余间有如下递推关系成立:

$$U_t = U_{t-1} + c - S_t, \quad t = 1, 2, \cdots. \tag{5.1}$$

如果对某个实数 τ 有 $U_\tau < 0$, 那么破产发生. 我们假设每年的总理赔额 S_t, $t = 1, 2, \cdots$ 是独立同分布的随机变量, 均服从同一复合泊松分布, 记为 $S_t \sim S$. 于是出现了如下问题: 初始资本金 $U_0 = u$ 和保费 $c = \pi[S]$ 必须多大时才能以规定的概率始终保持偿付能力? 仅在整数时刻破产的概率小于 $\psi(u)$, 而反过来, $\psi(u)$ 又以 e^{-Ru}为上界, 这里 R 为调节系数, 即方程 $\mathrm{e}^{Rc} = \mathrm{E}[\mathrm{e}^{RS}]$ 的根, 见式 (4.11). 如果我们设置上界等于 ε, 那么 $R = |\log\varepsilon|/u$. 因此, 通过选择如下的保费 c, 我们得到了以 ε 为界的破产概率:

$$c = \frac{1}{R}\log\left(\mathrm{E}[\mathrm{e}^{RS}]\right), \quad 其中 \quad R = \frac{1}{u}|\log\varepsilon|. \tag{5.2}$$

该保费就是以 R 为参数的指数保费(1.20). 由例 1.3.1 可知, 调节系数可以被解释为风险厌恶程度的一个度量: 对于具有风险厌恶系数 α 的效用函数$-\alpha\mathrm{e}^{-\alpha x}$, 保持

效用不变的保费是 $c=\dfrac{1}{\alpha}\log(\mathrm{E}[\mathrm{e}^{\alpha X}])$.

指数保费的一个特征在于：如果对每个保单都选择这个保费, 则简单相加得到的正是 S 对应的总保费. 读者可以验证：设 X_j 为保单 j, $j=1,\cdots,n$ 的理赔额, 当它们相互独立时, 有

$$S=X_1+\cdots+X_n \quad\Longrightarrow\quad \frac{1}{R}\log(\mathrm{E}[\mathrm{e}^{RS}])=\sum_{j=1}^{n}\frac{1}{R}\log(\mathrm{E}[\mathrm{e}^{RX_j}]). \tag{5.3}$$

另一个在上述意义下可加的保费原则是**方差保费原则**, 即对某参数 $\alpha\geqslant 0$, 保费由下式而定：

$$\pi[S]=\mathrm{E}[S]+\alpha\mathrm{Var}[S]. \tag{5.4}$$

事实上, 每个作为累积量线性组合的保费都是可加的. 保费 (5.4) 也可以作为指数保费的近似而得到：假设风险厌恶系数 R 较小, 只考虑累积量母函数泰勒展开式的前两项, 则

$$\pi[S]=\frac{1}{R}\kappa_S(R)=\frac{1}{R}\left(\mathrm{E}[S]R+\mathrm{Var}[S]\frac{R^2}{2}+\cdots\right)\approx\mathrm{E}[S]+\frac{1}{2}R\mathrm{Var}[S]. \tag{5.5}$$

所以用式 (5.4) 近似式 (5.2) 时, α 应该等于 $\dfrac{1}{2}R$. 基于式 (5.2) 和 $\widetilde{\psi}(u)\leqslant\mathrm{e}^{-Ru}$, 我们可以粗略地说：

(1) 如果将式 (5.4) 中的安全附加因子 α 扩大一倍, 那么破产概率的上界将从 ε 减少到 ε^2;

(2) 如果在保持最大破产概率不变的情况下, 想把初始资本金减半, 那么需要将安全附加因子增加一倍.

我们将要引入离散时间破产模型 (5.1) 的一个新问题：如果保费 c 需要包含提供初始资本金的股东的年度分红 iu, 那么 u 应该为多大? 以概率 $1-\varepsilon$ 确保最终生存 (未破产) 的保单组合 (并包括这个分红) 的保费为

$$\pi[S]=\mathrm{E}[S]+\frac{|\log\varepsilon|}{2u}\mathrm{Var}[S]+i\,u, \tag{5.6}$$

即该保费是根据式 (5.2) 和式 (5.5), 加上分红 $i\,u$ 形成的. 我们通过选取 u 来使得保费越有竞争力越好, 即越低越好. 对 u 求导并令导数等于 0, 我们可以发现最小值在 $u=\sigma[S]\sqrt{|\log\varepsilon|/2i}$ 时达到. 将这个值代入式 (5.6), 我们看到最优保费是一个**标准差保费**(见习题 5.2 第 1 题)：

$$\pi[S]=\mathrm{E}[S]+\sigma[S]\sqrt{2i|\log\varepsilon|}. \tag{5.7}$$

在最优保费中, 附加保费 $\pi[S]-\mathrm{E}[S]-i\,u$ 等于红利 $i\,u$; 注意到如果 i 增加, 那么 u 减少, 但是 $i\,u$ 增加.

最后, 我们需要确定向下一级的每个保单需要征收多少保费. 我们不能只用一个与标准差成正比的附加保费. 这些独立风险变量的保费之和不等于风险变量和的保费, 因此上一级的保单组合的保费是不平衡的: 如果我们增加一个保单合同, 那么总保费就不再满足之前的格式了. 另一方面, 如前所述, 同指数保费和纯保费一样, 方差保费原则是可加的. 因此, 由式 (5.6) 和式 (5.7) 得到 Bühlmann 关于保费计算的建议:

(1) 对 S, i 和 ε, 计算最优初始资本金 $u=\sigma[S]\sqrt{|\log\varepsilon|/2i}$;

(2) 通过征收如下形式的保费, 将总保费分摊到个体风险 X_j 上去:

$$\pi[X_j]=\mathrm{E}[X_j]+R\mathrm{Var}[X_j],\quad \text{其中} R=|\log\varepsilon|/u. \tag{5.8}$$

注意到在这种情况下, 方差保费的安全附加因子$R=\alpha$ 恰好等于没有红利时的两倍, 见式 (5.4) 和式 (5.5), 它包含了为防止破产的安全附加和为分红的等量安全附加. 总红利以及为避免破产而对盈余所要求的预期增长进行的必要投入等, 以一种类似的方式被分摊到了每个保单上.

Bühlmann 给出了包含两种 (A 和 B) 类型、均值分别为 5 和 1 的指数风险组合的例子:

类型	风险个数	期望值	方差	指数保费	方差保费	标准差保费
A	5	5	25	$-\frac{1}{R}\log(1-5R)$	$5+\frac{R}{2}25$	
B	20	1	1	$-\frac{1}{R}\log(1-R)$	$1+\frac{R}{2}1$	
总和	25	45	145			$45+(2i\|\log\varepsilon\|145)^{\frac{1}{2}}$

选取 $\varepsilon=1\%$, 则 $|\log\varepsilon|=4.6052$. 于是, 对于有分红的模型, 我们有如下关于不同 i 值的方差保费表:

	组合的保费	最优的 u	最优的 R	风险 A 的保费	风险 B 的保费
$i=2\%$	50.17	129.20	0.0356	5.89	1.0356
$i=5\%$	53.17	81.72	0.0564	6.41	1.0564
$i=10\%$	56.56	57.78	0.0797	6.99	1.0797

组合的保费和最优的 u 由式 (5.7) 求得, R 由式 (5.2) 求得, 风险 A 和 B 的保费按照式 (5.8) 计算而得. 我们观察到:

(1) 初始资本金 u 的提供者要求的回报 i 越高, u 的最优值越低;

(2) 安全附加与风险保费远不成比例: 按照百分比来计算, A 型风险的安全附加是 B 型风险安全附加的 5 倍;

(3) 求得的指数保费与给定的方差保费非常接近：如果 $i = 2\%$, 那么 A 型风险的参数为 $2R$ 的保费是 6.18, 而 B 型风险的对应保费是 1.037.

§5.3　各种保费原则及其性质

本节我们将给出一系列保费原则, 这些保费原则既可应用于单个保单, 也可应用于保单组合. 我们还列出了一些人们可能会认为保费原则应该有的数学性质. 保费原则完全依赖于随机变量的边缘分布函数. 所以, 当 F 是 X 的分布函数时, 我们将使用两种记号 $\pi[F]$ 和 $\pi[X]$ 来表示 X 的保费. 我们假设 X 是一个有界的非负随机变量. 大多数保费原则也可应用于无界或者可能为负的理赔的场合. 当结果为无穷的保费时, 这样的风险是不可保的.

在 §5.2 中, 我们已经遇到了下面五种类型的保费原则:

(a) **纯保费原则**:　$\pi[X] = \mathrm{E}[X]$.

该原则也称为等价原则; 它只适用于风险中性的保险人.

(b) **期望值保费原则**:　$\pi[X] = (1+\alpha)\mathrm{E}[X]$.

安全附加等于 $\alpha\mathrm{E}[X]$, 其中 $\alpha > 0$ 是一个参数.

(c) **方差保费原则**:　$\pi[X] = \mathrm{E}[X] + \alpha\mathrm{Var}[X]$.

安全附加与 $\mathrm{Var}[X]$ 成比例, 也有参数 $\alpha > 0$.

(d) **标准差保费原则**:　$\pi[X] = \mathrm{E}[X] + \alpha\sigma[X]$.

为了避免以概率 1 破产, 这里也应该有参数 $\alpha > 0$ 成立.

(e) **指数保费原则**:　$\pi[X] = \dfrac{1}{\alpha}\log(\mathrm{m}_X(\alpha))$.

参数 $\alpha > 0$ 称为风险厌恶系数. 在第 1 章中已经显示, 指数保费随 α 的增加而增加. 当 $\alpha \downarrow 0$ 时, 便得到纯保费; 当 $\alpha \to \infty$ 时, 得到的保费等于 X 的最大值, 见习题 5.3 第 11 题.

在下面的两个保费原则中, "参数"是一个函数.

(f) **零效用保费原则**:　$\pi[X] \leftarrow u(0) = \mathrm{E}[u(\pi[X] - X)]$.

我们在第 1 章中已经介绍过这个概念. 函数 $u(x)$ 表示一个决策者附加于其当前资本金与 x 之和上的效用. 所以, $u(0)$ 表示当前资本金的效用, $u(\pi[X] - X)$ 表示以保费 $\pi[X]$ 对风险 X 投保后的效用. 从效用均衡方程中求解的保费称为零效用保费. $u(\cdot)$ 的任意一个线性变换都将得到相同的保费. 我们通常假定函数 $u(\cdot)$ 是一个非降的凹函数, 从而其具有正的单调递减的边际效用 $u'(x)$. 特别地, 取 $u(x) = \dfrac{1}{\alpha}(1 - \mathrm{e}^{-\alpha x})$ 便得到指数效用; 取 $u(\cdot)$ 为线性函数便得到纯保费.

(g) **均值保费原则**:　$\pi[X] = v^{-1}(\mathrm{E}[v(X)])$.

函数 $v(\cdot)$ 是一个凸的并且单增的估值函数. 另外, 纯保费和指数保费分别对应于 $v(x)=x$ 和 $v(x)=\mathrm{e}^{\alpha x}$, $\alpha>0$ 的特殊情形.

下面这些保费原则主要是在理论上有意义.

(h) **百分位数保费原则**: $\pi[X]=\min\{p\,|\,F_X(p)\geqslant 1-\varepsilon\}$.

保险合同 X 上发生损失的概率至多为 ε, $0\leqslant\varepsilon\leqslant 1$.

(i) **最大损失保费原则**: $\pi[X]=\min\{p\,|\,F_X(p)=1\}$.

该保费作为其他保费的一个极限情形出现: (e) 中当 $\alpha\to\infty$ 时, 以及 (h) 中当 $\varepsilon\downarrow 0$ 时. 一个"实际的"例子: 一位孕妇买了一份保险以保障其要生育的孩子是女孩; 如果她生的是男孩, 那么保费全部退还.

(j) **Esscher 保费原则**: $\pi[X]=\mathrm{E}[X\mathrm{e}^{hX}]/\mathrm{E}[\mathrm{e}^{hX}]$.

这里 h 是满足 $h>0$ 的一个参数. 该保费实际上是风险变量 $Y=X\mathrm{e}^{hX}/\mathrm{m}_X(h)$ 的纯保费. 不难看出, 通过将 X 的大值增大、小值减小而得到 Y. 该原则也可以看成 $\mathrm{d}F_X(x)$ 的所谓 Esscher 变换的期望值, 该变换的"密度"为

$$\mathrm{d}G(x)=\frac{\mathrm{e}^{hx}\,\mathrm{d}F_X(x)}{\displaystyle\int \mathrm{e}^{hy}\,\mathrm{d}F_X(y)}. \tag{5.9}$$

这是一累积分布函数的微分, 与 X 有相同的支撑, 只不过取小值的概率减小了、取大值的概率增大了. Y 的纯保费给出了 X 的有安全附加的保费.

§5.3.1 保费原则的性质

下面我们给出保费原则 $\pi[X]$ 应该满足的五个性质, 其他一些有用的性质, 如保序性 (即较小的风险应该对应较少的保费) 将在第 7 章讨论.

(1) **非负的附加保费**: $\pi[X]\geqslant\mathrm{E}[X]$.

没有正的附加保费一定会导致破产.

(2) **无敲诈性**: $\pi[X]\leqslant\min\{p\,|\,F_X(p)=1\}$.

最大损失保费原则 (i) 考虑的是风险变量有界的情形; 当风险变量 X 无界时, 保费为无穷大.

(3) **一致性**: 对每个 c 有 $\pi[X+c]=\pi[X]+c$.

如果理赔额提高了某个固定的量 c, 那么保费也应该提高相同的量. 一致性又被称为现金不变性、平移不变性, 更准确地说为平移同变性. 注意在一般情况下, "风险"不必是一个非负随机变量, 不过为了规避某些技术上的问题, 有时假定其具有下界会很方便.

(4) **可加性**: 对任何独立的风险变量 X 和 Y, 有 $\pi[X+Y]=\pi[X]+\pi[Y]$. 将独立的风险集中在一起不影响所需的总保费.

(5) **平滑性**: 对任何风险变量 X 和 Y, 有 $\pi[X]=\pi\big[\pi[X\,|\,Y]\big]$.
风险变量 X 的保费可以分两步来计算: 首先, 运用保费原则 $\pi[\cdot]$ 来计算给定 $Y=y$ 时 X 的条件保费, 得到的保费是一个关于 y 的函数 $h(y)$; 然后, 对随机变量 $\pi[X\,|\,Y]:=h(Y)$ 运用同样的保费原则.

就纯保费而言, 平滑性即为条件期望公式 (2.7) 的平滑性. 除此以外, 平滑原则显得相当地做作. 作为一个例子: 假设某司机在一年内发生交通事故的次数是一个泊松随机变量 X, 参数 λ 来自于结构变量 $\varLambda$ 的分布. 由于泊松随机变量本身会偏离其期望 λ 且结构分布具有波动性, 发生事故的次数也具有波动性. 在保费原则满足平滑性的情形, 如果我们依次按照这两种波动的原因来计算保费, 那么我们得到保费与直接计算出来的 X 的保费一致.

例 5.3.1 (指数保费原则的平滑性) 指数保费原则具有平滑性, 证明如下:

$$\begin{aligned}\pi[\pi[X\,|\,Y]]&=\frac{1}{\alpha}\log\mathrm{E}\big[\mathrm{e}^{\alpha\pi[X\,|\,Y]}\big]=\frac{1}{\alpha}\log\mathrm{E}\big[\exp(\alpha\frac{1}{\alpha}\log\mathrm{E}[\mathrm{e}^{\alpha X}\,|\,Y])\big]\\&=\frac{1}{\alpha}\log\mathrm{E}\big[\mathrm{E}[\mathrm{e}^{\alpha X}\,|\,Y]\big]=\frac{1}{\alpha}\log\mathrm{E}\big[\mathrm{e}^{\alpha X}\big]=\pi[X].\end{aligned}\tag{5.10}$$

对一个指数保费取期望之后, 之前做的变换可以成功地去除. ▽

例 5.3.2 (复合分布) 设 $\pi[\cdot]$ 具有可加性和平滑性, S 是由 N 项与 X 同分布的独立随机变量之和组成的一个复合随机变量. 那么, S 的保费等于

$$\pi[S]=\pi[\pi[S\,|\,N]]=\pi[N\pi[X]].\tag{5.11}$$

进一步, 如果 $\pi[\cdot]$ 也是*齐次的*, 即对于所有 $\alpha\geqslant 0$ 有 $\pi[\alpha N]=\alpha\pi[N]$, 那么 $\pi[S]=\pi[X]\pi[N]$. 一般地, 齐次性是不成立的, 例如, 见 §1.2. 然而, 这个性质可以作为计算一组类似的保险合同的保费的局部工作假设; 没有齐次性, 使用价目表 (收费表) 是毫无意义的. ▽

我们在表 5.1 中总结了各种保费原则的性质. "+" 表示该性质一般成立, "−" 表示一般不成立, 而特别的 "e" 表示只有在指数保费 (包括纯保费) 的情况下才成立. 假设 S 具有下界. 这些性质的证明放在了习题中要求读者自己去完成, 但是对于"满足一定附加性质的零效用保费原则和均值保费原则一定是指数保费原则"中的大多数特性的证明引用了相关文献, 参见 §5.4.

综上所述, 可以说只有指数保费原则、最大损失保费原则和纯保费原则满足所有的性质. 因为最大损失保费原则和纯保费原则在实际中的意义不大, 所以只有指数保费原则在本节幸存 (即满足所有的挑选准则), 参见 §5.2. 指数保费原则的一个缺陷也已经被提到: 决策者所做的决策不依赖于其当前所获得的资本金. 另一方面, 这也是该保费原则的一个优势, 因为在每一时刻的当前资本金通常是随机的或难以精确知道的, 不需要知道当前的资本金就可以做决策当然十分方便.

表 5.1 各种保费原则及其性质

原则 ⟶ 性质 ↓	(a) μ	(b) $1+\lambda$	(c) σ^2	(d) σ	(e) exp	(f) $u(\cdot)$	(g) $v(\cdot)$	(h) %	(i) max	(j) Ess
1) $\pi[X] \geqslant \mathrm{E}[X]$	+	+	+	+	+	+	+	−	+	+
2) $\pi[X] \leqslant \max[X]$	+	−	−	−	+	+	+	+	+	+
3) $\pi[X+c] = \pi[X]+c$	+	−	+	+	+	+	e	+	+	+
4) $\pi[X+Y] = \pi[X]+\pi[Y]$	+	+	+	−	+	e	e	−	+	+
5) $\pi[\pi[X \mid Y]] = \pi[X]$	+	−	−	−	+	e	+	−	+	−

§5.4 保费原则的特性描述

本节我们研究表 5.1 中标注 "e" 的那些性质, 以及保费原则更多的特性描述. 注意到 (f) 和 (g) 中函数 $u(\cdot)$ 和 $v(\cdot)$ 的线性变换得到了相同的保费. 在证明只有指数效用函数 $u(\cdot)$ 才满足某个性质时, 我们的证明技巧是先把这个性质应用到一个具有简单结构的风险变量上, 然后再推导出一个关于 $u(\cdot)$ 的微分方程, 且该微分方程只对指数函数和线性函数成立. 由于线性效用函数是指数效用函数的极限, 本节中我们将不再明确提及它们. 本节定理的完整证明, 请参阅 Gerber(1979, 1985) 和 Goovaerts等 (1984).

下述定理研究了表 5.1 中的 "e" 项.

定理 5.4.1 (指数保费原则的特性描述)

(1) 满足一致性的均值保费原则是指数保费原则.

(2) 满足可加性的均值保费原则是指数保费原则.

(3) 满足可加性的零效用保费原则是指数保费原则.

(4) 满足平滑性的零效用保费原则是指数保费原则.

证明 对均值保费原则来说, 当 $\Pr[X=c]=1$ 时有 $\pi[X]=c$, 可见当第二个风险退化时, 一致性恰好是可加性, 因此, 由 (1) 可推出 (2). 命题 (1) 的证明将在下面给出, 首先把一致性应用到 x 与一些 Bernoulli(q) 随机变量之和的风险上, 然后计算 $q=0$ 处的二阶导数以推出估值函数 $v(\cdot)$, 使其满足微分方程 $\dfrac{v''(x)}{v'(x)}=c$, c 为某常数, 其解为线性和指数估值函数. (4) 的证明方法与此大致相同. (3) 的证明过程通过建立一个类似的方程而完成, 但是要证明指数效用函数是该方程的唯一解却有相当多的困难.

为证明命题 (1), 假设单调递增的凸函数 $v(\cdot)$ 产生均值保费原则. 记 $P(q)$ 为服从 Bernoulli(q) 分布的风险 S_q 的保费, 看成 q 的函数. 然后, 根据定义得

$$v(P(q)) = qv(1) + (1-q)v(0). \tag{5.12}$$

求方程 (5.12) 在 $q=0$ 点的右导数得

$$P'(0)v'(0)=v(1)-v(0), \tag{5.13}$$

故 $P'(0)>0$. 在 $q=0$ 点求二阶导数得

$$P''(0)v'(0)+P'(0)^2v''(0)=0. \tag{5.14}$$

由于一致性, 对每个常数 x, S_q+x 的保费等于 $P(q)+x$, 因此

$$v(P(q)+x)=qv(1+x)+(1-q)v(x). \tag{5.15}$$

对方程 (5.15) 两边求 $q=0$ 点的二阶导可得

$$P''(0)v'(x)+P'(0)^2v''(x)=0, \tag{5.16}$$

由于 $P'(0)>0$, 所以对所有 x, 有

$$\frac{v''(x)}{v'(x)}=\frac{v''(0)}{v'(0)}. \tag{5.17}$$

从而, 当 $v''(0)=0$ 时 $v(\cdot)$ 是线性的; 当 $v''(0)>0$ 时, $v(\cdot)$ 是指数的. ▽

注 5.4.1 (连续和可混合保费)　下面是另外一个有趣的特性. 如果 $F_n\to F$ 依分布收敛蕴涵着 $\pi[F_n]\to\pi[F]$, 那么保费原则 $\pi[\cdot]$ 是连续的. 进一步, 如果 $\pi[\cdot]$ 是可混合的, 即对分布函数 F 和 G 有 $\pi[tF+(1-t)G]=t\pi[F]+(1-t)\pi[G]$, 并且对所有实数 c 和某个固定的 λ 有 $\pi[c]=(1+\lambda)c$, 那么可以证明 $\pi[\cdot]$ 一定为期望值保费原则 $\pi[X]=(1+\lambda)\mathrm{E}[X]$. 注意到最后一个条件可以替换成可加性. 为此, 观察到可加性蕴涵着对所有自然数 n 和 m, 有 $\pi[n/m]=n/m\,\pi[1]$, 然后再用连续性. ▽

最后, 证明 Esscher 保费原则的一个特性.

定理 5.4.2 (Esscher 保费原则的特性)　假设保险人使用风险厌恶系数为 α 的指数效用函数. 如果其收取的保费具有形式 $\mathrm{E}[\varphi(X)X]$, 其中 $\varphi(\cdot)$ 为一个连续单调增函数且 $\mathrm{E}[\varphi(X)]=1$, 那么当 $\varphi(x)\propto \mathrm{e}^{\alpha x}$(成比例) 时, 即当他使用参数为 α 的 Esscher 保费原则时, 他的效用是最大的.

证明　本定理的证明基于变分学的技巧, 取自于 Goovaerts 等 (1984). 令 $u(\cdot)$ 是一个单调递增的凸效用函数, 并记 $Y=\varphi(X)$. 由于 $\varphi(\cdot)$ 连续地递增, 我们有 $X=\varphi^{-1}(Y)$. 记 $f(y)=\varphi^{-1}(y)$. 为获取一个充分条件使得 $\mathrm{E}[u(-f(Y)+\mathrm{E}[f(Y)Y])]$ 当 $\mathrm{E}[Y]=1$ 时对于所有连续递增函数都是最大的, 我们考虑函数 $f(y)+\varepsilon g(y)$, 其中 $g(\cdot)$ 为任意连续函数. 不难看出, $f(y)$ 是最优的而新函数 $f(y)+\varepsilon g(y)$ 不是最优的, 这意味着

$$\frac{\mathrm{d}}{\mathrm{d}\varepsilon}\mathrm{E}\big[u\big(-f(Y)+\mathrm{E}[f(Y)Y]+\varepsilon\{-g(Y)+\mathrm{E}[g(Y)Y]\}\big)\big]\Big|_{\varepsilon=0}=0. \tag{5.18}$$

但是导数 (5.18) 等于

$$\mathrm{E}\Big[u'\big(-f(Y)+\mathrm{E}[f(Y)Y]+\varepsilon\{-g(Y)+\mathrm{E}[g(Y)Y]\}\big)\big\{-g(Y)+\mathrm{E}[g(Y)Y]\big\}\Big]. \quad (5.19)$$

对于 $\varepsilon=0$, 满足下列条件时, 这个导数等于 0:

$$\mathrm{E}\left[u'\big(-f(Y)+\mathrm{E}[f(Y)Y]\big)g(Y)\right]=\mathrm{E}\left[u'\big(-f(Y)+\mathrm{E}[f(Y)Y]\big)\right]\mathrm{E}[g(Y)Y]. \quad (5.20)$$

记 $c=\mathrm{E}\left[u'(-f(Y)+\mathrm{E}[f(Y)Y])\right]$, 式 (5.20) 可以改写成

$$\mathrm{E}\left[\{u'\big(-f(Y)+\mathrm{E}[f(Y)Y]\big)-cY\}\{g(Y)\}\right]=0. \quad (5.21)$$

由于函数 $g(\cdot)$ 是任意的, 利用变分学中一个熟知的定理可以得到

$$u'\big(-f(y)+\mathrm{E}[f(Y)Y]\big)-cy=0. \quad (5.22)$$

利用 $x=f(y)$ 和 $y=\varphi(x)$, 可见

$$\varphi(x)\propto u'\big(-x+\mathrm{E}[X\varphi(X)]\big). \quad (5.23)$$

现在, 如果 $u(x)$ 是 exponential(α) 的, 即 $u(x)=-\alpha\mathrm{e}^{-\alpha x}$, 那么

$$\varphi(x)\propto \mathrm{e}^{-\alpha(-x+\mathrm{E}[X\varphi(X)])}\propto \mathrm{e}^{\alpha x}. \quad (5.24)$$

由于 $\mathrm{E}[\varphi(X)]=1$, 我们得到最优标准化权函数 $\varphi(x)=\mathrm{e}^{\alpha x}/\mathrm{E}[\mathrm{e}^{\alpha X}]$, 相应的保费就是参数为 $h=\alpha$ 的 Esscher 保费. ▽

注意到保险人对期望值 $\mathrm{E}[\varphi(X)]$ 不同的风险变量使用不同的权函数; 这些函数之间只差了一个常数因子.

§5.5 通过共保降低保费

考虑 n 个相互合作的保险人, 保险人 i 使用参数为 $\alpha_i,\ i=1,2,\cdots,n$ 的指数效用函数. 他们打算共同承保一个风险 S, 该风险在他们之间分摊, 定义随机变量 $S_1,\cdots,S_n$, 使得

$$S\equiv S_1+\cdots+S_n, \quad (5.25)$$

其中 S_i 表示保险人 i 所面临的风险. 例如, S 可能是他们想一起承保的新风险, 也可能是他们想重新分配的保单组合, 所需要的总保费为

$$P=\sum_{i=1}^{n}\frac{1}{\alpha_i}\log\mathrm{E}\left[\mathrm{e}^{\alpha_i S_i}\right]. \quad (5.26)$$

总保费 (5.26) 依赖于 S_i 的选择. 保险人应该如何分摊风险 S, 以使得联营共保后尽可能具有竞争力, 即使得总保费 P 最低?

事实证明, 保险人 i 的最优选择 $\widetilde{S}_i$ 应该为总风险 S 的一个固定部分, 确切地说为

$$\widetilde{S}_i = \frac{\alpha}{\alpha_i}S, \quad 其中\frac{1}{\alpha} = \sum_{i=1}^{n}\frac{1}{\alpha_i}. \tag{5.27}$$

因此, 最优的分配方案是让每个保险人承担联营风险的一小部分, 这部分与该保险人的风险厌恶系数的倒数成比例, 即与其风险容忍度成比例. 由式 (5.26) 和式 (5.27) 可知, 相应的最低总保费为

$$\widetilde{P} = \sum_{i=1}^{n}\frac{1}{\alpha_i}\log \mathrm{E}\left[\mathrm{e}^{\alpha_i \widetilde{S}_i}\right] = \frac{1}{\alpha}\log \mathrm{E}\left[\mathrm{e}^{\alpha S}\right]. \tag{5.28}$$

这表明 n 个保险人的联营就像一个保险人一样, 其保费由具有风险厌恶系数 α 的指数保费原则给出.

对所有其他合适的选择 $S_1+\cdots+S_n \equiv S$, 都有 $\widetilde{P} \leqslant P$ 的证明如下. 我们需要证明式 (5.28) 小于式 (5.26), 即

$$\frac{1}{\alpha}\log \mathrm{E}\left[\exp\left(\alpha\sum_{i=1}^{n}S_i\right)\right] \leqslant \sum_{i=1}^{n}\frac{1}{\alpha_i}\log \mathrm{E}\left[\mathrm{e}^{\alpha_i S_i}\right], \tag{5.29}$$

其可以改写为

$$\mathrm{E}\left[\prod_{i=1}^{n}\mathrm{e}^{\alpha S_i}\right] \leqslant \prod_{i=1}^{n}\left(\mathrm{E}\left[\mathrm{e}^{\alpha_i S_i}\right]\right)^{\alpha/\alpha_i}. \tag{5.30}$$

式 (5.30) 等价于

$$\mathrm{E}\left[\prod_{i=1}^{n}\frac{\mathrm{e}^{\alpha S_i}}{\mathrm{E}\left[\mathrm{e}^{\alpha_i S_i}\right]^{\alpha/\alpha_i}}\right] \leqslant 1, \tag{5.31}$$

或者

$$\mathrm{E}\left[\exp\sum_i\frac{\alpha}{\alpha_i}T_i\right] \leqslant 1, \quad 其中\ T_i = \log\frac{\mathrm{e}^{\alpha_i S_i}}{\mathrm{E}\left[\mathrm{e}^{\alpha_i S_i}\right]}. \tag{5.32}$$

不等式 (5.32) 的证明如下. 注意到 $\mathrm{E}[\exp(T_i)] = 1$, 并且由定义知 $\sum\limits_i \alpha/\alpha_i = 1$. 由于 e^x 是一个凸函数, 对所有的实数 $t_1,\cdots,t_n$ 有

$$\exp\left(\sum_i\frac{\alpha}{\alpha_i}t_i\right) \leqslant \sum_i\frac{\alpha}{\alpha_i}\exp(t_i), \tag{5.33}$$

这意味着

$$\mathrm{E}\left[\exp\left(\sum_i\frac{\alpha}{\alpha_i}T_i\right)\right] \leqslant \sum_i\frac{\alpha}{\alpha_i}\mathrm{E}\left[\mathrm{e}^{T_i}\right] = \sum_i\frac{\alpha}{\alpha_i} = 1. \tag{5.34}$$

通过在式 (5.30) 中选取 $X_i = \exp(\alpha S_i)$ 和 $r_i = \alpha/\alpha_i$, 便得到了著名的 Hölder 不等式. 对于 $n = 2, r_1 = p, r_2 = q$ 的情形参见习题.

§5.6 VaR 和相关的风险度量

随机变量 S 的风险度量在数学上只不过是连接一个实数到 S 的泛函. 有很多种可能的风险度量, 其中一种就是承保风险的保费. 给定某初始资本金下的破产概率度量了在不久的将来或者遥远的未来保险人没有偿付能力的可能性, 因此, 将一个实数与代表年理赔额的随机变量 S 联系起来, S 可能是复合 Poisson(λ, X) 分布或者正态 $\mathrm{N}(\mu, \sigma^2)$ 分布. 实践中, 最常用的风险度量是在一定 (置信) 水平 $q(0 < q < 1)$ 下的**在险价值**(VaR), 表示以概率 q 发生的最大可能损失, 因此为 $F_S(x)$ 穿过水平 q 时的 x, 它也被称为**分位数风险度量**. VaR 在现实中应用的几个例子如下.

(1) 为防止偿付能力不足, 现有经济资本必须以较高的置信度覆盖非预期损失. 银行通常根据由信用评级 A 或 AA 所隐含的偿付能力标准来选择其置信水平. 这些目标等级要求机构基于历史的年违约率准备充足的资本分别以 99.90%和 99.97%的概率对一年期的损失进行缓冲. 通常, 经济资本配置的基准点是 AA 的目标等级.

(2) 假设一个风险组合遵循复合泊松风险过程, 要计算其对应某个固定的最终破产概率 ε 的初始资本金. 这涉及计算 $\mathrm{VaR}[L; 1-\varepsilon]$, 即最大总损失 L 的 VaR, 见 §4.7.

(3) 以一定的概率设置充足的 IBNR 准备金. 例如, 监管当局规定把将来预计理赔额的 75%分位数作为持有的资本金.

(4) 对于以 60%的可能性没有风险发生的保险合同, 计算应收取多少保费 (**百分位数保费原则**).

VaR 的定义如下.

定义 5.6.1 (VaR) 对于风险 S, 在 (置信) 水平 p 下的**在险价值**(VaR) 定义为

$$\mathrm{VaR}[S;p] \stackrel{\text{def}}{=} F_S^{-1}(p) \stackrel{\text{not}}{=} \inf\{s : F_S(s) \geqslant p\}. \tag{5.35}$$

因此, VaR 恰好是在 p 点计算的 S 的分布函数的反函数. ▽

注 5.6.1 (VaR 是成本最优的) 假设一个保险人具有可用的经济资本金 d 来支付赔款, 且每年必须向股东支付 $i \cdot d$. 在 d 上还存在缺口, 其差额为期望值 $\mathrm{E}[(S-d)_+]$ (这恰好是再保险人可能会要求接管的上半部分风险的纯保费, 但不一定是再保险全部生效). 所以, 总成本为

$$i \cdot d + \mathrm{E}[(S-d)_+]. \tag{5.36}$$

从保险人的角度看, 最优的 d 为 $\mathrm{VaR}[S; 1-i]$. 通过观察总成本 (5.36) 的导数, 并

利用 $\dfrac{\mathrm{d}}{\mathrm{d}t}\mathrm{E}[(S-t)_+] = F_S(t)-1$ 这个事实, 该最优结果很容易得到. 所以, VaR 是这种情境下成本最小化的持有资本. ▽

由于 i 的值通常为 10%左右, 从这个角度看, 对于一个想获得 AAA 评级 (99.975%或以上) 的公司要求 VaR 水平是次优的. 另一方面, 维持这样的评级可能导致资本 i 更低的成本, 并提高公司的产量. 此外这是声誉问题.

注意到定义为 $F_S(s)=\Pr[S\leqslant s]$ 的分布函数 F_S 是右连续的, 但是 (5.35) 中的 F_S^{-1} 是左连续的, 且 $\mathrm{VaR}[S;p]=\mathrm{VaR}[S;p-0]$, 其在水平 p 处有一个跳跃, 此处 F_S 有一个常数分段. 事实上, 每个满足 $\mathrm{VaR}[S;p]\leqslant s\leqslant \mathrm{VaR}[S;p+0]$ 的数 s 都可能成为一个 VaR. 如图 5.1 所示: 我们发现 $F_S(s)$ 具有一个水平为 0.2 的水平分段; 在这个水平上, VaR 由分段处的下端点跳跃到了上端点. 在 F_S 跳跃的地方, VaR 有一个常数分段 (在 $p=0.5$ 和 $p=0.7$ 之间).

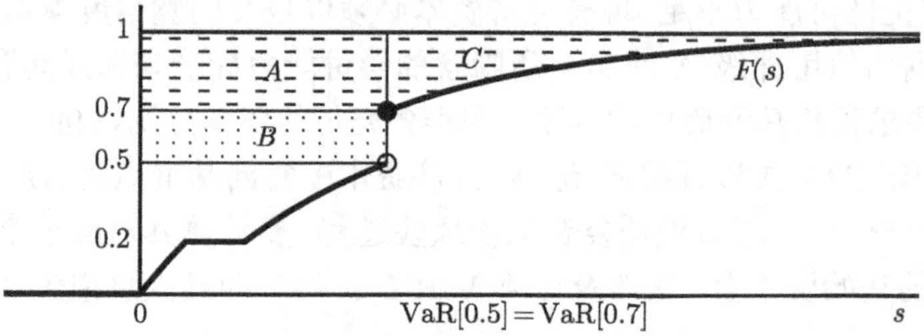

图 5.1 分布函数 F_S 的 VaR 和相关风险度量的说明

注 5.6.2(保费有时不是一致的风险度量) 如今, 依赖 VaR 在金融圈中常会受到冷落, 不是因为这样做有多危险, 见习题 5.6 第 3 题, 而是因为 VaR 不是 Artzner 等 (1997) 意义上的*一致的*风险度量. 所谓一致性是指一个风险度量必须重视随机顺序, 满足正齐次性和平移性, 见习题 5.6 第 2 题, 同时也要满足*次可加性*. 最后一个性质意味着一个组合中各个体的风险度量之和自动是该组合的风险度量的上界. 由习题 1.2 第 9 题可知, 一个风险厌恶的个体为保持其效用不变或变得更高, 有时准备为 $2S$ 支付的保费将严格大于为 S 支付的保费的 2 倍. 例如, 指数保费就是这样一个例子, 见习题 1.3 第 12 题. 同样地, Esscher 保费对超可加性成立, 见习题 5.6 第 11 题. 因此, 计算零效用保费可以用一种非次可加的方式度量风险, 但是把这个过程贴上不一致的标签是不合适的. 在总是可能进行风险分散的完备市场上, 要求次可加性是合理的, 但是保险市场不是一个完备市场. ▽

例 5.6.1 (VaR 不满足次可加性) 下面是关于 VaR 次可加性的一个反例: 如果 S 和 T 均服从 Pareto(1, 1) 分布且相互独立, 那么对*所有的* $p\in(0,1)$, 有

$$\mathrm{VaR}[S+T;p] > \mathrm{VaR}[S;p]+\mathrm{VaR}[T;p]. \tag{5.37}$$

为说明这是成立的, 由 $F_S(x)=1-1/x,\ x>1$, 首先验证 $\mathrm{VaR}[S;p]=\dfrac{1}{1-p}$; 其次, 利用卷积 (见习题 5.6 第 10 题) 检验

$$\Pr[S+T\leqslant t]=1-\frac{2}{t}-2\frac{\log(t-1)}{t^2},\quad t>2. \tag{5.38}$$

现在有

$$\Pr\left[S+T\leqslant 2\mathrm{VaR}[S;p]\right]=p-\frac{(1-p)^2}{2}\log\left(\frac{1+p}{1-p}\right)<p, \tag{5.39}$$

所以对每个 p, 我们有 $\mathrm{VaR}[S;p]+\mathrm{VaR}[T;p]<\mathrm{VaR}[S+T;p]$. 这就给出了 VaR 满足次可加性的一个反例; 事实上, 我们已经证明了对于随机变量对 (S,T), VaR 是**超可加的**.

注意到由式 (1.33) 取 $d=0$, 可以推断出 $S+T$ 和 $2S$ 应该具有相交叉的分布函数, 因此对分布函数的反函数 VaR 也是这样的. 由于对所有的 p, 我们有 $\mathrm{VaR}[2S;p]=\mathrm{VaR}[S;p]+\mathrm{VaR}[T;p]$, 这与上面所述是相矛盾的. 但是这种推理是无效的, 因为 $\mathrm{E}[S]=\infty$. 为给 VaR 的次可加性找到反例, 只需要取 $S\sim T$ 具有有限的均值. 于是 $S+T$ 和 $2S$ 不能有一致有序的分位数函数, 所以 VaR 在有些水平上是次可加的, 而在另一些水平上是超可加的. ▽

VaR 本身并没有讲述关于风险的整个故事, 因为如果理赔额 S 超过了可用基金 d, 仍然需要有人支付剩余的 $(S-d)_+$. 期望缺口度量了"究竟多糟糕算糟糕".

定义 5.6.2 (期望缺口 (expected shortfall)) 对于风险 S, 在水平 $p\in(0,1)$ 时的**期望缺口**(expected shortfall)(ES) 定义为

$$\mathrm{ES}[S;p]=\mathrm{E}[(S-\mathrm{VaR}[S;p])_+]. \tag{5.40}$$

这样, ES 可以被解释为假设情形的纯止损保费, 其中超过 $d=\mathrm{VaR}[S;p]$ 的部分进行了再保险. ▽

图 5.1 中, 对于水平 $p\in[0.5,0.7]$, $\mathrm{ES}[S;p]$ 是自留额为 $\mathrm{VaR}[S;0.7]$ 时的止损保费, 因此恰为区域 C; 也见式 (1.33).

正如我们所注意到的, VaR 不满足次可加性. 然而, 高水平的 VaR 的平均确实产生了一个次可加的风险度量 (见性质 5.6.1).

定义 5.6.3 (TVaR(Tail-Value-at-Risk)) 对于风险 S, 在水平 $p\in(0,1)$ 时的 TVaR 定义为

$$\mathrm{TVaR}[S;p]=\frac{1}{1-p}\int_p^1\mathrm{VaR}[S;t]\,\mathrm{d}t. \tag{5.41}$$

所以, TVaR 恰好是 S 从 p 开始的 VaR 的算术平均. ▽

注 5.6.3 (TVaR 的其他表达式) TVaR 也可以被表示为

$$\begin{aligned}\mathrm{TVaR}[S;p] &= \mathrm{VaR}[S;p] + \frac{1}{1-p}\int_p^1 \left\{\mathrm{VaR}[S;t] - \mathrm{VaR}[S;p]\right\} \mathrm{d}t \\ &= \mathrm{VaR}[S;p] + \frac{1}{1-p}\mathrm{ES}[S;p].\end{aligned} \tag{5.42}$$

易见, 式 (5.42) 中的积分等于 $\mathrm{ES}[S;p]$, 类似于图 1.1 的方式.

正如 VaR 一样, TVaR 从注 5.6.1 的成本优化问题中自然地产生. 事实上, TVaR 是除以 i 的成本函数的最优值. 为了说明这为什么成立, 简单地将 $d = \mathrm{VaR}[S;p = 1-i]$ 代入成本函数 $i \cdot d + \mathrm{E}[(S-d)_+]$, 见式 (5.36). 作为结果, 我们有 TVaR的下述特性:

$$\mathrm{TVaR}[S;p] = \inf_d \left\{d + \frac{1}{1-p}\pi_S(d)\right\}. \tag{5.43}$$

代入除 $d = \mathrm{VaR}[S;p]$ 之外的其他值, 得到 $\mathrm{TVaR}[S;p]$ 的上界. ▽

在图 5.1 中, 基于式 (5.42), 对水平 $p = \frac{1}{2}$, 有 $(1-p)\mathrm{TVaR}[S;p]$ 等于 A, B 和 C 的面积之和. 因此, TVaR 恰好是图 5.1 中水平的虚线和点线的平均长度. TVaR 类似但并不总是相同于以下风险度量.

定义 5.6.4 (条件尾部期望) 对于风险 S, 在水平 $p \in (0,1)$ 时的**条件尾部期望**(Conditional Tail Expectation, CTE) 定义为

$$\mathrm{CTE}[S;p] = \mathrm{E}\left[S \,|\, S > \mathrm{VaR}[S;p]\right]. \tag{5.44}$$

所以, CTE 为"在最坏的 $100(1-p)\%$ 情形下的平均损失". ▽

记 $d = \mathrm{VaR}[S;p]$, 我们有

$$\mathrm{CTE}[S;p] = \mathrm{E}[S \,|\, S > d] = d + \mathrm{E}[(S-d)_+ \,|\, S > d] = d + \frac{\mathrm{E}[(S-d)_+]}{\Pr[S > d]}. \tag{5.45}$$

因此, 对所有 $p \in (0,1)$, 有

$$\mathrm{CTE}[S;p] = \mathrm{VaR}[S;p] + \frac{1}{1 - F_S(\mathrm{VaR}[S;p])}\mathrm{ES}[S;p]. \tag{5.46}$$

于是由式 (5.42), CTE 和 TVaR 仅当 $p < F_S(\mathrm{VaR}[S;p])$ 时不同, 这意味着 F_S 在水平 p 处有跳跃. 事实上, 我们有

$$\mathrm{CTE}[S;p] = \mathrm{TVaR}[S;F_S(F_S^{-1}(p))] \geqslant \mathrm{TVaR}[S;p] \geqslant \mathrm{VaR}[S;p]. \tag{5.47}$$

在图 5.1 中, $(0.5, 0.7)$ 之外的水平 p 使得 TVaR 和 CTE 相同. 在 $p \in [0.5, 0.7]$ 的情形, CTE 恰好为 A 和 C 的面积之和除以 $1 - F_S(\mathrm{VaR}[S;0.7])$. 因此, 在这些水平 p

上的 CTE 只是图 5.1 中水平虚线的平均长度. 图 5.1 中风险 S 的 VaR, ES, TVaR 和 CTE 的图形在图 5.2 中给出.

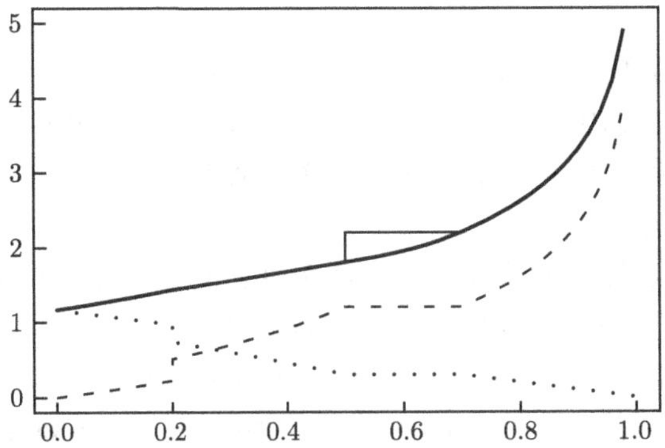

图 5.2 在水平 $p\in(0,1)$ 下绘制的图 5.1 中的分布函数 F_S 的 TVaR(粗线)、CTE(细线)、ES(点线) 和 VaR(虚线)

可以发现:

(1) 当 F_S 是常数时, VaR 有跳跃; 当 F_S 有跳跃时, VaR 是水平的;

(2) 当水平 p 增加时, ES 作为止损保费关于 p 是减少的, 但它不是凸的, 甚至都不连续;

(3) 除了在 F_S 垂直部分的那些 p 值, TVaR 和 CTE 是重合的;

(4) TVaR 是连续且单调递增的.

注 5.6.4 (关于 ES, TVaR 和 CTE 的术语) 有些作者用期望缺口 (ES) 指代 CTE(或 TVaR). 正如我们所定义的, ES 是缺口的无条件均值, 而 TVaR 和 CTE 包含正的期望缺口. CTE 和 TVaR 也常常互换使用. 如上定义, 只有在连续分布情形, 这些量才是相同的. 我们在文献中可能遇到 CTE 的另一个代名词是条件 VaR (Conditional Value-at-Risk, CVaR). ▽

与 VaR 不同, TVaR 满足次可加性, 见习题 5.6 第 9 题和例 5.6.1.

性质 5.6.1 (TVaR 是次可加的) 对所有风险对 (S,T) 和所有 $p\in(0,1)$, 有 $\mathrm{TVaR}[S+T;p]\leqslant \mathrm{TVaR}[S;p]+\mathrm{TVaR}[T;p]$ 成立.

证明 我们在式 (5.43) 对 TVaR 的特性描述中曾提到, 代入 d 的任何其他值将得到 $\mathrm{TVaR}[S;p]$ 的上界. 现在, 特别地, 令 $d=d_1+d_2$, 其中 $d_1=\mathrm{VaR}[S;p]$, $d_2=\mathrm{VaR}[T;p]$, 那么有

$$\begin{aligned}\mathrm{TVaR}[S+T;p]&\leqslant d+\frac{1}{1-p}\pi_{S+T}(d)\\&=d_1+d_2+\frac{1}{1-p}\mathrm{E}[(S+T-d_1-d_2)_+]\end{aligned}$$

$$
\begin{aligned}
&\leqslant d_1 + d_2 + \frac{1}{1-p}\mathrm{E}[(S-d_1)_+ + (T-d_2)_+] \\
&= \mathrm{TVaR}[S;p] + \mathrm{TVaR}[T;p],
\end{aligned} \tag{5.48}
$$

这里用到了对所有实数 s 和 t, 有 $s_+ + t_+ = (s_+ + t_+)_+ \geqslant (s+t)_+$. $\triangledown$

在习题 5.6 第 5 题中, 我们将看到一个 CTE 不满足次可加性的例子. 对于连续风险变量, CTE 和 TVaR 是相同的, 在这种情形下, 对 CTE 满足次可加性也有一个优美且更直接的证明.

性质 5.6.2 (对连续风险变量 CTE 是次可加的)　如果 S 和 T 具有连续的边缘分布函数和联合分布函数, 那么 CTE 是次可加的.

证明　如果 $s = \mathrm{VaR}[S;p]$, $t = \mathrm{VaR}[T;p]$ 且 $z = \mathrm{VaR}[S+T;p]$, 由连续性假设我们有 $1-p = \Pr[S+T>z] = \Pr[S>s] = \Pr[Y>t]$. 不难发现, 如果对某个 s, 事件 A 和 $S>s$ 是等可能的, 对于条件均值有 $\mathrm{E}[S\,|\,A] \leqslant \mathrm{E}[S\,|\,S>s]$, 将其用于 $A \equiv S+T>z$, 那么得到

$$
\mathrm{E}[S+T\,|\,A] = \mathrm{E}[S\,|\,A] + \mathrm{E}[T\,|\,A] \leqslant \mathrm{E}[S\,|\,S>s] + \mathrm{E}[T\,|\,T>t]. \tag{5.49}
$$

这无异于

$$
\mathrm{CTE}[S+T;p] \leqslant \mathrm{CTE}[S;p] + \mathrm{CTE}[T;p], \tag{5.50}
$$

因此, 连续风险变量 CTE 的次可加性得证. $\triangledown$

R提供了在水平 p 从容量为 n 的样本S中估计 VaR 的九种方法, 在执行过程中, 样本接近 np 的次序统计量之间插值的方式有细微的差别, 更多关于这方面的信息参阅?quantile. 在 R 中不选择类型参数等价于选择其默认的方法type=7. 一个关于 lognormal(0, 1) 随机样本的例子如下:

```
set.seed(1); S <- exp(rnorm(1000,0,1))
levels <- c(0.5,0.95,0.975,0.99,0.995)
quantile(S, levels, type=7)
##       50%       95%      97.5%        99%      99.5%
##0.9652926  5.7200919  7.4343584 10.0554305 11.5512498
```

在习题 5.6 第 4 题中, 要求读者计算其他风险度量的估计值.

§5.7　习　　题

§5.2

1. 证明式 (5.7) 成立.
2. 在红利 $i = 2\%$ 且 $\varepsilon = 5\%$ 的情形, 本节表中的结果如何? 并计算方差保费和指数保费.

§5.3

1. 设 $X \sim$ exponential(1) 分布, 求保费 (a)～(e) 和 (h)～(j).

2. [♠] 通过验证关于 α 的导数为正来证明 $\pi[X;\alpha]=\log(\mathrm{E}[\mathrm{e}^{\alpha X}])/\alpha$ 是 α 的增函数 (也见例 1.3.1).

3. 设一个车险保单组合的总理赔额服从复合泊松分布, 每个事故中的理赔额服从伽玛分布. 如果安全附加因子为 10%, 求期望值保费.

4. 求个体理赔额服从伽玛分布的复合泊松风险的指数保费.

5. 理赔额分布如第 3 题, 计算方差保费.

6. 证明 Esscher 保费等于 $\kappa_X'(h)$, 这里 κ_X 是 X 的累积量母函数.

7. 求下列分布的参数为 h 的 Esscher 密度变换: exponential(α), binomial(n,p) 和 Poisson(λ).

8. 证明 X 的 Esscher 保费关于参数 h 单增.

9. 计算复合泊松分布的 Esscher 保费.

10. 证明当 α 很小时, Esscher 保费原则归结为方差保费原则.

11. 假设 X 是最大值为 b 的有限风险变量, 因此 $\Pr[X\leqslant b]=1$, 而对所有 $\varepsilon>0$ 有 $\Pr[X\geqslant b-\varepsilon]>0$. 令 π_α 表示 X 的指数保费, 证明 $\lim\limits_{\alpha\to\infty}\pi_\alpha=b$.

12. 证明风险厌恶系数为 α 的指数保费 $\pi[X;\alpha]$ 是差商 $\big(\kappa_X(\alpha)-\kappa_X(0)\big)/\alpha$; 并证明它也可以写成 Esscher 保费的一个均匀混合 $\int_0^\alpha \pi[X;h]\,\mathrm{d}h/\alpha$. 由 Esscher 保费关于参数 h 单增这一事实, Esscher($h=\alpha$) 保费与 exponential(α) 保费相比可得到什么结论?

13. 证明表 5.1 中被标注了“+”的那些性质.

14. 对表 5.1 前 4 行和第 2 列被标注了“−”的那些性质构造反例.

15. 研究 Esscher 保费原则如下混合类型的可加性: 对某个 $p\in[0,1]$, $\pi[X]=p\pi[X;h_1]+(1-p)\pi[X;h_2]$, 其中 $\pi[X;h]$ 是风险 X 的参数为 h 的 Esscher 保费.

16. 试对相依的风险 X 和 Y 给出一个条件使得方差保费满足*次可加性*: $\pi[X+Y]\leqslant\pi[X]+\pi[Y]$; 并证明: 无论 X 和 Y 的联合分布如何, 标准差保费原则都满足该性质 (次可加性).

§5.5

1. 为证明 $n=2$ 时的 Hölder 不等式, 令 $p>1$, $q>1$, 且 p 和 q 满足 $\dfrac{1}{p}+\dfrac{1}{q}=1$, 请依次证明:

(1) 如果 $u>0$, $v>0$, 那么 $uv\leqslant\dfrac{u^p}{p}+\dfrac{v^q}{q}$ (记 $u=\mathrm{e}^{s/p}$, $v=\mathrm{e}^{t/q}$);

(2) 如果 $\mathrm{E}[U^p]=\mathrm{E}[V^q]=1$ 且 $\Pr[U>0]=\Pr[V>0]=1$, 那么 $\mathrm{E}[UV]\leqslant 1$;

(3) $|\mathrm{E}[XY]|\leqslant\mathrm{E}[|X|^p]^{1/p}\mathrm{E}[|Y|^q]^{1/q}$.

2. 在第 1 题中, 当 $p=q=2$ 时将得到什么不等式?

§5.6

1. 基于与本节 R-例子中相同的对数正态样本 S, 在 0.95 的水平下, 计算 TVaR 和 ES 的估计值.

2. 证明下列性质对 TVaR 和 VaR 成立:

无敲诈性: (T)VaR$[S;p] \leqslant \max[S]$;

没有不合理的附加费用: 如果 $S \equiv c$, 那么 (T)VaR$[S;p] = c$;

关于 p 非降: 如果 $p < q$, 那么 (T)VaR$[S;p] \leqslant$ (T)VaR$[S;q]$;

非负的安全附加: TVaR$[S;p] \geqslant \mathrm{E}[S]$;

平移性: (T)VaR$[S+c;p] =$ (T)VaR$[S;p] + c$;

正齐次性: 对所有 $\alpha > 0$, 有 (T)VaR$[\alpha S] = \alpha \times$ (T)VaR$[S;p]$;

TVaR关于 p 是连续的, 但是 VaR 和 CTE 不是.

3. 令 X_i, $i = 1, \cdots, 100$ 为独立同分布的风险, 共同的分布为 $\Pr[X_i = -100] = 0.01$, $\Pr[X_i = +2] = 0.99$. 比较 $S_1 = \sum_{i=1}^{100} X_i$(分散化) 和 $S_2 = 100X_1$ (非分散化) 的 VaR. 显然, 分散化的风险更安全, 但是对两个具有相同有限均值的随机变量, VaR 不能一致地更小. 画出这两种风险的分布函数. 研究在不同的水平 p 下, 哪种风险的 VaR 更小.

4. 编写 R 函数来计算 (平移) 伽玛分布和对数正态分布的 TVaR. 并在 1%,3%,$\cdots$,99% 的水平下, 画出 TVaR 的图形.

5. 通过观察水平 $p = 0.9$ 下的风险对 (X, Y), 证明 CTE 不具有次可加性. 其中,

$$X \sim \text{uniform}(0,1); \qquad Y = \begin{cases} 0.95 - X, & X \leqslant 0.95, \\ 1.95 - X, & X > 0.95, \end{cases}$$

注意到 $X \sim Y \sim \text{uniform}(0,1)$ 是连续的, 但是 $X + Y$ 是离散的.

6. 在 $S \sim \text{uniform}(a,b)$的情形, 给出 ES, TVaR 和 CTE 的表达式.

7. 同第 6 题, 但是现在 $S \sim \mathrm{N}(\mu, \sigma^2)$.

8. 同第 7 题, 但是现在 $S \sim \text{lognormal}(\mu, \sigma^2)$.

9. 利用例子: X 和 Y 独立且均服从于 Bernoulli(0.02) 分布, $p = 0.975$, 证明 VaR 不具有次可加性. 并考虑 (X, Y) 服从二元正态分布的情形.

10. 推导式 (5.38).

11. 如果 $h > 0$, 证明对于 Esscher 保费有 $\pi[2S;h] > 2\pi[S;h]$.

第6章 奖 惩 系 统

从你的大门走出去, 这是一件危险的事情.

——J. R. R. Tolkien (1892–1973)

§6.1 引 言

本章将介绍汽车保险中奖惩方法的理论. 汽车保险是非寿险的一个重要分支, 在许多国家甚至是总保费收入的最大贡献部分. 汽车保险的一个显著特点是: 为了各方都满意, 保费收取常常极大地依赖于该保单过去的理赔记录. 在这样的经验费率系统中, 投保人会因没有理赔记录而获得奖励, 也会因多次理赔记录而受到惩罚. 经验费率系统在再保险中是常用的, 但是在这里其直接影响消费者. 实际上, 在随机波动的保费情形, 考虑到这个特殊的风险, "保险处于完全安全的财务状况" 这一终极目标是达不到的. 但是在这类保险中, 不确定性仍然极大地降低了. 相同的现象也发生在其他类型的保险中, 例如, 由于免赔额的存在, 一部分损失不必由保险人来赔偿时.

保险的本质在于 "幸运的" 保单持有人为 "不幸的" 保单持有人赔偿损失 (概率意义上的*利益共同体*). 但是在私营保险中, 利益共同体不应该导致 "好的" 被保险人天生地要为 "差的" 被保险人承担损失. 如果保险人试图将这种*利益共同体*补贴强加给其客户, 那么将看到 "好的" 客户纷纷离去, 而留下的几乎都是 "差的" 客户. 这可能发生在有区域性经营保险人时的汽车保险市场中. 在全国范围内收取相同的保费将会导致区域性风险, 例如, 对处于交通不怎么繁忙地区的驾驶员来说他们的风险相应会小一些, 而另一方面, 只针对该地区经营业务的保险人的保单组合大部分是优质风险, 所以他们能够承受更低的保费, 自然该地区的客户会倾向于选择这些保费较低的区域性保险.

至于为什么经验费率在汽车保险中被广泛接受而在健康保险中却不是这样, 这里有一个心理上的原因. 奖励作为对谨慎驾驶员的奖赏, 增加的保费作为对易出事故的驾驶员所追加的罪有应得的罚款, 这些大家都能认同, 但是患病的人通常不应该被责备, 也不应该因此而遭受罚金.

传统上, 汽车保险覆盖了第三方责任和自己车辆的损坏. 后者对新车驾驶员尤为重要, 因为道德风险存在, 保险人的赔偿不会超过汽车的现价.

在 §6.2, 描述荷兰的奖惩系统, 它是奖惩系统的一个典型代表. 同时, 我们简要地阐述采用这个新系统的理由. 奖惩系统适合用马尔可夫链 (Markov chain) 进行分析, 见 §6.3. 通过这种方式, 我们将能够确定这个系统的 Loimaranta 效率, 即均值渐近保费关于理赔频率的弹性. 在第 8 章, 我们提出了作为所谓的信度方法的特例的一个奖惩系统. 在第 9 章, 我们根据广义线性模型, 来研究汽车保险费率厘定的一些古老的非寿险精算方法. 同时, 我们对与构建荷兰奖惩系统没有什么不同的风险组合给出了一个案例研究, 也见附录 A.

§6.2　一个通用的奖惩系统

像车轮被多次重新发明一样, 每个国家都有其自己的奖惩系统. 荷兰许多保险公司采用的系统是 1982 年进行的一场大规模调查而得到的结果. 这场大规模的调查是迫于保险市场的混乱和面临崩溃的事实. 调查的数据包含了 700 000 张保单, 其中每张具有 50 个特征数据, 共产生了 80 000 次理赔, 研究了理赔频率和平均理赔额. 荷兰的许多保险人仍在使用那时提出的奖惩系统的变体.

首先, 基本保费由评估因子来确定, 这些评估因子包括汽车的重量、购车价格、载重量、使用类型 (家用还是商用) 以及承保的范围 (综合险、仅第三方责任险或者混合险). 这是在尚不知道驾驶员理赔记录信息时应该缴纳的保费. 通过使用所谓的奖惩标准对"好的"和"差的"理赔记录分别实施奖励和惩罚. 经过一个无理赔年度, 被保险人上升一级, 获得较大的奖励; 而如果有一个或多个理赔记录, 那么被保险人将被降一级或多级. 表 6.1 描绘了一个奖惩标准, 该奖惩标准包括应支付基础保费的百分比, 经过 0, 1, 2, 3 次或更多次理赔后的转换情况. 原则上, 新来的被保险人应该进入保费水平为 100% 的级别. 其他国家可能会使用不同的评估因子和不同的奖惩标准.

表 6.1　荷兰奖惩系统中的转换规则和保费百分比

级别	1	2	3	4	5	6	7	8	9	10	11	12	13	14
百分比	120	100	90	80	70	60	55	50	45	40	37.5	35	32.5	30
0 次理赔 →	2	3	4	5	6	7	8	9	10	11	12	13	14	14
1 次理赔 →	1	1	1	1	2	3	4	5	6	7	7	8	8	9
2 次理赔 →	1	1	1	1	1	1	1	1	2	3	3	4	4	5
3^+ 次理赔 →	1	1	1	1	1	1	1	1	1	1	1	1	1	1

并不是所有相关的风险因素都可用来做评估因子. 驾驶能力、反应速度、驾车闯劲以及对交通信号的了解程度都是难以测量的, 而行车里程很容易被故意作假. 对其中的一些相关因素, 我们可以找到其替代变量. 我们可以通过观察汽车的重量、车龄, 以及使用燃油的类型、车辆用途 (私用或公用) 等因素来很好地了解行

车里程数. 例如, 在荷兰, 柴油发动机主要被高行车里程的司机所使用. 交通密度可由居住区域推算出, 驾驶速度可由马力和汽车重量推算出. 但是完全利用事先已知的数据仍然无法评估未来的平均理赔行为, 因此有必要把实际的理赔历史作为一个评估因子. 理赔历史记录是一个事后因子, 只有在下一个保单年度到来之前才能完全知道. 因此, 有人称此为事后保费评估, 而一般来说, 保费都是事先给定的.

在调查中, 发现了如下现象: 与汽车重量不同, 汽缸容量和马力几乎提供不了额外的预测力. 实践证明汽车重量与总理赔额 (理赔频数与平均理赔额的乘积) 关系密切. 越重的车使用得越频繁, 发生交通事故时造成的损毁也更严重. 汽车重量是一个方便的评估因子, 因为它可以在官方文件中找到. 在许多国家, 汽车的原始价目表被作为第三方损坏的主要评估因子. 然而, 这个方法有缺陷, 因为按此方法, 驾驶员给汽车上了金属抛光漆或安装了更加贵重的音频系统会导致较高的第三方理赔, 这种推理显然是不合理的. 实践证明, 除了汽车重量, 价目表也无助于改善对第三方理赔的预测. 当然, 对自己车辆的损坏来说, 其仍为一个主要的评估因子. 注意到被提议的保费不可能恰好是汽车重量和价目表的函数, 不过它直接与这些数字成比例.

因子"过去理赔经历"通常用"无理赔年数"来体现, 即使与其他评估因子一起使用, 它也被证明对于未来理赔是一个很好的预测因子. 经过六个无理赔年度后, 尽管速度放缓, 风险仍然逐渐减小, 这由表 6.1 给出的奖惩标准中的百分比可反映出来. 此外, 有不良理赔记录的驾驶员可能比新手更加糟糕, 这也证明了存在超过 100% 保费百分比的惩罚等级是合理的.

居住区域对理赔记录影响的分析表明, 人口密度低的地方理赔发生较少, 但理赔额稍大. 居住区域的影响并不随无理赔年数的增加而消失. 因此, 区域的影响被纳入一个固定折扣百分比, 使得大的保险公司可以与区域性经营的保险公司进行公平竞争.

保单持有人的年龄对理赔行为是非常重要的. 一个 18 岁驾驶员的理赔频数大约是一个 30~70 岁驾驶员理赔频数的 4 倍. 导致这种糟糕的理赔记录的部分原因是缺乏经验, 因为过些年之后这种影响就逐渐消失了. 这就是为什么保险人决定不让基本保费随年龄而改变, 而是仅仅把年轻驾驶员列到奖惩系统中一个不太有利的级别上.

出于商业的原因, 保单持有人的职业和汽车品牌没有包含在评估系统中, 虽然这些因素确实具有显著影响.

注意到在奖惩系统中, 我们只考虑了记录在案的理赔次数, 并没有考虑理赔额的大小. 显然, 我们可以构建一个基于理赔额大小的奖惩系统, 但是这样的系统在汽车保险中很少使用. 这是因为一般情况下, 未观察到的驾驶品质比理赔严重程度分布对理赔次数的影响大.

§6.3 马尔可夫分析

奖惩系统可以被看成马尔可夫 (Markov) 过程的特殊情形. 马尔可夫过程会随着时间变化从一个状态转移到另一个状态. 马尔可夫性是指过程具有无记忆性, 即过程在当前状态的转移概率不依赖于该过程是如何到达这个特定状态的. 利用马尔可夫分析, 我们可以求出最终处于奖惩系统各个级别上的驾驶员的比例. 同时, 马尔可夫分析还提供了一种在决定代表驾驶员实际风险的保费调整时, 衡量奖惩系统效率的方法.

为明确起见, 我们看一个简单的例子. 在一个特定的奖惩系统中, 如果一个驾驶员在前两年有 1 次或更多次理赔记录, 那么其需要缴纳保费 c; 否则, 他只需要缴纳保费 a, 其中 $a < c$. 为了用一个奖惩标准来描述这个系统, 首先注意到有两组驾驶员需要支付较高的保费, 一组是去年发生过理赔的, 另一组是仅在前年发生理赔的. 因此我们有三个状态 (级别):

(1) 理赔发生在去年, 在上一次保单续保支付保费 c;

(2) 去年没发生理赔, 而前年发生了理赔, 支付保费 c;

(3) 最近两个保单年度都没有发生理赔, 支付保费 a.

假设一个驾驶员在一个保单年度发生一次或更多次理赔的概率为 p, 首先我们确定其转移概率. 当理赔发生时, 他落到状态 1; 否则他的状态上升一个水平. 于是我们得到了由状态 i 到 j 的转移概率 p_{ij} 构成的转移矩阵$\boldsymbol{P}$:

$$\boldsymbol{P}=\begin{pmatrix} p & q & 0 \\ p & 0 & q \\ p & 0 & q \end{pmatrix}. \tag{6.1}$$

矩阵 $\boldsymbol{P}$ 是一个随机矩阵: 每行表示进入各状态的一个概率分布, 从而所有元素都是非负的; 所有行的和 $\sum\limits_j p_{ij}$ 都等于 1, 这是因为从任何一个状态 i, 过程都必然进入某个状态 j. 因此,

$$\boldsymbol{P}\begin{pmatrix} 1 \\ 1 \\ 1 \end{pmatrix}=\begin{pmatrix} 1 \\ 1 \\ 1 \end{pmatrix}. \tag{6.2}$$

故矩阵 $\boldsymbol{P}$ 对应于特征值 1 的右特征向量为 $(1,1,1)^{\mathrm{T}}$. 假设初始时刻 $t=0$, 每个驾驶员处于状态 $j, j=1,2,3$ 的概率 f_j 由行向量 $l(0)=(f_1,f_2,f_3)$ 给出, 其中 $f_j \geqslant 0$ 且 $f_1+f_2+f_3=1$. 通常初始状态 i 是已知的, 从而 f_i 等于 1. 那么从状态 i 开始, 在一年之后进入状态 j 的概率为 f_ip_{ij}, 所以从一个概率为 f_i 的初始状态类 i 出发,

一年之后处于状态 j 的总概率为 $\sum\limits_i f_i p_{ij}$. 用矩阵符号, 下面的向量 $l(1)$ 给出了驾驶员一年后所处状态的概率分布:

$$l(1)=l(0)\boldsymbol{P}=(f_1,f_2,f_3)\begin{pmatrix} p & q & 0 \\ p & 0 & q \\ p & 0 & q \end{pmatrix}=(p,qf_1,q(f_2+f_3)). \tag{6.3}$$

发生一次理赔之后, 驾驶员就会落到状态 1, 其进入到这个状态的概率为 $p=p(f_1+f_2+f_3)$. 如果可能, 没有理赔发生时进入更高一级的状态. 两年后所处状态的概率分布 $l(2)$ 独立于 $l(0)$, 由于

$$l(2)=l(1)\boldsymbol{P}=(p,qf_1,q(f_2+f_3))\begin{pmatrix} p & q & 0 \\ p & 0 & q \\ p & 0 & q \end{pmatrix}=(p,pq,q^2). \tag{6.4}$$

两年后的状态不依赖于当前状态, 而只依赖于这两年中的理赔记录. 类推下去, 可见 $l(3)=l(4)=l(5)=\cdots=l(2)$, 所以我们也有 $l(\infty):=\lim\limits_{t\to\infty}l(t)=l(2)$. 向量 $l(\infty)$ 被称为稳态分布, 一般来说收敛性并不总是像本例中这样迅速和彻底. 然而, 对一个矩阵求平方的运算会非常快, 而且从 $\boldsymbol{P}$ 开始进行 10 次这样的运算就已经得到 $\boldsymbol{P}^{1024}$ 了. 矩阵中的每个元素 r_{ij} 都可以被解释为从初始状态 i 出发, 在 1024 年后进入状态 j 的概率. 对规范的奖惩系统来说, 这个概率不会过于依赖初始状态 i, 也不会与从初始状态 i 出发经过无穷年后达到状态 j 的概率相差太大. 因此, 矩阵 $\boldsymbol{P}^{1024}$ 的所有行几乎等于稳态分布.

我们还有一个更正式的方式来求稳态分布, 如下所示. 首先, 注意到

$$\lim_{t\to\infty}l(t+1)=\lim_{t\to\infty}l(t)\boldsymbol{P},\quad 因此\quad l(\infty)=l(\infty)\boldsymbol{P}. \tag{6.5}$$

这意味着稳态分布 $l(\infty)$ 是 $\boldsymbol{P}$ 对应于特征值1 的左特征向量. 为求 $l(\infty)$, 我们只需要找到线性方程组 (6.5) 的一个非平凡解即可, 该方程组等价于一个齐次方程组 $(\boldsymbol{P}^{\mathrm{T}}-I)l^{\mathrm{T}}(\infty)=(0,0,\cdots,0)^{\mathrm{T}}$. 为使 $l(\infty)$ 是一个概率分布, 将它除以各个分量之和以标准化. 注意到由于 $l_j(\infty)=\lim\limits_{t\to\infty}l_j(t)$ 这个事实, 所以 $l(\infty)$ 的所有分量必须是非负的. 稍后在本节我们将展示如何用 R 找到稳态分布.

注 6.3.1 (状态初始分布的解释和转移概率矩阵) 没有必要将 $l(0)$ 取为一个概率分布. 例如, 取 $l(0)=(1000,0,0)$ 也是有意义的. 以这种方式我们考虑处在初始状态 1 的 1000 个驾驶员. 与 $l(0)$ 不同, 向量 $l(1),l(2),\cdots$ 和 $l(\infty)$ 不代表处在特定状态下的驾驶员的精确数量, 而仅仅表示这些数字的期望值. 实际数量是服从二项分布的随机变量, 该二项分布对应的概率模型中“成功的概率是在给定的时间处于特定状态的概率”.

美国的数学教材倾向于将运算置于运算符的右侧, 所以在那些教材中初始状态和稳态都是列向量. 因此, 转移概率矩阵 $\boldsymbol{P}$ 必须经过转置, 所以其一般元素 P_{ij} 代表从状态 j 转移到状态 i 的概率, 而与本书和许多其他教材中不同. ▽

注 6.3.2 (追逐奖励) 假设一个驾驶员的理赔概率为 p, 其处于上述系统中的状态 3, 一次事故导致的损失额为 t. 如果他没有义务必须向他的保险公司登记理赔, 那么 t 为多大时, 这样做对他是有利的?

正如有些保单所允许的, 保单持有人只需要在 12 月 31 日来决定是否向保险公司提请理赔, 且确定除了此次事故, 该保单年内无其他事故发生. 由于两年以后, 该特定理赔对他在奖惩标准中位置的影响就会消失, 所以我们考虑两年的规划范围. 在接下来的两年中, 他的花费 (保费加上损失) 取决于他是否向保险公司提请理赔以及来年是否有理赔发生, 如下表所示.

	来年没有理赔	来年有理赔
没有提请理赔	$a+a+t$	$a+c+t$
提请理赔	$c+c$	$c+c$

如果理赔能够降低其期望损失, 那么他理所当然应该选择提请理赔, 即在如下情形时:

$$(1-p)(2a+t)+p(a+c+t) \geqslant 2c \quad \Longleftrightarrow \quad t \geqslant (2-p)(c-a). \tag{6.6}$$

由式 (6.6) 可知, 当理赔额小于丧失未来奖金的期望损失时, 提请理赔是不明智的. 这种现象在实践中被称为*追逐奖励*(hunger for bonus) 或者*奖金饥渴症*, 是一类很重要的现象. 因为被保险人隐瞒了自己是一个差的驾驶员这一事实, 所以保险人没有得到应得的保费, 但是保险人也从节省了小额理赔的操作费用方面得到了补偿.

许多文献从精算学和随机运筹学的角度对该现象进行了研究. 这些文献中使用的模型十分精细, 例如, 更长的或无穷的时间、考虑贴现等. 此外, 理赔在一年中发生的时间也是很重要的. ▽

§6.3.1 Loimaranta 效率

奖惩系统的最终目标是使每个投保人所支付的保费尽可能准确地反映其年理赔额的期望值. 如果我们想研究一个奖惩系统在执行这项任务的过程中多么有效, 我们必须来看保费是如何依赖于理赔频率 λ 的. 为此, 假设理论理赔频率的随机变化可以用一个泊松过程来描述, 见第 4 章. 因此, 年理赔次数服从 Poisson(λ) 分布, 且一年中发生一次或更多次理赔的概率等于 $p=1-\mathrm{e}^{-\lambda}$. 我们把需要支付的渐近保费的期望值称为稳态保费, 它依赖于 λ, 并且在我们的例子中 $l(\infty)=(p,pq,q^2)$, 保费是 (c,c,a), 于是稳态保费等于

$$b(\lambda)=cp+cpq+aq^2=c(1-\mathrm{e}^{-2\lambda})+a\mathrm{e}^{-2\lambda}. \tag{6.7}$$

这就是在初始状态的影响已经消失之后要缴纳保费的平均值. 原则上, 这个保费应该与 λ 成比例, 这是因为理赔强度为 λ 的驾驶员的平均年理赔总额等于单个平均理赔额的 λ 倍, 这里我们已经假设了单个理赔额与理赔频数独立. 对于奖惩系统定义如下函数:

$$e(\lambda) := \frac{\lambda}{b(\lambda)}\frac{\mathrm{d}b(\lambda)}{\mathrm{d}\lambda} = \frac{\mathrm{d}\log b(\lambda)}{\mathrm{d}\log\lambda}. \tag{6.8}$$

这就是所谓的 Loimaranta 效率; 最后一个等式由链式法则得到. 它表示稳态保费 $b(\lambda)$ 关于 λ 的"(点) 弹性". 而且在一个 log-log 坐标系中, 它也表示曲线 $b(\lambda)$ 的斜率. $e(\lambda) = \mathrm{d}b(\lambda)/b(\lambda)\,/\,\mathrm{d}\lambda/\lambda$ 表示函数 $b(\lambda)$ 的增量百分比变化对于 λ 的增量百分比变化的比率. 可以证明, 对于"很小"的 h, 如果 λ 以 $1+h$ 倍速度增加, 那么 $b(\lambda)$ 将近似地以 $1+e(\lambda)h$ 倍速度增加, 因此, 有

$$b(\lambda(1+h)) \approx b(\lambda)(1+e(\lambda)h). \tag{6.9}$$

理想的情况下, 该效率应该满足 $e(\lambda)\approx 1$, 但是没有哪个奖惩系统对所有 λ 都能实现这个效率. 对于上述只有三个状态的特例, 由 $b(\lambda)$ 的解析表达式 (6.7) 可知其效率等于

$$e(\lambda) = \frac{2\lambda\mathrm{e}^{-2\lambda}(c-a)}{c(1-\mathrm{e}^{-2\lambda})+a\mathrm{e}^{-2\lambda}}. \tag{6.10}$$

由于稳态保费不依赖于初始状态, 所以 Loimaranta 效率也不依赖于初始状态, 但是两者均依赖于理赔频率 λ.

注 6.3.3 (效率小于 1 意味着补贴差司机) 所有级别中的保费百分比都是正的有限数, 所以 $b(0)>0$ 且 $b(\infty)<\infty$. 在许多奖惩系统中, 例如, 式 (6.10) 当 $a<c$ 时, 在 λ 的所有取值范围上我们有 $0<e(\lambda)<1$, 见习题 6.3 第 4 题. 于是, 我们得到

$$\frac{\mathrm{d}}{\mathrm{d}\lambda}\log\frac{b(\lambda)}{\lambda} = \frac{b'(\lambda)}{b(\lambda)} - \frac{1}{\lambda} = \frac{1}{\lambda}(e(\lambda)-1) < 0. \tag{6.11}$$

由此可知 $\log\dfrac{b(\lambda)}{\lambda}$ 关于 λ 递减, 从而 $\dfrac{b(\lambda)}{\lambda}$ 也是如此, 从 $\lambda\downarrow 0$ 时的 ∞ 减到 $\lambda\to\infty$ 时的 0. 所以存在一个理赔频率 λ_0 使得 $\lambda=\lambda_0$ 时的稳态保费恰好等于纯保费. 对应于 $\lambda>\lambda_0$ 的驾驶员缴纳的保费比他们应缴的要少, 而对应于 $\lambda<\lambda_0$ 的驾驶员缴纳的保费比他们应缴的要多, 这意味着从好的驾驶员到差的驾驶员有资金转移, 该奖惩系统的规则对差的驾驶员惩罚得不够充分, 见习题 6.3 第 4 题.

对于荷兰的奖惩系统, 其效率从未超过 0.8, 并且在 $\lambda=0.23$ 附近, 效率达到最大, 如图 6.1 所示.

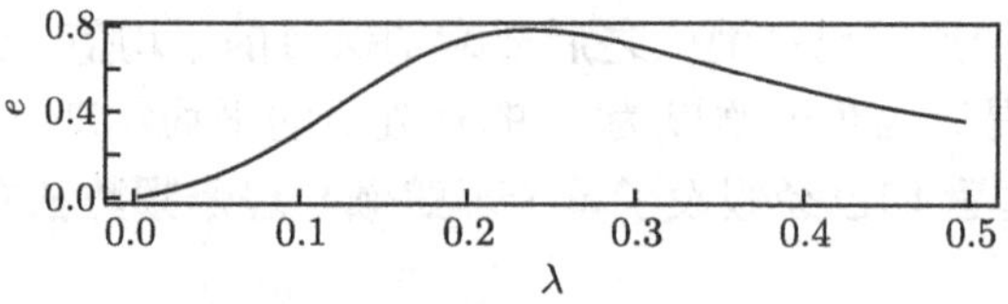

图 6.1　荷兰奖惩系统的效率

§6.4　求稳态保费和 Loimaranta 效率

本节介绍对于一般的奖惩系统如何确定其稳态保费和 Loimaranta 效率. 令 n 表示状态个数. 为了标记方便, 引入函数 $t_{ij}(k)$, $i,j=1,2,\cdots,n$ 来描述转移规则, 具体如下:

$$\begin{aligned} &t_{ij}(k)=1, \quad \text{如果一年中有 } k \text{ 个理赔, 则从状态 } i \text{ 到 } j\,; \\ &t_{ij}(k)=0, \quad \text{否则.} \end{aligned} \tag{6.12}$$

当参数等于 λ 时, 从状态 i 到状态 j 的转移概率为

$$P_{ij}(\lambda)=\sum_{k=0}^{\infty}p_k(\lambda)t_{ij}(k). \tag{6.13}$$

现在考虑初始分布 $l(0)=(l_1(0),\cdots,l_n(0))$, 其中 $l_j(0)$ 表示在时刻 $t=0$ 时, 发现一个保单处于初始状态 j, $j=1,2,\cdots,n$ 的概率; 那么在时刻 $t+1$ 时, 发现一个驾驶员处于状态 j 的概率向量可由时刻 t 时的状态向量 $l(t)$ 表示如下:

$$l_j(t+1)=\sum_{i=1}^{n}l_i(t)P_{ij}(\lambda), \quad t=0,1,2,\cdots, \tag{6.14}$$

对每个 t, $l_j(t)$ 的和等于 1. 对 $t\to\infty$ 取极限, 我们发现在稳态下:

$$l_j(\infty)=\sum_{i=1}^{n}l_i(\infty)P_{ij}(\lambda), \quad \text{其中} \quad \sum_{j=1}^{n}l_j(\infty)=1. \tag{6.15}$$

如前所述, 稳态向量 $l(\infty)=(l_1(\infty),\cdots,l_n(\infty))$ 是矩阵 $\boldsymbol{P}$ 对应于特征值 1 的左特征向量. 在稳态下, 我们可以得到理赔频数为 λ 的渐近平均保费 (稳态保费):

$$b(\lambda)=\sum_{j=1}^{n}l_j(\infty)b_j, \tag{6.16}$$

其中 b_j 为状态 j 时的保费. 注意到 $l_j(\infty)$ 依赖于 λ, 但不依赖于状态的初始分布.

若有一种算法来计算式 (6.16) 中的 $b(\lambda)$, 我们就能够很容易地近似 Loimaranta 效率 $e(\lambda)$, 所要做的只是应用式 (6.9). 不过也有可能精确地计算 Loimaranta 效率 $e(\lambda)$. 记 $l_j(\lambda)=l_j(\infty)$ 和 $g_j(\lambda)=\dfrac{\mathrm{d}l_j(\lambda)}{\mathrm{d}\lambda}$, 则

$$\frac{\mathrm{d}b(\lambda)}{\mathrm{d}\lambda}=\sum_{j=1}^{n}b_j\frac{\mathrm{d}l_j(\lambda)}{\mathrm{d}\lambda}=\sum_{j=1}^{n}b_jg_j(\lambda), \tag{6.17}$$

$g_j(\lambda)$ 可以通过对方程组 (6.15) 求导数得到, 易得如下方程:

$$g_j(\lambda)=\sum_{i=1}^{n}g_i(\lambda)P_{ij}(\lambda)+\sum_{i=1}^{n}l_i(\lambda)P'_{ij}(\lambda), \tag{6.18}$$

其中 $P_{ij}(\lambda)$ 的导数等于

$$P'_{ij}(\lambda)=\frac{\mathrm{d}}{\mathrm{d}\lambda}\sum_{k=0}^{\infty}\mathrm{e}^{-\lambda}\frac{\lambda^k}{k!}t_{ij}(k)=\sum_{k=0}^{\infty}\mathrm{e}^{-\lambda}\frac{\lambda^k}{k!}\big[t_{ij}(k+1)-t_{ij}(k)\big]. \tag{6.19}$$

利用 $\sum_j g_j(\lambda)=0$ 这个事实, 对每个 λ, 通过求解所得线性方程组计算 Loimaranta 效率 $e(\lambda)$. 用这种方法, 可以根据效率来比较各个奖惩系统. 例如, 对于 λ 从 0.05 到 0.2 的合理取值比较对应的 $e(\lambda)$ 图形, 或者可以观察 $e(\lambda)$ 的一些加权平均值等.

用 R 对表 6.1 的奖惩系统计算 Loimaranta 效率 $e(\lambda)$, 有三种可能的方法.

近似 对 $\lambda(1-\varepsilon)$ 和 $\lambda(1+\varepsilon)$, 利用 $\boldsymbol{P}^{(2^{10})}$ 的任一行计算稳态分布, 再利用 $e(\lambda)\approx\dfrac{\Delta\log b(\lambda)}{\Delta\log(\lambda)}$.

精确 执行式 (6.17)~ 式 (6.19) 所描述的方法.

稳态分布可作为 $\boldsymbol{P}$ 的左特征向量而得到, 并且 $b'(\lambda)$ 也可通过求解线性方程组来计算; 见式 (6.19).

模拟 用 M 个驾驶员在 T 年后的模拟奖惩位置来估计稳态分布, 并由 T 年支付的平均保费, 像第一种方法那样近似 $e(\lambda)$.

在表 6.1 的奖惩系统中, 如下的 R 语句可写出支付的奖惩百分比向量和第 `k+1` 行在 `b` 之后的 `k` 次理赔情形时下一个奖惩级别 `Next[k+1,b]` 的数组. 利用这个矩阵, 由 $P_{ij}=\sum\Pr[k\text{ claims}]$ 我们可以写出转移矩阵 $\boldsymbol{P}$; 对式 (6.12) 中的 $t_{ij}(k)=1$ 关于 k 求和, 所以 k 次理赔导致状态由 i 到 j 转移, 见式 (6.13). 这里, `p[1:4]` 表示 $0,1,2,3^+$ 次理赔的概率. 之后, 用相同的函数写出 $\boldsymbol{P}'$, 用式 (6.19) 中的导数 $P'_{ij}(\lambda)$ 代替 $P_{ij}(\lambda)$.

```
BM.frac <- c(1.2,1,0.9,0.8,0.7,0.6,0.55,0.5,0.45,0.4,0.375,0.35,0.325,0.3)
Next <- rbind(  ##  see Table 6.1
```

```
    c( 2, 3, 4, 5, 6, 7, 8, 9,10,11,12,13,14,14),
    c( 1, 1, 1, 1, 2, 3, 4, 5, 6, 7, 7, 8, 8, 9),
    c( 1, 1, 1, 1, 1, 1, 1, 1, 2, 3, 3, 4, 4, 5),
    c( 1, 1, 1, 1, 1, 1, 1, 1, 1, 1, 1, 1, 1, 1))
FillP <- function (p)
{ PP <- matrix(0,nrow=14,ncol=14)
  for (k1 in 1:4) for (b in 1:14)
  {j <- Next[k1,b]; PP[b,j] <- PP[b,j] + p[k1]}
  return(PP)}
```

近似方法　对 $\lambda\times(1-\varepsilon)$ 和 $\lambda\times(1+\varepsilon)$, 计算 $k=2^{10}=1024$ 时的 $\boldsymbol{P}^k$. 这个矩阵包含经过 k 步, 由初始状态 i 转移到状态 j 的概率 P_{ij}. 显然, 在 k 步之后, 从哪个状态开始就无关紧要了. 从而, 我们可以通过使用 $\boldsymbol{P}^k$ 最后几乎相等的行来得到稳态分布. 接下来, 计算相应的稳态保费. 最后, 使用下式:

$$e(\lambda)=\frac{\mathrm{d}\log b(\lambda)}{\mathrm{d}\log(\lambda)}\approx\frac{\Delta\log b(\lambda)}{\Delta\log(\lambda)}. \tag{6.20}$$

为了实现此法, 这样做:

```
b <- c(0,0); lbs <- c(0.05*(1-0.0001), 0.05*(1+0.0001))
for (i in 1:2)
{ pp <- dpois(0:2, lbs[i])
  P <- FillP(c(pp[1],pp[2],pp[3],1-sum(pp)))
  for (k in 1:10) P <- P %*% P ## i.e., P <- P^(2^10)
  stst <- P[14,] ## bottom row is near steady state db
  b[i] <- sum(stst*BM.frac)} ## b(lambda)
(log(b[2])-log(b[1])) / (log(lbs[2])-log(lbs[1]))
## = 0.1030403315
```

精确方法　对 $\lambda=0.05$, 按上述方法写出 $\boldsymbol{P}$. 首先, 求解 $l=l\boldsymbol{P}$ 来得到稳态分布 l, 其作为对应特征值 1 的 (实) 左特征向量总共有 1, 如下:

```
pp <- dpois(0:2, 0.05)
P <- FillP(c(pp[1],pp[2],pp[3],1-sum(pp)))
stst <- eigen(t(P))$vectors[,1]
stst <- stst/sum(stst); stst <- Re(stst)
```

注意到, 我们需要 $\boldsymbol{P}$ 的有左特征向量的最大特征值, 因此第 1 个(右) 特征向量由 `eigen(t(P))`产生, 详见`?eigen`.

作为一个不可约的随机矩阵, $\boldsymbol{P}$ 有一个特征值 1; 其余 13 个特征值的绝对值都小于 1. 这可由 Perron-Frobenius 定理得出, 或者通过如下推理:

在 $t\geqslant 13$ 步时, 所有状态都能从任一其他状态而达到, 所以 $P_{ij}^{\,t}>0, \forall i, j$.

P_{ij}^{∞} 是在非常大的步数 t 时, 由 i 到达 j 的极限概率.

由于当 $t \to \infty$ 时, 初始状态 i 显然变得无关紧要, 所以 $\boldsymbol{P}^{\infty}$ 具有常数行.

因此 $\boldsymbol{P}^{\infty}$ 的秩为 1, 具有 1 个特征值 1 和 13 个特征值 0.

如果 a 满足 $a\boldsymbol{P} = \alpha a$, 那么 $a\boldsymbol{P}^t = \alpha^t a$. 于是 $\alpha \neq 1 \Longrightarrow \alpha^t \to 0 \Longrightarrow |\alpha| < 1$.

显然, l 依赖于 λ. 令 $g_j(\lambda)$ 如式 (6.17) 中那样, 对 $l(\lambda) = l(\lambda)\boldsymbol{P}(\lambda)$ 求导可得

$$g(\lambda)(\boldsymbol{I} - \boldsymbol{P}(\lambda)) \overset{(6.18)}{=} l(\lambda)\boldsymbol{P}'(\lambda). \tag{6.21}$$

方程组 $g(\boldsymbol{I} - \boldsymbol{P}) = l\boldsymbol{P}'$ 是不定的 (不定方程组), 这是因为对 $\boldsymbol{I} - \boldsymbol{P}$ 和 $\boldsymbol{P}'$ 的所有行求和都等于 0, 所以把所有方程相加得到 $0 = 0$. 这意味着最后一个方程是其他方程总和的负值. 为解决这个问题, 用 $\sum g_j(\lambda) = 0$ 替换其中的一个方程, $\sum g_j(\lambda) = 0$ 一定成立, 这是因为

$$\sum g_j(\lambda) = \frac{\mathrm{d}}{\mathrm{d}\lambda}\sum_j b_j(\lambda) = \frac{\mathrm{d}}{\mathrm{d}\lambda}1 = 0. \tag{6.22}$$

最后一个方程 (6.22) 的系数之和为正, 因此其不能是系数总和为 0 的其他方程的线性组合.

为计算 $\boldsymbol{P}'$, 只要把 $\boldsymbol{P}$ 中的每个元素 $P_{ij}(\lambda)$ 用 $P_{ij}'(\lambda)$ 替换即可 (见式 (6.19)). 所以通过调用如下的 R 函数可得到精确的效率:

```
P.prime <- FillP(c(-pp[1],pp[1]-pp[2],pp[2]-pp[3],pp[3]))
IP <- diag(14)-P
lP <- stst %*% P.prime          ## system (6.21) is g%IP = lP
IP[,14] <- 1; lP[14] <- 0       ## replace last eqn by sum(g)=0
g <- lP %*% solve(IP)           ## g = lP (IP)^{-1}
0.05*sum(g*BM.frac)/sum(stst*BM.frac)      ## = 0.1030403317
```

模拟方法 生成 10000 个跨越 50 年的奖惩历史如下:

```
TMax <- 50; NSim <- 10000; FinalBM <- numeric(NSim)
lbs <- c(0.05*(1-0.1), 0.05*(1+0.1)); b <- c(0,0);
for (ii in 1:2) ## just as in Method 1
{ for (n in 1:NSim)
  { cn1 <- rpois(TMax,lbs[ii]); cn1 <- pmin(cn1, 3) + 1
    BM <- 14; for (i in 1:TMax) BM <- Next[cn1[i],BM]
    FinalBM[n] <- BM
  }
  print(table(FinalBM)/NSim); b[ii] <- mean(BM.frac[FinalBM])
}
(log(b[2])-log(b[1])) / (log(lbs[2])-log(lbs[1]))
```

最后一种方法当然是目前最慢的, 一些检验结果显示, 为达到两位小数的精度, 需要大约一百万次模拟, 历时 15 分钟左右. 通常, 需要对许多 λ 的值计算 $e(\lambda)$, 时间绝对是一个问题. 例如, 我们可能需要生成 $e(\lambda)$的图形, 如图 6.1 所示, 或者需要计算 $\max e(\lambda)$ 或 $\int e(\lambda)\,\mathrm{d}U(\lambda)$. 同时, 我们也想知道 50 年后, 初始状态选择的影响是否确实消失了. 另一方面, 不可否认的是模拟方法在模型变化的情形无疑是更灵活的.

§6.5　习　　题

§6.2

1. 假设有一个荷兰驾驶员, 起初以 100%的费率级别进入奖惩系统, 前 7 个保单年度没有理赔记录, 在第 8 个保单年度有一个理赔记录, 在接下来的 3 年中又没有理赔记录, 求该驾驶员需要缴纳的基本保费的百分比. 假如他的那次理赔发生在第 2 个保单年度, 他应缴纳的总保费会不会不同?

§6.3

1. 证明式 (6.9).

2. $\boldsymbol{P}$ 如式 (6.1) 所示, 求 $\boldsymbol{P}^2$. 其元素具有什么含义? 你能够据此直接看出 $l(2) = l(\infty)$ 一定成立吗?

3. 考察本节那个有三个状态的例子, 如果在状态 2 上的保费是 a 而不是 c, 求 $e(\lambda)$. 试论现在该系统可以只用两个状态来描述, 并求 $\boldsymbol{P}$ 和 $l(\infty)$.

4. 证明: 在式 (6.10) 中, 对满足 $a < c$ 的所有 a 和 c 有 $e(\lambda) < 1$. 何时 $e(\lambda)$ 接近于 1?

5. 当利率为 i 时, 在保单年度末对一个理赔重新计算式 (6.6).

6. 确定 α 的值, 使得转移概率矩阵 $\boldsymbol{P} = \begin{pmatrix} \alpha & 1-\alpha \\ 1/2 & 1/2 \end{pmatrix}$ 的稳态向量为 $\left(\dfrac{5}{12}, \dfrac{7}{12}\right)$.

7. 如果对于稳态保费有: $\lambda = 0.050$ 时, $b(\lambda) = 100$; $\lambda = 0.051$ 时, $b(\lambda) = 101$, 那么当 $\lambda = 0.05$ 时, 估计 Loimaranta 效率 $e(\lambda) = \dfrac{\mathrm{d}\log b(\lambda)}{\mathrm{d}\log \lambda}$.

8. 对于转移概率矩阵 $\boldsymbol{P} = \begin{pmatrix} t & 1-t \\ s & 1-s \end{pmatrix}$, 如果稳态向量等于 $(p, 1-p)$, 那么 s 和 t 之间有何种关系成立?

§6.4

1. 在荷兰的奖惩系统中, 假设存在一个所谓的“无理赔保护”: 第 1 次理赔不影响其下一年度在奖惩标准中的位置. 画出该系统所得效率的图形, 并解释它为什么低了这么多. 同时, 给出所得到的转移概率矩阵. 运用同样的函数 `FillP` 和同样的数组 `Next`; 仅更改 `FillP` 的参数 `p`.

2. 在荷兰的奖惩系统中, 确定在什么情况下, 于 12 月 31 日提请发生的额度为 t 的理赔不是最好的选择. 考虑一个 15 年的时间范围, 没有通货膨胀和贴现, 在整个期间内理赔频率均为 $\lambda = 0.05$. 对于每个当前级别 $k \in \{1, \cdots, 14\}$ 计算边界值. 在年贴现因子为 2% 的情况下, 重新考虑这些问题.

第7章 风险排序

精算师利用他们在统计、金融和商业方面的知识评估事件发生的风险, 并且帮助制定合适的保单来最小化风险以及风险对公司和客户的财务影响. 精算师的主要职责之一是帮助企业评估特定事件发生的风险并且制定可以最小化这些风险带来的成本的保单. 因此, 精算师是保险行业的核心.

—— 美国劳工部, www.bls.gov/oco

§7.1 引 言

风险比较是精算最本质的工作. 本章将介绍用来比较的数学概念和工具, 并给出非寿险精算中的一些重要结果. 风险, 表示一个非负的随机财务损失. 通常, 在两种情况下我们会说某一风险会普遍优于另一风险, 其一是当另一风险*更大*时, 见 §7.2; 其二是另一风险*更厚尾*(*更危险*) 时, 见 §7.3. 厚尾的意思是该随机变量取极端值的概率更大. 因为这样的风险取值更分散, 从而更难预测, 所以在均值相等的条件下更厚尾的风险更没有吸引力. 我们将证明, 有更厚的尾部就意味着具有更高的止损保费. 我们还会证明, 对具有一致更低的止损保费的风险的偏好反映了所有风险厌恶决策者对风险的共同偏好. 我们可以猜想, 一个更小或更不危险的风险, 在广泛应用的均值–方差序意义下也是更被偏好的. 在这种序关系下, 决策者偏好均值较小的风险; 在均值相等的条件下, 方差是决策者参考的第二个标准. 然而这种序概念在精算领域有很大不足，因为由它导出的风险偏好，不能在所有理性的决策者中达成一致意见.

我们给出止损序的几个不变性质, 其中在精算应用最重要的一个是, 当理赔次数或个体理赔额分布由另一更危险的分布替换后, 总理赔额也更危险，即止损序在复合运算下的不变性.

在 §7.4 中, 我们给出了风险排序理论的许多应用, 其中一个应用就是个体模型比聚合模型风险更小. 在第 3 章, 我们已经知道标准的聚合模型和个体模型有相同的均值时, 前者方差更大. 我们还会证明更强的结论：开放聚合模型的均值和方差都比个体模型的大. 本章, 我们将证明一些更强的结论, 例如, 对一个分布性质等同于个体模型的损失和另一个为通常的聚合模型分布的损失, 任何厌恶风险型的决策者都会偏好于前者, 并且它对应的所有止损保费都较小.

由第 4 章我们知道, 不破产概率可以表示为一个复合几何随机变量 L 的分布函数, 其中 L 代表最大总损失量. 我们将证明, 如果在破产模型中将单个理赔分布替换为一个所有风险厌恶决策者都偏好的分布, 那么, 对于所有初始资本 u, 对应的破产概率都会降低. 在某些更一般的条件下, 上述结论对破产概率的 Lundberg 指数上界同样成立.

很多参数分布族关于它们的参数是单调的, 即风险随着每个参数递增 (或递减). 考察 gamma(α,β) 分布的一个子族, 其均值 $\alpha/\beta=\mu$ 固定, 我们将证明在任意点 d 的止损保费随方差 $\alpha/\beta^2=\mu^2/\alpha$ 递增, 因而关于 α 递减. 这样, 就有可能把所有的伽玛分布与 gamma(α_0,β_0) 分布进行比较. 某些会被所有具有单调增效用的决策者偏好, 某些仅会被还具有风险厌恶的决策者偏好, 而对其他的风险, 风险厌恶的决策者看法会有所不同.

在第 1 章中我们已经证明, 在均值固定、自留风险的方差最小的意义下, 止损再保险是最优的形式. 在本章中我们能够证明更强的结论: 任意风险厌恶的决策者都偏好止损再保险下的自留风险.

我们还将证明, 很多时候, 所有风险厌恶的决策者对某个风险的普遍偏好并不总是反映在对风险的保费上. 对于损失, 如果每个风险厌恶的决策者相对 Y 更偏好 X, 则 X 的零效用保费更低, 包括指数保费等.

§7.5 给出了风险排序的另一个应用领域. 有时, 人们要计算某单一风险的止损保费时, 但只知道该风险的部分信息, 如均值 μ、最大损失 b 和可能的方差 σ^2. 我们将利用这些特征来决定风险, 给出这些保费的上界和下界.

可以想象, 在前面的求和式子中要求各项非负且相互独立的限制约束太苛刻. 很多不变性主要依赖于非负性. 但是, 在金融精算应用中, 我们的模型必须能够同时考虑收益和损失. 此外, 独立性的假设往往不能得到满足. 例如, 求和式中的各项是在一个随机利息力下的连续支付, 或者是地震险、水灾险的连续支付. 还有, 夫妻的死亡风险也是明显相关的, 这是因为 "心碎综合征", 双方的生活环境和性格很相似 (物以类聚, 人以群分). 然而, 大多数传统的保险模型都有独立性的假设. 我们可以采用分散化的手段, 使风险组合尽可能满足这个要求. 因此不能包括太多相关的风险, 如一幢大楼不同楼层的火灾风险, 或同一大额再保风险的几个再保层.

独立性假设在保险中扮演着非常重要的角色. 事实上, 保险的根基就是, 通过承保很多小的独立风险, 保险人的随机头寸会越来越可预见, 这是基于统计学中的两大基础定律: 大数定律和中心极限定理. 某风险可以被其他风险对冲, 是因为一份保单上的损失可能从其他结果较好的保单中弥补. 此外, 独立性的假设带来很大的方便, 因为多数情况下, 统计搜集只能给出风险的边缘分布信息, 而不是联合分布的信息, 即这些风险相互关联的方式. 还有, 相对联合分布函数的其他结构, 独立性在数学上的处理要容易得多. 注意到, 大数定律并不是说随着保险人业务的扩大, 其随机资本金的方差会趋于零, 而是变异系数, 即标准差与均值的比值, 是趋于零的.

在 §7.6 中, 我们将决定如何对一个能够产生收益和损失且随机相依结构未知的保单组合进行安全决策. 显然, 如果随机变量之间呈现正相依时, 那么这些随机变量和的风险会更大. 正相依是指当一个随机变量取较大值时, 其他随机变量也有随之取较大值的趋势. 如果变量间没有正相依性, 比如, 是随机独立的或是负相依, 那么损失会被对冲, 随机变量的和就更容易预测, 从而对风险厌恶的投资者就更有吸引力. 对正相依的情形, 独立性假设可能会低估组合的风险. 负相依意味着一个风险的赔付额越大, 其他风险的赔付额就越小. 这里最关键的结果是, 如果这些随机变量是最大正相依的 (同单调), 那么它们和的风险最大.

在 §7.7 中, 我们将学习相依风险的精算理论. 在比较两对具有相同边缘分布的风险, 并决定哪一对相依性更强时, 我们当然可以参考常用的相关性度量, 如皮尔逊 r, 斯皮尔曼 ρ, 肯德尔 τ, 以及布罗维斯特 β. 我们注意到, 止损序是较均值–方差序更可靠的排序概念, 因为后者经常导致一些与我们认为明智的决策者的观点相反的结论. 基于这些相关性度量得出的结论也会发生同样的状况. 我们会称 (X,Y) 比 (X',Y')*相依性更强*, 如果它们有相同的边缘分布, 但前者有较大的联合分布. 该分布等于 $\Pr[X \leqslant x, Y \leqslant y]$, 因此它代表 X 和 Y 同时变 "小" 的概率. 与此同时, 注意到它们同时变 "大" 的概率会较大, 因为 $\Pr[X > x, Y > y] = 1 - \Pr[X \leqslant x] - \Pr[Y \leqslant y] + \Pr[X \leqslant x, Y \leqslant y]$. 如果 (X,Y) 比一对相互独立随机变量相依性更强, 则它们呈正相依关系. 如果 (X,Y) 的分布函数是最大的, 则它们是同单调的. 如果 (X,Y) 比 (X',Y') 相依性更强, 则可以证明, 之前提到的所有相关性度量都会更大, 但反之不成立. 我们还会介绍风险对 (X,Y) 的 copula 概念, 也就是 X 和 Y 的秩次的分布函数. 如果 F 和 G 是相应的边缘分布, 则它们的秩次就是随机变量 $F(X)$ 和 $G(Y)$. Copula 和边缘分布决定了联合分布函数. 我们将证明, 利用一个特殊的 copula, 可以得到具有给定边缘分布和任意斯皮尔曼 ρ 值的联合分布, 其中 ρ 就是秩次 $F(X)$ 和 $G(Y)$ 的相关系数.

§7.2　更大的风险

在 §7.2~§7.5 中, 我们将对风险 (即非负随机变量) 进行比较. 我们很容易给出一个条件, 使得在此条件之下一个风险 Y 大于 (更准确地说, 大于或等于) 另一个风险 X: 如果 X 几乎处处小于 Y, 即 $\Pr[X \leqslant Y] = 1$, 那么一个具有单调增效用函数的决策者无疑将认为损失 X 好于损失 Y. 这里引出如下的定义.

定义 7.2.1("更大" 的风险) 对两个风险 X 和 Y, 若存在一对随机变量 (X',Y) 满足 $X'\sim X$ 和 $\Pr[X'\leqslant Y]=1$, 则称 Y 比 X"更大". ▽

注意到, 在此定义中, 我们并不是只考虑边缘分布函数 F_X 和 F_Y, 而且还考虑 X' 和 Y 的联合分布. 下面我们来看一个例子.

例 7.2.1(二项随机变量) 令 X 表示投掷一枚均匀硬币 7 次中出现正面的次数, Y 表示投掷另一枚非均匀硬币 10 次中出现正面的次数, 这里每次投掷出现正面的概率 $p>\dfrac{1}{2}$. 如果 X 和 Y 相互独立, 则事件 $X>Y$ 发生的概率为正. 我们是否可以设计这样的一个实验, 在该实验中能够定义随机变量 X' 和 Y, 满足 X' 与 X 同分布, 且恒有 Y 不小于 X'?

为了构造随机变量 $X'\sim X$ 满足 $\Pr[X'\leqslant Y]=1$, 我们按如下方式进行. 投掷一个出现正面概率为 p 的非均匀硬币 10 次, 出现正面的次数记为 Y. 在前 7 次投掷中, 每当正面出现, 我们立即投掷另一枚出现正面概率为 $\dfrac{1}{2p}$ 的硬币, 用 X' 记第二枚非均匀硬币出现正面的次数. 那么, 我们有 $X'\sim \text{binomial}\left(7,\dfrac{1}{2}\right)$, 与 X 分布相同. 这是因为第二枚硬币每次被投掷且出现正面的概率为 $p\times\dfrac{1}{2p}$. 正如要求的, $\Pr[X'\leqslant Y]=1$, 且随机变量 X' 与 Y 不独立. ▽

可以证明, 定义 7.2.1 中 Y 比 X"更大" 的条件等价于对边缘分布函数的一个简单的条件, 见下面定理.

定理 7.2.1(更大的随机变量具有更小的分布函数) 存在一对随机变量 (X',Y) 满足 $X'\sim X$ 和 $\Pr[X'\leqslant Y]=1$, 当且仅当对所有 $x\geqslant 0$ 有 $F_X(x)\geqslant F_Y(x)$ 成立.

证明 定理的必要性是显然的, 因为对所有 x 都必然有 $\Pr[X'\leqslant x]\geqslant\Pr[Y\leqslant x]$ 成立. 对于定理的充分性, 我们这里仅对两种重要的特殊情形给出证明. 如果 $F_X(\cdot)$ 和 $F_Y(\cdot)$ 都是连续且严格递增的, 我们可简单地取 $X'=F_X^{-1}(F_Y(Y))$, 那么可以证明 $F_Y(Y)$ 服从 uniform$(0,1)$ 分布, 所以有 $F_X^{-1}(F_Y(Y))\sim X$ 成立, 且 $X'\leqslant Y$ 也成立.

当 X 和 Y 为离散型随机变量时, 考虑分布函数 $F_X(\cdot)$ 和 $F_Y(\cdot)$ 的逆函数. 对任意 $0<u<1$, 定义

$$\begin{aligned} f(u)&=x,\quad \text{若 } F_X(x-0)<u\leqslant F_X(x);\\ g(u)&=y,\quad \text{若 } F_Y(y-0)<u\leqslant F_Y(y). \end{aligned}\tag{7.1}$$

接下来, 取 $U\sim$ uniform(0,1), 则有 $g(U)\sim Y$ 和 $f(U)\sim X$ 成立. 而对任意 x, $F_X(x)\geqslant F_Y(x)$ 成立蕴涵了对所有 u 有 $f(u)\leqslant g(u)$ 成立, 于是有 $\Pr[f(U)\leqslant$

$g(U)] = 1$. ▽

注 7.2.1("更大" 的与更大的风险)　在比较风险 X 和 Y 时, 我们只考虑它们的边缘分布函数 F_X 和 F_Y. 因为不涉及联合分布函数, 所以不失一般性, 我们可以考虑 X 的任何一个版本. 但这意味着, 在定义 7.2.1 的意义下, 如果 Y 比 X"更大", 实际上我们可以假设较强的结论 $\Pr[X \leqslant Y] = 1$ 成立. 所以在考虑随机大时, 我们可以假设一个风险以概率 1 更大, 而不仅仅是随机地更大. 然后我们只需用一个等价的风险来替代 X. 这种方法在证明 "更大" 的风险时很有用处. ▽

在很多场合, 我们会考虑一个涉及多个随机变量作为输入变量的模型. 通常, 如果把模型的一个输入随机变量换成一个更大的风险, 则模型的输出会增加. 例如, 比较 $X+Z$ 和 $Y+Z$ 的大小, 其中风险 Z 与 X 和 Y 独立 (卷积). 一个不太平凡的例子是随机变量的复合, 其中理赔次数和个体理赔额分布都可以被替换. 我们有如下结论.

定理 7.2.2(复合)　如果对所有 i 有个体理赔额 X_i 比 Y_i"更小", 记数变量 M 比 N"更小", 且所有随机变量间相互独立, 则有 $X_1 + X_2 + \cdots + X_M$ 比 $Y_1 + Y_2 + \cdots + Y_N$"更小".

证明　参考注 7.2.1, 不失一般性, 我们可以假设 $X_i \leqslant Y_i$ 和 $M \leqslant N$ 以概率 1 成立, 则结论中第二个表达式有不少于第一个表达式的项数, 且每一项都不小于第一个表达式中的对应项. ▽

以上使用的序概念 "更大" 称为*随机序*, 其记号如下.

定义 7.2.2(随机序)　如果风险 Y 比风险 X"更大", 则称 X 在随机序意义下小于 Y, 记作 $X \leqslant_{\rm st} Y$. ▽

在文献中, 术语 "随机序" 通常被用来指随机变量或它们分布之间的任何一种序概念. 在本书中, 随机序特指定义 7.2.2 中的序.

注 7.2.2(随机序下更大的风险有更大的均值)　随机序 $X \leqslant_{\rm st} Y$ 的一个显然的*必要条件*是 $\mathrm{E}[X] \leqslant \mathrm{E}[Y]$, 且除 $X \sim Y$ 时总有 $\mathrm{E}[X] < \mathrm{E}[Y]$. 例如, 见公式 (1.33), 其中取 $d = 0$. 反之, 由 $\mathrm{E}[X] \leqslant \mathrm{E}[Y]$ 并不能推出 $X \leqslant_{\rm st} Y$. 一个反例就是: $X \sim$ Bernoulli(p), 其中 $p = \dfrac{1}{2}$, 且对 $\dfrac{1}{2} < c < 1$ 有 $\Pr[Y = c] = 1$.

注 7.2.3(相互交叉一次的概率密度是有随机序的)　随机序的一个重要*充分条件*是两个随机变量的概率密度函数满足: 对于较小 x 有 $f_X(x) \geqslant f_Y(x)$, 对于较大 x 不等式改变方向. 该结论的证明见习题 7.2 第 1 题. ▽

可以证明, 基于效用理论, 序 $\leqslant_{\rm st}$ 有一个自然的解释, 如下所述.

定理 7.2.3(随机序和单调递增效用函数)　$X \leqslant_{\rm st} Y$ 成立, 当且仅当对每个单调递增的效用函数 $u(\cdot)$ 都有 $\mathrm{E}[u(-X)] \geqslant \mathrm{E}[u(-Y)]$ 成立.

证明 如果对每个单调递增函数 $u(\cdot)$ 有 $\mathrm{E}[u(-X)] \geqslant \mathrm{E}[u(-Y)]$ 成立, 则该不等式对特殊的效用函数 $u_d(y) = 1 - I_{(-\infty,-d]}(y)$ 也成立. 而 $\mathrm{E}[u_d(-X)]$ 即为 $\Pr[X \leqslant d]$. 反之, 对于必要条件, 如果 $X \leqslant_{\mathrm{st}} Y$, 则存在某个 $X' \sim X$ 有 $\Pr[X' \leqslant Y] = 1$, 所以 $\mathrm{E}[u(-X)] \geqslant \mathrm{E}[u(-Y)]$ 成立. ▽

因此, 我们可以说满足 $X \leqslant_{\mathrm{st}} Y$ 的一对风险 X 和 Y 完全等同于所有逐利决策者对这两风险的偏好排序.

§7.3 更危险的风险

在经济学中, 当要在两个潜在的损失中作出选择时, 人们通常偏好具有较小均值的损失风险. 如果两个风险有相同的均值, 那么决策者就会依据方差作出选择. 这种均值–方差序的概念构成了经济学理论中 CAPM 模型的基础. 而这对精算师来说是不够的, 因为即使不是所有风险厌恶者都认同, 它仍可能断言一种风险优于另一种风险.

§7.3.1 更厚尾的风险

很显然, 所有厌恶风险的精算师都认同, 如果一个风险以更大概率取极端值, 那么该风险就更危险. 定义如下.

定义 7.3.1(更厚尾的) 对于两个风险 X 和 Y, 我们称 Y 相对 X 是更厚尾的, 记作 $Y \geqslant_{\mathrm{tt}} X$, 如果它们具有如下性质.

均值相同 $\mathrm{E}[X] = \mathrm{E}[Y]$,

分布函数交叉一次 存在某个实数 x_0, 使得对 $x < x_0$ 有 $\Pr[X \leqslant x] \leqslant \Pr[Y \leqslant x]$, 对 $x > x_0$ 有 $\Pr[X \leqslant x] \geqslant \Pr[Y \leqslant x]$. ▽

例 7.3.1(散布和集中) 对具有给定上限 b 和均值 μ 的风险类 Y, 含有一个最厚尾的元素 Z. 它就是一个随机变量满足:

$$\Pr[Z = b] = 1 - \Pr[Z = 0] = \frac{\mu}{b}. \tag{7.2}$$

显然, 如果 Y 也有均值 μ 和上界 b, 由于它们的分布函数只交叉一次, 必有 $Y \leqslant_{\mathrm{tt}} Z$ 成立. 如图 7.1 所示. Z 的分布可通过把 Y 在 $[0, b]$ 上的概率散布到边界点 0 和 b 上而得到. 而随机变量 Z 是在具有同样均值和上限的随机变量中散布程度最强的. 因为 $\mathrm{E}[Y^2] \leqslant \mathrm{E}[bY] = b\mu = \mathrm{E}[Z^2]$, 所以方差 $\mathrm{Var}[Z]$ 是最大的.

同样地, 该风险类也含有一个分散程度最低的随机变量. 它通过把所有的概率集中于 μ 一点而得. 如果 $X \equiv \mu$, 则 $X \leqslant_{\mathrm{tt}} Y$, 且方差是最小的, 如图 7.1 所示. 出于实务的目的, 人们对寻找一个最小方差 (最佳情形) 并不是很感兴趣.

我们也可以对某个区间上的概率作散布与集中, 同样也可以得出较重尾或较轻尾的风险. ▽

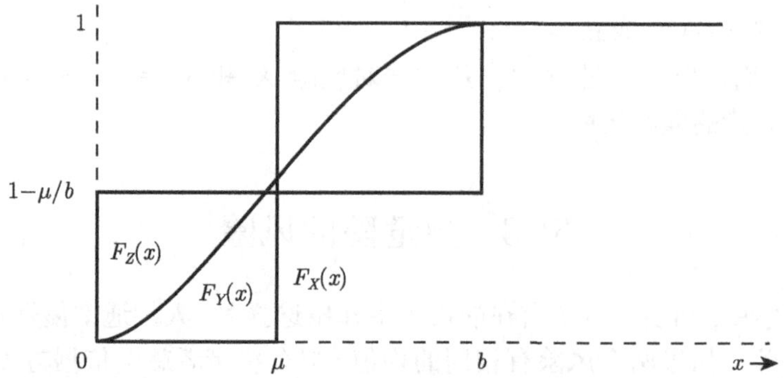

图 7.1　通过散布与集中得到的具有均值 μ 和支撑集 $[0,b]$ 的最厚尾和最轻尾的分布函数

两个相交的分布函数仅交叉一次的一个充分条件是, 这两个函数的差先单调递增, 再单调递减, 最后再单调递增. 由此, 我们有如下定理.

定理 7.3.1(密度函数交叉两次表明分布函数交叉一次)　设风险 X 和 Y 具有相同的有限均值, 但有不同的概率密度函数. 如果存在区间 I_1, I_2 和 I_3, 满足 $I_1 \cup I_2 \cup I_3 = [0,\infty)$, I_2 介于 I_1 和 I_3 之间, 在 I_1 和 I_3 上 X 和 Y 的概率密度函数满足 $f_X(x) \leqslant f_Y(x)$, 在 I_2 上满足 $f_X(x) \geqslant f_Y(x)$, 那么 X 和 Y 的分布函数仅交叉一次. 注意在离散情形时, 可能出现 $I_1 = [0,0]$ 或 $I_2 = [b,b]$.

证明　由假设 $f_X \not\equiv f_Y$ 和 $\mathrm{E}[X] = \mathrm{E}[Y] < \infty$, 我们可知分布函数 F_X 和 F_Y 至少交叉一次. 这是因为如果它们不相交, 则由定理 7.2.1 知其中一个分布函数必在随机序意义下大于另一个, 根据注 7.2.2 可知它们的均值必不相同. 在 0 点的左侧和在 ∞ 处, 两个分布函数差值均为零. 注意到概率密度函数表示分布函数的导数或跳点的跨度. 在这两种情形下, 两分布函数差首先单调递增, 达到一个最大值, 接着单调递减, 达到一个最小值, 最后再单调递增到零. 所以, 在 I_2 中存在一个点, 两个分布函数差于该点穿过 x 轴, 因此两个分布函数相互交叉一次, 即使密度函数为微分形式, 该性质仍然成立.

例 7.3.2(二项分布的尾轻于泊松分布)　如果将 binomial (n,p) 与 Poisson(np) 分布进行比较, 那么我们知道二者有相同的均值, 而后者有较大的方差. 是否有泊松分布相对于二项分布是更厚尾的呢?

我们将证明, 两分布的概率函数, 分别记为 $f(x)$ 和 $g(x)$, 具有前面定理中的交叉性质. 因为 $f(x) > g(x) > 0$ 等同于 $r(x) := f(x)/g(x) > 1$, 所以, 我们只需证明 $r(x)$ 关于 x 先是单调增, 然后再单调减. 记 $q = 1-p$, 则对该比率有

$$r(x)=\frac{f(x)}{g(x)}=\frac{\binom{n}{x}p^xq^{n-x}}{(np)^x\mathrm{e}^{-np}/x!}=\frac{n(n-1)\cdots(n-x+1)}{n^xq^x}q^n\mathrm{e}^{np}. \tag{7.3}$$

接下来考虑 $r(x)$ 在相邻点处的比值. 对于 $x=1,2,\cdots$, 我们有

$$\frac{r(x)}{r(x-1)}=\frac{n-x+1}{nq}\leqslant 1 \quad 当且仅当 \quad x\geqslant np+1. \tag{7.4}$$

因为 $f(\cdot)$ 和 $g(\cdot)$ 有相同均值, 所以它们至少交叉两次. 这表明 $r(x)$ 必穿越水平线 1 两次, 所以对较小或者较大的 x 必有 $r(x)<1$ 成立. 而当 x 取值于 $np+1$ 附近的区间时, 必有 $r(x)>1$ 成立. 应用前面的定理可知, 泊松分布确实比具有相同均值的二项分布有较厚的尾. ▽

注 7.3.1(更厚尾关系不具有传递性) 很容易构造例子, 随机变量 X,Y 和 Z, 满足 Y 相对 X 是更厚尾的, Z 相对 Y 是更厚尾的, 但 Z 相对 X 不是更厚尾的. 在图 7.2 中, 分布函数 $F=F_X$ 和 $G=F_Y$ 交叉一次, 分布函数 G 和 $H=F_Z$ 也交叉一次, 但 F 和 H 交叉了三次. 所以, 更厚尾不是一个好的序概念: 序关系应该具有传递性. 对于一对随机变量 X 和 Z, 我们通过拓展 $\leqslant_{\mathrm{tt}}$ 的关系而使之具有传递性, 即存在一列随机变量序列 $Y_1,Y_2,\cdots,Y_n$ 满足 $Y_j\leqslant_{\mathrm{tt}}Y_{j+1}, j=1,2,\cdots,n-1$ 和 $Y_n\leqslant_{\mathrm{tt}}Z$. 按此方法延伸, 我们可以得到关系 $\leqslant_{\mathrm{tt}}$ 的有限传递封闭性. 从现在开始我们称为是间接更厚尾的. ▽

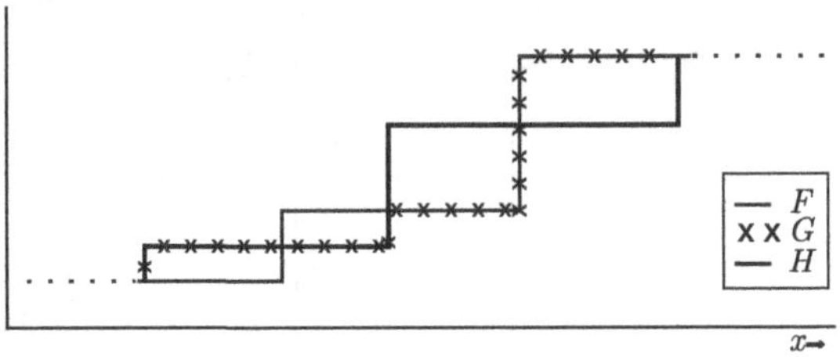

图 7.2 一个重尾性质传递性的反例: H 的尾重于 G, G 的尾重于 F, 但 H 的尾并不重于 F

如果在随机序的意义下 X 小于 Y, 那么它们的分布函数不会相交. 如果 Y 相对 X 是 (间接) 更厚尾的, 则可以证明它们的止损变换 $\pi_X(d)=\mathrm{E}[(X-d)_+]$ 和 $\pi_Y(d)$ 互不相交. 由归纳法, 我们只需要对 Y 相对 X 是直接更厚尾的情形证明即可. 而在该情形下, 因为 X 和 Y 的均值相等, 差值 $\pi_Y(d)-\pi_X(d)$ 在 $d=0$ 时为零, 在 $d\to\infty$ 时为零; 只要 $\pi'_Y(d)-\pi'_X(d)=F_Y(d)-F_X(d)$ 为正, 该差值递增, 否则, 就开始递减. 因此, Y 相对 X 更厚尾表明 Y 具有较高的止损保费.

注 7.3.2(奇数次符号变化不是间接更厚尾的充分条件) 显而易见, 在等均值的情况下, 两个具有偶数次符号变化的分布函数不可能满足止损序. 一次符号变化是止损序的充分条件, 但对于多于一次的奇数次符号变化则不然. 这可以通过比较两个随机变量 $U\sim\mathrm{uniform}(0,b)$ 和 $M\sim\mathrm{binomial}\left(b,\dfrac{1}{2}\right)$ 的止损保费来说明, 其中

$b=2,3$. 正如我们在图 7.3 看到的, 在 $b=2$ 时, M 的止损保费都是较大的. 为了说明分布函数满足间接更厚尾关系, 我们比较 F_U 和 F_M, 其中分布函数 G 在 $(-\infty,1)$ 上有 $G(x)=F_U(x)$, 在 $[1,\infty)$ 上有 $G(x)=F_M(x)$. 但在 $b=3$ 时, 观测 $d=3-\varepsilon$ 和 $d=2$ 可以看出, 止损保费不是一致有序的. 分布函数的差值存在 5 次的符号变化.

注意到, 在对离散分布和连续分布进行比较时, 我们不能只看密度函数, 还要观察其相应的微分. 也就是 $\mathrm{d}F_U(x)=f_U(x)\,\mathrm{d}x$, 而只有当 $x\in\{0,\cdots,b\}$ 有 $\mathrm{d}F_M(x)>0$, 在其他点 $\mathrm{d}F_M(x)=0$. 前者在 $[0,b]$ 上为正, 尽管为无限小值. 而后者仅在某些点上为正, 几乎处处为零. ▽

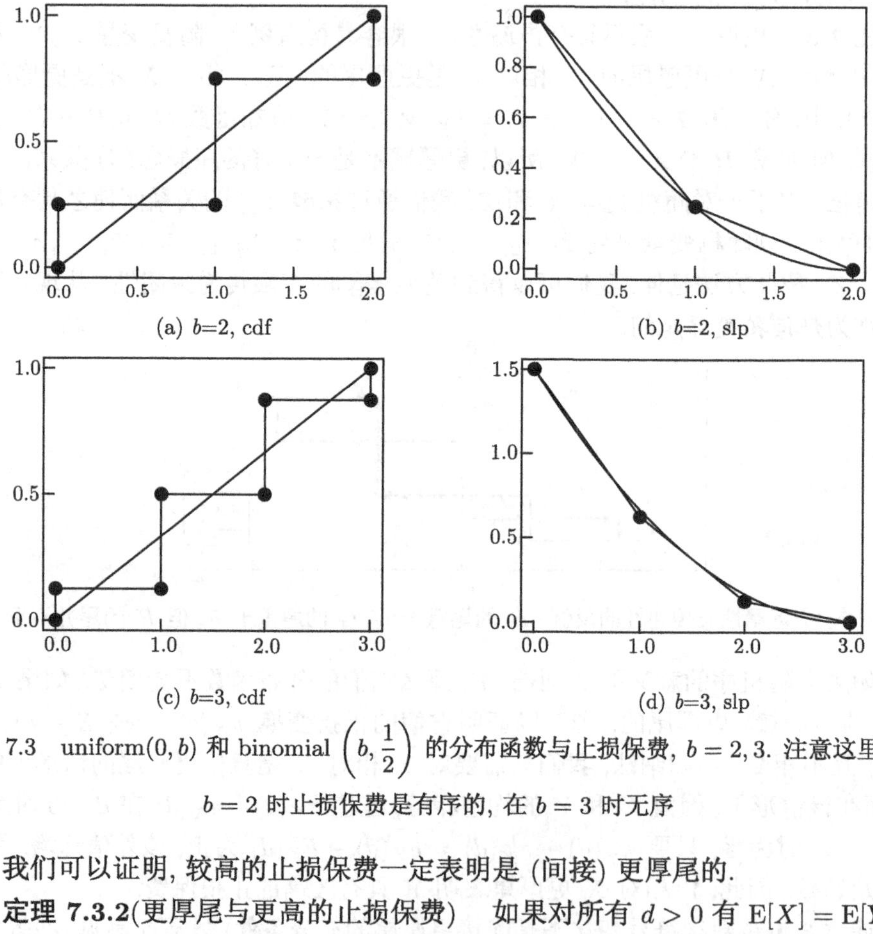

图 7.3　uniform$(0,b)$ 和 binomial $\left(b,\dfrac{1}{2}\right)$ 的分布函数与止损保费, $b=2,3$. 注意这里在 $b=2$ 时止损保费是有序的, 在 $b=3$ 时无序

我们可以证明, 较高的止损保费一定表明是 (间接) 更厚尾的.

定理 7.3.2(更厚尾与更高的止损保费)　如果对所有 $d>0$ 有 $\mathrm{E}[X]=\mathrm{E}[Y]$ 和 $\pi_X(d)\leqslant\pi_Y(d)$ 成立, 则存在一列依次更厚尾的分布函数 $F_1,F_2,\cdots$ 满足 $X\sim F_1$ 和 $Y\sim\lim\limits_{n\to\infty}F_n$.

证明　首先, 假设随机变量 Y 仅取有限个值. 那么 Y 的分布函数是阶梯函数, 其止损变换是一个逐段线性的连续凸函数. 因此, 对于特定的线性函数 $A_1,\cdots,A_n$,

止损变换可以写成如下形式

$$\pi_Y(d) = \max\{\pi_X(d), A_1(d), A_2(d), \cdots, A_n(d)\}, \quad -\infty < d < \infty. \tag{7.5}$$

接下来定义函数 $\pi_i(\cdot), i = 1, 2, \cdots, n$ 如下:

$$\pi_i(d) = \max\{\pi_X(d), A_1(d), A_2(d), \cdots, A_{i-1}(d)\}, \quad -\infty < d < \infty. \tag{7.6}$$

这些函数为止损变换, 对应的分布函数记为 $F_i, i = 1, 2, \cdots, n$. 读者可以验证, $X \sim F_1, Y \sim F_n$, 且 F_i 相对 F_{i-1} 是更厚尾的, $i = 2, 3, \cdots, n$(见习题 7.3 第 25 题).

如果 Y 的支撑集延伸到无穷, 我们需要取分布函数 F_n 在依分布收敛意义下的极限. ▽

§7.3.2 止损序

对于具有有序止损保费的一对随机变量, 我们有如下定义.

定义 7.3.2(止损序) 如果 X 比 Z 有更小的止损保费, 则称在止损序意义下 X 小于 Z, 记作 $X \leqslant_{\mathrm{SL}} Z$. ▽

如果一个随机变量在止损序意义下大于另一个具有相同均值的风险, 在下面我们将称前者 "更危险". 注意在止损序的定义中, 没有要求有等均值 $\mathrm{E}[X] = \mathrm{E}[Z]$ 成立. 我们将证明, 在止损序意义下, 任何大于 X 的风险 Z 都比一个中间风险 Y 更危险, 且 Y 比风险 X 更大.

定理 7.3.3(止损序的分离定理) 如果有 $X \leqslant_{\mathrm{SL}} Z$ 和 $\mathrm{E}[X] < \mathrm{E}[Z]$ 成立, 则存在一个随机变量 Y 满足

(1) $X \leqslant_{\mathrm{st}} Y$;

(2) $Y \leqslant_{\mathrm{SL}} Z$ 且 $\mathrm{E}[Y] = \mathrm{E}[Z]$.

证明 定义随机变量 $Y = \max\{X, b\}$, 其中选取 $b > 0$ 满足 $\mathrm{E}[Y] = \mathrm{E}[Z]$, 则 Y 满足定理中的要求, 读者可自行验证习题 7.3 第 12 题. ▽

在比 $\leqslant_{\mathrm{SL}}$ 关系更强的意义下, Y 分离了 X 和 Z. 习题 7.3 第 13 题给出了另一个类似的分离定理, 其中随机不等号进行了互换.

类似于随机序, 止损序也可以从效用的角度用决策者对风险的共同偏好来解释.

定理 7.3.4(止损序与单调递增凹效用函数) $X \leqslant_{\mathrm{SL}} Y$ 成立的充分必要条件为对于任意单调递增凹效用函数 $u(\cdot)$ 有 $\mathrm{E}[u(-X)] \geqslant \mathrm{E}[u(-Y)]$ 成立.

证明 结合定理 7.3.3, 我们只需对 $\mathrm{E}[X] = \mathrm{E}[Y]$ 的情形给出证明, 而这又是后面定理 7.6.1 的特殊情形, 见习题 7.3 第 17 题. ▽

由此可见, 止损序表示所有风险厌恶型决策者的共同偏好. 将该序应用于损失, 即非负风险. 对两个具有相同均值的随机变量, 且对任意 d(包括 $d < 0$) 满足止损保

费序, 则称它们是凸序关系, 见 §7.6. 作为定理 7.3.4 的推论, 凸函数求期望后保持序关系. 因为函数 x^α 对 $\alpha \geqslant 1$ 都是凸的, 所以 X 和 Y 的各阶矩有 $\mathrm{E}[X^k] \leqslant \mathrm{E}[Y^k]$, $k=1,2,\cdots$. 特别地, 一个更危险的风险 (有等均值) 有较大的方差. 但是, 如果 X 和 Y 的均值不等时, 该结论不一定成立. 一个简单的反例是 $X \sim \mathrm{Bernoulli}\left(\dfrac{1}{2}\right)$ 且 $Y \equiv 1$.

§7.3.3　指数序

除了随机序和止损序, 还有另外一个从期望效用模型中导出的非常有用的序概念.

定义 7.3.3(指数序)　对于所有的 $\alpha > 0$, 如果所有风险厌恶系数为 α、具有指数效用函数的决策者皆偏好损失 X 甚于 Y, 我们称在指数序意义下 X 小于 Y, 记作 $X \leqslant_{\mathrm{e}} Y$. ▽

不等式 $X \leqslant_{\mathrm{e}} Y$ 等价于在区间 $(0,\infty)$ 上 X 比 Y 有更小的矩母函数. 止损序是风险满足指数序的一个充分条件, 因为对 $t>0$, e^{tx} 在区间 $[0,\infty)$ 上是凸函数, 所以对所有 $t>0$ 有 $\mathrm{E}[\mathrm{e}^{tX}] \leqslant \mathrm{E}[\mathrm{e}^{tY}]$ 成立. 这也可以从效用角度考虑, 因为指数序表示那些风险态度与当前财富独立的风险厌恶决策者的共同偏好.

因为指数序代表了一小群决策者的风险偏好. 我们有理由相信, 存在满足指数序, 但不满足止损序的随机变量对, 见习题 7.4 第 10 题.

注 7.3.3(指数序与当前财富)　具有指数效用的承保人的资本金为 $w-Z$, 其中 Z 为某风险 (也可能 $Z \equiv c$). 如果 $X \leqslant_{\mathrm{e}} Y$ 且 X, Y, Z 相互独立, 那么该承保人依然偏向于损失 X 甚于 Y 吗?

通过比较 $\mathrm{E}[u(w-Z-X)]$ 和 $\mathrm{E}[u(w-Z-Y)]$, 我们发现包含 w 和 Z 的项互相抵消了. 因此对于指数效用, 当前财富对决策没有影响, 无论它是随机的还是确定的, 已知的还是未知的. 这个特点在计算时很方便, 但这样的风险行为通常并不被接受. 因此这个特点既是指数效用的优点, 也是其缺点. ▽

如果 $X \leqslant_{\mathrm{e}} Y$ 成立, 则我们有以下结论:

(1) 在破产过程中, 对任意保费收入 c, 调节系数 $R_X \geqslant R_Y$ 成立, 反之亦然 (习题 7.4 第 4 题).

(2) 如果还有 $\mathrm{E}[X] = \mathrm{E}[Y]$ 成立, 那么 $\mathrm{Var}[X] \leqslant \mathrm{Var}[Y]$(习题 7.3 第 14 题).

(3) 如果同时有 $\mathrm{E}[X] = \mathrm{E}[Y]$ 和 $\mathrm{Var}[X] = \mathrm{Var}[Y]$ 成立, 那么 $\gamma_X \leqslant \gamma_Y$(习题 7.3 第 14 题).

(4) 如果 $M \leqslant_{\mathrm{e}} N$, 那么对复合随机变量有 $X_1 + \cdots + X_M \leqslant_{\mathrm{e}} Y_1 + \cdots + Y_N$(习题 7.4 第 3 题). 因此指数序对于风险的复合保持不变.

§7.3.4 止损序的性质

我们得到的关于随机序的很多不变性对于止损序仍然成立. 如果把一个模型中的一个量用一个更危险的量取代, 那么我们通常能得到一个止损序下更大的结果. 从精算的角度, 一个序能否在复合运算下保持不变是很重要的. 首先我们证明, 独立随机变量的加法运算和混合运算都不影响止损序.

定理 7.3.5(卷积保持止损序) 如果风险 X 和 Y 满足 $X \leqslant_{\mathrm{SL}} Y$, 且风险 Z 与 X 和 Y 独立, 则有 $X+Z \leqslant_{\mathrm{SL}} Y+Z$ 成立. 进一步, 如果 S_n 是 n 个独立且与 X 同分布的随机变量之和, T_n 是 n 个独立且与 Y 同分布的随机变量之和, 则有 $S_n \leqslant_{\mathrm{SL}} T_n$ 成立.

证明 第一个随机不等式可以利用如下关系式加以证明:

$$\mathrm{E}[(X+Z-d)_+] = \int_0^\infty \mathrm{E}[(X+z-d)_+]\,\mathrm{d}F_Z(z). \tag{7.7}$$

通过第一个不等式的循环使用, 可以得到第二个不等式. ▽

例 7.3.3(泊松倍数族中的序) 令 $X \equiv 1$ 和 $1-\Pr[Y=0]=\Pr[Y=\alpha]=1/\alpha$, 则有 $X \leqslant_{\mathrm{SL}} Y$. 进一步, 令 $N \sim \mathrm{Poisson}(\lambda)$, 则有 $X_1+\cdots+X_N \sim \mathrm{Poisson}(\lambda)$ 和 $Y_1+\cdots+Y_N \sim \alpha M$ 成立, 其中 $M \sim \mathrm{Poisson}(\lambda/\alpha)$. 根据前面的定理可知 $N \leqslant_{\mathrm{SL}} \alpha M$. 令 N_μ 表示服从 $\mathrm{Poisson}(\mu)$ 的随机变量, 则对 $\alpha>1$ 有 $N_\lambda \leqslant_{\mathrm{SL}} \alpha N_{\lambda/\alpha}$. 此外, 对于 $\alpha<1$, 很容易得到 $N_\lambda \geqslant_{\mathrm{SL}} \alpha N_{\lambda/\alpha}$.

由此可见, 泊松随机变量的倍数族中存在止损序. 读者也可参见第 9 章. ▽

定理 7.3.6(混合保持止损序) 设对任意的实数 y, 分布函数 F_y 和 G_y 满足 $F_y \leqslant_{\mathrm{SL}} G_y$, $U(y)$ 为任一分布函数, 且令 $F(x)=\int_{\mathbb{R}} F_y(x)\,\mathrm{d}U(y)$, $G(x)=\int_{\mathbb{R}} G_y(x)\,\mathrm{d}U(y)$, 则有 $F \leqslant_{\mathrm{SL}} G$ 成立.

证明 利用 Fubini 定理, 我们知道, 分布函数 F 的止损保费等于

$$\begin{aligned}&\int_d^\infty [1-F(x)]\,\mathrm{d}x = \int_d^\infty \left[1-\int_{\mathbb{R}} F_y(x)\,\mathrm{d}U(y)\right]\mathrm{d}x\\ &= \int_d^\infty \int_{\mathbb{R}} [1-F_y(x)]\,\mathrm{d}U(y)\,\mathrm{d}x = \int_{\mathbb{R}} \int_d^\infty [1-F_y(x)]\,\mathrm{d}x\,\mathrm{d}U(y).\end{aligned} \tag{7.8}$$

因此, 根据式 (1.33) 马上有 $F \leqslant_{\mathrm{SL}} G$ 成立. ▽

推论 7.3.1(有序随机变量的混合) 以下结论可以从定理 7.3.6 中直接得到:

(1) 如果对于所有 n 有 $F_n(x)=\Pr[X \leqslant x \,|\, N=n]$, $G_n(x)=\Pr[Y \leqslant x \,|\, N=n]$ 和 $F_n \leqslant_{\mathrm{SL}} G_n$ 成立, 那么取 N 的分布函数为 $U(\cdot)$, 可得 $X \leqslant_{\mathrm{SL}} Y$. 事件 $N=n$ 可以表示某理赔的特征 (大小、责任险或综合险、奖惩系统等级 n 等).

(2) 特别地, 取 $F_n(x)=F^{*n}$ 和 $G_n(x)=G^{*n}$, 其中 F 和 G 分别为个体理赔额 X_i 和 Y_i 的分布函数. 如果 $F \leqslant_{\mathrm{SL}} G$, 则有 $X_1+\cdots+X_N \leqslant_{\mathrm{SL}} Y_1+\cdots+Y_N$. 因

此, 如果个体理赔额分布被一个止损序下更大的分布代替, 那么止损序被复合运算保持.

(3) 如果 Λ 是一个结构变量, 具有分布函数 U. 给定事件 $\Lambda=\lambda$, $X\sim F_\lambda$ 和 $Y\sim G_\lambda$, 则对所有 λ 有 $F_\lambda \leqslant_{\rm SL} G_\lambda$ 表明 $X\leqslant_{\rm SL} Y$.

(4) 令 G_λ 为给定事件 $\Lambda=\lambda$ 时 X 的条件分布函数, F_λ 为退化随机变量 $\mu(\lambda)\stackrel{\rm def}{=}{\rm E}[X\,|\,\Lambda=\lambda]$ 的分布函数. 那么, 通过集中有 $F_\lambda\leqslant_{\rm tt} G_\lambda$. 函数 $\int_{\mathbb{R}} F_\lambda(x)\,{\rm d}U(\lambda)$ 是随机变量 $\mu(\Lambda)={\rm E}[X\,|\,\Lambda]$ 的分布函数, 函数 $\int_{\mathbb{R}} G_\lambda(x)\,{\rm d}U(\lambda)$ 是随机变量 X 的分布函数. 因此, 对于所有的 X 和 Λ 都有 ${\rm E}[X\,|\,\Lambda]\leqslant_{\rm SL} X$ 成立. 这样我们就证明了随机变量的条件均值比原始变量更不危险. ▽

注 7.3.4(Rao-Blackwell 定理)　Rao-Blackwell 定理的基础就条件均值 ${\rm E}[Y\,|\,X]$ 较 Y 本身更不危险, 它可以在很多数理统计专业书籍中找到. 该定理是说, 如果 Y 是某个参数的无偏估计, ${\rm E}[Y\,|\,X]$ 是一个统计量, 不含有未知参数, 则 ${\rm E}[Y\,|\,X]$ 是一个更好的无偏估计量. 对于任意事件 $X=x$, Y 的条件分布的概率值集中在条件均值 ${\rm E}[Y\,|\,X=x]$ 上, 这导致了更低的分散程度. 也正是这个原因, 使得它是一个更好的估计量. ▽

我们可以看出, 如果复合和中的每项替换成止损序下更大的量, 则新的复合和也在止损序下更大. 当复合和中理赔次数 M 被替换成在止损序下更大的 N 时, 证明相同的结论要相对困难. 一般的证明过程, 虽然很短, 但很难理解. 因此, 我们先考虑一个重要的特殊情形: $M\sim$ Bernoulli(q) 且 ${\rm E}[N]\geqslant q$. 注意到, 当 $n=0$ 时, 我们定义 $\sum\limits_{i=1}^{n} x_i=0$.

定理 7.3.7(与一个更危险的理赔次数复合, 1)　如果 $M\sim$ Bernoulli(q), N 是一个计数随机变量满足 ${\rm E}[N]\geqslant q$, $X_1,X_2,\cdots$ 与风险 X 同分布, 且所有这些的风险相互独立, 则有

$$MX\leqslant_{\rm SL} X_1+X_2+\cdots+X_N. \tag{7.9}$$

证明　首先我们证明, 对于 $d\geqslant 0$ 和 $x_i\geqslant 0$, $\forall i$, 下面结论恒成立:

$$(x_1+\cdots+x_n-d)_+\geqslant (x_1-d)_++\cdots+(x_n-d)_+. \tag{7.10}$$

这只要证明式 (7.10) 右端非零情形. 不妨设式 (7.10) 中右端第一项为正, 那么式子中前两个算子 $(\cdot)_+$ 可以去掉, 得到

$$x_2+\cdots+x_n\geqslant (x_2-d)_++\cdots+(x_n-d)_+. \tag{7.11}$$

因为 $d\geqslant 0$ 和 $x_i\geqslant 0$, $\forall i$, 不等式 (7.10) 得证.

如果 $q_n=\Pr[N=n]$, 在不等式 (7.10) 中用随机变量替换相应的取值, 取期望后可得

$$
\begin{aligned}
&\mathrm{E}[(X_1+X_2+\cdots+X_N-d)_+]\\
=&\sum_{n=1}^{\infty} q_n \mathrm{E}[(X_1+X_2+\cdots+X_n-d)_+]\\
\geqslant&\sum_{n=1}^{\infty} q_n \mathrm{E}[(X_1-d)_+ +(X_2-d)_+ +\cdots+(X_n-d)_+]\\
=&\sum_{n=1}^{\infty} nq_n \mathrm{E}[(X-d)_+] \geqslant q\mathrm{E}[(X-d)_+] = \mathrm{E}[(MX-d)_+].
\end{aligned} \tag{7.12}
$$

因为假设 $\sum\limits_{n} nq_n \geqslant q$, 所以最后一个不等式成立. ▽

定理 7.3.8(与一个更危险的理赔次数复合, 2) 如果两个计数随机变量 M 和 N 满足 $M \leqslant_{\mathrm{SL}} N$, $X_1, X_2, \cdots$ 与风险 X 同分布, 且所有这些风险相互独立, 则 $X_1+X_2+\cdots+X_M \leqslant_{\mathrm{SL}} X_1+X_2+\cdots+X_N$.

证明 我们只需证明 $f_d(n)=\mathrm{E}[(X_1+\cdots+X_n-d)_+]$ 是关于 n 的单调增凸函数. 因为根据定理 7.3.4, 该结论表明, 对所有 d 有 $\mathrm{E}[f_d(M)] \leqslant \mathrm{E}[f_d(N)]$ 成立, 即 $X_1+\cdots+X_M \leqslant_{\mathrm{SL}} X_1+\cdots+X_N$. 因为 $X_{n+1} \geqslant 0$, 所以显然有 $f_d(n+1) \geqslant f_d(n)$. 为证凸性, 我们需证明, 对所有 n 有 $f_d(n+2)-f_d(n+1) \geqslant f_d(n+1)-f_d(n)$ 成立. 通过对随机变量 X_{n+1}, X_{n+2} 和 $S=X_1+X_2+\cdots+X_n$ 取期望可知, 我们只需证明, 对所有 $d \geqslant 0$ 和所有 $x_i \geqslant 0, i=1,2,\cdots,n+2$ 有

$$
(s+x_{n+1}+x_{n+2}-d)_+ - (s+x_{n+1}-d)_+ \geqslant (s+x_{n+2}-d)_+ - (s-d)_+, \tag{7.13}
$$

其中 $s=x_1+x_2+\cdots+x_n$. 如果该不等式中间两项均为零, 则自然最后一项也为零, 不等式成立. 如果不等式中间两项中至少有一项为正, 不妨设含 x_{n+1} 的一项为正, 则式 (7.13) 左边等于 x_{n+2}. 不等式右边, 当 $s \geqslant d$ 时等于 x_{n+2}, 否则小于 x_{n+2}. ▽

结合定理 7.3.6 和定理 7.3.8 可知: 如果在复合和中把理赔次数、理赔量分布或者二者都替换为止损序下更大, 那么新的复合和也更危险.

注 7.3.5(泛函不变性) 与随机序类似, 止损序也具有泛函不变性 (见习题 7.2 第 8 题). 事实上, 如果 $f(\cdot)$ 和 $v(\cdot)$ 是非降凸函数, 则复合函数 $v \circ f$ 也是非降的凸函数. 因此, 如果 $X \leqslant_{\mathrm{SL}} Y$ 成立, 我们马上有 $f(X) \leqslant_{\mathrm{SL}} f(Y)$ 成立. 特别地, 该结论对两类再保险的理赔额成立: 超额再保险 $f(x)=(x-d)_+$, 比例再保险 $f(x)=\alpha x$, 其中 $\alpha>0$. ▽

§7.4 应 用

在本节我们将给出风险排序理论在精算中的几个重要应用.

§7.4.1 个体与聚合模型

在 §7.3 中我们描述了如何将每张保单由个数服从 Poisson(1) 分布的保单的独立复制替换, 从而导出聚合风险模型. 在定理 7.3.7 中取 $q=1$ 可知, 事实上我们这样做是把每份保单的理赔替换为一个更危险的随机变量. 如果把所有这些假设随机独立的保单加总, 那么对总的组合来说, 就导致了一个更危险的总理赔分布. 这是因为止损序在卷积运算下的不变性, 见定理 7.3.5.

作为经典聚合模型的一个替代, 我们在注 3.8.2 引入了一个*开放聚合模型*. 若保单 i 的理赔额为 I_ib_i, 其中 b_i 是固定的风险值, I_i 为服从 Bernoulli(q_i) 分布的随机变量. 在聚合模型中对应于该保单的项是 M_ib_i, 其中 $M_i\sim\text{Poisson}(q_i)$. 而在开放聚合模型中, 此项变为 N_ib_i, 其中 $N_i\sim\text{Poisson}(t_i)$, $t_i=-\log(1-q_i)$, 因此有 $I_i\leqslant_{\text{st}}N_i$. 所以, 在开放模型中, 每个保单被替换为复合泊松分布, 其中理赔次数分布*随机序意义下*大于个体模型中的理赔次数分布. 因此, 对所有风险厌恶的决策者来说, 开放模型相对个体模型不具备吸引力, 甚至对所有使用增效用函数的决策者来说也是这样. 同样地, 对同样的这群决策者来说, 他们偏好经典聚合模型甚于开放模型. 在个体模型和聚合模型之间进行选择, 某些决策者可能会更倾向于后者. 偏爱个体模型甚于聚合模型的决策者不是一致风险厌恶的.

§7.4.2 破产概率与调节系数

在 §4.7 中我们证明了不破产概率 $1-\psi(u)$ 是复合几何随机变量 $L=L_1+L_2+\cdots+L_M$ 的分布函数, 其中 $M\sim$geometric(p) 为盈余过程创最低记录值的次数, L_i 为打破前一个最低记录的量, L 为最大累积损失. 回忆式 (4.59) 和式 (4.60) 可知:

$$p=1-\psi(0)=\frac{\theta}{1+\theta}\quad 和\quad f_{L_1}(y)=\frac{1-P(y)}{\mu_1},\quad y>0. \tag{7.14}$$

这里 θ 为安全附加, $P(y)$ 为破产过程中理赔额的分布. 现在, 假设用分布函数 Q 代替 P, 这里分布 Q 和 P 的均值相等且满足 $P\leqslant_{\text{SL}}Q$. 根据式 (7.14), 由于分布 Q 的止损保费大于分布 P 的止损保费, 所以当 Q 取代 P 后, 概率值 $\Pr[L_1>y]$ 变大. 这就意味着, 我们得到了一个新的复合几何分布, 其几何分布参数 p 保持不变, 这是因为 μ_1 和 θ 保持不变, 但每一项 L_i 具有*随机较大*分布, 这就使得 L 的分布函数变小, 从而导致破产概率变大. 注意, 这里 P 和 Q 的均值相等是关键条件, 它保证了 p 保持不变, 随机变量 L_1 具有*随机较大*的分布.

如果 P 为一个退化的分布函数, R 的支撑集为 $\{0,b\}$, 其中 $b=\max[Q]$, 且 $\mu_P=\mu_Q=\mu_R$, 那么有 $P\leqslant_{\text{SL}}Q\leqslant_{\text{SL}}R$ 成立, 见例 7.3.1. 因此对任一初始资本金 u, 理赔额满足 $\sim R$ 的破产概率 $\psi_R(u)$ 是最大, 而在理赔额均值为 μ_Q, 最大值为 $\max[Q]$ 的风险类中, 破产概率 $\psi_P(u)$ 最小. 注意到理赔额 $\sim R$, 即理赔只能是 0 或

者常数 b, 也就是过程的理赔额只有一种可能, 同理赔额 $\sim P$ 一样. 这意味着算法 (4.79) 中取 $m=1$ 可以用来给出破产概率的界; 读者也可参见 §4.9.

现在, 我们假设用分布函数 R 替换理赔额分布 Q, 满足 $Q \leqslant_{\mathrm{st}} R$, 但保费水平 c 保持不变. 这就意味着我们用一个具有相同保费率, 有相同理赔次数, 但有"较大"理赔额的过程代替原破产过程. 根据注 7.2.1, 不失一般性, 我们可以取以概率 1 较大的理赔量, 而不只是随机大. 这表明, 以概率 1 在任意时刻 $t>0$ 有新盈余 $U_R(t)$ 小于等于 $U_Q(t)$. 而这又表明破产概率有 $\psi_R(u) \geqslant \psi_Q(u)$ 成立. 会发生过程 R 破产, 但过程 Q 没有破产的情形, 而反过来的情形是不可能的. 因为, 由分离定理 7.3.3, 当用 R 取代 P, 且满足 $P \leqslant_{\mathrm{SL}} R$ 时, 我们总可以找到一个与 P 具有相同均值的分离量 Q, 满足 $P \leqslant_{\mathrm{SL}} Q \leqslant_{\mathrm{st}} R$. 由此可见, 假设年保费率保持不变, 只要我们把理赔额分布替换为止损序下更大的分布, 那么对于任意的初始资本金 u, 破产概率都会变大.

从图 4.2 可以直接看出, 当理赔额的矩母函数被一个在 $(0,\infty)$ 上较大的矩母函数代替时, 可导致对应的调节系数变小. 当把理赔额替换为指数序下较大的分布时也会导致同样结果, 见注 7.3.3. 因此, 我们通过将理赔额替换为止损序下较大的分布, 破产概率变大; 通过将理赔额替换为指数序下较大的分布时, Lundberg指数上界变大.

我们看到, 在止损序下较大的理赔分布会导致较大的破产概率. 相比之下, 较弱的指数序下并不能保证该结论的成立. 这里我们给出一个反例. 首先找一对均值和方差相等、满足指数序的随机变量. 例如, $\Pr[X=0,1,2,3]=\frac{1}{3},0,\frac{1}{2},\frac{1}{6}$ 且 $Y\sim 3-X$, 见习题 7.4 第 10 题. 现在如果对所有的 u 有 $\psi_X(u)\leqslant\psi_Y(u)$ 成立, 则最大总损失 L_X 和 L_Y 的分布函数不会相交, 所以有 $L_X \leqslant_{\mathrm{st}} L_Y$. 这表明 $\mathrm{E}[L_X]<\mathrm{E}[L_Y]$ 或 $\psi_X\equiv\psi_Y$ 成立. 但前者是不可能成立的, 这是因为

$$\begin{aligned}\mathrm{E}[L_X]&=\mathrm{E}[M]\mathrm{E}[L_i^{(X)}]=\mathrm{E}[M]\int_0^\infty \mathrm{E}[(X-x)_+]\,\mathrm{d}x/\mathrm{E}[X]\\&=\mathrm{E}[M]\frac{1}{2}\mathrm{E}[X^2]/E[X]=\mathrm{E}[M]\frac{1}{2}\mathrm{E}[Y^2]/E[Y]=\cdots=\mathrm{E}[L_Y].\end{aligned}\tag{7.15}$$

后者也不可能成立. 如果这两个破产概率相等, 那么 L_X 和 L_Y 的矩母函数相等, 因而 $L_i^{(X)}$ 和 $L_i^{(Y)}$ 的矩母函数也相等, 见式 (4.64). 再由式 (4.60), 理赔额分布也必然相等.

§7.4.3　两参数分布族中的序关系

在众多具有双参数的密度函数族中, 给定一对参数的取值, 参数空间可以被划分为随机序下更大/更小的分布、有止损序下更大/更小的分布、以及无法与取定的基准参数对进行止损序比较的分布等区域. 除了接下来要详细介绍的伽玛分

布, 我们还会涉及二项、贝塔、逆高斯、对数正态、过度散布泊松和帕累托分布族, 以及 bIX 类型的随机变量构成的分布族, 其中 $I \sim \text{Bernoulli}(q)$, X 如为常数、exponential(1) 或 uniform(0, 1).

伽玛分布是用来拟合个体理赔额大小的重要模型, 如机动车理赔额, 见第 3 章和第 9 章. 通常, 人们描述伽玛分布时, 总是会想到众数为正值的单峰图形, 有点像倾斜的正态密度图形. 但当形状参数 $\alpha = 1$ 时, 我们就会得到指数分布, 其密度函数是单峰, 但众数为 0. 通常, gamma (α, β) 密度的众数为 $(\alpha-1)_+/\beta$, 偏度为 $2/\sqrt{\alpha}$. 因此, 参数 $\alpha < 1$ 的分布比均值相等的指数分布偏斜大, 最终导致有较大的尾概率.

假设我们比较两个参数分别为 α_0, β_0(参考点) 和 α_1, β_1 的伽玛分布. 很容易比较的是它们的均值和方差, 因此可以得到什么样 α_1, β_1 组合是一个均值–方差序较大的分布. 或许我们还可以通过尾概率或者止损保费对它们进一步排序?

从矩母函数的形式 $m(t; \alpha, \beta) = (1-t/\beta)^{-\alpha}$, 我们可以看出, 伽玛随机变量关于参数 α 是可加的. 确实, 我们有 $m(t; \alpha_1, \beta)m(t; \alpha_2, \beta) = m(t; \alpha_1 + \alpha_2, \beta)$, 所以如果 X 和 Y 是具有相同 β 且相互独立的伽玛随机变量, 那么它们的和也是伽玛随机变量. 由 $\mathrm{E}[\mathrm{e}^{t(\beta X)}] = (1-t)^{-\alpha}$ 可知, 如果 $X \sim \text{gamma}(\alpha, \beta)$, 则 $\beta X \sim \text{gamma}(\alpha, 1)$. 从这个意义上看, gamma 分布关于尺度参数 β 是可乘的. 但根据这两个性质, 我们立即可以得到: 对 $\varepsilon > 0$, 当 α 替换为 $\alpha + \varepsilon$, 随机变量 gamma (α, β) 变 “大”, 当 β 替换为 $\beta + \varepsilon$, gamma (α, β) 变 “小”. 这说明, 伽玛分布关于这两个参数在随机序下具有单调性, 见习题 7.2 第 2 题.

现在我们在已知均值相等的条件下比较 gamma (α_1, β_1) 和 gamma (α_0, β_0) 的分布, 即 $\alpha_1/\beta_1 = \alpha_0/\beta_0$. 设 $\alpha_1 < \alpha_0$, 则也有 $\beta_1 < \beta_0$ 成立. 通过观察密度函数, 我们可以证明 gamma (α_1, β_1) 不仅有较大的方差 $\alpha_1/\beta_1^2 > \alpha_0/\beta_0^2$, 事实上也是较大危险的. 该结论成立的一个充分条件是两个密度函数恰好交叉两次. 考虑这两个密度函数的比率 (其中符号 $\propto$ 表示成正比, 且比例常数不依赖于 x):

$$\frac{\dfrac{1}{\Gamma(\alpha_1)}\beta_1^{\alpha_1}x^{\alpha_1-1}\mathrm{e}^{-\beta_1 x}}{\dfrac{1}{\Gamma(\alpha_0)}\beta_0^{\alpha_0}x^{\alpha_0-1}\mathrm{e}^{-\beta_0 x}} \propto x^{\alpha_1-\alpha_0}\mathrm{e}^{-(\beta_1-\beta_0)x} = (x^{\mu}\mathrm{e}^{-x})^{\beta_1-\beta_0}. \tag{7.16}$$

注意到, 当 $0 < x < \mu$ 时, $x^{\mu}\mathrm{e}^{-x}$ 的导数为正, 当 $x > \mu$ 时为负. 因此比率 (7.16) 穿过任意水平线至多两次. 又因为两个密度函数有相同的均值, 两者间不存在随机序关系, 这表明它们交叉多于 1 次. 显然, 它们恰好只交叉两次, 二者中一个随机变量比另一个随机变量是更危险的. 我们进一步通过观察两个密度在哪些地方的大小关系来进行判断. 但这里我们已经知道哪个随机变量是更危险的, 因为更危险的随机变量必然是方差较大的一个, 对应参数是 α_1, β_1.

我们可以得出这样的结论：在 (α,β) 平面上，从 (α_0,β_0) 沿着对角线往原点方向，参数对应的分布危险性递增. 从图 7.4 也可以看到，如果从点 (α_0,β_0) 出发，先沿着对角线朝原点方向移动，再向右或向下移动可以到达点 (α,β)，那么该点对应的伽玛分布在止损序下较大，因为这个分布随机大于一个更危险的分离分布 (位于对角线上). 从图 7.4 我们可以看出，比参数 (α_0,β_0) 对应的分布随机大的分布参数位于该点右下方四分之一区域中；与之相对的左上方的四分之一区域对应随机小的分布参数；该点左下方对角线以下区域对应止损序较大的分布参数，但可以证明，对角线以上对应的分布其均值较小，止损保费在 $d\to\infty$ 时比 (α_0,β_0) 对应分布的止损保费高. 后者可以通过两次应用洛必达法则得出. 因此，对这部分风险，风险厌恶型决策者会有不同的看法，见习题 7.4 第 8 题.

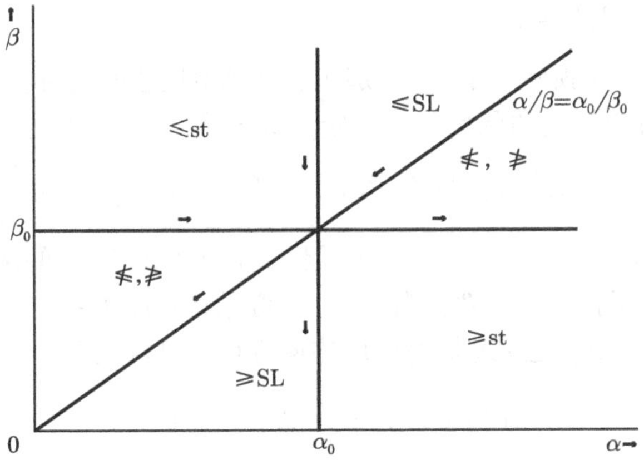

图 7.4　gamma (α,β) 分布的排序. 箭头方向表示在 $\leqslant_{\rm SL}$ 下递增

我们可作如下总结：假设我们比较两个随机变量 gamma(α_0,β_0) 和 gamma(α,β)，其均值满足 $\alpha_0/\beta_0\leqslant\alpha/\beta$. 参数 (α,β) 对应分布的所有止损保费较大的一个必要但非充分的条件是，对充分大的自留额 d 其止损保费均较大.

对本小节开始提到的双参密度函数族也有类似的结论. 在不同情况下，止损序的证明是通过证明在保持一个参数恒定不变时，随机序随着均值递增，在均值不变时止损序随方差递增. 对于伽玛分布，均值相等的参数集合为对角线 $\alpha/\beta=\mu$. 但很多时候它是双曲线形式，例如，均值为 np 的二项分布，或均值为 $r(1-p)/p$ 的负二项分布. 在这些情况下，高自留额的止损保费降低等价于将其中的一个参数降低 (如果单调递减，则是增加). 止损序只有在关于均值以及渐近止损保费的条件满足时成立. 如果这些条件成立，我们可以利用分离的思想证明止损序成立.

§7.4.4　最优再保险

定理 1.4.3 已证明，在满足所有自留风险均值相等的再保合同中，止损再保险形式可使得保险人自留风险的方差达到最小. 假设随机损失为 X, 比较停止损失再保险下自留损失 $Z = X - (X-d)_+$ 与其他再保险下自留损失 $Y = X - I(X)$ 的分布函数, 其中 $\mathrm{E}[Y] = \mathrm{E}[Z]$. 假设函数 $I(\cdot)$ 非负, 则有 $Y \leqslant X$, 因此, 对所有 $x > 0$ 有 $F_Y(x) \geqslant F_X(x)$. 此外, $Z = \min\{X, d\}$, 因此, 对所有 $x < d$ 有 $F_Z(x) = F_X(x)$, 对 $x \geqslant d$ 有 $F_Z(x) = 1$. 显然, Z 和 Y 的分布函数恰好只在 d 点交叉一次, 且 Y 是更危险的风险, 即 $Z \leqslant_{\mathrm{SL}} Y$.

由此可得出很多结论. 首先, 对于任一递增的凹效用函数 $u(\cdot)$, 我们有 $\mathrm{E}[u(-Z)] \geqslant \mathrm{E}[u(-Y)]$. 此外, 由于 $\mathrm{Var}[Y] \geqslant \mathrm{Var}[Z]$, 定理 1.4.3 可以得到确认. 我们还可以得到, 对于个体理赔自留额的均值相同时, 超赔条款比其他再保险形式更有效. 注意, 这些结论的成立关键是不同形式再保险的保费仅依赖于再保险赔付额的均值.

§7.4.5 遵循序的保费准则

如果损失 X 在止损序下小于 Y, 那么所有风险厌恶的决策者都偏好于损失 X. 令人吃惊的是, 对应损失的保费却不一定与此一致. 例如, 我们考虑标准差保费准则 $\pi[X] = \mathrm{E}[X] + \alpha\sqrt{\mathrm{Var}[X]}$, 见式 (5.7). 如果 $X \sim \mathrm{Bernoulli}\left(\frac{1}{2}\right)$ 且 $Y \equiv 1$, 而 $\alpha > 1$, 那么尽管有 $\Pr[X \leqslant Y] = 1$ 成立, 但 X 的保费大于 Y 的保费.

零效用保费准则, 包括指数保费准则, 都遵循止损序关系. 为证明此结论, 注意到风险 X 的保费 $\pi[X]$ 是通过求解效用均衡方程 (1.11) 得到, 亦即

$$\mathrm{E}[u(w + \pi[X] - X)] = u(w). \tag{7.17}$$

此处效用函数 $u(\cdot)$ 为风险厌恶型的, 即是单调递增的凹函数, w 表示当前财富. 如果 $X \leqslant_{\mathrm{SL}} Y$ 成立, 则有 $\mathrm{E}[u(w + \pi[Y] - X)] \geqslant \mathrm{E}[u(w + \pi[Y] - Y)]$. 不等式右边等于 $u(w)$. 又因为 $\mathrm{E}[u(w + P - X)]$ 关于 p 单调增, 且 $\mathrm{E}[u(w + \pi[X] - X)] = u(w)$, 所以有 $\pi[X] \leqslant \pi[Y]$ 成立.

§7.4.6 泊松分布的混合

在第 8 章中, 我们在风险参数非齐次性的假设下, 用混合泊松分布为机动车保险理赔次数建模. 通常, 估计出的结构分布以样本均值为它的均值. 如果假设有一个伽玛结构分布和例 3.3.1 中的风险模型, 则导出一个理赔次数服从负二项分布的模型. 如果我们利用极大似然法或矩估计法估计负二项分布的参数, 参考式 (3.76) 和式 (3.78), 两种方法得到相同的均值, 但有不同的方差. 因此相应的伽玛结构分布也具有相同的均值. 如果结构分布用一个更危险的分布代替, 则模型的不确定性会增加. 这样所得到的理赔次数的边缘分布是否也是在止损序下更大呢?

这个问题的部分答案可以由前面提到的一些结论给出. 在习题 7.3 第 9 题中, 我们知道在均值相同的条件下, 负二项分布在止损序下大于泊松分布. 因此, 如例

3.3.1 中的 gamma(α,β) 混合泊松分布在止损序下大于与之有相同均值 $\mu=\alpha/\beta$ 的纯泊松分布.

为给出更一般的解答, 我们首先引入一些符号. 假设结构变量为 $\Lambda_j, j=1,2$, 且假设给定 $\Lambda_j=\lambda$, 随机变量 N_j 服从 Poisson(λ) 分布. 令 W_j 为 Λ_j 的分布函数. 我们要证明由 $W_1 \leqslant_{\mathrm{SL}} W_2$ 可得 $N_1 \leqslant_{\mathrm{SL}} N_2$. 为此, 引进函数 $\pi_d(\lambda)=\mathrm{E}[(M_\lambda-d)_+]$, 其中 $M_\lambda \sim$ Poisson (λ). 那么 $N_1 \leqslant_{\mathrm{SL}} N_2$ 成立的充分必要条件是对所有 d 有 $\mathrm{E}[\pi_d(\Lambda_1)] \leqslant \mathrm{E}[\pi_d(\Lambda_2)]$. 因此, 我们只需证明函数 $\pi_d(\lambda)$ 是单调递增的凸函数, 即证 $\pi_d'(\lambda)$ 是正的, 且关于 λ 单调递增. 该证明是很直接的

$$
\begin{aligned}
\pi_d'(\lambda) &= \sum_{n>d}(n-d)\frac{\mathrm{d}}{\mathrm{d}\lambda}\frac{\lambda^n \mathrm{e}^{-\lambda}}{n!}=\sum_{n>d}(n-d)\left(\frac{\lambda^{n-1}\mathrm{e}^{-\lambda}}{(n-1)!}-\frac{\lambda^n \mathrm{e}^{-\lambda}}{n!}\right)\\
&= \pi_{d-1}(\lambda)-\pi_d(\lambda)=\int_{d-1}^{d}[1-F_{M_\lambda}(t)]\mathrm{d}t.
\end{aligned}
\tag{7.18}
$$

因为对所有 $\lambda<\mu$ 有 $M_\lambda \leqslant_{\mathrm{st}} M_\mu$ 成立, 所以式 (7.18) 中最后一个表达式是正的, 且关于 λ 单调递增.

§7.4.7　风险分散

假设我们投资资金 1 于 n 个可能的基金, 基金的每股收益 G_i 独立同分布. 如果我们的目标是最大化期望效用, 那么该如何选择每份基金的购买份额 p_i?

假定财富效用是通过风险厌恶型的函数 $u(\cdot)$ 来衡量. 我们需要求解如下带约束的优化问题:

$$
\max_{p_1,\cdots,p_n} \mathrm{E}\left[u\Big(\sum_i p_i G_i\Big)\right] \quad \text{满足} \quad \sum_i p_i=1. \tag{7.19}
$$

下面证明解 $p_i=\dfrac{1}{n}, i=1,2,\cdots,n$ 是最优的. 记 $A=\dfrac{1}{n}\sum_i G_i$ 为平均收益. 注意到, 因为 $\sum_i \mathrm{E}[G_i\,|\,A] \equiv \mathrm{E}\left[\sum_i G_i\,|\,A\right] \equiv nA$, 由对称性知对每个 i 的结果相同, 因此有 $\mathrm{E}[G_i\,|\,A]\equiv A$. 这表明

$$
\mathrm{E}\left[\sum_i p_i G_i \,\middle|\, A\right] \equiv \sum_i p_i E[G_i\,|\,A] \equiv \sum_i p_i A \equiv A. \tag{7.20}
$$

根据推论 7.3.1 的 (4), 我们有 $\mathrm{E}\left[\sum_i p_i G_i\,|\,A\right] \leqslant_{\mathrm{SL}} \sum_i p_i G_i$. 再根据 $u(\cdot)$ 是凹函数, 可知当 $p_i=\dfrac{1}{n}, i=1,2,\cdots,n$ 时式 (7.19) 达到最大值.

§7.4.8 多个相同风险的变换

考虑一个独立同分布的风险序列 $X_1, \cdots, X_n$ 和非负函数 ρ_i, $i = 1, \cdots, n$. 我们可以证明

$$\sum_{i=1}^{n} \overline{\rho}(X_i) \leqslant_{\mathrm{SL}} \sum_{i=1}^{n} \rho_i(X_i), \quad \text{其中} \quad \overline{\rho}(x) = \frac{1}{n}\sum_{i=1}^{n} \rho_i(x). \tag{7.21}$$

不等式 (7.21) 表明, 给定相同的风险, 为使变换后风险之和有最小危险, 应该对所有风险作相同的变换. 为证明这点, 以 V 和 W 分别记式 (7.21) 中不等式右端和左端的随机变量. 我们先证明 $W \equiv \mathrm{E}[V\,|\,W]$ 成立, 然后利用 $\mathrm{E}[V\,|\,W] \leqslant_{\mathrm{SL}} V$, 参见推论 7.3.1 的 (4), 即可得到结论. 首先, 我们有

$$\mathrm{E}\left[\sum_{i=1}^{n} \rho_i(X_i) \,\middle|\, \sum_{i=1}^{n} \overline{\rho}(X_i)\right] \equiv \sum_{i=1}^{n} \mathrm{E}\left[\rho_i(X_i) \,\middle|\, \sum_{k=1}^{n} \frac{1}{n} \sum_{l=1}^{n} \rho_k(X_l)\right]. \tag{7.22}$$

根据对称性, 将 X_i 用 X_j 代替, $j = 1, \cdots, n$, 所得结果相同. 这表明

$$\sum_{i=1}^{n} \mathrm{E}\left[\rho_i(X_i) \,\middle|\, \sum_{k=1}^{n} \frac{1}{n} \sum_{l=1}^{n} \rho_k(X_l)\right] \equiv \sum_{i=1}^{n} \mathrm{E}\left[\frac{1}{n}\sum_{j=1}^{n} \rho_i(X_j) \,\middle|\, \sum_{k=1}^{n} \frac{1}{n} \sum_{l=1}^{n} \rho_k(X_l)\right], \tag{7.23}$$

其中最后一个表达式可以写为

$$\mathrm{E}\left[\sum_{i=1}^{n} \frac{1}{n}\sum_{j=1}^{n} \rho_i(X_j) \,\middle|\, \sum_{k=1}^{n} \frac{1}{n} \sum_{l=1}^{n} \rho_k(X_l)\right] \equiv \sum_{k=1}^{n} \frac{1}{n} \sum_{l=1}^{n} \rho_k(X_l) \equiv \sum_{l=1}^{n} \overline{\rho}(X_l). \tag{7.24}$$

于是我们证明了 $W \equiv \mathrm{E}[V\,|\,W]$. 根据推论 7.3.1, 我们立即可得式 (7.21) 中的止损序不等式.

注 7.4.1(大数定律与止损序) 弱大数定律表明, 对于有有限均值 μ 和方差 σ^2 的独立同分布观察序列 $X_1, X_2, \cdots \sim X$, 平均值 $\overline{X}_n = \dfrac{1}{n}\sum\limits_{i=1}^{n} X_i$ 弱收敛于 μ, 即对任意 $\varepsilon > 0$ 和 $\delta > 0$, 有

$$\Pr[|\overline{X}_n - \mu| < \varepsilon] \geqslant 1 - \delta, \quad \text{对所有 } n > \sigma^2/\varepsilon^2\delta. \tag{7.25}$$

在止损序下, 我们可以证明如下结论:

$$\overline{X}_1 \geqslant_{\mathrm{SL}} \overline{X}_2 \geqslant_{\mathrm{SL}} \cdots \geqslant_{\mathrm{SL}} \mu. \tag{7.26}$$

因此样本均值 $\overline{X}_n$ 有相同的均值, 但其危险性依次降低. 当 $n \to \infty$ 时, 对任一 d, 止损保费 $\mathrm{E}[(\overline{X}_n - d)_+]$ 收敛于 $(\mu - d)_+$, 即退化随机变量 μ 的止损保费. 我们可以在前面的叙述中, 取 $\rho_i(x) = \dfrac{x}{n-1}, i = 1, \cdots, n-1$ 和 $\rho_n(x) \equiv 0$, 可知 $\overline{\rho}(x) = \dfrac{x}{n}$, 从而式 (7.26) 得证. ▽

§7.5 不完全信息

在本节中, 我们研究当对某个风险 Y 的分布 $F_Y(\cdot)$ 仅有有限信息时, 如何确定自留额为 d 的安全止损保费. 根据过去的经验, 保单条款或实施的特定再保险形式通常可以为该风险设定一个实际的上限. 因此, 本节假设我们已知理赔 Y 的一个上限 b, 并且假定对其均值 μ 和方差 σ^2 有很好的估计. 有时这些值在再保险合同中都有所描述. 可以想象, 我们通过情景分析已经得到了均值和方差, 例如, 根据有关反映灾难性洪水和飓风发生次数的模型, 可以计算出平均理赔额及其方差. 精算师不同于统计学家, 基于这些数据, 他们倾向于考虑最坏的情况, 即给定 μ, σ^2 满足的条件和上限 b, 通常选择止损保费最大的损失分布. 最佳情景, 即满足规定特征的具有最小止损保费最小的风险, 从数学的角度是有意思的, 但它与实际应用关系不大.

首先注意到, 要使得均值为 μ, 方差为 σ^2, 支撑集为 $[0,b]$ 的可行分布存在, 必须满足下面的条件:

$$0 \leqslant \mu \leqslant b, \quad 0 \leqslant \sigma^2 \leqslant \mu(b-\mu). \tag{7.27}$$

显然, 前三个不等式是必需的. 最后一个不等式可写为 $\mathrm{E}[Y^2] = \sigma^2 + \mu^2 \leqslant \mu b$, 显然也成立. 假设条件 (7.27) 中的不等式是严格成立的, 以使得有多个可行分布.

注意到, 如果风险 X 和 Y 具有相同的均值和方差, 那么二者之间不可能存在止损序关系, 因为它们的止损变换至少要交叉一次. 这是因为, 结合式 (3.116), 如果对于所有 d 有 $\pi_Y(d) \geqslant \pi_X(d)$ 成立, 则 $\mathrm{Var}[X] < \mathrm{Var}[Y]$ 或 $X \sim Y$ 必定成立. 后面我们将证明, 在 d 点有最大止损保费的随机变量 Z_d, 其支撑集一定仅由两个点组成, 且依赖于 d 的取值. 在方差未知的情形下, 对任一 d, 通过集中与散布, 我们可以找到相同的最小和最大分布, 见例 7.3.1. 从而可以导出复合止损保费和破产概率的可达上界. 如果方差是已经规定了的, 那这就不可能了.

我们首先讨论均值为 μ, 方差为 σ^2 的两点分布.

引理 7.5.1(给定均值和方差的两点分布) 假设一个随机变量 T 满足 $\mathrm{E}[T] = \mu$ 和 $\mathrm{Var}[T] = \sigma^2$, 但不一定满足 $\Pr[0 \leqslant T \leqslant b] = 1$. 其支撑集为两点集 $\{r, \bar{r}\}$, 那么 r 和 $\bar{r}$ 有如下关系:

$$\bar{r} = \mu + \frac{\sigma^2}{\mu - r}. \tag{7.28}$$

证明 我们知道 $\mathrm{E}[(T-\bar{r})(T-r)] = 0$ 必然成立. 这表明

$$0 = \mathrm{E}[T^2 - (r+\bar{r})T + r\bar{r}] = \mu^2 + \sigma^2 - (r+\bar{r})\mu + r\bar{r}. \tag{7.29}$$

对给定的 r, 我们求解 $\bar{r}$, 得到式 (7.28). ▽

因此, 对于任意给定的 r, $\bar{r}$ 是唯一可以与 r 一起构成某个已知均值 μ 和方差 σ^2 的两点支集的点. 注意两个特殊的点 $\bar{0}$ 和 $\bar{b}$. 概率值 $p_r = \Pr[T = r]$ 可以由下式唯一确定

$$p_r = \frac{\mu - \bar{r}}{r - \bar{r}} = \frac{\sigma^2}{\sigma^2 + (\mu - r)^2}. \tag{7.30}$$

这意味着恰有一个两点分布, 其支撑集包含 $r \neq \mu$. 由 $\bar{r}$ 到 r 的运算具有以下性质:

$$\begin{aligned} &\overline{(\bar{r})} = r; \\ &\text{当 } r \neq \mu,\ \bar{r} \text{ 关于 } r \text{ 递增}; \\ &\text{如果 } r < \mu, \text{ 则 } \bar{r} > \mu. \end{aligned} \tag{7.31}$$

所以, 如果 $\{r, s\}$ 和 $\{u, v\}$ 是两个可能的两点支撑集, 满足 $r < s$, $u < v$ 和 $r < u$, 则必有 $r < u < \mu < s < v$ 成立. 因为这两个分布有相同的均值和方差, 它们的止损变换至少交叉一次, 分布函数至少交叉两次, 密度函数交叉三次或更多次.

在寻找最大止损保费过程中, 接下来我们证明, 对于任意自留额 d, 最大止损保费不可能由包含在 $[0, b]$ 中多于两点的集合为支撑的分布达到. 为证明此结论, 假设我们有一个支撑集为 $\{a, c, e\}$ 的可行分布, 其中 $0 \leqslant a < c < e \leqslant b$. 可以验证 $c \leqslant \bar{a} \leqslant e$ 以及 $a \leqslant \bar{e} \leqslant c$. 从止损变换的图形上很容易看出, 如图 7.5 所示, 在 $(-\infty, c]$ 上, $\{a, \bar{a}\}$ 上两点分布的止损保费至少等于支撑集为 $\{a, c, e\}$ 的分布的止损保费; 而在 $[c, \infty)$ 上, 对 $\{e, \bar{e}\}$ 上的两点分布有相同结论. 类似地, 以 n 个点为支撑集的分布的止损保费不超过以 $n-1$ 个点为支撑集的分布的止损保费. 为说明原因, 可令上面的 a, c 和 e 是支撑集 n 个点中的最后三个点. 结论是在自留额为 d 的有最大止损保费的分布可以在两点支集的分布类中确定.

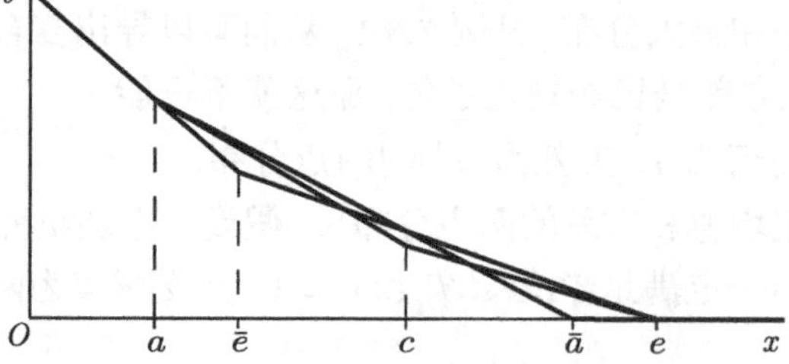

图 7.5　三点分布的止损保费不可能为最大的证明, 对任一自留额, 以 $\{a, \bar{a}\}$ 或 $\{\bar{e}, e\}$ 为支撑集的两点分布的止损保费比三点分布对应的止损保费大

因此, 对于特定的 d, 为寻找使得 $\mathrm{E}[(X-d)_+]$ 最大, 且满足性质 $\Pr[0 \leqslant X \leqslant b] = 1$, $\mathrm{E}[X] = \mu$ 和 $\mathrm{Var}[X] = \sigma^2$ 的随机变量 X, 我们只需要考虑有两点支撑集 $\{c, \bar{c}\}$ 的随机变量 X. 注意到, 当 $d < \bar{c} < c$ 或 $\bar{c} < c < d$ 时, 我们都有 $\mathrm{E}[(X-d)_+] = (\mu - d)_+$. 事实上, 这可能是最小的止损保费, 因此我们只需考虑 $c \geqslant d \geqslant \bar{c}$ 的情形. 首先, 我

们忽略对支撑集的限制条件 $0 \leqslant \bar{c} < c \leqslant b$, 求解下面最大值问题:

$$\max_{c>\mu} \mathrm{E}[(X-d)_+], \quad 其中 \quad \Pr[X=c] = \Pr[X \neq \bar{c}] = \frac{\sigma^2}{\sigma^2+(c-\mu)^2}. \tag{7.32}$$

这等价于

$$\max_{c>\mu} \frac{\sigma^2(c-d)}{\sigma^2+(c-\mu)^2}. \tag{7.33}$$

除以 σ^2, 并对 c 求导可得

$$\frac{\mathrm{d}}{\mathrm{d}c}\frac{c-d}{\sigma^2+(c-\mu)^2} = \frac{(c-\mu)^2+\sigma^2-2(c-d)(c-\mu)}{[\sigma^2+(c-\mu)^2]^2}. \tag{7.34}$$

令分子为零, 可得到一个关于 c 的二次方程:

$$-c^2+2dc+\mu^2+\sigma^2-2d\mu = 0. \tag{7.35}$$

满足 $c > \mu > \bar{c}$ 的解为

$$c^* = d + \sqrt{(d-\mu)^2+\sigma^2}, \quad \bar{c}^* = d - \sqrt{(d-\mu)^2+\sigma^2}. \tag{7.36}$$

注意到 $d = \frac{1}{2}(c^*+\bar{c}^*)$. 如果忽略限制条件 $\Pr[0 \leqslant X \leqslant b] = 1$, 那么式 (7.36) 中确定的 c^* 和 $\bar{c}^*$ 构成了最优解的两点支撑集. 加上这个限制, 我们就得考虑边界的极端情形. 由 $0 \leqslant \bar{c}$ 可知 $\bar{0} \leqslant c$, 所以我们不需在 $c > \mu$ 上最大化, 只需要考虑在 $\bar{0} \leqslant c \leqslant b$ 上的值. 如果 $c^* > b$ 成立, 或等价地, $d > \frac{1}{2}(b+\bar{b})$, 则最优解的支撑集为 $\{b, \bar{b}\}$. 如果 $\bar{c}^* < 0$, 进而 $d < \frac{1}{2}\bar{0}$, 则最优解的支撑集为 $\{0, \bar{0}\}$.

根据以上讨论, 对能够导致最大止损保费的支撑集我们有如下定理. 定理的证明留给读者完成.

定理 7.5.1(最大止损保费) 对满足 $\frac{1}{2}\bar{0} \leqslant d \leqslant \frac{1}{2}(b+\bar{b})$ 的自留额, 在给定均值 μ, 方差 σ^2 和取值上限 b 的风险中, 对应止损保费最大的风险具有两点支撑集 $\{c^*, \bar{c}^*\}$, 其中 c^* 和 $\bar{c}^*$ 由式 (7.36) 给出. 当 $d > \frac{1}{2}(b+\bar{b})$ 时, 支撑集为 $\{b, \bar{b}\}$ 的分布有最大止损保费; 当 $d < \frac{1}{2}\bar{0}$ 时, 最优解的支撑集为 $\{0, \bar{0}\}$. ▽

例 7.5.1(最小与最大止损保费) 在图 7.6 中, 粗线是当 $\mu = 1$, $\sigma^2 = 2$, $b = 5$ 时, 对所有 $d \in [0, b]$ 的最小和最大止损保费. 可以看出, 最小可能的止损保费和最大止损保费都构成了一个单调递减的凸函数, 因此两者都对应着某个风险的止损变换. 由图可看出, 这两个风险均满足均值为 μ, 上限为 b, 但方差不为 σ^2. 不存在一个分布函数能够一致地对应于大的止损保费. 例如, 支撑集为 $\{0, \bar{0}\}$ 的风险有一个止损变换, 在 $d \in (0, 0^*)$ 上与上界重合, 在 $d \in (0^*, \bar{0})$ 上为细线部分, 当 $d > \bar{0}$ 时为最小值.

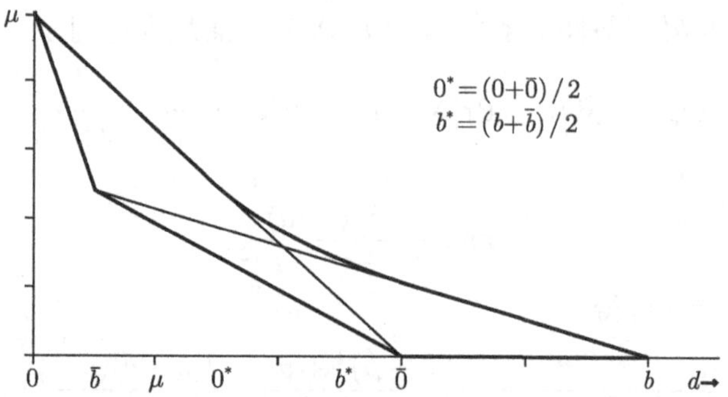

图 7.6　自留额 d 的止损保费极端情形, 其中 $\mu=1$, $\sigma^2=2$, $b=5$

再保险实务中, 人们关注的是较大自留额 $d>\mu+\sigma$ 的部分. 可以证明, 如果 b 很小, 对任意的 d 值, 支撑集 $\{b,\bar{b}\}$ 对应的止损保费最大. 只要 $d>\dfrac{1}{2}(b+\bar{b})$, 且如果 $0<\dfrac{b-\mu}{\sigma}<1+\sqrt{2}$ 有 $\mu+\sigma>\dfrac{1}{2}(b+\bar{b})$ 成立 (具体证明留给读者), 则该支持集为最优的. 见习题 7.5 第 8 题.

能得到最大止损保费的分布具有一个两点支撑集, 其止损变换与具有上界的图形在 d 处相切. 当 $d\leqslant\bar{b}$ 或 $d\geqslant\bar{0}$ 时, 最小值在 $(\mu-d)_+$ 处达到. 这些情形下, 支撑集均为 $\{d,\bar{d}\}$. 对于中间的 d 值, 我们指出最小止损保费 $l(d)$ 由支撑集为 $\{0,d,b\}$ 的分布达到. 在某种意义上, 如果我们把边界点 0 和 b(位置固定, 但对应概率值可自由选择) 各算半个点, 那么这些分布也有两点支撑集. 在图 7.6 中, 连接点 $(0,\mu)$, $(d,l(d))$ 和 $(b,0)$ 所得到的止损变换 $\pi(\cdot)$ 不仅具有均值 $\pi(0)=\mu$, 由于 $\pi(b)=0$ 其上限也恰为 b. 此外, 其方差也等于 σ^2. 这是因为止损变换下方区域的面积是该风险二阶矩的一半, 也分别等于支撑集为 $\{0,\bar{0}\}$ 和 $\{b,\bar{b}\}$ 的风险所对应的面积. 这可以用 $(b,0)$ 与 $(0,\mu)$ 的连线作底的三角形面积推出. 事实上, 在区间 $\bar{b}<d<\bar{0}$ 上, 函数 $l(d)$ 是连接 $(b,0)$ 和 $(0,\mu)$ 的平行线. 注意到, $l(d)$ 是在 d 点止损保费的最小值, 这是因为, 任何穿过点 (d,h) 满足 $h<\pi(d)$ 的止损变换对应分布的二阶矩必严格小于 $\mu^2+\sigma^2$.　▽

注 7.5.1(相关问题)　这种类型的其他问题也已经得到了很好的解决. 当给定前四阶矩时, 文献中有关于止损保费极值的解析结果. 对于给定矩的个数大于 4 时, 也给出了具体的计算算法. 但这些方法在实际应用中是令人质疑的, 因为要得到分布各阶矩的可靠估计, 唯一的方法是需要很多观测值, 而利用这些观察值, 我们就可以直接对止损保费作出估计. 对于 Y 是单峰, 已知众数为 M 时, 也有同样的结果. 除了止损保费的极值, 尾概率的极值都可以计算得出.　▽

例 7.5.2(Verbeek 不等式; 0 众数)　令 Y 是均值为 μ 的单峰风险, 具有上限 b 和众数 0. 由于 F_Y 在 $[0,b]$ 上为凹函数, 所以 $2\mu\leqslant b$ 必定成立. 此外, 令风险 X

和 Z 满足 $\Pr[Z=0]=1-2\frac{\mu}{b}$, 以及

$$\begin{aligned} F_Z'(y) &= \frac{2\mu}{b^2}, \quad 0<y<b; \\ F_X'(y) &= \frac{1}{2\mu}, \quad 0<y<2\mu, \end{aligned} \tag{7.37}$$

对于其他情形, 这两个函数均取值为 0. 那么 X 和 Z 也是单峰的, 众数为 0, 且满足 $\mathrm{E}[X]=\mathrm{E}[Y]=\mathrm{E}[Z]$ 和 $X \leqslant_{\mathrm{SL}} Y \leqslant_{\mathrm{SL}} Z$. 见习题 7.5 第 2 题. 因此, 这类风险包含分别具有一致地最小和最大的止损保费的元素, 对应的结果也可扩展到复合分布和破产概率. ▽

§7.6 同单调随机变量

到目前为止, 我们仅考虑了表示非负损失的随机变量. 为了能够同时处理盈利和损失, 我们首先对止损序的概念进行延拓, 使得我们能够考虑可以取负值的更一般的随机变量, 而不仅仅是我们已经研究过的非负风险. 我们给出并证明本节的核心结果, 即最没有吸引力的组合是组合中理赔额具有最大的正相关性的情形. 然后, 我们给出一些例子来说明如何应用该理论.

止损序关心的是随机损失的较大值部分. 如果所有顶部 $(Y-d)_+$ 的均值都比 X 对应形式的均值大, 则称随机变量 Y 劣于 X(更没有吸引力). 这里随机变量的负值代表盈利, 但是从稳定性角度考虑, 过多的盈利在决策者看来也不是好事. 因此, 只有当顶部 $(X-d)_+$ 和底部 $(d-X)_+$ 的期望均小于 Y 对应形式的期望, 我们才认为 X 优于 Y(更有吸引力). 因此有如下定义.

定义 7.6.1(凸序) 如果对任一 $d\in(-\infty,\infty)$, 下面两个不等式成立:

$$\begin{aligned} \mathrm{E}[(X-d)_+] &\leqslant \mathrm{E}[(Y-d)_+], \\ \mathrm{E}[(d-X)_+] &\leqslant \mathrm{E}[(d-Y)_+], \end{aligned} \tag{7.38}$$

则称随机变量 X 在凸序下小于 Y, 记作 $X \leqslant_{\mathrm{cx}} Y$. ▽

注意在第一个不等式两边加上 d 并令 $d\to-\infty$ 可得 $\mathrm{E}[X]\leqslant\mathrm{E}[Y]$. 另一方面, 在第二个不等式两边减去 d 并令 $d\to+\infty$ 可得 $\mathrm{E}[X]\geqslant\mathrm{E}[Y]$. 因此, 对两个满足凸序的随机变量 X 和 Y 必有 $\mathrm{E}[X]=\mathrm{E}[Y]$. 此外, 第一个不等式结合两变量均值相同的条件可以推出式 (7.38) 中的第二个不等式, 这是因为 $\mathrm{E}[(X-d)_+]-\mathrm{E}[(d-X)_+]=\mathrm{E}[X]-d$. 所以, 如果两个随机变量均值相等且具有有序的止损保费, 则它们有凸序关系, 而均值不同的随机变量之间不可能满足凸序关系.

止损序等同于对所有的单调不减凸函数 $f(\cdot)$, 期望值 $\mathrm{E}[f(X)]$ 的大小关系, 见定理 7.3.4. 因此, 该序代表所有风险厌恶型决策者对风险的共同偏好. 而凸序等

同于对于所有凸函数, 其期望值间有一致的大小关系. 这也是凸序这个名称的由来. 在效用理论中, 凸序代表风险厌恶型决策者对均值相等的随机变量的共同偏好. 要证明凸序与随机变量凸函数期望值大小关系等价, 方法之一就是利用如下事实: 任何凸函数可以写成分段线性函数序列的一致极限, 而每个分段线性函数可以表示为函数 $(x-t)_+$ 和 $(t-x)_+$ 的线性组合. 这是文献中常见的证法. 下面利用分部积分法, 给出一种较为简单的证明.

定理 7.6.1(凸序即为有序的凸函数期望) 如果 $X \leqslant_{\mathrm{cx}} Y$ 且 $f(\cdot)$ 为凸函数, 则 $\mathrm{E}[f(X)] \leqslant \mathrm{E}[f(Y)]$. 如果对任一凸函数 $f(\cdot)$ 都有 $\mathrm{E}[f(X)] \leqslant \mathrm{E}[f(Y)]$, 则 $X \leqslant_{\mathrm{cx}} Y$.

证明 要证明第二个结论, 考虑凸函数 $f(x)=x$, $f(x)=-x$ 和 $f(x)=(x-d)_+$, 其中 d 为任意常数. 由前两个函数得 $\mathrm{E}[X]=\mathrm{E}[Y]$, 由最后一个函数得 $\mathrm{E}[(X-d)_+] \leqslant \mathrm{E}[(Y-d)_+]$.

为证第一个结论, 我们考虑 $g(x)=f(x)-f(a)-(x-a)f'(a)$, 其中 a 是函数 f 的某个可微点. 因为 $\mathrm{E}[X]=\mathrm{E}[Y]$, 不等式 $\mathrm{E}[f(X)] \leqslant \mathrm{E}[f(Y)]$ 与 $\mathrm{E}[g(X)] \leqslant \mathrm{E}[g(Y)]$ 等价, 这里假设这些期望值都存在. 记 $F(x)=\Pr[X \leqslant x]$ 和 $\overline{F}(x)=1-F(x)$. 因为 $g(a)=g'(a)=0$, 下面的一些积分项消失, 应用四次分部积分得

$$
\begin{aligned}
\mathrm{E}[g(X)] &= \int_{-\infty}^{a} g(x)\,\mathrm{d}F(x) - \int_{a}^{\infty} g(x)\,\mathrm{d}\overline{F}(x) \\
&= -\int_{-\infty}^{a} g'(x)F(x)\,\mathrm{d}x + \int_{a}^{\infty} g'(x)\,\overline{F}(x)\,\mathrm{d}x \\
&= \int_{-\infty}^{a} \mathrm{E}[(x-X)_+]\,\mathrm{d}g'(x) + \int_{a}^{\infty} \mathrm{E}[(X-x)_+]\,\mathrm{d}g'(x).
\end{aligned} \tag{7.39}
$$

注意到 $f(\cdot)$ 是凸的, 所以 $g(\cdot)$ 也是凸的, 因此对所有 x 有 $\mathrm{d}g'(x) \geqslant 0$ 成立. 结合式 (7.39), 结论得证. ▽

两个具有相同均值 μ 的随机变量的止损变换 $\mathrm{E}[(X-d)_+]$ 有相同的渐近线, 其中一个是 x 轴, 另一个是直线 $y=\mu-x$. 作为式 (3.115) 的推广, 我们可以证明 $\displaystyle\int_{-\infty}^{\infty} \{\mathrm{E}[(X-t)_+]-(\mu-t)_+\}\,\mathrm{d}t = \frac{1}{2}\mathrm{Var}[X]$. 因此, 任意两个等均值随机变量的止损变换之差的积分等于它们方差之差的一半. 如图 7.7 所示.

考虑一个一元分布函数 F. 众所周知, 如果 $U \sim \mathrm{uniform}(0,1)$, 则随机变量 $F^{-1}(U)$ 的分布函数为 F(概率积分变换). 注意到对于某些 u, 若存在区间使得该区间上任一 y 都满足 $F(y)=u$, 则此时不论我们如何定义 $y=F^{-1}(u)$ 都不影响上述结论的成立, 见 §5.6. 正如一个随机变量的分布函数只可能有可数个间断点一样, 可以证明, 也只会有可数个这样的区间段. 事实上, 在区间 $[-2^n, 2^n]$ 上, 长度大于 2^{-n} 且 $F(y)$ 于其上为常数的区间至多有有限个. 令 $n \to \infty$, 结论即可得证. 因此, 如果 $g(\cdot)$ 和 $h(\cdot)$ 是逆分布函数的两个不同选择, 则 $g(U)$ 和 $h(U)$ 以概率 1 相等.

如同定义 5.6.1 对 VaR 的定义一样, 通常取 $F^{-1}(u)$ 是满足 $F(y)=u$ 的 y 值构成区间的左端点. 从而, $F^{-1}(\cdot)$ 是一个非减左连续的函数.

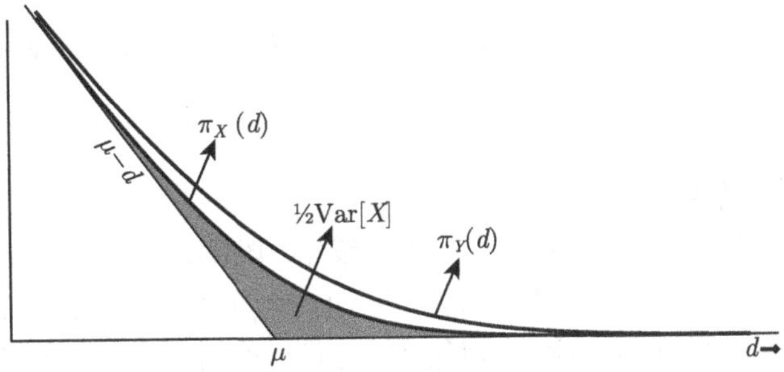

图 7.7　$X \leqslant_{\rm cx} Y$ 时的两个止损变换 $\pi_X(d)=\mathrm{E}[(X-d)_+]$ 和 $\pi_Y(d)$ 注意到它们的渐近线是相同的

考虑任一个 n 维随机向量 $(X_1,\cdots,X_n)$. 定义 $\mathbb{R}^n$ 中的一个集合为同单调的, 如果该集合中任意两个向量是逐分量有序的, 即一个向量的每个分量都不小于另一个向量的对应分量. 如果一个分布的支撑集是同单调的, 我们称该分布是同单调的. 此外, 具有这种分布的随机向量也称为是同单调的, 我们有如下定理.

定理 7.6.2(同单调联合分布)　对于随机向量 $\vec{X}:=(X_1,\cdots,X_n)$, 我们定义它的同单调等价为:

$$\vec{Y}:=(Y_1,\cdots,Y_n)=(F_{X_1}^{-1}(U),\cdots,F_{X_n}^{-1}(U)), \tag{7.40}$$

其中 $U\sim$uniform(0,1). 它具有如下性质:

(1) $\vec{Y}$ 与 $\vec{X}$ 有相同的边缘分布, 即对所有 j 有 $Y_j\sim X_j$.

(2) 它有同单调支撑集.

(3) 它的联合分布函数等于所谓 Fréchet/Höffding 上界

$$\Pr[Y_1\leqslant y_1,\cdots,Y_n\leqslant y_n]=\min_{j=1,\cdots,n}\Pr[X_j\leqslant y_j]. \tag{7.41}$$

证明　首先, 对所有 $j=1,\cdots,n$ 有

$$\Pr[Y_j\leqslant y_j]=\Pr[F_{X_j}^{-1}(U)\leqslant y_j]=\Pr[U\leqslant F_{X_j}(y_j)]=F_{X_j}(y_j). \tag{7.42}$$

其次, $(Y_1,\cdots,Y_n)$ 的支撑集是一条曲线 $\{(F_{X_1}^{-1}(u),\cdots,F_{X_n}^{-1}(u))\,|\,0<u<1\}$, 该曲线关于每个分量都单调递增. 如果 $(y_1,\cdots,y_n)$ 和 $(z_1,\cdots,z_n)$ 是曲面上的两点, 且存在某个 i 使得 $F_{X_i}^{-1}(u)=y_i<z_i=F_{X_i}^{-1}(v)$, 则 $u<v$ 必须成立, 从而对所有 $j=1,2,\cdots,n$ 必有 $y_j\leqslant z_j$ 成立.

最后, 我们有

$$
\begin{aligned}
\Pr[Y_1 \leqslant y_1, \cdots, Y_n \leqslant y_n] &= \Pr[F_{X_1}^{-1}(U) \leqslant y_1, \cdots, F_{X_n}^{-1}(U) \leqslant y_n] \\
&= \Pr[U \leqslant F_{X_1}(y_1), \cdots, U \leqslant F_{X_n}(y_n)] \\
&= \min_{j=1,\cdots,n} \Pr[X_j \leqslant y_j], \qquad (7.43)
\end{aligned}
$$

即证得定理最后一个结论. ▽

$(Y_1, \cdots, Y_n)$ 的支撑集 S 由一系列闭曲线 (每段闭曲线可能只是一个点) 构成, 如图 7.8 和图 7.9 所示. 它们一起构成了一个同单调集合. 用直线依次连接 S 中曲线的端点, 我们可以得到 S 的连通闭包 $\overline{S}$. 它是一个连续的、同单调的曲线. 注意, 只有在边缘分布逆函数的不连续点, 才对应上述的一个直线连接. 集合 $\overline{S}$ 是 $\mathbb{R}^n$ 中的连续单调递增曲线.

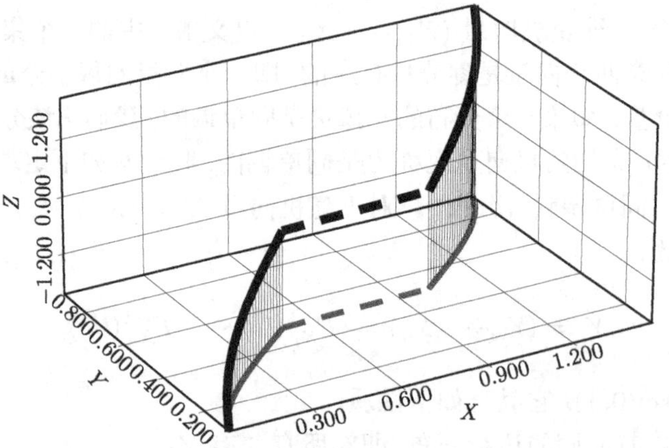

图 7.8　例 7.6.1 中 (X, Y, Z) 的同单调支集, 以及 (X, Y) 的边缘同单调支集. 虚线将同单调支集相连

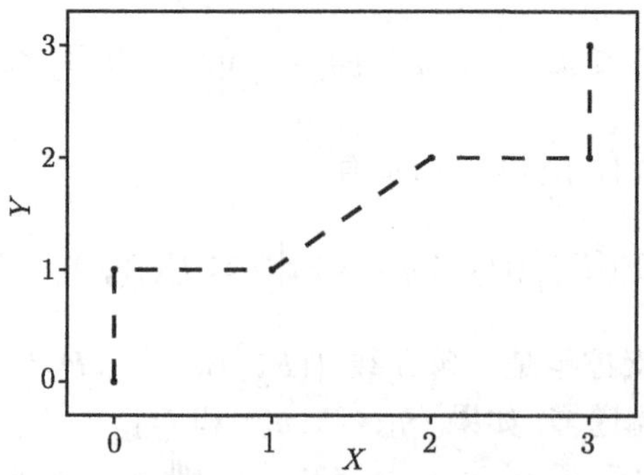

图 7.9　例 7.6.2 中 (X, Y) 的同单调支集; 实点表示在该点有正概率, 虚线将支集连接起来

根据式 (7.41), $Y_1,\cdots,Y_n$ 的联合分布函数, 即所有分量同时小于某些值的概率, 是在不违反边缘分布的前提下所能达到的最大值. 该等式的右边是具有给定边缘分布的所有联合分布函数的上界. 还要注意到, 同单调性意味着任何 Y_j 都不能通过任何方式对冲其他分量 Y_k 的风险. 这是因为在这种情况下, 一个分量的大值不能被另一个分量的小值所补偿. 参考本章引言部分的叙述, 可以很自然地知道下面的定理成立.

定理 7.6.3(同单调等价有凸序下最大的和) 定理 7.6.2 中定义的随机向量 $(Y_1,\cdots,Y_n)$ 有以下性质:

$$Y_1+\cdots+Y_n \geqslant_{\mathrm{cx}} X_1+\cdots+X_n. \tag{7.44}$$

证明 因为式 (7.44) 两边随机变量的均值相等, 所以只需证明它们的止损保费有序. 当 $d_1+\cdots+d_n=d$ 时, 对所有的 $x_1,\cdots,x_n$, 有

$$\begin{aligned}(x_1+\cdots+x_n-d)_+ &= \{(x_1-d_1)+\cdots+(x_n-d_n)\}_+\\ &\leqslant \{(x_1-d_1)_++\cdots+(x_n-d_n)_+\}_+\\ &= (x_1-d_1)_++\cdots+(x_n-d_n)_+.\end{aligned} \tag{7.45}$$

假设 d 满足 $0<\Pr[Y_1+\cdots+Y_n\leqslant d]<1$. 否则, 我们可以证明 $Y_1+\cdots+Y_n$ 和 $X_1+\cdots+X_n$ 有相同的止损保费. 因为同单调随机向量 $(Y_1,\cdots,Y_n)$ 支撑集 S 的连通闭包 $\overline{S}$ 作为一条曲线关于每个坐标都是单调递增的, 所以显然, $\overline{S}$ 与超平面 $\{(x_1,\cdots,x_n)\,|\,x_1+\cdots+x_n=d\}$ 恰好只有一个交点. 从现在起, 记 $(d_1,\cdots,d_n)$ 为该交点. 对于一些特定的例子, 该交点的坐标很容易求出, 但这里我们只需该点的存在性. 对 $(Y_1,\cdots,Y_n)$ 支撑集 S 中的所有点 $(y_1,\cdots,y_n)$, 有如下等式:

$$(y_1+\cdots+y_n-d)_+\equiv(y_1-d_1)_++\cdots+(y_n-d_n)_+. \tag{7.46}$$

这是因为对这里的这组特殊的 $(d_1,\cdots,d_n)$, 若对任意 j 有 $y_j>d_j$, 则利用同单调性可知, 对所有 k 有 $y_k\geqslant d_k$ 成立. 当所有 $y_j\leqslant d_j$ 成立时, 式 (7.46) 两边均为零. 现在, 我们把式 (7.46) 中的常数换成相应的随机变量并取期望, 可得

$$\begin{aligned}\mathrm{E}[(Y_1+\cdots+Y_n-d)_+] &= \mathrm{E}[(Y_1-d_1)_+]+\cdots+\mathrm{E}[(Y_n-d_n)_+]\\ &= \mathrm{E}[(X_1-d_1)_+]+\cdots+\mathrm{E}[(X_n-d_n)_+]\\ &\geqslant \mathrm{E}[(X_1+\cdots+X_n-d)_+],\end{aligned} \tag{7.47}$$

第二个等号是因为对所有 j, X_j 和 Y_j 有相同的边缘分布. ▽

例 7.6.1(一个三维连续型随机向量) 设 X 服从集合 $\left(0,\dfrac{1}{2}\right)\cup\left(1,\dfrac{3}{2}\right)$ 上的均匀分布, $Y\sim\mathrm{Beta}(2,2)$, $Z\sim\mathrm{N}(0,1)$. 同单调分布的支撑集是集合

$$\{(F_X^{-1}(u), F_Y^{-1}(u), F_Z^{-1}(u)) \mid 0 < u < 1\}. \tag{7.48}$$

如图 7.8 所示. 实际上, 整个支集并没有都被画出. 未画出部分对应于 $u \notin (\Phi(-2), \Phi(2))$, 并沿渐近线延伸, 其中渐近线分别为垂直线 $(0,0,z)$ 和 $\left(\frac{3}{2},1,z\right)$. 图中连续的粗实线部分是支撑集 S. 虚线是将 S 转变为连通曲线 $\overline{S}$ 所需的直线. 注意到, 在 $x=\frac{1}{2}$ 和 $x=1$ 之间, $F_X(x)$ 有一个水平段. $\overline{S}$ 沿 z 轴的投影是一个单调递增的曲线, 沿其他轴的投影也是如此. ▽

例 7.6.2(一个二维离散例子) 作为一个离散的例子, 取 X 为 $\{0,1,2,3\}$ 上的均匀分布, $Y \sim \text{binomial}\left(3,\frac{1}{2}\right)$, 则有

$$\left(F_X^{-1}(u), F_Y^{-1}(u)\right) = \begin{cases} (0,0), & 0<u<\frac{1}{8}, \\ (0,1), & \frac{1}{8}<u<\frac{2}{8}, \\ (1,1), & \frac{2}{8}<u<\frac{4}{8}, \\ (2,2), & \frac{4}{8}<u<\frac{6}{8}, \\ (3,2), & \frac{6}{8}<u<\frac{7}{8}, \\ (3,3), & \frac{7}{8}<u<1. \end{cases} \tag{7.49}$$

在上面 u 的小区间端点处, 按习惯我们取左极限值. 点 $(1,1)$ 和 $(2,2)$ 的概率值均为 $\frac{1}{4}$, 而同单调分布支集 S 的其他点处的概率值均为 $\frac{1}{8}$. 把这些点依次用直线 (即图 7.9 中的虚线) 连接起来即可得到曲线 $\overline{S}$. 连接 $(1,1)$ 和 $(2,2)$ 的直线不平行于坐标轴, 这是因为 $F_X(y)$ 和 $F_Y(y)$ 在 $u=\frac{1}{2}$ 处都有一个水平段. 使用连接 (1,1) 和 (2,2) 的任意非减曲线都可得到一个可行的 $\overline{S}$. ▽

例 7.6.3(一对夫妇的死亡风险) 令 $n=2$, $X \sim \text{Bernoulli}(q_x)$, 且 $\frac{1}{2}Y \sim \text{Bernoulli}(q_y)$. 假设 X 和 Y 不独立并记 $z=\Pr[X=1,Y=2]$, 则 (X,Y) 的联合分布可表示为

	$X=0$	$X=1$	合计
$Y=0$	$1-q_x-q_y+z$	q_x-z	$1-q_y$
$Y=2$	q_y-z	z	q_y
合计	$1-q_x$	q_x	1

对于任一凸函数 $f(\cdot)$, 我们有 $f(3)-f(2) \geqslant f(1)-f(0)$, 所以下式关于 z 单调不减:

$$\begin{aligned}E[f(X+Y)] = & f(0)(1-q_x-q_y)+f(1)q_x+f(2)q_y \\ & +[f(0)-f(1)-f(2)+f(3)]z.\end{aligned} \tag{7.50}$$

取 z 为可行的最大值, 即 $z=\min\{q_x,q_y\}$, 我们得到凸序下最大的 $X+Y$. 假设 $q_x<q_y$, 则我们有

	$X=0$	$X=1$	合计
$Y=0$	$1-q_y$	0	$1-q_y$
$Y=2$	q_y-q_x	q_x	q_y
合计	$1-q_x$	q_x	1

仅当事件 $\{X=1,Y=0\}$ 和 $\{X=0,Y=2\}$ 的概率中至少一个为 0 时, 联合分布才是同单调的. 对于同单调分布, 当 $q_x<q_y$ 时, $X=1$ 发生必然有 $Y=2$ 也发生. 如果 $q_x>q_y$, 则情况正好相反.

例 7.6.3 考虑的是两生命的人寿保险, 其中一个生命为 x 岁的男性, 死亡给付为 1, 另一个为 y 岁的女性, 死亡给付为 2. 同单调联合死亡率就是, 如果死亡概率较小的人死亡, 那么另一个人也死亡. 当 $q_x=q_y$ 时, 同单调的死亡率下有 $Y=2X$ 以概率 1 成立. ▽

§7.7 相依风险和的随机界

假设在未来 n 年里, 我们要在每年年末支付 1, 利率不是固定的, 而是随机变动的. 假设 k 时刻的折现因子为

$$X_k=e^{-(Y_1+\cdots+Y_k)}, \tag{7.51}$$

这里假设年对数收益率 Y_j 服从多元正态分布, 例如收益率过程是一个布朗运动的情形. 从而 X_k 是对数正态的, 所有支付的现值之和 $S=\sum X_k$ 是多个不独立的对数正态随机变量的和. 对于这样的随机变量很难进行解析的处理. 即使我们完全知道相依结构的形式, 也很难有效地加以利用. 然而, 很容易找到一个相对比较容易处理的凸序的 S 的上界, 见定理 7.6.3. 我们只需将随机向量 $(X_1,X_2,\cdots)$ 替换为分量为 $X_k^U=F_{X_k}^{-1}(U)$ 的同单调等价量. 要想使得同单调和的近似效果很好, 那么首先各项之间应该有很强的相依关系. 注意到, 对 $k<l$ 我们有 $X_l=X_k\exp\big(-(Y_{k+1}+\cdots+Y_l)\big)$. 所以在很多随机利率期限结构中, 对于较大的 $k<l$, X_k 和 X_l 有很大的相关性. 因此, 该情形下的近似效果很好.

§7.7.1 使用替代变量导出的更紧上界和下界

有时, 不考虑边缘分布是什么, 我们可以仅利用相依性信息得到随机变量和更紧的上界和下界 (在凸序下). 参考推论 7.3.1, 对任意的随机变量 V, $E[S\,|\,V]$ 是

$S = X_1 + \cdots + X_n$ 的一个凸序下界. 如果 $\mathrm{E}[S\,|\,V]$ 容易计算, 且对 S 来说 V 是一个很好的替代变量, 既它能解释 S 的随机变动的较大部分, 那么我们就发现了一个改进的下界 $\mathrm{E}[S] \leqslant_{\mathrm{cx}} \mathrm{E}[S\,|\,V] \leqslant_{\mathrm{cx}} S$. 利用类似的技术, 我们也可以对同单调上界加以改进.

定理 7.7.1(更紧的上界和下界) 设 $(X_1, \cdots, X_n)$ 为 n 维随机向量, 其各分量之和为 S. 对某个 $U \sim \mathrm{uniform}(0,1)$, 记 $S^U = F_{X_1}^{-1}(U) + \cdots + F_{X_n}^{-1}(U)$ 为 $(X_1, \cdots, X_n)$ 的同单调等价的各分量之和. 对任意 V, 记 $S^{U\,|\,V} = h(U, V)$, 其中

$$h(u,v) \stackrel{\mathrm{def}}{=} F_{X_1\,|\,V=v}^{-1}(u) + \cdots + F_{X_n\,|\,V=v}^{-1}(u), \quad 0 < u < 1. \tag{7.52}$$

那么有下面随机不等式成立:

$$\mathrm{E}[S] \leqslant_{\mathrm{cx}} \mathrm{E}[S\,|\,V] \leqslant_{\mathrm{cx}} S \leqslant_{\mathrm{cx}} S^{U\,|\,V} \leqslant_{\mathrm{cx}} S^U. \tag{7.53}$$

证明 对所有 v 我们有

$$\mathrm{E}[S\,|\,V=v] \leqslant_{\mathrm{cx}} S\,|\,V=v \leqslant_{\mathrm{cx}} h(U,v), \tag{7.54}$$

其中 $S\,|\,V=v$ 是随机变量, 具有给定 $V=v$ 时 S 的条件分布. 该随机变量的均值为 $\mathrm{E}[S\,|\,V=v]$. 随机变量 $h(U,v)$ 是$X_k\,|\,V=v$ 的同单调版本之和.

将式 (7.54) 中随机变量的分布与微分 $\mathrm{d}F_V(v)$ 相乘, 然后积分, 我们得到下面的上界和下界 (见定理 7.3.6):

$$F_{\mathrm{E}[S]} \leqslant_{\mathrm{cx}} F_{\mathrm{E}[S\,|\,V]} \leqslant_{\mathrm{cx}} F_S \leqslant_{\mathrm{cx}} F_{S^{U\,|\,V}} \leqslant_{\mathrm{cx}} F_{S^U}. \tag{7.55}$$

第一个分布是常数 $\mathrm{E}[S]$ 的退化分布, 第二个是 $\mathrm{E}[S\,|\,V]$ 的分布. 改进的上界是 $S^{U\,|\,V} = h(U,V)$ 的分布函数, 它是一组具有给定边缘分布的随机变量的和, 因此比同单调上界小, 因为同单调上界为具有给定边缘分布的随机变量和中在凸序下最大的一个. 见习题 7.7 第 4 题. ▽

要想上述改进的上下界有用, 替代变量 V 以及给定 $V=v$ 下所有 X_k 的条件分布必须是已知的. 信度理论中介绍的结构变量可以作为 V 的一个很好例子. 下面讨论如何选择最好的 V.

例 7.7.1(两个对数正态风险之和的随机界) 我们通过两个对数正态随机变量之和来说明取关于结构随机变量的条件概率的技巧. 在这里, 多元正态分布用处很大, 因为其条件分布和边缘分布都很容易计算. 设 $n=2$, 并取 Y_1, Y_2 为独立的 $\mathrm{N}(0,1)$ 随机变量. 考虑和 $S = X_1 + X_2$, 其中 $X_1 = \mathrm{e}^{Y_1} \sim \mathrm{lognormal}(0,1)$, $X_2 = \mathrm{e}^{Y_1+Y_2} \sim \mathrm{lognormal}(0,2)$. 对于替代变量 V, 我们取其为 Y_1, Y_2 的线性组合, 在这里 $V = Y_1 + Y_2$. 对于下界 $\mathrm{E}[S\,|\,V]$, 我们有 $\mathrm{E}[X_2\,|\,V] = \mathrm{e}^V$, 而 $Y_1\,|\,Y_1+Y_2 = v \sim \mathrm{N}\left(\dfrac{1}{2}v, \dfrac{1}{2}\right)$, 因此

$$\mathrm{E}[\mathrm{e}^{Y_1}\,|\,Y_1+Y_2=v]=m\left(1;\frac{1}{2}v,\frac{1}{2}\right), \tag{7.56}$$

其中 $m(t;\mu,\sigma^2)=\mathrm{e}^{\mu t+\frac{1}{2}\sigma^2t^2}$ 是 $\mathrm{N}(\mu,\sigma^2)$ 的矩母函数. 这样, 就得到

$$\mathrm{E}[\mathrm{e}^{Y_1}\,|\,V]=\mathrm{e}^{\frac{1}{2}V+\frac{1}{4}}. \tag{7.57}$$

所以, 式 (7.53) 中更紧的下界为

$$\mathrm{E}[X_1+X_2\,|\,V]=\mathrm{e}^{\frac{1}{2}V+\frac{1}{4}}+\mathrm{e}^V. \tag{7.58}$$

当 $U\sim\mathrm{uniform}(0,1)$ 时, 随机变量 $S^U=\mathrm{e}^W+\mathrm{e}^{\sqrt{2}W}$(其中 $W=\Phi^{-1}(U)$, 从而 $W\sim\mathrm{N}(0,1)$) 是 S 的一个同单调上界. 式 (7.53) 中改进的上界 $S^{U\,|\,V}$ 的第二项也是 e^V, 第一项等于 $\mathrm{e}^{\frac{1}{2}V+\frac{1}{2}\sqrt{2}W}$, 其中 $V\sim\mathrm{N}(0,2)$, $W\sim\mathrm{N}(0,1)$, 且二者相独立. 这些上下界中的每一项都服从对数正态分布, 所以它们的方差也很容易计算.

注意到, 比较满足凸序的随机变量的止损保费时, 计算方差是有意义的. 这是因为两个满足凸序的随机变量的方差之差的一半等于它们止损保费之差的积分, 如图 7.7 所示. 这表明, 如果有 $X\leqslant_{\mathrm{cx}}Y$ 且 $\mathrm{Var}[X]=\mathrm{Var}[Y]$ 成立, 则 X 和 Y 必定同分布. 此外, 两个等均值随机变量方差的比值约等于它们的止损保费与最小可能取值之差的比值, 见经验法则 3.10.1. 读者可以验证, 有

$$\begin{aligned}(\mathrm{E}[S])^2&=\mathrm{e}^1+2\mathrm{e}^{\frac{3}{2}}+\mathrm{e}^2,\\ \mathrm{E}\big[(\mathrm{E}[S\,|\,V])^2\big]&=\mathrm{e}^{\frac{3}{2}}+2\mathrm{e}^{\frac{5}{2}}+\mathrm{e}^4,\\ \mathrm{E}[S^2]=\mathrm{E}\big[(S^{U\,|\,V})^2\big]&=\mathrm{e}^2+2\mathrm{e}^{\frac{5}{2}}+\mathrm{e}^4,\\ \mathrm{E}\big[(S^U)^2\big]&=\mathrm{e}^2+2\mathrm{e}^{\frac{3}{2}+\sqrt{2}}+\mathrm{e}^4.\end{aligned} \tag{7.59}$$

因此,

$$\begin{aligned}\mathrm{Var}\big[\mathrm{E}[S]\big]&=0,\\ \mathrm{Var}\big[\mathrm{E}[S\,|\,V]\big]&=64.374,\\ \mathrm{Var}[S]=\mathrm{Var}[S^{U\,|\,V}]&=67.281,\\ \mathrm{Var}[S^U]&=79.785.\end{aligned} \tag{7.60}$$

所以, 通过取关于 $V=Y_1+Y_2$ 的条件期望而得到的 S 的随机下界 $\mathrm{E}[S\,|\,V]$, 比 $\mathrm{E}[S]$ 要好很多; 而改进的上界 $S^{U\,|\,V}$ 与 S 有相同分布. 可以证明, 对于任一对随机变量, 如果我们取其中一个作为替代变量, 则 $S^{U\,|\,V}$ 和 S 必定有相同分布, 见习题 7.6 第 22 题.

因为 $\mathrm{Var}[S]=\mathrm{E}\big[\mathrm{Var}[S\,|\,V]\big]+\mathrm{Var}\big[\mathrm{E}[S\,|\,V]\big]$, 所以下界的方差恰好是 S 的方差中不能被 V"解释"的部分. 最大化第二项等价于最小化第一项, 所以, 我们期望找到一个与 S 尽可能接近的 V. 分别用 $1+Y_1$ 和 $1+Y_1+Y_2$ 近似 e^{Y_1} 和 $\mathrm{e}^{Y_1+Y_2}$, 则 $S\approx2+2Y_1+Y_2$. 因此, 选用 $2Y_1+Y_2$ 而不是 Y_1+Y_2 作为条件随机变量, 或许可以得到一个更好的下限. 习题 7.7 第 11 题就是让读者检验该结论是否成立. 此外, 习题 7.7 第 12 题还讨论了另外一个更好的选择.

§7.7.2 对数正态风险和的随机界模拟

式 (7.51) 中随机变量 X_k 服从 lognormal(ν, τ^2), 其中 $\nu = -\mathrm{E}[Y_1 + \cdots + Y_k]$, $\tau^2 = \mathrm{Var}[Y_1 + \cdots + Y_k]$. 假设支付 $\alpha_1, \cdots, \alpha_n$ 在每年末进行, 则所有支付折现到 0 时刻的现值为

$$S = \alpha_1 X_1 + \cdots + \alpha_n X_n. \tag{7.61}$$

在很多利率模型中 $\vec{Y} = (Y_1, \cdots, Y_n)'$ 服从多元正态分布, 均值向量为 $\vec{\mu}_Y$, 方差矩阵为 $\boldsymbol{\Sigma}_Y$. 一个简单的模型就是假设年对数收益率 Y_k 是服从 $\mathrm{N}(\mu, \sigma^2)$ 的独立同分布随机变量.

在所有 $\alpha_k \geqslant 0$ 的情况下, 因为 $\alpha_k X_k$ 仍然服从对数正态分布, 所以随机变量 S 可以看作是不独立的对数正态随机变量之和. 在正负支付同时存在的情况下, 我们就得到了两个对数正态和的差. 这种类型的随机变量经常在金融领域中遇到. 即便是在最简单的协方差结构下, 通常也不可能解析地计算出它们的分布函数. 为处理这种情况, 我们可以使用蒙特卡罗模拟, 利用 S 的模拟结果画一个直方图或者去估计 99.75%分位数等. 因为在 400 次模拟中平均只有一次会超过 99.75%分位数, 所以为了获得一个足够准确的估计值, 通常需要进行成千上万次的模拟. 另一种方法是用合适的参数分布来近似 S 的分布, 如正态、对数正态、伽玛分布, 或逆伽玛分布. 逆伽玛分布就是当 X 服从伽玛分布时, $1/X$ 所服从的分布. 类似 §2.5 中, 给伽玛分布添加一个平移参数, 我们可得到一个更好的拟合分布, 因为其前三阶矩都可以精确拟合, 见本节习题. 第三种方法就是考虑 S 凸序下的上界或下界. 因为这些界都是同单调的, 它们的逆分布函数 (VaRs) 和其他风险度量的解析表达式都可以获得, 这样就避免了非常耗时的模拟试验. 这里, 我们着眼于这些上下界的样本分布函数, 并与 S 的样本分布函数进行比较. 因为 S 中的各项为不独立的对数正态随机变量, 所以我们首先展示如何将附录 A.2 中的技术推广以生成多元正态随机向量的样本.

生成正态分布的随机样本 只要使用 R 函数 `rnorm` 即可简单地从一元正态分布中生成一列伪随机数. 当然也存在一个生成均值向量为 $\vec{\mu}$, 方差矩阵为 $\boldsymbol{\Sigma}$ 的多元正态分布样本的函数, 它就是 `mvrnorm` 函数, 可在 R 的 `MASS` 库中找到. 该库包含了 Venables 和 Ripley(2002) 的主要软件包中的函数和数据集. 为了生成多元随机向量 $\vec{Y}$, 函数 `mvrnorm` 利用了结论：如果 $V_1, \cdots, V_n$ 是一列服从 $\mathrm{N}(0,1)$ 的独立同分布随机变量, $\boldsymbol{A}$ 是一个 $n \times n$ 矩阵, 那么 $\vec{W} = \vec{\mu} + \boldsymbol{A}\vec{V}$ 服从一个多元正态分布, 均值为 $\mathrm{E}[\vec{W}] = \vec{\mu}$, 协方差 $\mathrm{Cov}[W_i, W_j] = \mathrm{E}[(W_i - \mu_i)(W_j - \mu_j)]$ 是方差矩阵中 (i,j) 处的元素. 利用期望的线性性, 该协方差矩阵等于

$$\begin{aligned}\mathrm{E}[(\vec{W} - \vec{\mu})(\vec{W} - \vec{\mu})'] &= \mathrm{E}[\boldsymbol{A}\vec{V}(\boldsymbol{A}\vec{V})'] = \mathrm{E}[\boldsymbol{A}\vec{V}\vec{V}'\boldsymbol{A}'] \\ &= \boldsymbol{A}\mathrm{E}[\vec{V}\vec{V}']\boldsymbol{A}' = \boldsymbol{A}\boldsymbol{I}\boldsymbol{A}' = \boldsymbol{A}\boldsymbol{A}'.\end{aligned} \tag{7.62}$$

所以为生成服从 $\mathrm{N}(\vec{\mu},\boldsymbol{\Sigma})$ 的随机向量 $\vec{W}$, 我们只需找到矩阵 $\boldsymbol{\Sigma}$ 的"平方根" $\boldsymbol{A}$, 满足 $\boldsymbol{\Sigma}=\boldsymbol{A}\boldsymbol{A}'$. 这种平方根很容易求得. 一种方法就是进行乔勒斯基 (Cholesky) 分解. 它的特别性质是能得到一个下三角矩阵, 使手算更加简便. 而函数 mvrnorm 实际上是运用特征值分解法, 将之分解为 $\boldsymbol{\Sigma}=\boldsymbol{R}\boldsymbol{\Lambda}\boldsymbol{R}'$, 其中 $\boldsymbol{R}$ 是特征向量组成的正交矩阵, $\boldsymbol{\Lambda}$ 是 $\boldsymbol{\Sigma}$ 的特征值组成的对角矩阵. 当 $\boldsymbol{\Sigma}$ 正定时, 所有特征值均为正, 那么, $\boldsymbol{R}\boldsymbol{\Lambda}^{1/2}$ 也是 $\boldsymbol{\Sigma}$ 的一个"平方根".

生成 S 的随机样本 令 $n=20$, 支付 $\alpha_k\equiv+1$, 年对数收益 Y_k 独立同分布, 且服从 $\mathrm{N}(20\%,(13.5\%)^2)$. 按上述方法, 执行下列程序, 模拟出对数正态和 S 的 4000 个结果:

```
nsim <- 4000; n <- 20; alpha <- rep(1, n)
mu.Y <- rep(20/100,n); Sigma.Y <- diag((13.5/100)^2, n)
L <- lower.tri(Sigma.Y, diag=TRUE)
   ## TRUE (=1)
mu.Z <- as.vector(L %*% mu.Y)       ## (Z1,..Zn)
Sigma.Z <- L %*% Sigma.Y %*% t(L) ## 方差矩阵
library(MASS)
S <- exp(-mvrnorm(nsim, mu.Z, Sigma.Z)) %*% alpha
```

注意函数 rnorm 用*标准差*作为一个参数, 而 mvrnorm 用方差矩阵, 其对角线为边缘分布的*方差*. 矩阵 L 是一个下三角矩阵, 对角线及以下元素均为 1(实际上为 TRUE), 所以, $\vec{Z}=\boldsymbol{L}\vec{Y}=(Y_1,Y_1+Y_2,\cdots,Y_1+\cdots+Y_n)'$ 有方差矩阵 Sigma. Z 和均值向量 mu.Z. 为计算支付的现值之和, 我们从多元正态分布中生成 $\vec{Z}$ 的随机样本, 然后取指数便得到对数正态随机变量 X_k, 将其乘以 α_k 后, 再对所有 $k=1,\cdots,n$ 求和.

生成 S^U 的随机样本 将 S 中的各项 α_kX_k 用它们的同单调等价替换, 就能得到 S 的同单调上界 S^U(凸序下). 因此, 假设 $Z_k^U=a_k+b_kW\mathrm{sign}(\alpha_k)$, 其中 a_k 和 b_k 满足 $\mathrm{E}[Z_k^U]=\mathrm{E}[Z_k]$ 和 $\mathrm{Var}[Z_k^U]=\mathrm{Var}[Z_k]$, $W=\Phi^{-1}(U)$ 是一标准正态随机变量(对所有 k 为同一个). 对于独立同分布的年对数收益率, 必须有 $a_k=k$ 和 $b_k=\sqrt{k}$. 我们进一步假设所有 $\alpha_k\geqslant 0$(对于同时存在正负支付的情形, 读者可用 R 中 sign 函数进行必要调整). 下面程序可以生产同单调上界的一个样本:

```
w <- rnorm(nsim) %o% sqrt(diag(Sigma.Z)) + rep(1,nsim) %o% mu.Z
S.upp <- exp(-w) %*% alpha
```

作用于两个向量的运算符号 %o% 表示*外积* $\boldsymbol{A}=\vec{a}\otimes\vec{b}=\vec{a}\vec{b}'$, 所以对所有 i 和 j 有 $A_{ij}=a_ib_j$. 见附录 A.

用相关系数为 1 的变量来替换折现支付变量 α_kX_k 是有意义的. 因为它们是正相关的, 且相关性随 k 增大而增大. 例如, 在年对数收益率独立同分布的情形下, 对 $i\leqslant j$, 我们有 (见习题 7.7 第 8 题):

$$r(\log(\alpha_i X_i), \log(\alpha_j X_j)) = r(Z_i, Z_j) = \frac{\sqrt{i}}{\sqrt{j}}. \tag{7.63}$$

生成 $\mathrm{E}[S\,|\,V]$ 的随机样本 对 S 分布函数的同单调下界(凸序下) 我们用条件均值 $\mathrm{E}[S\,|\,V]$. 正如在例 7.7.1 最后提到的, 我们选用的条件变量 V 必须与 S 的各项间有一个简单的相依结构. 并且它必须与 S 有类似的行为, 即 $\mathrm{E}\big[\mathrm{Var}[S\,|\,V]\big]$ 较小或等价地 $\mathrm{Var}\big[\mathrm{E}[S\,|\,V]\big]$ 较大. 我们取 $\alpha_k \equiv 1$, n 任意, 对某个 $\vec{b}$, 令 $V = \vec{b}'\vec{Y} = b_1Y_1 + \cdots + b_nY_n$. 类似例 7.7.1, 我们先令 $b_k \equiv 1$, 因此有 $V = Z_n$. 我们在之后在习题中还会讨论更好的选择.

为计算 $\mathrm{E}[S\,|\,V]$ 的各项, 我们需要二元正态分布中一个分量的值给定时, 另一个分量的条件分布. 众所周知 (见 Bain 和 Engelhardt (1992) 中定理 5.4.8), 如果 (U, V) 是一个参数为 $\mu_U, \mu_V, \sigma_U^2, \sigma_V^2, \rho$ 的二元正态分布, 则对任意 v, 给定 $V = v$ 时, U 的条件分布如下:

$$U\,|\,V = v \sim \mathrm{N}\Big(\mu_U + \rho\frac{\sigma_U}{\sigma_V}(v - \mu_V), \sigma_U^2(1 - \rho^2)\Big). \tag{7.64}$$

对某个固定的 $k \in \{1, \cdots, n\}$, 令 $\vec{a} = (1, \cdots, 1, 0, \cdots, 0)'$, 其中有 k 个 1 和 $n-k$ 个 0. 因为 $\vec{Y}$ 服从多元正态分布, 所以随机对 $(\vec{a}'\vec{Y}, \vec{b}'\vec{Y}) = (Y_1 + \cdots + Y_k, b_1Y_1 + \cdots + b_nY_n)$ 服从二元正态分布, 其分量的均值分别为 $\vec{a}'\vec{\mu} = \mu_1 + \cdots + \mu_k$ 和 $b'\vec{\mu}$. 为了计算协方差矩阵, 我们记

$$\boldsymbol{B} = \begin{pmatrix} a_1 & a_2 & \cdots & a_n \\ b_1 & b_2 & \cdots & b_n \end{pmatrix}, \quad \text{从而} \quad \boldsymbol{B}\vec{Y} = \begin{pmatrix} \vec{a}'\,\vec{Y} \\ \vec{b}'\,\vec{Y} \end{pmatrix}. \tag{7.65}$$

接下来, 由式 (7.62) 可得 $\boldsymbol{B}\vec{Y}$ 的方差阵为 $\boldsymbol{\Omega} = \boldsymbol{B\Sigma B}'$. 我们记正态分布 $\mathrm{N}(\mu, \sigma^2)$ 的矩母函数为 $m(t; \mu, \sigma^2) = \exp(\mu t + \sigma^2 t^2/2)$. 给定条件 $V = v$, 第 k 个折现因子 X_k 满足

$$\begin{aligned} \mathrm{E}[X_k\,|\,V = v] &= \mathrm{E}[\mathrm{e}^{-Z_k}\,|\,V = v] \\ &= m(-1; \mathrm{E}[Z_k\,|\,V = v], \mathrm{Var}[Z_k\,|\,V = v]). \end{aligned} \tag{7.66}$$

利用 $\Pr[f(V) \leqslant v] = \Pr[V \leqslant f^{-1}(v)]$, 我们通常能显式地写出 $f(V) = \mathrm{E}[S\,|\,V]$ 的分位数和分布函数. 显示解存在的充分条件是 (如本例的情况), 所有 $\alpha_k > 0$ 且 $V = Z_n$, 函数 $f(v) = \mathrm{E}[S\,|\,V = v]$ 关于 v 单调递增. 见习题 7.7 第 15 题. 但在这里我们仅尝试通过模拟来近似其分布. 首先计算 $\boldsymbol{C}\vec{Y} = (Z_1, \cdots, Z_n, V)$ 的均值和协方差矩阵 $\boldsymbol{\Omega}$. 由下面的程序, 我们可得边缘分布的方差和相关系数.

```
b <- rep(1,n) ## 对应于 V = b'Y = Y1+..Yn
C<- rbind(L,b)
mu.Zk <- (C %*% mu.Y)[1:n]; mu.V <- (C %*% mu.Y)[n+1]
```

```
Omega <- C %*% Sigma.Y %*% t(C)
sd.Zk <- sqrt(diag(Omega))[1:n]; sd.V <- sqrt(diag(Omega)[n+1])
rho.ZkV <- pmin(cov2cor(Omega)[n+1,1:n],1)
```

考虑到在数值计算时, 有时相关系数的值会大于 1, 因此最后一行中使用函数 pmin 是有必要的.

接下来, 根据式 (7.64), 我们计算由 nsim 个条件均值 $\mathrm{E}[Z_k\,|\,V]$, $k=1,2,\cdots,n$ 组成的向量 EZkV. 向量 VarZkV 为条件方差. 最后, 根据式 (7.66), S.low 的每个元素由 $\sum_k \alpha_k \mathrm{E}[X_k\,|\,V=v]$ 计算得出. 注意到, 这里 alpha, mu.Zk 和 rho.ZkV 都是长度为 n 的向量.

```
V <- rnorm(nsim, mu.V, sd.V)
EZkV <- rep(1,nsim) %o% mu.Zk + ## nsim 行 n 列矩阵
        (V-mu.V) %o% (rho.ZkV * sd.Zk / sd.V)
VarZkV <- sd.Zk^2*(1-rho.ZkV^2) ## n 维向量
S.low <- exp(-EZkV + 0.5 * rep(1,nsim) %o% VarZkV) %*% alpha
```

生成 $S^{U\,|\,V}$ 的随机样本 给定 $V=v$ 时, $S^{U\,|\,V=v}$ 中各项是 $\alpha_k X_k$ 的同单调等价, 其中 $X_k \sim \mathrm{lognormal}(\mu_k,\sigma_k^2)$. 其参数分别为 $\mu_k=\mathrm{E}[Z_k\,|\,V=v]$ 和 $\sigma_k^2=\mathrm{Var}[Z_k\,|\,V=v]$. 因此, 我们可通过给 $\mathrm{E}[Z_k\,|\,V=v]$ 加上一个 σ_k 倍的标准正态随机变量, 取指数后, 再以 α_k 为权重求和, 便可得到随机变量 $S^{U\,|\,V=v}$ 的样本.

```
ZkV <- EZkV + rnorm(nsim) %o% sqrt(VarZkV)
S.imp <- exp(-ZkV) %*% alpha
```

将结果绘图 为了画出 S、同单调上界S^U 、利用 $V=Z_n=Y_1+\cdots+Y_n$ 得到的改进上界 $S^{U\,|\,V}$ 和下界 $\mathrm{E}[S\,|\,V]$ 的经验分布函数, 我们可以使用下列语句:

```
y <- (-0.5+1:nsim)/nsim
plot(sort(S), y, type="l", yaxp=c(0,1,1), xaxp=c(2,10,4),
     ylab="", xlab="", lwd=1.5)
lines(sort(S.upp), y, lty="solid")
lines(sort(S.imp), y, lty="dashed")
lines(sort(S.low), y, lty="dotted")
mu.S <- sum(alpha*exp(-(mu.Z-diag(Sigma.Z)/2)))
lines(c(min(S.upp),mu.S,mu.S,max(S.upp)), c(0,0,1,1))
```

图 7.10 给出了运行结果. 最后一个对 lines 绘制了退化随机变量 $\mathrm{E}[S]$ 的分布函数, 它是 S 的一个平凡的凸序下界. 它的分布函数在 S 的均值 $\mathrm{E}[S]$ 处有高度为 1 的跳跃. 事实上, 当 V 与 S 独立时有 $\mathrm{E}[S\,|\,V]\equiv\mathrm{E}[S]$, 所以 $\mathrm{E}[S]$ 是下界 $\mathrm{E}[S\,|\,V]$ 中的一个特例.

正如我们所见, 在此例中改进的上界 $S^{U\,|\,V}$ 并不比上界 S^U 好很多. 这里我

们选择 $V = Z_n$, 即最终时刻的累计对数收益率. 习题中我们还会看到更好的替代变量.

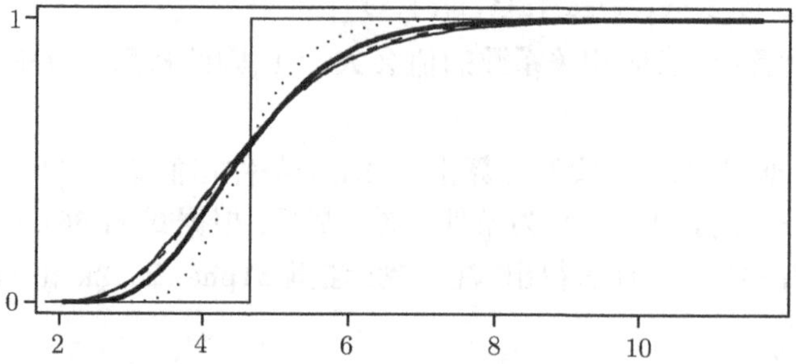

图 7.10 S (粗线), 随机界S.low (虚线), S.imp (短划线) 和S.upp (实线) 的经验分布函数

§7.8 相依性更强的联合分布; copula函数

本节中, 我们假设随机变量 X, X', $X^\bullet$, $X^\perp$ 和 X^U 都有相同的连续型边缘分布函数 F, 所有相应的随机变量 Y 有连续型边缘分布函数 G. 联合分布记为 H, 并可能带有相应的上标.

§7.8.1 相依性更强的联合分布; 关联度量

我们已知道, 如果两个随机变量的联合分布是同单调的, 或根据定理 7.6.2, 联合分布函数取可能的最大值, 那么这两个随机变量相依程度最大. 根据这个思想, 我们对有相同边缘分布的随机变量对定义一个偏序关系: 具有一致较大分布函数的被称为 "相依性更强" 的随机变量对.

定义 7.8.1(相依性更强的联合分布) 我们称随机变量对 (X,Y) 比 (X',Y') 相依性更强, 如果它们满足条件: $X \sim X'$, $Y \sim Y'$ 且

$$H(x,y) := F_{X,Y}(x,y) \geqslant F_{X',Y'}(x,y) =: H'(x,y) \text{ 对所有的 } x \text{ 和 } y \text{ 成立.} \quad (7.67)$$

所以, X 和 Y 都很小的概率一定大于 X' 和 Y' 相应的概率值. ▽

根据式 (7.67), 我们可知 $\Pr[X > x, Y > y] = 1 - F(x) - G(y) + H(x,y)$(两者都大的概率) 比 (X',Y') 对应的概率值大.

将相互独立看成 "零相依", 下面我们引入正相依概念.

定义 7.8.2(正象限相依) 我们称 X 和 Y 为正象限相依 (positive quadrant dependent, PQD), 如果它们满足

$$\Pr[X \leqslant x, Y \leqslant y] \geqslant \Pr[X \leqslant x]\Pr[Y \leqslant y], \quad \text{对所有的 } x \text{ 和 } y \text{ 成立.} \quad (7.68)$$

所以, 如果一个随机变量对比具有相同边缘分布但相互独立的随机对 (X^U, Y^U) 相依性更强, 就说该随机变量对是正象限相依的 (PQD 的).

根据定理 7.6.2, 有 $H(x,y) \leqslant \min\{F(x),G(y)\}$ 成立, 因此同单调对 (X^U,Y^U) 是 "相依性最强的". 同样地, 也存在一个具有相同边缘分布的联合分布是 "相依性最弱的", 或称为 "对立性最强的". 它可由下面联合分布函数的下界导出 (Fréchet/Höffding对此也有研究):

$$\Pr[X \leqslant x, Y \leqslant y] \geqslant \max\{0, F(x)+G(y)-1\}. \tag{7.69}$$

不等式 (7.69) 可直接从 Bonferroni 不等式推出, 见习题 7.6 第 8 题. 随机变量对 $(X,Y)=(F^{-1}(U),G^{-1}(1-U))$ 就有这样的联合分布. 当 X 取较大值时, Y 有较小值, 反之亦然. 事实上, 此时 X 和 $-Y$ 是相依性最强的, X 和 Y 不是同单调的, 而是反单调的.

比较随机变量对相依程度的另一种方法就是比较它们的关联度量值.

例 7.8.1(关联度量) 对于随机变量对, 常用的关联度量有:

皮尔逊 r: 即相关系数 $r(X,Y)=\dfrac{\mathrm{E}[XY]-\mathrm{E}[X]\mathrm{E}[Y]}{\sigma_X\sigma_Y}$;

斯皮尔曼 ρ: 即秩相关系数 $\rho(X,Y)=r(F(X),G(Y))$;

肯德尔 τ: 与另一样本对相一致的 (标准化的) 概率: 如果 $(X,Y)\sim(X^\bullet,Y^\bullet)$ 且两个随机对之间独立, 则 $\tau(X,Y)=2\times\Pr[(X-X^\bullet)(Y-Y^\bullet)>0]-1$;

布罗维斯特 β: 考察相对于中位数 $\widetilde{x}$ 和 $\widetilde{y}$ 的一致性, 其中 $F(\widetilde{x})=G(\widetilde{y})=0.5$, 所以 $\beta(X,Y)=2\times\Pr[(X-\widetilde{x})(Y-\widetilde{y})>0]-1$.

随机样本中元素的秩次是该元素在排序后的样本中所处的位置. 人口当量是一个随机变量 $X\sim F$ 的秩次, 即随机变量 $F(X)$. 若 X 是连续型, 则该随机变量服从 uniform(0,1) 分布. 如果对某个 x 有 $F(x)=0.2$, 这意味着在大样本中, 一个值为 x 的样本的秩次将约等于样本容量的 20%. 对于两个实数对, 如果在坐标系中一个在另一个的右上方, 则称它们是同序对.

在最后两种度量中都采用了公式 $2\Pr[\text{“一致性”}]-1$, 这是为了保证关联度量在随机变量独立的情况下等于 0, 且其值总是位于区间 $[-1,+1]$ 中. 注意到, (X,Y) 同单调意味着 $\rho(X,Y)=\tau(X,Y)=\beta(X,Y)=1$(对于 ρ 和 τ, 反过来也正确), 但 $r(X,Y)<1$ 是可能的, 见习题 7.8 第 4、5 题. 最后三个关联度量仅依赖于秩次 $F(X)$ 和 $G(Y)$ 的联合分布, 原始随机变量的这些度量就等于它们秩次的对应度量. 但是皮尔逊相关系数 r 不具备这种性质, 见习题 7.8 第 5、6 题. 就像均值–方差序相对于止损序的优势一样, 通过比较关联度量值而得到的偏序关系, 是具有相同边缘分布的风险对集合上的全序. ▽

"相依性更强"的概念有一个重要的性质, 就是相依性更强的随机对的分量之和在凸序下更大.

性质 7.8.1(相依性更强意味着有凸序下更大的和) 如果 $(X,Y)\sim H$ 比 $(X',Y')\sim H'$ 相依性更强, 则有 $X+Y\geqslant_{\mathrm{cx}} X'+Y'$.

证明 首先易知等式 $\mathrm{E}[(X+Y-d)_+]=\mathrm{E}[(d-X-Y)_+]+\mathrm{E}[X]+\mathrm{E}[Y]-d$ 成立. 然后利用交换积分次序 (Fubini 定理) 可得:

$$\begin{aligned}\mathrm{E}[(d-X-Y)_+]&=\iint_{x+y\leqslant d}\int_{t=y}^{d-x}\mathrm{d}t\,\mathrm{d}H(x,y)\\&=\int_{t=-\infty}^{\infty}\iint_{y\leqslant t,\ x\leqslant d-t}\mathrm{d}H(x,y)\,\mathrm{d}t\\&=\int_{t=-\infty}^{\infty}H(t,d-t)\,\mathrm{d}t.\end{aligned}\tag{7.70}$$

根据 $H\geqslant H'$, 定理得证. ▽

相依性更强这一性质也反映在关联度量中. 对于例 7.8.1 中提到的所有相关度量, 相依性更强的随机对都有一个更大的度量值.

性质 7.8.2(相依性更强意味着更大的关联度量值) 如果 $(X,Y)\sim H$ 比 $(X',Y')\sim H'$ 相依性更强, 则有 $r(X,Y)\geqslant r(X',Y')$. 该结论对 $\rho(\cdot,\cdot)$, $\tau(\cdot,\cdot)$ 和 $\beta(\cdot,\cdot)$ 同样成立.

证明 根据性质 7.8.1, 有 $X+Y\geqslant_{cx}X'+Y'$, 所以 $\mathrm{Var}[X+Y]\geqslant\mathrm{Var}[X'+Y']$. 这表明 $\mathrm{Cov}[X,Y]\geqslant\mathrm{Cov}[X',Y']$ 成立, 因此 $r(X,Y)\geqslant r(X',Y')$.

另外一种证明方法是用类似 $\mathrm{E}[X]=\displaystyle\int_0^\infty\Pr[X>x]\mathrm{d}x$ 的关系式, 见式 (1.33). 为了方便, 假设 X 和 Y 均有下界, 不妨设为 $\geqslant -M$. 因为我们可以考虑形如 $X+M$ 和 $Y+M$ 的随机变量, 所以可以不失一般性地假设 $M=0$. 应用 Fubini 定理 (如 $0<t<x<\infty$):

$$\begin{aligned}\mathrm{E}[XY]&=\iint xy\,\mathrm{d}H(x,y)=\iint\left(\int_0^x\mathrm{d}t\int_0^y\mathrm{d}u\right)\mathrm{d}H(x,y)\\&=\int_0^\infty\int_0^\infty\left(\int_t^\infty\int_u^\infty\mathrm{d}H(x,y)\right)\mathrm{d}t\,\mathrm{d}u\\&=\int_0^\infty\int_0^\infty\{1-F(t)-G(u)+H(t,u)\}\,\mathrm{d}t\,\mathrm{d}u,\end{aligned}\tag{7.71}$$

所以 $\mathrm{E}[XY]\geqslant\mathrm{E}[X'Y']$ 成立. 因为 (X,Y) 和 (X',Y') 的边缘分布相同, 所以它们边缘分布的各阶矩也相同, 因此有 $r(X,Y)\geqslant r(X',Y')$.

记各变量的秩次分别为 $U=F(X)$, $V=G(Y)$, $U'=F(X')$ 和 $V'=G(Y')$. 因为 $\Pr[U\leqslant u,V\leqslant v]=H(F^{-1}(u),G^{-1}(v))$, 所以 (U,V) 比 (U',V') 相依性更强. 因此根据上面可知 $\rho(X,Y)\geqslant\rho(X',Y')$.

对于肯德尔 τ, 令 $C(\cdot,\cdot)$ 是 (U,V) 的联合分布函数, $(X^\bullet,Y^\bullet)$ 与 (X,Y) 独立同分布, 秩次为 $(U^\bullet,V^\bullet)$. 那么有

$$\begin{aligned}
&\Pr[(X-X^\bullet)(Y-Y^\bullet)>0]=\Pr[(U-U^\bullet)(V-V^\bullet)>0]\\
=&2\iint \Pr[U<u,V<v\mid U^\bullet=u,V^\bullet=v]\,\mathrm{d}C(u,v)\\
=&2\iint \Pr[U<u,V<v]\,\mathrm{d}C(u,v)=2\iint C(u,v)\,\mathrm{d}C(u,v),
\end{aligned}\tag{7.72}$$

所以 $\tau(X,Y)=4\mathrm{E}[C(U,V)]-1$.

令 (S,T) 为 (X',Y') 的秩次, 用 D 表示其联合分布. 仍有 $C\geqslant D$ 成立, 所以 $\mathrm{E}[C(S,T)]\geqslant\mathrm{E}[D(S,T)]$. 因此只需证明 $\mathrm{E}[C(S,T)]\leqslant\mathrm{E}[C(U,V)]$ 成立. 我们有

$$\mathrm{E}[C(S,T)]-\mathrm{E}[C(U,V)]=\int_0^1\int_0^1 C(u,v)\,\mathrm{d}D(u,v)-\int_0^1\int_0^1 C(u,v)\,\mathrm{d}C(u,v).\tag{7.73}$$

利用 $C(u,v)=\displaystyle\int_0^u\int_0^v \mathrm{d}C(x,y)$ 和 Fubini 定理, 并不妨设 $0<x<u<1$, 式 (7.73) 可变换为

$$\begin{aligned}
&\int_0^1\int_0^1\int_0^u\int_0^v \mathrm{d}C(x,y)\,\mathrm{d}D(u,v)-\int_0^1\int_0^1\int_0^u\int_0^v \mathrm{d}C(x,y)\,\mathrm{d}C(u,v)\\
=&\int_0^1\int_0^1\int_x^1\int_y^1 \mathrm{d}D(u,v)\,\mathrm{d}C(x,y)-\int_0^1\int_0^1\int_x^1\int_y^1 \mathrm{d}C(u,v)\,\mathrm{d}C(x,y)\\
=&\iint\big\{\Pr[S>x,T>y]-\Pr[U>x,V>y]\big\}\,\mathrm{d}C(x,y)\\
=&\iint\big\{D(x,y)-C(x,y)\big\}\,\mathrm{d}C(x,y)\leqslant 0.
\end{aligned}\tag{7.74}$$

利用 $\Pr[S>x,T>y]=1-x-y+D(x,y)$, 式 (7.74) 中最后一个等式成立. 根据式 (7.74), 我们有结论 $\tau(X,Y)\geqslant\tau(X',Y')$.

最后, 由于布罗维斯特 β 就等于 $4C\left(\dfrac{1}{2},\dfrac{1}{2}\right)-1$, 因此结论 $\beta(X,Y)\geqslant\beta(X',Y')$ 是显然的. ▽

习题中还有一些关于正象限相依 (PQD) 性质的特征. 特别地, 随机对 (X,X) 是 PQD 的, 当 X,Y 和 Z 相互独立时, $(X,X+Z)$ 和 $(X+Y,X+Z)$ 也都是 PQD 的. 同时, 此概念可以推广至维数 $n>2$ 的情形.

§7.8.2 Copula 函数

考虑一个二维随机向量 (X,Y), 其联合分布为 $H(x,y)$. 假设边缘分布给定且是连续型, 分别记为 $H(x,\infty)=F(x)$ 和 $H(\infty,y)=G(y)$.

定义 7.8.3(copula)　称随机对 (X,Y) 的秩次 $F(X)$ 和 $G(Y)$ 的联合分布为 (X,Y) 的 copula. ▽

在性质 7.8.2 的证明中已经用到了copula. 它将边缘分布与联合分布函数建立联系关系：$H(x,y)=C(F(x),G(y))$. 著名的 Sklar 定理指出即使在边缘分布函数不连续的情形下，满足这个关系式的 copula 函数也是唯一的. 计算例 7.8.1 中最后三个关联度量，我们只需要知道随机对的 copula 就够了，不需要知道它们的联合分布.

$C(u,v)$ 是一个边缘分布为 uniform(0, 1) 的二维分布函数. 因此，它的支撑集为 $0<u<1$, $0<v<1$, 且有 $C(u,1)=u$ 和 $C(1,v)=v$ 成立. 如果一随机对比另一个随机对相依性更强，那么它们的秩次也有同样的关系. 常用的 copula 函数包括 Student, Gaussian, Archimedean, Clayton, Frank, Gumbel, Farlie-Gumbel-Morgensterm(见习题 7.8 第 3 题) 等. Copula 的一个应用就是它使我们可以从一个具有指定边缘分布的联合分布中生成随机数，且这个联合分布和产生实际观测数据的真实分布比较“相似”. 在对真实分布建模时，特别是主要针对极端事件建模时，“相似”的标准就是联合分布的尾部对观测数据拟合较好. 因此，一个风险很大的条件下，另一个风险也很大的概率应该被很好的拟合. 我们不在此进行深入研究，只是介绍如何构造一个 copula, 使得一个随机变量对具有这个 copula 和指定的边缘分布的同时，还具有指定的秩相关系数. 为了达到这个目的我们只需考虑下面几种重要的特殊 copula 函数：

(1) 同单调或最大 copula: $C_1(u,v)=\min\{u,v\}$;

(2) 独立或乘积 copula: $C_2(u,v)=u\,v, 0<u<1,\ 0<v<1$;

(3) 反单调或最小 copula: $C_3(u,v)=\max\{0,u+v-1\}$.

可见，$C_1(u,v)$ 是任何 copula 的 Fréchet/Höffding 上界，它是相依性最强(同单调) 随机对的 copula. 而下界 $C_3(u,v)$ 对应于对立性最强的随机对. 乘积 copula $C_2(u,v)$ 则代表了 X 和 Y 相互独立的情形. 假设 (U,V) 是一个边缘分布均为 uniform(0,1) 的随机向量，那么：如果它的联合分布 (即 copula)$C=C_1$, 则 $U\equiv V$; 如果 $C=C_3$, 则 $U\equiv 1-V$; 如果 $C=C_2$, 则 U 和 V 相互独立.

我们将证明通过取以上三个特殊 copula 的凸组合，可以得到边缘分布为均匀分布，且 (秩) 相关系数为 -1 和 $+1$ 之间任意一个数的随机向量. 事实上，对于任意 $p_1,p_2,p_3\geqslant 0$ 满足 $p_1+p_2+p_3=1$, 我们定义

$$C(u,v)=p_1C_1(u,v)+p_2C_2(u,v)+p_3C_3(u,v), \tag{7.75}$$

则要让随机向量 (U,V) 以它为分布函数，只需取

$$V=I_1U+I_2U^{\perp}+I_3(1-U), \tag{7.76}$$

其中 I_i, $i=1,2,3$ 为不独立的 Bernoulli(p_i) 随机变量，满足 $I_1+I_2+I_3=1$, $U^{\perp}\sim$uniform(0,1) 且与 U 独立. 下面确定相关系数 $r(U,V)$ 或秩相关系数 $\rho(U,V)$(因

为 $V \sim \text{uniform}(0,1)$, 所以二者相等). 注意到, 通过取关于 $I_i = 1$ 的条件期望, 可以从式 (7.76) 得到

$$\mathrm{E}[UV] = p_1\mathrm{E}[U^2] + p_2\mathrm{E}[UU^{\perp}] + p_3\mathrm{E}[U(1-U)] = \frac{1}{3}p_1 + \frac{1}{4}p_2 + \frac{1}{6}p_3, \tag{7.77}$$

所以, 结合 $\mathrm{E}[U] = \mathrm{E}[V] = \dfrac{1}{2}$, $\mathrm{Var}[U] = \mathrm{Var}[V] = \dfrac{1}{12}$ 和 $p_1 + p_2 + p_3 = 1$, 我们可得

$$r(U,V) = \frac{\mathrm{E}[UV] - \mathrm{E}[U]\mathrm{E}[V]}{\sqrt{\mathrm{Var}[U]}\sqrt{\mathrm{Var}[V]}} = p_1 - p_3. \tag{7.78}$$

因此, 当 $p_1 = 1$ 时有 $r(U,V) = 1$(同单调上界); 当 $p_3 = 1$ 时有 $r(U,V) = -1$ (反单调下界); 当 $p_1 = p_3$ 时有 $r(U,V) = 0$. 只有当 $p_1 = p_3 = 0$ 时, U 和 V 才相互独立. 利用这个原理我们可以构造随机对 $(X,Y) = (F^{-1}(U), G^{-1}(V))$, 使其具有给定的边缘分布 F 和 G, 以及任意的 (秩) 相关系数 $\rho(X,Y) = r(U,V) = p_1 - p_3 \in [-1,1]$.

这里使用的第一个和第三个 copula 分别以对角线 $u = v$ 和 $u = 1 - v$ 作为支撑集. 为获得一个更现实的分布, 应该取 p_2 尽可能大. 但是存在其他一些比较灵活的 copula, 可以产生和实际问题中的分布足够接近的联合分布, 从而让我们能够模拟各种不同危险程度的随机变量和.

注 7.8.1(根据 copula 生成随机样本) 为了从一个由 copula 生成的分布函数中生成随机样本, 我们首先利用计算机生成 $U \sim \text{uniform}(0,1)$ 的随机数, 这可利用 `runif` 实现. 接下来是在给定 $U = u$ 的条件下, 从 V 的条件分布中生成 V 的随机样本 v. 这对于上面提到的三种特殊情况是很容易的: 对 C_1, 取 $v = u$; 对 C_2, 取另外一个独立的均匀随机数; 对 C_3, 取 $v = 1 - u$. 对于一般的情况, 从分布 $\dfrac{\partial C(u,v)}{\partial u}$ 中生成随机数. 接下来, 取 $x = F^{-1}(u)$ 和 $y = G^{-1}(v)$, 便得到 (X,Y) 的一个样本. 注意到, 如果边缘分布不是均匀分布, 上面式 (7.78) 并不能给出普通的皮尔逊相关系数 $r(X,Y)$, 而是给出了斯皮尔曼秩相关系数 $\rho(X,Y) = r(F(X), G(Y))$. ▽

§7.9 习 题

§7.2

1. 令 $f_X(\cdot)$ 和 $f_Y(\cdot)$ 为两个连续密度 (或离散密度) 函数, 仅交叉一次, 即存在某个 c, 当 $x < c$ 时有 $f_X(x) \geqslant f_Y(x)$; 当 $x > c$ 时有 $f_X(x) \leqslant f_Y(x)$. 证明 $X \leqslant_{\mathrm{st}} Y$. 为什么密度函数 $f_X(\cdot)$ 和 $f_Y(\cdot)$ 会至少相交一次?

2. 如果 $X \sim \text{gamma}(\alpha,\beta)$, $Y \sim \text{gamma}(\alpha,\beta')$, 其中 $\beta > \beta'$, 证明 $X \leqslant_{\mathrm{st}} Y$. 如果 $Y \sim \text{gamma}(\alpha',\beta)$ 满足 $\alpha < \alpha'$, 则结论也成立.

3. 通过构造类似例 7.2.1 中满足 $X \sim \text{binomial}(n, p_1)$, $Y \sim \text{binomial}(n, p_2)$(其中 $p_1 < p_2$), 且 $\Pr[X \leqslant Y] = 1$ 的随机对 (X, Y), 证明 $\text{binomial}(n, p)$ 关于参数 p 在随机序下递增.

4. 利用第 1 题证明第 3 题的结论.

5. 同第 3 题, 这里把条件改为 $X \sim \text{binomial}(n_1, p)$, $Y \sim \text{binomial}(n_2, p)$, 其中 $n_1 < n_2$. 利用第 1 题证明 $\text{binomial}(n, p)$ 关于参数 p 在随机序下递增.

6. 如果 $N \sim \text{binomial}(2, 0.5)$, $M \sim \text{binomial}(3, p)$, 证明 $(1-p)^3 \leqslant \dfrac{1}{4}$ 是 $N \leqslant_{\text{st}} M$ 的充分必要条件.

7. 如果两个风险 X 和 Y 的边缘分布满足 $\Pr[X = j] = \dfrac{1}{4}, j = 0, 1, 2, 3$, $\Pr[Y = j] = \dfrac{1}{4}, j = 0, 4$ 和 $\Pr[Y = 2] = \dfrac{1}{2}$, 试构造一个联合分布满足 $\Pr[X \leqslant Y] = 1$.

8. 证明 $\leqslant_{\text{st}}$ 是泛函不变的, 即对任意非降函数 f, 由 $X \leqslant_{\text{st}} Y$ 可知 $f(X) \leqslant_{\text{st}} f(Y)$ 成立. 特别地, 对理赔 x 的超额损失部分 $f(x) = (x-d)_+$ 和比例 (再) 保险 $f(x) = \alpha x$, $\alpha > 0$ 应用此性质.

§7.3

1. 如果 $M \sim \text{binomial}(n, p)$, $N \sim \text{binomial}\left(n+1, \dfrac{np}{n+1}\right)$, 证明 $M \leqslant_{\text{SL}} N$. 进一步证明, 取 $n \to \infty$, 我们可得任意自留额 d 的泊松止损保费.

2. 如果 $N \sim \text{binomial}(2, 0.5)$, $M \sim \text{binomial}(3, p)$, 证明 $p \geqslant \dfrac{1}{3}$ 是 $N \leqslant_{\text{SL}} M$ 的充分必要条件.

3. 如果 $X \sim Y$, 证明 $\dfrac{1}{2}(X+Y) \leqslant_{\text{SL}} X$. X 和 Y 相互独立是必要条件吗?

4. 令风险 X 和 Y 均值相等, 具有相同支撑集 $\{a, b, c\}$, 其中 $0 \leqslant a < b < c$. 证明 $X \leqslant_{\text{SL}} Y$ 或 $Y \leqslant_{\text{SL}} X$ 成立. 试举一个例子, 使得两个随机变量均值相等, 支撑均为 $\{0, 1, 2, 3\}$, 但不满足止损序.

5. 对比两个分布函数 F 和 G, 满足均值相等, 在 $(-\infty, a)$ 和 $[b, \infty)$ 上有 $F(x) = G(x)$, 在 $[a, b)$ 上 $G(x)$ 为常数. 这里, 分布 G 可由分布 F 在区间 (a, b) 上的概率值散布到该区间端点上求得. 证明 $F \leqslant_{\text{SL}} G$, 并描述 F 和 G 的止损变换.

6. 重新考虑上题, 现条件改为分布 F 在 (a, b) 的概率值集中在某一个合适的点 m 处, 满足分布 $G(x)$ 在 $[a, m)$ 和 $[m, b)$ 上为常数. 如果是把闭区间 $[a, b]$ 上的概率值进行集中, 请考虑同样的问题.

7. 考虑下面混合分布 F 的微分

$$\mathrm{d}F(x) = \begin{cases} \dfrac{\mathrm{d}x}{3}, & x \in (0,1) \cup (2,3), \\ \dfrac{1}{12}, & x \in \{1, 2\}, \\ \dfrac{1}{6}, & x = \dfrac{3}{2}. \end{cases}$$

证明此分布函数间接更危险于 $\text{uniform}(0, 3)$ 分布函数.

8. 令 A_1, A_2, B_1 和 B_2 为相互独立的伯努利随机变量, 其中 p_1, p_2, q_1 和 q_2 为相应参数. 如果 $p_1 + p_2 = q_1 + q_2$, 那么 (1) 何时有 $A_1 + A_2 \leqslant_{\text{SL}} B_1 + B_2$ 成立? (2) 何时有

$A_1 + A_2 \geqslant_{\rm SL} B_1 + B_2$ 成立? (3) 何时两个随机不等式都不成立?

9. 证明负二项随机变量 N 在止损序下大于满足 $\mathrm{E}[M] \leqslant \mathrm{E}[N]$ 的泊松随机变量 M. 当 $M \sim$ binomial 时结论也成立.

10. 已知对任意的风险厌恶系数 α, 风险 X 的指数保费小于 Y 的指数保费, 那么 X 和 Y 之间有哪种序关系?

11. 证明式 (7.6) 定义的止损变换 $\pi_i(d)$ 所对应的分布函数 F_i 危险性递增.

12. 利用止损变换及分布函数的略图, 完成定理 7.3.3 的证明, 即证明随机变量 Y 满足要求条件.

13. 令 $X \leqslant_{\rm SL} Z$ 和 $\mathrm{E}[X] < \mathrm{E}[Z]$. 考虑函数 $\pi(\cdot)$ 满足: 当 $t \leqslant 0$ 时有 $\pi(t) = \mathrm{E}[(X-t)_+]$, 当 $t \geqslant c$ 时有 $\pi(t) = \mathrm{E}[(Z-t)_+]$, 当 $0 \leqslant t \leqslant c$ 时有 $\pi(t) = A(t)$. 这里 c 和 $A(\cdot)$ 满足 $A(0) = \mu$, $A(t)$ 为 $\mathrm{E}[(Z-t)_+]$ 在 $t = c$ 处的切线. 证明 $\pi(\cdot)$ 为凸函数, 因此是某个风险 Y 的止损变换. 画出 X, Y, Z 分布函数的略图, 并证明 $X \leqslant_{\rm SL} Y \leqslant_{\rm SL} Z$, $\mathrm{E}[X] = \mathrm{E}[Y]$ 和 $Y \leqslant_{\rm st} Z$ 成立. [类似定理 7.3.3, Y 是 X 和 Z 之间的另一个分离.]

14. 如果 $X \leqslant_{\rm e} Y$, 对 $k = 1, 2, \cdots, n-1$ 有 $\mathrm{E}[X^k] = \mathrm{E}[Y^k]$, 证明 $\mathrm{E}[X^n] \leqslant \mathrm{E}[Y^n]$. [特别地, 这表明如果 $X \leqslant_{\rm e} Y$ 且 $\mathrm{E}[X] = \mathrm{E}[Y]$, 那么 $\mathrm{Var}[X] \leqslant \mathrm{Var}[Y]$. X 和 Y 的矩称为有字典序.]

15. 已知对风险 X, Y 和 $d > 0$ 有 $\Pr[Y > d] > 0$ 和 $\Pr[X > d] = 0$, 试问是否有 $X \leqslant_{\rm SL} Y$, $X \leqslant_{\rm st} Y$ 或者 $X \leqslant_{\rm e} Y$ 成立?

16. 令 $X \sim \mathrm{uniform}(0,1)$, $V = \dfrac{1}{2}X$, $W = \min\{X, d\}$, 其中 $d > 0$. 绘出 V, W, X 的分布函数略图. 试确定分别满足 $V \leqslant_{\rm SL} W$ 和 $W \leqslant_{\rm SL} V$ 的 d 值.

17. 对 $\mathrm{E}[X] = \mathrm{E}[Y]$ 的情形, 利用分部积分证明定理 7.3.4. 利用止损变换是 $F_X(x) - 1$ 的不定积分, 考虑 $v(x) = -u(-x)$. 为简单起见, 考虑 $\mathrm{E}[v(X) - v(0) - Xv'(0)]$, 假设 $v(\cdot)$ 在 0 点可微.

18. 给定风险 $X_1, \cdots, X_5$ 的分布如下:

(a) $X_1 \sim \mathrm{binomial}\left(10, \dfrac{1}{2}\right)$;

(b) $X_2 \sim \mathrm{binomial}\left(15, \dfrac{1}{3}\right)$;

(c) $X_3 \sim \mathrm{Poisson}(5)$;

(d) $X_4 \sim$ 负 $\mathrm{binomial}\left(2, \dfrac{2}{7}\right)$;

(e) $X_5 \sim 15I$, 其中 $I \sim \mathrm{Bernoulli}\left(\dfrac{1}{3}\right)$.

试问是否任意两个具有增效用的决策者都偏好 X_1 甚于 X_2. 对于任意 (i, j), $i, j = 1, 2, 3, 4$, 判断是否有 $X_i \leqslant_{\rm SL} X_j$ 成立. 对 $j = 2, 3$, 判断是否有 $X_j \leqslant_{\rm SL} X_5$ 或者反方向不等式成立. $X_3 \leqslant_{\rm e} X_5$ 是否成立?

19. 考虑由 $X_p = pY + (1-p)Z$ 构成的风险类, 其中 Y 和 Z 是服从 exponential(1) 的

独立随机变量, p 为 $\left(0,\dfrac{1}{2}\right)$ 中的任一数. 注意, $X_0 \sim \text{exponential}(1)$, 而 $X_{0.5} \sim \text{gamma}(2,2)$. 试问该类中的风险是否有随机序. 证明具有指数效用的决策者偏好损失 X_p 甚于损失 X_q 的充要条件为 $p \geqslant q$. 证明 $X_{1/2} \leqslant_{\text{SL}} X_p \leqslant_{\text{SL}} X_0$.

20. 分布函数 $G(\cdot)$ 和 $V(\cdot)$ 分别定义为

$$G(x) = \frac{1}{4}\left\{F^{*0}(x) + F^{*1}(x) + F^{*2}(x) + F^{*3}(x)\right\},$$
$$V(x) = q_0 F^{*0}(x) + q_1 F^{*1}(x) + q_2 F^{*2}(x),$$

这里 F 是任意风险的分布函数, F^{*n} 表示 F 的 n 重卷积. 当 $n=0$, F^{*0} 表示常数 0 的分布函数. 试确定 $q_0, q_1, q_2 \geqslant 0$, 其中 $q_0 + q_1 + q_2 = 1$, 且满足 $V \leqslant_{\text{SL}} G$, 以及 V 和 G 有相同均值.

21. 分别在三个随机序 $\leqslant_{\text{e}}$, $\leqslant_{\text{st}}$ 和 $\leqslant_{\text{SL}}$ 下比较两个复合泊松随机变量 S_1 和 S_2, 其中 S_1 和 S_2 的参数满足

(a) $\lambda_1 = 5$, $p_1(x) = \dfrac{1}{5}$, $x = 1,2,3,4,5$;

(b) $\lambda_2 = 4$, $p_1(x) = \dfrac{1}{4}$, $x = 2,3,4,5$.

22. 已知风险满足 $Y \equiv CX$, 其中 C 和 X 相互独立, $\Pr[C=0.5] = \Pr[C=1.5] = 0.5$. 考察 X 和 Y 的序关系 $\leqslant_{\text{e}}$, $\leqslant_{\text{st}}$ 和 $\leqslant_{\text{SL}}$.

23. 令 $N \sim \text{binomial}\left(2,\dfrac{1}{2}\right)$, $M \sim \text{Poisson}(\lambda)$. 试分别确定使得 $N \geqslant_{\text{st}} M$, $N \leqslant_{\text{st}} M$ 和 $N \leqslant_{\text{SL}} M$ 成立的 λ.

24. 在定理 7.3.2 的证明中, 对 $Y \sim \text{uniform}(0,3)$, Z 取整数值, 满足 $\pi_Z(0) = 2$, $\pi_Z(k) = \pi_Y(k)$, $k = 1,2,3$ 的情形, 画出函数 $\pi_i(d)$ 的草图. 利用概率的散布描述 $\pi_Y(d) \to \pi_2(d) \to \cdots \to \pi_Z(d)$ 的转移.

25. 令 $A_j \sim \text{Bernoulli}(p_j)$, $j = 1,2,\cdots,n$ 为独立的随机变量, 且 $\overline{p} = \dfrac{1}{n}\sum\limits_j p_j$. 证明 $\sum\limits_j A_j \leqslant_{\text{SL}} \text{binomial}(n,\overline{p})$. [该题证明了: 在 n 个独立的、有均值 μ 的伯努利随机变量的和中, $\text{binomial}\left(n,\dfrac{\mu}{n}\right)$ 为止损序最大. 注意到, 这里用平均值代替所有成功的概率值, 可消除模型带来的不确定性, 从而得到更适用的结果.]

26. 令 $\Pr[X=i] = \dfrac{1}{6}$, $i = 0,1,\cdots,5$, $Y \sim \text{binomial}(5,p)$. 试分别确定使得 $X \leqslant_{\text{st}} Y$, $Y \leqslant_{\text{st}} X$, $X \leqslant_{\text{SL}} Y$ 且 $Y \leqslant_{\text{SL}} X$ 成立的 p 值.

§7.4

1. 考虑分布函数族 $F(\cdot;p,\mu)$, 其中 $F(x;p,\mu) = 1 - p\mathrm{e}^{-x/\mu}$, $p \in (0,1)$, $\mu > 0$. 试分别确定参数 p 和 μ 范围, 使得分布函数 $F(\cdot;p,\mu)$ 在随机序或止损序下大于或小于 $F(\cdot;p_0,\mu_0)$, 以及它们不存在止损序关系的参数范围.

2. 讨论 binomial(n,p) 分布类中的序关系 $\leqslant_{\mathrm{SL}}$ 和 $\leqslant_{\mathrm{st}}$, 其中 $n=0,1,\cdots,0\leqslant p\leqslant 1$.

3. 证明复合运算保持指数序: 如果 $X\leqslant_{\mathrm{e}} Y$ 且 $M\leqslant_{\mathrm{e}} N$, 则 $X_1+X_2+\cdots+X_M\leqslant_{\mathrm{e}} Y_1+Y_2+\cdots+Y_N$.

4. 考虑两个风险过程, 有相同的理赔计数过程和单位时间保费 c, 个体理赔量分别与随机变量 X 和 Y 同分布. 当 X 和 Y 满足什么条件时, 可使得 Y 对应的破产过程的调节系数不大于 X 对应的破产过程的调节系数?

5. 令 S 为复合泊松随机变量, 其中个体理赔额 $\sim X$, t_1,t_2 和 α 满足 $\mathrm{E}[(S-t_1)_+]=\lambda\mathrm{E}[(X-t_2)_+]=\alpha\mathrm{E}[S]$. 对任意的 $d>0$, 比较 $\mathrm{E}[(\min\{S,t_1\}-d)_+]$, $\mathrm{E}[(S-\sum_1^N(X_i-t_2)_+-d)_+]$ 和 $\mathrm{E}[((1-\alpha)S-d)_+]$ 的大小.

6. 如果两个风险有相同的均值 μ 和方差 σ^2, 但第一个风险的偏度较大, 那么两风险的止损保费有什么关系?

7. 在指数序、随机序和止损序下, 比较习题 3.8 第 6 题中的风险 S 和 T 的大小关系.

8. 证明 §7.4.3 中的分离区域里不可能有这样的结论: 一个风险在止损序下大于另一风险, 但它们的止损保费不存在大小关系.

9. 证明在注 7.4.1 中有 $\overline{X}_{n+1}\leqslant_{\mathrm{SL}}\overline{X}_n$.

10. 证明在 §7.4.2 最后的随机变量 X 和 Y 有指数序关系, 但没有止损序关系.

§7.5

1. 令 $0<d<b$. 风险 X 和 Y 分别满足 $\Pr[X\in\{0,d,b\}]=1$ 和 $\Pr[0\leqslant Y\leqslant b]=1$. 如果 X 和 Y 有相同的均值和方差, 证明 $\mathrm{E}[(X-d)_+]\leqslant\mathrm{E}[(Y-d)_+]$.

2. 证明在例 7.5.2 中有 $X\leqslant_{\mathrm{SL}} Y\leqslant_{\mathrm{SL}} Z$ 成立. 可利用结论: 一个单峰、众数为 0 的连续密度函数与 $[0,\infty)$ 上的凹分布函数相同. 对于 Y 是不连续的情形, 重新考虑此题.

3. 对于一个满足 $\mu=\sigma^2=1$ 和支撑集在 $[0,4]$ 内的风险, 分别计算自留额 $d=0.5$ 和 $d=3$ 时的最小和最大止损保费.

4. 参考图 7.6, 对均值为 μ、方差为 σ^2、支撑在 $[0,b]$ 内的风险的最大和最小止损保费的可能值给出表达式. 在该图中, 描出自留额 $d=2$ 时具有最小止损保费的可行风险的止损变换图.

5. 在均值为 μ、方差为 σ^2、支撑集在 $[0,b]$ 内的两点风险中, 哪个具有最大的偏度? 哪个具有最小偏度?

6. 证明第 5 题的解在均值为 μ、方差为 σ^2、支撑在 $[0,b]$ 内的风险类中也具有极值偏度.

7. 令 $T=Y_1+\cdots+Y_N$, 其中 $N\sim\mathrm{Poisson}(\lambda)$, $\Pr[0\leqslant Y\leqslant b]=1$ 且 $\mathrm{E}[Y]=\mu$. 如果 $M\sim\mathrm{Poisson}(\lambda\mu/b)$, 证明 $\mu N\leqslant_{\mathrm{SL}} T\leqslant_{\mathrm{SL}} b$. 这三个随机变量的均值和方差各为多少?

8. 验证例 7.5.1 中间一段话中的结论.

§7.6

1. 证明结合均值相等的条件和式 (7.38) 中的第一个不等式可推出第二个不等式. 利用 $\mathrm{E}[(X-d)_+]-\mathrm{E}[(d-X)_+]=\mathrm{E}[X]-d$.

2. 证明等式 (3.115) 可推广到对任意均值为 μ 的随机变量 X 成立, 即 $\int_{-\infty}^{\infty}\{\mathrm{E}[(X-t)_+]-(\mu-t)_+\}\,\mathrm{d}t=\frac{1}{2}\mathrm{Var}[X]$.

3. 函数 $f(x)=(d-x)_+$ 是单调递减的凸函数. 试举一个例子, 满足 $X\leqslant_{\mathrm{SL}} Y$, 但 $\mathrm{E}[(d-X)_+]\leqslant \mathrm{E}[(d-Y)_+]$ 不成立.

4. 考虑 n 对已婚夫妇购买 1 年期寿险保单. 在保单的有效期内, 女性死亡概率为 1%, 男性死亡概率为 2%, 夫妇的死亡给付均为单位 1. 假定不同夫妇之间的死亡风险相互独立. 试确定个体模型中总理赔额的分布, 同时在以下两种情形下给出近似的聚合模型所对应的分布:

假设: (a) 每对夫妇间的死亡风险也相互独立; (b) 每对夫妇的死亡风险具有同单调分布. 对至少为 $0.03n$ 的自留额, 试比较聚合模型的止损保费.

5. 在例 7.6.3 中, 对不同的 x, 画出 X_1+X_2 的止损变换, 从而说明 X_1+X_2 在止损序下关于 x 单调递增.

6. 证明 $X\leqslant_{\mathrm{st}} Y$ 成立的充分必要条件为它们的同单调联合密度函数在 $x>y$ 时有 $h(x,y)=0$.

7. X 的支撑集为 $\{x_1,\cdots,x_n\}$, Y 的支撑集为 $\{y_1,\cdots,y_m\}$. 如果 $x_1<\cdots<x_n$ 和 $y_1<\cdots<y_m$, 描述 X 和 Y 的同单调联合密度.

8. 证明 Bonferroni 不等式: $\Pr[A\cap B]\geqslant \Pr[A]+\Pr[B]-1$. 利用该不等式推导联合分布函数的下界 (7.69). 验证式 (7.69) 右边具有给定的边缘分布. 证明 $(F^{-1}(U),G^{-1}(1-U))$ 的分布函数为此下界.

9. 证明对 TVaR(见 §5.7) 有下列性质成立:

(1) TVaR 满足同单调可加性: 如果 S 和 T 是同单调的, 则对所有 p 有 $\mathrm{TVaR}[S+T;p]=\mathrm{TVaR}[S;p]+\mathrm{TVaR}[T;p]$.

(2) TVaR 适用随机序: $F_S\geqslant F_T$ 可推出 $\mathrm{TVaR}[S;\cdot]\leqslant \mathrm{TVaR}[T;\cdot]$;

(3) TVaR 适用止损序: $\pi_S\leqslant \pi_T$ 可推出 $\mathrm{TVaR}[S;\cdot]\leqslant \mathrm{TVaR}[T;\cdot]$.

提示: 利用定理 7.3.2 和定理 7.3.3, 或者利用式 (5.43).

10. 如果随机变量 X 和 Y 同单调, 证明 $\mathrm{Cov}[X,Y]\geqslant 0$. X 和 Y 能同时满足同单调且相互独立吗?

11. 令 (X,Y) 服从二元正态分布, $(X^{\mathrm{U}},Y^{\mathrm{U}})$ 是同单调的, 且两随机向量有相同边缘分布. 证明 $X+Y$ 和 $X^{\mathrm{U}}+Y^{\mathrm{U}}$ 的分布函数仅有一个交点, 并确定这个交点.

§7.7

1. 设 X_1 和 X_2 表示随机指定的两个人的身高. 假定它们是独立同分布的, 满足 $\Pr[X_i=160,170,180]=\frac{1}{4},\frac{1}{2},\frac{1}{4}$. 同单调上界 S^U 的分布函数是什么? 如果我们选取第 1 个人的性别 V 作为 S 的替代变量, 并已知 V 与第 2 个人的身高 X_2 独立, 且满足 $\Pr[V=0]=\Pr[V=1]=\frac{1}{2}$, $\Pr[X_1=160,170\,|\,V=0]=\Pr[X_1=170,180\,|\,V=1]=\frac{1}{2}$, 试确定改进的上界 $S^{U|V}$ 的分布函数. 比较推导出的各种凸序上界和下界的方差.

2. 令 X 和 Y 是服从 N(0,1) 的独立随机变量, 记 $S=X+Y$. 假定对某实数 a 有

$V = X + aY$. 那么给定 $V = v$, X 的条件分布是什么? 确定凸序下界 $\mathrm{E}[S \mid V]$ 的分布, 同时确定同单调上界和改进的凸序上界的分布. 对不同的 a 值, 比较这些上界和下界的方差. 特别考虑几种特殊情形: $V \equiv S$, $V \perp S$, $V \equiv X$ 和 $V \propto Y$ (即 $|a| \to \infty$).

3. 在例 7.7.1 中, 如果我们取 $V = aY_1 + Y_2$(而不是 $V = Y_1 + Y_2$) 作为替代变量, 请计算下界的方差. a 取何值时, 该方差最大?

4. 当事件 $V = v$ 发生, 例 7.7.1 中改进的上界可写为 $F^{-1}_{X_1 \mid V=v}(U) + \cdots + F^{-1}_{X_n \mid V=v}(U)$. 将该和式中的每项记为 $g_i(U, v)$, 则 $g_i(U, v)$ 为改进的上界 $S^{U \mid V} = \sum\limits_i g_i(U, V)$ 第 i 个分量的无条件分布. 通常, 这些随机变量不会是同单调的. 证明 $g_i(U, V)$ 和 X_i 同分布, 并说明改进的上界确实比同单调上界要好.

5. 证明对任一对随机变量 (X, Y), 如果取 $V \equiv X$ 为条件, 则 $S^{U \mid V} = F^{-1}_{X \mid V}(U) + F^{-1}_{Y \mid V}(U)$ 和 $S = X + Y$ 同分布.

6. 在支付 (7.51) 中, 假设对数收益率 $Y_j \sim \mathrm{N}(\mu, \sigma^2)$ 且独立同分布. 如果 $X_1^U, X_2^U, \cdots$ 表示 $X_1, X_2, \cdots$ 的同单调版本, 请确定随机变量 $\log X_{k+1}^U - \log X_k^U$ 的分布. 对 $k < l$ 和正数 α_k, α_l, 求 $r\big(\log(\alpha_k X_k), \log(\alpha_l X_l)\big)$.

7. 在式 (7.61) 中, 由于 S 中各项的相依性很强, 所以即使 n 很大, S 的分布也满足中心极限定理. 不过, 我们想把我们的结果与和 S 有相同均值和方差的正态分布进行比较. 验证 S 的理论均值和方差可通过以下方式计算:

```
mu.S <- sum(alpha*exp(-(mu.V-diag(Sigma.V)/2)))
s <- 0 ## 见Vanduffel 等 (2008)
for (i in 1:n) for (j in 1:n)
{s <- s + alpha[i] * alpha[j] *
         exp(- mu.V[i] - mu.V[j] + Sigma.V[i,i]/2
             + Sigma.V[j,j]/2 + Sigma.V[i,j])}
sd.S <- sqrt(s-mu.S^2)
```

利用下面语句, 在图 7.10 中加入近似的正态分布函数,

```
lines(qnorm(y, mu.S, sd.S), y, lty="longdash")
```

将理论均值和方差分别与 `mean(S)` 和 `sd(S)` 进行比较. 并且计算 $\mathrm{E}[S \mid Y_1 + \cdots + Y_n]$ 的均值和方差. 讨论利用正态分布近似 S 的分布函数来确定分位数, 如 99.75% 分位数. 绘制 S 经验分布的核密度估计, 见?density. 绘制与 S 前二阶矩相等的对数正态分布函数, 以及伽玛分布函数. 比较这三种近似分布, 哪种更好?

8. 验证例 7.7.1 中求得的方差. 仿照第 7 题中的 R 语句, 计算样本方差.

9. 在例 7.7.1 最后, 对 $\alpha_k \equiv +1$ 的情形, 我们认为用 $V = Y_1 + (Y_1 + Y_2) + \cdots + (Y_1 + \cdots + Y_n)$ 作为条件变量比用 $V = Z_n = Y_1 + \cdots + Y_n$ 更好. 这是因为我们观察到: S 中各项为对数正态随机变量 $\alpha_k \mathrm{e}^{-Z_k}$, 由于 Z_k 较小, 因此很接近于 $\alpha_k(1 + Z_k)$. 所以, 前一种 V 的选择能更接近 S (的常数倍). 通过检验 $\mathrm{E}[S \mid V]$ 和 $\mathrm{E}[S \mid Z_n]$ 的经验分布函数的拟合程度, 比较样本方差, 来说明这种选择的确更好. 同时验证 $n = 10$, 以`alpha <- c(rep(1,5),rep(-1,5))`为支付的情形.

10. 在论文 Vanduffel 等 (2008, 公式 (2.16)) 提到

$$V = \sum_{k=1}^{n} \alpha_k \exp\left(-\mathrm{E}[Z_k] + \mathrm{Var}[Z_k]/2\right) Z_k$$

可能会得出更好的上下界. 实际上, 它不是使 $\mathrm{Var}[\mathrm{E}[S\,|\,V]]$ 本身最大化, 而是使得它的一阶泰勒近似最大. 利用本节的例子, 验证这里确实是一个更好的选择.

同样地, 验证 $n = 10$, 以`alpha <- c(rep(1,5),rep(-1,5))`为支付的情形.

11. 基于样本 S, `cum3(S)/sd(S)^1.5` 是偏度的一个估计量. 用一个平移伽玛分布拟合 S 的均值、方差和偏度. 为了得到方差的无偏估计, 在 `var` 和 `sd` 中用 `sum((S-mean(S))^2)` 除以 `n-1`. 验证, 采用乘数 `n/((n-1)*(n-2))`(参见源文件和帮助文件), 我们可以得到三阶累积量的无偏估计. 验证如果 `cum3(S)` 采用此乘数也是无偏估计. 但由此导出的 σ_S 的 γ_S 估计是否是无偏的?

Vanduffel 等 (2008) 提出, 逆伽玛分布 (当 $X \sim$ gamma 时, $1/X$ 的分布) 也可以作为一个近似, 并将其近似效果与同单调下界进行了对比. 请将之与转移伽玛分布的近似效果进行对比.

12. 在对 S 的上界和下界进行模拟的方法中, 我们用 $\Phi^{-1}(u)$ 代替同单调正态的随机样本, 那么可以得到这些随机变量分布的反函数表达式. 这样做, 可以避开模拟, 得到一个快速又准确的近似算法. 用该方法, 给出分位数的具体表达式, 并与样本分位数进行比较. 参考 Vanduffel 等 (2008).

13. 证明当对所有 k 有 $\alpha_k > 0$ 时, 函数 $f(v) = \mathrm{E}[S\,|\,V = v]$ 关于 v 单调递增, 其中 S 如式 (7.61) 中的定义, 且 $V = Z_n$.

§7.8

1. 如果 (X, Y) 是正象限相依的, 那么 $\Pr[X \leqslant x\,|\,Y \leqslant y]$ 表示什么?

2. 证明: 如果 X, Y, Z 是相互独立的随机变量, 那么随机对 (X, X), $(X, X+Z)$ 和 $(X+Y, X+Z)$ 都是正象限相依的.

3. Farlie-Gumbel-Morgenstern copula 在它的支撑集 $0 < u < 1$, $0 < v < 1$ 上可表示为 $C(u,v) = uv[1 + \alpha(1-u)(1-v)]$, 其中 $|\alpha| \leqslant 1$. 证明其联合密度函数 $\partial^2 C(u,v)/\partial u \partial v$ 非负. 证明 C 具有 uniform$(0,1)$ 的边缘分布. 对具有 copula C 的随机变量, 计算斯皮尔曼 ρ, 肯德尔 τ 和布罗维斯特 β.

4. 计算连续型同单调随机变量的 ρ, τ 和 β. 证明若 $\rho = 1$ 或 $\tau = 1$ 时表明随机变量同单调, 但 $\beta = 1$ 时不能得出该结论.

5. 如果 $X \sim \mathrm{lognormal}(0,1)$, $Y \sim \mathrm{lognormal}(0,\sigma^2)$ 且 $r(\log X, \log Y) = 1$, 计算相关系数 $r(X,Y)$. 验证当 $\sigma = 1$ 时相关系数为 1, 当 $\sigma \to \infty$ 时相关系数趋于 0. 另外, 计算 ρ 和 τ.

6. 当 $X \sim \mathrm{N}(0,1)$ 时, 计算相关系数 $r(X^2, (X+b)^2)$.

第8章 信度理论

信度理论，经过美国精算师的发展，给我们提供了非常强大且符合直观的公式. 欧洲大陆学院在它的解释上做出了贡献. 这些概念对保险是基础的，而且将来还是最重要的东西. 我发现糟糕的是金融界还没有意识到它超出保险以外在其他方面的重要性以及信度类型公式的强大.

——Hans Bühlmann,1999

§8.1 引 言

在保险实务中，我们往往需要在下面的情况下对一组保险合同来确定一个保费，我们有关于该组合同本身的一些理赔经验记录，但是在与其或多或少相关的更大的一组保险合同上我们有更多的理赔记录. 于是问题就转化为：通过考虑该组个体理赔数据和集体理赔数据建立一个经验费率系统来决定下一年的保费. 这里有两个极端的情况. 一个极端是对每个成员收取相同的保费，该保费由数据的总体均值 $\overline{X}$ 来估计. 在齐次保单组合下这个保费是可行的，保单组合的齐次性是指所有的风险单元具有相同的平均理赔值. 但是在异质保单组合下，那些具有“好”风险属性的成员就会到别的地方去投保，而留给保险公司的只有那些具有“坏”风险属性的成员. 另外一个极端是对组 j 的成员，将平均理赔值 $\overline{X}_j$ 作为保费. 在非齐次保单组合下这样的保费是合理的，不过只有在每组理赔记录足够多时我们才可以运用它们. 人们常常考虑一个折中方案，即将这两个极端例子的加权平均数作为保费：

$$z_j\overline{X}_j + (1 - z_j)\overline{X}. \tag{8.1}$$

因子 z_j 表示第 j 单元的个体理赔记录的可信程度，我们称为*信度因子*；称式 (8.1) 表示的保费为*信度保费*. 因为保单组合一般既不可能是完全同质的，也不可能是完全异质的，基于集体和个体理赔记录来收取保费的办法被证明是可行的. 第 j 组的风险变量具有与其他组风险变量相同的属性，但它们自身也具有一些特性.

在下列情况下可以选择 z_j 趋近于 1：我们有大量的关于第 j 单元风险的观测数据，或单元风险的波动较小，再或者组与组之间的波动较大. 有两种方法可以用

来确定 z_j 的值. 在有限波动信度理论中, 当一个单元有足够多的观测记录时, 我们给定该单元一个完全信度 $z_j=1$. 这意味着, 个体均值相对误差大于等于一定值的概率不超过给定的值. 若信度理论的经验不足完全可信, 信度因子可以等于实际现有经验数值与完全信度经验的比值. 更有趣的是最精确信度理论, 其中信度因子是由具有方差分量的贝叶斯模型的最优系数给出. 该模型是由 Bühlmann 于 1960 年左右引入的.

注意到除了理赔额之外, 数据还可能涉及赔付率, 即理赔额与保费的比值, 或者理赔占总保费的百分比等. 一个单元的理赔记录常常只涉及一个合同, 该合同在许多时间段内被观察, 不过也有可能是一个单元包含多个 "相同" 的合同.

在实际中, 我们只有在极少数据的情况下才会使用信度保费. 如果有一些以间接变量的形式出现的附加信息, 我们可能会用第 9 章要描述的广义线性模型 (GLM), 或者用混合模型. 但现在主要的问题是确定我们必须使用多少虚拟经验数据, 见注 8.2.3 和习题 8.4 第 7 题.

在 §8.2, 我们将运用一个基本的模型来阐明信度理论的一些思想. 在该模型中, 合同 j 在第 t 期的总理赔值 X_{jt} 被分解为三个独立的分量. 第一个分量是总体均值 m. 第二个分量是合同特有的理赔额与总体均值的偏差. 第三个分量在特定时期 t 内的理赔额与总体均值的偏差. 我们假定这些偏差是独立的随机变量, 于是在理赔额之间就存在一个协方差结构, 在该结构下通过最小化某个平方和, 我们可以推导出各分量的估计量. 在 §8.3, 我们将说明这些协方差结构以及最优化估计量还可以出现在更一般的模型之中. 进一步我们要对这个基本模型的一些可能的推广给出一个简短的评论. 在 §8.4, 我们研究 Bühlmann-Straub 模型, 在这模型中观察值被用不同精度来测量. 在 §8.5, 我们将给出该理论在机动车保险的一个应用, 其中理赔次数是服从泊松分布的随机变量, 其结构参数服从一个伽玛分布.

§8.2 平衡 Bühlmann 模型

为了阐明信度理论的思想, 本节我们研究一个程式化的信度模型. 用随机变量 X_{jt} 来表示单元 j 在第 t 年的理赔额, 其中 $j=1,2,\cdots,J$. 为简单起见, 我们假定每个单元只包含一个保险合同, 并且每个单元在 T 时间段被观测. 因此对每一个 j, t 的取值是 $t=1,2,\cdots,T$. 假定理赔统计量等于单元均值 m_j 与一个 "白噪声" 的和, 也就是说, 所有的 X_{jt} 独立且服从 $\mathrm{N}(m_j,s^2)$ 分布, 对每一个单元, 可能具有不等的均值 m_j, 但具有相同的方差 $s^2>0$. 我们用方差分析技术(ANOVA) 来检验所有组均值是否相等. 如果原假设 "所有的 m_j 相等" 不成立, 这意味着单元平均值 $\overline{X}_j$ 与总体均值 $\overline{X}$ 的差异比预想的要大. 由此, 我们考虑如下被称为组间平方

和(SSB) 的随机变量:

$$\mathrm{SSB}=\sum_{j=1}^{J}T(\overline{X}_j-\overline{X})^2. \tag{8.2}$$

可以证明, 在原假设下, 随机变量 SSB 的均值是 $(J-1)s^2$. 由于 s^2 未知, 我们必须另外估计该参数. 该估计量可以从下式 (称之为**组内平方和**(SSW)) 得到

$$\mathrm{SSW}=\sum_{j=1}^{J}\sum_{t=1}^{T}(X_{jt}-\overline{X}_j)^2. \tag{8.3}$$

很容易证明, 随机变量 SSW 的均值为 $J(T-1)s^2$. SSB 除以 $J-1$ 且 SSW 除以 $J(T-1)$, 我们可以得到另外两个随机变量, 分别称为**组间均方**(MSB)和**组内均方**(MSW), 每个均值都为 s^2. 现在我们可以用 F 检验, 对 MSW 来说 MSB 取较大值意味着原假设应该被拒绝. 此处的检验统计量被称为**方差比**或 F-**比**:

$$F=\frac{\mathrm{MSB}}{\mathrm{MSW}}=\frac{\dfrac{1}{J-1}\displaystyle\sum_j T(\overline{X}_j-\overline{X})^2}{\dfrac{1}{J(T-1)}\displaystyle\sum_j\sum_t(X_{jt}-\overline{X}_j)^2}. \tag{8.4}$$

在原假设条件下, SSB 除以 s^2 服从 $\chi^2(J-1)$ 分布, 而 SSW 除以 s^2 服从 $\chi^2(J(T-1))$ 分布. 进一步, 我们还可以证明这些随机变量是相互独立的. 因此比值 F 服从 $F(J-1,J(T-1))$ 分布. 这些陈述的证明可以在许多数理统计的教材里有关 "单因素方差分析" 的内容中找到. F 的临界值可以在 F-表 (Fisher 分布) 中查到.

例 8.2.1(一个非同质保单组合) 假定我们对 3 组保单在 5 年内具有如下的观测数据:

	$t=1$	$t=2$	$t=3$	$t=4$	$t=5$	$\overline{X}_j$
$j=1$	99.3	93.7	103.9	92.5	110.6	100.0
$j=2$	112.5	108.3	118.0	99.4	111.8	110.0
$j=3$	129.2	140.9	108.3	105.0	116.6	120.0

读者可以验证, 组间均方 (MSB) 等于 500, 自由度为 2, 而组内均方 (MSW) 等于 109, 自由度为 12. 于是 $F=4.588$, 这与 95%的临界值 3.885 相比数值较大. 故结论是这些数据表明每组平均理赔不全相等.

用 R 进行必要的计算, 我们可以运行:

```
J <- 3; K <- 5; X <- scan(n=J*K)
 99.3  93.7 103.9  92.5 110.6
112.5 108.3 118.0  99.4 111.8
129.2 140.9 108.3 105.0 116.6
j <-rep(1:J, each=K); j <- as.factor(j)
X.bar <- mean(X); Xj.bar <-tapply(X, j, mean)
```

```
MSB <- sum((Xj.bar-X.bar)^2) * K / (J-1)
MSW <- sum((X-rep(Xj.bar,each=K))^2)/J/(K-1)
MSB/MSW; qf(0.95, J-1,J*(K-1))  ## 4.588 和 3.885
```

在算法中用 K 而不用 T 是为了避免与 R 中特殊标识符 T 和 t 冲突. 向量 Xj.bar 是通过对所有具有相同 j 的 X 运用均值函数得到的.

也可以用 R 来作方差分析. 运用线性模型, 解释 X 对组数 j (作为一个因子) 的反应. 这导致:

```
> anova(lm(X~j))
Analysis of Variance Table

Response: X
          Df  Sum Sq Mean Sq F value  Pr(>F)
j          2 1000.00  500.00  4.5884 0.03311 *
Residuals 12  1307.64  108.97
```

获得一个比观测值更大的 F 值的概率是 0.03311, 因此各组均值相等的原假设在 5%的水平下是被拒绝的. ▽

若原假设没有被拒绝, 显然是没有令人信服的统计证据表明该组合是异质的. 因此我们应该对每一个合同收取相同的保费. 在原假设被拒绝的情况下, 保单均值 m_j 之间存在明显差异. 在这种情况下, 我们可以视这些数字 m_j 为固定的未知数, 然后再设法找到它们满足的方差组, 例如, 可以采用对一些间接数据做回归的方法. 另外一个方法是假定这些数据 m_j 是由一个随机机制生成的, 例如, 这个随机机制为白噪声(类似于前面刻画组内理赔量和组内均值之间差异的那个白噪声). 这意味着我们能将理赔统计量分解为如下形式:

$$X_{jt} = m + \Xi_j + \Xi_{jt}, \quad j = 1, \cdots, J,\ t = 1, \cdots, T, \tag{8.5}$$

其中 Ξ_j 和 Ξ_{jt} 是两个独立随机变量, 满足:

$$\mathrm{E}[\Xi_j] = \mathrm{E}[\Xi_{jt}] = 0, \quad \mathrm{Var}[\Xi_j] = a, \quad \mathrm{Var}[\Xi_{jt}] = s^2. \tag{8.6}$$

因为式 (8.5) 中 X_{jt} 的方差等于各分量方差之和, 因此我们称由式 (8.5) 表述的模型为*方差分量模型*. 模型 (8.5) 是经典 Bühlmann 模型的一个简化形式, 这是由于我们在此假定了分量之间的独立性, 而 Bühlmann 模型仅假设了它们的相关系数为 0. 我们称此处的模型为*平衡 Bühlmann 模型*, 在该模型中所有观测值具有相等方差, 所有的单元具有相同的保单数量.

模型 (8.5) 各分量的解释如下:

(1) m 表示总体均值, 它是该保单组合中任意保单理赔额的期望值.

(2) Ξ_j 是合同 j 的理赔与其均值的随机偏差. 给定 $\Xi_j = \xi$, 随机变量 X_{jt} 的条件均值为 $m+\xi$. 它表示当观测时间长度 T 趋于无穷大时, 每年理赔的长期平均值. 分量 Ξ_j 刻画了该合同的风险结构; 均值 $\mathrm{E}[\Xi_j]$ 等于 0, 其方差说明了合同之间的差异. Ξ_j 的分布被称为**结构分布**, 描述的是保单组合的风险结构. 参数 m, a 和 s^2 被称为**结构参数**, 描述风险结构的特征.

(3) Ξ_{jt} 表示第 t 年理赔与长期平均值的偏差. 它们刻画了一个合同的组内变化, 是保单持有人在好运气和坏运气之间理赔的变化情况.

注意, 在上述模型中, 对于固定的 j, 随机变量 X_{jt} 之间是相依的, 因为它们有一个共同的风险属性分量 Ξ_j. 我们可以说, 具有未知参数的相同概率分布的随机独立变量在某种意义上是相依的, 因为它们的值全都与这些未知参数有关.

在接下来的定理中, 我们要对未观测到的随机变量 $X_{j,T+1}$ 做预测. 我们要求该预测量是观测值 $X_{11},\cdots,X_{JT}$ 的一个线性组合, 且与 $X_{j,T+1}$ 的均值相同. 此外, 其均方误差必须是最小的. 我们能够证明, 在模型 (8.5) 下, 预测量具有信度保费 (8.1) 的形式, 它是个体理赔经验值与总体理赔均值的加权平均. 该定理也为我们提供了信度因子 z_j 的最优值. 我们需要知道在 $T+1$ 期理赔的最优预测量, 因为它是我们必须向这个合同索取的保费. 关于分布的那些假设对时间段 $t=1,\cdots,T+1$ 均适用. 注意在接下来的定理中, 我们没有要求正态的假设.

定理 8.2.1(平衡信度因子 Bühlmann 模型; 齐次估计量)　设合同 j 在 t 时刻的理赔额 X_{jt} 能够表示为以下随机独立的分量和:

$$X_{jt} = m + \Xi_j + \Xi_{jt}, \quad j=1,\cdots,J,\ t=1,\cdots,T+1, \tag{8.7}$$

其中随机变量列 Ξ_j 是独立同分布的, 满足 $\mathrm{E}[\Xi_j]=0$, $\mathrm{Var}[\Xi_j]=a$. 同时对任意 t 和 j, 随机变量列 Ξ_{jt} 也是独立同分布的, 且 $\mathrm{E}[\Xi_{jt}]=0$, $\mathrm{Var}[\Xi_{jt}]=s^2$. 进一步假设 Ξ_j 与 Ξ_{jt} 相互独立. 在这些条件下, 齐次线性组合 $g_{11}X_{11}+\cdots+g_{JT}X_{JT}$ 是 $X_{j,T+1}$ 在最小均方误差 (MSE) 意义下的最佳无偏预测量, 即最小化

$$\mathrm{E}[\{X_{j,T+1}-g_{11}X_{11}-\cdots-g_{JT}X_{JT}\}^2]. \tag{8.8}$$

该线性组合等于信度保费

$$z\overline{X}_j + (1-z)\overline{X}, \tag{8.9}$$

其中

$$z = \frac{aT}{aT+s^2} \tag{8.10}$$

是最佳信度因子 (在这种情况下对所有的 j 均相等),

$$\overline{X} = \frac{1}{JT}\sum_{j=1}^{J}\sum_{t=1}^{T} X_{jt} \tag{8.11}$$

是 m 的整体估计量, 且

$$\overline{X}_j = \frac{1}{T}\sum_{t=1}^{T} X_{jt} \tag{8.12}$$

是 m 的组内估计量.

证明 由于独立同分布的假设, 当 $i \neq j$ 时随机变量 X_{it} 是可交换的. 由凸性可知, 式 (8.8) 有唯一的最小值. 由于对称性, 在最优点所有的 g_{it} 在 $i \neq j$ 时是相等的. 如果不是这样, 通过交换系数, 我们可以证明不只存在一个极值. 因此所有的 $g_{jt}, t = 1, \cdots, T$ 均相等. 由此及无偏性的限制, 我们能证明对某个 z, 具有最小 MSE 的齐次线性估计量必须具有式 (8.9) 的形式. 我们只需要找到它的最优值.

由于 $X_{jt}, \overline{X}_j$ 和 $\overline{X}$ 具有相同的均值 m, 我们可以改写 MSE(8.8) 为如下形式:

$$\begin{aligned}
&\mathrm{E}[\{X_{j,T+1} - (1-z)\overline{X} - z\overline{X}_j\}^2] = \mathrm{E}[\{X_{j,T+1} - \overline{X} - z(\overline{X}_j - \overline{X})\}^2] \\
=&\mathrm{E}[\{X_{j,T+1} - \overline{X}\}^2] - 2z\,\mathrm{E}[\{X_{j,T+1} - \overline{X}\}\{\overline{X}_j - \overline{X}\}] + z^2\,\mathrm{E}[\{\overline{X}_j - \overline{X}\}^2] \\
=&\mathrm{Var}[X_{j,T+1} - \overline{X}] - 2z\,\mathrm{Cov}[X_{j,T+1} - \overline{X}, \overline{X}_j - \overline{X}] + z^2\,\mathrm{Var}[\overline{X}_j - \overline{X}].
\end{aligned} \tag{8.13}$$

这是一个关于 z 的一元二次方程, 当 z 取如下值时达到最小:

$$z = \frac{\mathrm{Cov}[X_{j,T+1} - \overline{X}, \overline{X}_j - \overline{X}]}{\mathrm{Var}[\overline{X}_j - \overline{X}]} = \frac{aT}{aT + s^2}. \tag{8.14}$$

式 (8.13) 中最后一个等式可以通过检验或补充如下一些必要的协方差公式证明, 具体证明留给读者完成 (见习题 8.2 第 1 题):

$$\begin{aligned}
&\mathrm{Cov}[X_{jt}, X_{ju}] = a, \quad t \neq u; \\
&\mathrm{Var}[X_{jt}] = a + s^2; \\
&\mathrm{Cov}[X_{jt}, \overline{X}_j] = \mathrm{Var}[\overline{X}_j] = a + \frac{s^2}{T}; \\
&\mathrm{Cov}[\overline{X}_j, \overline{X}] = \mathrm{Var}[\overline{X}] = \frac{1}{J}\left(a + \frac{s^2}{T}\right).
\end{aligned} \tag{8.15}$$

因此式 (8.10) 给出的 z 代入式 (8.9) 得到的预测量能够使得 MSE(8.8) 最小. ▽

注 8.2.1(最优信度因子的渐近性) 式 (8.10) 的信度因子 z 具有以下的渐近性质:

(1) 若 $T \to \infty$, 则 $z \to 1$. 理赔经验数据越多, 我们越相信个体风险保费. 这个渐近情形与实际不是很吻合, 因为这里假定风险属性不随时间而改变.

(2) 若 $a \downarrow 0$, 则 $z \downarrow 0$. 若预期个体理赔额是同分布的, 那么保单组合中无异质性. 于是总体平均值 m (已知时), 或者最优齐次量估计 $\overline{X}$ 是风险保费的最优线性估计, 见式 (8.16) 和式 (8.9).

(3) 若 $a \to \infty$, 则 $z \to 1$. 这是直观清晰的. 在这种情况下, 其他合同的结果不提供任何关于风险 j 的信息.

(4) 若 $s^2 \to \infty$, 则 $z \to 0$. 如果对一个固定的风险参数, 理赔经验是极其可变的, 那么个体经验对估计实际风险保费就没有太大的参考价值. ▽

注意到只有比值 s^2/a 已知时式 (8.9) 才是一个统计量; 否则, 其分布函数中就含有未知参数. 作为方差分析的一个副产品, 在下面的例 8.2.2 中我们将给出一个估计该比值的方法. 信度因子 (8.14) 不依赖于 j, 这是因为我们简单地假设了对每个 j 观察次数是相同的, 以及所有观测数据的方差也相同.

如果允许线性估计包含一个固定常数项, 即寻找最佳非齐次线性估计量 $g_0 + g_{11}X_{11} + \cdots + g_{JT}X_{JT}$, 我们可以得到下一个定理. 我们必须注意两个问题：第一, 下面将证明无偏性是多余的; 第二, 下面的式 (8.16) 看起来很像式 (8.9), 唯一的区别是用 m 取代了 $\overline{X}$. 但这意味着组 j 的非齐次信度保费不依赖于其他组 $i \neq j$ 的数据. 在齐次信度保费中假定比值 s^2/a 是已知的, 而在非齐次信度保费还额外假定了 m 已知. ▽

定理 8.2.2(平衡 Bühlmann 模型; 非齐次估计量) 设 X_{jt} 满足与定理 8.2.1 相同的分布假设条件, 非齐次线性组合 $g_0 + g_{11}X_{11} + \cdots + g_{JT}X_{JT}$ 预测下一年总理赔额 $X_{j,T+1}$, 则在均方误差意义下最优的预测量等于信度保费

$$z\overline{X}_j + (1-z)m, \tag{8.16}$$

其中 z 和 $\overline{X}_j$ 由式 (8.10) 和式 (8.12) 给出.

证明 类似于定理 8.2.1 中分析, 由对称性可知在最优解中 $g_{it}(i \neq j)$ 的值是相等的, 且 $g_{jt}, t = 1, \cdots, T$ 的值也是相同的. 所以存在某个 g_0, g_1 和 g_2, 使得 $X_{j,T+1}$ 的具有最小均方误差的非齐次线性预测量具有如下形式：

$$g_0 + g_1\overline{X} + g_2\overline{X}_j. \tag{8.17}$$

均方误差 (8.17) 可写为方差与偏差平方的和, 如下：

$$\begin{aligned}
&\mathrm{E}[\{X_{j,T+1} - g_0 - g_1\overline{X} - g_2\overline{X}_j\}^2]\\
&= \mathrm{Var}[X_{j,T+1} - g_1\overline{X} - g_2\overline{X}_j] + \{\mathrm{E}[X_{j,T+1} - g_0 - g_1\overline{X} - g_2\overline{X}_j]\}^2.
\end{aligned} \tag{8.18}$$

当选择 $g_0 = m(1-g_1-g_2)$ 时, 式 (8.18) 右边第二项是 0, 从而达到最小值. 这证实了我们正在寻找的估计量是无偏的. 式 (8.18) 右边的第一项可以改写为

$$\begin{aligned}&\mathrm{Var}[X_{j,T+1}-(g_2+g_1/J)\overline{X}_j-g_1(\overline{X}-\overline{X}_j/J)]\\=&\mathrm{Var}[X_{j,T+1}-(g_2+g_1/J)\overline{X}_j]+\mathrm{Var}[g_1(\overline{X}-\overline{X}_j/J)]+0,\end{aligned}\tag{8.19}$$

由于 $g_1(\overline{X}-\overline{X}_j/J)$ 仅取决于 $X_{it}, i\neq j$, 故上式中协方差项等于 0. 因此, 任何满足 $g_1\neq 0$ 的解 (g_1,g_2) 都不是最优解, 这是因为式 (8.19) 在 $(0, g_2+g_1/J)$ 可达到一个更小的值. 因此选择 $g_1=0$ 是最优的. 所以现在剩下来的问题就是如何寻找 g_2 使得下式最小:

$$\mathrm{Var}[X_{j,T+1}-g_2\overline{X}_j]=\mathrm{Var}[X_{j,T+1}]-2g_2\mathrm{Cov}[X_{j,T+1},\overline{X}_j]+g_2^2\mathrm{Var}[\overline{X}_j].\tag{8.20}$$

它有一个最优值点

$$g_2=\frac{\mathrm{Cov}[X_{j,T+1},\overline{X}_j]}{\mathrm{Var}[\overline{X}_j]}=\frac{aT}{aT+s^2},\tag{8.21}$$

亦即式 (8.10) 给出的 z. 上面最后一个等式的证明可以运用式 (8.15). 这表明 $X_{j,T+1}$ 的预测量 (8.16) 具有最小的均方误差. ▽

例 8.2.2(例 8.2.1 中的信度估计) 再次考虑例 8.2.1 中的保单组合. 可以证明 (见习题 8.2 第 8 题), 在模型 (8.5) 中, 式 (8.4) 中 F 表达式的分子 MSB 的均值为 $aT+s^2$, 而分母 MSW 的均值为 s^2, 因此 $1/F$ 接近于 $s^2/\{aT+s^2\}$, 这意味着我们能用 $1-1/F$ 估计 z. 注意到这不是一个无偏估计, 因为 $\mathrm{E}[1/\mathrm{MSB}]\neq 1/\mathrm{E}[\mathrm{MSB}]$. 对每一组, 信度因子 $z=0.782$, 所以这三组的下一年理赔的最优估计量是 $0.782\overline{X}_j+(1-0.782)\overline{X}, j=1,2,3$, 结果分别是 102.18, 110 和 118.82. 请注意"收缩效应": 比起原来组的均值 100, 110 和 120, 估计的信度保费相互之间更加接近了. ▽

注 8.2.2(估计风险保费) 可能有人会争辩, 在实际中我们需要做的是估计第 j 组的风险保费$m+\Xi_j$, 而不是预测下一年包括波动 $\Xi_{j,T+1}$ 的理赔额 $X_{j,T+1}$. 但需要说明的是, 无论是否允许估计量有常数项, 我们都可以得到相同的最优值. 事实上, 对每个随机变量 Y, 我们有

$$\begin{aligned}&\mathrm{E}[\{m+\Xi_j+\Xi_{j,T+1}-Y\}^2]\\=&\mathrm{E}[\{m+\Xi_j-Y\}^2]+\mathrm{Var}[\Xi_{j,T+1}]+2\mathrm{Cov}[m+\Xi_j-Y,\Xi_{j,T+1}].\end{aligned}\tag{8.22}$$

若 Y 仅取决于已观测的数据 X_{jt}, 则在 $t\leqslant T$ 下协方差项一定等于 0. 从式 (8.22) 可知, 分别作为 $m+\Xi_j$ 和 $X_{j,T+1}=m+\Xi_j+\Xi_{j,T+1}$ 的估计量 Y, 对应的均方误差仅相差一个常数 $\mathrm{Var}[\Xi_{j,T+1}]=s^2$, 因此我们得到两者的均方误差被同样的估计量 Y 最小化. ▽

信度保费(8.16) 是个体平均理赔与整个保单组合平均理赔的一个加权平均, 其中前者的权重为信度因子 z. 由于我们假定了每个合同的观测年数 T 是相同的, 通过式 (8.16) 收取的最低保费与对每一个人收取统一的保费 $\overline{X}$ 得到的保费收入应该是一样的. 在 $z=0$ 时个体保费等于集体保费. 在同质保单组合中这个规则是可以接受的, 但是在非同质保单组合里是不被接受的. 对 $z=1$ 时, 保费完全取决于个体经验数据. 一般来说, 个体经验数据是缺乏的, 使得这个估计量在实际中无法使用. 有时用这个规则会完全错误, 如我们要对一个至今未产生任何理赔的合同来做预测时.

正如风险分量 Ξ_j 刻画的一样, 数值 $a>0$ 代表保单组合的异质性, 而 s^2 代表同质组之间波动程度的一个综合度量.

注 8.2.3(虚拟经验数据) 记 $X_{j\Sigma}=X_{j1}+\cdots+X_{jT}$, 则式 (8.16) 信度保费的一个等价表达式如下:

$$\frac{s^2m+aT\overline{X}_j}{s^2+aT}=\frac{ms^2/a+X_{j\Sigma}}{s^2/a+T}. \tag{8.23}$$

因此如果我们增加一个虚拟理赔量 ms^2/a 到实际观测的理赔总额 $X_{j\Sigma}$ 中, 同时增加 s^2/a 次额外观测期, 则信度保费可理解为被虚拟经验调整了的平均理赔. ▽

§8.3 更一般的信度模型

在模型 (8.5) 中, 我们假定了 Ξ_j 和 Ξ_{jt} 是一些独立的随机变量. 但从式 (8.14) 和式 (8.15) 可知, 只有随机变量 X_{jt} 的协方差是核心的. 如果我们减弱模型的条件, 只要协方差结构是一样的, 我们仍然可以得到相同的结果. 例如, 我们只要求给定条件 Ξ_j 下, Ξ_{jt} 独立同分布, 且对所有的 ξ, 有 $\mathrm{E}[\Xi_{jt}|\Xi_j=\xi]=0$. 可以证明, 如果 Ξ_j 和 Ξ_{jt} 的联合分布满足上述条件, 则 Ξ_{jt} 未必独立, 但它们是不相关的, 见下面引理.

引理 8.3.1(条件独立同分布的随机变量序列是不相关的) 设给定 Ξ_j 后随机变量序列 $\Xi_{j1},\Xi_{j2},\cdots$ 是独立同分布的, 且均值为 0, 则我们有

$$\mathrm{Cov}[\Xi_{jt},\Xi_{ju}]=0,\ t\neq u;\quad \mathrm{Cov}[\Xi_j,\Xi_{jt}]=0. \tag{8.24}$$

证明 由条件协方差的分解法则 (见习题 8.3 第 1 题), 对 $t\neq u$, 有

$$\mathrm{Cov}[\Xi_{ju},\Xi_{jt}]=\mathrm{E}[\mathrm{Cov}[\Xi_{ju},\Xi_{jt}|\Xi_j]]+\mathrm{Cov}[\mathrm{E}[\Xi_{ju}|\Xi_j],\mathrm{E}[\Xi_{jt}|\Xi_j]]. \tag{8.25}$$

由上面的假设, 我们有 $\mathrm{Cov}[\Xi_{ju},\Xi_{jt}|\Xi_j]\equiv 0$ 和 $\mathrm{E}[\Xi_{ju}|\Xi_j]\equiv 0$. 可见式 (8.25) 等于 0. 显然还有 $\mathrm{Cov}[\Xi_j,\Xi_{jt}|\Xi_j]\equiv 0$, 又因

$$\mathrm{Cov}[\Xi_j,\Xi_{jt}]=\mathrm{E}[\mathrm{Cov}[\Xi_j,\Xi_{jt}|\Xi_j]]+\mathrm{Cov}[\mathrm{E}[\Xi_j|\Xi_j],\mathrm{E}[\Xi_{jt}|\Xi_j]], \tag{8.26}$$

故随机变量 Ξ_j 和 Ξ_{jt} 是不相关的. ▽

请注意, 在引理 8.3.1 的模型中随机变量列 X_{jt} 并非边缘不相关, 更不用说独立了.

例 8.3.1(混合泊松分布) 设随机变量 X_{jt} 表示某一机动车保险保单在一年内的理赔次数. 驾驶员在该年的理赔次数服从 Poisson(Λ_j) 分布, 其中参数 Λ_j 为某个非退化的结构分布. 于是式 (8.5) 的第一项表示任意一个驾驶员的期望理赔次数 $m = \mathrm{E}[X_{jt}] = \mathrm{E}[\Lambda_j]$. 第二项是 $\Xi_j = \Lambda_j - m$ 代表了特定驾驶员和任意驾驶员平均理赔次数的差值. 第三项是 $\Xi_{jt} = X_{jt} - \Lambda_j$ 表示该特定驾驶员年理赔次数在其期望值附近波动幅度. 在这种情况下, 从引理 8.3.1 可知尽管第二、第三项不相关, 但它们不独立, 因为 $\mathrm{Var}[X_{jt} - \Lambda_j|\Lambda_j - m] \equiv \mathrm{Var}[X_{jt}|\Lambda_j] \equiv \Lambda_j$(也可参阅 §8.5). ▽

注 8.3.1(通过风险参数来参数化) 即使方差分量模型 (8.5) 放宽了独立性假设, 其在实际应用中有时仍显过于苛刻. 假设式 (8.5) 的 X_{jt} 表示例 8.3.1 中的那个驾驶员的年理赔总额, 假设服从复合泊松分布. 于是除去泊松参数外, 还有关于理赔额分布的参数. 给定第二项 (年平均理赔总额) 后, 噪声项的条件方差不再是第二项的函数了. 为了解决这个问题, Bühlmann 研究了一个更一般的模型, 该模型中含有一个可能取向量值的隐变量 Θ_j 作为结构参数. 风险保费是条件均值 $\mu(\Theta_j) := \mathrm{E}[X_{jt}|\Theta_j]$, 而不是简单地取值为 $m + \Xi_j$. 若 $\mathrm{E}[X_{jt}|\Theta_j]$ 不是 Θ_j 的一个一一映射函数, 那么在上述基本模型中具有相同 Ξ_j 的那些合同, 在 Bühlmann 模型下, 它们的 $\mathrm{Var}[\Xi_{jt}|\Theta_j]$ 可能会有不同的表现形式, 因此在这里基本模型就不够用了. 不过可以证明, 在这种情况下协方差和最优估计量是相同的.

方差分量模型描述风险结构优于 Bühlmann 的贝叶斯模型, 原因在于其产生的模型在技术上及概念上更容易, 仅一般性和机动性比较差. ▽

我们可以将信度理论推广到比式 (8.5) 更复杂的模型中去, 并且可以在这些模型中建立类似于定理 8.2.1 和定理 8.2.2 的结果. 本质上, 通过最小化二次均方误差可以寻找在最小二乘意义下的一个最优估计量, 必要时可以附加一个无偏性限制. 由于在平衡 Bühlmann 模型中有对称性的假设, 所以只需要讨论一维的最优化问题. 但是在一般情况下, 我们必须求解一个线性方程组, 该方程组是由对均方误差或者拉格朗日函数 (当有一个无偏性限制时) 求导产生的. 我们很难期望可以得到像前面那样的解析解.

下面是基本模型的一些可能的推广.

例 8.3.2(Bühlmann-Straub 模型：变化的精度) 式 (8.5) 表示的信度模型可以通过视 X_{jt} 为多个保单的平均值而加以推广. 可以相信, 还有一些其他因素导致并非所有的 X_{jt} 被等精度测量了 (即具有相同方差). 于是, 在模型中引入权重是合适的. 这样一来, 我们便得到 Bühlmann-Straub 模型. 原则上说, 这些权重应该代表观测期的总数, 其中数字 X_{jt} 表示均值 (自然权重). 有时候这个数未知, 这时我们必须用近似的相对权重, 例如, 已支付的总保费. 如果精算师认为恰当, 他可以调整这些数字以反映他对特定合同个体理赔经验数据的可信度. 在 §8.4 中, 我们会在 Bühlmann-Straub 模型下对齐次保费证明一个类似于定理 8.2.1 的结论. ▽

例 8.3.3(Jewell 分层模型) 一个进一步的推广模型是将保单组合划分为不同的小区域, 并且假定每个区域 p 对总体均值有自己的方差. 合同 j 在区域 p 和 t 年的理赔经验可以分解为

$$X_{pjt} = m + \Xi_p + \Xi_{pj} + \Xi_{pjt}. \tag{8.27}$$

模型 (8.27) 被称为 Jewell 分层模型. 把每个小区域 p 再分割为更小的子区域 q, 每个都具有自己的方差 $\Xi_p + \Xi_{pq}$, 如此下去, 我们得到了一个具有树状结构的分层模型链. ▽

例 8.3.4(交叉分类模型) 可以想象, X_{pjt} 表示区域 p 的风险, 角标 j 对应于某个可以将保单进行分类的因素 (例如, p 为地区, j 为驾驶员的性别). 对于这样双向交叉分类, 使用分层模型意义不大. 取而代之的办法是在式 (8.27) 加入一项 Ξ'_j 来刻画组 j 的风险特征. 这样我们可以得到

$$X_{pjt} = m + \Xi_p + \Xi'_j + \Xi_{pj} + \Xi_{pjt}. \tag{8.28}$$

这是一个交叉分类模型. 在第 9 章, 我们将研究一些类似的模型, 在那里行列效应是固定的, 但未知, 而不像这里是一些随机变量. ▽

例 8.3.5(关于 IBNR 的 De Vijlder 信度模型) 信度模型对估计应持有 IBNR 准备金问题也很有用, 详见第 10 章. IBNR 准备金被用来赔付保险公司不知道的 (或者部分不知道) 理赔. 在某个日历年份 T, 理赔随机变量 X_{jt} 都会是已知的, 这里的 X_{jt} 表示在第 j 年签订的那些保单在之后的第 t 年里出现的理赔额, $t = 0, 1, \cdots, T-j$. 这种情况下的一个信度模型是

$$X_{jt} = (m + \Xi_j)d_t + \Xi_{jt}, \tag{8.29}$$

其中 d_t 为进展因子 (可以假设它们的和等于 1), 表示在第 t 进展年理赔占总理赔额的比例, $m + \Xi_j$ 为在 j 年签订的保单在所有进展期内的总理赔. ▽

例 8.3.6(回归模型; Hachemeister) 我们也可通过引入一些间接数据来推广模型 (8.5). 例如, 如果 y_{jt} 表示合同 j 的某个风险特征 (如保单持有人在 t 年的年龄), 那么 Ξ_j 可以表示为 y_{jt} 的一个线性随机函数. 于是在第 t 年的理赔等于

$$\{m^{(1)} + \Xi_j^{(1)}\} + \{m^{(2)} + \Xi_j^{(2)}\}y_{jt} + \Xi_{jt}, \tag{8.30}$$

这是一个信度回归模型. 当 $\Xi_j^{(k)} \equiv 0, k = 1, 2$ 时, 该模型便是经典的一维回归模型. 这意味着无隐性风险特征. 诸如式 (8.30) 这样的信度模型最初是由 Hachemeister 引入并加以研究的. ▽

§8.4 Bühlmann-Straub 模型

正如式 (8.7), 在 Bühlmann-Straub 模型中观测值可以分解为如下形式:

$$X_{jt} = m + \Xi_j + \Xi_{jt}, \quad j = 1, \cdots, J, \ t = 1, \cdots, T+1, \tag{8.31}$$

其中不可观测风险 $\Xi_j, j = 1, 2, \cdots, J$ 是均值为 0 和方差为 a 的独立同分布随机变量序列; Ξ_{jt} 是均值为 0 的独立随机序列. 假定 Ξ_j 和 Ξ_{jt} 也是独立的. Bühlmann 模型和 Bühlmann-Straub 模型的区别在于后者中分量 Ξ_{jt} 的方差为 s^2/w_{jt}, 其中 w_{jt} 是对应于观测值 X_{jt} 的权重. 此权重表示的是各个观测值的相对精确性. 设 X_{jt} 是 w_{jt} 个复制的平均值, 即 $X_{jt} = \sum\limits_k X_{jtk}/w_{jt}$, 其中 $X_{jtk} = m + \Xi_j + \Xi_{jtk}$, 且 Ξ_{jtk} 是均值为 0 和方差为 s^2 的独立同分布随机序列. 随机变量 Ξ_{jtk} 表示第 j 组第 k 个个体合同在第 t 年偏离风险保费 $m + \Xi_j$ 的大小. 在这种情况下, 权重称为**自然权重**. 有时候这些自然权重未知, 或者有其他的机制导致不同的方差. 那时我们可以用一个单元的总保费来近似.

为了找到风险保费$m + \Xi_j$(见注 8.2.2) 的最佳齐次线性无偏预测量 $\sum h_{it}X_{it}$, 我们必须最小化均方误差. 在下面的定理 8.4.1 中, 我们在无偏性的限制下, 导出了式 (8.33) 中系数 h_{it} 的最优值. 为此, 我们需要用到下面一些记号 (参见式 (8.10)~(8.12)):

$$\begin{aligned}
&w_{j\Sigma} = \sum_{t=1}^{T} w_{jt}; \quad w_{\Sigma\Sigma} = \sum_{j=1}^{J} w_{j\Sigma};\\
&z_j = \frac{a w_{j\Sigma}}{s^2 + a w_{j\Sigma}}; \quad z_\Sigma = \sum_{j=1}^{J} z_j;\\
&X_{jw} = \sum_{t=1}^{T} \frac{w_{jt}}{w_{j\Sigma}} X_{jt}; \quad X_{ww} = \sum_{j=1}^{J} \frac{w_{j\Sigma}}{w_{\Sigma\Sigma}} X_{jw}; \quad X_{zw} = \sum_{j=1}^{J} \frac{z_j}{z_\Sigma} X_{jw}.
\end{aligned} \tag{8.32}$$

注意 X_{jw} 和 X_{ju} 之间的区别. 若 w 作为一个角标出现, 就表明已经有了对该角标的一个加权求和, 其中使用的是观测值的自然权重或其他权重. 角标 z 表示用信度权重加权求和, 而 Σ 用来表示没有加权的求和. 在记号中我们不允许观察期 T_j 有不同的值, 最简单的弥补方法是在必要时记某些观测值的权重为 0.

定理 8.4.1(Bühlmann-Straub 模型; 齐次–估计量) 模型 (8.31)中风险保费 $m + \Xi_j$ 的最小均方误差齐次线性无偏估计量 $\sum\limits_{i,t} h_{it}X_{it}$, 是下列有限制的最小化问

题的解：

$$\begin{aligned}&\min_{h_{it}} \quad \mathrm{E}\left[\left\{m+\Xi_j-\sum_{i,t} h_{it}X_{it}\right\}^2\right],\\ &\text{s.t.} \quad \mathrm{E}[m+\Xi_j]=\sum_{i,t} h_{it}\mathrm{E}[X_{it}],\end{aligned} \tag{8.33}$$

该解是信度估计量 (见 (8.9))：

$$z_j X_{jw}+(1-z_j)X_{zw}, \tag{8.34}$$

其中 X_{jw} 如同在式 (8.32) 中表示的是风险保费的组内估计量, X_{zw} 是信度加权整体估计量, z_j 是合同 j 的信度因子.

证明 用拉格朗日最优化可以证明, 在估计 $m+\Xi_j$ 时, 式 (8.34) 是所有具有相同均值的观测值线性组合中具有最小均方误差的一个估计量. 我们可以通过解其一阶条件方程来找到一个最优解. 在下面的证明中我们需要用到一个事实, 即在给定均值的不相关随机变量的线性组合中, 系数与方差成反比例的线性组合有最小方差 (见习题 8.4 第 1 题). 首先, 我们推导出第 i 组中合同的最优 "混合" $h_{it}/h_{i\Sigma}$. 可以证明最佳选择是 $h_{it}/h_{i\Sigma}=w_{it}/w_{i\Sigma}$; 由此可知观测值 X_{it} 必须以 X_{iw} 的形式出现在式 (8.33) 中, 其次我们证明组 $i\neq j$ 的系数总和 $h_{i\Sigma}$ 是与 z_j 成正比例. 最后, 我们推导出最优的 $h_{j\Sigma}$.

从式 (8.33) 可知, 为找到 $m+\Xi_j$ 的最佳预测量, 我们必须求解下列问题：

$$\min_{h_{it}:h_{\Sigma\Sigma}=1} \mathrm{E}\left[(m+\Xi_j-\sum_{i,t} h_{it}X_{it})^2\right]. \tag{8.35}$$

约束条件 $h_{\Sigma\Sigma}=1$ 对应于式 (8.33) 中的无偏限制. 通过这个约束可知, 式 (8.35) 的期望值也是一个方差. 代入 X_{it} 的分解式 (8.31), 由式 (8.35) 可得

$$\min_{h_{it}:h_{\Sigma\Sigma}=1} \mathrm{Var}\left[(1-h_{j\Sigma})\Xi_j-\sum_{i\neq j} h_{i\Sigma}\Xi_i-\sum_{i,t} h_{it}\Xi_{it}\right], \tag{8.36}$$

基于 Ξ_j 和 Ξ_{jt} 的方差以及它们之间的独立性, 式 (8.36) 等同于

$$\min_{h_{it}:h_{\Sigma\Sigma}=1}(1-h_{j\Sigma})^2 a+\sum_{i\neq j} h_{i\Sigma}^2 a+\sum_i h_{i\Sigma}^2\sum_t \frac{h_{it}^2}{h_{i\Sigma}^2}\frac{s^2}{w_{it}}. \tag{8.37}$$

首先我们来优化关于 t 的内层和式. 由习题 8.4 第 1 题, $h_{it}/h_{i\Sigma}$ 的最优值是 $w_{it}/w_{i\Sigma}$. 因此我们能够用加权平均 X_{iw} 来取代观测值 $X_{it}, t=1,2,\cdots,T$, 然后得到信度估计量具有形式 $\sum_i h_{i\Sigma}X_{iw}$, 其中 $h_{i\Sigma}$ 待定.

内层和式的最小值等于 $s^2/w_{i\Sigma}$. 由式 (8.32) 可知, $a+s^2/w_{i\Sigma}=a/z_i$. 故我们可以改写式 (8.37) 为如下形式:

$$\min_{h_{i\Sigma}:h_{\Sigma\Sigma}=1}(1-h_{j\Sigma})^2a+h_{j\Sigma}^2\frac{s^2}{w_{j\Sigma}}+(1-h_{j\Sigma})^2\sum_{i\neq j}\frac{h_{i\Sigma}^2}{(1-h_{j\Sigma})^2}\frac{a}{z_i}. \tag{8.38}$$

又因 $h_{\Sigma\Sigma}=1$, 故有 $\sum\limits_{i\neq j}h_{i\Sigma}/(1-h_{j\Sigma})=1$. 再由习题 8.4 第 1 题可知, 式 (8.38) 最优解 $h_{i\Sigma}$, $i\neq j$ 满足:

$$\frac{h_{i\Sigma}}{1-h_{j\Sigma}}=\frac{z_i}{z_\Sigma-z_j}. \tag{8.39}$$

式 (8.38) 中和式的最小值为 $a/(z_\Sigma-z_j)$, 所以式 (8.38) 变为

$$\min_{h_{j\Sigma}}(1-h_{j\Sigma})^2\left(a+\frac{a}{z_\Sigma-z_j}\right)+h_{j\Sigma}^2\frac{s^2}{w_{j\Sigma}}. \tag{8.40}$$

最后, 再一次利用习题 8.4 第 1 题得到最优的 $h_{j\Sigma}$. 读者可以自行验证. 该最优值是

$$\begin{aligned}h_{j\Sigma}&=\frac{w_{j\Sigma}}{\dfrac{s^2}{a+a/(z_\Sigma-z_j)}+w_{j\Sigma}}=\frac{1}{\dfrac{1/z_j-1}{1+1/(z_\Sigma-z_j)}+1}\\&=\frac{z_j(z_\Sigma-z_j+1)}{(1-z_j)(z_\Sigma-z_j)+z_j(z_\Sigma-z_j+1)}=z_j+(1-z_j)\frac{z_j}{z_\Sigma}.\end{aligned} \tag{8.41}$$

由式 (8.39) 得 $h_{i\Sigma}=(1-z_j)z_i/z_\Sigma$, 这意味着式 (8.34) 的确是风险保费 $m+\Xi_j$ 在最小均方意义下的最优齐次线性无偏估计量. ▽

注意, 如果把式 (8.31) 中的 Ξ_j 换成常数 ξ_j, 即取 $a=0$, 我们便得到经典的加权平均 X_{ww}. 这是因为此时 X_{jw} 的相对权重 $w_{j\Sigma}$ 等于信度权重 z_j.

与式 (8.33) 中 X_{jt} 齐次线性组合相比, $m+\Xi_j$ 的非齐次线性估计量仅仅多包含一个常数 h. 类似于定理 8.2.2, 我们可以证明无偏限制是多余的. 除了将式 (8.34) 中 X_{zw} 换成 m 以外, 非齐次估计值等于齐次估计量. 组 j 以外的观测值没有出现在该估计量中. 对非齐次估计量来说, s^2/a 和 m 的值都必须是已知的. 在模型 (8.31) 下, 把 m 换成最佳估计量 X_{zw}, 我们可以得到齐次估计量. 正如注 8.2.2, $m+\Xi_j$ 的最优预测量也是 $X_{j,T+1}$ 的最优预测量. 式 (8.34)的渐近性质类似于注 8.2.1 中给出的那些结果. 此外, 正如注 8.2.3 指出的那样, 信度保费可以由实际数据和虚拟数据组合在一起得出, 见习题.

§8.4.1 Bühlmann-Straub 模型中的参数估计

本章中的信度估计量取决于未知结构参数 m, a 和 s^2. 为了在实际中能够应用这些估计量, 我们必须来估计这些结构参数. 下面的定理推导出了它们的一些无偏估计量, 它们不依赖于未知的结构参数. 我们可以用这些新的估计量来取代信度估计量中的那些未知结构参数, 并且希望这样得到的估计量仍然具有一些良好的性质. a 和 s^2 的估计量是基于组内加权平方和:

$$\mathrm{SSW}=\sum_{j,t} w_{jt}(X_{jt}-X_{jw})^2 \tag{8.42}$$

和组间加权平方和:

$$\mathrm{SSB}=\sum_{j} w_{j\Sigma}(X_{jw}-X_{ww})^2. \tag{8.43}$$

注意到若所有的 w_{jt} 均取 1, 这些表达式可以变成平衡 Bühlmann 模型中的式 (8.2) 和式 (8.3).

定理 8.4.2(无偏参数估计) 在 Bühlmann-Straub 模型中, 以下的统计量是相应结构参数的无偏估计:

$$\begin{aligned}\widetilde{m}&=X_{ww},\\ \widetilde{s^2}&=\frac{1}{J(T-1)}\sum_{j,t} w_{jt}(X_{jt}-X_{jw})^2,\\ \widetilde{a}&=\frac{\displaystyle\sum_{j} w_{j\Sigma}(X_{jw}-X_{ww})^2-(J-1)\widetilde{s^2}}{\displaystyle w_{\Sigma\Sigma}-\sum_{j} w_{j\Sigma}^2/w_{\Sigma\Sigma}}.\end{aligned} \tag{8.44}$$

证明 $\mathrm{E}[X_{ww}]=m$ 的证明是显然的, 利用协方差关系式 (8.15), 可得

$$\begin{aligned}J(T-1)\mathrm{E}[\widetilde{s^2}]&=\sum_{j,t} w_{jt}\left\{\mathrm{Var}[X_{jt}]+\mathrm{Var}[X_{jw}]-2\mathrm{Cov}[X_{jt},X_{jw}]\right\}\\ &=\sum_{j,t} w_{jt}\left\{a+\frac{s^2}{w_{jt}}+a+\frac{s^2}{w_{j\Sigma}}-2\left(a+\frac{s^2}{w_{j\Sigma}}\right)\right\}\\ &=J(T-1)s^2.\end{aligned} \tag{8.45}$$

对 $\widetilde{a}$, 我们有

$$\begin{aligned}&\mathrm{E}\left[\sum_{j} w_{j\Sigma}(X_{jw}-X_{ww})^2\right]\\ =&\sum_{j} w_{j\Sigma}\left\{\mathrm{Var}[X_{jw}]+\mathrm{Var}[X_{ww}]-2\mathrm{Cov}[X_{jw},X_{ww}]\right\}\end{aligned}$$

$$=\sum_j w_{j\Sigma}\left\{a+\frac{s^2}{w_{j\Sigma}}+a\sum_k\frac{w_{k\Sigma}^2}{w_{\Sigma\Sigma}^2}+\frac{s^2}{w_{\Sigma\Sigma}}-2\left(\frac{s^2}{w_{\Sigma\Sigma}}+\frac{aw_{j\Sigma}}{w_{\Sigma\Sigma}}\right)\right\}$$

$$=a\sum_j w_{j\Sigma}\left(1+\sum_k\frac{w_{k\Sigma}^2}{w_{\Sigma\Sigma}^2}-2\frac{w_{j\Sigma}}{w_{\Sigma\Sigma}}\right)+s^2\sum_j w_{j\Sigma}\left(\frac{1}{w_{j\Sigma}}-\frac{1}{w_{\Sigma\Sigma}}\right)$$

$$=a\left(w_{\Sigma\Sigma}-\sum_j\frac{w_{j\Sigma}^2}{w_{\Sigma\Sigma}}\right)+(J-1)s^2. \tag{8.46}$$

在式 (8.44) 中取 $\mathrm{E}[\widetilde{a}]$, 用式 (8.45) 和式 (8.46) 可知 $\widetilde{a}$ 也是无偏的. $\triangledown$

注 8.4.1(估计量的负性) 估计量 $\widetilde{s^2}$ 是非负的, 但是 $\widetilde{a}$ 可能是负的. 虽然这可能暗示满足 $a=0$, 但是当 $a>0$ 时 $\widetilde{a}$ 也可能为负值. 我们仔细分析一下例 8.2.1, 现在回到平衡 Bühlmann-Straub 模型, 其中所有的权重 w_{jt} 等于 1. 在那种情形下, 按式 (8.4) 定义 MSW 和 MSB, 于是定理 8.4.2 中 s^2 和 a 的估计量为

$$\widetilde{s^2}=\mathrm{MSW};\quad \widetilde{a}=\frac{\mathrm{MSB}-\mathrm{MSW}}{T}. \tag{8.47}$$

为了估计 z, 我们把这些估计量代入 $z=\dfrac{aT}{aT+s^2}$, 得到下面的统计量:

$$\widetilde{z}=1-\frac{\mathrm{MSW}}{\mathrm{MSB}}. \tag{8.48}$$

利用 $X_{jt}=m+\Xi_j+\Xi_{jt}$ 且定义 $\overline{\Xi}_j=\dfrac{1}{T}\sum_t\Xi_{jt}$, 则 SSW 可以写成

$$\mathrm{SSW}=\sum_{j=1}^J\sum_{t=1}^T(X_{jt}-\overline{X}_j)^2=\sum_{j=1}^J\sum_{t=1}^T(\Xi_{jt}-\overline{\Xi}_j)^2. \tag{8.49}$$

由于假设了 Ξ_{jt} 是独立同分布的, 且服从 $\mathrm{N}(0,s^2)$, 式 (8.49) 右边除以 s^2 后服从 $\chi^2(J(T-1))$ 分布, 它独立于 $\overline{\Xi}_j$, 从而也独立于平均值 $\overline{X}_j=m+\Xi_j+\overline{\Xi}_j$. 所以 MSW 独立于 $\overline{X}_j$, 从而也独立于 MSB.

假定 Ξ_j 是独立同分布的, 且服从 $\mathrm{N}(0,a)$, 类似地有

$$\frac{\mathrm{SSB}}{a+s^2/T}=\frac{J-1}{aT+s^2}\mathrm{MSB} \tag{8.50}$$

服从 $\chi^2(J-1)$ 分布. 因此在正态假设下, 若乘以一个常数因子 $s^2/(aT+s^2)=1-z$, §8.2 中的方差比 MSB/MSW 仍然服从 $F(J-1,J(T-1))$ 分布, 因此

$$(1-z)\frac{\mathrm{MSB}}{\mathrm{MSW}}=\frac{1-z}{1-\widetilde{z}}\sim F(J-1,J(T-1)). \tag{8.51}$$

按照这种方式, 可以对不同的 J, T 和 s^2/a 计算 $\Pr[\widetilde{a} < 0]$, 见习题 8.4 第 9 题.

由式 (8.47), 事件 $\widetilde{a} < 0$ 等价于 MSB/MSW< 1. 在 §8.2 中, 我们知道, 只有当 MSB/MSW 超过 $F(J-1, J(T-1))$ 的右临界值 (对所有的 J, T, 该临界值都大于 1) 时, 数据才显示拒绝等均值的假设 (可以归结为现在的 $a = 0$). 于是我们得出结论, 尽管对每一个 $a > 0$, 有 $\Pr[\widetilde{a} < 0] > 0$, 求此概率值意味着基于这些数据对 $a = 0$ 做一个 Fisher 检验, 该检验未必会导致拒绝假设, 这也意味着我们没有充分的统计理由不对每一个合同收取相同的保费.

在实际中, 为了估计 $a = \mathrm{Var}[\varXi_j]$, 人们更倾向于用 $\max\{0, \widetilde{a}\}$ 作为一个估计量. 虽然这是相合的, 但不再是一个无偏估计量了. ▽

注 8.4.2(信度加权平均和普通加权平均) 模型 (8.31) 中 m 的最佳无偏估计不是 X_{ww} 而是 X_{zw}. 这与习题 8.4 第 1 题并不矛盾, 事实上 X_{ww} 和 X_{zw} 都是随机变量 X_{jw} 的线性组合, 它们的方差不是正比于原来权重 $w_{j\Sigma}$, 而是正比于信度调整权重 z_j. 所以当用信度加权平均值 X_{zw} 取代普通加权均值 X_{ww} 来估计 m, 我们可以得到一个较小的方差. 当然这里的问题是, 不知道信度因子 z_j, 因为它们取决于我们要估计的未知参数. 迭代伪估计量是能获得更好估计的一种方法, 它是通过确定特定方程的一个固定点来确定结构参数的估计量. 见例 8.4.2 和更多关于信度理论的高级文献. ▽

例 8.4.1(计算 Bühlmann-Straub 模型中的估计) 首先, 我们生成包含`J=10`个合同的数据集, 每个合同风险暴露期 `K=5`年, 且数据满足 Bühlmann-Straub 模型 (8.31) 中的分布假设. 为此, 我们执行下列 `R` 语句:

```
J <- 10; K <- 5; j <- rep(1:J, each=K); j <- as.factor(j)
m <- 100; a <- 100; s2 <- 64;
set.seed(6345789)
w <- 0.50 + runif(J*K)
X <- m + rep(rnorm(J, 0, sqrt(a)), each=K) +
        rnorm(J*K, 0, sqrt(s2/w))
```

注意, 我们对每个观测值赋予一个随机权重, 其取值范围是 $(0.5, 1.5)$. 最后一行第二项表示一个向量, 该向量包含 `J` 个服从 $\mathrm{N}(0, a)$ 的独立随机变量, 且每个复制 `K` 次. 最后一项也是一个向量, 由服从 $\mathrm{N}(0, s^2/w_{jt})$ 的独立随机变量 $\varXi_{jk}, j = 1, \cdots, J, k = 1, \cdots, K$ 构成.

正如在例 8.2.1 中那样, 我们用 ANOVA 来决定每组的均值是否有显著差异; 如果没有, 则表示保单组合中无异质性, 从而可以不用信度理论.

```
> anova(lm(X~j,weight=w))
Analysis of Variance Table
```

```
Response: X
          Df Sum Sq Mean Sq F value    Pr(>F)
j          9 5935.0   659.4  14.836 3.360e-10 ***
Residuals 40 1778.0    44.5
```

在该例中数据清楚地显示了组数的影响. Sum Sq 的值是 5935 和 1778, 分别表示 SSB 和 SSW, (见式 (8.42), 式 (8.43) 和下文). 将它们分别除以 Df 可得到 MSB 和 MSW(见式 (8.4)).

在我们的模拟实验中, 参数 a, m 和 s^2 的值是已知的. 因此我们能直接计算这个例子中的信度保费 (8.34). 我们首先计算式 (8.32) 中的数值:

```
w.js <- tapply(w, j, sum); w.ss <- sum(w.js)
z.j <- 1 / (1 + s2/(a*w.js)); z.s <- sum(z.j)
X.jw <- tapply(X*w, j, sum)/w.js
X.ww <- sum(X.jw * w.js) / w.ss
X.zw <- sum(X.jw * z.j) / z.s
pr.j <- z.j * X.jw + (1-z.j) * X.zw #(8.34)
```

在实际中, 参数 a, m 和 s^2 是未知的, 所以需要用数据进行估计. 式 (8.42)~ 式 (8.44) 中我们得到了它们的无偏估计量 $\widetilde{m}$, $\widetilde{s^2}$ 和 $\widetilde{a}$. 用 R 软件, 可以得到它们的值:

```
m.tilde <- X.ww
SSW <- sum(w*(X-X.jw[j])^2)
s2.tilde <- SSW/J/(K-1)
SSB <- sum(w.js*(X.jw-X.ww)^2)
a.tilde <- (SSB - (J-1)*s2.tilde) / (w.ss - sum(w.js^2)/w.ss)
```

用下列语句:

```
z.j.tilde <- 1 / (1 + s2.tilde / (a.tilde * w.js))
z.s.tilde <-sum(z.j.tilde)
X.zw.tilde <- sum(X.jw * z.j.tilde)/ z.s.tilde
pr.j.tilde <- z.j.tilde * X.jw + (1-z.j.tilde) * X.zw.tilde
```

我们可以用无偏参数估计和公式 (8.32) 重新计算信度保费 (8.34).　　▽

例 8.4.2(异质性参数的一个伪估计量)　式 (8.44) 中异质性参数 a 的估计量 $\widetilde{a}$ 是无偏的, 但同时它看上去复杂且不直观. s^2 表示合同在时间上的异质性. 考虑它的无偏估计量, 在式 (8.44) 给出

$$\widetilde{s^2} = \frac{1}{J(T-1)}\sum_{j,t} w_{jt}(X_{jt} - X_{jw})^2. \tag{8.52}$$

它是观测值与合同均值差的加权平方和, 权重为用来构建 X_{jw} 的自然权重 w_{jt}. 为

了得到 s^2 的无偏估计, 我们除以 $J(T-1)$ 而非总数 JT, 是因为 J 个均值已经估计出, 只有 $J(T-1)$ 项是独立的.

为了得到一个类似的组间异质性 a 的估计量, 考虑:

$$A = \frac{1}{J-1}\sum_j z_j(X_{jw} - X_{zw})^2. \tag{8.53}$$

在该情形下, 共有 J 个组, 且一个均值被估计出. 组均值和总体均值 m 的最佳估计 X_{zw} 之间差的平方具有与信度权重 z_j 成正比的权重, 与产生最小方差估计量 X_{zw} 的权重是同一个权重集合. 请读者自行证明 $\mathrm{E}[A] = a$, 见习题.

然而, 关于随机变量 A 有一个问题. 若我们将 X_{zw} 代入方程 (8.53) 可得

$$A = \frac{1}{J-1}\sum_j z_j\Big(X_{jw} - \sum_i \frac{z_i}{z_\Sigma}X_{iw}\Big)^2, \quad \text{其中} \quad z_j = \Big(1 + \frac{s^2}{aw_{j\Sigma}}\Big)^{-1}. \tag{8.54}$$

等式 (8.54) 右边依赖于未知结构参数 a 和 s^2(实际上仅依赖于 s^2/a), 令 $A = f(a, s^2)$, 其中 f 是一个恰当的函数. 因此, 随机变量 A 不是一个统计量, 因此也不是估计量. 在这样情形下, 我们称为伪估计量. 因此, 我们看下面的 A 估计量:

$$A_1 = f(\widetilde{a}, \widetilde{s^2}). \tag{8.55}$$

然而上述的 A_1 没有使用 "最佳" 的信用权重, 因此我们考虑 $A_2 = f(A_1, \widetilde{s^2})$. 为求最优值, 考虑迭代公式 $A_{n+1} = f(A_n, \widetilde{s^2})$, $n = 2, 3, \cdots$, 令 $n \to \infty$, 记 $\lim\limits_{n\to\infty} A_n =: \widehat{a}$. 我们可知 $\widehat{a}$ 为下列隐式方程的解:

$$\widehat{a} = \frac{1}{J-1}\sum_j \widehat{z}_j\Big(X_{jw} - \sum_i \frac{\widehat{z}_i}{\widehat{z}_\Sigma}X_{iw}\Big)^2 \quad \text{和} \quad \widehat{z}_j = \Big(1 + \frac{\widetilde{s^2}}{\widehat{a}w_{j\Sigma}}\Big)^{-1}. \tag{8.56}$$

估计量 $\widehat{a}$ 确切的统计性质很难确定, 甚至证明这个解的存在性和唯一性也是一个问题. 但是用逐次代换法求解这个方程是很容易的, 只需使用下列 R 语句:

```
a.hat <- a.tilde repeat {
  a.hat.old <- a.hat
  z.j.hat <- 1/(1+s2.tilde/(w.js*a.hat))
  X.zw.hat <- sum(z.j.hat * X.jw) / sum(z.j.hat)
  a.hat <- sum(z.j.hat*(X.jw-X.zw.hat)^2)/(J-1)
  if (abs((a.hat-a.hat.old)/a.hat.old) < 1e-6) break}
```

这里假定 a.tilde 是正的, s2.tilde 是无偏估计, a.hat.old 是当前对 $\widehat{a}$ 的最佳猜测 A_n, a.hat 是下一个最佳猜测 A_{n+1}. ▽

§8.5　机动车辆保险赔付次数的负二项模型

本节我们来拓展例 8.3.1 的讨论. 考虑一个驾驶员, 其事故倾向服从一个非退化分布. 假设给定事故倾向等于 λ, 则年理赔次数服从 Poisson(λ) 分布. 在这种情况下, 征收信度保费就是建立一个经验费率体系, 类似于我们在第 6 章讨论的奖惩系统.

对一个机动车辆保险保单来说, 如果所有与保单持有人理赔行为相关的变量都能被观测和使用, 理赔次数仍然是由一个随机过程描述. 假定该过程是泊松过程, 费率因子可以提供给我们精确的泊松强度, 即每年理赔次数的泊松参数. 我们知道理赔额的概率分布. 如果单元内保单的所有风险因子取共同的值, 则该单元是齐次的, 即所有的保单持有人具有相同的泊松参数和理赔分布. 不过在现实中, 关于参数仍有一些不确定的因素, 这是因为我们不可能获得这些参数的所有信息. 因此, 这些单元是异质的, 这个异质性正好证实了使用奖惩系统是正确的. 在同质性的情况下, 每个保单代表了相同的风险, 没有理由在同一单元内收取不同的保费.

理赔次数异质性可通过假定泊松参数 λ 服从结构参数 $\varLambda$ 来建模, 设该结构变量的分布为 $U(\lambda) = \Pr[\varLambda \leqslant \lambda]$. 正如模型 (8.5), X_{jt} 表示驾驶员 j 在时间 t 年的理赔次数, 其中 $j = 1, \cdots, J$, $t = 1, \cdots, T_j$, 它可分解为如下形式:

$$X_{jt} = \mathrm{E}[\varLambda] + \{\varLambda_j - \mathrm{E}[\varLambda]\} + \{X_{jt} - \varLambda_j\}, \tag{8.57}$$

这里 $\varLambda_j \sim \varLambda$ 独立同分布, 最后两个分量虽然不相关, 但也不是独立的 (见习题 8.5 第 6 题). 分量 $\varLambda_j - \mathrm{E}[\varLambda]$ 的方差为 $a = \mathrm{Var}[\varLambda]$, 而对分量 $X_{jt} - \varLambda_j$ 来说, 如在例 3.3.1 中那样, 有 $\mathrm{Var}[X_{jt}] - \mathrm{Var}[\varLambda_j] = \mathrm{E}[\varLambda]$ 成立. 由于我们做了泊松分布假设, 结构参数 m 和 s^2 正好相同.

至此, 除了前几阶矩外我们基本上没有考虑结构分布. 我们可以想到结构分布的几个模型. 由于伽玛分布具有好的数学性质和拟合效果, 我们将倾向于使用这一分布, 后面我们将给出一个例子来说明这一点. 另外一个可能的结构分布是以概率为 p 产生一个具有理赔频率 λ_1 的 “好” 驾驶员, 或者产生一个具有理赔频率 $\lambda_2 > \lambda_1$ 的 “坏” 驾驶员. 于是任意驾驶员的理赔次数服从一个混合泊松分布, 其中混合分布是两点分布. 尽管人们会想到多于两类驾驶员的情况, 但 “好驾驶员 \ 坏驾驶员” 模型与实际中发现的数据拟合得很好.

为简便起见, 除非涉及前面的章节, 我们均舍弃角标 j. 已经知道, 若泊松参数的结构分布是 gamma(α, τ), 则驾驶员 j 在 t 年的理赔次数 X_t 的边缘分布是负 binomial($\alpha, p = \tau/(\tau+1)$). 从文献 Lemaire(1985) 中我们可以找到数据, 它们来自比利时一个有 $J = 106\,974$ 个保单的保单组合 (表 8.1). 数字 n_k, $k = 0, 1, \cdots$ 表示

发生 k 次事故的保单数量. 若对所有的 j, $X_t \sim \text{Poisson}(\lambda)$, 则 λ 的极大似然估计量 $\widehat{\lambda}$ 等于对所有 j 的平均理赔次数. 在 §3.9 中, 我们已经知道如何用极大似然法估计负二项分布的参数 $\widehat{\alpha}$ 和 $\widehat{p}$, 求解式 (3.76) 和式 (3.77) 即可得到. 泊松–伽玛混合模型中的 $\widehat{\tau} = \widehat{p}/(1-\widehat{p})$ 是根据重新参数化时极大似然估计量的不变性. 方程 (3.76) 表明待估计的结构分布的一阶矩以及理赔次数边缘分布的一阶矩与一阶样本矩相等. 好/坏驾驶员模型中的参数 p, λ_1 和 λ_2 已经由矩方法估计了. 注意到该方法未必能给出满足 $\widehat{\lambda}_i \geqslant 0$ 和 $0 \leqslant \widehat{p} \leqslant 1$ 的估计量. 这三个参数最终的估计量为

$$
\begin{aligned}
&\widehat{\lambda} = 0.1010806;\\
&\widehat{\alpha} = 1.631292, \quad \widehat{\tau} = 16.13852; \\
&\widehat{\lambda}_1 = 0.07616114, \quad \widehat{\lambda}_2 = 0.3565502, \quad \widehat{p} = 0.8887472.
\end{aligned}
\tag{8.58}
$$

表 8.1 给出了观测的理赔频率和估计的频率. 最下面一行 $\chi^2 = \sum\limits_k (n_k - \widehat{n}_k)^2/\widehat{n}_k$. 在计算 χ^2 统计量时, 人们通常将估计的理赔数量少于 5 的那些单元加到相邻的单元中去. 因此最后三行合并成一行, 代表大于等于 3 个理赔. 这两个混合模型给出了一个完美的拟合效果; 事实上, 负二项模型的拟合好得简直让人难以相信. 注意到我们用两个或三个参数来拟合四个数字. 但是无论如何该保单组合的齐次性是应该被拒绝的.

表 8.1 一些保单组合中事故发生次数的观测值, 极大似然估计拟合的泊松分布和负二项分布, 矩方法拟合的混合泊松分布

k	n_k	$\widehat{n}_k$ (泊松)	$\widehat{n}_k$ (负二项)	$\widehat{n}_k$ (好/坏)
0	96 978	96 689.5	96 980.8	96 975.1
1	9 240	9 773.4	9 230.9	9 252.0
2	704	494.0	708.6	685.0
3	43	16.6	50.0	56.9
4	9	0.4	3.4	4.6
5+	0	0.0	0.2	0.3
χ^2		191.	0.1	2.1

虽然原假设 “每个保单持有人的理赔次数是具有相同参数的独立同分布的泊松随机变量” 被拒绝了, 而混合泊松模型没有被拒绝, 但是我们不可以简单地下结论 “保单持有人共同具有一个来自某结构分布的无法观察的风险参数”. 但是认为理赔次数是独立的负二项分布随机变量列或许也是恰当的. 例如, 理赔次数服从泊松过程, 且其强度参数来自于一个独立的伽玛结构分布.

利用本节的模型, 我们想尽可能准确地预测出 $T+1$ 时期保单持有人的理赔次数. 该理赔次数是一个泊松随机变量, 参数 λ 是 Λ 的一个观测值, 而 Λ 的先验分布

是一个已知的 gamma(α,τ) 分布. 另外, 观测值 $X_1,\cdots,X_T$ 已知. 我们可以证明, 给定 $X_1=x_1,\cdots,X_T=x_T$, Λ 的后验分布也是一个伽玛分布, 其参数为 $\tau'=\tau+T$ 和 $\alpha'=\alpha+x_\Sigma$, 其中 $x_\Sigma=x_1+\cdots+x_T$, 见习题 8.5 第 2 题. 采用二次损失函数, 利用习题 8.2 第 9 题, 下一年理赔次数的最佳预测量是 Λ 后验分布的期望值:

$$\lambda_{T+1}(x_1,\cdots,x_T)=\frac{\alpha+x_\Sigma}{\tau+T}. \tag{8.59}$$

假设我们在每期时长 τ 内计入 α 个虚拟先验经验理赔, 那么式 (8.59) 可以解释为单位时间上观测到的平均理赔次数. 见注 8.2.3. 预测保费 (8.59) 也是一个信度预测, 是先验保费与保单平均值的线性组合, 这是因为 (见式 (8.10))

$$\frac{\alpha+x_\Sigma}{\tau+T}=z\frac{x_\Sigma}{T}+(1-z)\frac{\alpha}{\tau},\quad 其中\quad z=\frac{T}{\tau+T}. \tag{8.60}$$

注 8.5.1(非线性估计: 精确信度)　在定理 8.2.1 和定理 8.2.2 中, 我们要求 $X_{j,T+1}$ 的预测量是观测值的线性组合. 虽然一般来说这些观测值的线性函数是最容易处理的, 但是我们还是来看一看观测值更一般的函数形式. 没有了线性的限制, $X_{j,T+1}$ 在均方误差意义下的最佳估计是所谓的*后验贝叶斯*(Bayes) *估计*, 且该估计量正是条件均值 $\mathrm{E}[X_{j,T+1}|X_{11},\cdots,X_{JT}]$ (见式 (8.59)). 若 Ξ_j 和 Ξ_{jt} 是独立的正态随机变量列, 则最佳线性估计和贝叶斯估计相等. 在文献中这被表述为 "可信均值是精确 Bayes 的". 此外, 联合先验伽玛和后验泊松分布可以得出 "确切的信度", 这是因为后验贝叶斯估计恰好是观测值的线性组合 (见习题 8.5 第 2 题). 理赔额的后验均值等于信度保费 (8.60). ▽

如果我们根据均值原则来拆分整个保单组合的保费, 那么由于下面的原因, 我们可以得到一个基于信度的固定的经验费率系统:

(1) 系统是公平的. 在续保时, 每一个保单持有人缴纳的保费与基于他过去所有信息而估计出的期望理赔频率 (8.59) 成正比.

(2) 该系统是收支平衡的. 记 $X_\Sigma=X_1+\cdots+X_T$ 表示总理赔次数, 则 $\mathrm{E}[X_\Sigma]=\mathrm{E}\big[\mathrm{E}[X_\Sigma|\Lambda]\big]=T\mathrm{E}[\Lambda]$, 所以

$$\mathrm{E}\left[\frac{\alpha+X_\Sigma}{\tau+T}\right]=\frac{\alpha+T\dfrac{\alpha}{\tau}}{\tau+T}=\frac{\alpha}{\tau}. \tag{8.61}$$

这意味着对每一个保单而言, 式 (8.59) 表示的比例因子的均值等于总体均值 α/τ. 因此任意驾驶员支付的期望保费每年是一样的.

(3) 保费仅取决于过去 T 年的理赔次数, 而不管那些理赔是在什么时候发生的. 因此, 过去 5 年的理赔是都发生在第一年或者都发生在最后一年, 对下一年保费的制定不会产生影响. §6.2 介绍的奖惩系统不具备这样的性质. 不过我们也质

疑这个性质应不应该成立. 如果假定密度参数 λ 是一个常数, 则 K 是一个充分统计量. 然而, 在实际中 λ 的值并非是一个常数. 任何情况都会随时间的变化而变化, 青春不会永存, 人也不可能永远保持最活跃的状态, 随着时间的流逝, 他的儿子会长大并且会使用家里的汽车. 由于这些实际的原因, 后来的观测数据应该比前面的观测数据起得作用更大.

(4) 在 $t=0$ 时刻, 每个人支付相同的正比于 α/τ 的保费. 随着 T 趋于 ∞, 保费 $(\alpha+x_\Sigma)/(\tau+T)$ 收敛于实际的平均支付 x_Σ/T. 后验分布的方差 $(\alpha+x_\Sigma)/(\tau+T)^2$ 收敛于 0. 所以, 长期来看, 每个人支付的保费对应于其自己的风险; 虚拟数据的影响会逐渐消失.

我们使用值 $\alpha=1.6$ 和 $\tau=16$ 构建表 8.2. 表 8.2 给出了在不同时间 T 和观测理赔值 $k=x_\Sigma$ 情况下的理赔频率的最优估计量. 初始保费为 100%, 后验保费为

$$100\frac{\lambda_{T+1}(x_1,\cdots,x_T)}{\lambda_1}=\frac{100\dfrac{\alpha+x_\Sigma}{\tau+T}}{\alpha/\tau}=100\frac{\tau(\alpha+x_\Sigma)}{\alpha(\tau+T)}. \tag{8.62}$$

从表 8.2 可知, 在过去十年只有一次理赔的驾驶员与一个新驾驶员面临相同的风险, 这里假设该新驾驶员在 16 年有 1.6 次的虚拟理赔记录. 如果一个驾驶员在过去十年无理赔, 那么他可以得到 $1-\tau/(\tau+10)=38\%$ 折扣. 而如果在 16 年出现了一个理赔, 则虚拟数据和实际数据在保费中起的作用一样大.

表 8.2　与新驾驶员相比, 下一年理赔频率最优估计量 (8.62)

理赔次数	年数 T										
x_Σ	0	1	2	3	4	5	6	7	8	9	10
0	100	94	89	84	80	76	73	70	67	64	62
1		153	144	137	130	124	118	113	108	104	100
2		212	200	189	180	171	164	157	150	144	138
3		271	256	242	230	219	209	200	192	184	177
4		329	311	295	280	267	255	243	233	224	215

例 8.5.1(与第 6 章奖惩系统的对比)　作为一个例子, 我们来看看当一个驾驶员在第一个观测年有一次理赔记录后在他投保的第 6 年应缴纳的保费. 在表 8.2 中, 他的下一年保费是 124%. 在表 6.1 中, 由于阶梯路径是 $2\to1\to2\to3\to4$, 故第五步支付的保费是 70%. 按照表 8.2 缴纳的保费总和等于一个新驾驶员缴纳的保费的 $100+153+144+137+130+124=788\%$ 倍. 在表 6.1 中, 该百分比只是 $100+120+100+90+80+70=560\%$. 注意到按照表 8.2, 理赔发生在观测年的第 1 年还是第 5 年对制定年保费没有影响, 而实际上这对总理赔额是有影响的.　▽

注 8.5.2(重叠理赔频率) 设一个保单持有人, 其 T 年的理赔记录是已知的. 如果有 x_Σ 个理赔被记录, 期望理赔次数 Λ 的后验分布是 $\mathrm{gamma}(\alpha+x_\Sigma, \tau+T)$. 当 $T=3$ 时在 $x_\Sigma=0$ 和 $x_\Sigma=2$ 两种情形下来年保费会相差一个因子 $189/84=2.25$, 但是两者理赔频率的后验分布很大范围是重叠的. 实际上, 在第一种情况中, 那些具有相似经历的驾驶员理赔频率低于平均值 $\alpha/(\tau+T)=0.0842$ 的概率是 60.5%. 因为 $G(0.0842;\alpha;\tau+T)=0.605$; 而在第二种情况下, 因为对 $x_\Sigma=2$ 和 $T=3$, $G(0.0842;\alpha+x_\Sigma;\tau+T)=0.121$, 具有比上述驾驶员的平均水平更好的泊松参数的概率也是很大. 对那些"好"却又在导致理赔上倒霉透顶的驾驶员来说, 基于任何奖惩体系的经验费率都是非常不公平的. ▽

§8.6 习 题

§8.2

1. 通过补充和推导式 (8.15) 中的协方差关系来完成定理 8.2.1 和定理 8.2.2 的证明. 使用并验证协方差的线性性: 对所有的随机变量 X, Y 和 Z, 有 $\mathrm{Cov}[X,Y+Z]=\mathrm{Cov}[X,Y]+\mathrm{Cov}[X,Z]$, 并且对所有的实数 α, 有 $\mathrm{Cov}[X,\alpha Y]=\alpha\mathrm{Cov}[X,Y]$.

2. 设 $X_1,\cdots,X_T$ 是一列均值为 m 和方差 s^2 的不相关随机变量. 考虑加权平均 $X_w=\sum\limits_t w_tX_t$, 其中 $w_t\geqslant 0, t=1,\cdots,T$, 其满足 $\sum\limits_t w_t=1$. 证明 $\mathrm{E}[X_w]=m$, $\mathrm{Cov}[X_t,X_w]=w_ts^2$ 和 $\mathrm{Var}[X_w]=\sum\limits_t w_t^2s^2$.

[特别地, 当 $w_t\equiv\dfrac{1}{T}$ 时有 $X_w=\overline{X}$, 从而我们有 $\mathrm{E}[\overline{X}]=m$ 和 $\mathrm{Cov}[X_t,\overline{X}]=\mathrm{Var}[\overline{X}]=\dfrac{s^2}{T}$.]

3. 证明样本方差 $S^2=\dfrac{1}{T-1}\sum\limits_1^T\{X_t-\overline{X}\}^2$ 是 s^2 的一个无偏估计量.

4. 在定理 8.2.1 情况下, 证明 $X_{j,T+1}$ 的最佳预测量同时也是风险保费 $m+\Xi_j$ 的最佳估计量. Ξ_j 的最佳线性无偏估计量 BLUE 是什么?

5. 求信度保费 (8.9) 的方差. 均方误差是多少? 再求作为 $m+\Xi_j$ 的一个估计量式 (8.9) 的均方误差.

6. 若去掉定理 8.2.1 条件中的无偏限制, 求信度估计量, 并研究结果的偏差.

7. 如果每一个合同缴纳的是齐次保费, 证明信度保费的和等于观测期内平均年支出.

8. 证明在模型 (8.5) 中 MSB 的均值为 $aT+s^2$, MSW 的均值是 s^2.

9. 证明, 对每一个随机变量 Y, 在均方误差意义下的最佳预测量是 $p=\mathrm{E}[Y]$.

10. 设 $\vec{X}=(X_{11},\cdots,X_{1T},X_{21},\cdots,X_{2T},\cdots,X_{J1},\cdots,X_{JT})^{\mathrm{T}}$ 是式 (8.7) 观测值随机变量构成的向量, 试叙述协方差矩阵 $\mathrm{Cov}[\vec{X},\vec{X}]$.

§8.3

1. 为了把协方差分解为条件方差, 请推导公式 $\mathrm{Cov}[X,Y]=\mathrm{E}[\mathrm{Cov}[X,Y|Z]]+\mathrm{Cov}[\mathrm{E}[X|Z],\mathrm{E}[Y|Z]]$.

§8.4

1. 设 $X_1,\cdots,X_T$ 是一列独立随机变量, 方差为 $\mathrm{Var}[X_t]=s^2/w_t$, 其中 w_t 是正数 (权重), $t=1,\cdots,T$. 证明线性组合 $\sum\limits_t \alpha_t X_t$ $(\alpha_\Sigma=1)$ 的方差 $\sum\limits_t \alpha_t^2 s^2/w_t$ 在 $\alpha_t \propto w_t$ 时取最小值, 符号 $\propto$ 表示"正比于". 因此最优解是 $\alpha_t=w_t/w_\Sigma$. 证明在这种情况下方差最小值为 s^2/w_Σ.

2. 证明在模型 (8.31), 我们有 $\mathrm{Var}[X_{zw}]\leqslant \mathrm{Var}[X_{ww}]$. 见注 8.4.2.

3. 求 m 的最佳齐次线性估计量.

4. 试说明在求 $m+\Xi_j$ 的最佳非齐次线性估计量时无偏性的限制是多余的.

5. 证明, 正如注 8.2.2 所言, 在 Bühlmann-Straub 模型中 $X_{j,T+1}$ 和 $m+\Xi_j$ 的最佳估计量相同.

6. 试述式 (8.32) 中 z_j 的渐近性 (参阅注 8.2.1).

7. 用与注 8.2.3 中相同的方法把信度保费 (8.34) 描述为实际经验数据和虚拟经验数据的一个混合.

8. 试说明在式 (8.31) 给出的 Bühlmann-Straub 模型的特殊情况 (8.5)~(8.6) 下式 (8.9) 可以由式 (8.34) 给出.

9. 在注 8.4.1 情形下, 证明当 $s^2/a=0.823$, $J=5$ 和 $T=4$ 时事件 $\widetilde{a}<0$ 的概率等于 0.05.

10. 已知在 Bühlmann-Straub 模型中 3 个合同 3 年的理赔记录, 且每一个的权重 $w_{jt}\equiv 1$, 分别用手算和 R 计算信度保费. 这些合同的理赔记录如下:

	$t=1$	$t=2$	$t=3$
$j=1$	10	12	14
$j=2$	13	17	15
$j=3$	14	10	6

11. 证明式 (8.53) 中伪估计量 A 的均值为 a.

12. 通过形成一个很大的样本 (复制实验室内组合 100 或 1000 份), 对比式 (8.56) 中迭代估计量 $\widehat{a}$ 和无偏估计 $\widetilde{a}$. 看样本均值和方差并绘制直方图. 计算迭代估计多少次更接近实数 a.

§8.5

1. 证明式 (8.58) 中各参数估计量的正确性.

2. [♠] 设 Λ 的先验分布是 gamma(α,τ) 分布, 给定 $\Lambda=\lambda$, 年理赔次数 $X_1,\cdots,X_T$ 是独立 Poisson(λ) 随机变量. 证明在给定 $X_1=x_1,\cdots,X_T=x_T$ 的情况下, Λ 的后验分布是

gamma$(\alpha + x_\Sigma, \tau + T)$, 其中 $x_\Sigma = x_1 + \cdots + x_T$.

3. 通过比较第 2 题的 $\Pr[X_2 = 0]$ 和 $\Pr[X_2 = 0|X_1 = 0]$ 来说明理赔次数 X_t 不是独立的. 再说明它们不是不相关的.

4. 证明 gamma(α, τ) 的众数 (即使密度函数达到最大的自变量的值) 等于 $(\alpha - 1)_+/\tau$.

5. [♠] 如果 α 和 τ 是由矩方法估计出, 试求 n_k 和 χ^2-检验统计量的估计值.

6. 证明在本节模型 (8.57) 中的随机变量 Λ_j 和 $X_{jt} - \Lambda_j$ 不相关. 取 $\alpha = 1.6$ 和 $\tau = 16$, 确定比率 $\mathrm{Var}[\Lambda_j]/\mathrm{Var}[X_{jt}]$ 的值. [因为 X_{jt} 模型是尽可能精确地确定 Λ_j 的值, 所以就单个模型来说, 该比率提供了一个可达的 “可解释变差” 百分比的上界.]

7. [♠] 表 8.2 中系统的 Loimaranta 功效指的是什么？稳态分布指的是什么？

8. 若式 (8.58) 中的估计量 $\widehat{\lambda}_1$, $\widehat{\lambda}_2$, $\widehat{p}$ 是由极大似然法给出, 试确定 n_k 和 χ^2-检验统计量的估计值.

第 9 章　广义线性模型

R 是一个进行数据分析和画图的开源程序. 仅仅经过 10 年的时间, 它就从众多商业软件中脱颖而出, 成为统计分析领域的非官方标准. 在教授计量方法时使用 R 的好处很多, 它提供了大量最前沿的统计方法, 且由于其开源特性, 这些方法很容易获得. 该软件运行稳定, 无获取成本, 适用于很多平台.

——— Jeff Racine & RobHyndman,2002

§9.1　引　　言

在计量经济学中, 多元线性回归是使用最为广泛的一项统计技术. 然而该技术并不总是适用于精算统计模型. 回归模型中假设扰动项服从方差为常数的正态分布, 而主变量的均值是附属变量线性函数. 但在许多精算应用中, 一个方差与均值无关的对称正态分布是不能充分描述实际情况的. 例如, 对于计数模型, 如果第 4 章阐述的泊松过程的假设是有效的, 那么泊松分布就是一个很好的模型. 对于服从泊松分布的随机变量而言, 其均值和方差相同, 但在实务中采集的数据集通常表现出方差大于均值的现象. 用来描述索赔量的分布应该有一个厚重的右尾. 解释为索赔分布的均值倍数总是大同小异, 因此, 与方差不依赖于均值这样的性质相比, 我们更期望其变异系数为常数. 此外, 主变量关于附属变量具有可加性的情况是很少见的, 因此采用可乘模型更为合理. 如果车险保单的其他特征保持不变, 地点从市中心变为乡村, 或者换一辆更轻的汽车, 那么平均索赔量应当减少某固定的百分比, 而不是与原始风险无关的一个固定量.

这些问题可以通过采用广义线性模型 (GLM)、而不是普通线性模型获得很好的解决. 广义线性模型从两个方面推广了普通线性模型. 首先, 广义线性模型允许偏离均值的随机偏差不同于正态分布. 事实上, 我们可以从指数散布族中选取任意的分布, 其中除了正态分布, 还包括泊松分布、(负) 二项分布、伽玛分布和逆高斯分布. 其次, 在普通线性模型中, 随机变量的均值是关于解释变量的线性函数, 而在广义线性模型中, 它可以是某些尺度变换后的线性函数. 如果这个尺度变换是对数形式, 那么我们得到的模型实际是可乘模型, 而不是可加模型.

通常, 人们并不关注观测数据本身, 而是关注某些变换后的值, 变换使得其具有正态性、对称性、常数方差和可加性, 这些能更好地适应常数线性回归模型的假设. 但是, 这种方法并不是总能奏效. 看下面的这个例子.

例 9.1.1(泊松随机变量的变换) 令 $X \sim \text{Poisson}(\mu)$, 那么变换 $X^{2/3}$ 可以使得 X 或多或少具有对称性, 采用平方根变换可以使得方差稳定, 采用对数变换可以将乘法系统效应退化为累加效应.

事实上, 我们可以说明

(a) 如果 $Y = X^{2/3}$, 那么 Y 的偏度 $\gamma_Y \approx 0$;

(b) 如果 $Y = X^{1/2}$, 那么 Y 的方差 $\sigma_Y^2 \approx \frac{1}{4}$ 是平稳的;

(c) 如果 $Y = \log\left(X + \frac{1}{2}\right)$, 那么 $\mathrm{E}[Y] \approx \log \mu$ (对数–线性).

习题 9.1 第 1 题可以说明这些近似的优良性.

证明 这些近似是基于所谓的 delta 方法. 即, 对于一个函数 $g(\cdot)$ 和一个随机变量 X(其均值 $\mathrm{E}[X] = \mu$, 方差 $\mathrm{Var}[X] = \sigma^2$), 下面 μ-渐近近似成立:

$$\mathrm{E}[g(X)] \approx g(\mu) + \frac{1}{2}g''(\mu)\sigma^2; \quad \mathrm{Var}[g(X)] \approx \big(g'(\mu)\big)^2\sigma^2. \tag{9.1}$$

验证上述结果可以在 μ 处进行泰勒展开:

$$g(X) \approx g(\mu) + (X-\mu)g'(\mu) + \frac{1}{2}(X-\mu)^2 g''(\mu). \tag{9.2}$$

对式 (9.2) 取期望运算, 则有式 (9.1) 中的第一个近似结果成立. 去掉式 (9.2) 中的最后一项后取方差运算, 则有式 (9.1) 中的第二个近似结果成立.

逐步地, 我们有

(a) 如果 $Y = X^{2/3}$, 在式 (9.1) 中令 $g(x) = x^{2/3}$ 可得

$$\begin{aligned}
&\mathrm{E}[Y^3] = \mathrm{E}[(X^{2/3})^3] = \mathrm{E}[X^2] = \mu^2 + \mu; \\
&\mathrm{E}[Y] \approx g(\mu) + \frac{1}{2}\sigma^2 g''(\mu) = \mu^{2/3} - \frac{1}{9}\mu^{-1/3}; \\
&\mathrm{Var}[Y] \approx \sigma^2 g'(\mu)^2 = \frac{4}{9}\mu^{1/3}.
\end{aligned} \tag{9.3}$$

因此, 对于三阶中心矩我们可得

$$\begin{aligned}
\mathrm{E}[(Y-\mathrm{E}[Y])^3] &= \mathrm{E}[Y^3] - 3\mathrm{E}[Y]\mathrm{Var}[Y] - (\mathrm{E}[Y])^3 \\
&\approx \mu^2 + \mu - \frac{4}{3}\mu + \frac{4}{27} - \left(\mu^2 - \frac{1}{3}\mu + \frac{1}{27} - \frac{1}{729\mu}\right) \\
&= \frac{1}{9} + \frac{1}{729\mu}.
\end{aligned} \tag{9.4}$$

因为 $\sigma_Y^3 \approx \dfrac{8}{27}\sqrt{\mu}$, 所以对于充分大的 μ, 我们有偏度 $\gamma_Y \approx 0$.

(b) 如果 $Y = X^{1/2}$, 那么在式 (9.1) 中令 $g(x) = \sqrt{x}$ 可得

$$\mathrm{Var}[Y] \approx \mathrm{Var}[X]\left(\frac{1}{2\sqrt{\mathrm{E}[X]}}\right)^2 = \frac{1}{4}. \tag{9.5}$$

(c) 如果 $Y = \log\left(X + \dfrac{1}{2}\right)$, 那么利用式 (9.1) 和 $\log(1+u) = u + O(u^2)$ 可得

$$\begin{aligned}
\mathrm{E}[Y] &\approx \log\left(\mu + \frac{1}{2}\right) + \frac{1}{2}\mu \frac{-1}{\left(\mu + \frac{1}{2}\right)^2} \\
&= \log\mu + \log\frac{\mu + \frac{1}{2}}{\mu} - \frac{\mu}{2\left(\mu + \frac{1}{2}\right)^2} \\
&= \log\mu + \frac{\frac{1}{2}}{\mu} + O(\mu^{-2}) - \frac{\mu}{2\left(\mu + \frac{1}{2}\right)^2} = \log\mu + O(\mu^{-2}).
\end{aligned} \tag{9.6}$$

注意到, 因为 $\Pr[X = 0] > 0$, 变换 $Y = \log X$ 会出现问题. ▽

因此, 利用变换并不是总能获得正态的性质. 以上变换中没有一种变换可以同时满足偏度为零、同方差和累加系统效应. 我们还注意到, 根据詹森不等式 (1.7), 新尺度下的无偏估计退回到原始尺度下不再是无偏估计.

在本章中, 我们不在最一般的情形下讨论广义线性模型. 更多的是仅限于交叉分类观测数据, 这些数据可以自然的列入一个二维表中. 同随机变量 X_{ij} 相对应的附属数据是行数 i 和列数 j. 在第 10 章中, 我们还将 "对角数" $i + j - 1$ 也作为一个解释变量. 对于更一般的模型, 请读者参阅第 11 章. 通常而言, 观测数据被设置成一个由 n 个独立但不同分布的随机变量组成的向量, 存在一个以合适的形式包含解释变量的设计矩阵.

很多精算问题可以用某种特殊的广义线性模型进行处理, 比如方差分析模型 (ANOVA)、泊松回归模型、对数单位 (logit) 和概率单位 (probit) 模型等. 广义线性模型还可以应用于 IBNR 问题 (见第 10 章)、生存数据和复合泊松分布. 此外, 一些备受推崇的精算技术事实上都是广义线性模型的特例. 在第 6 章奖惩系统的探讨中, 一些基于简单直观的估计技术也是特定的广义线性模型下的极大似然估计. 一些广泛应用的 IBNR 技术也是这样的情形. 与信度模型不同, 有很多计算机软件可以用来处理广义线性模型. 第一个专用程序是 GLIM (generalized linear interactive modeling, 广义线性交互建模), 它最初是由 Nelder 带领的 NAG (numerical algorithms group, 数值算法工作组) 开发的. 此外, 除了我们应用的开源程序 `R`, 我们还特别提及同样执行 `S` 语言的商业软件 `S-Plus`, 包含在 `SAS` 中的 `Genmod` 模块以及软件 `Stata`.

广义线性模型的研究是由 Nelder 和 Wedderburn 在 20 世纪 70 年代早期展开的. 他们以广义线性模型的形式, 对包括方差分析、概率单位分析等多元统计方法给出了统一的描述. 此外, 他们还给出了一种对所有这些模型进行最佳和有效估计的算法, 我们将在第 11 章进行讨论. 在 GLIM 后来的版本中, 另有其他的算法用于提高某些情形下的稳定性.

在 §9.2 中, 我们将扼要地介绍广义线性模型. 在 §9.3 中, 我们将分析精算实务中的费率厘定系统如何可以作为广义线性模型的特例. 在 §9.4 中, 我们将讨论作为拟合优度度量的偏差 (和尺度偏差). 对于正态分布而言, 这些量为残差的平方和, 因此为类似 χ^2 统计量, 但通常它们是由对数似然函数导出. 在 §9.5 中, 我们对附录 A.3 中给出的一个保单组合进行偏差分析. 在 §9.6 中, 作为一个例子, 我们分析一个机动车保险组合的数据与第 6 章中讨论的奖惩系统相对应. 对于广义线性模型在 IBNR 问题中的应用, 请读者参阅第 10 章. 关于广义线性模型的更多内容, 请见第 11 章.

§9.2 广义线性模型

在一个标准的线性模型中, 假设观测数据服从正态分布, 其均值是参数和协变量的线性函数. 详情也可参见 §11.2. 广义线性模型将线性模型在两个方向上进行推广. 一方面, 涉及的随机变量可以不服从方差与均值无关的正态分布. 另一方面, 使得均值关于协变量呈现线性关系的尺度也可能改变. 例如, 它可以是对数线性的.

广义线性模型具有下面三个特征.

(1) 模型的随机分量是指, 观测数据是相互独立、密度函数属于指数散布族的随机变量 $Y_i, i=1,\cdots,n$. 符合我们目标的重要例子有

  (i) 正态随机变量 $\mathrm{N}(\mu_i,\psi_i)$;

  (ii) 泊松随机变量 $\mathrm{Poisson}(\mu_i)$;

  (iii) ψ_i 乘以泊松随机变量: $\psi_i\times$ $\mathrm{Poisson}(\mu_i/\psi_i)$; 也称为拟泊松或者 ODP (过度散布泊松, 超散布泊松) 随机变量; 通常有 $\psi_i>1$ 成立, 例如, 泊松计数为不确定参数的情形 (例 3.3.1);

  (iv) ψ_i 乘以二项随机变量: $\psi_i\times$ $\mathrm{binomial}\left(n=\dfrac{1}{\psi_i},p=\mu_i\right)$(即表示 $1/\psi_i$ 次试验成功的次数比例);

(v) 伽玛随机变量：gamma$\left(\alpha=\dfrac{1}{\psi_i},\beta=\dfrac{1}{\psi_i\mu_i}\right)$；

(vi) 逆高斯随机变量：inverse Gaussian$\left(\alpha=\dfrac{1}{\psi_i\mu_i},\beta=\dfrac{1}{\psi_i\,\mu_i^2}\right)$；

可以证明, 在所有的例子中, 对任一 ψ_i, 其均值为 μ_i. 其方差与 μ_i 和 ψ_i 相关, 对某一函数 V 满足 $\mathrm{Var}[Y_i]=\psi_i V(\mu_i)$, 这里 V 被称为方差函数.

(2) 模型的**系统分量**是指, 将每个观测变量对应于一个线性预测变量 $\eta_i=\sum\limits_j x_{ij}\beta_j$, 它是各参数 $\beta_1,\cdots,\beta_p$ 的线性表达. x_{ij} 被称为协变量或者回归变量.

(3) **联结函数**将 Y_i 的均值 μ_i 与线性预测变量建立关系, 即 $\eta_i=g(\mu_i)$.

注 9.2.1(指数散布族的参数化) 注意到, 在上述随机分量中使用的参数化方法不都是通常的方法. 例如, 对于伽玛和逆高斯随机变量, 常用的参数化方法使用一个尺度参数 β 和一个形状参数 α. 而这里参数 μ_i 为均值, 方差为 $V(\mu_i)\psi_i$, 其中 $V(\cdot)$ 为方差函数. 我们取 ψ_i 等于 ϕ/w_i, 其中 ϕ 就是常用的**散布参数** (可以是已知, 也可是未知), w_i 为观测数据 i 的已知 (自然) 权重. 正如第 8 章中 Bühlmann-Straub 模型的设定, 原则上自然权重代表了可以使得 Y_i 为独立同分布的观测值算术平均的观测次数. 例如, 注意到我们应该使得 ϕ 减半对方差的影响与权重 (样本容量) 加倍产生的影响相同.

例如, 在含有 w_i 个保单的组合中, 对该组合中驾驶员平均理赔频率建模需要用到权重 w_i. 如果不考虑权重影响, 那我们就忽略了一个事实：对含有多个保单的组合进行的观测比实际中没有保单的组合度量得更为精确. 读者可参考附录 A.3 和例 3.3.1.

在统计上, 可以找到关于权重的其他解释. 权重可以代表重复观测的次数 (频率权重). 用这种方式存储数据可能节省大量存储空间. 或者, 研究者可能希望对观测值附带一个样本权重, 该样本权重与取样设计中观测值包含在样本中的概率成反比. 权重 1000 表示该观测是人群中 1000 个主体的代表. 正如前面提到的, 自然权重是计算平均时的分母, 也被称为暴露权重.

在广义线性模型理论中, 人们通常考虑**自然参数化**, 用 $\theta=\theta(\mu)$ 替代 μ 作为参数. 读者可参考第 11 章. ▽

注 9.2.2(方差函数) 利用均值 μ 和散布 ϕ 作为参数, 上述分布中存在很多不同的方差函数 $V(\cdot)$, 这使得可以对具有不同异方差情形的精算统计问题进行建模. 对每个观测值 i, 我们假设权重 $w_i=1$, 则有 $\psi_i=\phi$ 成立. 按照方差函数中 μ 的次数的增序, 上述分布中我们有：

(1) 具有常数值方差 $\sigma^2=\mu^0\,\phi$ 的正态分布 (同方差性).

(2) 方差与均值相等的泊松分布, 即 $\sigma^2=\mu^1$, 以及方差与均值成比例的泊松倍数分布类, 即 $\sigma^2 = \mu^1\,\phi$.

(3) 具有固定形状参数的伽玛分布 $\left(\alpha = \dfrac{1}{\phi}, \beta = \dfrac{1}{\phi\mu}\right)$, 从而其变异系数 σ/μ 取常值, 故有 $\sigma^2 = \mu^2\,\phi$.

(4) 逆高斯分布 $\left(\alpha = \dfrac{1}{\phi\mu}, \beta = \dfrac{1}{\phi\mu^2}\right)$, 其方差为 $\sigma^2 = \dfrac{\alpha}{\beta^2} = \mu^3\,\phi$.

Y_i 的方差描述了第 i 个观测值的精确程度. 如不考虑权重, 对于正态分布的随机变量该精确度为常值. 而对于泊松分布, 参数值越大, 该精度越小, 因此在拟合中, 小观测值的残差应当比大观测值的残差小. 这一现象对于伽玛分布更为明显, 上述参数化的逆高斯分布也是如此.

在估计均值时, 均值与方差的关系是非常重要的, 因为这决定了我们对观测值的信度. 如果有理由认为方差随均值成比例增长, 我们就可以在广义线性模型中选用固定倍数的泊松随机变量, 即使实际情况明显不是这样. ▽

注 9.2.3(典则联结) 类分布都对应一个自然联结函数, 称为*典则联结函数*. 采用这些联结函数在技术上有一定的便利之处, 见第 11 章. 对于正态分布, 其典则联结为恒等函数, 从而导致模型具有可加性. 泊松分布的典则联结为对数函数, 从而导致模型的对数线性和可乘性. 对于伽玛分布, 其典则联结为倒数形式. ▽

注 9.2.4("零" 与 "全" 模型) 我们研究的最不精细的线性模型仅以常数项作为系统分量, 从而把所有变动归因于偶然性, 且不考虑附属数据的任何影响. 在广义线性模型的文献中, 该模型通常被称为*零模型*. 此模型假设每个观测值都服从相同分布, 且加权平均值 Y_w 是每个 μ_i 的最佳估计. 另一极端情况, 人们称为*全模型*或者*饱和模型*, 其中每个观测量都有自己的参数. 最大化总的似然函数得到每个观测量 Y_i 为 $\mathrm{E}[Y_i]$ 的估计量. 该模型仅仅是观测数据的简单重复, 不做任何浓缩, 也不赋予任何结构. 在此模型中, 观测值间的所有变化, 都归因于系统影响.

通常, 零模型太粗糙, 而全模型在实际应用中涉及太多参数. 在这两者之间, 人们需要寻找最优的模型. 该模型必须拟合效果好, 即预测结果与实际观测值很接近. 另一方面, 模型越 "简约", 即模型使用的参数越少, 就越容易 "销售" 给保险公司的管理者, 因为他们更喜欢薄的费率说明书和可操作、易理解的模型. 因此, 人们必须在模型的*预测能力*和*可管理性*之间进行权衡.

在广义线性模型的分析中, 判断一个模型优劣的标准是该模型的对数似然值. 我们知道, 在对模型的某一细化 (增加额外参数或放松对参数的限制) 不是实质的改进这一原假设下, 对数似然值的增加 (乘以 2, 再除以散布参数 ϕ), 近似服从 $\chi^2(k)$ 分布, 其中 k 为需要额外估计的参数个数. 基于此, 人们可以构造一列依次细化的模型, 判断哪个细化可以显著提高衡量拟合优度的极大似然值. 全模型下的对数似然值是一个上界, 它可作为一个衡量标尺. 待对比的模型的参数集 (线性组合后再参数化) 应当为嵌套结构, 而且它们的联结函数和误差分布应当是一致的. ▽

注 9.2.5(残差)　一个模型拟合是否够好, 以及何处可以改进, 我们可以根据*残差*进行判断. 残差是实际观测值与模型的预测值之间的差, 经过方差函数和参数估计值的标准化后得到的值. 我们可以考虑通常的*皮尔逊残差*, 但本章偏好考虑基于观测值对最大对数似然值贡献的偏差, 即所谓的*偏差残差*. 读者也可参考 §11.4. 对于以恒等函数为联结的正态分布而言, 标准化的 (皮尔逊) 残差平方和服从 χ^2 分布, 与极大似然值的差成比例. 对于其他分布, 该量可替代极大似然值的差, 作为另一个比较拟合优度的量. ▽

§9.3　若干传统的估计过程与广义线性模型

在本节中, 我们将采用 $I \times J$ 列联表来说明广义线性模型背后的思想. 对保险的损失进行观察, 如果根据两个费率因素并将之分别划分为 I 和 J 个风险类, 那么我们就会有 $Y_{ij}, i = 1, \cdots, I, j = 1, \cdots, J$ 形成的一个数据表格. 因此, 我们就有以 i 和 j 为指标的 $I \cdot J$ 个相互独立的观测值 (可能有些元素为空), 这与以前以 i 为指标的 n 个观测值的表述略有不同. 同样地, 我们可以很直接地推广到二维以上的情形. 每个观测值的附属数据为表格中的行数 i 和列数 j. 表格中每个单元格里的数字代表了该单元格中所有 w_{ij} 个观测值的平均值 (自然权重). 基于这些单元格, 我们尝试构造一个观测值均值的模型. 该例子可以包含很多的情形. 例如, 如同表 9.6, 表格中的列代表地区/用途组合, 行代表汽车重量的分类或者奖惩系统中的类别. 这样, 观测值即为具有特征 i 和 j 的所有驾驶员出险次数的平均数. 另外一个例子是, 如果 i 表示某保单的签约年, j 表示进展年, 那么观测值表示第 i 年签约保单在第 $i+j-1$ 年支付的总理赔量. 日历年 $i+j-1$ 可以作为第三个附属变量. 我们假设观测值 Y_{ij} 的概率分布满足一个广义线性模型, 更确切地说, 是一个以 i 和 j 为解释分类变量的对数线性模型. 那么, 对于 Y_{ij} 的均值, 我们有

$$\mathrm{E}[Y_{ij}] = \mu\,\alpha_i\,\beta_j, \quad i = 1, \cdots, I,\ j = 1, \cdots, J. \tag{9.7}$$

该模型的参数为 μ, α_i 和 β_j. 这里两个参数不是必要的. 不失一般性, 我们首先假设 $\mu = \beta_1 = 1$. 然后我们发现, 令 $\alpha_1 = 1$ 比 $\mu = 1$ 要更方便, 因此 μ 可以解释为参照风险单元 $(i, j) = (1, 1)$ 的均值. 通过将参数由相乘改为相加, 我们可以在式 (9.7) 中得到一个可加模型. 不过正如前面所提到的, 通常这样的模型在精算实务中是不适用的.

注 9.3.1(与对数线性模型的联系)　人们也许会质疑, 怎样才能使得模型 (9.7) 与前面提到的广义线性模型的第 2 个和第 3 个特征一致起来. 显然, 当对于某些参数 α, β 和 μ 有 $\mathrm{E}[Y_{ij}] = \exp(i\log\alpha + j\log\beta + \log\mu)$ 成立时, 我们便得到了关于 i 和 j 的一个对数线性模型. 在这里, 我们称回归量 i 和 j 为*变元*(variate), 这些变

量必须是定量变量. 参数 i 对于线性预测量的贡献为 $i\log\alpha$, 因此模型中对应第 i 行观测量的参数 α_i 具有特定的形式: $\alpha_i=\alpha^i$(其中第 1 个 i 为下标, 第 2 个 i 为幂次). 正如模型 (9.7) 所示, 如果变量 i 用于数据的分类, 其值仅起到标签的作用, 我们称 i 为一个*因子*. 与因子有关的参数为 α_i, $i=1,\cdots,I$. 在上述的广义线性模型中, 为了将 $\mathrm{E}[Y_{ij}]$ 表示为附属数据的对数线性形式, 对每个观测量我们可以通过 I 个*虚拟变量* $d_1,\cdots,d_I$ 来记录行数. 例如, 如果一个观测值的行数为 i, 则 $d_i=1$, $d_j=0$ 对于 $j\neq i$. 那么, 第 i 行中每个单元对于模型 (9.7) 的贡献可表示为对数线性形式: $\alpha_i=\exp\left(\sum_{t=1}^{I}d_t\log\alpha_t\right)$. ▽

注 9.3.2(混叠现象) 在模型中, 当有一个常数项和一个因子同时出现, 或者两个以上的因子是由一些虚拟变量替代时, 模型中就会出现多余的参数. 为了避免由于模型中存在多余参数而引发的识别问题, 我们可以将多余的虚拟变量剔除掉. 用 GLIM(广义线性迭代模型) 的术语来说, 这些参数被混叠了. 这一现象也称为"多重共线性"或者"虚拟陷阱". ▽

注 9.3.3(变量间交互作用) 有时候两个因子之间, 或者一个因子与一个变元之间会产生交互作用. 例如, 当性别和年龄均为回归变量, 而年龄对于男性和女性的影响不同时. 这时, 我们可以把这两个变量组合为一个被称为*交互作用*的变量, 用于描述两个变量的综合影响. 如果两个因子分别有 I 和 J 个级别, 那么它们交互作用就有 $I\cdot J$ 个级别. 进一步的讨论可参考 §9.5, §9.6 和附录 A.3. ▽

注 9.3.4(观测值的权重) 对于每个单元 (i,j), 除了观测的理赔量 Y_{ij}, 还有一个权重 w_{ij}, 可参见注 9.2.1. 在精算应用中, 这些量可能有若干不同的解释:

(1) 如果 $S_{ij}=Y_{ij}w_{ij}$ 为理赔次数, w_{ij} 为单元 (i,j) 的*风险暴露*, 即该单元中保单已保障的总年数, 那么 Y_{ij} 为平均理赔频率;

(2) 如果 S_{ij} 为单元的总理赔量, w_{ij} 为单元的理赔次数, 那么 Y_{ij} 为平均理赔额;

(3) 如果 S_{ij} 为单元的总理赔量, w_{ij} 为单元的风险暴露, 那么 Y_{ij} 为观测到的净保费.

以上的各种解释我们将在随后的例子中给予讨论. 我们假设权重 w_{ij} 为准确计量的常数, 而 S_{ij} 和 Y_{ij} 为随机变量, 其取值分别用 s_{ij} 和 y_{ij} 表示. ▽

接下来, 我们介绍几种方法用以获得参数 α_i 和 β_j 的估计量 $\widehat{\alpha}_i$ 和 $\widehat{\beta}_j$, 使得 $\widehat{\alpha}_i\widehat{\beta}_j$ 接近于 y_{ij}. 这里, 为了参数的可识别性, 我们固定参数 $\mu=1$. 这些方法在精算实务中广为应用, 但使用者未必意识到这些方法实际上具有很好的统计基础. 对于每种方法, 我们将给出一个简短的描述, 同时指明, 该方法实际上计算了哪种广义线性模型的极大似然估计或其他估计.

方法 9.3.1(Bailey-Simon 方法= 泊松分布情况下的最小 χ^2 估计) 对于 Bailey-Simon 方法, 可乘模型的参数估计量 $\widehat{\alpha}_i$ 和 $\widehat{\beta}_j$ 由下面的解确定:

$$\min_{\alpha_i,\beta_j} \mathrm{BS}, \quad 其中 \quad \mathrm{BS} = \sum_{i,j} \frac{w_{ij}(y_{ij}-\alpha_i\beta_j)^2}{\alpha_i\beta_j}. \tag{9.8}$$

该方法可做如下解释: 如果 S_{ij} 表示服从泊松分布的理赔次数, 则式 (9.8) 中的 BS 恰好为 χ^2 统计量, 这是因为式 (9.8) 可以表示为

$$\mathrm{BS} = \sum_{i,j} \frac{(s_{ij}-w_{ij}\alpha_i\beta_j)^2}{w_{ij}\alpha_i\beta_j} = \sum_{i,j} \frac{(s_{ij}-\mathrm{E}[S_{ij}])^2}{\mathrm{Var}[S_{ij}]}. \tag{9.9}$$

因此, 最小化 BS 就是确定最小的 χ^2 估计量. 模型的假设可以很简单地得到检验.

对式 (9.8) 的 BS 针对每个参数求微分, 求解正规方程, 我们可得到如下方程组:

$$\begin{aligned} \alpha_i &= \left(\sum_j \frac{w_{ij}\,y_{ij}^2}{\beta_j} \Big/ \sum_j w_{ij}\,\beta_j\right)^{1/2}, \quad i=1,\cdots,I; \\ \beta_j &= \left(\sum_i \frac{w_{ij}\,y_{ij}^2}{\alpha_i} \Big/ \sum_i w_{ij}\,\alpha_i\right)^{1/2}, \quad j=1,\cdots,J. \end{aligned} \tag{9.10}$$

利用逐次代换的方法, 我们便可以确定最优值. 在该方法中, 方程的导出用以描述最优选择, 因为这些方程从本身而言是令人满意的, 如边缘总和方程, 或者是因为它们是某些优化问题 (如对数似然函数最大化或拟合与观测数据之间距离的最小化) 的正规方程. 那么, 这些方程可以写为: 对于向量值函数 f 和 g, 有 $\vec{\alpha}=f(\vec{\beta})$, $\vec{\beta}=g(\vec{\alpha})$. 对任意的初始值 $\vec{\beta}$, 如 $\vec{\beta}=(1,\cdots,1)'$, 我们计算 $\vec{\alpha}=f(\vec{\beta})$, 然后循环执行 $\vec{\beta}:=g(\vec{\alpha})$; $\vec{\alpha}:=f(\vec{\beta})$, 直至收敛. 事实上, 我们通过 $\vec{\beta}^*=g(f(\vec{\beta}))$ 由原来的 $\vec{\beta}$ 得到新的 $\vec{\beta}^*$(这里 $\vec{\alpha}$ 为辅助变量), 这样逐次代换就形成了不动点算法.

用 `R` 程序可以很容易地实现逐次代换. 我们可以用函数 `rowSums` 和 `colSums` 处理存储在矩阵中的二维数据. 通常, 对于存储在线性数组中的数据, 我们利用函数 `tapply` 计算式 (9.10) 中的求和. 它的第一个参数是待求和的向量; 第二个参数是一个因子或因子的列表, 根据因子的不同级别将向量分组; 第三个参数是要应用的函数, 在这里是 `sum` 函数. 假设我们不做任何判断而简单地做 20 次迭代 (在 `R` 程序中可以用 `?break` 来看控制语句结构的描述), 那么求解 Bailey-Simon 方法中最优化问题的 `R` 代码是:

```
y <- c(10,15,20,35); w <-c(300,500,700,100)
i <- c(1,1,2,2); j <- c(1,2,1,2); beta <-c(1,1)
for (iter in 1:20){
  alpha <- sqrt(tapply(w*y^2/beta[j],i,sum)/
```

```
              tapply(w*beta[j],i,sum))
  beta <- sqrt(tapply(w*y^2/alpha[i],j,sum)/
              tapply(w*alpha[i],j,sum))}
```

向量 `w*y^2/beta[j]` 可展开为

`w[1]*y[1]^2/beta[j[1]], ..., w[4]*y[4]^2/beta[j[4]]`

这正是我们要计算的.

如果方程组可以写为恰当的形式, 逐次迭代的方法很容易用程序实现. 当然我们也可以采用其他的算法来处理似然函数的最大化问题. ▽

注 9.3.5(复合泊松分布) 当总理赔额服从复合泊松分布时, 在某些情形下我们可以采用 χ^2 检验. 令 S_{ij} 表示总理赔量, w_{ij} 表示单元中总的风险暴露. 假设每个被保险人的理赔次数服从泊松分布. 所有的单次理赔量是独立同分布的随机变量, 分布与 X 相同. 这表明对每一个单元, 平均理赔频率会有变化, 但理赔额的分布是相同的. 这时, 我们有

$$\mathrm{E}[S_{ij}] = w_{ij}\,\lambda_{ij}\,\mathrm{E}[X]; \quad \mathrm{Var}[S_{ij}] = w_{ij}\,\lambda_{ij}\,\mathrm{E}[X^2], \tag{9.11}$$

进一步, 根据 $\mathrm{E}[Y_{ij}] = \alpha_i\beta_j$, 我们可得到

$$\mathrm{Var}[Y_{ij}] = \frac{\alpha_i\beta_j}{w_{ij}}\frac{\mathrm{E}[X^2]}{\mathrm{E}[X]}. \tag{9.12}$$

因此, 式 (9.8) 中的随机变量 BS 是具有零均值和常数方差的随机变量的平方和. 事实上, 当所有单元中的比率 $\mathrm{E}[X^2]/\mathrm{E}[X]$ 相同时也是这种情形. 如果用这一因子校正 BS, 且我们得到的是最优渐近正态估计 (例如, 极大似然估计量), 那么就能得到 BS 渐近地服从一个自由度为 $(I-1)(J-1)$ 的 χ^2 分布. ▽

性质 9.3.1(Bailey-Simon 方法导致 "安全" 保费) 对精算师而言, 在可乘模型中采用 Bailey-Simon 方法有一个很有吸引力的地方, 这就是: 可以证明利用该方法拟合损失而估计的下一年保费总额一定比已发生的损失要大. 事实上, 这一点对于每一行或每一列来计算也是成立的. 换句话说, 假设 $\widehat{\alpha}_i$ 和 $\widehat{\beta}_j$ 是方程组 (9.10) 的解, 那么我们可以证明

$$\sum_{i(j)} w_{ij}\,\widehat{\alpha}_i\,\widehat{\beta}_j \geqslant \sum_{i(j)} w_{ij}\,y_{ij}, \quad \text{对所有}j(i)\text{都成立}. \tag{9.13}$$

式中, 对于所有的 $j(i)$ 对 $i(j)$ 求和, 是指对于所有的 j 对 i 求和, 或者是对所有的 i 对 j 求和. 因此方程 (9.13) 只是对形如 (9.10) 的方程的一种简写. 为了证明式 (9.13), 我们将方程 (9.10) 中的第一组改写为

$$\widehat{\alpha}_i^2 = \sum_j \frac{w_{ij}\,\widehat{\beta}_j}{\sum_h w_{ih}\,\widehat{\beta}_h}\frac{y_{ij}^2}{\widehat{\beta}_j^2}, \quad i = 1, 2, \cdots, I. \tag{9.14}$$

这恰好是随机变量 U 的二阶矩 $\mathrm{E}[U^2]$, 其中随机变量 U 的分布为 $\Pr[U=d_j]=p_j$, 且

$$p_j=\frac{w_{ij}\widehat{\beta}_j}{\sum\limits_h w_{ih}\widehat{\beta}_h} \quad 和 \quad d_j=\frac{y_{ij}}{\widehat{\beta}_j}. \tag{9.15}$$

因为对任一随机变量 U 恒有 $\mathrm{E}[U^2]\geqslant(\mathrm{E}[U])^2$ 成立, 因此我们立即可知

$$\widehat{\alpha}_i\geqslant\sum_j\frac{w_{ij}}{\sum\limits_h w_{ih}\,\widehat{\beta}_h}y_{ij}, \quad 因此, \quad 有 \quad \sum_j w_{ij}\,\widehat{\alpha}_i\,\widehat{\beta}_j\geqslant\sum_j w_{ij}\,y_{ij} \tag{9.16}$$

成立. 用同样的方法, 我们也可以证明每列拟合值的总和不小于观测值的总和. ▽

方法 9.3.2(边缘总和法) 边缘总和法的基本思想与精算中等价原理的思想是一致的, 在一个 "良好" 的计费系统中, 对于有众多被保险人的组合, 总保费应与观测的损失相等 (剔除附加费). 我们可以通过让风险因子行数 i 或者列数 j 相等的风险组合满足上述条件, 来确定 $\widehat{\alpha}_i$ 和 $\widehat{\beta}_j$ 的值. 这个等价关系对每个风险单元不成立, 但对于行和列确实成立.

在可乘模型中, 为了估计参数我们必须求解下面由 $I+J$ 个未知数和方程的方程组:

$$\sum_{i(j)}w_{ij}\,\alpha_i\,\beta_j=\sum_{i(j)}w_{ij}\,y_{ij}, \quad 对任意的 j(i). \tag{9.17}$$

如果所有估计的行和与观测的行和相等, 那么这些行和的总和也必然相等. 因此, 所有观测值的总和与估计值的总和相等. 因为将列加总与将行加总得到的方程相同, 方程 (9.17) 中的最后一个方程可以写为其余方程的线性组合. 方程组中有一个方程是多余的, 这与方程 (9.17) 中的 α_i 和 β_j 只能确定到含有一个可乘常数的事实是一致的.

我们仍然可以给定 β_j 一个正的初值, 采用逐次代换的方法求解方程 (9.17). 为此, 方程组可改写为

$$\begin{aligned}\alpha_i&=\sum_j w_{ij}\,y_{ij}\bigg/\sum_j w_{ij}\,\beta_j, \quad i=1,\cdots,I;\\ \beta_j&=\sum_i w_{ij}\,y_{ij}\bigg/\sum_i w_{ij}\,\alpha_i, \quad j=1,\cdots,J.\end{aligned} \tag{9.18}$$

通常, 只需几次迭代就能获得最优估计值.

边缘总和法适用于 Y_{ij} 的任何一种解释. 但是, 对于 Y_{ij} 表示理赔次数的情形, 我们有下面另外一个解释. ▽

性质 9.3.2(对数线性泊松 GLM = 边缘总和法) 假设单元 (i,j) 的 w_{ij} 个被保险人中, 每个人的理赔次数服从 $\mathrm{Poisson}(\lambda_{ij})$, 其中 $\lambda_{ij}=\alpha_i\beta_j$, 那么由极大似然法和边缘总和法得到的对 α_i 和 β_j 的估计是相同的.

证明 易知单元 (i,j) 中总的理赔次数服从 Poisson$(w_{ij}\lambda_{ij})$. 如果观察有 s_{ij} 次理赔, 则参数 λ_{ij} 的似然函数为

$$L=\prod_{i,j}\mathrm{e}^{-w_{ij}\,\lambda_{ij}}\frac{(w_{ij}\,\lambda_{ij})^{s_{ij}}}{s_{ij}!}. \tag{9.19}$$

将关系式

$$\mathrm{E}[Y_{ij}]=\mathrm{E}[S_{ij}]/w_{ij}=\lambda_{ij}=\alpha_i\beta_j \tag{9.20}$$

代入式 (9.19) 中, 并针对 α_i 和 β_j 最大化式 (9.19) 或者其对数值, 就能导出方程组 (9.17). 请参考习题 9.3 第 1 题. ▽

方法 9.3.3(最小二乘法 = 正态分布情况下的极大似然法) 在最小二乘法中, 估计量通过最小化观测损失与估计保费差的加权平方和 (以单元中的风险暴露为权重) 得到的. 如果 Y_{ij} 的方差与 $1/w_{ij}$ 成比例, 例如, Y_{ij} 是 w_{ij} 个有相同方差、独立同分布的随机变量的均值时, 下面方程组 (9.21) 中各项 (将 Y_{ij} 替换为 y_{ij}) 具有相同均值. 引入权重, 是为了使得相加的数据具有同阶的度量. 那么对参数 α_i 和 β_j 的估计可以通过求解

$$\min_{\alpha_i,\beta_j}\mathrm{SS},\quad 其中\quad \mathrm{SS}=\sum_{i,j}w_{ij}(y_{ij}-\alpha_i\beta_j)^2 \tag{9.21}$$

得到. 我们将上述优化问题的正规方程组写成适合直接进行逐次代换的形式, 有

$$\begin{aligned}\alpha_i&=\sum_j w_{ij}\,y_{ij}\,\beta_j\Big/\sum_j w_{ij}\,\beta_j^2,\quad i=1,\cdots,I;\\ \beta_j&=\sum_i w_{ij}\,y_{ij}\,\alpha_i\Big/\sum_i w_{ij}\,\alpha_i^2,\quad j=1,\cdots,J.\end{aligned} \tag{9.22}$$

鉴于正态分布似然函数的形式, 我们可以证明最小化 SS 与最大化正态对数似然函数是等价的. 请参考习题 9.3 第 7 题. 将 $\alpha_i\beta_j$ 替换为 $\alpha_i+\beta_j$ 的可加模型中, 对应方程组 (9.21) 的正态方程是线性方程组, 可直接求解. ▽

方法 9.3.4(直接法 = 伽玛分布的极大似然法) 直接法通过求解 (可用逐次代换) 下列方程组来确定参数 α_i 和 β_j 的估计量.

$$\begin{aligned}\alpha_i&=\sum_j w_{ij}\frac{y_{ij}}{\beta_j}\Big/\sum_j w_{ij},\quad i=1,\cdots,I;\\ \beta_j&=\sum_i w_{ij}\frac{y_{ij}}{\alpha_i}\Big/\sum_i w_{ij},\quad j=1,\cdots,J.\end{aligned} \tag{9.23}$$

该方法可做如下解释. 假设我们已知参数 β_j, $j=1,\cdots,J$ 的真值, 那么随机变量 Y_{ij}/β_j 的均值为 α_i. 通过加权平均估计 α_i, 我们便可得到直接法的方程组 (9.23). 同样的论证也适用于 Y_{ij}/α_i, 从而得到 β_j 的估计量. 请参考习题 9.3 第 4 题.

直接法也等价于某一特定广义线性模型中的极大似然法. 事实上, 当 $S_{ij} \sim \text{gamma}\left(\gamma w_{ij}, \dfrac{\gamma}{\alpha_i \beta_j}\right)$ 时, 直接法得到的是极大似然估计量. 也就是说, S_{ij} 是 w_{ij} 个具有固定变异系数 $\gamma^{-1/2}$、均值为 $\alpha_i \beta_j$、服从 $\text{gamma}\left(\gamma, \dfrac{\gamma}{\alpha_i \beta_j}\right)$ 的随机变量的和. 单元 (i,j) 的观测值的似然函数可写为

$$f_{S_{ij}}(s_{ij};\alpha_i,\beta_j) = \frac{1}{\Gamma(\gamma\, w_{ij})}\left(\frac{\gamma}{\alpha_i\,\beta_j}\right)^{\gamma\, w_{ij}} s_{ij}^{\gamma\, w_{ij}-1} \mathrm{e}^{\frac{-\gamma\, s_{ij}}{\alpha_i\,\beta_j}}. \tag{9.24}$$

令 $L = \prod\limits_{i,j} f_{S_{ij}}(s_{ij};\alpha_i,\beta_j)$. 我们在式 (9.24) 中对 α_k 求微分可得

$$\frac{\partial \log L}{\partial \alpha_k} = \frac{\partial}{\partial \alpha_k}\sum_{i,j}\left\{\gamma\, w_{ij}\log\frac{\gamma}{\alpha_i\,\beta_j} - \frac{\gamma\, s_{ij}}{\alpha_i\,\beta_j}\right\} + 0 = \sum_j\left\{\frac{-\gamma\, w_{kj}}{\alpha_k} + \frac{\gamma\, s_{kj}}{\alpha_k^2\,\beta_j}\right\}. \tag{9.25}$$

对 β_h 求微分也可获得类似的方程组. 将从极大似然估计得到的正规方程设为零, 经过简单计算, 我们就可得到直接法的方程组 (9.23). ▽

例 9.3.1(上述方法的数值例子) 针对下表给出的数据, 我们将对上述四种方法加以说明. 下表给出 $w_{ij} \times y_{ij},\ i,j = 1,2$ 的数据:

	$j=1$	$j=2$
$i=1$	300×10	500×15
$i=2$	700×20	100×35

下面是用不同方法得到的拟合值 $\widehat{\alpha}_i\,\widehat{\beta}_j$:

Bailey-Simon		边缘总和法		最小二乘法		直接法	
9.40	15.38	9.39	15.37	9.04	15.34	9.69	15.29
20.27	33.18	20.26	33.17	20.18	34.24	20.27	31.97
$\Delta = 29.85$		$\Delta = 29.86$		$\Delta = 37.06$		$\Delta = 36.84$	

这里 $\Delta = \sum\limits_{i,j} w_{ij}(y_{ij} - \widehat{\alpha}_i\,\widehat{\beta}_j)^2/(\widehat{\alpha}_i\,\widehat{\beta}_j)$ 刻画了拟合的优良性, 它是 Bailey-Simon 法要最小化的量. 用来确定 $\widehat{\alpha}_i$ 和 $\widehat{\beta}_j$ 的方程组很相似, 但不完全相同. 请参考习题 9.3 第 2 题.

通过观察我们发现, 对于较小的 y_{ij}, 最小二乘法拟合效果最差, 直接法拟合效果最好. 对于较大的 y_{ij}, 情况则恰好相反. 这是因为在最小二乘法的准则中, 所有的观测值具有相同的信度, 然而直接法假设数值越大越不精确 $(\sigma \propto \mu)$. Bailey-Simon 法和边缘总和法得到的结果很相似, 这一结果也符合我们的预期, 因为它们在同一个泊松模型中都是很好的估计方法. ▽

§9.4 偏差与尺度偏差

对于衡量拟合向量与观测向量之间差距的度量, 人们通常会采用欧几里得空间的距离, 即差的平方和 (见 (9.21)). 如果观测量服从正态分布, 那么最小化该距离等价于对给定的观测值最大化含有参数的似然函数. 在对广义线性模型的分析中, 人们通常会关注对参数赋予某个特定模型时的极大似然值与不对参数赋予模型 (即*全模型*) 时的最大可能似然值的差距.

一个模型的*尺度偏差*定义为似然比的对数的 -2 倍, 这里似然比为特定模型下的极大似然值与全模型下似然值的比. 模型的*偏差*则等于尺度偏差与散布参数 ϕ 的乘积. 由数理统计的理论可知, 尺度偏差近似服从 χ^2 分布, 自由度为观测数据个数与被估参数个数的差. 此外, 如果一模型为另一模型的子模型, 那么这两个模型尺度偏差的差也服从 χ^2 分布.

在一个广义线性模型中, 针对围绕均值的随机变动的三个适当的分布类型, 我们可以给出它们偏差的表达式. 在前面章节中我们看到, 最小化偏差得到的参数估计与某些直觉性方法下得到的估计是吻合的. 例如, 如果观测量服从泊松分布, 那么我们就得到边缘总和法, 见方法 9.3.2; 如果是正态分布, 那么我们就得到最小二乘法, 见式 (9.21). 如果个体理赔额服从伽玛分布, 那么正规方程组为方法 9.3.4 中用直接法得到的方程组 (9.23). 下面我们假设观测量 $Y_i, i=1,\cdots,n$ 的均值 μ_i 服从某一特定模型, 如上文中的可乘模型. 我们用 $\widehat{\mu}_i$ 表示该模型下均值的最优估计, 用 $\widetilde{\mu}_i$ 表示全模型下均值的最优估计. 在全模型中, 每个观测量都有自己的参数, 总似然函数的最大化可逐项求得. 此外, 我们将第 i 个观测值视为 w_i 个独立同分布观测量的均值, 它们有一个共同的散布参数 ϕ. 我们在上面已经提及, 该散布参数与方差成比例, 且方差作为均值的函数, 等于 $\phi V(\mu)/w$, 其中 $V(\cdot)$ 为方差函数.

例 9.4.1(正态分布) 假设 $Y_1,\cdots,Y_n$ 是相互独立的正态随机变量, 其中 Y_i 是 w_i 个服从 $\mathrm{N}(\mu_i,\phi)$ 分布的随机变量的平均, 因此 $Y_i\sim \mathrm{N}(\mu_i,\phi/w_i)$. 令 L 表示给定观测值下关于参数的似然函数. 进一步假设 $\widehat{L}$ 和 $\widetilde{L}$ 分别表示将 μ_i 用 $\widehat{\mu}_i$ 和 $\widetilde{\mu}_i$ 代换后的 L 值. 那么, 我们有

$$L=\prod_{i=1}^{n}\frac{1}{\sqrt{2\pi\phi/w_i}}\exp\frac{-(y_i-\mu_i)^2}{2\phi/w_i}. \tag{9.26}$$

显然, 对于全模型, 逐项最大化式 (9.26), 我们可以简单地取对任一 i 有 $\mu_i=\widetilde{\mu}_i=y_i$ 成立. 事实上, 这对指数散布族里的所有分布都成立, 可参见例 9.4.2 和例 9.4.3, 以及性质 11.3.1.

如果用 D 表示偏差, 那么我们有

$$\frac{D}{\phi} = -2\log\frac{\widehat{L}}{\widetilde{L}} = \frac{1}{\phi}\sum_i w_i(\widehat{\mu}_i - y_i)^2. \tag{9.27}$$

这表明对于正态分布而言, 最小化偏差 (或等价地最大化似然函数) 与最小二乘法确定参数估计是一样的. ▽

例 9.4.2(泊松样本的均值与倍数) 令 $Y_i = \phi M_i/w_i$, 其中 $M_i \sim \text{Poisson}(w_i\mu_i/\phi)$. 注意到, $\text{E}[Y_i] = \mu_i$, $\text{Var}[Y_i] = \dfrac{\phi}{w_i}\mu_i$, 因此有 $V(\mu) = \mu$. 这里, 我们记 $Y_i \sim \text{Poisson}(\mu_i, \phi/w_i)$.

特别地, 当 $w_i \equiv 1$ 且 $\phi = 1$ 时, Y_i 为普通的泊松随机变量. 如果 w_i/ϕ 为一整数, 那么 Y_i 可视为 w_i/ϕ 个服从 $\text{Poisson}(\mu_i)$ 随机变量的样本均值, 但即使它不是整数, 上述模型仍然有效. 对于似然函数, 我们有

$$\begin{aligned}&L(\mu_1,\cdots,\mu_n;\ \phi, w_1,\cdots,w_n, y_1,\cdots,y_n)\\&=\prod_{i=1}^n \Pr[w_iY_i/\phi = w_iy_i/\phi] = \prod_{i=1}^n \frac{\mathrm{e}^{-\mu_iw_i/\phi}(\mu_iw_i/\phi)^{w_iy_i/\phi}}{(w_iy_i/\phi)!}.\end{aligned} \tag{9.28}$$

对任意的 ϕ, 式 (9.28) 中使得第 i 项最大的 μ_i 就是可以最大化 $\mathrm{e}^{-\mu_i}\mu_i^{y_i}$ 的 μ_i, 即 $\mu_i = y_i$. 因此, 我们看到, 正如正态分布的情形, 取第 i 项的残差为零就能得到 $\widetilde{\mu}_i$.

不难看出, 尺度偏差有下面表达式:

$$\frac{D}{\phi} = -2\log\frac{\widehat{L}}{\widetilde{L}} = \frac{2}{\phi}\sum_i w_i\left(y_i\log\frac{y_i}{\widehat{\mu}_i} - (y_i - \widehat{\mu}_i)\right). \tag{9.29}$$

对于 $\phi \neq 1$, 我们便得到方差与均值不等但成比例的一系列分布. 这种模型被称为**超散布**泊松分布, 常见的情形为 $\phi > 1$. 此例中, 随机变量 Y_i 的支集由 ϕ/w_i 的整数倍值构成. 但是, 显然偏差 (9.29) 可对其他非负值 y_i 取得最小值. 这种情况, 就是**拟似然**模型, 其中只明确了均值与方差之间的关系. 读者也可参阅 §11.4.2. ▽

例 9.4.3(伽玛分布) 现假设 $Y_i \sim \text{gamma}(w_i/\phi, w_i/\{\phi\,\mu_i\})$, 那么 Y_i 与 w_i 个服从 $\text{gamma}(1/\phi, 1/\{\phi\,\mu_i\})$ 分布的随机变量的算术平均同分布, 或等价地, 与 w_i/ϕ 个服从 $\exp(1/\mu_i)$ 分布的随机变量的算术平均同分布. 我们有

$$\text{E}[Y_i] = \mu_i, \quad \text{Var}[Y_i] = \frac{\phi}{w_i}V(\mu_i) = \frac{\phi}{w_i}\mu_i^2. \tag{9.30}$$

此时, 对于全模型我们也有 $\widetilde{\mu}_i = y_i$, 因为 Y_i 的密度函数 f_Y 可以写为

$$\begin{aligned}f_Y\left(y;\frac{w}{\phi},\frac{w}{\phi\,\mu}\right) &= \frac{1}{\Gamma(w/\phi)}\left(\frac{w}{\phi\,\mu}\right)^{w/\phi} y^{w/\phi-1}\mathrm{e}^{-wy/(\phi\,\mu)}\\&= \frac{1}{\Gamma(w/\phi)}\left(\frac{w}{\phi}\right)^{w/\phi}\frac{1}{y}\left[\frac{y}{\mu}\mathrm{e}^{-y/\mu}\right]^{w/\phi}.\end{aligned} \tag{9.31}$$

使得式 (9.31) 最大, 即方括号中表达式达到最大, 因此有 $\frac{y}{\mu}=1$.

此外, 尺度偏差为

$$\frac{D}{\phi}=-2\log\frac{\widehat{L}}{\widetilde{\widetilde{L}}}=\frac{2}{\phi}\sum_i w_i\left(-\log\frac{y_i}{\widehat{\mu}_i}+\frac{y_i-\widehat{\mu}_i}{\widehat{\mu}_i}\right). \tag{9.32}$$

显然, 这里 y_i 必为严格正值.

偏差 D 的值可由数据计算得出, 不会涉及任何未知参数. 也就说 D 是一个**统计量**. 注意到, 在上述给出的三类分布中, 关于 μ_i 最大化所得结果与 ϕ 无关. 因此, 对 ϕ 的估计可以独立于对 μ_i 的估计而进行, 这是因为后者的估计只与每个观测值对应的 ϕ/w_i 的相对大小有关.

为了估计 ϕ, 我们通常使用如下方法. 基于原假设 $Y_i\sim \mathrm{N}(\mu_i,\phi/w_i)$, 最小化的平方和式 (9.27) 服从 $\chi^2(k)$ 分布, 其中参数 k 为观测量的个数与计算 $\widehat{\mu}_i$ 时需要的被估参数个数的差. 这样, 我们可用矩方法来估计 ϕ, 令式 (9.27) 等于均值 k, 从而解出 ϕ. 我们也可用极大似然法估计 ϕ. 为了保证 Y_i 与拟合值的偏差是由偶然性造成, 避免由于模型太粗糙而由系统偏差造成, 我们需要在可被估计的最精细模型中估计 ϕ, 尽管这个模型通常已经包含了过多的参数. 因此, 对这样的模型, 尺度偏差就等于 k 值.

在不同的分布类下, 我们对散布参数 ϕ 的解释也有所不同. 对于正态分布, 它就是简单的误差方差. 对于纯泊松分布, 我们有 $\phi=1$; 对于超散布泊松分布, ϕ 是方差与均值的比值, 也等于倍数泊松分布的乘数. 对于伽玛分布, $\sqrt{\phi}$ 是个体观测值的变异系数 σ/μ. ▽

注 9.4.1(不同模型的比较) *偏差分析*可用于比较两个*嵌套*模型, 其中一个模型是由另一个模型放松参数的限制条件而得的. 例如, 加入一个因子或变元为协变量, 那么在线性预测量中本来被限制为零的参数就可以取任意值了. 如果一个变元被一个因子替代 (见注 9.3.1), 那么对因子水平为 i 的参数形式原本为 $i\cdot\alpha$ (α 为一实值) 的形式, 现在变为任意数值 α_i. 另外一个例子是, 当两个因子的交互作用存在时, 比如, 对应单元 (i,j) 的参数不再是 $\alpha_i+\beta_j$ 形式, 而是更为一般的任意值 γ_{ij}. 如果偏差 (除以尺度参数 ϕ 的估计值后) 的增加量超过 $\chi^2(k)$ 分布 95%的分位点, 这里 k 为需要额外估计的参数, 那么放松条件的模型拟合效果显著更好, 有限制条件的模型被拒绝. 如果情况不是这样, 那么并不能说有限制条件的模型更好或可被接受. 我们只能说线性估计量中额外参数为零的原假设不能被拒绝.

赤池信息准则(AIC)的思想是同时考虑模型的复杂程度和对样本数据的拟合程度, 产生一个平衡二者的度量. 模型参数越多, 对样本数据的拟合效果越好, 但自由度少, 可用性有限. AIC 方法不鼓励过度拟合, 而鼓励 “简约”. 该方法选择 AIC 值最小的模型. AIC 值定义为对数似然函数值的 -2 倍与线性和尺度参数个数的 2

倍的和, 即

$$\mathrm{AIC} = -2\ell + 2k, \tag{9.33}$$

这里 k 是参数个数, ℓ 是对数似然函数值.

另外一个相似的工具是施瓦茨准则 (也称作施瓦茨信息准则 (SIC), 贝叶斯信息准则 (BIC), 或者施瓦茨–贝叶斯信息准则). 和 AIC 一样, 它通过对回归模型中项数过多施加惩罚来达到模型的简约. 通用的公式为

$$\mathrm{BIC} = -2\ell + k\log n, \tag{9.34}$$

这里 n 为观测值的个数. ▽

§9.5 案例 I: 一个简单的机动车辆保险单组合分析

假设我们对某个机动车辆保险单组合中的驾驶员进行数据观测. 该组合的结构与附录 A.3 给出的伪随机组合基本一致, 除了那里考虑了小数的风险暴露. 保单组合中驾驶员可以基于下面的风险因子进行分类:

性别 (sex): 1= 女性, 2= 男性;

地区 (region): 1= 郊区, 2= 其他, 3= 大城市;

汽车类型 (type): 1= 小型, 2= 中型, 3= 大型;

工作 分类 (job): 1= 公务员/精算师/$\cdots$, 2= 介于之间的, 3= 无固定工作的驾驶员.

对于 $2\times3\times3\times3=54$ 风险单元, 我们已知如下总和数据:

expo: 具有这些风险因子的所有保单个数. 我们对这些保单进行 7 年的观测.

n: 某一年中观测的它们的总理赔次数.

这里, 我们有已发生理赔次数以及对应的保单个数的数据表, 具体如下:

```
n <- scan(n=54) ## 将 54 个数据读入向量n
 1  8 10  8  5 11 14 12 11 10  5 12 13 12 15 13 12 24
12 11  6  8 16 19 28 11 14  4 12  8 18  3 17  6 11 18
12  3 10 18 10 13 12 31 16 16 13 14  8 19 20  9 23 27
expo <- scan(n=54) * 7   ## 保单个数乘以7
10 22 30 11 15 20 25 25 23 28 19 22 19 21 19 16 18 29
25 18 20 13 26 21 27 14 16 11 23 26 29 13 26 13 17 27
20 18 20 29 27 24 23 26 18 25 17 29 11 24 16 11 22 29
```

对于前 27 个观测数据, 变量性别值为1, 对于后 27 个数据, 变量性别值为2; 变量区域有 3 个不同的水平, 每 9 个为 1 个水平, 如下:

$$(\underbrace{1,\cdots,1}_{9\times},\underbrace{2,\cdots,2}_{9\times},\underbrace{3,\cdots,3}_{9\times},\underbrace{1,\cdots,1}_{9\times},\underbrace{2,\cdots,2}_{9\times},\underbrace{3,\cdots,3}_{9\times}).$$

在 R 语言中, 有一个特殊的函数 gl 可用来生成因子的水平, 具体用法可用命令?gl 进行查看. 但每个单元的风险特征我们也可以这样来构建:

```
sex <- as.factor(rep(1:2, each=27, len=54)) region <-
as.factor(rep(1:3, each=9, len=54)) type <- as.factor(rep(1:3,
each=3, len=54)) job <- as.factor(rep(1:3, each=1, len=54))
AnnClFr <- round(1000 * n/expo) data.frame(expo, n, sex, region,
type, job, AnnClFr)[1:10,]
```

最后一行输出前 10 个单元的具体内容.

这里, 我们感兴趣的量为每个单元中每个合同的平均理赔次数 n/expo. 我们将年理赔频率与已知的风险因子建立联系, 用于分析保单组合的费率表. 下面我们将寻求一个用风险因子对理赔频率拟合很好的对数线性模型. 首先, 我们生成年理赔频率数据 AnnClFr 的列表, 并以性别: 地区为不同的行, 以类型: 工作为不同的列, 以表格形式输出, 见表 9.1. 我们可以用下列语句实现:

```
xt <- xtabs(AnnClFr ~ sex+region+type+job)
ftable(xt, row.vars=1:2, col.vars=3:4)
```

表 9.1　每个因子组合的年理赔频率 (n/expo × 1000)

性别	地区	类型	1			2			3		
		工作	1	2	3	1	2	3	1	2	3
1	1		14	52	48	104	48	79	80	69	68
	2		51	38	78	98	82	113	116	95	118
	3		69	87	43	88	88	129	148	112	125
2	1		52	75	44	89	33	93	66	92	95
	2		86	24	71	89	53	77	75	170	127
	3		91	109	69	104	113	179	117	149	133

对于单个合同的理赔次数, 我们假设其服从泊松分布是合理的. 通过加总, 每个单元我们都有相当高的泊松均值, 因此可以采用正态分布近似. 但是, 用普通线性模型拟合是不合适的, 这里有两个原因. 第一, 方差依赖于均值, 因此存在异方差现象. 第二, 我们有的是可乘模型, 而不是可加模型. 所以, 线性性在标准形式下不成立, 而在对数形式下成立. 因此, 我们将采用均值–方差关系为泊松类型、对数联结的广义线性模型.

利用每个单元的加总数据, 我们对单个合同的平均理赔次数, 即 n/expo, 建立了一个模型. 这意味着, 除了相应随机变量的方差与均值的比值外, 平均理赔次数也需要除以 expo. 我们可以通过对每个观测数据/单元附加一个预先权重 expo, 再利用 R 程序实现:

```
>     glm(n/expo ~ sex+region+type+job,
+     fam=poisson(link=log), wei=expo)
There were 50 or more warnings
```

```
  (use warnings() to see the first 50)
Call:  glm(formula = n/expo ~ sex + region + type + job,
         family = poisson(link = log), weights = expo)
Coefficients:
  (Intercept)      sex2     region2     region3
   -3.0996       0.1030     0.2347      0.4643
     type2        type3       job2        job3
    0.3946       0.5844    -0.0362      0.0607
Degrees of Freedom: 53 Total (i.e. Null);  46 Residual
Null Deviance:        105
Residual Deviance: 41.9          AIC: Inf
```

这里会出现警告是因为我们计算的平均数很多情形下并不是整数, 因此就不可能是泊松分布. 这在估计系数时不会有任何问题, 但这使得函数 glm 不能计算赤池信息准则(AIC), 读者可参见注 9.4.1.

估计该广义线性模型的另外一个等价方法是采用补偿(offset)技术:

```
glm(n ~ sex+region+type+job+offset(log(expo)),
        fam=poisson(link=log))
```

通过该机理, 我们在每一个线性预测量上加了expo 的对数, 且系数固定为 1, 不用利用数据进行估计. 这样做的影响是, 由于采用的是对数联结, 这等于对每个拟合的值乘以了expo. 此时, 再计算 AIC 的值为 288.2. 注意, 这里是对 n 的拟合值, 而不是平均年理赔频率.

从以上的输出我们容易看出, 对比最好风险因子组合的驾驶员, 具有最坏风险因子水平的驾驶员的平均理赔次数是多少. 其中的系数是相对于标准类: Sex1, region1, type1和job1 给出的. 对于这些分类, 系数均被设为零. 通过这些系数的符号, 我们知道表现最好的是job2, 其他因子水平为 1 的类. 相应地, 其平均理赔次数为 $\exp(-3.0996-0.0362)=0.0435$, 即平均每 23 年理赔一次. 此例中表现最差的驾驶员在高标签值的类中, 他们的平均理赔次数等于 $\exp(-3.0996+0.1030+0.464+0.58443+0.0607)=0.151$, 即平均每 6.6 年理赔一次.

在表 9.2 中, 我们通过因子性别、地区、类型、工作以及一些交互项利用对数联结来解释相依变量 $N\sim$ Poisson. 为了验证加入因子性别、地区、类型或者工作不会产生影响的原假设, 我们可以根据偏差, 普通线性模型中的广义平方和来判断. 零模型和带有这些因子的模型之间偏差的差服从 χ^2 分布, 自由度为需要额外估计的参数个数 (参考 §9.4). 注意到, 包含地区和类型因子的拟合模型的偏差与纯泊松模型下 df 的均值非常接近, 因此这表明没有风险因子被忽略, 风险因子之间不存在交互作用 (例如, 地区的影响在男性和女性之间的差别, 应该考虑在模型中).

表 9.2 偏差分析表

模型特征	df	dev	Δdev	Δdf	
1	53	104.7			
1 + 性别	52	102.8	1.9	1	
1 + 性别 + 地区	50	81.2	21.6	2	
1 + 性别 + 地区 + 性别: 地区	48	80.2	1.0	2	
1 + 类型	51	68.4	36.4	2	
1 + 地区	51	83.1	21.6	2	
1 + 地区 + 类型	49	44.9	38.2	2	♡
1 + 地区 + 类型 + 地区: 类型	45	42.4	2.5	4	
1 + 地区 + 类型 + 工作	47	43.8	1.1	2	
1 + 地区 + 类型 + 性别	48	43.1	1.8	1	

表 9.2 中 Δdf 和 Δdev 的差是关于没有最后一项 (斜体部分) 的模型. df 的自由度为单元的个数与待估计参数个数的差. 对于偏差的差值, 我们有 $\Delta\text{dev} \stackrel{\approx}{\sim} \chi^2(\Delta\text{df})$. 我们可以用以下 R 命令来产生该表格:

```
g <- glm(n/expo ~ 1+region+type+region:type, poisson, wei=expo)
anova(g,test="Chisq")
```

在地区 和类型 的主要影响中加入一个交互项地区: 类型(也就是我们考虑模型地区: 类型, 也可参见?formula), 我们可以判断, 地区的影响对不同类型的小汽车是否有显著不同. 偏差分析告诉我们事实并不是这样 (在 95% 的置信水平下, $\chi^2(4)$ 分布的临界值为 9.5, $\chi^2(2)$ 分布的临界值为 6, $\chi^2(1)$ 分布的临界值为 3.84). 此外, 这里性别也不是一个有意义的费率因子.

比模型 1 + 地区 + 类型更为粗糙的模型结果明显的糟糕, 但是基于该模型的所有细化都会导致小于临界值的偏差增加. 所以, 模型 (♡) 是最优的.

§9.6 案例 II：奖惩系统的广义线性模型分析

在本节中, 我们将对一个有一百万个机动车辆保险保单组合生成的数据进行分析. 模型的设定与第 6 章讨论的模型类似. 假设驾驶员按下列风险因子进行分类:

- R 表示居住地: 1= 农村, 2= 城镇, 3= 大城市.

由于农村车流量少, 所以理赔次数也少; 在大城市中车流密度大但车速低, 因此会有很多小额理赔.

- A 表示年龄阶段: 1=18~23, 2=24~64, 3=65~ ω.

年轻驾驶员事故较多, 老年驾驶员也会出事故, 但不像年轻人那么多.

• `M` 表示里程数: 1= 每年 0~7500 迈, 2=7500~12500, 3=12500~ ∞(1 迈 =1.6 公里).

每年开车不多的驾驶员往往开车比较小心, 但不够有经验. 每年开车很多的人经常会走高速路, 事故次数少, 但一旦发生就比较严重.

• `U` 表示用途: 1= 私人使用, 2= 营运使用.

营运使用的车辆往往驾驶缺乏小心而导致较多理赔; 有时候, 驾驶员不一定需要支付增值税 (VAT), 因此会导致较低理赔额.

• `B` 表示奖惩系统中的等级: 表 6.1 中的 1~14 个等级.

`B=1` 是奖惩系统中唯一一个惩罚等级, 在该等级的驾驶员要比没有任何驾驶记录的驾驶员支付更多保费. 没有任何驾驶记录的驾驶员从 `B=2` 等级开始. 在实际中, 由于理赔不是很高, 所以我们不惊讶, 有大约一半的驾驶员处于奖惩等级的最高级 `B=14`, 他们仅需支付应付保费的 1/4. 在实际中, 经常会有*优惠保障*, 即一个驾驶员在某高等级中时间越长, 一旦有事故发生后, 他新处的等级就会相对越好. 因此在该等级中就很少有*奖金饥渴*的现象 (见注 6.3.2): 即如果一次理赔没有使得保费增加太多, 那么就会导致相对其他等级, 该等级中会有更多的小额理赔报案.

• `WW` 表示汽车重量等级: 1 = ±650, ···, 11=±1600 千克.

肇事车的车重越大, 往往造成的损失就越大, 因此为第三者的理赔就越贵. 包括营运人员在内的经常开车上路的驾驶员倾向于开自重较大的车辆, 因此理赔频率往往也随车重的增加而升高.

这里我们选择尽量避免处理单个保单的个别数据, 从而忽略单元中单个保单体现出的个别信息. 读者可参考附录 A.3. 对于总共 $3 \times 3 \times 3 \times 2 \times 14 \times 11 = 8316$ 单元中具有相同风险因子水平的驾驶员, 我们做如下记录:

• `Expo` 表示单元中的合同数目 (风险暴露).

如果保单生效时间不满 1 年, 我们记录具体的分数年, 而不是 1 个整保单年. 参考注 9.3.4 和附录 A.3.

• `nCl` 表示单元中的理赔个数 (这里我们只考虑第三方理赔).

• `TotCl` 表示已赔款总量.

• `TotPrem` 表示已收保费总量.

单元 (r, a, m, b, u, w) 中某保单的年保费由下列方式确定:

$$\pi_{rambuw} = 500 \times P_b \times (W_w/W_1) \times R_r \times M_m, \tag{9.35}$$

价格表中采用的地区、里程、奖惩等级等风险因子取值如下 (%):

$$
\begin{aligned}
&R_r = 85, 90, 100\%;\\
&M_m = 90, 100, 110\%;\\
&P_b = 120, 100, 90, 80, 70, 60, 55, 50, 45, 40, 37.5, 35, 32.5, 30\%.
\end{aligned}
\tag{9.36}
$$

注意到, 驾驶员年龄和车的用途没有作为因子在价格表中出现. 保费与汽车的车重成正比. 这里实际车重是对应于车重等级 $w = 1, \cdots, 11$ 的向量 $(650, \cdots, 1600)$ 中的系数.

下面是如何用 R 语言进行保单组合数据的读取与存储 (也可参见附录 A):

```
fn <-
"http://www1.fee.uva.nl/ke/act/people/kaas/Cars.txt"
Cars <-read.table(fn, header=T)
Cars$A <- as.factor(Cars$A); Cars$R <- as.factor(Cars$R)
Cars$M <- as.factor(Cars$M); Cars$U <- as.factor(Cars$U)
Bminus1 <- Cars$B - 1; Bis14 <- as.numeric(Cars$B==14)
Cars$B <- as.factor(Cars$B); Cars$WW <- as.factor(Cars$WW)
ActualWt <- c(650,750,825,875,925,975,1025,1075,1175,1375,1600)
W <- log(ActualWt/650)[Cars$WW]
str(Cars); attach(Cars)
ftable(xtabs(cbind(Expo, nCl, TotCl, TotPrem) ~ R+A+M+U))
```

第一行用来指定存储数据的文件名, 这里用了正斜杠. 第二行是从文件中读取数据, 并赋值给 Cars; 文件中第一行包括变量的名称, 我们将之作为表头. 分类变量被转化为因子类型. Bis14 是 B==14 处的分量为 1, 其他分量为 0 的向量. 在接下来的两行中, 车重等级 WW 转化为变元 W, 其分量为实际车重 (相对于 650 千克) 的对数值. 在倒数第二行里, 首先显示了数据框的结构, 然后将其添加到 R 程序的搜索路径中, 这样我们引用一个变量时, 这个数据框的内部也将被搜索到. 从而我们只需使用数据框中对象的名字, 就可以对其进行访问. 例如, 我们可以用 WW 表示 Cars$WW. 最后一行产生了一个数据的浓缩版本. 事实上, 它给出了风险因子 R,A,M,U 的不同组合下、关于车重与奖惩等级 WW,B 加总的列联表的平面表.

我们必须要分析的是定价系统是否可以正常工作, 这是因为, 如果保费的收取偏离实际平均理赔额度太多, 那么被要价过高的驾驶员会选择其他保险公司, 而留给公司的是出险率很高的驾驶员, 致使公司未来潜在损失加大.

某个特定保单的总理赔量是一个随机变量. 假设保单相互之间在统计意义上相互独立. 一个合理的模型是假设单元中一个驾驶员的理赔次数服从泊松分布, 理赔额大小相互独立且来自同一分布. 那么, 该单元中的总理赔额是一个服从复合泊松分布的随机变量. 对于机动车的理赔量, 尤其是对超额损失再保险下再保险人支付大额赔款部分的情形, 统计分析显示: 选择合适的参数 α 和 β, 单个理赔量服从 gamma(α, β) 分布是一个很合理的假设.

我们分析的第一步是按每个风险因子R,A,M,U 给出理赔频率的表格, 见表 9.3 中给出的百分数. 我们可以看到, 驾驶员居住地区人口密度越大, 那么他理赔次数越多; 年轻人比年老人理赔次数多; 驾驶员每年开车里程越多, 理赔次数越多, 但并不显示与驾驶里程数成比例; 还有营运的车辆比私人车辆粗略高出 50%的理赔次数.

表 9.3 按风险的平均理赔频率 (%)

地区R	1	2	3	年龄A	1	2	3
理赔量	7.6	9.6	12.7	理赔量	28.2	8.6	14.7
里程M	1	2	3	用途U	1	2	
理赔量	9.0	10.2	11.8	理赔量	9.0	13.4	

注 9.6.1(一维分析会犯的错误) 作为精算师, 我们不能在该阶段停止分析而仅仅根据表 9.3 的值来构建费率因子. 其中的一个原因是上述因子的分类可能是相关的. 例如, 对于表 9.4 给出的典型例子, 保单按着车重和用途进行分类. 这里有 300 辆商务轻型车, 其平均理赔量为 230. 一维分析 (利用表中边际加总) 会导致对商务车的保费比私人车高出 22% $(261.05/213.33 = 1.2237)$. 而对于重型车, 保费比轻型车高出 24% $(249.00/200.97 = 1.2397)$. 对于营运的重型车而言, 这个量应为 51.70%.

但在表 9.4 中, 商务车比私人车多 15%的理赔量, 而重型车比轻型车多 20%的理赔量. 对于重型商务车相比轻型私人车而言, 该值为 38%.

表 9.4 按用途与车重分类的平均理赔量与单元大小

车重	私人车	商务车	总额
轻型	9000×200.00	300×230.00	9300×200.97
中型	6000×220.00	700×253.00	6700×223.45
重型	3000×240.00	1000×276.00	4000×249.00
总和	18000×213.33	2000×261.05	20000×219.11

另一个更为实际的例子是, 年轻的驾驶员会因为缺乏驾驶经验和位于奖惩系统中较低等级而缴纳额外的保费.

如果风险因子之间有*交互*作用时, 一维分析也有可能导致错误的结果. 例如, 假设驾驶员拥有轻型、重型车及私人车和商务车的比例相同, 且互不相关. 进一步假设只有重型商务车理赔较多, 是其他三个类别的 2 倍. 列出表格, 如果只根据其边际数据, 读者可以验证重型商务车要支付总保费的 36%, 轻型私人车仅支付 16%, 剩下两类各支付 24%. 然而, 事实上, 重型商务车应支付总保费的 40%, 其余三类各支付 20%. ▽

为了构建表 9.3 和表 9.5, 我们可以采用函数 aggregate, 或者分子是对 nCl 求

sum, 分母是对 Expo 求 sum. 我们按风险因子将数据进行如下分组:

```
 100 * tapply(nCl, R, sum) / tapply(Expo,R,sum)
   ## 7.649282 9.581532 12.680255
100 * tapply(nCl,list(R,A),sum) / tapply(Expo,list(R,A),sum)
```

观察二维表 9.5, 我们可以得出与一维表 9.3 相同的结果. 但是, 考虑到已给的权重, 我们可以看出每个风险类保单的分布存在相依关系. 例如, 里程和地区之间就有相关性. 在地区 3 中, 有很多商务车, 而在其他地区却有很多只有周末使用的车. 商务车使用率高: 在 M=1 的类中商务车占少数, 但在 M=3 的类中, 一半为商务车.

表 9.5　不同风险因子R, A, M, U的平均理赔次数 (%)

	A	1	2	3		U	1	2
R					R			
1	理赔次数	21	6	11	1	理赔次数	7	10
	风险暴露	9033	239447	50803		风险暴露	222001	77282
2	理赔次数	27	8	14	2	理赔次数	9	12
	风险暴露	9004	240208	51074		风险暴露	221815	78471
3	理赔次数	34	11	18	3	理赔次数	11	16
	风险暴露	11952	323020	68206		风险暴露	266408	136770
	M	1	2	3		U	1	2
R					A			
1	理赔次数	7	8	8	1	理赔次数	25	37
	风险暴露	119205	120495	59583		风险暴露	21222	8767
2	理赔次数	9	10	10	2	理赔次数	8	11
	风险暴露	119721	120236	60329		风险暴露	568616	234059
3	理赔次数	11	12	14	3	理赔次数	13	19
	M	1	2	3		U	1	2
A					M			
1	理赔次数	24	29	32	1	理赔次数	9	12
	风险暴露	9594	12004	8391		风险暴露	287573	31892
2	理赔次数	8	9	10	2	理赔次数	9	13
	风险暴露	255381	322335	224959		风险暴露	281934	120276
3	理赔次数	13	15	17	3	理赔次数	10	14
	风险暴露	54490	67871	47722		风险暴露	140717	140355

观察表 9.6 可以获得更多信息. 表 9.6 中给出了风险因子R,A,M,U不同组合下，以风险暴露为权重的加权平均理赔次数. 进一步观察该表我们发现，里程的影响似乎没有了. 明显地，U=2 的商务车驾驶员和 R=3 的大城市的驾驶员理赔次数最多. 给定其他特征前提下，驾驶里程对理赔次数影响不大. 前面提到里程的影响可归因于里程与车的用途，以及里程与地区之间存在很大的相关性. 然而在实务操作中，保单购买人或保险销售人员在注册里程时往往存在违规行为. 虽然未被授权，但某些销售人员往往会给低里程的保单持有人一定的价格折扣. 实际上，录入保单的里程基本上是不随时间而改变的.

表 9.6 平均理赔次数 (%) 和风险暴露

		R	1		2		3	
		U	1	2	1	2	1	2
A	M							
1	1	理赔次数	19	27	24	32	29	40
		风险暴露	3255	369	3219	370	2154	227
	2	理赔次数	20	29	25	38	29	42
		风险暴露	2512	1084	2526	1084	3356	1442
	3	理赔次数	18	26	25	32	30	44
		风险暴露	903	910	907	898	2390	2383
2	1	理赔次数	6	9	7	11	9	13
		风险暴露	85803	9570	86001	9484	58053	6470
	2	理赔次数	6	8	7	10	9	14
		风险暴露	68040	28337	67485	29040	90550	38883
	3	理赔次数	6	8	7	10	9	14
		风险暴露	23864	23833	23844	24354	64976	64088
3	1	理赔次数	10	14	13	20	15	22
		风险暴露	18205	2003	18609	2038	12274	1361
	2	理赔次数	10	13	13	18	16	21
		风险暴露	14374	6148	13998	6103	19093	8155
	3	理赔次数	10	15	13	19	16	22
		风险暴露	5045	5028	5226	5100	13562	13761

如果把平均理赔次数的对数值相对于奖惩系统中的等级描点画图，我们可以看出除了等级 14，它们之间很接近线性关系 (见习题 9.6 第 1 题). 在等级 14 中，优惠保障使得奖金饥渴现象并不明显. 这就是为什么我们会考虑，是否优惠等级之间采

用固定折扣比率 (除等级 14 以外) 可以替代估计奖惩系统级别间的折扣比率的模型. 因此, 在后面我们还会比较, 看一下这种固定折扣比率的系统比不固定比率的奖惩系统对理赔次数的预测效果相差多少.

车险的费率应与车重成正比. 将平均理赔次数相对于车重描点画图, 我们看到一个递增, 可以用函数 $f(x) = x$ 和 $f(x) = \sqrt{x}$ 描述的曲线. 将理赔次数均值的对数与车重的对数描点画图, 我们可以看到它们之间近似为线性关系, 斜率大约为 0.9. 这表明平均理赔次数按 $\mathtt{W}^{0.9}$ 的形式增加 (见习题 9.6 第 2 题).

对于理赔额, 我们也可以进行类似的数据分析. 通过分析也可以说明, 风险因子 R,A,U 对理赔次数有影响, 而里程 M 的影响可以归因于它与风险因子 U 和 R 相关造成的. 将理赔额相对于奖惩系统中的等级描点画图, 我们发现, 除了等级 14 中小额理赔偏多, 它们之间没有联系.

§9.6.1　单均赔款的广义线性模型分析

每张保单的总理赔量, $S = X_1 + \cdots + X_N$, 假设服从复合泊松分布, 其中 $\mathrm{E}[N] = \lambda$, $X_i \sim \mathrm{gamma}(\alpha, \beta)$. 因此, 我们有 (见式 (3.60)):

$$\mathrm{Var}[S] = \lambda \mathrm{E}[X^2] = \lambda\big((\mathrm{E}[X])^2 + \mathrm{Var}[X]\big) = \frac{\lambda\alpha}{\beta}\frac{\alpha+1}{\beta} = \mathrm{E}[S]\frac{\alpha+1}{\beta}. \tag{9.37}$$

假设参数 λ 在单元间的变化比理赔额的形状参数 α 和尺度参数 β 变化明显的多, 我们有理由认为 $\mathrm{Var}[S]$ 近似与 $\mathrm{E}[S]$ 成比例. 这表明, 我们可以从拟泊松 (quasipoisson) 族 (即满足某个均值–方差关系的有乘子的泊松随机变量, 如泊松乘子, 见例 9.4.2) 中选择模型来拟合总理赔量 S. 为了构建一个费率表, 我们想寻找一个对数线性模型来拟合年理赔量, 因此采用规范的对数联结函数.

在表 9.7 和表 9.8 中, 我们首先不考虑 M, 在 g1 中对主要因素进行拟合, 然后考虑 M 在 g2 中进行拟合 (对于因子间的交互作用, 参见注 9.6.5). 在表 9.8 中, 我们发现偏差基本保持不变, M=2 和 M=3 的系数与 1 也没有很大不同, 这明显表明里程对理赔总额没有影响. 事实上, 我们在数据分析中就已经发现这一点.

在表 9.8 的 g1 和 g2 模型中, 奖惩系统中等级的折扣因子按固定百分比递减, 对于等级 1~13, 其拟合值为 0.8979, 对于等级 14, 该参数可以自由选择. 可以想象, 将奖惩系统中不同等级的折扣因子作为独立的参数进行估计, 拟合效果会更好, 其拟合结果见表中模型 g3. 注意模型 g1 是模型 g3 中将参数进行限制了的一个子类. 在模型 g3 中, 由于添加了额外的 11 个参数, 拟合的偏差由原来的 38 616 941 变为 38 544 506, 减少了 72 435. 偏差显著减少, 会让我们相信模型 g3 是可取的. 如果模型 g3 正确, 那么偏差除以尺度参数后应该是均值为 7504 的 χ^2 随机变量. 这表明尺度参数近似为 38 544 506/7504 = 5136.528, 所以观测的偏差减少仅是尺度参数的 14.1 倍. 对于 $\chi^2(11)$ 的随机变量, 这个倍数并不足为奇. 可以看到, 模型 g3 中奖惩

表 9.7 不同广义线性模型下的偏差分析

```
> g1 <- glm(TotCl/Expo R+A+U+W+Bminus1+Bis14, quasipoisson, wei=Expo)
> g2 <- glm(TotCl/Expo R+A+U+W+Bminus1+Bis14+M, quasipoisson, wei=Expo)
> g3 <- glm(TotCl/Expo R+A+U+W+B, quasipoisson, wei=Expo)
> anova(g1,g2)
Analysis of Deviance Table
Model g1:  TotCl/Expo   R + A + U + W + Bminus1 + Bis14
Model g2:  TotCl/Expo   R + A + U + W + Bminus1 + Bis14 + M
Resid.  Df Resid.  Dev Df Deviance
g1 7515 38616941
g2 7513 38614965 2 1976
> anova(g1,g3)
Analysis of Deviance Table
Model g1:  TotCl/Expo   R + A + U + W + Bminus1 + Bis14
Model g3:  TotCl/Expo   R + A + U + W + B
Resid.  Df Resid.  Dev Df Deviance
g1 7515 38616941
g3 7504 38544506 11 72435
```

表 9.8 表 9.7 中各个模型的参数估计

变量/等级	模型 g1	模型 g2	模型 g3
(Intercept)	524.3017	522.6628	515.5321
R2	1.0843	1.0843	1.0843
R3	1.1916	1.1914	1.1917
A2	0.4147	0.4147	0.4143
A3	0.6184	0.6185	0.6179
U2	1.3841	1.3835	1.3842
W	2.3722	2.3722	2.3722
M2	1	1.0073	1
M3	1	1.0015	1
B2	0.8979	0.8979	0.9111
B3	$0.8979^2 = 0.8062$	0.8062	0.8275
B4	$0.8979^3 = 0.7238$	0.7238	0.7404
B5	$\vdots$ 0.6499	0.6499	0.6843
B6	$\vdots$ 0.5835	0.5835	0.6089
B7	$\vdots$ 0.5239	0.5239	0.5416
B8	$\vdots$ 0.4704	0.4704	0.4489
B9	$\vdots$ 0.4224	0.4224	0.4152
B10	$\vdots$ 0.3792	0.3792	0.3889
B11	$\vdots$ 0.3405	0.3405	0.3459
B12	$\vdots$ 0.3057	0.3057	0.3143
B13	$0.8979^{12} = 0.2745$	0.2745	0.2833
B14	0.2724	0.2724	0.2773

系统等级 1~13 的系数非常接近模型 `g1` 中给出的 0.8979 的幂形式, 因此我们可以判定, 奖惩系统中各等级折扣因子呈几何形式递减, 等级 14 要做单独处理. 也就是说 `g1` 模型可以很好地拟合数据, 从而放弃将各等级都作为参数的 `g3` 模型.

我们已经在表 9.7 中对拟泊松族进行了拟合. 而指数族中的分布实际上就是均值与方差的比例因子为 ϕ, 可以写为 ϕ 乘以一个泊松随机变量, 见例 9.4.2. 本质上, 我们可以用单次理赔额为固定值 ϕ 的复合泊松似然函数来近似指数分布族下的总理赔似然函数.

注 9.6.2(赔付率)　一个定价系统的好坏是看它是否能合理估计观测的损失, 这是因为, 在非寿险保险中, 如果保单持有人认为自己被索价过高, 那么他就会选择离开. 并且, 一个不合理的定价系统可能会聚集很多不良风险个体. 表 9.9 中给出了根据风险因子进行分类的每个单元中总理赔与总保费的比率. 我们可以看出, 该费率系统会导致 “补贴共责”, 资本金向年轻驾驶员补贴转移. 同时, 商务车和年长的驾驶员是该系统和保单组合中的大风险群体. 当然, 我们这里的分析是基于一个人为假设的保单组合. $\triangledown$

表 9.9　风险因子不同水平下的赔付率

风险因子	水平和赔付率													
B	1	2	3	4	5	6	7	8	9	10	11	12	13	14
损失%	54	59	59	59	63	65	63	57	59	62	54	53	50	54
WW	1	2	3	4	5	6	7	8	9	10	11			
损失%	57	59	58	57	57	56	55	54	55	53	53			
R	1	2	3											
损失%	55	57	56											
M	1	2	3											
损失%	58	56	54											
A	1	2	3											
损失%	123	50	74											
U	1	2												
损失%	51	67												

注 9.6.3(单元中的异质性)　我们在模拟数据时, 为了体现未观测的风险因素的影响, 假设单元中的保单都不是齐次的. 每个单元中, 有三分之一是 “差” 驾驶员, 三分之二为 “好” 驾驶员. 差驾驶员的理赔是好驾驶员的三倍. 因此, 一个单元中包含 n 个保单, 理论上的固定理赔频率为 λ, 对于单元中理赔次数我们不能直接采用 $\text{Poisson}(\lambda n)$ 分布, 而应该采用一个混合泊松分布, 以 1/3 的概率为理赔频率是 1.8λ 的劣质风险, 以 2/3 的概率为理赔频率为 0.6λ 的好风险. 如果单元中劣质风险个数 $N \sim \text{binomial}(n, 1/3)$, 那么单元总理赔次数服从 $\text{Poisson}(\lambda(1.8N + 0.6(n - N))$ 分布. 习题 9.6 第 10 题探讨了在这种情况下, 总理赔次数的方差与均值比率会受到

怎样的影响.

在实务中，单元中驾驶员的期望理赔频率不可能仅仅是两个值. 我们假设单元中期望理赔次数服从伽玛分布显得更符合实际. 例如，对单元中一个处于奖惩系统等级 11 的驾驶员，可能是三年前不幸发生一次理赔的“好”驾驶员，或者走运没有发生事故的“坏”驾驶员，或者就是因为太年轻而不能给予更好优惠的驾驶员. 驾驶员目前在奖惩系统中所处的等级并不一定说明他驾驶经验体现出的正常水平. ▽

注 9.6.4(理赔频率与理赔额各自的广义线性模型) 对每个风险单元，我们可以利用可乘模型分别估计理赔次数与理赔额大小，那么平均理赔频率与平均理赔额的乘积即为该单元的风险保费. 这样，我们就得到了类似对 TotCl/Expo 进行建模的可乘模型. 这样做的数学分析很复杂，但由此得到的费率表与前面方法没有什么不同，具体可参见习题. ▽

注 9.6.5(主要因素与交互作用) 到目前为止，在模型中只包含了*主要因素*，也就是我们假设了风险因子之间不存在交互作用，比如，年轻驾驶员比年长驾驶员理赔次数多一个固定百分比，其余特征均相同. 如果想看一下表 9.7 中模型 g1 的每两项双向交互作用的影响，我们可以简单地将公式以其平方代替，即

```
glm(TotCl/Expo ~ (R+A+U+W+Bminus1+Bis14)^2, quasipoisson,
    wei=Expo)
```

我们可以在模型中增添 R*A 项来引入明确的交互影响. 模型中增添双向交互后系数的估计见表 9.10. 我们可以看到，交互作用对于处在地区 R=2 和年龄 A=2 的驾驶员，不仅影响了线性预测中主要因素的系数 (现分别为 +0.136793 和 −0.848149)，而且还额外增加了交互项的系数，其值为 −0.126989.

除了不用对第一个风险因子的系数进行估计 (因为是常数)，R 程序警告有两个系数因为奇异性而没有给出估计. 这表明在估计参数的计算矩阵中，这两个系数对应的列包含其中，由于某些协变量可以表示为其他变量的线性组合，致使计算矩阵不是满秩的. 参考习题 9.6 第 5 题.

判断交互的影响对拟合是否显著的方法是对偏差进行比较，具体可参见习题 9.6 第 5 题. 在表 9.10 中，R 程序采用 * 和 . 表示相应参数的显著程度. 从表 9.10 中我们可以看出，从估计的标准差意义上，只有地区和年龄交互的系数显著不为零. ▽

表 9.10 因子交互的系数

系数：（由于奇异性其中两个没有给出）

	估计的	标准误差	值为	Pr(>|t|)
(Intercept)	6.281532	0.064606	97.23	< 2e−16 ***
R2	0.136793	0.061855	2.21	0.027 *
R3	0.222821	0.056979	3.91	9.3e−5 ***
A2	−0.848149	0.063505	−13.36	< 2e−16 ***

续表

系数: (由于奇异性其中两个没有给出)

估计的标准误差值为 Pr(>|t|)

A3	-0.446048	0.072156	-6.18	6.7e−10 ***
U2	0.348047	0.050944	6.83	9.0e−12 ***
W	0.658625	0.098057	6.72	2.0e−11 ***
Bminus1	-0.109536	0.008443	-12.97	< 2e−16 ***
Bis14	0.066347	0.072282	0.92	0.359
R2:A2	-0.126989	0.053841	-2.36	0.018 *
R3:A2	-0.097544	0.049465	-1.97	0.049 *
R2:A3	-0.041894	0.060023	-0.70	0.485
R3:A3	-0.138804	0.055476	-2.50	0.012 *
R2:U2	-0.002288	0.032524	-0.07	0.944
R3:U2	-0.000214	0.029226	-0.01	0.994
R2:W	-0.002231	0.067974	-0.03	0.974
R3:W	0.063855	0.062231	1.03	0.305
R2:Bminus1	0.007076	0.005495	1.29	0.198
R3:Bminus1	0.001414	0.005003	0.28	0.777
R2:Bis14	-0.034353	0.056984	-0.60	0.547
R3:Bis14	0.026924	0.052248	0.52	0.606
A2:U2	-0.027850	0.041099	-0.68	0.498
A3:U2	-0.058451	0.046086	-1.27	0.205
A2:W	0.172445	0.088386	1.95	0.051
A3:W	0.124628	0.098906	1.26	0.208
A2:Bminus1	-0.005273	0.006869	-0.77	0.443
A3:Bminus1	0.001427	0.007679	0.19	0.853
A2:Bis14	0.074591	0.049825	1.50	0.134
A3:Bis14	NA	NA	NA	NA
U2:W	0.023474	0.052041	0.45	0.652
U2:Bminus1	-0.000096	0.004087	-0.02	0.981
U2:Bis14	-0.001739	0.043217	-0.04	0.968
W:Bminus1	0.005245	0.008740	0.60	0.548
W:Bis14	-0.045760	0.092255	-0.50	0.620
Bminus1:Bis14	NA	NA	NA	NA

§9.7 习 题

§9.1

1. 计算 $\mu = 4, 5, \cdots, 40$ 处的值并作图, 以说明例 9.1.1 中近似的合理性.

§9.2

1. 对于在广义线性模型的随机分量中提及的各个分布, 证明其均值总为 μ_i, 并给出方差用 μ_i 和 ψ_i 表示的表达式.

2. 如果 $X_i \sim \text{gamma}(\alpha, \beta_i)$ 满足参数 $\alpha = 1/\phi$ 和 $\beta_i = 1/(\phi\,\mu_i)$, 试证明所有 X_i $(i = 1, \cdots, n)$ 具有相同的变异系数, 并计算其偏度.

§9.3

1. 验证式 (9.10), 式 (9.22) 和式 (9.23) 三个等式. 另外, 验证在假设式 (9.20) 下, 式 (9.17) 描述的是式 (9.19) 的最大值.

2. 通过求解下列方程组

$$\sum_{i(j)} w_{ij}\, z_{ij}(\alpha_i\beta_j - y_{ij}) = 0, \quad \text{对于所有 } j(i),$$

其中

$$\begin{aligned} z_{ij} &= 1 + \frac{y_{ij}}{\alpha_i\,\beta_j} && \text{Bailey-Simon 法,} \\ &= 1 && \text{边缘总和法,} \\ &= \alpha_i\,\beta_j && \text{最小二乘法,} \\ &= \frac{1}{\alpha_i\,\beta_j} && \text{直接法,} \end{aligned}$$

证明 Bailey-Simon 法、边缘总和法、最小二乘法、以及直接法, 都可以表示为加权边缘总和法.

3. 证明可加模型 $\mathrm{E}[X_{ij}] = \alpha_i + \beta_j$ 与边缘总和法的一致.

4. $Y_{ij}/(\alpha_i\beta_j)$ 的均值和方差在满足什么条件时, 由式 (9.23) 得到的是 α_i 的最优估计? (见习题 8.4 第 1 题)

5. 从 $\widehat{\alpha}_1 = 1$ 出发, 确定例 9.3.1 中的 $\widehat{\alpha}_2$, $\widehat{\beta}_1$ 和 $\widehat{\beta}_2$. 判断关于 $\widehat{\alpha}_1$ 所得的解是否为每一方程组中对应方程的解. 对于初始值 $\widehat{\beta}_j \equiv 1$, 确定不同模型下首次迭代后的结果, 确定重新尺度变换后满足 $\widehat{\alpha}_1 = 1$ 后的结果.

6. 在例 9.3.1 中, 比较不同模型下求出的总保费. 若将所有权重 w_{ij} 除以 10, 则会有怎样的结果?

7. 证明: 当 S_{ij} 服从方差为 $w_{ij}\sigma^2$ 的正态分布时, 由最小二乘法得到的是极大似然估计量.

8. 如果分别用本节中提到的四个不同的方法来拟合 $\widehat{\alpha}_i$ 和 $\widehat{\beta}_j$, 那么它们的残差和 $\sum_{i,j}(s_{ij} - w_{ij}\widehat{\alpha}_i\widehat{\beta}_j)$ 间会有什么关系?

§9.4

1. 判断式 (9.29) 是否为泊松分布的尺度偏差.

2. 判断式 (9.32) 是否为伽玛分布的尺度偏差.

3. 证明在性质 9.3.2 的模型中, 式 (9.29) 的第二项恒为零.

4. 进一步证明, 对于期望值的可乘模型中, 如果用直接法估计参数, 那么偏差 (9.32) 的第二项也为零.

5. 参考注 9.2.5, 对于泊松和伽玛广义线性模型的偏差残差, 分别是式 (9.29) 和式 (9.32) 中第 i 项的平方根, 符号与 $y_i - \widehat{\mu}_i$ 一致. 利用不等式 $t - 1 \geqslant \log t (t \geqslant 0)$, 证明这些第 i 项均非负.

6. 执行下面 R 程序:

```
set.seed(1); y <- rpois(10, 7+2*(1:10))
g <- glm(y~I(1:10), poisson(link=identity))
2-AIC(g)/2 == logLik(g)
```

解释为什么会返回 TRUE 值. 如何利用函数 dpois 和 fitted 重新构建极大似然函数值? 并计算 g 的 BIC 值.

7. 对于 $X \sim \mathrm{N}(\mu, 1)$, gamma$(\mu, 1)$ 和 Poisson(μ) 三种情形, 分别用极大似然函数法求众数.

§9.5

1. 用类似本节的分析方法, 对附录 A.3 中的保单组合进行分析.

2. 对于第 1 题中的保单组合, 应用 R 语句

```
g <- glm(y~Re*Sx, poisson); anova(g, test="Chisq")}
```

如果我们采用加总数据, 而非原始数据, 比较结果会有怎样的不同. 进一步对比残差分析的结果.

§9.6

1. 作平均理赔次数关于奖惩系统中等级的图. 将平均理赔次数取对数后, 再重新画图.

2. 作平均理赔次数关于车重的对数值的图. 将平均理赔次数取对数后, 再重新画图.

3. 注意到, 表 9.7 中只有 7524 个单元, 而不是 8316 个, 原因是很多单元的权重 Expo = 0. 试解释为什么有很多单元为空. [提示: 可享受最大折扣的驾驶员的年龄至少是?]

4. 在表 9.7 中的模型中, 保证拟合效果不显著降低的前提下, (B==14), B 或者 W 能否被剔除? 这对每个车重类别各自采用的系数有什么帮助?

5. 在表 9.10 中的模型中, 不考虑交互影响, 偏差为 38 616 941, 自由度为 7515; 考虑交互影响, 偏差为 38 408 588, 自由度为 7491. 考虑交互影响是否能够显著提高拟合效果?

在表 9.10 中, 通过回答以下问题容易解释 Bminus1:Bis14 的系数为空: 它与 Bis14 的关系是什么? 证明当 Expo > 0 时, A3:Bis14 与 Bis14 - A2:Bis14 恒相等. 见第 3 题.

6. 在拟泊松误差结构下, 估计 nCl/Expo 关于 R, A, M, U, W, B 和 B==14 的可乘模型; 在 Gamma 分布族下, 估计 TotCl/nCl 关于上述协变量的可乘模型. 模型中用对数联结和权重 nCl. 在 Gamma 分布族中, 非正数的观测值是不允许出现的, 即使其对应的权重为零. 因此最好限制数据的 subset 满足 nCl>0, 或者将 0 观测值改为 0.1, 例如, 可以使用语句 nCl <- ifelse(nCl=0,0.1,nCl). 将这两个模型结合起来估计风险保费, 将系数与通过直接估计 TotCl/Expo 得到的系数进行比较.

7. 注意到赔付率高于 56%, 对于保险人而言是 "坏" 的风险, 低于 56% 为 "好" 的风险. 讨论定价系统是否需要调整, 如何调整. 解释为什么赔付率会涉及车重等级 WW.

8. 将总理赔量的方差与均值的比率写为 λ 的函数. 考虑到实际中 $\lambda \in [0.05, 0.2]$, 那么将该比率视为常数是否合理?

9. 对于理赔额大小, 我们不采用参数 $\alpha = \frac{1}{2}$ 的 gamma(α, β) 分布, 而采用与之有相同均值和方差的 lognormal(μ, σ^2) 分布. 那么, μ, σ^2 与 α, β 满足什么关系可以保证其均值方差相等? 此外, 它们的偏度是什么关系?

10. 对于包含 n 个保单、平均理赔频率 $\lambda = 0.1$ 的风险单元, 如果理赔次数不是齐次泊松模型, 而是注 9.6.3 中给出的混合泊松模型, 那么计算该单元的过度散布值 $\text{Var}[N]/\text{E}[N]$.

11. 通过执行下列语句找出盈利最好和最差的保单群体:

```
l <- list(Use=U,Age=A,Area=R,Mile=M)
round(ftable(100*tapply(TotCl,l,sum)/tapply(TotPrem,l,sum)))
```

第10章 IBNR 技 术

IBNR 准备金是保险会计这台机器中一个重要的齿轮

——Bornhuetter 和 Ferguson, 1978

§10.1 引 言

过去, 非寿险行业是采用现收现付制来经营的, 即不论这些理赔是源于哪一年的保单, 在某年的所有理赔都是由这一年的保费收入来支付的. 保单组合的财务平衡是通过在每一特定的财务年度内, 收到的保费与支出的理赔相平衡来维持的. 一年中保费收入与理赔支出的差异, 便会导致这一年经营上的盈利和损失.

事实上, 源于某一特定年保单的理赔通常不能在同一年处理完毕. 譬如, 对责任险而言, 一般会有很长时间的法律程序, 而且还会有其他延迟原因, 例如, 很难评估确切的理赔额度. 又如在伤残保险中, 理赔也许需要稍后登记, 或存在多次付款的情形. 所有这些因素都会延迟理赔的实际支付时间. 对于那些已发生但未充分掌握证据的理赔, 在某种程度上是可以预见的, 比如, 我们知道理赔一定会发生, 但无法确定理赔额的情形. 另一种情形是, 在一特定年度内关于诸理赔的保费已缴纳, 且理赔已发生, 但保险公司尚未收到承保通知, 这时也许会因未来年度进行赔偿而导致损失.

如今, 一些理赔已与保费支付年度相匹配. 这意味着必须设定一笔准备金, 即已知理赔是存在的, 但无法确定最终理赔额度的情形. 对于这种理赔, 存在若干同义词. 一种称谓是 IBNR (incurred but not reported) 理赔, 即已发生未报案的理赔. 同样地, 基于 IBNR 方法, IBNR 理赔和 IBNR 准备金也可作同样的理解. 还有一种 RBNS(reported but not settled) 理赔, 即已报案但未支付的理赔. 其他的同义词是 IBNFR, IBNER 和 RBNFS, 其中 F 表示完全地 (fully), E 表示充分地 (enough). 对于大额理赔, 保险公司通常采取逐案分析法予以处理.

当模拟这些情况时, 通常采用流量三角形法, 包含每一保单年度与进展年度的损失数据, 如累积赔付额, 编制方法如下:

(1) 一个保险合同组合自 2011 年开始. 假设到 2019 年 1 月 1 日 (起始年 8 年后) 所有的理赔支付才能全部已知;

(2) 2011 年发生的理赔必然由 2011 年所收的保费支付;

(3) 除了 2011 年支付的赔款, 赔付也可能发生在 2012~2018 年;

(4) 同样地, 对以 2011 年为起始年的理赔来说, 在 2011~2018 年的理赔额是已知的, 但需在 2019 年支付的赔款却是未知的;

(5) 对 2016 年来说, 已知的理赔额是在 2016~2018 年支付的, 但在 2019 年及以后的付款仍是未知的;

(6) 对那些在 2018 年已交保费的理赔来说, 至 2018 年 12 月 31 日, 仅有至 2018 年的理赔额是已知的, 2019 年及以后将有更多的理赔, 我们可以预期到一种类似于 2011~2018 年的理赔发展模式.

发展模式可用表 10.1 中的三角形图示之. 三角形中的数字为所有的已知理赔额, 以起始年 i (代表行) 与进展年 j (代表列) 分组. 例如, 在 2013 年所属行中共含 6 个至 2018 年 12 月 31 日的数, 此行的第三个元素代表由 2013 年引发的, 且在第三个进展年, 即 2015 年支付的理赔额. 在表 10.1 的三角形中, 我们只考虑新的合同, 譬如, 在 2011 年首发一类新保单时, 便可出现这样的情形. 平均而言, 2011 年承保的业务仅在半年内处理, 这就是第一列的数较第二列小的原因. 位于对角线 $i+j-1=k$ 上的元素表示日历年 k 的付款. 有许多方法可以将数据分组成一个三角形, 但表 10.1 给出的三角形是最常见的一种. 根据表 10.1 给出的理赔额, 我们要预测出未来日历年支付的理赔, 这些未来的理赔对应于表 10.1 中右下角部分. 精算学中 IBNR 技巧的目标是预测这些数据, 即将原三角形拓展为一正方形. 位于右下方的数据总和便是在未来支付的, 且需在 2011~2018 年征收的保费中予以支付的所有理赔额之和, 这一总和恰为持有的准备金.

表 10.1　以进展年 (水平方向) 和起始年 (垂直方向) 表述赔付款的流量三角形

起始年	进展年							
	1	2	3	4	5	6	7	8
2011	101	153	52	17	14	3	4	1
2012	99	121	76	32	10	3	1	
2013	110	182	80	20	21	2		
2014	160	197	82	38	19			
2015	161	254	85	46				
2016	185	201	86					
2017	178	261						
2018	168							

我们假设以上发展模式持续了 8 年, 但实务中, 特别是在责任险中, 理赔有可能持续更长的时间. 如果出现这种情况, 我们必须对 8 年以后的发展进行预测, 但流量三角形对此并未提供数据. 我们不仅要构造一个正方形, 还要将原三角形拓展

为一个包含更多进展年的长方形. 通常的做法是假定发展模式在一定年份后终止, 并对后续发展期间采用一个修正因子进行预测.

未来的赔付额是遵循成熟的精算实践来估计的. 有时给出一个核心估计值, 有时需要考虑待估值与实际结果的全部可能性, 估计值的均值和方差是十分重要的. 确定准备金的方法有多种, 包含不同的模型假定, 不同的估计量, 每一种都能满足一些特定的要求. 在实务中, 最有可能产生"最优"估计量的方法将被用于估计未来的理赔额, 而其他方法的结果可用来评定随机结果的变异程度. 当然, 这是一个并不科学的途径.

有多种方法可以用来完成表 10.1 中的三角形, 每种方法反映一定数量外在因素的影响. 在起始年 (垂直) 方向, 保单组合的变异程度将会影响理赔数字. 另一方面, 在进展年 (水平) 方向, 理赔处理程序或终结理赔的速度变化也会对相应的理赔数字产生一定的影响. 对应于特定日历年份的对角线上的数字会因通货膨胀而发生变化, 也会因法规的改变和递增的理赔倾向而变化. 举个例子, 在医疗责任险中, 风险逐年递增, 而且诉讼案件越来越多, 这些变化便会在对角线的数字中体现出来. 换言之, 以进展年与日历年作为因子的分离模型可能是研究这种递推保单组合的最佳选择.

显然, 人们尝试对理赔产生的随机机制勾勒出一幅尽可能清晰的图景, 不断地检验模型并估计模型的最优参数, 从而构造出有关未知观测量的最优估计值. 尤为重要的是了解理赔方差与均值的联系. 方差可能是任意常数, 也可能与均值成比例或与均值的平方成比例 (意味着变异系数为一常数), 或和均值间具有其他的关系. 详见 §10.2, 也可参照第 9 章.

正如许多费率厘定技巧一样 (见第 9 章), 在精算学文献中, 通常是先给出一种启发式的方法来构造 IBNR 三角形, 随后再阐明更为严谨的统计方法. 在 §10.2 中, 我们简要阐述两种最普遍的 IBNR 三角形预测技术: 链梯法和 B-F 法. 存在一种基本的广义线性模型, 有关它的极大似然估计量可以借助熟知的链梯法来计算. 另一方面, 也可以给出一种基于非严格统计结构的模型, 而链梯法的计算则可以给出均方误差意义下最优估计量. 在 §10.3 中, 我们将给出一个一般的广义线性模型, 它的特殊情况将产生若干熟悉的 IBNR 估计方法, 诸如算术与几何分离法、链梯法等. 我们将在 §10.4 中给出数值说明, 如何在广义线性模型中应用不同的协变量集合来完成表 10.1 中的三角形. 在 §10.5 中将展示如何应用 R 进行计算. 在 §10.6 中将研究链梯法及 bootstrap 法预测误差的解析估计, 这些是由 England 与 Verrall(1999) 和 England(2002) 提出的. 通过这种方法, 可以得到对未来随机损失预测的标准误差和近似的预测分布. 在 §10.7 中我们给出另一个例子, 其中, 事故年相关参数由已知的组合规模代替, 即保单数或保费收入, 便产生了一种与 B-F 法相关的方法.

§10.2 两种经典的 IBNR 方法

在实务中通用的方法是链梯法和 B-F 法, 本节我们做一个简要的概述, 而关于 R 的具体应用, 我们会在之后的章节中描述.

§10.2.1 链梯法

链梯法的主要思想是: 在任一进展年中, 来自于每一起始年的理赔比例是相同的. 换言之, 在流量三角形中列是等比例的. 在表 10.2 中, 我们将解释流量三角形是如何预测未观测部分的. 需要注意的是, 在很多材料中给出的流量三角形中每一行是累积的, 这是过去手工计算留下的习惯, 在本书中我们不采用该习惯.

表 10.2 以链梯法完成流量长方形的说明

	1	2	3	4	5
01	$\mathcal{A}$	$\mathcal{A}$	$\mathcal{A}$	$\mathcal{B}$	$\bullet$
02	$\mathcal{A}$	$\mathcal{A}$	$\mathcal{A}$	$\mathcal{B}$	
03	$\mathcal{C}$	$\mathcal{C}$	$\mathcal{C}$	$\star$	
04	$\mathcal{D}$	$\mathcal{D}$	$\widehat{\mathcal{D}}$	$\star\star$	
05	$\bullet$				

在表 10.2 中位于单元 (3,4) 的元素, 我们以 $\star$ 表示保单年 03 年在第四个进展年的赔付额, 即日历年 06 年的理赔数字, 也是第一个未来的日历年, 紧挨着已观测数字的边缘. 基于同比例的假设, 元素 $\star$: $\mathcal{C}$ 的比率与元素 $\mathcal{B}:\mathcal{A}$ 的比率相等. 也就是说, 元素 $\star$ 的估计值 $\widehat{X}_{34}$ 计算如下:

$$\widehat{X}_{34}=\mathcal{C}_{\Sigma}\times\frac{\mathcal{B}_{\Sigma}}{\mathcal{A}_{\Sigma}}. \tag{10.1}$$

譬如, 其中 $\mathcal{B}_{\Sigma}$ 为表 10.2 中已观测到的诸 $\mathcal{B}$ 元素的总和. 预估值 $\widehat{\mathcal{D}}$ 也是由同样的方法得出, 将元素所在行左边与元素所在列上方的总赔付相乘, 再除以之前的保单年与进展年的总赔付. 关于元素$\star\star$的估计值 $\widehat{X}_{44}$ (保单年 04 年, 日历年 07 年) 可以用同样的 "发展因子" $\mathcal{B}_{\Sigma}/\mathcal{A}_{\Sigma}$ 计算得出:

$$\widehat{X}_{44}=\mathcal{D}_{\Sigma}\times\frac{\mathcal{B}_{\Sigma}}{\mathcal{A}_{\Sigma}}. \tag{10.2}$$

以上 $\mathcal{D}_{\Sigma}$ 中包含了 $\widehat{\mathcal{D}}$, 需要注意的是, 这不是一个实际的观测值, 而是如上构造出来的预估值. 通过应用 $\star=\mathcal{C}_{\Sigma}\times\mathcal{B}_{\Sigma}/\mathcal{A}_{\Sigma}$, 很容易得出同样的预估值:

$$\widehat{X}_{44}=\frac{\mathcal{D}_{\Sigma}\times(\mathcal{B}_{\Sigma}+\star)}{\mathcal{A}_{\Sigma}+\mathcal{C}_{\Sigma}}. \tag{10.3}$$

从而遵循了关于次一日历年中观测量的相同流程. 通过这种方法, 从第 2 行开始, 自左向右, 整个右下方的三角形便可预测出来.

注 10.2.1 (链梯法的镜像性) 注意, 这一流程也可产生构造正方形的相同估计, 为此我们仅需交换进展年和起始年, 即考虑三角形关于对角线的镜像. ▽

注 10.2.2 (链梯法的边缘总和性) 链梯法可描述如下: 找出数值 $\widehat{\alpha}_i, \widehat{\beta}_j, i, j = 1, \cdots, t$, 对满足 $i+j-1 \leqslant t$ 的已观测组合 (i, j) 来说, 乘积 $\widehat{\alpha}_i\widehat{\beta}_j$ 与实际观测值有相同的行与列的总和:

$$\sum_{j(i)} \widehat{\alpha}_i\widehat{\beta}_j = \sum_{j(i)} X_{ij}, \quad \text{所有的} \quad j(i), \tag{10.4}$$

即可得出满足 $i+j-1 > t$ 的组合 (i, j) 的预测值, 即为 $\widehat{\alpha}_i\widehat{\beta}_j$. 后面将介绍如何求解 $\widehat{\alpha}_i, \widehat{\beta}_j$ 的值.

通过表 10.2, 我们将论述此种方法如何得出与链梯法同样的预估值. 首先, 可以看出 $\mathcal{B}_\Sigma$ 和 $\mathcal{C}_\Sigma$ 已分别是列与行的和, 而且理赔额总和 $\mathcal{A}_\Sigma$ 可通过这些数计算出来. 举例来说, 当 R_i 和 C_j 分别代表第 i 行与第 j 列的和, 则 $\mathcal{A}_\Sigma = R_1 + R_2 - (C_5 + C_4)$.

其次, 若我们将过去的损失额 X_{ij} 用估计值 $\widehat{\alpha}_i\widehat{\beta}_j$ 来代替, 行与列的和不变, 由此得出的数值如 $\mathcal{A}_\Sigma$ 也不变. 当上述链梯法则应用于新的三角形中, $\widehat{\alpha}_i\widehat{\beta}_j$ 的值可看成未来预测值. ▽

链梯法的基本原则允许有多种变形. 人们也许会质疑, 在列之间是否确实存在比例关系. 无疑, 这是因为沿着描述理赔起始年的坐标轴操作而决定的. 链梯法仅能适应当那些对理赔比例产生影响的因子不随时间变化时的流量模式.

链梯法仅是一种确定的计算法则, 在某些情况下, 仍存在与流量三角形生成过程相关的其他随机模型, 同样的计算可产生最佳的预估值. 例如见 §10.3.1.

§10.2.2 B-F 法

链梯法的一个难点是准备金预测的不稳定性. 在表 10.2 中, 由于样本变化引起的 $\mathcal{C}_\Sigma$ 值 $p\%$的变动将会引起此行预估值同样的变化. 因此, 将此种方法应用于不稳定的理赔实务中将会产生不稳定的预估值. 当三角形中加入新的对角线观测值, 这种自身的不稳定性将在每年的准备金变化中体现出来. Bornhuetter-Ferguson(1972) 提供了一种稳定预估值的方法.

假定每一事故年 i 的最终期望损失已知, 即 $\mathrm{E}[X_{i1} + \cdots + X_{it}] = M_i$, 其中 M_i 已知, 此量经常被称为计划或预算*最终损失*. 注意, 期望最终赔付率 M_i/P_i 也已知, 其中, P_i 为事故年 i 的保费收入. 将先前的估计值与链梯法的进展因子相结合, 便可产生整个损失进展的估计值, 细节详见 §10.7.

可以证明, B-F 法可解释为一种贝叶斯方法, 预测量与信度估计量有相同的形式.

§10.3 一个包含不同 IBNR 方法的广义线性模型

本节将给出这样一种广义线性模型, 若干常用的、传统的构造 IBNR 三角形的精算方法皆可视为其特例. 表 10.3 中, 随机变量 $X_{ij}, i,j=1,2,\cdots,t$, 表示起始年 i 与进展年 j 的理赔额, 即在日历年 $i+j-1$ 支付的理赔额. 对满足 $i+j-1\leqslant t$ 的组合 (i,j) 来说, X_{ij} 是已观测量, 其他的情形是未来的观测量. 除了表示实际支付的理赔款, 这些数字也可用于表示赔付率. 我们采用一种可乘模型, 它对每一行 i, 每一列 j 与每一对角线 $k=i+j-1$ 皆赋予一个参数, 确切地说, 有下述关系式:

$$X_{ij}\approx\alpha_i\cdot\beta_j\cdot\gamma_k. \tag{10.5}$$

现假定式 (10.5) 左边的观测量与右边均值之间的差异归因于偶然因素. 若进一步假定随机变量 X_{ij} 是相互独立的, 且限定其分布属于指数散布族, 那么式 (10.5) 便可视为第 9 章所述的广义线性模型. 起始年 i, 进展年 j 与日历年 $k=i+j-1$ 皆可视为观测量 X_{ij} 的解释变量, X_{ij} 的期望值可表示为线性形式 $\log\alpha_i+\log\beta_j+\log\gamma_k$ 的指数, 从而存在一个对数联结. 需要注意的是, 协变量为代表成员在表 10.3 中所处行、列与对角线的所有虚拟变量. 我们将在 X_{ij} 的概率分布的各种假定下, 确定诸参数 α_i , β_j 与 γ_k 的极大似然估计. 借助这一简便途径, 即可导出许多广为使用的 IBNR 技巧.

表 10.3 流量三角形中的随机变量

起始年	进展年				
	1	$\cdots$	$t-n+1$	$\cdots$	t
1	X_{11}	$\cdots$	$X_{1,t-n+1}$	$\cdots$	X_{1t}
$\vdots$	$\vdots$		$\vdots$		$\vdots$
n	X_{n1}	$\cdots$	$X_{n,t-n+1}$	$\cdots$	X_{nt}
$\vdots$	$\vdots$		$\vdots$		$\vdots$
t	X_{t1}	$\cdots$	$X_{t,t-n+1}$	$\cdots$	X_{tt}

如确定了诸参数的估计量, 便可简便地将三角形扩展为一个正方形, 只需取

$$\widehat{X}_{ij}\approx\widehat{\alpha}_i\cdot\widehat{\beta}_j\cdot\widehat{\gamma}_k. \tag{10.6}$$

存在的问题是, 当 $k>t$ 时, 我们没有日历年 k 的 γ_k 的数据. 该问题可如下解决, 譬如, 不妨假定 γ_k 具有几何形式, 即对某正实数 γ, 有 $\gamma_k\propto\gamma^k$.

§10.3.1 作为广义线性模型的链梯法

自模型 (10.5) 导出的第一个方法是 §10.2.1 中的链梯法. 假设我们对模型 (10.5)

限定:

$$X_{ij} \sim \text{Poisson}(\alpha_i\beta_j) \text{ 且相互独立}; \quad \gamma_k \equiv 1. \tag{10.7}$$

事实上, 若参数 $\alpha_i > 0$ 与 $\beta_j > 0$ 由极大似然法予以估计, 我们将得出一个具有泊松误差与对数联结的可乘广义线性模型, 这是因为观测值 $X_{ij}, i, j = 1, \cdots, t;\ i+j \leqslant t$ 为相互独立的泊松随机变量, 且它们的均值满足对数模型; 解释变量为作为因子的行数与列数.

由性质 9.3.2 推知, 三角形的边缘总和, 即观测值 X_{ij} 的行总和 R_i 与列总和 C_j 分别等于关于这些量的估计值 $\sum\limits_j \widehat{\alpha}_i\widehat{\beta}_j$ 与 $\sum\limits_i \widehat{\alpha}_i\widehat{\beta}_j$, 见式 (10.4). 由注 10.2.2 可知, 由广义线性模型产生的参数 α_i 与 β_j 的最优估计与链梯法得出的估计值相等.

这些参数中有一个参数是多余的, 这是因为如以 $\delta\alpha_i$ 和 β_j/δ 分别替换 α_i 与 β_j , 我们可得到相同的期望值. 为克服这一模糊性, 我们对参数赋予一附加的限制. 我们可以用一边角约束, 例如, 假定 $\alpha_1 = 1$, 而一个保证参数可辨识性的更加自然的限制是令 $\beta_1 + \cdots + \beta_t = 1$. 这样 β_j 可解释成第 j 个进展年的理赔占整体的比例, 而 α_i 可解释为起始年 i 的 "容量", 即所有赔付款的总和.

模型 (10.7) 的极大似然化可由 R 中的函数 glm 得出, 见 §10.5. 但由于数据呈一个三角形的形状, 边缘总和方程组可以由下面递堆方法求解, 这起源于 Verbeek(1972) 对算术分离法的研究, 阐述如下.

算法 10.3.1 (链梯法的 Verbeek 算法) 在表 10.4 中, 行和与列和为表 10.3 中的 X_{ij} 的和. 求解边缘总和方程组 (10.4), 步骤如下:

(1) 根据第一行和等式 $\widehat{\alpha}_1(\widehat{\beta}_1 + \cdots + \widehat{\beta}_t) = R_1$, 成立 $\widehat{\alpha}_1 = R_1$. 那么, 根据 $\widehat{\alpha}_1\widehat{\beta}_t = C_t$ 可知 $\widehat{\beta}_t = C_t/R_1$.

表 10.4 流量三角形的边缘总和等式

起始年	进展年					行总和
	1	$\cdots$	$t-n+1$	$\cdots$	t	
1	$\alpha_1\beta_1$		$\alpha_1\beta_{t-n+1}$		$\alpha_1\beta_t$	R_1
$\vdots$						$\vdots$
n	$\alpha_n\beta_1$		$\alpha_n\beta_{t-n+1}$			R_n
$\vdots$						$\vdots$
t	$\alpha_t\beta_1$					R_t
列总和	C_1	$\cdots$	C_{t-n+1}	$\cdots$	C_t	

(2) 假定, 对某一 $n < t$, 我们得出估计值 $\widehat{\beta}_{t-n+2}, \cdots, \widehat{\beta}_t$ 与 $\widehat{\alpha}_1, \cdots, \widehat{\alpha}_{n-1}$. 结

合下面两个边缘总和方程:

$$\begin{aligned}&\widehat{\alpha}_n(\widehat{\beta}_1+\cdots+\widehat{\beta}_{t-n+1})=R_n;\\&(\widehat{\alpha}_1+\cdots+\widehat{\alpha}_n)\widehat{\beta}_{t-n+1}=C_{t-n+1},\end{aligned}\tag{10.8}$$

我们取 $\widehat{\beta}_1+\cdots+\widehat{\beta}_t=1$, 则可由第一个方程直接得出 $\widehat{\alpha}_n$ 的值, 然后从第二个方程可计算出 $\widehat{\beta}_{t-n+1}$ 的值.

(3) 对所有的 $n=2,\cdots,t$, 依次重复步骤 (2). ▽

§10.3.2 算术与几何分离法

在分离模型中, 我们假定在每一进展年中发生固定百分比的理赔, 也假定了沿着流量三角形对角线的方向 (自左顶部至右底部) 运作的附加影响. 于是, 这一模型最佳地描述了这样的情况: 理赔数字反映了通货膨胀, 或风险因其他缘由而递增. 这种递增是由关于每一日历年的一个指标因子刻画, 该因子对平行于对角线的观测量取常值. 在表 10.4 中我们假定随机变量 X_{ij} 是关于起始年 i 和进展年 j 的平均损失数字, 即总损失除以理赔次数.

算术分离法 算术分离法由 Verbeek(1972) 给出, 将模型用于预测已报案止损理赔的次数. 随着时间的推移, 由于通货膨胀的存在, 更多的理赔额会超过预留额, 这种影响必须考虑到模型之中. 如同链梯法和 B-F 法, 在算术与几何分离法中, 理赔额 X_{ij} 也是由时间的两个侧面解释. 但这里存在日历年影响 γ_k, 其中 $k=i+j-1$, 和进展年影响 β_j. 这样, 通货膨胀和流量模式是确定理赔数字的关键性因素. 对于*算术分离法*, 我们假定:

$$X_{ij}\sim \text{Poisson}(\beta_j\gamma_k)\ \text{且相互独立};\quad \alpha_i\equiv 1.\tag{10.9}$$

同样, 参数 β_j 和 γ_k 仍可由极大似然估计法予以估计. 因这也是一个广义线性模型 (泊松分布具有对数联结), 故由性质 9.3.2 可知, 此时边缘总和法依然适用. 在模型 (10.9) 中, 边缘总和是列和与对角线的求和, 其中 $i+j-1=k$.

根据一个非常类似于方法 10.3.1(Verbeek) 的关于链梯计算的方法, 我们也可获得算术分离法中的参数估计. 现阐述如下: 首先, 我们有 $\mathrm{E}[X_{ij}]=\beta_j\gamma_{i+j-1}$. 其次, 参数 β_j, $j=1,\cdots,t$, 描述了进展年 j 支付占总理赔的比例, 假定在 t 个进展年后理赔已处理完毕, 因此有 $\beta_1+\cdots+\beta_t=1$. 于是, 利用边缘总和方程 (参见表 10.4), 我们便可立即确定最优因子 $\widehat{\gamma}_t$, 它反映了基础水平时间的通胀, 也作为最长对角线上观测量之和 $\sum\limits_i X_{i,t+1-i}$. 因 β_t 仅出现在最后一列上, 故有 $\widehat{\beta}_t=\widehat{X}_{1t}/\widehat{\gamma}_t$. 利用此量, 我们可以进一步计算 $\widehat{\gamma}_{t-1}$, 然后再计算 $\widehat{\beta}_{t-1}$, 如此下去. 恰如链梯法所述, 这样构造出来的估计量必满足边缘总和方程. 且由性质 9.3.2 可知, 它们也是极大似然估计量.

为完成正方形的其余部分, 我们还需知道与相应估计量 $\widehat{\beta}_j$ 相乘的各参数 $\gamma_{t+1}, \cdots, \gamma_{2t}$ 的值, 我们可通过某种外插序列 $\widehat{\gamma}_1, \cdots, \widehat{\gamma}_t$ 来确定这些参数的值, 有许多技巧可完成这一计算, 如利用对数线性插值法.

几何分离法　几何分离法涉及下述统计模型中参数的极大似然估计:

$$\log(X_{ij}) \sim \mathrm{N}\left(\log(\beta_j \gamma_k), \sigma^2\right) \text{ 且相互独立;} \quad \alpha_i \equiv 1. \tag{10.10}$$

此模型中 σ^2 为一未知方差. 我们可以得到一个普通的回归模型, 其中 $\mathrm{E}[\log X_{ij}] = \log \beta_j + \log \gamma_{i+j-1}$, 其参数即可借助常用的方法来估计. 不过, 基于 $\prod_j \beta_j = 1$ 这些参数也可通过前述的递推法来估计.

注意, 此对数正态模型中的值 $\beta_j \gamma_{i+j-1}$ 并不等于 X_{ij} 的期望值. 事实上, 它仅是中位数, 我们有

$$\Pr[X_{ij} \leqslant \beta_j \gamma_{i+j-1}] = \frac{1}{2} \quad \text{且} \quad \mathrm{E}[X_{ij}] = \mathrm{e}^{\sigma^2/2} \beta_j \gamma_{i+j-1}. \tag{10.11}$$

§10.3.3　De Vylder 的最小二乘法

在 De Vylder(1978) 的最小二乘法中, 他假定 $\gamma_k \equiv 1$ 成立, 但在所有的有效观测组合 (i,j) 中, 参数 α_i 和 β_j 是通过使平方和 $\sum\limits_{i,j}(X_{ij} - \alpha_i \beta_j)^2$ 最小化来确定的. 不过, 这一做法等效于在下述模型中以极大似然法来确定 α_i 和 β_j:

$$X_{ij} \sim \mathrm{N}(\alpha_i \beta_j, \sigma^2) \text{ 且相互独立;} \quad \gamma_k \equiv 1. \tag{10.12}$$

恰似链梯法一样, 我们假定在一个特定的起始年/进展年组合的平均赔付将取决于两种因素. 首先, 一个参数刻画了起始年, 它与同年保单组合的容量成比例. 其次, 另一个参数确定了理赔至其各发展期末将分别以怎样一种比例被处理完毕. 这些参数是以最小二乘法予以估计的.

实务中, 我们经常会发现 IBNR 三角形中, 并不是所有的数据都是有效的. 举例来说, De Vylder(1978) 的一个 10×10 的 IBNR 三角形中, 日历年 $1, \cdots, 5$ 以及进展年 $7, \cdots, 10$ 的观测值都不存在, 这些数字代表的也并不相关, 见表 10.5.

这篇论文首次提出在 IBNR 问题中, 分别从三个不同的视角对时间进行了刻画: 保单年 i 反映了组合增长, 进展年 j 反映了理赔流量模式, 日历年 $k = i + j - 1$ 反映了通货膨胀及法规变化. De Vylder 提出对数据 X_{ij} 利用可乘模型 $\alpha_i \beta_j \gamma_k$, 选择参数值 α_i, β_j 和 γ_k 使得最小化平方距离, 即求解

$$\min_{\alpha_i, \beta_j, \gamma_k} \sum_{i,j} w_{ij} (X_{ij} - \alpha_i \beta_j \gamma_{i+j-1})^2. \tag{10.13}$$

若 y_{ij} 为实际观测值, 我们乘以权重 $w_{ij}=1$, 否则乘以 $w_{ij}=0$, 因此总和可包含所有的组合 (i,j). 首先 De Vylder 假定通货膨胀因子固定, 即对某个实数 γ 有 $\gamma_k=\gamma^k$, 从而通过取 $\gamma_k\equiv 1$ 得出排除通货膨胀因素的模型, 见习题 10.3 第 4 题. 接下来, 他采用逐次替换法来解决导出的问题, 并给出了该方法的结果. 需要注意的是, 他的文章写于计算机普及之前, 因此他用的是可编程的手动计算器.

表 10.5 De Vylder (1978) 的流量数据

起始年	进展年					
	1	2	3	4	5	6
1						4627
2					15140	13343
3				43465	19018	12476
4			116531	42390	23505	14371
5		346807	118035	43784	12750	12284
6	308580	407117	132247	37086	27744	
7	358211	426329	157415	68219		
8	327996	436774	147154			
9	377369	561699				
10	333827					

§10.4 若干 IBNR 方法说明

起始年、进展年和日历年分别从三个不同的视角对时间做了刻画. 显然, 这些参数的引入有时会导致过度的参数化. 这样, 其中许多参数应该被剔除, 即在可乘模型中令它们均等于 1. 而另一些参数则可能要求它们相等, 譬如, 可通过将那些针对某一因子具有不同值的类别加以合并而达到. 允许类别可合并会需要同时考虑许多模型, 此种情形有时将难于构造合适的显著性检验. 此外, 有序的分类法 (诸如年龄层和奖惩级别), 除了在边界或某些特定类别, 也许会导致描述每类参数的一个固定增长. 在对数线性模型中, 为将联系于固定水平 (即分类) 的任意参数值以一种关于这些参数值的几何级数来代替, 可通过以实际的水平替换虚拟的因子来实现. 或者用 GLIM(广义线性交互建模) 的专业术语来描述, 即视这一变数为变量, 而非一个因子. 以某实数 α 的几何级数 α^{i-1} 来代替满足 $\alpha_1=1$ 的任意值 α_i, 这意味着假定组合容量每年以一个固定的百分比增加或减少. 对于参数 β_j 做同样的处理, 表明处理完毕的理赔比例随着每一进展年以一个固定的比例减少. 通常, 第一个进展年有别于其他的进展年, 例如第一年中仅计算三个季度的理赔情况. 这时最佳的处理方法是允许对第一年设置一单独参数, 即对实数 β_1 和 β, 分别取为 $\beta_1,\beta^2,\beta^3,\cdots$. 原来的 t 个参数 $\beta_1,\cdots,\beta_t$, 此时仅需考虑两个. 通过引入一虚拟变

量来指明与测量值 X_{ij} 有关的日历年 $k=i+j-1$ 是在 k_0 年以前或以后, 并分别令其以因子 1 或 δ 对均值做出贡献, 我们便设计得到这样一种模型, 其中一年份通胀率有别于其他年份标准的固定通胀率. 参数 β_j 的其他函数形式包括 Hoerl 曲线, 即对某实数 γ 和 δ, $\beta_j=\exp(\gamma j+\delta\log j)$. 这个式子通常可用于所有的行中, 也可单独用于某一行.

在第 9 章中, 我们将 (尺度) 偏差表示为观测值与预估值之间的 "距离", 这是由最大可能的似然值与一特定模型的似然值之间的差来确定的. 利用这一偏差便可检验是否值得引入更多的参数而使得模型复杂化. 现考虑这样一种嵌套模型, 它的参数集可通过对原有模型的参数赋予线性约束关系而构造出来. 对于此类模型我们是有可能判断观测值与预估值之间的距离是否 "显著地" 变大了. 可以证明, 在被剔除的参数是多余的原假设下, 这一距离差近似地服从 χ^2 分布. 类似地, 非嵌入模型的拟合优劣度可通过 Akaike 信息准则加以比较, 参见注 9.4.1.

某些回归软件无法处理所谓的 "虚拟陷阱"(即多重共线性) 问题, 这类问题是由于引入一些包含相互线性相关的协变量参数引起的. 处理这些问题时, 应用 `R` 中的 `glm` 函数会更方便一些. 譬如, 若将式 (10.5) 中所有的三个量都取成几何式的, 即考虑下列估计量:

$$\widehat{X}_{ij}=\widehat{\mu}\widehat{\alpha}^{i-1}\widehat{\beta}^{j-1}\widehat{\gamma}^{i+j-2}. \tag{10.14}$$

`R` 通过将三个参数中的最后一个取 1 而一直运行下去, 见习题 10.4 第 2 题. 注意, 通过在式 (10.14) 中引入 $\widehat{\mu}$, 所有三个参数估计皆可具有 $\widehat{\alpha}^{i-1}$, $\widehat{\beta}^{j-1}$ 和 $\widehat{\gamma}^{i+j-2}$ 的形式. 类似地, 可在式 (10.5) 中取 $\alpha_1=\beta_1=\gamma_1=1$, 此时参数 $\mu=\mathrm{E}[X_{11}]$ 便表示在第一个起始年与第一个进展年的水平.

§10.4.1 对表 10.1 中的理赔次数建模

我们采用几个不同的模型来解释表 10.1 中的理赔数字, 它们实际上是理赔次数; 平均赔付额见表 10.8. 为了判断哪一个模型为最完整数据, 我们估计了式 (10.5) 的几个模型. 这些模型均假定观测值服从 Poisson$(\alpha_i\beta_j\gamma_{i+j-1})$ 分布, 详见表 10.6. 通过附加如 $\beta_j=\beta^{j-1}$ 或 $\gamma_k\equiv 1$ 的对数线性约束, 即可导出 §10.3 中所述的各种模型. 不失一般性读者可在模型 I 中选取 $\gamma_8=1$. 这表明与模型 II 相比, 模型 I 仅多了 6 个待估参数. 注意, 对模型 I 而言, $\mathrm{E}[X_{ij}]=\mu\alpha_i\beta_j\gamma_{i+j-1}$. 因该模型需借助 $t(t+1)/2$ 个观测值来估计 $3(t-1)$ 个参数, 因此仅当 $t\geqslant 4$ 时, 模型 I 方有意义.

可以看出, 应用模型 $\mathrm{E}[X_{ij}]=\mu\alpha_i\beta^{j-1}$ 和 $\mathrm{E}[X_{ij}]=\mu\alpha_i\gamma^{i+j-1}=(\mu\gamma)(\alpha_i\gamma^{i-1})(\beta_j\gamma^{j-1})$, 我们可以得到相同的估计值. 应用模型 VIII 将表 10.1 中的三角形完成为正方形能够产生表 10.7. 列总和包含了预期未来理赔的行总和, 恰等于针对每一起

始年的准备金额. 位于左顶部的数字是已观测数据的估计值, 位于右底部的数字是未来赔付的预测值.

表 10.6 运用于表 10.1 中各种模型的参数、自由度 (观测值减去预估值)、偏差

模型	所用的参数	自由度	偏差
I	$\mu, \alpha_i, \beta_j, \gamma_k$	15	25.7
II	μ, α_i, β_j	21	38.0
III	μ, β_j, γ_k	21	36.8
IV	$\mu, \beta_j, \gamma^{k-1}$	27	59.9
V	$\mu, \alpha^{i-1}, \beta_j$	27	59.9
VI	$\mu, \alpha_i, \gamma^{k-1}$	27	504.0
VII	$\mu, \alpha_i, \beta^{j-1}$	27	504.0
VIII	$\mu, \alpha_i, \beta_1, \beta^{j-1}$	26	46.0
IX	$\mu, \alpha^{i-1}, \beta_1, \beta^{j-1}$	32	67.9
X	$\mu, \alpha^{i-1}, \beta^{j-1}$	33	582.0
XI	μ	35	2656

表 10.7 表 10.1 中通过模型VIII预估的理赔额, 最后一列为未来预期赔款总和

起始年	进展年								总和
	1	2	3	4	5	6	7	8	
2010	102.3	140.1	510.4	25.2	10.7	4.5	1.9	0.8	0.0
2011	101.6	1310.2	510.1	25.0	10.6	4.5	1.9	0.8	0.8
2012	124.0	1610.9	72.1	30.6	13.0	5.5	2.3	1.0	3.3
2013	150.2	205.8	87.3	37.0	15.7	6.7	2.8	1.2	10.7
2014	170.7	233.9	910.2	42.1	17.8	7.6	3.2	1.4	30.0
2015	1510.9	2110.1	92.9	310.4	16.7	7.1	3.0	1.3	67.5
2016	185.2	253.8	107.6	45.7	110.4	8.2	3.5	1.5	185.8
2017	168.0	230.2	97.6	41.4	17.6	7.4	3.2	1.3	398.7

所有其他模型皆可嵌入至模型 I 中, 这是因为它们的参数集皆可视为模型 I 参数的子集. 模型 I 的预估值最优地拟合了数据. 关于偏差和相应的自由度, 现作出如下说明: 对于最完全的模型 I, 在 95% 的置信水平下链梯模型 II 没有被拒绝, 这是因为它较模型 I 少了 6 个参数, χ^2 的临界值为 12.6, 而模型的尺度偏差的差仅为 12.3. 算术分离模型 III 较模型 II 更好地拟合了数据. 具有一个任意流量模式 β_j 和一个常数通胀率 γ 的模型 IV 等价于模型 V, 后者有一个关于保单组合容量的常数增长率. 习题 10.3 第 3 题要求读者解释为何这两个模型是等同的. 模型 IV 可嵌入模型 III 中, 且减少了 6 个参数, 它的估计量显著地不如模型 III. 类似地, 模型 V 不如模型 II, 模型 VI 和模型 VII 也是等同的, 它们对于观测值的拟合都不好. 在模型 VII 中, 除了第一年, 均具有一种几何进展模式, 该模型似乎是最优的: 它相嵌于模型 II 中, 且减少了 5 个参数, 但不显著地比模型 II 差. 当模型

Ⅷ 中第一列未被分开处理, 模型 Ⅲ 的拟合程度要优于模型Ⅶ. 比较模型 Ⅶ 和模型 Ⅸ, 我们发现保单组合的任意增长模式要优于固定增长模式. 在模型 Ⅹ 中既有一个常数增长率, 又有一种几何进展模式. 这种模型的拟合程度也较差, 主要是因为第 1 列的差异.

需要注意的是, 若显著性水平由 5%变为 6%, 模型 Ⅰ 优于模型 Ⅱ, 但并不能排除日历年效用的存在. 通过执行 `plot(k,residuals(glm(Nij--i+j,poisson)))` 可以看出 $k=3$ 的残差均小于零. 增加一个额外参数 γ_3 的确可以减少偏差. 但这个提高能否说明在 5%的水平下统计显著是另一回事. 这是因为我们是根据数据, 而主管选取的日历年 $k=3$. 因此, 将所有模型考虑在内, 得到的偏差差值为很多 χ^2 随机变量的最大值. 尽管它们可能相关, 但并不具有同单调性. 因此, 拒绝正确假设 (第一类错误) 的可能性不超过 5%.

从含有一个常数项的模型 Ⅺ 中可发现, 模型 Ⅷ 的 "可解释偏差百分比" 已超过 98%. 不过, 即便是模型 Ⅸ, 它含有一个常数项和另外三个参数, 才解释了 97.4%的偏差.

估计后的模型 Ⅷ 给出了下述预估值:

$$\text{Ⅷ:}\quad \widehat{X}_{ij}=102.3\times\alpha_i\times 3.20^{j\neq 1}\times 0.42^{j-1}, \tag{10.15}$$

其中

$$\vec{\alpha}'=(1,0.99,1.21,1.47,1.67,1.56,1.81,1.64).$$

上述 $j\neq 1$ 将理解为一个布尔表达式, 即为真时取值为 1, 非真 (即当 $j=1$ 的特殊列) 时, 取值为 0. 模型 Ⅸ 将产生下述预估值:

$$\text{Ⅸ:}\quad \widehat{X}_{ij}=101.1\times 1.10^{i-1}\times 3.34^{j\neq 1}\times 0.42^{j-1}. \tag{10.16}$$

§10.4.2 对赔付额建模

以起始年和进展年作为解释变量的泊松分布, 即链梯法, 适合对理赔次数建模. 除了表 10.1 给出的理赔次数, 我们还可以从表 10.8 中得到案均赔款. 对这些理赔额来说, 由因子 α_i 所刻画的保单组合规模是无关紧要的, 由于通货膨胀的影响, 日历年是一重要因子, 大额理赔容易导致延迟支付, 因此进展年也是重要因子. 因此对于此种情形, 分离模型将更适合. 我们利用可乘模型, 在案均赔款服从具有常变异系数的伽玛分布的假设下对它们作出了估计.

表 10.9 中列举了各种模型的相关后果, 可以看出模型的相嵌结构为 $7\subset 6\subset 4/5\subset 3\subset 2\subset 1$, 模型 4 和 5 皆介于 6 与 3 之间, 但彼此互不相嵌. 我们尺度化偏差, 以使得最完全的模型 1 具有一个等于其自由度即 15 的尺度偏差. 这样一来, 我们可检验模型精细化的显著性: 比较以比例偏差表示的盈利与以需额外待估参数

的个数作为自由度的 χ^2 分布的临界值的大小. 两条链中统计显著性的一步是自模型 7 至模型 6. 像在模型 5 中一样取任意进展参数 β_j 而不是像模型 6 中取几何形式 β^{j-1}, 这对拟合效果的改进并不显著. 通过引入一个关于通胀的参数 γ^{k-1}, 将模型 6 精细化至模型 4, 这也并不能产生显著的改进. 模型 4 至模型 3 以及模型 3 至模型 2 的精细化均未显著的改进拟合效果, 但模型 1 显著优于模型 2, 不过我们仍旧偏爱简单的模型 6, 不仅因为模型 6 未被模型 1 所控制, 还因为模型 1 以额外 19 个参数的代价仅换来尺度偏差表示的 26.2 的增加. 于是, 最优的估计从模型 6 中得到, 它在第 1 个进展年中给出的初始水平为 129, 在第 8 年递增至 $129 \times 1.17^7 = 397$. 注意, 相对于将 γ_{i+j-1} 取成几何式进展或取成常数, 如果任意地设定系数 γ_{i+j-1} 拟合并不没有显著改进, 则我们忽略通胀率或将其取成常数 (或分段常数) 为佳, 这样可以避免寻找 $\gamma_{t+1}, \cdots, \gamma_{2t}$ 外插值的问题.

表 10.8 与表 10.1 中赔付数据相关的平均赔付额

起始年	进展年							
	1	2	3	4	5	6	7	8
2010	62	146	117	175	203	212	406	318
2011	133	122	96	379	455	441	429	
2012	148	232	120	481	312	390		
2013	119	185	223	171	162			
2014	93	109	87	190				
2015	33	129	176					
2016	237	179						
2017	191							

表 10.9 运用于表 10.8 中案均赔款的各种模型的参数、自由度与比例偏差

模型	所用的参数	自由度	比例偏差	
1	$\mu, \alpha_i, \beta_j, \gamma_k$	15	15	(♡)
2	μ, β_j, γ_k	21	30.2	
3	$\mu, \beta_j, \gamma^{k-1}$	27	36.8	
4	$\mu, \beta^{j-1}, \gamma^{k-1}$	33	39.5	
5	μ, β_j	28	38.7	
6	μ, β^{j-1}	34	41.2	♡
7	μ	35	47.2	

若将关于起始年和进展年的案均赔款的估计值与理赔次数的估计值 (表 10.7) 组合起来, 我们即可得到准备金总额, 这些准备金在表 10.10 最右侧一列中给出, 相应的模型是由可乘模型 6 和 IX 的组合得到 (详见式 (10.16)), 于是估计的支付总额可由下式给出:

$$6 \times \text{IX}: \quad \widehat{X}_{ij} = 13041 \times 1.10^{i-1} \times 3.34^{j \neq 1} \times 0.46^{j-1}. \tag{10.17}$$

模型 (10.17) 在以下情况中仍适用, 在实际中, 人们经常不满足由观测值与估计值构成的正方形, 对起始年所作的相应估计后还需要考虑在最后观测值之后的那些进展年, 这样就得到一个预测值的长方形, 起始年 i 的支付总额的估计量等于 $\sum_{j=1}^{\infty}\widehat{X}_{ij}$, 显然, 只有在模型与模型 IX 的组合式 (10.17) 中的每一进展年的系数皆小于 1 时, 这些和才是有限的.

注 10.4.1 (已估 IBNR 总额的方差) 在实际中估计 IBNR 总和的方差是非常必要的, 因为这有助于给出这些估计值的一个预测区间. 如果模型选择正确, 参数估计则为无编的, 则方差反映了参数的不确定性及过程的波动. 如果我们假设, 在表 10.7 中, 选择的模型是正确的, 参数估计又和实际值一致, 则估计的行的和便是泊松随机变量的预测值. 由于这些随机变量的方差和均值相等, 各年的行和相互独立, 因此过程估计方差值的总和等于估计值均值的总和, 即 $0.8+\cdots+398.7=696.8=26.4^2$. 若模型中存在超散布性, 方差还必须乘以估计的超散布因子. 实际的方差还应包括均值估计值的变异, 不过这是很难得到的. 再一次假定所有参数的估计都是正确的, 模型也是正确的, 其中包含理赔额和理赔次数相互独立性的假设, 则表 10.10 中的数字便是以 $\lambda\mu_2$ 为均值的复合泊松随机变量的预测值. 理赔次数的参数 λ 可从表 10.7 中求得, 伽玛分布支付额的二阶矩 μ_2 可由式 (10.15) 给出的均值结合估计的散布参数得出. 在 §10.6 中我们将介绍 bootstrap 方法来估计预测分布, 同时基于预测误差的近似引入 Delta 方法.

表 10.10 相应于表 10.1 与表 10.7 的理赔总额的观测值与预估值. 在已付总和的一列中给出了迄今已付的总和, 在估计总额的一列中给出了待付总额的估计值

起始年	进展年								已付	估计
	1	2	3	4	5	6	7	8	总和	总和
2000	6262	22338	6084	2975	2842	636	1624	318	43079	0
2001	13167	14762	7296	12128	4550	1323	429	361	53655	361
2002	16280	42224	9600	9620	6552	780	800	398	85056	1198
2003	19040	36445	18286	6498	3078	1772	881	438	83347	3092
2004	14973	27686	7395	8740	3926	1952	971	483	58794	7331
2005	6105	25929	15136	8696	4324	2150	1069	532	47170	16771
2006	42186	46719	19262	9578	4762	2368	1178	586	88905	37733
2007	32088	42665	21215	10549	5245	2608	1297	645	32088	84224

注 10.4.2 (链梯法背后的随机模型) 我们之前展示了链梯法仅仅是一个对带有两个因子 (起始年和进展年)、对数联结、以及泊松类型均方关系 ($\sigma^2\propto\mu$) 的简单 GLM 模型进行参数估计的方法. Mack(1993) 使得计算有意义的一类特殊分布假设集合描述为链梯法背后的随机模型. 建立一个分布无限制的模型, 不可以通过指定一个似然函数使其最大化, 而应该设法得到最小 MSE 线性无偏估计. 它的

模型不要求独立, 仅仅对给定起始年和进展年的条件期望和方差做了一些假定. 与 GLM 模型中一样, 增加的观察值的无条件期望和方差相同.

§10.5 利用 R 解决 IBNR 问题

因为我们已经说明了链梯法和其他很多方法本质上都是广义线性模型, 所以可以利用 R 的内置函数 glm 完成必要计算. 因变量由一个向量组成, 它包含了由观测到的过去损失所构成的三角形中的元素, 例如, 过去的付款总额. 这些损失按照保单起始年和保单申报流程中的进展年进行分解, 作为解释变量. 在其他应用中, 我们需要日历年. 在本节中, 我们通过一个简单的示例展示如何得到三角形数据, 并转化为可用的向量形式, 以及如何方便地构建合适的行和列数据. 然后我们展示如何调用 glm 以生成链梯法的估计值, 以及如何利用 Verbeek 的方法 (算法 10.3.1) 产生这些相同估计值.

首先, 我们利用习题 10.3 第 3 题三角形中的 15 个增量的观测值以行优先顺序存入一维数组 Xij, 并在向量 i 和 j 中存储相应的行数和列数.

```
Xij <- c(232,106,35,16,2, 258,115,56,27, 221,82,4, 359,71, 349)
  i <- c(  1,  1, 1, 1,1,   2,   2, 2, 2,   3, 3,3,   4, 4,   5)
  j <- c(  1,  2, 3, 4,5,   1,   2, 3, 4,   1, 2,3,   1, 2,   1)
```

一般情况下, 如果我们定义三角形的宽度为 TT, 那么向量 Xij 的长度为 TT*(TT+1)/2. 行数组成的向量包含 TT 个 1, TT-1个 2, 一直到只有 1 个数 TT. 列数的向量为序列 1:TT, 紧接着 1:TT-1, 1:TT-2, 一直到最后为单独一个 1. 因此根据任意一个包含流量三角形的向量 Xij 中可以如下确定 TT 和 i,j:

```
TT <- trunc(sqrt(2*length(Xij)))
i <- rep(1:TT,TT:1); j <- sequence(TT:1)
```

现在对这个三角形应用链梯法, 并计算式 (10.7) 中的 α_i 和 β_j 的参数估计, 我们只需简单地运行

```
 CL <- glm(Xij~as.factor(i)+as.factor(j),
family=poisson) coefs <- exp(coef(CL)) ##参数估计值的幂
alpha.glm <- coefs[1] * c(1, coefs[2:TT]) beta.glm <- c(1,
coefs[(TT+1):(2*TT-1)])
```

向量 coefs 中系数 α_i 和 β_j 的结果值是

```
> coefs
  (Intercept) as.factor(i)2 as.factor(i)3 as.factor(i)4 as.factor(i)5
     250.1441        1.1722        0.8315        1.2738        1.3952
as.factor(j)2 as.factor(j)3 as.factor(j)4 as.factor(j)5
       0.3495        0.1264        0.0791        0.0080
```

为了应用 Verbeek 的算法 10.3.1 计算这些相同的参数估计 $\widehat{\alpha}_i$ 和 $\widehat{\beta}_j$, 我们需要对三角形的行和列求和. 要将有相同 i 或 j 的所有观测值分别求和, 可以通过应用函数 tapply. 首先, 将 alpha 和 beta 初始化为长度为 TT 的向量. 在循环中, 由式 (10.8) 计算 alpha[n], 并将它加到辅助变量 aa 上, 它表示当前为止算出的 α 的总和. 最后一行产生对所有 i, j 的预测值 $\widehat{\alpha}_i\widehat{\beta}_j$ 的矩阵, 也就是外积 $\widehat{\alpha}\widehat{\beta}'$. 所以 Verbeek 算法 10.3.1 可以如下实现

```
Ri <- tapply(Xij, i, sum); Cj <- tapply(Xij, j, sum)
alpha <- beta <- numeric(TT)
aa <- alpha[1] <- Ri[1]
bb <- beta[TT] <-  Cj[TT] / Ri[1]
for (n in 2:TT) {
   aa <- aa + (alpha[n] <- Ri[n]/(1-bb))
   bb <- bb + (beta[TT-n+1] <- Cj[TT-n+1] / aa)}
pred <- alpha %*% t(beta)
```

Verbeek 的算法 10.3.1 不需要迭代过程, 因此使用它计算参数估计值比用 glm 更快. 如果我们需要像 §10.6 那样进行很多次 bootstrap 模拟的话, 这一点就很重要. 并且对于部分观测值是负值的一般情形, 这种方法也适用. 要得到非负参数估计值, 所有行和列的和必须是非负的, 对所有矩形求和也要非负, 如式 (10.1) 中的 $\mathcal{A}_\Sigma$. 注意, 非负边际值并不能表明 $\mathcal{A}_\Sigma \geqslant 0$. 例如, 考虑一个 2×2 三角形满足 $C_1 = R_1 = 1$, $C_2 = R_2 = 2$. 对估计过分保守的数据进行修复时, 在 IBNR 三角形就会出现负数的情况, 好像未来的进展年中出现了负的支付.

为了求得累积损失数据, 将 IBNR 数据作为矩阵存储比长数组存储更方便. 要以一种直接的方式构建包含 IBNR 损失数据的 TT 行 TT 列矩阵, 并通过它建立按行累积损失数据, 可运行

```
Xij.mat.cum <- Xij.mat <- matrix(0, nrow=TT, ncol=TT)
for (k in 1:length(Xij)) Xij.mat[i[k],j[k]] <- Xij[k]
for (k in 1:TT) Xij.mat.cum[k,] <- cumsum(Xij.mat[k,])
```

对于矩阵 Xij.mat, 行数和列数可以以矩阵 row(Xij.mat) 和 col(Xij.mat) 的形式得到. 从这些矩阵中很容易找到发生损失的日历年. 损失发生的日历年超过 TT 表示损失发生在未来. 因为 R 是按照列优先顺序存储数组元素, 即按行而不是按列, 所以要在提取过去的元素前将 Xij.mat 转置, 从而重构包含矩阵中过去的观测值的原始长向量.

```
i.mat <- row(Xij.mat); j.mat <- col(Xij.mat);
future <- i.mat + j.mat - 1 > TT
t(Xij.mat)[!t(future)] ## 等于向量 Xij
```

§10.6 IBNR 估计的变异

IBNR 分析的目的是预测需要为过去发生的赔案支付多少赔款. 在前面几节我们展示了如何运用以广义线性模型为基础的链梯法来计算未决赔款的点估计. 点估计是非常有用的, 特别是当它们有很好的渐近性质时 (例如由广义线性模型得到的估计). 但是我们经常需要得到未决赔款的预测区间, 或者诸如 95% 分位数这样的量. 由于未来理赔在链梯模型中可以看做泊松随机变量的倍数, 因此它的预测误差中包含随机变量本身的方差. 而与此同时, 参数的不确定性也不能忽视. 我们可以给出所有参数估计值的标准差, 但是很难以此为基础计算总未决赔款相对于它的均值估计值的方差. England 和 Verrall (1999) 和 England (2002) 给出了一种估计预测误差的方法. 基于 delta 方法 (见例 9.1.1), 他们利用 `glm` 函数得出预测误差的近似值. 过程涉及了线性预测量和拟合值的方差和协方差. 他们还给出了一个 bootstrap 方法来估计准备金的标准误差 (预测误差中的估计误差部分). 在一篇随后的文章中 England (2002) 提出将 bootstrap 方法不仅仅用于估计标准差, 而是用于生成整个未来赔付过程的伪样本, 从而得到一个完整的近似分布估计. 这样, 随机变量的数字特征如均值、方差、偏度、中位数以及其他分位数都很容易得到.

我们使用 Taylor 和 Ashe (1983) 中的三角形作为一个例子. 这个包含 55 个增量损失的数据集被用在很多文献的 IBNR 问题中.

```
Xij <- scan(n=55)
357848  766940  610542  482940 527326 574398 146342 139950 227229 67948
352118  884021  933894 1183289 445745 320996 527804 266172 425046
290507 1001799  926219 1016654 750816 146923 495992 280405
310608 1108250  776189 1562400 272482 352053 206286
443160  693190  991983  769488 504851 470639
396132  937085  847498  805037 705960
440832  847631 1131398 1063269
359480 1061648 1443370
376686  986608
344014
```

根据这些原始数据, 我们可以在链梯模型中计算估计量 $\widehat{\alpha}_i, \widehat{\beta}_j$. 为此, 我们需要调用有泊松误差和对数联结、以行数 i 和列数 j(视为因子) 为协变量的 glm 函数. 详见上节. 实际上我们使用了准泊松误差结构, 把观测 X_{ij} 看做 ϕ 乘以独立 Poisson(μ_{ij}/ϕ) 随机变量, $i,j=1,\cdots,t$. 其中 $\mu_{ij}=\alpha_i\beta_j$, 而正数 $\alpha_1,\cdots,\alpha_t$ 和 $\beta_1,\cdots,\beta_t$ 满足 $\beta_1=1$. 下面的程序计算了拟合值 $\widehat{\alpha}_i\widehat{\beta}_j, i,j=1,\cdots,t$ 和未来拟合值之和:

```
n <- length(Xij); TT <- trunc(sqrt(2*n))
```

```
i <- rep(1:TT, TT:1); i <- as.factor(i) ## 行数
j <- sequence(TT:1); j <- as.factor(j)  ## 列数
Orig.CL <- glm(Xij~i+j, quasipoisson)
coefs <- exp(as.numeric(coef(Orig.CL)))
alpha <- c(1, coefs[2:TT]) * coefs[1]
beta <- c(1, coefs[(TT+1):(2*TT-1)])
Orig.fits <- alpha %*% t(beta)
future <- row(Orig.fits) + col(Orig.fits) - 1 > TT
Orig.reserve <- sum(Orig.fits[future]) ## 18680856
```

§10.6.1 Bootstrapping

England 和 Verrall (1999) 描述了一种求 bootstrap 估计量的方法. 该方法在过去观测获得的观测残差中使用有放回抽样得到一组庞大的伪数据, 然后从中计算 IBNR 预测值. 用这种方法得到的准备金估计值的样本标准差就是一个估计误差的 bootstrap 估计. 后面会给出 England 和 Verrall 中的方法每个步骤的理论考量和 R 实现.

Pearson X^2 统计量是 Person 残差的平方和. 类似地, 偏差可以被视为偏差残差的平方和, 所以偏差残差是一个观测对偏差的贡献的平方根, 再加上合适的正负号 (见 §11.4). 尽管在 GLM 语境下偏差残差是自然的选择, 但这里我们使用 Pearson 残差, 因为很容易从它反解出 x:

$$r_{\mathrm{P}} = \frac{x-\mu}{\sqrt{\mu}}, \quad 因此 \quad x = r_{\mathrm{P}}\sqrt{\mu} + \mu. \tag{10.18}$$

要计算 Pearson 残差 $(X_{ij} - \widehat{\mu}_{ij})/\sqrt{\widehat{\mu}_{ij}}$, 运行:

```
Prs.resid <- (Xij-fitted(Orig.CL))/sqrt(fitted(Orig.CL))
```

式 (10.18) 中的 Pearson 残差不包含尺度参数 ϕ, 因此它是没有缩放的. 这在 bootstrap 计算时并不需要, 但在计算过程误差时是需要的. England 和 Verrall 使用 Pearson 尺度参数来估计 ϕ. 它在分母上用 $n-p$ 代替 n 以减小偏差 (bias):

$$\phi_{\mathrm{P}} = \frac{\sum r_{\mathrm{P}}^2}{n-p}, \tag{10.19}$$

其中求和的范围是对所有 $n = t(t+1)/2$ 个过去的观测值, $p = 2t-1$ 是需要估计的参数的数量. 在 R 中运行,

```
p <- 2*TT-1; phi.P <- sum(Prs.resid^2)/(n-p)
```

这里使用与尺度参数相同方法调整残差:

$$r'_{\mathrm{P}} = \sqrt{\frac{n}{n-p}}\, r_{\mathrm{P}}. \tag{10.20}$$

可如下实现:

```
Adj.Prs.resid <- Prs.resid * sqrt(n/(n-p))
```

为了让这里的结果能得以实现, 我们如下初始化随机数发生器, 以得到固定的一列随机数:

```
set.seed(6345789)
```

现在运行 bootstrap 循环多次, 例如, 1000 次.

```
nBoot <- 1000; payments <- reserves <- numeric(nBoot)
for (boots in 1:nBoot){ ##  bootstrap 循环开始
```

(1) 从调整后的残差中做有放回的重取样:

```
Ps.Xij <- sample(Adj.Prs.resid, n, replace=TRUE)
```

(2) 使用这组残差和 $\widehat{\mu}_{ij}$ 的估算值, 创建一组新的伪历史数据:

```
Ps.Xij <- Ps.Xij * sqrt(fitted(Orig.CL)) + fitted(Orig.CL)
Ps.Xij <- pmax(Ps.Xij, 0) ## 令 'observations' < 0 为 0
```

为了方便起见, 我们将负观测值设为零. 对于 Taylor 和 Ashe 的例子, 在每次 bootstrap 模拟中, 大约会产生 0.16 个负的伪观测值. 将它们设为零会导致结果的微小偏差 (bias). 在其他三角形中, 这种效应可能更严重. 为了获得可行的估计值 $\widehat{\alpha}_i, \widehat{\beta}_j$, 并不需要流量三角形中的所有元素都是非负的, 参照 Verbeek 算法 10.3.1 和 §10.5. 但在泊松和准泊松分布族的 glm 程序中非负性是必需的.

(3) 通过上面产生的历史数据, 使用链梯模型得到 $\widehat{\alpha}_i, \widehat{\beta}_j$ 的估计值:

```
Ps.CL <- glm(Ps.Xij~i+j, quasipoisson)
coefs <- exp(as.numeric(coef(Ps.CL)))
Ps.alpha <- c(1, coefs[2:TT]) * coefs[1]
Ps.beta <- c(1, coefs[(TT+1):(2*TT-1)])
```

(4) 计算拟合值, 并将其未来部分的和作为所需准备金的估计值.

```
Ps.fits <- Ps.alpha %*% t(Ps.beta)
Ps.reserve <- sum(Ps.fits[future])
```

(5) 然后从估计的过程分布中取样. 在这个例子中, 可以通过生成一个 Poisson $\left(\sum \widehat{\alpha}_i\widehat{\beta}_j/\widehat{\phi}\right)$ 随机变量 (其中求和是对所有未来值), 再乘以 $\widehat{\phi}$ 得到:

```
Ps.totpayments <- phi.P * rpois(1, Ps.reserve/phi.P)
```

(6) 在循环的最后, 存储总赔付额的模拟值和所需准备金的估计值.

```
reserves[boots] <- Ps.reserve
payments[boots] <- Ps.totpayments
} ## 大括号表示 bootstrap 循环结束
```

bootstrap 准备金预测误差的计算公式为:

$$\mathrm{PE_{bs}}(R) = \sqrt{\phi_{\mathrm{P}} R + (\mathrm{SE_{bs}}(R))^2}, \tag{10.21}$$

其中 R 是准备金总额的估计值 (也可能只是一个起始年的准备金). 而 $\mathrm{SE_{bs}}(R)$ 是准备金估计的 bootstrap 标准误差, 它基于式 (10.20) 中的经自由度调整的残差算出的. 最终的估计方差中还要加上过程方差 $\phi_{\mathrm{P}} R$.

```
PEbs <- sqrt(phi.P*Orig.reserve + sd(reserves)^2) ## 2882413
sd(reserves)^2 / (phi.P * Orig.reserve)           ## 7.455098
```

它证明了在这个例子中估计方差约为过程方差的 7.5 倍. 利用上面的模拟结果我们可以计算各种有用的统计量. 与 England (2002) 中的数字不同的原因之一是这里将负观测值设为零, 但主要原因还是由于随机性.

```
payments <- payments/1e6 ## 单位是百万
quantile(payments, c(0.5,0.75,0.9,0.95,0.99))
##       50%      75%      90%      95%      99%
##  18.56828 20.67234 22.35558 23.61801 26.19600
mean(payments)              ## 18.75786
sd(payments)                ## 2.873488
100 * sd(payments) / mean(payments)  ## 15.31885 = c.v. in %
pp <- (payments-mean(payments))/sd(payments)
sum(pp^3)/(nBoot-1)         ## 0.2468513 偏度的估计
sum(pp^4)/(nBoot-1) - 3     ## 0.2701999 峰度的估计
```

将结果用直方图展示, 如图 10.1 所示. 每个矩形代表的是比例而不是频率, 并且我们还在图上增加了密度估计 (短划线是核密度估计, 点线是拟合的正态密度):

```
hist(payments,breaks=21,prob=TRUE)
lines(density(payments), lty="dashed")
curve(dnorm(x, mean = mean(payments), sd = sd(payments)),
   lty="dotted", add=TRUE)
```

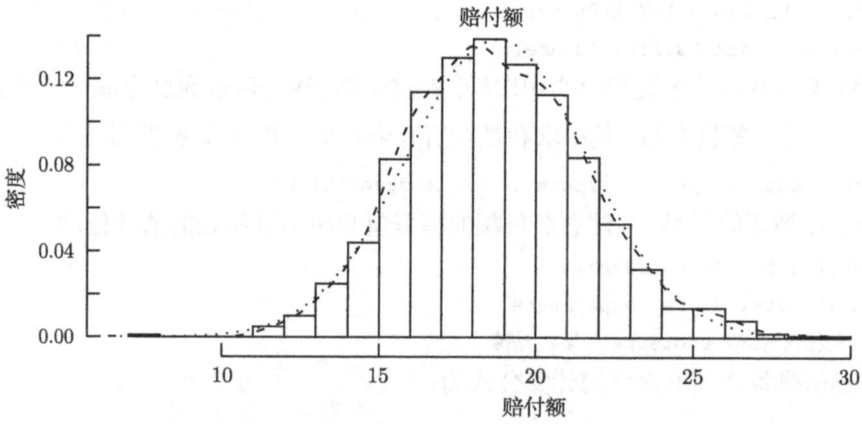

图 10.1　赔付额 (以百万计) 的直方图和估计的密度

注 10.6.1 (使用 IBNR 方法的注意事项) 从上面的整个计算过程和图 10.1 的直方图中至少可以学到的是, 要预测未来赔付额, 仅仅给出一个类似 18.680856 百万 (在原始数据基础上使用链梯法得到的准备金估计值) 的点估计是不够的. 过程中数以千计伪复制, 赔付额 (以百万计) 的范围是从 7.4 到 29.4, 两个四分位数分别为 16.7 和 20.7, 并有 1/10 的概率落在区间 (14.3, 23.6) 之外. 可见“最优估计”并不十分准确, 除非使用 19 ± 3 百万这种形式, 否则都是严重夸大了预测的精度, 实际上除了前两个以外的数字都不是有效数字.

尽管一些 IBNR 方法有热心的支持者, 但很难用事实证明任何一种方法优于这里所描述的方法; 在实践中, 一生的时间可能都不足以证明此事. 其他的因素应予以考虑, 比如, 软件便于使用, 能以令人信服的图表展示, 计算过程可控, 以及能适应新的规则和情景. 所有这一切都是一个缺乏必要文档的黑箱方法所不具备的. 正如我们所展示的, 对精算师来说 `R` 是一个非常合适的工具, 因为它功能强大并代码非常接近于理论公式. 这使得检查、调整和扩展代码变得非常简单.

§10.6.2 预测误差的解析估计

England 和 Verrall(1999) 还提供一个方法来计算 IBNR 的预测误差的近似值. 它不需要进行 bootstrap 模拟, 仅仅使用存储在 `glm` 对象中的一些副产品.

每个未来观测值 X_{ij} 可以近似分解为两部分, 分别为过程方差和估计方差:

$$\begin{aligned}\mathrm{E}[(X_{ij}-\widehat{X}_{ij})^2] &= \big(\mathrm{E}[X_{ij}]-\mathrm{E}[\widehat{X}_{ij}]\big)^2+\mathrm{Var}[X_{ij}-\widehat{X}_{ij}]\\ &\approx 0+\mathrm{Var}[X_{ij}]+\mathrm{Var}[\widehat{X}_{ij}],\quad i+j-1>t.\end{aligned} \tag{10.22}$$

即使估计量 $\widehat{X}_{ij}$ 是 X_{ij} 的有偏估计, 只要它是一致估计, 那么偏差 (bias) 的平方就小到可以忽略不计. 由于未来损失 X_{ij} 与基于过去损失计算出的它的预测值 $\widehat{X}_{ij}$ 是相互独立的, 所以它们差的方差就等于它们的方差之和.

在泊松情形下, 过程方差为 $\mathrm{Var}[X_{ij}]=\phi\mu_{ij}$. 要计算估计方差, 首先注意到即 $\mathrm{E}[X_{ij}]=\mu_{ij}=\exp(\eta_{ij})$. 使用 delta 方法, 见例 9.1.1, 我们得到

$$\mathrm{Var}[\widehat{X}_{ij}]\approx\left|\frac{\partial\mu_{ij}}{\partial\eta_{ij}}\right|^2\mathrm{Var}[\widehat{\eta}_{ij}]. \tag{10.23}$$

因为在对数联结下有 $\partial\mu/\partial\eta=\mu$, 所以由上面两个式子可得未来赔付 X_{ij} 的预测值的均方误差近似为:

$$\mathrm{E}[(X_{ij}-\widehat{X}_{ij})^2]\approx\widehat{\phi}\widehat{\mu}_{ij}+\widehat{\mu}_{ij}^2\,\widehat{\mathrm{Var}}[\widehat{\eta}_{ij}],\quad i+j-1>t. \tag{10.24}$$

用类似的方法, 我们可以得到, 如果 $\widehat{X}_{ij}$ 和 $\widehat{X}_{kl}$ 是两个不同的未来赔付额的估计值, 那么有

$$\mathrm{Cov}[\widehat{X}_{ij},\widehat{X}_{kl}]\approx\widehat{\mu}_{ij}\,\widehat{\mu}_{kl}\,\widehat{\mathrm{Cov}}[\widehat{\eta}_{ij},\widehat{\eta}_{kl}]. \tag{10.25}$$

计算未来总和 $R=\sum X_{ij}$ 的预测值 $\widehat{R}=\sum \widehat{X}_{ij}$ 的均方误差, 可得到一个包含各种线性预测量 (协) 方差的表达式. 在 $(i,j)\neq(k,l)$ 的条件下对所谓 "未来的" (i,j) 求和, 我们得到

$$
\begin{aligned}
\mathrm{E}[(R-\widehat{R})^2] &= \sum \mathrm{E}[(X_{ij}-\widehat{X}_{ij})^2] + \sum \mathrm{E}[(X_{ij}-\widehat{X}_{ij})(X_{kl}-\widehat{X}_{kl})] \\
&\approx \sum \mathrm{E}[(X_{ij}-\widehat{X}_{ij})^2] + \sum \mathrm{Cov}[X_{ij}-\widehat{X}_{ij}, X_{kl}-\widehat{X}_{kl}] \\
&= \sum \mathrm{E}[(X_{ij}-\widehat{X}_{ij})^2] + \sum \mathrm{Cov}[\widehat{X}_{ij}, \widehat{X}_{kl}] \qquad (10.26) \\
&\approx \sum \widehat{\phi}\,\widehat{\mu}_{ij} + \sum \widehat{\mu}_{ij}^2\, \widehat{\mathrm{Var}}[\widehat{\eta}_{ij}] + \sum \widehat{\mu}_{ij}\,\widehat{\mu}_{kl}\, \widehat{\mathrm{Cov}}[\widehat{\eta}_{ij},\widehat{\eta}_{kl}] \\
&= \sum \widehat{\phi}\,\widehat{\mu}_{ij} + \widehat{\mu}'\, \widehat{\mathrm{Var}}[\widehat{\eta}]\, \widehat{\mu},
\end{aligned}
$$

其中 $\widehat{\mu}$ 和 $\widehat{\eta}$ 是长度为 t^2 的向量, 分别包含所有 $\widehat{\mu}_{ij}$ 和 $\widehat{\eta}_{ij}$. 使用 R 实现的一种方法如下:

```
Xij.1 <- xtabs(Xij~i+j) ## 全平方矩阵
ii <- row(Xij.1); jj <- col(Xij.1); Xij.1 <- as.vector(Xij.1)
future <- as.numeric(ii+jj-1 > TT)
ii <- as.factor(ii); jj <- as.factor(jj)  ## 现在是向量
Full.CL <- glm(Xij.1~ii+jj, fam=quasipoisson, wei=1-future)
Sig <- vcov(Full.CL); X <- model.matrix(Full.CL)
Cov.eta <- X%*%Sig%*%t(X)
mu.hat <- fitted(Full.CL)*future
pe2 <- phi.P * sum(mu.hat) + t(mu.hat) %*% Cov.eta %*% mu.hat
cat("Total reserve =", sum(mu.hat), "p.e. =", sqrt(pe2), "\n")
## 总准备金 = 18680856 估计误差 = 2945659
```

使用以行数 i 和列数 j 为分类变量的 Xij 的列联表把三角形填充为正方形, 是一种比 §10.5 的方法更快的方法. 填充后的正方形是以长度为 TT * TT 的向量的形式存储的. $\vec{\eta}=\boldsymbol{X}\vec{\beta}$ 的协方差矩阵的一个估计是 $\boldsymbol{X}\widehat{\Sigma}\boldsymbol{X}'$, 其中 $\widehat{\Sigma}$ 是参数协方差矩阵的估计, $\boldsymbol{X}$ 是回归矩阵 (设计矩阵、模型矩阵). 预测未来值会自动包含拟合 (Full.cl). 预测误差的近似值为 2945659, bootstrap 预测误差为 2 882 413. 如果只计算第 r 行的预测值, 我们只需把 mu.hat 中第 r 行以外的元素都设置为 0, 见习题 10.6 第 4 题.

§10.7 已知风险暴露的IBNR问题

在本节, 我们使用 R 去解决已知风险暴露的 IBNR 问题, 即假定每一起始年的保单数 n_i 已知. 用八年内的数据组成一个流量三角形, 总理赔次数为 Xij. 为估计尚未报案的理赔次数, 我们按照 §10.5 的方法读取数据并计算行列数.

```
Xij <- scan(n=36)
156  37   6   5   3   2   1   0
154  42   8   5   6   3   0
178  63  14   5   3   1
198  56  13  11   2
206  49   9   5
250  85  28
252  44
221
TT <- trunc(sqrt(2*length(Xij)))
i <- rep(1:TT, TT:1); j <- sequence(TT:1)
ni <- c(28950,29754,31141,32443,34700,36268,37032,36637)
```

观察这些数据可以看出, 在最后一个起始年, 第一个进展年中只有 221 个赔案发生, 明显比前面几年的损失要少, 但它们的风险暴露数是大致相同的. 这个数值对链梯法的发展因子 ($\widehat{\beta}$ 值) 没有影响, 但是与最后一个起始年的未来损失的估计值成比例, 所以对总体的准备金会形成相当大的影响 (见习题 10.7 第 2 题). 这就是为什么使用 B-F 方法去预测未来的损失更好. 这个方法与链梯法不同的是, 预测值不是与行加总成比例, 而是与精算师认为合适的某个量成比例. 在这个案例中, 可以归结为预测损失乘的是暴露数 n_i 而不是链梯法估计得到的 $\widehat{\alpha}_i$ 因子. 一个好的初始猜测为损失率保持不变, 这就意味着在这个案例中每个起始年的总的理赔次数与风险暴露数成比例. 这导致 $M_i = n_i\widehat{\alpha}_1/n_1$ 作为一个第 i 年行总损失的先验均值. 在 B-F 方法中, 列参数的选取与链梯法相同. 所以使用这个方法, 利用 Verbeek 算法 10.3.1 去求解参数的估计量 $\widehat{\alpha}_i$ 和 $\widehat{\beta}_j$. 程序运行如下:

```
Ri <- tapply(Xij, i, sum); Cj <- tapply(Xij, j, sum)
alpha <- beta <- numeric(TT)
aa <- alpha[1] <- Ri[1]
bb <- beta[TT] <- Cj[TT] / Ri[1]
for (n in 2:TT) {
aa <- aa + (alpha[n] <- Ri[n]/(1-bb))
bb <- bb + (beta[TT-n+1] <- Cj[TT-n+1] / aa)}
Mi <- ni * alpha[1] / ni[1]
BF <- Mi %*% t(beta); CL <- alpha %*% t(beta)
future <- row(BF) + col(BF) - 1 > TT
rowSums(BF * future) ## 0.0  0.0  0.5  2.6  6.4 13.2 26.3 76.9
rowSums(CL * future) ## 0.0  0.0  0.6  3.1  7.0 19.2 32.1 90.0
```

方阵 $\vec{M}\widehat{\beta}'$ 未来部分的行加, 代表着该起始年的总的损失次数的估计值. 所以链梯法得到的准备金估计值在一定程度上会大于使用 B-F 法所得到的值. 这与之前预期的恰恰相反, 直到最后一行也是这样的结果.

描述链梯法的一种方法是构建向量 $\widehat{\alpha}$ 与 $\widehat{\beta}$ (满足 $\beta_\Sigma = 1$), 使得数据与矩阵 $\widehat{\alpha}\widehat{\beta}'$ 的过去部分 (左上三角) 的偏差误差 (9.29) 最小化, 使用该矩阵的未来部分计算准备金. 而在 Bornhuetter-Ferguson 方法中是使用矩阵 $\vec{M}\widehat{\beta}'$ 的将来部分. 可以证明 (见 Verrall(2004)), 这两种方法都是广义线性模型中贝叶斯框架下的极端情形, 只是链梯法有一个较为宽松的先验, 而 B-F 法的先验更为严格.

在 B-F 方法中, 链梯法中起始年对损失的影响可以被类似于组合增长的外部变量所捕捉. 在这里该变量给定的风险暴露向量 $\vec{n}$. 因此, 单元 (i, j) 均值的估计为 $n_i\widehat{\beta}_j$(而不是 $\widehat{\alpha}_i\widehat{\beta}_j$, 其中 $\beta_\Sigma = 1$), 其中 $\widehat{\beta}$ 由链梯法求得. 很明显, 我们通过选择不同的 $\widehat{\beta}$ 可得到一个对过去数据更好的拟合. 仍然假定损失服从 (拟) 泊松分布, 我们得到一个广义线性模型, 其中一半参数可由链梯法得到. 该模型对观测数据的拟合比完全用链梯法 (采用最优的 $\widehat{\alpha}$ 和 $\widehat{\beta}$) 效果差, 但我们可以很容易地通过偏差分析来判断拟合效果是否显著变差.

通过 `glm` 估计 β 值时, 注意到线性预测量 $\eta_{ij} = \log n_i + \log\beta_j$ 中有一个固定项 $\log n_i$, 行 i 上的每一个观测值均包含此项系数为 1. 这个可以通过抵消机制实现, 见 §9.5. 下列 R 程序可以实现拟合:

```
Expo <- ni[i] ## 每个元素 Xij 的风险暴露
CLi <- glm(Xij~as.factor(i)+as.factor(j), poisson)
CLoff <- glm(Xij~offset(log(Expo))+as.factor(j), poisson)
```

在自由度为 21 时链梯法的残差偏差是 34.2, 当自由度为 28 时抵消模型的残差偏差为 62.0. 注意数据拥有普通的泊松结构而不是更分散 (当 $\phi > 1$) 的结构这并不牵强, 非比例偏差等于 96.5% 水平下 $\chi^2(21)$ 的临界值, 在 95% 水平下 $\chi^2(7)$ 的临界值是 14.1, 我们得出的结论是数据随起始年的变化比按合同个数的比例增长更为明显. 显然, 风险暴露模型是一个取 $\alpha_i = n_i/n_1$ 固定的链梯模型. 读者可以尝试其他的模型, 如加入日历年的影响 (几何形式或更一般的形式), 在暴露数条件下起始年的几何作用等.

§10.8　习　　题

§10.1

1. 通过将起始年、进展年与日历年按照垂直和水平方向, 按递增或递减的顺序排列, 可形成多少种方法, 将表 10.1 中数据安置在一张表格中?

§10.2

1. 将链梯法运用于用累计量表述的 IBNR 三角形, 试解释为何以链梯法加以解决的流量三角形通常是以累计形式给出的?

起始年	进展年				
	1	2	3	4	5
1	232	338	373	389	391
2	258	373	429	456	
3	221	303	307		
4	359	430			
5	349				

§10.3

1. 证明 (10.11). 并试求模型 (10.10) 中随机变量 X_{ij} 的众数.

2. 将算术分离法运用于 §10.7 中的数据, 用线性或对数线性插值法确定缺失的 γ 值. 哪种方法看似更合适?

3. 链梯法中最小化的是数据与预估值之间的何种距离? 分离法中最小化的是何种距离?

4. 为什么使用 $\alpha_i\beta_j\gamma^k$ 代替 $\alpha_i\beta_j$ 不是一种模型改进的方法? 利用 R, 根据式 (10.12) 以及循环迭代法 (见 §9.3), 验证 De Vylder(1978) 中的结果是否正确 (注意他仅做了少量的迭代). 使用前面的方法, 将日历年作为参数的模型在估计上会有问题么? 提示: 这种情况有些复杂. 如果使用

```
glm(···,family=gaussian(link=log),···)
```

R 需要初始值. 可以通过设定 `mustart=mu.st` 作为参数提供初始值, 这里 `mu.st` 包含对数联结函数的泊松拟合值, 或者是标准联结函数的高斯拟合值.

§10.4

1. 验证, 模型 $\mathrm{E}[X_{ij}]=\mu\alpha_i\beta^{j-1}$ 和 $\mathrm{E}[X_{ij}]=\mu\alpha_i\gamma^{i+j-2}$ 可以得到相同的预估值. 即, 证明对任一正数 $\alpha_1,\cdots,\alpha_t$ 和 β, 参数 $\delta_1,\cdots,\delta_t,\gamma$ 可以通过对任一单元 (i,j) 有 $\alpha_i\beta^{j-1}=\delta_i\gamma^{i+j-2}$ 求得, 反之亦然.

2. 在模型 I 中, 我们有 $\mathrm{E}[X_{ij}]=\mu\alpha_i\beta_j\gamma_{i+j-1}$, $i,j=1,\cdots,t$. 试说明, 为何不失一般性, 可令 γ_t 为 1? 也就是说, 当 $t=8$ 时, 模型 I 比模型 II 仅多了 6 个待估单数. 验证, 对于模型 I 而言, 有 $3(t-1)$ 个参数需借助 $t(t+1)/2$ 个观测值加以估计, 因此模型 I 仅当 $t>3$ 时才有意义.

3. 解释为什么模型 IV 与模型 V 等价.

4. 对 $i=j=1,3,5,7$, 计算由模型 (10.15) 和模型 (10.16) 预估的值, 再将这些值与实际的观测值加以比较.

5. 验证式 (10.17), 并利用此式确定 $\sum_{j=1}^{\infty}\widehat{X}_{ij}$.

6. 重新生成表 10.10, 比较直接 (拟) 泊松模型与两阶段模型.

7. 在链梯模型中, 估计的参数可以有个自然的解释. 事实上, 如果假设 $\sum\beta_j=1$, 那么参数 β_j 可理解为第 j 进展年中支付的理赔比例, α_i 为发生在起始年 i 的总理赔量. 表 10.7 的扩展链梯模型 I 中, 这种解释是不成立的. 这是因为有很多等价的参数化可满足有相同均值, 见习题 10.4 第 2 题. 假设, 参数 μ, α_i, β_j, γ_{i+j-1} 和参数 υ, δ_i, ε_j, ζ_{i+j-1} 可以产生相

同均值 $\mu_{ij} = \mu\alpha_i\beta_j\gamma_{i+j-1} = \upsilon\delta_i\varepsilon_j\zeta_{i+j-1}$, $i, j = 1, \cdots, t$. 取边界值 $\alpha_1 = \beta_1 = \gamma_1 = 1$ 和 $\delta_1 = \varepsilon_1 = \zeta_1 = 1$, 证明存在一个实数 τ, 使得参数具有如下关系

$$\upsilon = \mu, \quad \delta_i = \alpha_i\tau^{i-1}, \quad \varepsilon_j = \beta_j\tau^{j-1}, \quad \zeta_{i+j-1} = \gamma_{i+j-1}/\tau^{i+j-2}, \quad \forall i, j.$$

§10.5

1. 下列方法都可以得到链梯法中 glm 拟合值的平方. 使用 help("%*%"), 比较下列方法并作评论:

```
fitted(CL)
alpha[i]*beta[j]
alpha*beta
alpha%o%beta
alpha%*%beta
outer(alpha,beta)
alpha%*%t(beta)
```

当 alpha[1] = beta[1] =1, 且仍能得到相同预测 mu*alpha[i]*beta[j] 时, 求参数 mu, alpha[1:TT] 和 beta[1:TT]. 另外, 求满足 beta 分量的和为 1 的等价参数向量.

2. 观测值对应的日历年可以通过 k <- i+j-1 得到. 使用 glm 中适当的调用, 对习题 10.2 第 1 题中的数据使用算术分离方法 (10.9). 为了得到 IBNR 数据下三角形的拟合值, 使用 plot(log(gamma.sep)), 绘制与矩阵 gamma.sep 中的日历年对应的系数, 并几何外推 γ_k 的值. 然后生成 IBNR 正方形的拟合值.

3. 使用类似于 Verbeek 算法 10.3.1, 将对角线求和, 计算算术分离方法中的参数估计, 并与之前练习的拟合值进行比较.

4. Hoerl 曲线给出了参数 β_j 的一个函数形式, $\beta_j = \exp(\gamma j + \delta\log j)$, 其中 γ 和 δ 为实数. 这可应用于所有行, 或对每行单独使用. 将该曲线应用于表 10.1 的例子中, 并且验证其显著性.

§10.6

1. 使用本节介绍的方法, 将伽玛分布取代泊松分布, 建立一个 IBNR 准备金的预测分布. 比较得到的柱状图, 以及所得分布的前三阶的估计累计量. [在对数联结的 Camma 分布族中应用 glm. 并且检查 England 和 Verrall (1999) 中, 何时应该用 $V(\mu) = \mu^2$ 而非 $V(\mu) = \mu$. 在对未来的理赔进行绘图时要特别小心. 每个单元生成一个伽玛分布, 而不是所有单元组合在一起采用拟泊松分布. 这样得到的结果与泊松情形下的结果不会偏离太大, 见 England 和 Verrall (1999), 表 1 和表 2].

2. 用 Verbeek 的算法 10.3.1 代替调用 glm , 重新进行泊松 bootstrapping. 通过调用 sys.time, 验证使用 glm 大约每秒可以产生 20 个 bootstrap 运行结果, 并计算用 Verbeek 的算法可以使得运行加快多少. 三角形中行或列的和为负值时, 如果不拒绝它, 而是将取负值的观测值设为零, 会产生多大的偏差?

3. England 和 Verrall (1999, 公式 (3.4)) 可以计算每个起始年 i 对全部预测误差的贡献作用. 本质上, 限制在 IBNR 预测三角形相应的行求和时式 (3.4) 等于式 (3.5). 这可以通过

使用与执行公式 (3.5) 相同的编码很容易地实现, 只是需要在起始年 $k \neq i$ 的预测时用 0 代替 $\widehat{\mu}_{kj}$.

重新产生 England 和 Verrall (1999) p.288 的表 1 和表 2 的第三列.

§10.7

1. 在本节的例子中如果 `offset(log(Expo))` 和 `as.factor(i)` 都包括在模型中将会出现什么结果?

2. 如果最后一行的数字 221 改为 180 或 250, 根据链锑法和 B-F 法, 准备金会有怎样的变化?

3. 用本节的数据, 分别计算链锑法模型中得到的过去和将来的拟合值总和. 你会得到 2121 和 152.0312. 为什么对过去观测值拟合的总和等于 `sum(Xij)`? 如果用补偿项代替 `glm` 调用中的起始年因子情况也会如此吗?

4. 链锑法模型的拟合在 5%水平下被拒绝 (偏差为 34.2, 自由度为 21, 临界值 `qchisq(0.95,df=21)`为 32.67057) 的原因可能是日历年对数据的影响. 对考虑三个时间影响 (起始年、进展年、日历年) 的模型进行拟合, 见 §10.3. 对这两个模型进行偏差分析: 比较偏差的变化, 用适当的 χ^2 临界值判断, 通过增加额外的变量 (将日历年作为因子), 拟合的效果是否能显著提高.

包括日历年的影响的一个问题是: 对于右下三角形, 日历年的影响不能被估计, 因为这时没有日历年的数据. 解决这个问题的一个方法是根据过去的日历年参数的序列推断未来, 例如, 使用线性推断法, 或者使用几何推断法拟合过点 (i, γ_i) 的一条直线. 请试做.

5. 在保单年 6, 保单条款对投保人更有利, 在日历年 7, 判断有点更加宽松. 通过检查 α_i 和 γ_k (对于日历年) 的估计确信这一点: 注意这些年份与其他年份的不同, 是不能从估计结果中直接得出. 由于这个原因, 可将这两年与其他年份分开考虑. 因此尝试一个受限制的链锑法模型, 即除第 6 年外, 起始年的影响已通过可知的保单组合个数反映出来. 也可以尝试一个限制日历年参数 γ_7 为任意, 而对 $k \neq 7$ 有 $\gamma_k \equiv 1$ 的模型. 为了估计前者的模型, 只需要用 `(i==6)` 作为模型的项替换链锑法模型中 `as.factor(i)`. 注意双等号是一个逻辑的判断, 括号也是必需的.

第 11 章　关于广义线性模型的进一步讨论

我不害怕使用计算机, 我害怕缺少了它们.

——Isaac Asimov (1920–1992)

§11.1　引　　言

在本章, 我们首先对普通线性模型的统计理论进行回顾. 然后定义完全一般形式的广义线性模型, 其随机分量可以是指数散布族中的任何分布. 该分布类有一个能够决定均值的*自然参数* θ, 和一个散布参数, 且包含了在第 9 章中介绍的所有例子. 从密度的一般形式出发, 可以推导此分布族的一些性质, 包括均值、方差以及矩母函数. 广义线性模型的统计推断并不基于最小二乘准则进行, 而是基于偏差分析; 相应的残差是偏差残差. 我们还会讨论一些替代方法. 此外, 我们还将研究典则联结函数. 最后, 我们推导 Nelder 与 Wedderburn 提出的计算此分布族的 ML-估计的算法, 并说明其在 R 中的实现. 这一算法适用于任意联结函数. 在第 9 章中未讨论的指数族密度的一个子族是复合泊松–伽玛分布, 其理赔额有固定的形状参数 α. 此分布有形如 $\psi\mu^p$ 的方差, 其中 μ 为均值, ψ 为散布参数, $p=\dfrac{2+\alpha}{1+\alpha}\in(1,2)$. Tweedie 首次对这种均值–方差结构进行了研究.

§11.2　线性模型与广义线性模型

在统计学中, 回归分析是对特定变量间关系进行建模的工具. 被测量的随机变量 Y 是模型的输出, 也称为因变量、响应变量、被解释变量、被预测变量、或者从属变量. 预测因子 $x_1,\cdots,x_p$ 作为输入, 也称为自变量、控制变量、操纵变量、解释变量、预测变量、附属数据、协变量, 或者回归元. 我们假设后者为非随机, 且能够无误差测量的.

首先我们简要回顾一下 (*加权*)*多元线性回归*模型. 假设 $Y_1,\cdots,Y_n$ 为独立正态随机变量, 满足

$$\mathrm{E}[\vec{Y}]=\vec{\mu}=\boldsymbol{X}\vec{\beta};\quad \mathrm{Var}[\vec{Y}]=\sigma^2\boldsymbol{W}^{-1},\tag{11.1}$$

其中 $\boldsymbol{W}$ 是对角矩阵, 其对角元素 $w_{ii}=w_i>0$ 称为权重, σ^2 是散布参数, $\vec{\beta}=(\beta_1,\cdots,\beta_p)'$ 是一参数向量. 正如第 8 章中 Bühlmann-Straub 模型所述, 第 i 个

观测被视为 w_i 个独立同分布观测的样本均值. 因此这里的权重为自然权重, 尽管其他对权重的解释也是合理的. 在广义线性模型中, 回归元的矩阵 $\boldsymbol{X}$ 通常被称为**设计矩阵**, 尽管统计问题的研究并不总是出于一个设计好的实验. 其中的元素 x_{ij}, $i=1,\cdots,n$, $j=1,\cdots,p$ 可以是, 例如, 第 i 个对象的寿命, 也可以是一个隶属指标 (虚拟变量), 即对观测的每个子组赋予不同数值, 根据该元素所属子组确定其数值. 当 $w_i\equiv 1$, 从而 $\boldsymbol{W}=\boldsymbol{I}$ 时, 该模型称为经典回归模型. 容易证明, 若 $\vec{Y}$ 满足设计矩阵为 $\boldsymbol{X}$ 的加权模型, 则对于所有 i 有 $\mathrm{Var}[Y_i\sqrt{w_i}]=\sigma^2$, 因此 $\boldsymbol{W}^{1/2}\vec{Y}$ 遵循以 $\boldsymbol{W}^{1/2}\boldsymbol{X}$ 为回归变量的经典模型, 反之亦然 (其中 $\boldsymbol{W}^{1/2}$ 为对角矩阵).

由高斯–马尔可夫理论 (可以在任何一本计量经济学或者数理统计教科书中找到), 可以推出关于线性模型的如下结果:

(1) 令对数似然函数的偏导为零并求解线性正规方程组, 可以证明极大似然方程组为线性形式 $\boldsymbol{X}'\boldsymbol{W}\boldsymbol{X}\vec{\beta}=\boldsymbol{X}'\boldsymbol{W}\vec{Y}$, 从而能够确定 $\vec{\beta}$ 的 ML-估计量为

$$\widehat{\beta}=(\boldsymbol{X}'\boldsymbol{W}\boldsymbol{X})^{-1}\boldsymbol{X}'\boldsymbol{W}\vec{Y}; \tag{11.2}$$

(2) 同理, 加权均方残差

$$\widehat{\sigma}^2=\frac{1}{n}(\vec{Y}-\boldsymbol{X}\widehat{\beta})'\boldsymbol{W}(\vec{Y}-\boldsymbol{X}\widehat{\beta}) \tag{11.3}$$

是 σ^2 的 ML- 估计量;

(3) $\widehat{\beta}$ 服从多元正态分布, 其均值向量为 $\vec{\beta}$, 方差矩阵为**费什尔信息矩阵**或者**散布矩阵** $\sigma^2\left(\boldsymbol{X}'\boldsymbol{W}\boldsymbol{X}\right)^{-1}$;

(4) $n\widehat{\sigma}^2/\sigma^2\sim\chi^2(n-p)$, 其中 p 为 $\widehat{\beta}$ 的维数, 从而 $\widetilde{\sigma}^2:=\dfrac{n}{n-p}\widehat{\sigma}^2$ 是 σ^2 的无偏估计;

(5) $\widehat{\beta}$ 和 $\widehat{\sigma}^2$ 相互独立;

(6) $(\widehat{\beta},\widehat{\sigma}^2)$ 共同构成参数 $(\vec{\beta},\sigma^2)$ 的充分统计量.

若被解释变量不是正态分布而是来自指数类的其他分布族, 我们可以采用**广义线性模型**(GLM), 该模型由 Nelder 和 Wedderburn 于 1972 年提出. 在概率学和统计学中, 指数类分布是十分重要的一类分布. 这是出于数学上的方便, 因为它们具有一些良好的代数性质. 而且, 它们常常是被很自然地考虑到的分布. 正态分布、χ^2 分布、β 分布、伯努利分布、二项分布、泊松分布、负二项分布和几何分布都是指数类分布的子族. 所以误差项的分布有可能是非正态和异方差的, 其方差依赖于均值.

当被解释变量是关于协变量在其他尺度 (而非恒等尺度) 上的线性函数时, 采用广义线性模型可以解决这一问题. 对数尺度是一重要特例, 因为在对数尺度下的线性关系等同于可乘模型, 而非可加模型. 通常, 这一点对于保险在实际应用上是很必要的.

广义线性模型具有下面三个特征, 见 §9.2:

(1) 随机分量是指, 观测数据是相互独立、密度函数属于指数散布族的随机变量 Y_i, $i=1,\cdots,n$, 见公式 (11.4).

(2) 模型的系统分量是指, 将每个观测变量对应于一个线性预测变量 $\eta_i=\sum_j x_{ij}\beta_j$, 它是各参数 $\beta_1,\cdots,\beta_p$ 的线性表达, 即 $\vec{\eta}=\boldsymbol{X}\vec{\beta}$.

(3) 联结函数将 $\mu_i=\mathrm{E}[Y_i]$ 与线性预测变量 η_i, 通过 $\eta_i=g(\mu_i)$, 唯一地联结在一起. 即 $\vec{\eta}=g(\vec{\mu})$.

在 (加权) 线性模型中, $\vec{\eta}$ 和 $\vec{\mu}$ 是一致的, 见式 (11.1); 联结函数为恒等函数. 注意, 在可乘 (对数线性) 模型 $\log\mu_i=\sum\alpha_j\log x_{ij}$ 中, 系数 α_j 是 $\log\mu_i$ 对 $\log x_{ij}$ 的偏导. 也可以写成 $\alpha_j=\dfrac{\partial\mu_i}{\mu_i}\bigg/\dfrac{\partial x_{ij}}{x_{ij}}$, 即可以把 α_j 理解为 μ_i 对 x_{ij} 的弹性.

我们以一个运用 R 建立模型的实例来结束本节.

例 11.2.1 (利用 R 建立线性和广义线性模型)　假设我们知道 w_i, $i=1,\cdots,16$ 个人一组的出国旅行次数, 以及每组人的性别和收入, 如下:

```
w <-c(1,2,2,1,1,1,1,4,2,4,2,3,2,1,1,2)
Y <-c(0,1,0,8,0,0,0,30,0,1,1,38,0,0,0,26) / w
gender <-c(0,0,0,0,0,0,0,0,1,1,1,1,1,1,1,1)
income <-c(1,2,5,20,1,2,5,20,1,2,5,20,1,2,5,20)
```

我们分别拟合一个普通线性模型, 以及一个采用泊松分布和对数联结函数的广义线性模型:

```
lm(Y ~ gender+income, weights=w)
glm(Y ~ gender+income, weights=w, family=poisson)
```

线性模型的结果为 $Y\approx-2.45+1.96\times\text{gender}+0.58\times\text{income}$, 而广义线性模型的结果为 $Y\approx0.053\times1.68^{\text{gender}}\times1.28^{\text{income}}$. 第一个模型在低收入和性别为 0 时给出的拟合值为负值.　$\triangledown$

§11.3　指数散布族

在 §9.2 中, 我们列举了一些重要的分布, 用于描述 GLM 中的随机性. 下面, 将给出在 GLM 中可能采用的分布族的一般定义. 可以证明, 正态、泊松、伽玛和逆高斯随机变量, 正如泊松倍数和二项分布那样, 皆为下述分布族的成员.

定义 11.3.1 (指数散布族)　指数散布族的密度具有如下形式:

$$f_Y(y;\theta,\psi)=\exp\left(\frac{y\theta-b(\theta)}{\psi}+c(y;\psi)\right),\quad y\in D_\psi,\tag{11.4}$$

这里 ψ 和 θ 是实值参数, $b(\cdot)$ 和 $c(\cdot;\cdot)$ 是实值函数, 密度的支撑集为 $D_\psi \subset \mathbb{R}$. ▽

该密度既可以是离散型也可以是连续型的; 某些情况下需要对混合分布进行微分. 参数 θ 与参数 ψ 的作用不同, 因为 ψ 并不影响均值的取值, 而均值正是我们最感兴趣的. 之前章节介绍的线性模型仅以解释这一均值为目的. 尽管除特殊情形外, ψ 值是固定且未知的, 在关于 GLM 的文献中上述分布族被称为单参数指数族. 函数 $b(\cdot)$ 称为累积量函数, 见推论 11.3.1. 支撑集 D_ψ 与 θ 无关. 函数 $c(\cdot;\cdot)$ 也如此, 它充当标准化函数, 用以保证密度的和或者积分等于 1. 对连续分布来说, 正态分布的支撑集是 $\mathbb{R}$, 伽玛分布和逆高斯分布的支撑集皆为 $(0,\infty)$. 在离散密度下, 支撑集是可数集. 例如, 对泊松倍数分布来说, $D_\psi=\{0,\psi,2\psi,\cdots\}$. 下面将列出一些指数散布族的成员. 关于函数 $b(\cdot)$ 和支撑集 D_ψ 的具体形式, 请参照表 D. 作为练习, 要求读者验证该表中的诸项.

例 11.3.1 (指数散布族的一些成员) 下述参数分布族是指数散布族 (11.4) 中最重要的一些成员:

(1) 正态分布 $\mathrm{N}(\mu,\sigma^2)$, 参数 $\theta(\mu,\sigma^2)=\mu$, $\psi(\mu,\sigma^2)=\sigma^2$. 注意到, 因为此处 μ 表示均值, θ 便不依赖于 σ^2.

(2) 泊松分布 Poisson(μ), 自然参数 $\theta=\log\mu$, $\psi=1$.

(3) 二项分布 binomial(m,p), 其中 m 为任意固定且已知的自然数, 相应地有 $\theta=\log\dfrac{p}{1-p}$ 与 $\psi=1$.

(4) 负二项分布 negative binomial(r,p), 其中 r 为任意固定且已知的正实数, 相应地有 $\theta=\log(1-p)$ 与 $\psi=1$.

(5) 伽玛分布 gamma(α,β), 重参数化后, 有 $\theta(\alpha,\beta)=-\beta/\alpha$ 与 $\psi(\alpha,\beta)=1/\alpha$. 注意, 此时 $\theta<0$ 一定成立.

(6) 逆高斯分布 IG(α,β), 参数 $\theta(\alpha,\beta)=-\dfrac{1}{2}\beta^2/\alpha^2$, $\psi(\alpha,\beta)=\beta/\alpha^2$. 同样地, 此时 $\theta<0$ 也一定成立. ▽

注意, 存在三种不同的参数化: 贯穿全书的“标准”参数化, 由均值 μ 和散布参数 ψ 来表示, 此方法已在 §9.2 中证明是方便的. 在本节中采用的由 θ 和 ψ 表示的参数化. 最后一种参数化称为自然或者典则参数化, 这是因为由式 (11.4) 表述的密度中的因子涉及自变量 y 和参数 θ, 从而确定了均值具有形式 $y\theta$, 而不是涉及某一函数 $h(\cdot)$ 的 $yh(\theta)$.

例 11.3.2 (伽玛分布与指数散布族) 作为例子, 我们将说明伽玛分布是如何与指数散布族相匹配的. 常见的也是本书其余部分采用的参数化是借助形状参数 α 和尺度参数 β 来表述的. 为确定 θ 和 ψ, 我们令 gamma(α,β) 的密度函数的对数

等于式 (11.4), 得到

$$-\log\Gamma(\alpha)+\alpha\log\beta+(\alpha-1)\log y-\beta y=\frac{y\theta-b(\theta)}{\psi}+c(y;\psi). \tag{11.5}$$

参数的选择必须使得 θ, ψ 和 y 在对数密度中仅仅同时出现在形如 $\theta y/\psi$ 的这一项中. 为此, 首先令 $\psi=\dfrac{1}{\alpha}$, $\theta=-\dfrac{\beta}{\alpha}<0$. 其次, 为使式 (11.5) 两端相符, 我们令 $b(\theta)=-\log(-\theta)$. 于是剩下 $c(y;\psi)=\alpha\log\alpha+(\alpha-1)\log y-\log\Gamma(\alpha)$, $y>0$, 此项不包含 θ. 在 μ, ψ 参数化中, μ 为均值, 故有 $\mu=\alpha/\beta$. 由此推断, 在 θ, ψ 参数化中, 这些随机变量的均值与 ψ 无关, 等于

$$\mathrm{E}[Y;\theta]=:\mu(\theta)=\frac{\alpha}{\beta}=\mu=-\frac{1}{\theta}. \tag{11.6}$$

其方差为

$$\mathrm{Var}[Y;\theta,\psi]=\frac{\alpha}{\beta^2}=\mu^2\psi=\frac{\psi}{\theta^2}. \tag{11.7}$$

所以可将其表示为 $V(\mu)\psi$, 其中 $V(\cdot)$ 是方差函数, 有 $V(\mu)=\mu^2$. ▽

由一般形式的密度公式 (11.4) 可方便地推导出 Y 的矩母函数. 由此可进一步推导出指数散布族的一些有用的性质.

引理 11.3.1 (指数散布族的矩母函数)　在式 (11.4) 中, 对于每一个实数 t, 若以 $\theta+t\psi$ 替换 θ, 依然得一密度. 密度 (11.4) 以 t 为自变量的矩母函数为

$$m_Y(t)=\exp\frac{b(\theta+t\psi)-b(\theta)}{\psi}. \tag{11.8}$$

证明　我们仅给出连续情形的证明, 离散情形的证明, 只需将下述证明中在 D_ψ 上积分改为关于 y 在 D_ψ 上求和即可. 可将矩母函数如下依次写出:

$$\begin{aligned}m_Y(t)&=\int_{D_\psi}\mathrm{e}^{ty}\exp\left[\frac{y\theta-b(\theta)}{\psi}+c(y;\psi)\right]\mathrm{d}y\\&=\int_{D_\psi}\exp\left[\frac{y\{\theta+t\psi\}-b(\theta+t\psi)}{\psi}+c(y;\psi)\right]\mathrm{d}y\\&\quad\times\exp\frac{b(\theta+t\psi)-b(\theta)}{\psi}.\end{aligned} \tag{11.9}$$

将式 (11.9) 第二个积分号内的被积函数视为一个密度函数, 可知式 (11.8) 成立. ▽

推论 11.3.1 (累积量母函数, 累积量, 均值与方差)　如果 Y 具有密度 (11.4), 则其累积量矩母函数等于

$$\kappa_Y(t)=\frac{b(\theta+t\psi)-b(\theta)}{\psi}. \tag{11.10}$$

作为推论, 累积量 $\kappa_j, j=1,2,\cdots$ 为

$$\kappa_j=\kappa_Y^{(j)}(0)=b^{(j)}(\theta)\psi^{j-1}. \tag{11.11}$$

因此, 函数 $b(\cdot)$ 称为*累积量函数*. 在式 (11.11) 中取 $j=1,2$, 即得到 Y 的均值与方差:

$$\begin{aligned}\mu(\theta)&=\mathrm{E}[Y;\theta]=\kappa_1=b'(\theta),\\ \sigma^2(\theta,\psi)&=\mathrm{Var}[Y;\theta,\psi]=\kappa_2=\psi b''(\theta).\end{aligned} \tag{11.12}$$

注意, 均值仅依赖于 θ, 而方差等于散布参数 ψ 与 $b''(\theta)$ 的乘积. *方差函数* $V(\mu)$ 等于 $b''(\theta(\mu))$. ▽

在第 10 章中我们证明了, 对于一些特例, 在全模型下所有 $\mathrm{E}[Y_i]$ 的 ML-估计的残差均为 0, 即 $\widehat{\mu}_i=y_i, i=1,\cdots,n$. 这并不总是成立; 例如, 若 $Y_i\sim$uniform$(0,2\mu_i)$, 联合密度为 $\prod\dfrac{1}{2\mu_i}I_{(0,2\mu_i)}(y_i)$, 则 $\mu_i=\mathrm{E}[Y_i]$ 的 ML-估计量为 $Y_i/2$. 但是对于所有指数散布族中的密度函数, 可以证明, 在全模型下 $\mathrm{E}[Y_i]$ 的 ML-估计有零残差, 或者说, 来自指数散布族的一个容量为 1 的样本均值的 ML-估计量等于观测值.

性质 11.3.1 (全模型下均值的 ML-估计值) 使得式 (11.4) 中密度函数 $f_Y(y;\theta,\psi)$ 最大化的参数值 $\widetilde{\theta}$ 应满足 $y=\mathrm{E}[Y;\theta,\psi]$, 所以有 $\widetilde{\theta}=(b')^{-1}(y)$.

证明 这一结果很容易从式 (11.4) 中推出, 当密度函数最大化时 $\partial\log f_Y(y;\theta,\psi)/\partial\theta=0$ 总是成立, 从而由式 (11.12) 知 $y=b'(\theta)=\mathrm{E}[Y;\theta,\psi]$. 注意, $b''(\theta)$ 为方差函数, 因此为正, 从而可知 $\mathrm{E}[Y;\theta,\psi]$ 为 θ 的增函数. ▽

对指数族 (11.4) 的子族, 具有不同的 μ 与 ϕ, 但有相同的标准化函数 c 和累积量函数 b (从而有相同的均值–方差关系, 见 §11.4) 时, 通过两种操作可以将它们联系起来: 平均与 Esscher 变换. 指数散布族的某一密度, 可通过平均, 转换为同一子族下, 不同散布参数 ψ 但相同自然参数 θ 的另一密度; 相反, 通过 Esscher 变换, 其将转换为有着相同 ψ 但不同 θ 的密度. 利用累积量母函数 (11.10) 可以证明.

性质 11.3.2 (取样本均值) 假设 $Y_1,\cdots,Y_m$ 是 m 个相互独立且与随机变量 Y 同分布的随机变量, 记 $\overline{Y}=(Y_1+\cdots+Y_m)/m$ 为样本均值. 如果 Y 是具有固定的函数 $b(\cdot)$ 和 $c(\cdot;\cdot)$, 且以 θ 和 ψ 为参数的指数散布族中的一员, 则 $\overline{Y}$ 属于以 θ 和 ψ/m 为参数的同一类型的指数散布族 (若这一对参数是可取的).

证明 由式 (11.8), 可知 $\overline{Y}$ 的矩母函数为

$$m_{\overline{Y}}(t)=\left\{m_Y\left(\frac{t}{m}\right)\right\}^m=\exp\frac{b(\theta+t\psi/m)-b(\theta)}{\psi/m}. \tag{11.13}$$

这恰是以 θ 和 ψ/m 为参数的指数散布族的一员的矩母函数. ▽

因此, 对 m 个随机变量取样本均值, 可以使一组参数 (θ,ψ) 转变为 $(\theta,\psi/m)$. 同理, 我们可以实现从 $(\theta,n\psi')$ 到 (θ,ψ') 的转变, 通过对 n 个随机变量取样本均值.

结合以上两种操作, 我们可以实现从 (θ,ψ) 到 $(\theta,n\psi/m)$ (或者相反) 的转变. 通过取极限, 我们可以从 (θ,ψ) 得到任意散布参数 $(\theta,\alpha\psi)$, $\alpha>0$, 只要 ψ 值都对应着子族中的一个密度函数.

例 11.3.3 (泊松倍数与样本均值) 对于泊松分布而言, 仅允许取 $\phi=1$, 因此我们把它们作为如下的双参数分布族的特例. 由性质 11.3.2, m 个独立的 Poisson(μ) 随机变量的样本均值具有如式 (11.4) 所示的指数散布族密度, 其中 $b(\cdot)$, $c(\cdot;\cdot)$ 和 θ 与泊松密度表示式中一致, 但需以 $\psi=1/m$ 置换 $\psi=1$, 且以 $D_\psi=\left\{0,\dfrac{1}{m},\dfrac{2}{m},\cdots\right\}$ 为其支撑集. 这样的样本实际上可视为是随机变量 Poisson($m\mu$) 与 $1/m$ 相乘. 进一步拓展这一想法, 令 $\psi>0$ 为一任意实数, 而非明确等于某整数 m 的倒数 $1/m$, 现考察

$$Y=\psi M,\quad 其中\quad M\sim \text{Poisson}(\mu/\psi). \tag{11.14}$$

不难验证, 上述 Y 具有如式 (11.4) 所示的密度, 其中 $\theta=\log\mu$, $b(\theta)=\mathrm{e}^\theta$, 恰与通常的泊松分布的密度表达式是一致的, 除了 $\psi>0$ 为任意. Y 的支撑集为 $\{0,\psi,2\psi,\cdots\}$.

如前所述, 当 $\psi=1/m$ 时, 我们可得到 m 个 Poisson(μ) 随机变量的平均值. 当 $\psi=n$ 时, n 个随机变量的样本均值服从 Poisson(μ) 分布. 自然地, 可称这些随机变量为泊松样本均值. 如果 $\psi=n/m$, 式 (11.14) 中的 Y 便是 m 个 $\psi=n$ 型的随机变量的样本均值. 于是, 对于 ψ 这些取值而言, 称随机变量 Y 为泊松均值是合理的. 但是, 由 (11.14), 我们也可称这样的随机变量为泊松倍数. 注意对于 $\psi>1$, 我们将得到一个属于指数分布族的, 其方差大于均值的随机变量. 这些变量可以作为"过度散布泊松"随机变量的近似 (从而使得 GLM 可以被估计). ▽

注 11.3.1 (二项与负二项分布) 对连续的误差分布来说, ψ 的任一正值都应对于子族中的一个密度函数, 但是对于 (负) 二项分布而言, 和泊松分布一样, 仅允许取 $\psi=1$. 对于固定的 r 或者 n, 和泊松随机变量一样, 用 ψ 乘以随机变量, 可以得到参数为 (μ,ψ) 的不同倍数的 (负) 二项分布的扩展类. 对于二项分布, 在有理数倍数 ($\psi=n/m$) 的情况下, 将其解释为平均值, 一般来讲, 是不成立的. ▽

由性质 11.3.2, 我们知道如何生成具有相同 θ 但不同 ψ 的指数散布族成员. 我们同样可以求得具有相同 ψ 但不同 θ 的其他指数族成员. 这可借助第 5 章中提及的 Esscher 变换来完成.

推论 11.3.2 (指数散布族与 Esscher 变换) 回顾, 一个微分 $\mathrm{d}F(y)$ 的以 h 为参数的 Esscher 变换为

$$\mathrm{d}F_h(y)=\frac{\mathrm{e}^{hy}\mathrm{d}F(y)}{\displaystyle\int \mathrm{e}^{hz}\mathrm{d}F(z)}, \tag{11.15}$$

这里假定分母是有限的, 即 $F(\cdot)$ 的矩母函数在 h 处存在. 变换后密度的矩母函数可以表示为 $m_h(t)=m(t+h)/m(h)$. 这样, 对指数散布族中分布的微分 $\mathrm{d}F$, $\mathrm{d}F_h$ 的累积量母函数有如下形式

$$\begin{aligned}\kappa_{h(t)}&=\frac{b(\theta+(t+h)\psi)-b(\theta)}{\psi}-\frac{b(\theta+h\psi)-b(\theta)}{\psi}\\&=\frac{b(\theta+h\psi+t\psi)-b(\theta+h\psi)}{\psi}.\end{aligned}\tag{11.16}$$

显然, 这是一个具有相同尺度参数 ψ 和位置参数 $\theta_h=\theta+h\psi$ 的分布的累积量母函数. 如式 (11.15) 中的转换也被称为**指数倾斜**. ▽

推论 11.3.3 (指数散布族中特定子类的生成) 不难验证, 以 $h\in\mathbb{R}$ 为参数的 Esscher 变换可完成下述转换:

(1) $\mathrm{N}(0,1)$ 到 $\mathrm{N}(\mu,1)$, 其中 $h=\mu$;

(2) Poisson(1) 到 Poisson(μ), 其中 $h=\log\mu$;

(3) binomial$\left(m,\dfrac{1}{2}\right)$ 到 binomial(m,p), 其中 $p=\dfrac{1}{1+\mathrm{e}^{-h}}$, 从而 $h=\log\dfrac{p}{1-p}$;

(4) negative binomial$\left(r,\dfrac{1}{2}\right)$ 到 negative binomial(r,p), 其中 $p=1-\dfrac{1}{2}\mathrm{e}^h$, 从而 $h=\log(2(1-p))$;

(5) gamma$(1,1)$ 到 gamma$(1,\beta)$, 其中 $h=1-\beta$;

(6) inverse Gaussian$(1,1)$ 到 inverse Gaussian(α,α^2), 其中 $\alpha=\sqrt{1-2h}$, 从而 $h=(1-\alpha^2)/2$.

综上所述, 我们给出的指数散布族中的所有例子皆可如下生成: 从每一类型的原型出发, 在允许的范围内进行 Esscher 变换或取如式 (11.14) 所示的倍数. ▽

§11.4 拟合准则

为判断模型拟合的好坏, 我们可以观察反映拟合值与观测值之间距离的残差以及对数似然比的不同变体.

§11.4.1 残差

对于观测值 y 和 (拟合) 均值 μ 来说, 以下三种残差是常用的:

皮尔逊残差 $r^{\mathrm{P}}=\dfrac{y-\mu}{\sigma}$, 其中 σ 是标准差, 通过 $\sigma^2=\phi V(\mu)$ 依赖于 μ, $V(\cdot)$ 是方差函数; 这类残差是非常简单的, 但通常也是非常偏斜的.

偏差残差 $r^{\mathrm{D}}=\mathrm{sign}(y-\mu)\sqrt{d}$, 其中 d 是观测值对偏差 $D=-2\phi\log(\widehat{L}/\widetilde{L})$ 的

贡献 (见 §9.4). 换句话说, 偏差可视为有正确符号的残差平方和:

$$D = \sum d_i = \sum (r_i^{\mathrm{D}})^2 = 2\sum_i w_i\{y_i(\widetilde{\theta}_i - \widehat{\theta}_i) - [b(\widetilde{\theta}_i) - b(\widehat{\theta}_i)]\}. \tag{11.17}$$

这里 $\widetilde{\theta}_i$ 满足 $\mathrm{E}[Y;\widetilde{\theta}_i,\phi] = y_i$ (无约束最大值, 见性质 11.3.1, 且 $\widehat{\theta}_i$ 是当前模型下 θ_i 的极大似然估计量. 见习题 11.3 第 6 题. 特例有式 (9.29) 关于泊松分布, 还有式 (9.32) 关于伽玛分布; 见习题 11.3 第 7 题. 例如, 若泊松分布 $w = 1$, $\theta = \log\mu$ 且 $b(\theta) = \mathrm{e}^\theta$, 其偏差残差为

$$r^{\mathrm{D}} = \mathrm{sign}(y-\mu)\sqrt{2\big(y\log(y/\mu) - y + \mu\big)}. \tag{11.18}$$

安斯科姆 (Anscombe) 残差 这类残差基于观测值的转换值 $a(y)$, 其中函数 $a(\cdot)$ 的选择最好使得 $a(Y)$ 尽量“标准化”. 可以证明, 在 GLM 中一个好的 $a(\cdot)$ 的选择与方差函数 $V(\cdot)$ 的关系满足

$$a'(y) = V(y)^{-1/3}. \tag{11.19}$$

通过习题 9.1 第 1 题可知, $\mathrm{E}[a(Y)]$ 的一阶近似是 $a(\mu)$, 而 $V[a(Y)] \approx \big(a'(\mu)\big)^2 V[Y]$. 因此安斯科姆残差可以表示为

$$r^{\mathrm{A}} = \frac{a(y) - a(\mu)}{a'(\mu)\sqrt{V(\mu)}}. \tag{11.20}$$

以下是一些安斯科姆残差的例子

$$\text{泊松分布:} \quad V(\mu) = \mu^1, \text{ 则 } r^{\mathrm{A}} = \frac{\frac{3}{2}(y^{2/3} - \mu^{2/3})}{\mu^{1/6}}; \tag{11.21}$$

$$\text{伽玛分布:} \quad V(\mu) = \mu^2, \text{ 则 } r^{\mathrm{A}} = \frac{3(y^{1/3} - \mu^{1/3})}{\mu^{1/3}}; \tag{11.22}$$

$$\text{逆高斯分布:} \quad V(\mu) = \mu^3, \text{ 则 } r^{\mathrm{A}} = \frac{\log y - \log\mu}{\mu^{1/2}}. \tag{11.23}$$

实际上, 安斯科姆残差和偏差残差通常很相似. 作为这种现象的一个例子, 习题 11.3 第 9 题要求读者比较, 泊松误差 ($\phi = 1$) 的情况下, 三种残差平方在 $y = \mu$ 处的泰勒展开式. 对于三种残差平方, 第一个非零项皆为 $(r^{\mathrm{P}})^2 = (y-\mu)^2/\mu$, 而第二个非零项, 对 $(r^{\mathrm{A}})^2$ 和 $(r^{\mathrm{D}})^2$, 皆为 $-(y-\mu)^3/(3\mu^2)$.

例 9.1.1 中证明, 泊松分布下 $a(Y) = Y^{2/3}$ 的偏度近似为零. 伽玛分布下, 立方根变换 $a(Y) = Y^{1/3}$ 是使 χ^2 随机变量标准化的著名的 Wilson-Hilferty(1931) 变换. 习题 2.5 第 14 题中, 对伽玛随机变量取平方根, 从而得到近似常数的方差, 且三阶矩和四阶矩接近于正态分布的三阶矩和四阶矩.

§11.4.2 拟似然函数与拟偏差

在 GLM 理论中, 对数似然比是用于统计推断的拟合准则. 在正态分布下, 它等于对全模型 (每一观测 i 存在一参数) 的最小二乘距离. 在泊松、伽玛和其他分布中, 它等于观测值与拟合值之间其他适当的距离. 凡是能应用于普通线性模型的检验方法 (Student, F) 在 GLM 中都是渐近可用的.

假设我们有独立 Y_i 的观测值 y_i, $i=1,\cdots,n$, Y_i 的密度为式 (11.4), 有自然参数 θ_i 和散布参数 $\psi_i=\phi/w_i$, 其中 ϕ 为固定值, w_i 为自然权重. 相应的均值可写为 $\mu_i=\mathrm{E}[Y_i]=b'(\theta_i)$. 均值以 $\vec{\mu}=g^{-1}(\boldsymbol{X}\vec{\beta})$ 的形式依赖于一系列未知参数 $\vec{\beta}=(\beta_1,\beta_2,\cdots)'$.

考虑以 θ_i, ψ_i 为参数的样本密度, 与以 $\widetilde{\theta}_i$, ψ_i 为参数, 即满足 $y_i=b'(\widetilde{\theta}_i)$ 的全模型中最大化密度的比率; 见性质 11.3.1. 这一比率的对数等于

$$\sum_{i=1}^{n}\log f_Y(y_i;\theta_i,\psi_i)-\sum_{i=1}^{n}\log f_Y(y_i;\widetilde{\theta}_i,\psi_i). \tag{11.24}$$

利用式 (11.4), 可将其改写为

$$\sum_{i=1}^{n}\left(\frac{y_i\theta_i-b(\theta_i)}{\phi/w_i}-\frac{y_i\widetilde{\theta}_i-b(\widetilde{\theta}_i)}{\phi/w_i}\right)=\sum_{i=1}^{n}\int_{\widetilde{\theta}_i}^{\theta_i}\frac{y_i-b'(\theta)}{\phi/w_i}\mathrm{d}\theta. \tag{11.25}$$

将 $\mu=b'(\theta)$, 继而将 $\dfrac{\mathrm{d}\mu}{\mathrm{d}\theta}=b''(\theta)=V(\mu)>0$ 代入, 则式 (11.25) 等于

$$q(\mu_1,\cdots,\mu_n):=\sum_{i=1}^{n}\int_{y_i}^{\mu_i}\frac{y_i-\mu}{V(\mu)\phi/w_i}\mathrm{d}\mu. \tag{11.26}$$

注意, 密度 (11.4) 中, 仅方差函数 $V(\cdot)$ 还保留在式 (11.26) 中. 函数 q 称作拟似然函数(quasi-likelihood, QL). QL是当前模型和“全”模型似然函数比的对数, 所以它实质上是对数似然比, 而非似然函数.

关系式 (11.26) 还可以通过如下过程求得

$$\frac{\partial\ell}{\partial\mu}=\frac{\partial\ell}{\partial\theta}\frac{\partial\theta}{\partial\mu}=\frac{y-b'(\theta)}{\phi/w}\frac{1}{b''(\theta)}=\frac{y-\mu}{\phi V(\mu)/w},\quad y\in R_{\phi/w}. \tag{11.27}$$

将 $V(\mu)=\mu^k$, $k=0,1,2,3$ 代入式 (11.26), 我们相应的得到式 (11.24) 关于正态、泊松、伽玛和逆高斯分布广义线性模型的似然比.

注 11.4.1 (二维交叉表) 正如 §9.3, 对一个具有 $\mu_{ij}=\alpha_i\beta_j$ 的模型, 我们可以通过求解正规方程组使得式 (11.26) 最大化. 分别取 $V(\mu)=\mu^k$, $k=0,1,2$, 我们得到诸如方程 (9.22), 方程 (9.18) 和方程 (9.23) 的系统. 但是, 用 μ_i 代替拟似然函数 (11.26) 中的 $V(\mu)$ 即为 Bailey-Simon 法. ▽

拟似然函数使得我们可以研究其他方差函数, 从而扩展出一类可能的模型. 例如, 对于方差函数 $V(\mu)=\mu^2(1-\mu)^2, 0<\mu<1$, 可以计算其拟似然函数, 但实际上并不存在某一分布具有这样的对数似然比. 而且, 拟似然函数并没有被限制取值于支撑集上. 例如在泊松分布情况下, y_i 不必要是整数 (或者 ϕ 的整数倍).

容易证明, 拟似然函数与普通对数似然比有很多共同之处, 使得许多渐近结果仍然有效.

似然比 Λ, 等于具有均值为 $\widehat{\mu}_1,\cdots,\widehat{\mu}_n$ (依赖于参数 $\widehat{\beta_1},\widehat{\beta_2},\cdots$) 的模型的极大似然函数, 除以对均值无任何限制的模型 (即"全模型") 的极大似然函数, 因此

$$\log\Lambda=q(\widehat{\mu}_1,\cdots,\widehat{\mu}_n). \tag{11.28}$$

尺度偏差(见 §9.4) 恰为 $-2\log\Lambda$, 而*偏差*为 $D=-2\phi\log\Lambda$. 以同样的方式, 我们定义*拟偏差*为 $-2\phi q$.

令式 (11.26) 中方差函数为 $V(\mu)=\mu^p$, p 为固定指数, ϕ 为固定散布参数, 计算式中的积分, 可以得到相应的拟偏差. 对所有 $p\notin\{1,2\}$, 有如下一般表达式:

$$D_p=2\sum_{i=1}^{n}w_i\left(\frac{y_i^{2-p}-(2-p)y_i\mu_i^{1-p}+(1-p)\mu_i^{2-p}}{(1-p)(2-p)}\right). \tag{11.29}$$

当 $p=0$, 我们得到最小二乘距离 D_0. 当 $p\in(0,1)$, 我们得到一个拟偏差, 它不是某个指数族密度的偏差. 取极限 $p\to1$, 我们得到泊松偏差式 (9.29). 当 $p\in(1,2)$, D_p 为 Tweedie 分布的偏差, 见 §11.7. 取极限 $p\to2$, 得到伽玛偏差式 (9.32). D_3 为一个逆高斯分布的偏差.

对于 $V(\mu)=\mu^p$ 对应的分布, 最大化关于 $\vec{\beta}$ 的似然函数, 等价于最大化 D_p. 当估计是通过最大化拟偏差, 而非最大化似然函数本身来进行时, 我们称其为拟似然估计 (QL 估计). 尺度偏差可以被视为在 $\mathbb{R}^n$ 内, 拟合值向量 μ_i 与观察值向量 y_i 之间的距离. 它是将精确度考虑在内的每一观测值的贡献的和. 如果观测值精确度下降, 即观测值很大时, 则导致这一贡献的减少.

§11.4.3　扩展的拟似然函数

偏差是通过散布参数 ϕ 度量的. 方差函数也决定偏差的度量单位, 所以简单的对不同方差函数的不同度量进行差分是行不通的. 问题在于, 拟偏差不代表似然函数, 而是一个相对于全模型的对数似然比. 在仅需要对均值进行估计时, 这不成问题. 但比较不同方差函数, 如 $V(\mu)=\mu^p$, 则有必要扩展对拟似然函数的定义. 为得到饱和模型的似然函数而非似然比, Nelder 和 Pregibon(1987) 建议考虑*扩展的拟似然函数*. 我们局限于考虑 Tweedie 族, 方差函数为 $V(\mu)=\mu^p$ 的情况.

定义 11.4.1 (扩展的拟似然函数) 对于方差函数为 $V(\mu)=\mu^p$ 的指数密度，其扩展的拟似然函数 (EQL) 定义为

$$Q_p^+(\vec{\mu},\phi;\vec{y})=-\frac{1}{2}\sum_{i=1}^{n}\log\left(2\pi\phi y_i^p\right)-\frac{1}{2\phi}D_p(y_1,\cdots,y_n;\mu_1,\ldots,\mu_n), \tag{11.30}$$

其中 D_p 同式 (11.29), ϕ 为散布参数. ▽

注意, 由最大化 EQL Q_p^+ 得到的参数 β 的估计量与 ML 估计量是一致的. 通过求解 Q_p^+ 对 ϕ 的偏导为零, 不经过对被估计参数的校正, 所得到的 ϕ 的估计量为平均偏差.

当似然函数本身可以计算时, 优化 EQL 并无太大意义. 但当方差函数中仅有系数 p 已知时, EQL 就已经可以计算了, 因而可以对拟似然模型进行比较.

性质 11.4.1 (EQL 是对对数似然比的近似) 扩展的拟似然函数 (11.30) 的值与当前模型对饱和模型的对数似然比近似.

证明 式 (11.30) 中第一项等于饱和模型下最大化的对数似然函数, 这可由下面内容推断. 对于 $p=0,1,2,3$, 有

$$\log f_Y(y;\mu=y,\phi)\begin{cases}=-\dfrac{1}{2}\log(2\pi\phi), & \text{对 } \mathrm{N}(\mu,\phi),\\ \approx-\dfrac{1}{2}\log(2\pi\phi y), & \text{对 Poisson}(\mu,\phi),\\ \approx-\dfrac{1}{2}\log(2\pi\phi y^2), & \text{对 gamma}\left(\dfrac{1}{\phi},\dfrac{1}{\mu\phi}\right),\\ =-\dfrac{1}{2}\log(2\pi\phi y^3), & \text{对 IG}\left(\dfrac{1}{\mu\phi},\dfrac{1}{\mu^2\phi}\right).\end{cases} \tag{11.31}$$

容易证明 $p=0$ 和 $p=3$ 的情况. 对于 p 的其他取值, 证明省略. 但对于 $p=1,2$, 近似过程可根据关于 $y!=y\Gamma(y)$ 和 $\Gamma(\alpha)$ 的斯特林 (Stirling) 公式进行:

$$y!\approx\sqrt{2\pi y}\,(y/\mathrm{e})^y \quad \text{和} \quad \Gamma(\alpha)\approx\sqrt{2\pi/\alpha}\,(\alpha/\mathrm{e})^\alpha. \tag{11.32}$$

对于泊松分布, $\mu=y$, $\phi=1$ 时, 有

$$\log\left(\mathrm{e}^{-y}y^y/y!\right)\approx-y+y\log y-\log\left(\sqrt{2\pi y}\left(\frac{y}{\mathrm{e}}\right)^y\right)=-\frac{1}{2}\log(2\pi y). \tag{11.33}$$

对于伽玛分布, $p=2$ 时, 有

$$\begin{aligned}&\log\left(f_Y(y;\mu=y,\phi)\right)=\log\left(\frac{1}{\Gamma(\alpha)}\beta^\alpha y^{\alpha-1}\mathrm{e}^{-\beta y}\right)\Big|_{\alpha=\frac{1}{\phi},\beta=\frac{1}{y\phi}}\\ &\approx-\log\left(\sqrt{2\pi\phi}\,(\phi\mathrm{e})^{-1/\phi}\right)+\frac{1}{\phi}\log\frac{1}{y\phi}+\left(\frac{1}{\phi}-1\right)\log y-\frac{1}{\phi}\\ &=-\frac{1}{2}\log\left(2\pi\phi y^2\right).\end{aligned} \tag{11.34}$$

将式 (11.31) 关于所有 i 相加, 即得到 EQL 的第一项. ▽

注 11.4.2 (泊松分布情况下改进的 EQL)　改进 $y!$ 的斯特林近似, 可在其中额外增加一项:

$$y! \approx \sqrt{2\pi(y+1/6)}\,(y/\mathrm{e})^y. \tag{11.35}$$

对于 $p=1$ 且 ϕ 为任意值的拟泊松随机变量而言, EQL (11.30) 中的修正项就等于 $-\dfrac{1}{2}\sum\log\left(2\pi\phi(y_i+1/6)\right)$. ▽

§11.5　典则联结函数

在指数散布族的定义中, 参数化使得对数似然函数中会有 $y\theta$ 项. 由于该性质参数 θ 被称为自然或者典则参数. 联结函数也有一个自然的选择.

定义 11.5.1 (典则联结函数)　称联结函数 $\eta=g(\mu)$ 为**标准联结**或**典则联结**, 若其满足性质: 自然参数 θ 与其线性预测量 η 相同. ▽

注意 $\eta(\theta)=g(\mu(\theta))$, 若联结函数 $g(\mu)$ 是 $\mu(\theta)=b'(\theta)$ 的反函数, 则有 $\eta\equiv\theta$ 成立. 典则联结函数具有几个有趣的性质. 性质 9.3.2 表明在具有对数联结函数的泊松广义线性模型中, 拟合值与观测值的边缘总和相等. 这个结论还可以推广.

性质 11.5.1 (典则联结与边缘总和)　若在任何具有协变量 x_{ij} 和典则联结函数 $g(\cdot)$ 的 GLM 中, 在极大似然估计法下观测值 $i=1,\cdots,n$ 的拟合值为 $\widehat{\mu}_i=g^{-1}(\widehat{\eta}_i)=g^{-1}\left(\sum\limits_{j=1}^{p}x_{ij}\,\widehat{\beta}_j\right)$, 则可以证明以下等式成立:

$$\sum_i w_i\,y_i\,x_{ij}=\sum_i w_i\,\widehat{\mu}_i\,x_{ij}, \quad j=1,\cdots,p. \tag{11.36}$$

若 x_{ij} 是标识是否属于某一特定分组 (如一个表格的一行或一列) 的虚拟变量, y_i 是 w_i 个独立同分布观测值的平均值, 则左边是观测值的总数, 右边是拟合总数.

证明　为了证明式 (11.36), 回想最大化对数似然函数的 $\widehat{\beta}_j$ 必须满足正规方程. 当 y 被观测以后, 参数的对数似然函数是

$$\ell(\beta_1,\cdots,\beta_p;y)=\log f_Y(y;\beta_1,\cdots,\beta_p). \tag{11.37}$$

基于观测值 $Y_1=y_1,\cdots,Y_n=y_n$, 对数似然函数的极值满足条件:

$$\sum_i \frac{\partial}{\partial\beta_j}\ell(\beta_1,\cdots,\beta_p;y_i)=0, \quad j=1,\cdots,p. \tag{11.38}$$

由链式法则及典则联结函数的定义 $\theta\equiv\eta$, 可知 ℓ 关于 β_j 的偏导数满足:

$$\frac{\partial\ell}{\partial\beta_j}=\frac{\partial\ell}{\partial\theta}\frac{\partial\theta}{\partial\beta_j}=\frac{\partial\ell}{\partial\theta}\frac{\partial\eta}{\partial\beta_j}, \quad j=1,\cdots,p. \tag{11.39}$$

结合散布参数 ϕ 和先验已知的权重 w_i, 用式 (11.4) 和 $\mu(\theta)=b'(\theta)$(见式 (11.12)), 对 $i=1,\cdots,n$, 我们可以得到

$$\frac{\partial \ell}{\partial \beta_j}=\frac{w_i(y_i-\mu_i)x_{ij}}{\phi},\quad j=1,\cdots,p. \tag{11.40}$$

整个样本值 $y_1,\cdots,y_n$ 的对数似然函数可以通过加总所有观测值 $i=1,\cdots,n$ 的对数似然函数得到. 令正规方程等于 0, 可以得到方程 (11.36). ▽

下面是典则联结函数的一个相关性质.

性质 11.5.2 (充分统计量与典则联结函数) 在一个 GLM 中, 若运用典则联结函数 $\theta_i\equiv\eta_i=\sum\limits_j x_{ij}\,\beta_j$, 则 $S_j=\sum\limits_i w_i\,Y_i\,x_{ij}$, $j=1,\cdots,p$ 是 $\beta_1,\cdots,\beta_p$ 的充分统计量.

证明 我们用分解准则来证明, 即通过把 $Y_1,\cdots,Y_n$ 的联合密度函数分解为

$$f_{Y_1,\cdots,Y_n}(y_1,\cdots,y_n;\beta_1,\cdots,\beta_p)=g(s_1,\cdots,s_p;\beta_1,\cdots,\beta_p)h(y_1,\cdots,y_n), \tag{11.41}$$

其中 $s_j=\sum\limits_i w_i\,y_i\,x_{ij}$, $g(\cdot)$ 和 $h(\cdot)$ 为恰当的函数. 记

$$\begin{aligned}
f_{Y_1,\cdots,Y_n}(y_1,\cdots,y_n;\,\beta_1,\cdots,\beta_p)&=\prod_{i=1}^{n}\exp\left(\frac{y_i\theta_i-b(\theta_i)}{\phi/w_i}+c(y_i;\phi/w_i)\right)\\
&=\exp\sum_i\frac{y_i\sum\limits_j x_{ij}\,\beta_j-b\Big(\sum\limits_j x_{ij}\,\beta_j\Big)}{\phi/w_i}\exp\sum_i c(y_i;\phi/w_i)\\
&=\exp\frac{1}{\phi}\left[\sum_j\beta_j\sum_i w_i\,y_i\,x_{ij}-\sum_i w_i\,b\Big(\sum_j x_{ij}\,\beta_j\Big)\right]\\
&\quad\times\exp\sum_i c\Big(y_i;\frac{\phi}{w_i}\Big).
\end{aligned} \tag{11.42}$$

由式 (11.42) 可以推出等式 (11.41) 中的 $g(\cdot)$ 和 $h(\cdot)$. 在这个推导过程中, Y 的支撑集与 θ 和 β_j 无关的假设是不可缺少的. ▽

注 11.5.1 (典则联结函数的优点) 有时在精算实务中, 观测值已经汇总到一个表格中, 出于保密的原因, 仅边际值 (每列和每行的总和) 可用. 另外, 有时为了节省时间和空间, 也常常将保单汇总为一个保单组合. 若用典则联结函数, 边缘总和以及保单组合汇总值显然是充分统计量, 因此仅知道这些, 参数的极大似然估计值仍然可以得到. 运用 Nelder 和 Wedderburn 的最优化算法时, 典则联结函数也是有优点的. 它能够使得迭代次数更少, 并且不收敛的情况更少见. ▽

例 11.5.1 (各种误差分布的典则联结函数) 如上所述, 典则联结函数 $\theta(\mu)$ 使得自然参数 θ 是 β 的线性函数. 因为 $\mu(\theta)=b'(\theta)$, 联结函数就是 $g(\mu)=(b')^{-1}(\mu)$.

典则联结函数在表 D 中列出. 对 $b(\theta) = \frac{1}{2}\theta^2$ 的正态分布, 典则联结函数是恒等函数. 对泊松分布及泊松倍数, 我们有 $\mu(\theta) = \mathrm{e}^{\theta}$, 因此对数联结函数是典则联结函数. 对伽玛分布, 典则联结函数是倒数函数. 对二项分布, 它等于 $\theta = \log \frac{p}{1-p}$, 这个函数也称为对数发生比, 即**发生比** $p/(1-p)$ 的对数.

若 $\theta \equiv \eta$ 且 $\eta \equiv \mu$, 显然有 $b'(\theta) = \theta$ 成立, 这样一来, 方程 (11.13) 表示的是正态分布. ▽

例 11.5.2 (阈值模型: 对数单位 (logit) 和概率单位 (probit) 分析) 假定观测值 Y_i 表示 $n_i, i = 1, \cdots, n$ 个独立试验成功的比例, 每个成功的概率是 p_i. 进一步假定, 在试验 i 中, d_i 超过 $X_{ik}, k = 1, \cdots, n_i$ 即为成功, 其中 X_{ik} 服从 $\mathrm{N}(\mu_i, \sigma^2)$ 分布. 这里 μ_i 是辅助变量的线性形式. 显然地

$$p_i = \Phi(d_i; \mu_i, \sigma^2) = \Phi\left(\frac{d_i - \mu_i}{\sigma}\right). \tag{11.43}$$

因此, 我们得到一个随机分量是二项分布, 联结函数为 $\eta = \Phi^{-1}(p)$ 的 GLM. 对于二项分布, 典则联结函数为

$$\theta = \eta = \log \frac{p}{1-p}. \tag{11.44}$$

求解中可得 $p = \mathrm{e}^{\eta}/(\mathrm{e}^{\eta} + 1)$. 若用 logistic$(\mu_i, \sigma)$ 分布取代 X_{ik} 的正态分布, 满足累积分布函数 $F_{X_{ik}}(d) = \mathrm{e}^{d^*}/(\mathrm{e}^{d^*} + 1)$, 其中 $d^* = (d - \mu_i)/\sigma$, 则可以得到具有典则联结的二项 GLM.

若阈值 X_i 具有正态分布, 则我们称为概率单位分析; 若具有对数单位分布, 则称为对数单位分析. 后者正是一个二项 GLM, 它是一个关于发生比 $p/(1-p)$ 而非成功率 p 的可乘模型, 因此有一个典则联结函数. 概率单位分析也能运用到与对数单位分析相同的情况, 且能够产生相似的结论.

对数单位和概率单位模型也能运用到信用保险中. 基于被保险人某些特征, 可以估计违约概率. 该模型另一个应用是估计残疾的概率. 在计量经济学中, 这种分析经常用到, 比如, 给定某个家庭的人数和总收入等, 估计该家庭拥有车的概率. ▽

§11.6 Nelder 和 Wedderburn 的 IRLS 算法

广义线性模型 (GLM) 由 Nelder 和 Wedderburn(1972) 提出, 该模型虽然包括了很多有用的模型, 但是存在一个公式化的方法来推导出所有问题的解. 这种方法称为**迭代加权最小二乘法**(IRLS).

§11.6.1 理论阐述

为了最大化关于 $\beta_1, \cdots, \beta_p$ 的对数似然函数 (11.4), 我们必须解以下正规方程组来得到极大似然函数估计量 $\widehat{\beta}_j, j=1,\cdots,p$:

$$\sum_{i=1}^{n} \frac{\partial}{\partial \beta_j} \ell(\beta_1, \cdots, \beta_p; y_i) = 0, \quad j = 1, \cdots, p. \tag{11.45}$$

解该方程组的一种方法是牛顿–拉夫逊迭代(Newton-Raphson iteration). 在这种技术下, 为了近似方程 $f(x) = 0$ 的根, 我们转而求 $h(x) = 0$ 的解, 其中 $h(x) = f(x_t) + f'(x_t)(x - x_t)$ 是在当前最佳猜想根 x_t 处 $f(x)$ 的线性近似表达式. 在一维的情况下, 我们可以得到更好的近似值 x_{t+1} 具有如下形式:

$$x_{t+1} = x_t - (f'(x_t))^{-1} f(x_t). \tag{11.46}$$

对一个 n 维优化问题, 这种技术可以得到相同的公式, 但是其中的 x 是用向量表示的. 另外, $f(x_t)$ 是一阶导数, 其倒数是 l 的二阶偏导数矩阵即**海塞矩阵**(Hessian matrix) 的逆矩阵. Nelder 和 Wedderburn 的算法将海塞矩阵替换为其期望值, 因此它使用了**信息矩阵**. 这种技术称为费歇尔 (Fisher)**评分法**. 我们将证明在这种情况下, 迭代步骤中要求解的方程组与一个特定的加权回归问题的方程组相同.

为此, 仅考虑一个样本元素且省掉其指标 i. 若 g 表示联结函数, 则关于均值、方差函数和线性预测量我们有 (见式 (11.12))

$$\mu(\theta) = b'(\theta); \quad V(\mu) = \partial\mu/\partial\theta = b''(\theta); \quad \eta = \sum_j x_j \beta_j = g(\mu). \tag{11.47}$$

对对数似然函数 ℓ 运用链式法则, 且密度函数用式 (11.4) 表示, 可以得到

$$\frac{\partial \ell}{\partial \beta_j} = \frac{\partial \ell}{\partial \theta} \frac{\partial \theta}{\partial \mu} \frac{\partial \mu}{\partial \eta} \frac{\partial \eta}{\partial \beta_j} = \frac{y - b'(\theta)}{\phi/w} \frac{1}{b''(\theta)} \frac{\partial \mu}{\partial \eta} x_j = \frac{y-\mu}{\phi/w} \frac{1}{V(\mu)} \frac{\partial \mu}{\partial \eta} x_j. \tag{11.48}$$

正如式 (11.26) 中, 仅方差函数保留. 由联结函数 $\eta = g(\mu)$, 知 $\partial\mu/\partial\eta = \partial g^{-1}(\eta)/\partial\eta$. 对二阶偏导数有

$$\frac{\partial^2 \ell}{\partial \beta_j \partial \beta_k} = \frac{\partial^2 \ell}{\partial \eta^2} x_j x_k. \tag{11.49}$$

由链式法则和乘积法则可得

$$\begin{aligned} \frac{\partial^2 \ell}{\partial \eta^2} &= \frac{\partial}{\partial \eta}\left(\frac{\partial \ell}{\partial \theta}\frac{\partial \theta}{\partial \eta}\right) = \frac{\partial \theta}{\partial \eta}\left(\frac{\partial^2 \ell}{\partial \theta \partial \eta}\right) + \frac{\partial \ell}{\partial \theta}\frac{\partial^2 \theta}{\partial \eta^2} \\ &= \frac{\partial^2 \ell}{\partial \theta^2}\left(\frac{\partial \theta}{\partial \eta}\right)^2 + \frac{\partial \ell}{\partial \theta}\frac{\partial^2 \theta}{\partial \eta^2}. \end{aligned} \tag{11.50}$$

结合等式 $\partial\ell/\partial\theta = w(y-\mu)/\phi$, 其偏导数 $\partial^2 l/\partial\theta^2 = -w/\phi\ \partial\mu/\partial\theta$ 和 $\partial\mu/\partial\theta = b''(\theta) = V(\mu)$, 有

$$\begin{aligned}\frac{\partial^2\ell}{\partial\eta^2} &= \frac{w}{\phi}\left[-V(\mu)\left(\frac{\partial\theta}{\partial\mu}\right)^2\left(\frac{\partial\mu}{\partial\eta}\right)^2 + (y-\mu)\frac{\partial^2\theta}{\partial\eta^2}\right]\\ &= \frac{w}{\phi}\left[-\frac{1}{V(\mu)}\left(\frac{\partial\mu}{\partial\eta}\right)^2 + (y-\mu)\frac{\partial^2\theta}{\partial\eta^2}\right].\end{aligned} \tag{11.51}$$

在典则联结函数的情况下, 有 $\theta\equiv\eta$, 因此 $\partial^2\theta/\partial\eta^2 = 0$, 仅剩下第一项. 在**费歇尔评分法**中, 牛顿–拉夫逊迭代的海塞矩阵由其均值取代, 也即负的费歇尔信息矩阵 $\mathcal{I}$. 在这种情况下, 式 (11.51) 的第二项也消失了. 为了得到整个样本的期望值, 我们将所有观测值加和, $\mathcal{I}$ 中的元素 (j,k) 有下式成立:

$$\begin{aligned}\mathcal{I}_{jk} = \mathrm{E}\left[-\frac{\partial^2\ell}{\partial\beta_j\partial\beta_k}\right] &= \sum_i \frac{w_i}{\phi}\frac{1}{V(\mu_i)}\left(\frac{\partial\mu_i}{\partial\eta_i}\right)^2 x_{ij}x_{ik}\\ &= \sum_i \frac{W_{ii}x_{ij}x_{ik}}{\phi} = \frac{1}{\phi}\left(\boldsymbol{X}'\boldsymbol{W}\boldsymbol{X}\right)_{jk},\end{aligned} \tag{11.52}$$

其中 $\boldsymbol{W}$ 是对角加权矩阵, 满足

$$W_{ii} = \frac{w_i}{V(\mu_i)}\left(\frac{\partial\mu_i}{\partial\eta_i}\right)^2 \tag{11.53}$$

依赖于 μ_i. 由于 $\eta = g(\mu)$, 可知 $\partial\eta_i/\partial\mu_i = g'(\mu_i)$.

基于式 (11.48), 用相同的权重, 且取 $u_i = (y_i-\mu_i)g'(\mu_i)$, 则正规方程 $\partial\ell/\partial\beta_j = 0,\ j = 1,\cdots,p$ 的左边可以写成

$$\frac{\partial\ell}{\partial\beta_j} = \sum_i \frac{W_{ii}\,x_{ij}\,(y_i-\mu_i)}{\phi}g'(\mu_i) \quad 或者 \quad \frac{\partial\ell}{\partial\beta} = \frac{1}{\phi}\boldsymbol{X}'\boldsymbol{W}\vec{u}. \tag{11.54}$$

从以前的估计值 $\vec{b}$ 出发, 用费歇尔评分法对 $\vec{\beta}$ 寻找一个改进的估计值 $\vec{b}^*$, 如下:

$$\vec{b}^* = \vec{b} + \mathcal{I}^{-1}\frac{\partial\ell}{\partial\beta} \quad 或等价地 \quad \mathcal{I}\left(\vec{b}^* - \vec{b}\right) = \frac{\partial\ell}{\partial\beta}. \tag{11.55}$$

当参数向量为 $\vec{b}$, 令 $\widehat{\eta}$ 和 $\widehat{\mu}$ 分别为线性预测值和拟合值的向量, 因此有

$$\widehat{\eta} = \boldsymbol{X}\vec{b} \quad 和 \quad \widehat{\mu} = g^{-1}(\widehat{\eta}). \tag{11.56}$$

由式 (11.52), 有

$$\mathcal{I}\vec{b} = \frac{1}{\phi}\boldsymbol{X}'\boldsymbol{W}\boldsymbol{X}\vec{b} = \frac{1}{\phi}\boldsymbol{X}'\boldsymbol{W}\widehat{\eta}, \tag{11.57}$$

因此我们可以将费歇尔评分迭代方程 (11.55) 写为

$$\mathcal{I}\vec{b}^* = \frac{1}{\phi}\boldsymbol{X}'\boldsymbol{W}\vec{z}, \quad 其中 \quad z_i = \widehat{\eta}_i + (y_i - \widehat{\mu}_i)g'(\widehat{\mu}_i). \tag{11.58}$$

元素 z_i 被称为修正因变量. 注意 $z_i = g^*(y_i;\mu_i)$, 其中 $g^*(\cdot;\mu_i)$ 是 $g(\cdot)$ 在 μ_i 的线性近似值.

因此, 注意约掉因子 $1/\phi$, β 的极大似然估计值可以通过以下迭代过程得到

$$\begin{aligned}
&\text{重复以下运算}\\
&\qquad \vec{b}^* := \left(\boldsymbol{X}'\boldsymbol{W}\boldsymbol{X}\right)^{-1}\boldsymbol{X}'\boldsymbol{W}\vec{z};\\
&\qquad \text{利用 } \vec{b}^*, \text{更新 “权重”} \boldsymbol{W},\\
&\qquad \text{以及 “工作因变量”} \vec{z}\\
&\text{直到收敛为止.}
\end{aligned} \tag{11.59}$$

在普通线性模型下的特殊情形中, 我们有 $\eta = g(\mu) = \mu$ 和 $V(\mu) \equiv 1$, 因此正规方程组 $\partial\ell/\partial\beta_j = 0$ 是一个线性方程组, 其解只需将上述表达式中的 $\vec{z}$ 换成 $\vec{y}$, 权重 $W_{ii} = w_i$; 不需要迭代步骤. 注意到式 (11.59) 总结的费歇尔评分法是一个迭代加权最小二乘算法.

若初始解比较好, 我们不需要猜测 $\vec{b}$, 可以按如下步骤进行. 首先, 通过取 $\mu_i = y_i$, $i = 1, \cdots, n$ (注意二项或泊松模型的边界情况), 对 μ_i 运用联结函数来构建 η_i, 进而计算 μ_i 和 η_i 的一个好的猜测值. 然后计算 W_{ii} 的初值, 取 $z_i = \eta_i$. 最后用回归来找到 b_j 的第一个猜测值.

§11.6.2 逐步实现

作为一个例子, 假定我们想估计具有 10 个观测值的泊松 GLM, 该模型有一个截距和趋势作为协变量, 没有权重. 设计矩阵 $\boldsymbol{X}$ 具有第一列值全是 1 的向量, 第二列是 $(1, 2, \cdots, 10)'$.

- 初始化:
  $\boldsymbol{X} \leftarrow$ 设计矩阵 [一列全为 1, 一列是 $1, \cdots, 10$],
  $\vec{y} \leftarrow$ 因变量,
  $\vec{z} \leftarrow g(\vec{y})$(联结函数),
  $\boldsymbol{W} \leftarrow$ 包含先验权重的对角矩阵[全为 1],
  $\vec{b} \leftarrow \left(\boldsymbol{X}'\boldsymbol{W}\boldsymbol{X}\right)^{-1}\boldsymbol{X}'\boldsymbol{W}\vec{z}$(通过加权回归找到初始值).

  以上可由下面的 R 程序完成 :

```
X <- cbind(rep(1,10),1:10)
y <- c(14,0,8,8,16,16,32,18,28,22)
```

```
z <- log(y+(y==0))
W <- diag(10)
b <- solve(t(X) %*% W %*% X) %*% t(X) %*% W %*% z
cat("Start:", b[1], b[2], "\n")
```

在 R 中, solve(A)生成 A 的逆矩阵. 注意在 y==0 情况下, 我们不能取z <- log(y), 见习题 11.6 第 1 题.

- 重复以下步骤直到收敛:
  $\vec{\eta} \leftarrow \boldsymbol{X}\vec{b};\ \vec{\mu} \leftarrow g^{-1}(\vec{\eta})$　[见式 (11.56)];
  $W_{ii} \leftarrow \dfrac{1}{\text{Var}[Y_i]}\left(\dfrac{\partial \mu_i}{\partial \eta_i}\right)^2$　[见式 (11.53)];
  $\vec{z} \leftarrow \boldsymbol{X}\vec{b} + g'(\vec{\mu}) \cdot (\vec{y} - \vec{\mu})$　[按元素乘积 (entrywise product), 见式 (11.58)];
  $\boldsymbol{S} \leftarrow (\boldsymbol{X}'\boldsymbol{W}\boldsymbol{X})^{-1};\quad \vec{b} \leftarrow \boldsymbol{S}\boldsymbol{X}'\boldsymbol{W}\vec{z}$　[见式 (11.59)].

实施这一迭代过程需要:

```
for (it in 1:5){
 eta <- as.vector(X %*% b)
 mu <- exp(eta)                     ## eta = g(mu) = log(mu)
 W <- diag(mu)            ## (g'(mu))^(-2)/V(mu) = mu^2/mu
 z <- X %*% b + (y-mu)/mu    ## d eta/d mu = g'(mu) = 1/mu
 S <- solve(t(X) %*% W %*% X)
 b <- S %*% t(X) %*% W %*% z
 cat("it =", it, b[1], b[2], "\n")}
```

当然何时停止迭代不是一个简单的问题, 但在这个例子中仅需五步迭代即可, 见下面.

- 最后, 得到以下的结果:
  $\vec{b} = \vec{\beta}$ 的估计;
  $\boldsymbol{S} = \text{Var}[\vec{b}]$ 的估计 : 费歇尔信息矩阵.
  这是因为, 渐近地有, $\vec{b} - \vec{\beta} \sim \text{N}(\vec{0}, \mathcal{I}^{-1})$.

注意利用循环实施过程及一些输出等 R 语句来运行此例, 遵从对给定 IRLS 算法的描述.

此 R 代码产生的 $\vec{b}$ 值是

```
Start: 1.325353 0.2157990
it = 1 1.949202 0.1414127
it = 2 1.861798 0.1511522
it = 3 1.859193 0.1514486
it = 4 1.859191 0.1514489
it = 5 1.859191 0.1514489
```

为了用 R 做这个运算, 只需:

```
coef(glm(y~I(1:10),poisson))
(Intercept)      I(1:10)
  1.8591909    0.1514489
```

§11.7 Tweedie 的复合泊松–伽玛分布

在精算实务中, 重要的随机变量一般是理赔总额. 理赔总额以一个正的概率等于 0, 但是在许多模型中, 它在 0 点以外有一个连续型分布. 通常, 复合泊松分布适合对理赔总额建模. 通过选择合适的理赔额分布, 我们能够得到属于指数族的理赔总额分布, 其方差函数为 $V(\mu)=\mu^p$, 其中 $p\in(1,2)$. 这使得我们可以用广义线性模型方法来估计和检验该类问题的参数. 这些分布属于所谓的 Tweedie 类. 我们已经看过 μ^p, $p=0,1,2,3$ 的情况.

对任何 $p\in(1,2)$, 通过选择恰当的计数分布参数和理赔额分布, 我们可以得到, 复合泊松–伽玛分布构成指数散布族的一个特殊子类, 其具有均值 μ 和方差函数 $V(\mu)=\mu^p$. 首先我们考虑使用参数 $\mu>0$ 和 $\psi>0$ 的参数化. 假定 $Y\sim$ 复合 Poisson(λ) 分布, 理赔额是 gamma (α,β) 分布, 且参数满足

$$\lambda=\frac{\mu^{2-p}}{\psi(2-p)};\quad \alpha=\frac{2-p}{p-1};\quad \frac{1}{\beta}=\psi(p-1)\mu^{p-1}. \tag{11.60}$$

利用式 (3.60), 很容易证明我们可以得到一族均值为 $\lambda\alpha/\beta=\mu$, 方差为 $\lambda\big(\alpha/\beta^2+(\alpha/\beta)^2\big)=\lambda\alpha(\alpha+1)/\beta^2=\psi\mu^p$ 的分布. 注意所有的理赔额具有相同的 α, 因此有相同的形状, 且它们完全由方差函数中的指数 p 决定; 期望理赔次数和尺度参数的变化生成所有可能的 (μ,ψ) 组合.

我们想证明在式 (11.60) 的参数选择下, 对于 $y=0$ 和 $y>0$ 这两种情况, Y 的 “密度函数” 都可以写成定义 11.3.1 的形式. 注意 Y 的累积分布函数是 §2.2 意义下的混合分布. 我们有

$$f_Y(y)=\mathrm{e}^{-\beta y}\,\mathrm{e}^{-\lambda}\sum_{n=1}^{\infty}\frac{\beta^{n\alpha}}{\Gamma(n\alpha)}y^{n\alpha-1}\,\frac{\lambda^n}{n!},\quad y>0. \tag{11.61}$$

因为式 (11.60) 的参数选择, 不难看出 $\lambda\beta^\alpha$ 不取决于 μ, 仅取决于参数 ψ 和常数 p. 因此式 (11.61) 中的和式仅取决于 ψ 和 y, 不取决于 μ. 为了检验式 (11.61) 及 $F_Y(0)=\Pr[Y=0]=\mathrm{e}^{-\lambda}$ 是式 (11.4) 的形式, 我们定义 $c(y,\psi)$, $y>0$ 是式 (11.61) 中和式的对数, 且 $c(0,\psi)=0$. 接下来, 令 $-\beta=\theta/\psi$ 和 $\lambda=b(\theta)/\psi$, 则可得

$$\theta=-\beta\psi=\frac{1}{(1-p)\mu^{p-1}}, \tag{11.62}$$

因此

$$\mu(\theta) = (\theta(1-p))^{-1/(p-1)} \tag{11.63}$$

和

$$b(\theta) = \lambda\psi = \frac{\mu^{2-p}}{2-p}. \tag{11.64}$$

读者可以验证 $V(\mu(\theta)) = \mu'(\theta)$ 成立. 注意泊松倍数分布 ($p=1$) 和伽玛分布 ($p=2$) 可以通过这类分布取极限得到. 这个事实可以通过矩母函数取极限来证明, 也可以通过下面的方式来理解. 当 $p \downarrow 1$ 时, 我们得到 Poisson(μ/ψ) 次退化到 ψ 的理赔. 当 $p \uparrow 2$ 时, $\lambda \to \infty$ 的同时 $\alpha \downarrow 0$, 且保证 $\lambda\alpha \to \mu/\psi$. 这样得到的极限分布是 gamma $(\mu/\psi, 1/\psi)$ 分布.

对所有的 $p \notin (0,1)$, 总存在一个指数散布族中的分布具有方差函数 $V(\mu) = \mu^p$. 对 $p \in (0,1)$ 的情形, 仍然可以通过最大化拟似然函数 (11.26) 来求得参数估计值.

注 11.7.1 (负二项随机变量)　对任何固定的 r, 负二项分布 (r,p) 有一个 "介于" 泊松分布和伽玛分布之间的方差函数 $V(\mu) = \mu + \mu^2/r$. 由于只取整数, 该模型可能是一个更好的模拟散布数的模型, 见例 3.3.1 和例 3.3.2, 但是这比拟泊松族更难使用. ▽

§11.7.1　一个 IBNR 问题的应用

R 的扩展包 tweedie 使我们可以很容易的估计 Tweedie 族分布的广义线性模型. 这是 Peter Dunn 和 Gordon Smyth 二人的贡献, 见 Dunn 和 Smyth(2005). 对任何给定参数 μ, ϕ 和 p 满足 $\mathrm{Var}[Y] = \phi\mu^p$, 它可得到密度函数 (dtweedie)、尾概率 (ptweedie)、分位数 (qtweedie) 和随机样本 (rtweedie). 另外, 它还可以生成具有任何幂函数型方差函数和任何幂函数型联结函数 $g(\mu) = \mu^q$(其中 $q=0$ 时表示对数联结函数) 的广义线性模型对象. 它还包括了当 $p=0, p=1, p=2$ 和 $p=3$ 的特殊情况, 它们分别表示高斯、泊松、伽玛和逆高斯族, 且提供了 R 中其他地方没有的广义线性模型响应变量分布. 它对处理 glm 函数不支持的分布–联结组合也是很有用处.

为了举例说明 Tweedie 分布类的精算用途, 我们生成一个 IBNR 三角, 该三角包含随机变量 Y_{ij} 的实现值, $i,j = 1,\cdots,10$, $i+j \leqslant 11$. 其中 Y_{ij} 服从均值为 $\mu_{ij} = \mu r_i c_j \gamma^{i-1}\delta^{j-1}$, 方差为 $V(\mu) = \psi\mu_{ij}^p$ 的 Tweedie 分布. 选取参数 $p = 1.5$, $\psi = 2$, $\mu = 10^4$, $\gamma = 1.03$, $\delta = 0.9$. r_i 称为每行的已知相对风险暴露, c_j 是 IBNR 三角中每列已知的发展因子. 用百分比表示, 它们的值

$$\begin{aligned} r &= (100, 110, 115, 120, 130, 135, 130, 140, 130, 120); \\ c &= (30, 30, 10, 20, 5, 3, 1, 0.5, 0.3, 0.2). \end{aligned} \tag{11.65}$$

为了估计参数 γ, δ 和 μ, 我们用一个对数联结函数和一个幂函数型方差函数 $V(\mu)=\mu^p$, 具有式 (11.29) 中的偏差 D_p. 在表 11.1, 我们给出了一些 p 值对应的估计结果, 最后几个是由 R 的 Optimize 函数选择的. 我们罗列了散布参数的估计值 (作为偏差的均值采用的是均值偏差). 利用 dtweedie 函数, 我们能实际计算似然值. 另外一种方法是利用公式 (11.61). 除非 $p=1$ 或 $p=2$, 否则下列函数只对标量适用, 并且它没有为运行速度进行优化, 也不保证数值稳定性:

```
dTweedie <- function (y, power, mu, phi)
{ if (power==2) s <- dgamma(y, 1/phi, 1/(phi*mu)) else
  if (power==1) s <- dpois(y/phi, mu/phi) else
  { lambda <- mu^(2-power)/phi/(2-power)
    if (y==0) s <- exp(-lambda) else
    { alpha <- (2-power)/(power-1)
      beta <- 1 / (phi * (power-1) * mu^(power-1))
      k <- max(10, ceiling(lambda + 7*sqrt(lambda)))
      s <- sum(dpois(1:k,lambda) * dgamma(y,alpha*(1:k),beta))
  } }
  return(s) }
```

在表 11.1 中对数似然函数值的旁边, 我们列出了 IBNR 准备金的估计值, 该值等于所有将来预测值 $\widehat{\mu}_{ij}=\widehat{\mu}r_ic_j\widehat{\gamma}^{i-1}\widehat{\delta}^{j-1}$ 的总和, 其中求和是对所有的 $i,j=1,\cdots,10$ 且 $i+j>11$. 注意随着 p 变化, $\widehat{\phi}$ 剧烈的变化, 仅当 p 接近实际值 1.5 时其才接近自己的真值 (ϕ=2). 对数似然函数在 $p=1.654$ 取得最大值, 但实际值 $p=1.5$ 也能得到一个可接受的值. 准备金的 ML 估计值等于 17484. 注意法定准备金随着指数 p 的增加而增加, 但对于 p 值的变化不是很敏感. $\widehat{\gamma}$, $\widehat{\delta}$ 和 $\widehat{\mu}$ 的估计值也是如此. 为了拟合 Tweedie 广义线性模型, 我们可以用 Gordon Smyth 贡献的 statmod 包里的族对象 (family object) Tweedie. 一个族对象包含表明了这个分布族的名称、方差函数 μ^p、联结函数 μ^q 或 $\log\mu$ 以及对象名和反函数、偏差残差函数、AIC 函数、函数 $\mu(\eta)$、初始化调用, 并指定了 μ 和 η 的哪些取值是有效的. 用以下的 R 代码可以产生上述结果.

```
require(statmod)### 如果显示‘‘FALSE’’, 请先从CRAN下载
TT <- 10; i <- rep(1:TT, each=TT); j <- rep(1:TT, TT)
past <- i + j - 1 <= TT; n <- sum(past)
Expo <- c(100, 110, 115, 120, 130, 135, 130, 140, 130, 120)
Runoff <- c(30, 30, 10, 20, 5, 3, 1, 0.5, 0.3, 0.2)
Off <- rep(Expo, each=TT) * rep(Runoff, TT); lOff <- log(Off)
##注意到未来值对应的输入为 0.01, 它们将被赋予权重 0
Xij <- scan(n=100)
```

```
4289.93 3093.71 1145.72 1387.58 293.92 189.17  42.36 11.41 4.31 12.39
3053.09 2788.81  682.44 1475.69 253.31 100.58  79.35 15.48 8.06  0.01
4388.93 2708.67  688.42 2049.57 353.20 266.43 109.42 47.90 0.01  0.01
4144.15 2045.63 1642.27 1310.97 548.97 159.87  69.86  0.01 0.01  0.01
2912.73 4078.56 1652.28 2500.94 394.99 220.89   0.01  0.01 0.01  0.01
5757.18 5200.83 1177.65 2486.30 580.29   0.01   0.01  0.01 0.01  0.01
4594.18 3928.15 1236.01 2729.68   0.01   0.01   0.01  0.01 0.01  0.01
3695.03 3688.23 1300.97    0.01   0.01   0.01   0.01  0.01 0.01  0.01
3967.13 4240.97    0.01    0.01   0.01   0.01   0.01  0.01 0.01  0.01
4933.06    0.01    0.01    0.01   0.01   0.01   0.01  0.01 0.01  0.01
round(xtabs(Xij~i+j)) ## 生成输入值的一个表
y <- Xij[past]
Tweedie.logL <- function(pow)
{ gg <- glm(Xij~i+j+offset(lOff), tweedie(pow,0), wei=as.numeric(past))
  reserve <- sum(fitted.values(gg)[!past])
  dev <- deviance(gg); phi.hat <- dev/n
  mu <- fitted.values(gg)[past]; hat.logL <- 0
  for (ii in 1:length(y))
  { hat.logL <- hat.logL + log(dTweedie(y[ii], pow, mu[ii], phi.hat)) }
  cat("Power =", round(pow,3), "\tphi =", round(phi.hat,2),
      "\tRes. =", round(reserve), "\tlogL =", round(hat.logL,3), "\n")
  hat.logL   }
for (pow in c(1,1.25,1.5,1.75,2)) Tweedie.logL(pow)
oo <- optimize(Tweedie.logL, c(1.01,1.99), max=T, tol=1e-4)
```

若 pow=1, 则观测值的密度等于 0, 因为它们不是泊松取值的倍数. 此时 R 会发出警告说观测值不是整数.

表 11.1　对 p 在 $[1,2]$ 的估计结果, ML 估计值

p	$\widehat{\phi}$	准备金	对数似然比
1	86.85	17287	$-\infty$
1.25	12.83	17300	−376.844
1.5	2.08	17369	−368.463
1.75	0.40	17605	−367.764
2	0.10	18233	−374.902
1.384	4.75	17325	−370.883
1.616	0.94	17447	−367.312
1.759	0.38	17619	−367.867
1.654	0.73	17484	−367.229

§11.8 习 题

§11.2

1. 请描述本节末尾的例子中两种拟合的设计矩阵 $\boldsymbol{X}$. 注意隐含了截距, 故 $\boldsymbol{X}$ 的第一列的元素全为 1. 使用 model.matrix(lm.).

为了检验 vcov(lm.) 是 Fisher 信息矩阵 $\widehat{\sigma}^2(\boldsymbol{X}'\boldsymbol{W}\boldsymbol{X})^{-1}$ 的 ML-估计, 做

```
w <- c(1,2, 2,1,1,1,1,4,2,4,2,3,2,1,1,2 )
Y <- c(0,1,0,8,0,0,0,30,0,1,1,38,0,0,0,26) /w
gender <- c(0,0,0,0,0,0,0,0,1,1,1,1,1,1,1,1)
income<- c(1,2,5,20,1,2,5,20,1,2,5,20,1,2,5,20)
lm. < - lm(Y ~ gender+income, weights=w)
mean(lm.$residuals^2*w) *
  solve(t(model.matrix(lm.))\%*\%diag(w)\%*\%model.matrix(lm.)) /
    vcov(lm.)
```

这里solve(A)计算矩阵 A 的逆, t(A) 给出其转置, diag(w) 是一个以向量 w 为其对角线的对角矩阵, %*% 是矩阵乘法, / 是按元素除法. R 是用什么量代替 $\widehat{\sigma}^2$ 来计算方差/协方差矩阵? 在 summary(glm.)输出里, 找出 sqrt(diag(vcov(glm.))) 在哪里出现. 在这个例子中, diag(A) 是由矩阵 A 对角线元素构成的向量; 这个函数的另外一个用途是对标量 n, diag(n) 产生一个 $n \times n$ 单位矩阵.

§11.3

1. 证明 $\mathrm{E}\left[\dfrac{\partial \ell(\theta, Y)}{\partial}\right]=0$ 和 $\mathrm{E}\left[\dfrac{\partial^2 \ell(\theta, Y)}{\partial \theta^2}\right]+\mathrm{E}\left[\left(\dfrac{\partial \ell(\theta, Y)}{\partial \theta}\right)^2\right]=0$, 其中 $\ell(\theta, y)=\log f_Y(y;\theta,\phi)$, f_Y 由式 (11.4) 表示. 利用这些关系, 求 $\mathrm{E}[Y;\theta]$ 和 $\mathrm{Var}[Y;\theta]$.

2. 试检验表 D 中所有分布结论的正确性. 验证重参数化方法、典则联结函数、累积函数、均值关于 θ 的函数和方差函数. 另外确定函数 $c(y;\phi)$.

3. 具有对数联结函数的泊松分布由式 (11.36) 知边缘总和方程成立. 对所有幂次型的联结函数 $g(\mu)=\mu^{\alpha}$, $\alpha>0$, 将所有 ML 方程以权重 β_j 相加, 证明此结论依然成立. 具有此联结函数的泊松观测值的偏差是什么结果?

4. 与第 3 题相同, 只是将泊松观测值换成伽玛观测值.

5. 证明: 一般地, 尺度偏差满足式 (11.17).

6. 从第 5 题的结论, 推导出正态分布、泊松分布、二次分布、伽玛分布和逆高斯分布的尺度偏差.

7. 证明推论 11.3.3 中关于 Esscher 变换的结论.

8. 证明式 (11.21)~(11.23) 给出了泊松、伽玛和逆高斯的安斯科姆残差. 证明: 当计算泊松的偏差残差时, 式 (11.17) 变为 (11.18). 对比泊松误差 ($\phi=1$) 时三个残差平方在 $y=\mu$ 处的泰勒展式. 对三个来说, 第一项都是 $(r^{\mathrm{P}})^2=\dfrac{(y-\mu)^2}{\mu}$, 对 $(r^{\mathrm{A}})^2$ 和 $(r^{\mathrm{D}})^2$ 来说, 第二项是

$-\dfrac{(y-\mu)^3}{3\mu^2}$. 对 $\mu=1$ 和 $y=0,0.2,0.4,0.6,1,1.5,2,2.5,3,4,5,10$, 对比泊松分布情况下 r^{P}, r^{A} 和 r^{D} 的值. 从伽玛分布 ($\alpha=5$ 和 $\beta=1$) 中抽取一个样本 $Y_1,\cdots,Y_{1000}$, 对 $p=1/3$ 和 $p=1/2$, 通过正态 Q-Q 图做一次 Y^p 正态性的目视检验, 参阅图 A.3. 令伽玛分布的形状参数 $\alpha=0.1$, 绘制 $a(Y)=\sqrt[3]{Y}$ 的直方图. 相应的残差 $3(y^{1/3}-\mu^{1/3})/\mu^{1/3}$ 是不是或多或少对称?

9. 调查 $X\sim \mathrm{gamma}(\mu,1)$ 的安斯科姆残差 (11.22) 的标准正态性, 其中 $\mu=1,2,5,10,20,50$. 取包含 1000 个数的样本, 对均值做学生检验, 对方差做 F 检验, 对三、四阶矩做 Jarque-Bera 检验, 见附录 A.1. 观察 Q-Q 图.

10. 与第 9 题一样, 对 $X\sim \mathrm{IG}(\mu,1)$, 分析安斯科姆残差 (式 (11.23)) 的标准正态性.

§11.4

1. 画出复合泊松–伽玛的广义线性模型中某些 p 下的方差关于均值的函数图, 其中参数满足式 (11.62). 并对比该图形与负二项分布 (r,p) 的广义线性模型的图形.

2. 证明: 当 $\mu(\theta)$ 满足式 (11.62), $V(\mu(\theta))=\mu'(\theta)$ 成立.

3. 证明: 复合泊松–伽玛分布的矩母函数满足式 (11.8) 的形式.

4. 若 $V(\mu)=\mu^2(1-\mu)^2$, 试求出其拟似然函数.

5. 若在式 (9.7) 中 $\mu_{ij}=\alpha_i\beta_j$, 试写出相对于式 (11.26) 的正规方程组. 另外, 证明注 11.4.1 的结论.

6. 证明 D_p 的公式. 通过直接积分验证 D_1 和 D_2, 并对比式 (9.29) 和式 (9.32) 相应的关系. 证明它们作为 D_p 的极限也成立. 证明 D_0.

7. 验证 β 和 ϕ 的最大扩展 QL 估计值正如书中描述的一样. 另外验证 ϕ 的 ML 估计值与最大扩展 QL 估计是否一样.

8. 对逆高斯分布 ($p=0$ 和 $p=3$), 对比扩展的 QL 和普通的对数似然比.

§11.5

1. 若模型中有一个常数项, 关于残差总和的性质 11.5.1 表明什么结论. 如果在模型中有一个因子, 结论又会怎么样呢? (见习题 11.3 第 3 题)

§11.6

1. 在本节最后的例子的初始化阶段中, 为何 y==0 是特例?

2. 具有典则联结函数的泊松广义线性模型中, 工作因变量和工作权重的值是多少? 若 $\vec{\beta}$ 已知, 工作因变量 Z_i 的均值和方差是多少?

3. 对比 `vcov(g)`和 `S`, 以及 `model.matrix` 和 `X`. 对比 `sqrt(diag(S))`和 `summary(g)`的输出中参数估计的标准误差.

4. 在本节的例子中, 5 步迭代之后停止, 这个被证明是充分的. 如果我们想在达到一个固定的最大迭代次数或达到 "收敛" 状态 (系数 b 的两个分量的相对变化都不大于 10^{-6}) 时停止迭代, 代码应该如何修改? 提示: 使用 `break` 跳出 `for` 循环, 正如 §3.5 中所述. 对于合适的标量 `dev` 和某个小正数 `tol`, 定义 "收敛" 状态为 `abs(dev-devold) / (abs(dev)+0.1)<tol`.

5. 对一个具有标准 (对数单位) 联结的二项分布, 代码应该如何修改? 考虑相同的 y 向量和固定的实验次数 50.

6. 如果我们不考虑泊松广义线性模型, 而考虑一个具有 y 的恒等联结函数的普通线性模型, 那么 R 代码应该如何改变? 输出的结果又如何?

7. 在一个具有典则联结函数的泊松广义线性模型中, 参数的 ML 估计满足边缘总和方程. 利用这一结论, 通过逐次代换法来确定最优参数. 对比每一步迭代之后的似然值与 IRLS 的似然值.

8. 某信用保险公司根据某些特征将被保险人分成大小约为 60 的组, 根据这些特征给每组一个分数, 并记录每组的违约人数, 如下:

```
Size  <- c(59,60,62,56,63,59,62,60)
Score <- c(69,72,76,78,81,84,86,88)
Def   <- c( 6,13,18,28,52,53,61,60)
```

运用 IRLS 算法估计违约概率关于分数的函数, 用对数单位联结函数 $\eta = \log \dfrac{\mu}{1-\mu}$. 用 glm 的输出值检查你的算法. 提示: 初始化时不要仅仅设定 `z <- -log(Def/(Size-Def))`, 而要在分子和分母都加上 0.5.

9. 证明: 具有恒等联结函数的正态分布广义线性模型, 费歇尔评分法不需要迭代. 对具有其他联结函数的正态分布广义线性模型, 这一结论也成立吗?

10. 在一个广义线性模型中典则联结函数 $\theta(\mu)$, 将自然参数 θ 作为 μ 的函数. 证明 $\dfrac{\mathrm{d}\theta(\mu)}{\mathrm{d}\mu} = 1/V(\mu)$ 和 $\dfrac{\mathrm{d}b(\theta(\mu))}{\mathrm{d}\mu} = \mu/V(\mu)$. 对 $V(\mu) = u^j$, $j = 0, 1, 2, 3$ 的情形来验证这个结论.

§11.7

1. 一个 Tweedie 分布有 $V(\mu) = \mu^p$, $1 < p < 2$, 决定其全模型 (见式 (11.31)) 下的极大似然值. 考虑改进的斯特林公式 (11.35). EQL 是什么样子?

2. 运行以下 R 代码;

```
hist(rtweedie(1000, power=1.001, mu=1, phi=1), breaks=41)
sum(dtweedie((1:1999-.5)/100, 1.5, 1, 1)) / 100 +
  dtweedie(0, 1.5, 1, 1)
```

解释其结果.

3. 生成一个有 Tweedie 分布的总理赔额的 6×6 IBNR 三角, 其中方差函数是 $V(\mu) = \mu^p$, $p = 1.2$. 取观测值 X_{ij} 的均值与 α^{i-1} 和 β_j 成正比, 其中 $\alpha = 1.03$, $\beta = (1, 0.9, 0.4, 0.2, 0.1, 0.05)$, 取 $\mathrm{E}[X_{11}] = 10$. 做出一个类似于本节的分析, 并报告结果.

附录 A　R 在现代精算风险理论中的应用

最重要的, S 是一种语言, 这使它比仅作为有关统计、绘图或数学的 “软件包” 有用得多. 想象一下如果英语不是一门语言, 而仅是一些单独使用的单词的集合 (类似一个软件包), 那么这句话所表达的内容要远远比任何用英语包可表达的内容复杂得多.

——Patrick J. Bwrns (S Poetry, 1998)

该附录对软件 R 和编程语言 S 中的基本概念做一个简单的介绍, 其目的是让读者知道 R 是如何运行的, 以及如何理解它在应用于一些精算问题时得到的结果. 关于 R 的使用的教材, 读者可在参考文献中找到. 附录 A.1 是受启发于 Burns(2005) 为被迫使用 S 语言的读者所写的一份指南, 附录 A.2 是展示了如何对股票价格进行探索性的数据分析. 在附录 A.3 中, 我们通过生成一个机动车保险风险组合并用以进行统计检验, 来演示 R. 对于如何用广义线性模型对该组合进行分析, 读者可参考 §9.5.

A.1　R 的 简 介

R 是一个可以用来很好地解决统计和计量经济学问题的编程环境. 在风险理论方面, 该软件中有很多诸如快速傅里叶变换 (FFT) 的数学函数可以应用. 此外, R 的另外一个重要用途是求解 Nelder 和 Wedderburn (1972) 提出的广义线性模型, 详见第 9~11 章. R 与 S-Plus 这两款软件都执行 S 语言来拟合和分析统计模型, 目前它们只在某些细节上有略微差别. R 也被称为 GNU-S, 这里 GNU 是 “GNU's Not Unix” 的缩写. 除了稳定、快速、更新及时和功能丰富等优点, R 最主要的优势是它是一个免费软件. 由于它是一款开源软件, 源文件是公开的, 而不是一个黑匣子系统, 以至于不需要用户猜测程序员是如何理解并实现理论的. 它有强大的绘图能力, 发展速度很快, 是学术界常用的统计工具.

本书使用的环境是 Windows, 而 R 在很多平台上都是适用的. 读者可从网站 www.r-project.org (CRAN 网站) 下载安装程序来安装 R. 在桌面上创建一个快捷方式, 双击快捷方式, 就进入了 R 的图形用户界面. 退出 R 程序, 可以按 Alt-F4 组合键.

S 是一种交互式语言, 用户的程序不是被编译, 而是被解释和执行. R 程序通过显示提示符 > 提示用户输入. 一个命令输入后, R 就会做出反应. 如果直接输入某

个对象的名称, R 就会输出其内容, 所以一个 "hello world" 程序只需要简单地输入字符串

```
"Hello world!"
```

需要执行的语句也可以存放在一个脚本文件中. 我们可以通过剪切–粘贴执行这些语句, 或者通过选择 File → Open script, 在 R 自带的脚本编辑器中打开该文件, 然后选择 Edit 下面 Run 命令中的一个执行, 或者单击相应的图标. 或者直接按 Ctrl-R 组合键, 来执行当前行或当前选中的命令.

对象 R 中几乎所有的东西都是 "对象". 面向对象程序设计 (object oriented programming, OOP) 是利用对象以及它们之间的交互来设计程序的一种编程范式. 很多现代编程语言都支持 OOP. R 中的对象可以是一个值、一个向量、一个矩阵, 或者更一般的记录. 最常见的对象是包含实数、整数、复数、字符串或者布尔 (Boolean) 变量 (TRUE 或 FALSE) 的*向量*. *矩阵*和向量一样只包含单一类型的元素, 但有多行多列. 向量与只有一行的矩阵并不总是一样的. *数据框*就是一个不同列可能为不同类型的矩阵. 在数据框中, 每列只能有一个类型. 一个*列表*中的元素可以是任何对象, 甚至是另一个列表. 例如, 一次回归的结果, 就是一个包含系数、残差、拟合值、模型项等内容的对象.

向量和列表都可以有*子名字*, 它们的每个元素和分量都有一个名字. 方形的对象需要有*维名字*: 即每行每列都要有名字. 数据框必须有维度名字, 而矩阵可有可无.

*因子*用来划分类别. 例如, 驾驶员的类型可能是 "农村" "城市" 或 "其他", 这称为该因子的不同水平. 另外, 类似于保单年或者奖惩类别的数量变量也可以作为因子.

对必须保存的对象需要赋予一个名子. 名字用来识别整个对象, 而 "子名字" 和 "维名字" 仅表示对象的分量. 有效的名字是字母、数字、点 (".") 和下划线 ("_") 的多数组合. 例如, .a, ._ 和 . 都是合法的名字, 而 _a 和 _ 就不合法. 显然, .1 是不合法的名字而 ..1 是合法的.

很多人都会遇到名字*区分大小写*的麻烦, 所以 T 和 t 是两个不同的名字; T 和 TRUE 表示布尔值 "true", 而 t(B) 是矩阵 B 的转置. Gamma 是指广义线性模型中的伽玛分布族, 为避免混淆, gamma(y) 表示伽玛函数 $\Gamma(y)$ (阶乘). 但泊松分布族就用 poisson 表示.

一些名字是*保留的*, 比如, return, break, if, TRUE 和 FALSE. 对于缩写形式 T 和 F 在 R 中不是保留的, 但很多时候对它们重新定义会造成麻烦, 对于 c, t 和 q 也有类似问题.

为对象赋名的方法就是给出名字, 然后是两个字符 <- (赋名箭头两边最好都有空格), 这样该命令就创建了一个对象:

```
const <- 1/sqrt(2*pi)
```

赋名符号也可以是向右的形式：a <- 1 和 1 -> a 的结果是一样的. 另外一种赋名方法就是简单地使用 a = 1, 但这种形式不是在所有环境下都是允许的.

读取文件　例如, 当要读入一个较大的对象 (例如 Excel 文件) 时, 首先需要将它写入一个文本文件. 由于根源于 UNIX, R 将反斜杠 \ 视为转义字符, 所以可按如下方式输入文件名和路径

```
fn <- "C:\\R-files\\somefile.text"  ## 或等价地:
fn <- "C:/R-files/somefile.text"
```

在 Windows 系统下, 简单的用一个正斜杠 / 代替是没有问题的. 注意到, 一行命令中 # 后面的部分都作为注释.

将文件中的数字读入一个向量中, 我们可以使用 scan 函数. 它假设文件中的数字以空格分隔, 并会一直读取到文件末尾. 它也可用于键盘输入, 或者从脚本输入, 那么它会读到一个空行为止. 命令如下：

```
> vec <- scan("C:/Documents and Settings/Rob Kaas/
+ Desktop/anyfile.txt")
```

这里我们不仅列出了输入 R 的命令, 还包括了 R 的提示符 >. 输入的命令可以被分成若干行. 因为上面命令第一行在一个字符串的中间结束, R 默认该命令还没写完, 所以它显示继续提示符 +, 并等待用户输入命令的其余部分. 但很多时候, 该连续提示符出现是表明有录入错误, 多数是某个地方漏掉了一个右括号.

接下来, 如果实际上你是想将 vec 中的数字存为矩阵, 那么可以用

```
mat <- matrix(vec, ncol=5, byrow=TRUE)
```

该命令可将 vec 中的数字分成一个有 5 列的矩阵, 并以行优先顺序存储, 而不是 R 或其他语言中标准的列优先顺序.

如果从电子表格程序产生的逗号分隔文件中读取数据, 可执行下面的两个命令之一：

```
pp <- scan("thefile.csv", sep=",")  ## 或者:
pp <- scan("thefile.csv", dec=",", sep=";")
```

第二个命令适用于用逗号代替小数点的系统中. 这种情况下 .csv文件中的分隔符为分号. 在本书中, 我们通常使用能存储在脚本文件中较小的数据集, 或者直接通过键盘输入, 例如通过 Xij <- scan(n=15) 在 Xij 中存储 15 个数.

将数组合为向量　将一些元素组合为向量, 可用命令 c()：

```
> numbers <- c(0, 3:5, 20, 0)
> numbers
[1]  0  3  4  5 20 0
```

上面既有跟在屏幕提示符 > 后的程序输入, 也有程序输出. 位于输出开始的 [1] 表

明该行从第一个元素开始. 3:5 表示序列 3, 4, 5.

函数 c 也可以用来组合除数字以外的其他元素, 如

```
words <- c("Testing", "testing", "one","two", "three")
```

创建矩阵的一个方法是将向量组合在一起. 函数 rbind 将向量视为行向量:

```
> a.matrix <- rbind(numbers, 1:6)
> a.matrix
        [,1] [,2] [,3] [,4] [,5] [,6]
numbers    0    3    4    5   20    0
           1    2    3    4    5    6
```

尽管其他编程语言会大量涉及使用 for 循环, 但这在 R 中要尽量避免, 因为 R 是一个解释语言而非编译语言. 回避通常可以利用对向量中所有元素做同样运算实现, 例如, 对向量中的值做 sum 或 mean 运算. 要在向量 a 中存储前 10^7 个平方数, 下面第一种方法需要约半秒钟, 而第二种方法需要超过一分钟:

```
n <- 1e7; a <- (1:n)^2
for (i in 1:n) a[i] <- i^2
```

矩阵乘法运算在 Pascal 之类的语言中不是一件平凡的事情, 但在 R 中, 我们可以简单地使用:

```
> a.matrix %*% 2:7
        [,1]
numbers  170
         112
```

我们看到输出结果是一个 2×1 矩阵, 即两行一列, 与一个 2 维向量不同. 注意到矩阵相乘的运算符是 %*%. 而 a.matrix * numbers 是逐元素的相乘. 两边有 % 的运算符与没有 % 的运算符是不同的. 比较下面将向量 (1, 2, 3) 自身相乘的方式:

```
>    1:3 * 1:3       ## 逐元素乘积; 等于 (1:3)^2
[1] 1 4 9
>    t(1:3)*1:3      ## 逐元素乘积 (作为矩阵)
     [,1] [,2] [,3]
[1,]    1    4    9
>                    ## 内积 (作为矩阵);
>    1:3 %*% 1:3     ## 等于 t(1:3)%*%1:3 和 crossprod(1:3)
     [,1]
[1,]   14
>                    ## 外积;
>    1:3 %*% t(1:3)  ## 等于 1:3%o%1:3 和 crossprod(t(1:3))
     [,1] [,2] [,3]
[1,]    1    2    3
```

```
[2,]    2    4    6
[3,]    3    6    9
```

作为一个 1×3 矩阵 (行向量) 与一个 3×1 矩阵 (列向量) 的矩阵乘积, 内积为一个标量 (1×1) 矩阵:$(1,2,3)(1,2,3)'=1^2+2^2+3^2=14$. 外积 $(1,2,3)'(1,2,3)$ 是一个有交叉乘积 ij 组成的 3×3 矩阵, 其中 $i,j=1,2,3$.

引用对象的一部分 引用对象的部分可以通过使用下标和方括号实现. 有四种常用的方法.

(1) 用正数下标表示要引用的部分:

```
> words[c(3:5, 1)]
[1] "one"        "two"        "three"        "Testing"
```

(2) 在 R 中, 向量的第一个元素的下标总为 1. 这使得我们可以用负数下标表示不需要引用的元素:

```
> numbers[-4]
[1]  0  3  4 20  0
```

(3) 如果有 names 属性, 则可以使用名称进行引用.

(4) 逻辑值: 选择要引用的位置.

```
> numbers[numbers < 10]
[1] 0 3 4 5 0
```

比较实数间是否相等时需要小心, 因为计算结果的不精确性可能会导致本该成立的等式不成立. 例如, 计算机输出

```
> sqrt(2)^2 == 2
[1] FALSE
```

由 [1] 可知 R 输出了一个向量 (长度为 1). 这里符号 == 表示相等, 因此 a==1 的值是 FALSE 或 TRUE. 而 a=1 是赋值, 或者函数中带名称的参数. 类似地, a < -1 是一个布尔量, 而 a<-1, 在 < 和 - 之间无空格, 表示赋值.

我们还可以修改一个对象部分元素的值:

```
> numbers2 <- numbers
> numbers2[4:5] <- c(17,19)
> numbers2
[1]  0  3  4 17 19  0
```

在矩阵和数据框中, 行和列用各自的下标表示:

```
> a.matrix[2:1, numbers>4]
        [,1] [,2]
           4    5
numbers    5   20
```

结果为 a.matrix 的一个子矩阵, 其具有原矩阵的第二行和第一行 (按这个顺序排列), 和使用 numbers 向量元素大于 4 的所有列.

在某一个维度对应的下标处留空, 来表示要引用所有的行或列:

```
> a.matrix[, c(1,3,5)]
        [,1] [,2] [,3]
numbers    0    4   20
           1    3    5
```

通常使用 list 函数, 以 tag=object 的形式定义列表. $ 运算符可用于引用列表中的某个分量.

```
> list1 <- list(num=numbers, char=words)
> list1$char
[1] "Testing" "testing" "one"     "two"     "three"
```

算术运算 R 中的算术运算符具有通常的优先级. 利用括号改变默认的计算次序. 通常空格被忽略:

```
>  9*3 ^-2
[1] 1
> (9*3)^-2
[1] 0.001371742
> -2^-.5
[1] -0.7071068
> (-2)^-.5
[1] NaN
```

向量不需要有相同的长度. 例如, 命令

```
> c(1,0)+(-1:4)
[1] 0 0 2 2 4 4
```

下面我们可形象化解释该问题. 该表中前两列为原始问题. 接下来两列为问题的扩展形式. 较短的向量复制自身的元素, 以达到和另外一个向量相同长度. 如果较长向量的长度不是较短向量长度的整数倍, R 将给出警告. 一旦扩展完成, 两个向量就可以相加. 表中最后一列就是相加后的结果.

初始值		扩展值		结果
c(1,0)	-1:4	c(1,0)	-1:4	c(1,0)+(-1:4)
1	−1	1	−1	0
0	0	0	0	0
	1	1	1	2
	2	0	2	2
	3	1	3	4
	4	0	4	4

NA 表示缺失值, 并且会在运算中传播. 可以用 is.na 检测缺失值. 下面第一行的命令是将元素直接与 NA 进行比较, 这样比较的结果不是真或假, 而是 NA.

```
> c(1, 7, NA, 3) == NA
[1] NA NA NA NA
> is.na(c(1, 7, NA, 3))
[1] FALSE FALSE  TRUE FALSE
```

函数的参数　前面我们已经遇到几个 R 的函数, 例如, c, scan 和 sqrt. 通常并不是函数所有的参数需要明确给出, 因为很多参数有默认值. 前面提到的函数调用 scan("thefile.csv", sep=",") 中使用了两个参数, 其中第一个没有命名, 所以它必须是函数的第一个参数. 第二个指定参数名为 sep. 因为是命名参数, 所以它就不一定是函数的第二个参数.

用于指定参数 sep 的参数名可以用简写 se, 但不能用 s, 因为函数 scan 中还有其他参数名以 s 开头. 用 args(scan) 可以显示该函数的所有参数及默认值, 用 scan 可以显示该函数的全部源代码. 对于具有任意多个参数的函数, 如 c, 则有特殊的参数赋值规则.

泛型函数　对于 print, plot 和 summary 这类函数, 实际执行的代码依参数的不同而不同. 数据框的输出形式就很像个矩阵. 当 print发现它的参数是一个数据框时, 它就会调用一个专门用来输出数据框的函数. 因此, 泛型函数实际执行的代码依赖于它们要操作的对象的类.

绘图　对一个对象直接使用 plot 绘图往往是可行的. 例如, plot(numbers) 就会画出元素值相对索引值的图. 在图中加入一条直线 $a+bx$, 其中截距 $a=10$, 斜率 $b=20$, 可以执行abline(10, 20). 进行探索性数据分析的另外一个有用的图形函数是hist, 它可用来画直方图. 在图像上右击可以将它保存在剪贴板或存为 PostScript 文件.

使用 R 的帮助　为了查看 R 中某个函数的帮助文档, 可以输入问号后跟具体的函数名称. 例如, ?objects, 或等价地, help(objects).

在帮助页面的最后, 有一些说明性的例子. 这些例子中的代码可以粘贴到 R-console 中运行, 或者通过使用诸如 example(glm) 来重现. 感兴趣的读者可以在网络上找到很多关于 R 的使用的文献, 或者在 R 中输入 help.start() 查看.

A.2　用 R 进行股票组合分析

为了说明如何将 R 应用于风险管理, 假设我们想要买入一家生产轮胎的公司 (Tyres) 和一家生产烈酒的公司 (Liquor) 的股票组成的投资组合. 我们使用的历史数据为近三年来两家公司股票价格的周数据. 基于这些数据, 我们想预测由这两只股票组成的一个投资组合的未来变化情况. 在 R 中有很多可以处理时间序列的功能, 但这里我们仅使用一些标准函数.

股票的价格序列如下:

```
Tyres <- scan(n=157)
307 315 316 314 324 310 311 295 278 295 318 343 342 323 328 303
309 307 315 296 313 316 317 306 307 326 330 330 333 341 337 353
356 359 349 351 359 360 363 342 337 334 352 357 360 368 363 366
366 365 381 401 401 421 422 425 417 427 436 440 432 406 401 420
420 424 416 403 400 392 391 390 406 415 429 420 415 420 417 445
447 449 447 450 460 470 495 507 518 516 522 524 484 497 490 500
464 458 446 450 471 485 486 501 506 502 494 497 465 478 490 496
517 506 497 483 474 495 499 483 477 481 474 479 431 438 431 436
434 453 442 445 461 463 481 490 470 480 497 507 503 508 485 492
490 519 506 539 542 553 558 562 532 510 512 504 474
Liquor <- scan(n=157)
 781  784  757  741  728  726  743  746  768  752  758  754  779
 777  780  815  791  779  802  797  800  860  873  854  855  846
 824  833  838  851  827  847  859  853  926  935  952  962  958
 943  938  949 1000 1003 1018 1022 1026 1019 1037 1026  999 1011
 994 1036 1030 1028 1005 1006 1005  970  983  984  980  996  975
 976  987 1008 1057 1054 1040 1045 1057 1101 1096 1094 1108 1102
1104 1105 1092 1098 1113 1076 1060 1054 1054 1057 1078 1077 1091
1093 1079 1086 1064 1134 1167 1217 1155 1171 1174 1213 1218 1250
1329 1350 1334 1318 1315 1310 1368 1370 1389 1420 1377 1366 1424
1455 1475 1478 1458 1430 1409 1407 1414 1409 1402 1386 1392 1391
1445 1448 1462 1474 1482 1495 1525 1547 1538 1436 1465 1454 1460
1476 1521 1588 1581 1587 1539 1574 1537 1518 1530 1500 1554 1532
1498
```

为了展示股价关于时间的变化, 我们可以使用一些标准的绘图方法, 如图 A.1 所示.

```
par(mfrow=c(1,2))
plot(Tyres, xlab="Week", type="l")
plot(Liquor, xlab="Week", type="l")
```

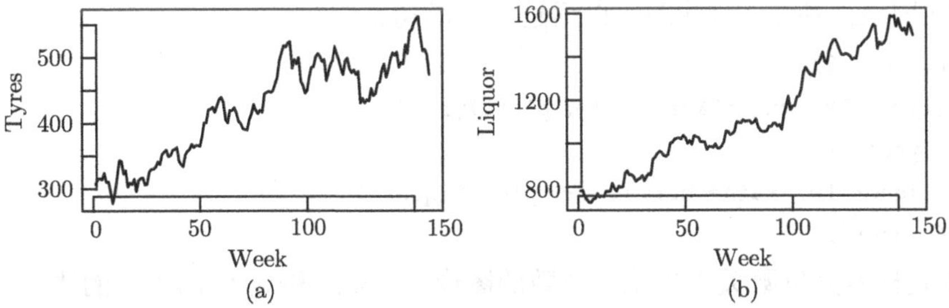

图 A.1 轮胎和制酒公司的股票价格

上面第一行命令是指明要绘制两个相邻的图形. 使用 ?par 可以查看更多绘图

的情形.

如果 $S_t, t = 1, 2, \cdots$, 表示股票价格, 那么人们可以研究简单收益率 (或净收益率, 代数收益率) $(S_{t+1} - S_t)/S(t)$, 但本节中我们考虑对数收益率 (几何收益率). 在著名的基于几何布朗运动的 Black-Scholes 模型中, 对数收益率之间相互独立, 且服从正态分布. 注意到 `Tyres[-1]` 相当于去掉第一个元素的 `Tyres` 向量, 我们可以不用 for 循环语句计算对数收益率序列:

```
Tyres.lr <- log(Tyres[-1]/Tyres[-length(Tyres)])
Liquor.lr <- log(Liquor[-1]/Liquor[-length(Liquor)])
```

为了绘制 Tyres 的对数收益率关于 Liquor 的对数收益率的散点图以及它们关于时间的图形 (图 A.2), 我们可以:

```
par(mfrow=c(1,3))
plot(Tyres.lr, Liquor.lr, main="Scatterplot log-returns")
plot(Tyres.lr, xlab="Week", type="l")
plot(Liquor.lr, xlab="Week", type="l")
```

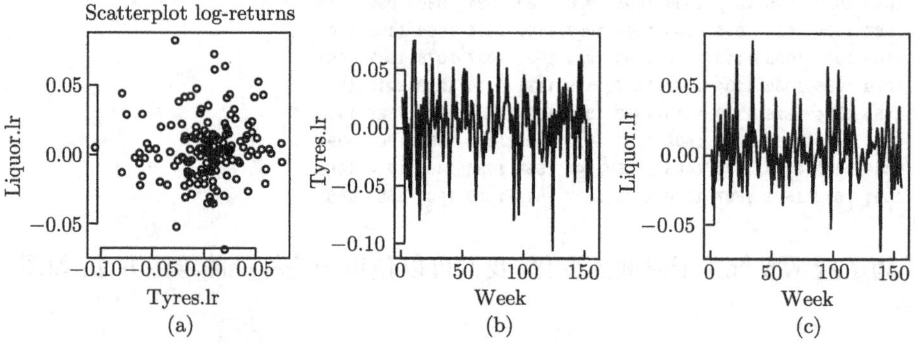

图 A.2　对数收益的散点图和时间序列图

为了判断两个边缘分布是否的确是正态分布, 我们可以通过观察正态 Q-Q 图进行判断, 如图 A.3 所示. 这些图可以通过下面语句绘制.

```
par(mfrow=c(1,3))
qqnorm(Tyres.lr, main="Normal Q-Q plot Tyres")
qqline(Tyres.lr)
qqnorm(Liquor.lr, main="Normal Q-Q plot Liquor")
qqline(Liquor.lr)
```

Q-Q 图是样本分位数关于理论分位数的图像. 如果正态 Q-Q 图中点的排列接近一条直线, 那么边缘分布为正态分布. 对于这里的例子, 我们看到拟合不是很好. 通过第一个和第三个四分位数的斜线 (用 `qqline` 产生) 与其他部分点不是非常接近. 由于尾部的样本分位点比相应正态分布的大, 所以边缘分布的尾部相比正态分布而言太“厚”了.

其他用图形方法判断是正态性的方法是绘制直方图, 并将其与拟合的正态密度进行比较. 图 A.3 中的第三幅图可由下面语句产生:

```
hist(Tyres.lr, prob=T, breaks=21)
curve(dnorm(x, mean=mean(Tyres.lr), sd=sd(Tyres.lr)), add=T)
lines(density(Tyres.lr))
```

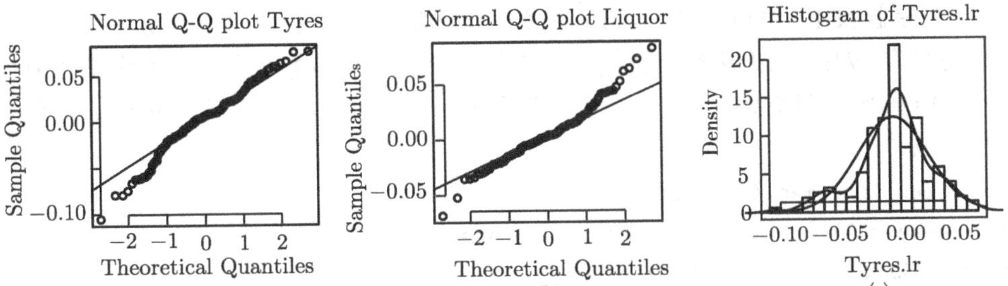

图 A.3 对数收益的正态 Q-Q 图和直方图

利用最后一行代码, 我们加入了*核密度估计*, 见 ?density. 密度的核密度估计很容易在观念中形象的解释. 例如我们可以选择有合适标准差的正态密度除以 n 作为核函数. 分别以 n 个数据点为中心各放置一个核函数, 然后对它们求和, 便得到了一个核密度估计. 如果 $\{y_1,\cdots,y_n\}$ 是来自连续型随机变量 Y 的随机样本 $Y_1,\cdots,Y_n$ 的实现, X 是一个离散型随机变量, 概率分布为 $\Pr[X=y_i]=\dfrac{1}{n}$, $i=1,\cdots,n$, 那么 X 的分布函数就是 $Y_1,\cdots,Y_n$ 的经验分布函数. 如果 U 是一个标准正态随机变量, 与 X 独立, 则 $X+\sigma U$ 的分布函数就是 Y 分布函数的核密度估计. 如果估计的核密度与拟合的正态密度很相似, 我们就可以认为对数收益率服从正态分布. 根据中心极限定理, 使用股票价格的周数据计算的对数收益率显然比使用日数据的情况更符合正态性假设.

一种对样本 $X_1,\cdots,X_n$ 正态性的统计检验为 Jarque-Bera 检验. 检验的统计量 JB 定义为

$$JB=\frac{n}{6}\left(S^2+\frac{K^2}{4}\right). \tag{1}$$

这里 n 为观测次数 (或更一般的自由度), S 为样本偏度, K 为样本峰度, 它们可如下计算

$$S=\frac{\widehat{\mu}_3}{\widehat{\sigma}^3}=\frac{\dfrac{1}{n}\displaystyle\sum_{i=1}^{n}\left(X_i-\overline{X}\right)^3}{\left(\dfrac{1}{n}\displaystyle\sum_{i=1}^{n}\left(X_i-\overline{X}\right)^2\right)^{3/2}};$$

$$K=\frac{\widehat{\mu}_4}{\widehat{\sigma}^4}-3=\frac{\frac{1}{n}\sum_{i=1}^{n}\left(X_i-\overline{X}\right)^4}{\left(\frac{1}{n}\sum_{i=1}^{n}\left(X_i-\overline{X}\right)^2\right)^2}-3, \tag{2}$$

其中 $\overline{X}=\frac{1}{n}\sum X_i$ 为样本均值, $\widehat{\sigma}^2=\frac{1}{n}\sum(X_i-\overline{X})^2$. 统计量 JB 近似服从 $\chi^2(2)$ 分布. 在原假设下, 可以证明在渐近意义下统计量 JB 中的两项都是独立标准正态分布的平方. 如果偏度或者峰度偏离正态情况下的值 0, 统计量 JB 的值就会很大. 95%置信水平下的临界值为 6.0. 为了检验 Tyres 的对数收益率是否来自正态分布, 我们可以:

```
x <- Tyres.lr - mean(Tyres.lr)
m2 <- mean(x^2); m3 <- mean(x^3); m4 <- mean(x^4)
S2 <- m3^2/m2^3; K <- m4/m2^2 - 3
JB <- length(x)/6 * (S2 + K^2/4)
p.value <- 1-pchisq(JB, df=2)
##JB = 9.305275; p.value = 0.009536414
```

检验统计量 $JB=9.3$, 大于 6.0, 所以对数收益率的正态性被拒绝. Liquor 的对数收益率的检验统计量值更大, $JB=18.9$.

但是, 在后面的内容里, 我们将认为不仅对数收益率的边缘分布是正态的, 而且其联合分布是一个二元正态分布. 图 A.3 没有为收益率是否服从二元正态分布提供任何信息. 但是, 我们可以通过观察两个对数收益率的散点图来判断该假设的合理性, 如图 A.2 所示.

二元正态分布的参数 $\mu_T, \sigma_T, \mu_L, \sigma_L$ 和 $\rho_{T,L}$ 可以通过下面的语句很容易地估计出来:

```
Tyres.lr.mean <- mean(Tyres.lr)
Tyres.lr.sd <- sd(Tyres.lr)
Liquor.lr.mean <- mean(Liquor.lr)
Liquor.lr.sd <- sd(Liquor.lr)
Tyres.Liquor.lr.corr <- cor(Tyres.lr, Liquor.lr)
## 结果为 0.00278 0.03226 0.00418 0.02235 0.06142
```

假设我们希望购买一个投资组合, 包含等量的两家股票, 当前 Tyres 公司股价为 474, Liquor 公司股价为 1498. 然后假设我们感兴趣的是该投资组合在未来两年 (或 104 周) 内的表现. 基于我们的数据, 假设周对数收益率 (X_i, Y_i), $i=158,\cdots,261$ 服从二元正态分布, 参数与上面估计相同, 不同 i 的收益率相互独立. 记

$$X=X_{158}+\cdots+X_{261};\quad Y=Y_{158}+\cdots+Y_{261}, \tag{3}$$

需要预测的随机变量为

$$S = 474\mathrm{e}^X + 1498\mathrm{e}^Y. \tag{4}$$

根据结论：如果随机对 (X_i, Y_i) 之间相互独立，那么 $\mathrm{Cov}\left(\sum X_i, \sum Y_i\right) = \sum \mathrm{Cov}(X_i, Y_i)$, 可知 (X, Y) 的参数估计可如下计算

```
Periods <- 104
mean.X <- Periods * Tyres.lr.mean
mean.Y <- Periods * Liquor.lr.mean
sd.X <- sqrt(Periods * Tyres.lr.sd^2)
sd.Y <- sqrt(Periods * Liquor.lr.sd^2)
cov.XY <- Periods * Tyres.Liquor.lr.corr *
        Tyres.lr.sd * Liquor.lr.sd
r.XY <- cov.XY / sd.X / sd.Y
```

因为 X 和 Y 是二维正态分布, 式 (4) 中定义的 S 是相关的对数正态随机变量的和. 计算 S 的分布函数和分位数比较困难, 参考 §7.7. 一种处理的方法是模拟 S 的很多结果, 然后用样本分位数代替理论的分位数. 为此, 我们需要产生 (X, Y) 随机样本的方法.

我们可以使用 R 中的 mvrnorm 函数来生成一个具有任意给定均值和方差矩阵的 n 维正态随机变量的样本. 该函数可以在 MASS 库中找到, 该库包含与 Venables 和 Ripley(2002) 的 "S 下的现代应用统计" 有关的对象. 下面作为说明, 我们在 $n = 2$ 的情形下解释 Cholesky 分解方法.

令 U 和 V 为相互独立的标准正态随机变量, 对于任意的实数 α, 有

$$r(U, U + \alpha V) = \frac{\mathrm{Cov}[U, U + \alpha V]}{\sigma_U \sigma_{U+\alpha V}} = \frac{1}{\sqrt{1 + \alpha^2}}. \tag{5}$$

这表明, 对任意的 $r > 0$, U 和 $U + \alpha V$ 的相关系数为 r, 其中

$$\alpha = \sqrt{1/r^2 - 1}. \tag{6}$$

并且 $W = r \cdot (U + \alpha V)$ 也服从标准正态分布. 当 $r < 0$ 时, 它与 U 的相关系数也为 r. 当 $r = 0$ 时, 我们取 $W = V$. 最后, 令

$$X' = \mathrm{E}[X] + U\sqrt{\mathrm{Var}[X]}; \quad Y' = \mathrm{E}[Y] + W\sqrt{\mathrm{Var}[Y]}, \tag{7}$$

那么 $S' := 474\mathrm{e}^{X'} + 1498\mathrm{e}^{Y'} \sim S$, 其中 S 在式 (4) 中定义.

由此, 根据 S 的分布生成伪随机数的问题, 就转变为生成一系列独立的一维正态随机变量 U 和 V 的随机数. 这可以通过调用 R 中的函数 rnorm 实现. 在标准模式下, 它是在标准正态分布函数的反函数 $\Phi^{-1}(\cdot)$ 中代入独立同分布的 $(0,1)$ 均匀分布随机变量 $U_1, U_2, \cdots$, 而这些随机变量可以由函数 runif 获得.

基于此, 下面语句可生成 1000 个 S 的随机样本, 其中 (X,Y) 服从二元正态分布, 参数与上面的计算相同:

```
set.seed(2525) ## 随机数生成器初始化
U <- rnorm(1000); V  <- rnorm(1000)
alpha <- sqrt(1/r.XY^2-1) * sign(r.XY)
X <- mean.X + sd.X * U
Y <- mean.Y + sd.Y * (U + alpha * V) * r.XY
S <- Tyres[length(Tyres)]*exp(X) +
     Liquor[length(Liquor)]*exp(Y)
```

图 A.4 为加入了核密度估计值和正态密度拟合值的直方图, 由下面语句生成:

```
par(mfrow=c(1,1)); S1000 <- S/1000
hist(S1000, breaks=21, prob=T)
lines(density(S1000))
curve(dnorm(x, mean=mean(S1000), sd=sd(S1000)), add=T)
```

下面语句给出 S 的样本分位数, 用购买价格的百分比表示:

```
> pr <- c(2.5, 5, 10, 25, 50, 75, 90, 95, 97.5, 99, 99.5)/100
> S <- S/(Tyres[length(Tyres)] + Liquor[length(Liquor)])
> round(100*quantile(S, pr))
 2.5%    5%   10%   25%   50%   75%   90%   95% 97.5%   99% 99.5%
  102   109   117   133   152   173   191   207   227   243   252
```

从 2.5%, 50%和 97.5%的分位数判断, 两年的累计收益率大概为 50%±25%. 由 1 股 Tyres 和 1 股 Liquor 组成的投资组合, 当前价格为 $474+1498=1972$, 两年后价值至少为 152%的概率为 50%, 以 90%的概率价值介于 109%和 207%之间, 以大约 1/40 的概率价值会缩水, 但有 1/200 的概率价值变为 2.5 倍. 这些结果是基于未来股票价格服从我们根据以往数据估计所得的模型, 且不说对数收益率服从 (联合) 正态分布被拒绝的事实, 通过观察图 A.1 我们完全可以认为, Tyres 股票价格的增长趋势在 100 周附近停止了.

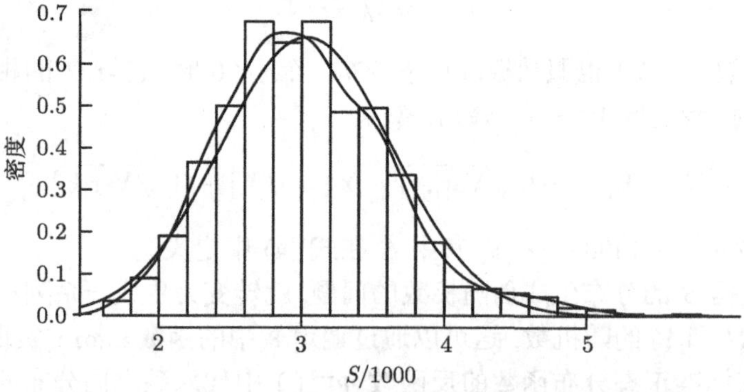

图 A.4 估计核密度和正态密度下 $S/1000$ 的直方图

A.3 生成一个伪随机的保险组合

假设我们期望生成一个机动车保险组合的伪随机数据，该组合保单的风险因素如下：

sx 两种性别, 比例为 6:4;

jb 工作类型, 三个水平, 比例为 3 : 2 : 1;

re 居住地区, 三个水平, 比例为 3 : 3 : 4;

tp 汽车类型, 三个水平, 比例为 7 : 5 : 8.

其中大部分因素是相互独立的. 例如, jb=1 和 re=3 同时成立的概率为 $\frac{3}{3+2+1}\cdot\frac{4}{3+3+4}=\frac{1}{5}$. 但是, 最后两个因素相关, 这表明 re 在不同水平的概率依赖于 tp 的水平, 反之亦然. 它们组合的因素水平具有下面联合概率分布：

	tp	1	2	3
re	1	0.10	0.05	0.15
	2	0.15	0.10	0.05
	3	0.10	0.10	0.20

用 R 中的 sample 函数可以很容易的生成前两个风险因素的样本.

```
n.obs <- 10000; set.seed(4)
sx <- as.factor(sample(1:2, n.obs, repl=T, prob=c(6,4)))
jb <- as.factor(sample(1:3, n.obs, repl=T, prob=c(3,2,1)))
```

sample函数的第一个参数为可能的取值, 第二个参数为抽取样本的个数. 由于默认为不重复抽样, 所以我们需要显式地指定 repl=T. 参数 prob=c(6,4) 表明取值的相对概率, 所以性别为水平 1 的概率为 60%. 所有的风险因素都被当作因子处理, 它们的取值 $1,2,\cdots$ 仅仅代表类别标签.

生成给定概率分布下相关的因素 tp 和 re 的随机样本, 我们先生成两因素的组合的样本 (re.tp, 有 9 个水平), 将水平 1, 4, 7 重新编码为 tp=1, 水平 2, 5, 8 为 tp=2, 水平 3, 6, 9 为 tp=3. 对于因素 re 也做类似重编码. 为了说明这样做就是我们想要的, 我们生成一个由这两个因素划分的保单数量表. 由于不需要后续使用, 最后我们把辅助向量 re.tp 删除.

```
re.tp <- sample(1:9, n.obs, repl=T, prob=c(2,1,3,3,2,1,2,2,4))
tp <- as.factor(c(1,2,3,1,2,3,1,2,3)[re.tp])
re <- as.factor(c(1,1,1,2,2,2,3,3,3)[re.tp])
table(list(region=re, type=tp)); rm(re.tp)
```

很多保单在保单年末之前就终止了. 对于这种情形, 风险暴露时间是一年的部分. 事实上, 无论其他因素的取值如何, 我们期望 80%保单的暴露时间 mo 为 12 个月 (四个季度), 10%为 6 个月, 剩下 10%为 3 个月.

```
mo <- 3 * sample(1:4, n.obs, repl=T, prob=c(1,1,0,8))
```

对于每张保单, 令 μ_i 表示每保单年的平均理赔次数, 它是仅以上述风险因素为自变量的函数. 各因素以可乘的且独立的方式发挥作用, 所以不存在交互作用, 即不存在风险因素的某个组合会导致与主效应的叠加不同的结果.

我们假设每张保单的理赔次数服从泊松过程, 见第 4 章. 为了得到保单 i 的实际泊松参数, 每个 μ_i 必须乘以暴露时间, 见式 (3.73). 我们从下面可看到, 在我们假想的组合中, 除了因子 jb 没有影响, 任何一个因子水平增加 1, 会导致理赔数平均增加 20%. 基准水平为 0.05.

```
mu <- 0.05 * c(1,1.2)[sx] *
             c(1,1,1)[jb] *
             c(1,1.2,1.44)[re] *
             c(1,1.2,1.44)[tp]
y <- rpois(n.obs, mu * mo/12)
```

在这个例子中, 样本容量为 10000. 在实务中, 组合的容量会大很多, 甚至到百万级. R 将正在使用的对象存放于内存, 所以计算机内存的容量很重要. 此外, 计算速度也很重要. 例如, 在拟合广义线性模型时, 需要的时间可能是数分钟而非数毫秒. 因此, 在不损失过多信息的条件下, 考虑分组汇总值可能比考虑所有单张保单的数据更有优势. 将我们的保险组合按四个风险因素的不同水平划分为不同单元, 每个单元中的保单有相同的因素取值, 从而有相同的年平均理赔次数. 总共分有 $2\times3\times3\times3=54$ 个单元. 如果权重 w_k 表示单元 k 中的总风险暴露时间, μ_k 表示相应单元中每张保险期间为一年的保单的泊松参数, 那么很容易知道总理赔次数服从参数为 $(w_k\mu_k)$ 的泊松分布.

在这种情形下, 个体理赔数不会比它们的汇总值提供更多关于单元中泊松参数的信息. 可以证明, 给定单元中的总理赔次数, 则个体理赔次数或由它们导出的任何统计量的分布, 都与泊松参数的取值无关. 这个性质刻画了关于某个参数的*充分统计量*的特征. 如果我们假设模型 (泊松过程) 是正确的, 只有参数未知, 那么在估计这些参数时, 使用聚合后的组合和使用具有完全信息的组合将起到一样好的效果.

这些只在风险因素只有少数几个不同水平时才有意义. 车辆的原价可能会为此被四舍五入为 1000 的倍数, 以及可能会使用包含不同实际车重区间的重量类. 为了压缩数据, 我们可以使用 R 中的 aggregate 函数:

```
aggr <- aggregate(list(Expo=mo/12,nCl=y,nPol=1),
```

```
                    list(Jb=jb,Tp=tp,Re=re,Sx=sx), sum)
aggr[sort(sample(1:54,20)),]
```

对于 aggregate 函数第二个参数中风险因素的每个组合，都建立一个单元，并将其存储为数据框 aggr 的一行. 并且，对第一个参数指定的列表中的值应用 sum 函数. 最后一行语句从数据框中的 54 个单元里，抽取一个容量为 20 的样本并排序，然后输出它们的所有列. 每个单元有一行，和下面这些列：

- Jb, Tp, Re, Sx 为单元的因素水平. Jb 的水平为 $1, 2, 3, 1, 2, 3, \cdots$; 对前 27 个单元，Sx 的水平为 1;
- Expo为单元中所有保单的 (以年为单位的) 暴露时间的和;
  nCl 为某年中总的理赔次数;
  nPol 为具有这些水平的风险因素的保单的数量.

注意，这里 jb 是一个长度为 n.obs 的向量，而数据框的列 aggr$Jb 的长度只有 54. 在 §9.5 中，我们利用第 9 章的技术分析了一个非常类似的保险组合.

附录 B 习题提示

能够迅速的回答我很高兴, 但我说过我不知道.

——Mark Twain (1983–1910)

当你对问题还不太了解时, 会很容易草率的给出一些解决建议.

——Malcolm Forbes (1919–1990)

第 1 章

§1.2

1. 利用下面凸函数的特征: 一个函数 $v(x)$ 是凸的, 当且仅当对任意 x_0, 满足 $l_0(x_0) = v(x_0)$ 的直线 $l_0(x) = a_0x + b_0$ 有 $l_0(x) \leqslant v(x)$ 对所有 x 成立 (通常, $l_0(\cdot)$ 是 $v(\cdot)$ 的切线). 取 $x_0 = \mathrm{E}[X]$, 如果 $v(x) = x^2$, 我们有 $\mathrm{Var}[X] \geqslant 0$.

2. 考虑随机变量 X 满足 $\Pr[X = x_0 \pm h] = 0.5$.

3. 应用习题证明 $+v$ 和 $-v$ 均为凸的.

4. 检验不等式 $\mathrm{E}[u(X)] > \mathrm{E}[u(Y)]$ 和 $\mathrm{E}[u(X)] > u(w)$. 当 $w < 625$ 时, 首选 X.

5. 对式 (1.11) 应用詹森不等式.

6. $P^+ = 20$; $P^+ \approx 19.98$.

7. $W = 161.5$.

8. 取 $w = 0$, $u(0) = 0$ 和 $u(1) = 1$ 可得 $u(2) > 2$, $u(4) = 2u(2)$ 和 $u(8) < 2u(4)$, 存在 x 分别满足 $u''(x) > 0$ 和 $u''(x) < 0$.

9. $\pi[X] = 3/4$, $\pi[2X] = 4/3$.

§1.3

4. 利用 $\lim\limits_{\alpha\downarrow 0} \dfrac{\log(m_X(\alpha)) - \log(m_X(0))}{\alpha} = \left.\dfrac{\mathrm{d}\log(m_X(\alpha))}{\mathrm{d}\alpha}\right|_{\alpha=0}$ 或者利用泰勒级数.

5. 见表 A 最后关于 X 的矩母函数.

6. $P_X = 412.5 < P_Y$; $\alpha > 0.008$.

7. 对数的. $\mathrm{E}[u(w - P + 2^N)] = u(w)$ 的解为 $P = 4$.

8. $\alpha \geqslant 0.05$. α 的量纲是 元$^{-1}$.

9. X 的矩母函数是什么?

10. 对数效用. 用洛必达法则, 或者写为 $w^c = \mathrm{e}^{c\log w}$, 然后用泰勒展开.

11. 幂效用函数. $\dfrac{\mathrm{d}\log u'(w)}{\mathrm{d}w}$ 等于什么?

12. 假设 $\mathrm{Var}[X] > 0$ 和 $\alpha > 0$, 因此 $\mathrm{Var}[\mathrm{e}^{\alpha X}] > 0$, 再利用詹森不等式.

13. $P^+ = 50.98$, $P^- = 50.64$.

§1.4

1. 在 $(-\infty, 2]$ 上线性, 满足 $\pi(0) = 2.5$, $\pi(2) = 0.5$. 在 $[2, 4]$ 上有 $\pi(x) = (4-x)^2/8$. 在 $[4, \infty)$ 上有 $\pi(x) = 0$. 在草图中可以看出 $\pi'(2+0) \neq \pi'(2-0)$.

2. 用式 (1.38) 去求 $f_S(d)$.

3. 用分部积分.

4. 方差固定时, 停止–损失最优; 然后利用前面习题的结论.

5. 用式 (1.39).

6. $\mathrm{E}[I(X)] = \mathrm{E}[(X-d)_+] + d\Pr[X \geqslant d]$.

7. 基于 1 000 000 个标准正态元素, 用 R 程序估算 $\mathrm{E}[X \mid X > 1]$, $\mathrm{E}[XI_{X>1}]$ 和 $\mathrm{E}[(X-1)_+]$. 理论值可由前面习题结论导出.

第 2 章

§2.2

1. (1) $\mathrm{E}[X] = 1/2$; $\mathrm{Var}[X] = 9/4$; (2) $\mathrm{E}[X] = 1/2$; $\mathrm{Var}[X] = 37/12$.

2. $\mathrm{E}[Y] = 7/4$, $\mathrm{Var}[Y] = 77/48$.

3. $P^+ = 5.996 \neq 1.1 \times 100\log(19/18)$, 所以不成立.

4. $\mathrm{E}[X] = 60$; $\mathrm{m}_X(t) = 0.9\mathrm{e}^0 + 0.02\mathrm{e}^{1000t} + \int_0^{1000} 0.00008\mathrm{e}^{tx}\mathrm{d}x = \cdots$. 图像略.

5. 取条件 $I = 1$ 和 $I = 0$.

6. 当 $I \sim$ Bernoulli(0.5), $X \equiv 2$, $Y \sim$ uniform(2, 4) 且相互独立时, $IX + (1-I)Y$ 有分布函数 F.

7. $c = 1/3$, $\mathrm{d}G(1) = \mathrm{d}G(2) = 1/2$, 在 $(0,1) \cup (2,3)$ 上 $\mathrm{d}H(x) = \mathrm{d}x/2$.

8. $\mathrm{E}[T] = \mathrm{E}[Z]$, $\mathrm{E}[T^2] \neq \mathrm{E}[Z^2]$.

9. $\mathrm{N}(0, q^2 + (1-q)^2)$ 和 $\mathrm{N}(0, 1)$.

10. 利用关系式 $W = \frac{2}{3}X_1 + \frac{1}{3}W'$, 其中 $W' \sim W$ 且与 X_1 独立, 见式 (2.25). 对于矩母函数, 利用 $\mathrm{m}_{W-1/2}(t) = \prod \mathrm{E}\big[\exp(t(2X_i - 1)/3^i)\big] = \cdots$.

§2.3

1. 参考表 2.1.

2. 乘积运算的总次数为二次多项式: $6n^2 - 15n + 12$, $n \geqslant 3$.

3. 将式 (2.30) 写为 $\varphi(s; \mu_1 + \mu_2, \sigma_1^2 + \sigma_2^2) \times \int \varphi(x; \mu_3, \sigma_3^2)\mathrm{d}x$.

4. 对第二部分, 应用归纳法、卷积公式, 以及关系式: 对所有的 n 和 h 有 $\binom{n}{h} +$

$\binom{n}{h-1} = \binom{n+1}{h}$.

§2.4

1. $f_S(s) = 2(\mathrm{e}^{-s} - \mathrm{e}^{-2s})$; $\mathrm{m}_S(t) = \dfrac{2}{1-t} - \dfrac{2}{2-t}$.

3. $\kappa_4 = \mathrm{E}[(X-\mu_1)^4] - 3\sigma^4$.

4. 矩母函数可在本书表 A 中查得.

5. $\kappa_3 = 0$, $\kappa_4 = -0.1$.

6. 利用式 (2.49) 和表 A.

8. 如果 $X-\mu \sim \mu - X$, 则 X 关于 μ 对称. 有两个解: $p = 0.04087593$ 和 $p = 0.4264056$.

9. $(1-2q)/\sqrt{q(1-q)}$ (表 A). 如果 X 是对称的, 则三阶中心矩等于 0, 因此必有 $q \in \{0, 0.5, 1\}$ 成立. 对于 q 的这三个值, 对称都成立.

10. 利用式 (2.50) 和表 A.

11. 半不变量是累积母函数中 $t^j/j!$ 项的系数.

12. 它们的概率母函数是 n 次多项式, 只有当所有的系数对应相同时它们才相等.

13. 证明 X/δ 和 Y/δ 有相同的概率母函数.

14. 矩母函数的定义域是什么, 特征函数的定义域是什么? 有时矩母函数可以延伸到所有的复数, 例如, 指数分布的矩母函数 $(1-t)^{-1}$. $\mathrm{E}[\mathrm{e}^{\mathrm{i}tX}] = \mathrm{E}[\mathrm{e}^{-\mathrm{i}tX}]$ 表明该函数的虚部为 0.

15. 利用第 11 题. 对于对称性, $\Pr[Z=0] = \Pr[Z=10]$ 是必要条件. 证明该条件也是 Z 为对称的充分条件.

16. $\delta = \sqrt[3]{2}$.

17. 证明 $g_X^{(n)}(1) = \mathrm{E}[X(X-1)\cdots(X-n+1)]$, 并讨论原点矩可以由阶乘矩计算得出, 见式 (2.50).

§2.5

1. 你应该能得到如下结果 (问号处自己填写):

Argument:	3 − 0	3 + 0	3.5	4 − 0	4 + 0
精确的:	0.080	?	0.019	?	0.004
NP:	0.045	?	0.023	?	0.011
gamma:	0.042	?	0.021	?	0.010
CLT:	0.023	?	0.006	?	0.001

2. 由 $x = s + \gamma(s^2-1)/6$ 求解 s. 验证该求逆是否可行.

4. 利用洛必达法则证明 $\lim_{\gamma\downarrow 0}\left[\sqrt{9/\gamma^2 + 6x/\gamma + 1} - 3/\gamma\right] = x$. 取 $X^* = (X-\mu)/\sigma$, 然后用 $\Pr[Z^* \leqslant z]$ 近似 $\Pr[X^* \leqslant z]$, 其中 $Z^* = (Z - \alpha/\beta)\beta/\sqrt{\alpha}$, $Z \sim \mathrm{gamma}(\alpha, \beta)$ 且偏度为 γ, 因此 $\alpha = 1/\gamma^2$. 然后, 对 $\alpha \to \infty$, 我们根据中心极限定理有 $\Pr[Z^* \leqslant z] \to \Phi(z)$.

5. 利用式 (2.59), 我们看到, 如果 $\Phi(y) = 1-\varepsilon$, 则 $1-\varepsilon$ 处的临界值为 $18+6(y+(y^2-1)/9)$.

6. χ^2 分布是 (转移) 伽玛近似的特例.

7. 如果 α 是整数, 泊松分布的概率值可以用来得到伽玛分布的分布函数.

8. 例如, 对 $\varepsilon = 0.95$: 查表得 28.9, 由式 (2.26) 可得 28.59. 由第 5 题中的 NP 近似可得 28.63.

9. 负荷 = 21.14%.

10. 负荷 = 21.60%.

11. 当 $x=-1$ 时, 我们有平方根号下 $(3/\gamma-1)^2 \geqslant 0$.

12. 利用表 A, 我们可以得到 (i)~(vi) 情形下的偏度 $\gamma = 0, 2, 4, 6, 14, \infty$.

13. 令 X_1 为类型 1 的理赔量, 那么 $\Pr[X_1=0]=1-q_1$, $\Pr[X_1=j]=q_1p_1(j)$, $j=1,3$. $\mathrm{E}[S_1]=20$, $\mathrm{Var}[S_1]=49.6$, 资本金为 $\mathrm{E}[S]+1.645\sqrt{\mathrm{Var}[S]}=99.999$.

14. 利用 $\mathrm{E}[U^t]=\int u^t f_U(u)\,\mathrm{d}u=\cdots$.

16. 情形 (i)~(iii) 中对转移伽玛近似, 可得 0.0103, 0.0120, 0.0113; 情形 (iii)~(v) 中对 NP 近似, 可得 0.0120, 0.0138, 0.0113.

17. 避免对负数求平方根.

21. 例如, $\mathrm{E}[Y^2]=\mathrm{E}[U^2]+\frac{\gamma}{3}\mathrm{E}[U(U^2-1)]+\frac{\gamma^2}{36}\mathrm{E}[(U^2-1)^2]=\cdots$.

§2.6

1. $1-\Phi(g(d))$, 其中 $g^2(d)=\dfrac{\{B-380+10d\}^2}{297+49.5d^2}$, $d\in[2,3]$.

2. 最大化 $g^2(d)$.

3. $1-\Phi(1.984)=0.0235$.

第 3 章

§3.2

1. 对于 Poisson(λ): $\mathrm{E}[S]=\lambda\mu_1$, $\mathrm{Var}[S]=\lambda\mu_2$, $\mathrm{m}_S(t)=\mathrm{e}^{\lambda(m_X(t)-1)}$.

2. 利用式 (2.50).

3. 令 N' 表示雌鸟的个数, 那么我们有 $N'=B_1+\cdots+B_N$, 这里 N 表示鸟蛋的个数, $B_i=1$ 表示第 i 个鸟蛋为雌性. 然后利用式 (3.5) 证明 $N'\sim$Poisson(λp).

4. $\Pr[S=0,1,2,3,4]=\mathrm{e}^{-2}, 0.2\mathrm{e}^{-2}, 0.42\mathrm{e}^{-2}, 0.681333\mathrm{e}^{-2}, 1.0080667\mathrm{e}^{-2}$.

5. $f(4,5,6)=0.2232, 0.1728, 0.0864$; $\mathrm{E}[S]=3.2$, $\mathrm{Var}[S]=3.04$.

6. $\mathrm{E}[S]=3.2$ (见第 5 题), $\mathrm{Var}[S]=5.6$.

7. 利用数学归纳法. 或者: 通过检验导数以及在某点 (如 $x=0$) 的值来证明左右两边相等.

§3.3

1. 考察矩母函数; 在负二项矩母函数中代入 $p=1-\lambda/r$, 后令 $r\to\infty$. 利用 $\lim\limits_{r\to\infty}(1-\lambda/r)^r=\mathrm{e}^{-\lambda}$.

2. 在例 3.3.1 中, 如果 Λ 为退化分布时; 在例 3.3.2 中, 如果 $c \downarrow 0$ 时.

3. 比较理赔次数与理赔额.

§3.4

1. 参考例 3.4.1.

2. 如果 $x_1 = x_2$, 则该理赔额发生的频率为 $N_1 + N_2$.

3. $p(0) = p(1) = p(2)/2 = p(3) = p(4)$.

4. 证明对所有的 n 和 m 有 $\Pr[N' = n, N - N' = m] = \Pr[N' = n]\Pr[N - N' = m]$. 或者: 应用定理 3.4.2, 其中 $x_1 = 0$, $x_2 = 1$.

5. 证明 $\Pr[N_1 = 1]\Pr[N_2 = 1] = 0.3968 \times 0.3792 \neq \Pr[N_1 = 1, N_2 = 1] = 0.144$. [注意: 我们仅在泊松情形下证明了定理 3.4.2.]

6. $S = x_1N_1 + x_2N_2 + \cdots$, 且 $S_0 = 0N_0' + x_1N_1' + x_2N_2' + \cdots$, 其中 $N_j, N_j' \sim \cdots$.

7. 第二列有 $n^2/2$ 个, 第三列有 $n^2/3$ 个, $\cdots$, 将其加总.

§3.5

1. $f(s) = \dfrac{1}{s}[0.2f(s-1) + 0.8f(s-2) + 1.8f(s-3) + 3.2f(s-4)]$; $f(0) = \mathrm{e}^{-2}$.

2. 对 $s = 0$ 单独验证. 对 $s > 0$, 利用式 (3.15) 和归纳法.

3. 检验是否 (a, b) 中的每个点都考虑了, 绘制一个草图.

4. 对 $h = 1, \cdots, t$ 有 $2t$ 次乘法运算 $\lambda hp(h)$. 对 $m > t$: 有 $t(t+1)/2$ 次; 对 $m \leqslant t$: 有 $m(m+1)/2 + m(t-m)$. 如果最大理赔额有限时, 运算的次数相对于 t 近似为线性增长, 其他情形为平方增长.

5. $\mathrm{E}[N] = \sum_n nq_n = \sum_{n\geqslant 1} n(a + b/n)q_{n-1} = a\sum_{n\geqslant 1}(n-1)q_{n-1} + a + b$ 等.

6. 在 $\pi(2)$ 和 $\pi(3)$ 之间进行差值. $d = 2.548$. [由于分布函数为常数, 停止–损失保费是线性的.]

7. 利用 Panjer 递推和差值.

8. $S_2 \sim N_1 + 3N_3$, 其中 $N_1 \sim$ Poisson(2) 和 $N_3 \sim$ Poisson(1). 用差值来确定分布函数吗?

9. $\lambda p(1) = \alpha$, $2\lambda p(2) = 2\alpha$ 且 $p(1) + p(2) = 1 - p(0)$.

10. $\pi(2.5) = 1.4014$.

11. 从 $\mathrm{E}[(S-0)_+]$ 中消去式 (3.34).

12. 由 $\mathrm{E}[(S-(d-1))_+^2] - \mathrm{E}[(S-d)_+^2] = \cdots$ 开始. 如果要计算 $p(d)$ 的表达式, 则 $p(d-1) - p(d) = 2\pi(d-1) - 1 + F(d-1)$.

13. 执行式 (3.27), 而不是式 (3.31).

14. logarithmic $(1-p)$, 见式 (3.16); 利用 $p^r = \mathrm{e}^{r\log p} = 1 + r\log p + O(r^2)$.

16. 利用关系式 (3.34). 函数 `rev` 对向量求逆, 而函数 `cumsum` 对向量求累积和.

§3.6

1. 想象一个骰子. 执行完前两个函数后, `y[1:64]` 中的元素为一个骰子出现 $\{0,\cdots,63\}$ 点数的概率.

§3.7

1. CLT: 0.977, gamma: 0.968, NP: 0.968.

2. $\alpha=15$, $\beta=0.25$, $x_0=-20$. NP: $F_S(67.76)\approx 0.95$ 和 $F_S(\mathrm{E}[S]+3\sqrt{\mathrm{Var}[S]})\approx 0.994$ [注意: $\Phi(3)=0.999$].

§3.8

1. 如果 S^* 是参数为 $\lambda_j=-\log(1-q_j)$ 的近似聚合模型, 证明 $\lambda_j>q_j$, 因此 $\mathrm{E}[S^*]=\sum_j \lambda_j b_j>\mathrm{E}[S]$; 对方差类似.

2. $\widetilde{S}$: $\mathrm{E}=2.25$, $\mathrm{Var}=3.6875$, $\gamma=6.41655\sigma^{-3}=0.906$. $S\sim$ 参数 $\lambda=1.5$ 的复合泊松分布, $p(1)=p(2)=0.5$, 因此 $\mathrm{E}=2.25$, $\mathrm{Var}=3.75$, $\gamma=6.75\sigma^{-3}=0.930$. $\widetilde{S}$: $\alpha=4.871$, $\beta=1.149$, $x_0=-1.988$. S: $\alpha=4.630$, $\beta=1.111$ 且 $x_0=-1.917$.

4. 第二种情况. 得到的方差的比值近似为 80%.

5. 注意到求和中各项的第一个因子关于 x 递减.

6. $\max[S]=3000$, $\max[T]=4000$; $\mathrm{E}[S]=\mathrm{E}[T]=30$; $\mathrm{Var}[S]=49.5$, $\mathrm{Var}[T]=49.55$; 二者的理赔次数分布均为 binomial(2000, 0.01); $S\sim$ 二项随机变量加权和, $T\sim$ 复合二项分布. 如果 $B_i\sim$ 泊松分布, 那么 $S\equiv T\sim$ 复合泊松分布.

7. 参数为 $(10\Pr[X>\beta])$ 的复合泊松分布, 其中理赔额 $\sim \mathrm{uniform}(0,2000-\beta)$. 等价地, 它是参数为 (10) 的复合泊松分布, 其中理赔额 $\sim(X-\beta)_+$.

8. P1: $z_1^2 n_1 q_1(1-q_1)+\cdots$; P2: 较大. 在聚合模型下: 相等. 在 “开放” 聚合模型下: 不同.

9. 将合同中类型 1 的理赔用一个参数为 (1), 具有同样理赔复合泊松变量代替, 便得到随机变量 $\sim N_1+3N_3$, 其中 $N_k\sim\mathrm{Poisson}(q_1p_1(k))$, $k=1,3$. 所以 $T\sim M_1+2M_2+3M_3$, 其中 $M_1\sim\mathrm{Poisson}(25)$, $M_2\sim\mathrm{Poisson}(20)$, $M_3\sim\mathrm{Poisson}(5)$. Panjer: $f(s)=\dfrac{1}{s}\sum_h h\lambda p(h)f(s-h)=\dfrac{1}{s}[25f(s-1)+40f(s-2)+15f(s-3)]$. 应用 NP 或转移伽玛近似.

10. $\mathrm{Binomial}(n,q)$, $\mathrm{Poisson}(nq)$, $\mathrm{Poisson}(-n\log(1-q))$, 否.

§3.9

1. 另外利用 $\mathrm{E}[Y^j]=m_{\log Y}(j)$, 其中矩母函数可在表 A 中找到.

2. 如果 $X\sim\mathrm{gamma}(\alpha,\beta)$, 则 $\beta X\sim\mathrm{gamma}(\alpha,1)$; 如果 $X\sim\mathrm{Pareto}(\alpha,x_0)$, 则 $X/x_0\sim\mathrm{Pareto}(\alpha,1)$; 如果 $X\sim\mathrm{Lognormal}(\mu,\sigma^2)$, 则 $\mathrm{e}^{-\mu}X\sim\mathrm{Lognormal}(0,\sigma^2)$; 如果 $X\sim\mathrm{IG}(\alpha,\beta)$, 则 $\beta X\sim\mathrm{IG}(\alpha,1)$.

4. 关键的一步是对所有 $x \geqslant 0$ 有 $p(x) \geqslant p(0)\mathrm{e}^{-\beta x}$.

5. 如果 $q(z) = \dfrac{q\mathrm{e}^{-\alpha z}}{q\mathrm{e}^{-\alpha z} + (1-q)\mathrm{e}^{-\beta z}}$, 有 $\Pr[Z-z > y|Z > z] = q(z)\mathrm{e}^{-\alpha y} + (1-q(z))\mathrm{e}^{-\beta y}$. $q(\cdot)$ 单调, 且满足 $q(0) = q$, $q(\infty) = 1$.

6. 对数正态分布的中位数是 e^{μ}. 众数: 对 $x = \mathrm{e}^{\mu-\sigma^2}$ 有 $f'(x) = 0$ 成立.

7. 逆高斯分布的众数是 $(-3 + \sqrt{9 + 4\alpha^2})/2\alpha$.

9. 这些分位点的值为 6.86647, 6.336969, 5.37502, 4.919928.

21. 考虑成功/失败的次数. 回忆例 2.5.1.

22. 利用分解定理和式 (3.86).

23. $XU^{1/\alpha} \sim \text{gamma}(\alpha, 1)$.

24. 它们按顺序分别为 Bernoulli(p), binomial(n,p), $\mathrm{N}(0,1)$, $\mathrm{N}(\mu,\sigma^2)$, lognormal(μ,σ^2), exponential(1), exponential(β), gamma(n,β), Pareto(1,1), Pareto(β,x_0), Weibull(α,β) 和 Gompertz(b,c) 随机变量.

25. 根据例 3.3.1, 随机变量 N_i 是参数为 $\alpha, (\beta/w_i)/(\beta/w_i+1)$ 的负二项随机变量, 其中 $\alpha = 1/40$, $\beta = 1/2$.

28. 如果 $F_X(d) = \mathrm{e}^t/(\mathrm{e}^t+1)$, 则 $X \sim \text{logistic}(\mu,\sigma)$, 这里 $t = (d-\mu)/\sigma$, 因此 $F_X(d) = p \iff d = \cdots$. 然后利用 $Y = F_X^{-1}(U) = \cdots$, 其中 $U \sim \text{uniform}(0,1)$.

§3.10

1. 1000×0.0004; 1000×0.0070 (NP 近似) 或者 1000×0.0068 (转移伽玛近似).

2. 由 $\mathrm{E}[(S-0)_+] = \mathrm{E}[S]$ 出发做减法.

3. 利用 $(X-\mu)/\sigma$ 而不是 X 进行证明. $\mathrm{E}[(X-\mu)_+] = \sigma\varphi(0) = \cdots$.

4. 为了计算 $\mathrm{E}[(S-(S-d)_+)^2]$, 对 $\mathrm{E}[(S-d)^2]$ 进行类似式 (3.29) 的近似.

5. $\lambda x_0^{\alpha} d^{1-\alpha}/(\alpha-1)$.

6. 记 $X = \mathrm{e}^Y$, 则 $Y \sim \mathrm{N}(\mu,\sigma^2)$, 再求 $\mathrm{E}[(\mathrm{e}^Y - d)_+]$. 或者验证导数.

7. $\pi(d)$ 是凸的.

8. 计算 $\mathrm{E}[(N-d)_+]$ 在 $d = 1$ 处的左、右导数. $\Pr[N=1] = 0.2408$.

9. 利用 U 的对称性.

10. 利用习题 3.2 第 1 题和习题 3.9 第 9 题.

11. 对伽玛分布利用式 (3.105), 对正态分布利用式 (3.104), 对对数正态分布利用第 6 题.

13. 利用分部积分以及 $\int_0^{\infty}(\mu-t)_+\mathrm{d}t = 0.5\mu^2$. 函数 $(\mu-t)_+$ 是由停止–损失变换的两条切线组成.

16. 证明并利用 $(x-t)_+ + (y-d)_+ \geqslant (x+y-(t+d))_+$, 再用归纳法. 进一步, 用给出的经验法则证明保费大致相等.

17. $\mathrm{Var}[T]/\mathrm{Var}[S] = 1.081$; 对于 $d = 0.5, 1, 1.5$, 分别有 $\mathrm{E}[(T-d)_+]/\mathrm{E}[(S-d)_+] = 1.022, 1.177, 1.221$. 注意 $d = 0.5 \approx \mu + \sigma/6$, $d = 1 \approx \mu + \sigma$, $d = 1.5 \approx \mu + 2\sigma$.

18. 取 $f(x) = \mathrm{E}[(U-x)_+] - \mathrm{E}[(W-x)_+]$ 和 $\delta = 1$; 我们有 $f(x) = 0$, $x \leqslant 0$.

第 4 章

§4.2

1. $\dfrac{f(t-s)\mathrm{d}t}{1-F(t-s)}$.

2. $p_n(t+\mathrm{d}t)=p_n(t)+p_n'(t)\mathrm{d}t=(1-\lambda\mathrm{d}t)p_n(t)+\lambda\mathrm{d}t, p_{n-1}(t)$. 等式两边均表示 $(0,t+\mathrm{d}t)$ 时间内发生 n 次理赔的概率.

§4.3

1. 进一步参阅式 (4.11) 之后的注释.

2. 利用式 (4.10).

3. 当 $t<3$ 时有 $\mathrm{m}_X(t)<\infty$, 且 $R=1$.

4. $\theta=2.03$.

5. $c=\log \mathrm{m}_S(R)/R$, 其中 $R=|\log\varepsilon|/u$.

6. $R=0.316$.

7. $R=1$; $\theta=1.52>0.4$ (或者利用 $\mathrm{d}R/\mathrm{d}\theta>0$).

8. 从 $1+(1+\theta)\mu_1R=m_X(R)=(1-R)^{-2}$ 中求解 θ 和 R, 其中 $0<R<1$; 由此可得 $R=[3+4\theta-\sqrt{9+8\theta}]/[4(1+\theta)]$. 否: $R<1$ 必须成立.

9. 对 $r\leqslant 0$ 和 $r\leqslant \beta/2$ 的情形, $\mathrm{m}_Y(r)$ 是有限的, 其他情形下为无穷.

10. 考虑 $\dfrac{\mathrm{d}R}{\mathrm{d}c}$. 然后利用 $\dfrac{\mathrm{d}c}{\mathrm{d}R}\geqslant 0$.

§4.4

1. 利用相同的理赔额和理赔时间比较 $\theta<0$ 和 $\theta=0$ 时的盈余.

2. 见式 (4.32); $(1+\theta)^{-1}=0.5$, 因此 $\theta=1$. 再由 $\theta/\{(1+\theta)\mu_1\}=1$ 可得 $\mu_1=0.5$, 因此 $X\sim$ exponential(β), 其中 $\beta=2$; λ 任意. 或者: 理赔额 $\sim IX$, 其中 $I\sim$ Bernoulli(q).

3. 根据推论 4.4.1 我们可得 $R=1$; 否; $(\alpha+\beta\mathrm{e}^{-u})^{-1}$.

4. $1-\psi(0)>\Pr[$ 在 ε/c 时间之前无理赔 & 从 ε 出发不破产 $]>0$. 或者: $\psi(\varepsilon)<1$, 因此 $R>0$, 因此由式 (4.26) 知 $\psi(0)<1$.

5. 由 $\mathrm{m}_X(6)=\infty$ 可排除 $R=6$; $R=0$ 也不可能. 然后结合第 4 题, 观察 $\psi(0)$ 及 u 充分大时的 $\psi(u)$.

6. $R=0.5$; $c=\dfrac{2}{5}$.

§4.5

1. $U(\widetilde{T})=-1$; $\widetilde{\psi}(u)=\mathrm{e}^{-\widetilde{R}(u+1)}$, 其中 $\widetilde{R}=\log(p/q)$.

2. 对于那些不是过于风险厌恶的决策者, 显然只有对于调解系数为 $\widetilde{R}$ 的过程在期望效用意义下才是有利可图的.

3. 在连续模型下破产发生, 但离散模型下没有破产的情形是可能的, 但反过来不可能. $\Pr[T\leqslant\widetilde{T}]=1$ 表明对所有 u 有 $\widetilde{\psi}(u)\leqslant\psi(u)$.

4. 利用式 (4.32). $\widetilde{\psi}(u) \leqslant \mathrm{e}^{-\widetilde{R}u} = \mathrm{e}^{-Ru}$, 其中 $R = 1$. 一个更好的上界是 $\widetilde{\psi}(u) \leqslant \psi(u)$.

§4.6

1. $R_h = \{\theta - \alpha\xi\}/\{(1-\alpha)(1+\theta-\alpha(1+\xi))\}$; 再保后的相对安全负荷: $\{\theta-\alpha\xi\}/\{1-\alpha\}$. α 必须满足 $0 \leqslant \alpha \leqslant 1$ 和 $\alpha < \theta/\xi$.

2. 再保后的安全负荷: $\{\theta - \xi\mathrm{e}^{-\beta}\}/\{1-\mathrm{e}^{-\beta}\}$.

3. $\widetilde{R} = \{5-8\alpha\}/\{2(1-\alpha)^2\}$ 在 $\alpha = 0.25$ 时取最大值.

4. $R = (1-2\alpha)/\{(1-\alpha)(3-4\alpha)\}$, 所以 $0 \leqslant \alpha < 0.5$.

§4.7

1. $L_1 \sim \text{uniform}(0,b)$; L_1 服从与理赔额有相同参数的指数分布.

2. $L = 0$ 表示不会达到初始水平以下.

3. $\psi(0) = \cdots$ 且 $\cdots$, 因此 $\cdots$.

6. 可参考习题 4.3 第 1 题.

§4.8

1. $\gamma = 1 + \theta$.

3. $R = 2$, $\theta = -1 + 1/(0.5+\alpha)$. $\theta > 0 \Longrightarrow \cdots$. 利用: 当 $\psi'(0) < 0$ 时 $\psi(u)$ 递减.

4. $\psi(u) = \dfrac{4}{9}\mathrm{e}^{-2u} + \dfrac{1}{9}\mathrm{e}^{-4u}$.

5. e^{-2u}; $I \sim \text{Bernoulli}\left(\dfrac{1}{9}\right)$.

6. $\psi(u) = \dfrac{2}{5}\mathrm{e}^{-0.3u} - \dfrac{1}{15}\mathrm{e}^{-0.8u}$.

7. $\psi(u) = \dfrac{5}{8}\mathrm{e}^{-u} - \dfrac{1}{24}\mathrm{e}^{-5u}$.

8. 我们可以得到一个非增的阶梯函数, 见式 (4.60). 具有这样形式的密度函数是 uniform$(0,x)$ 的混合分布; 单峰, 众数为 0.

10. $p(x) = 2(\mathrm{e}^{-x} - \mathrm{e}^{-2x})$; 注意 $R = 2.5$ 时.

11. $c = c_1 + c_2$, $\lambda = \lambda_1 + \lambda_2 = 9$, $p(x) = \dfrac{1}{9}p_1(x) + \dfrac{8}{9}p_2(x) = \cdots$.

§4.9

1. $\beta = \mathrm{E}[L]/\{\mathrm{E}[L^2] - (1+\theta)\mathrm{E}^2[L]\}$; $\alpha = (1+\theta)\beta\mathrm{E}[L]$.

第 5 章

§5.2

1. 对式 (5.6) 求导, 并令其为零.

2. 组合保费 = 49.17; 最优 $u = 104.21$; 最优 $R = 0.0287$; A 和 B 的方差保费分别为 5.72 和 1.0287, 指数保费分别为 5.90 和 1.0299.

§5.3

1. (a) 1; (b)~(d) $1+\alpha$; (e) $-\log(1-\alpha)/\alpha$; (h) $-\log\varepsilon$; (i) ∞; (j) $(1-h)^{-1}$.
2. 证明: $(\alpha^2\pi'[X;\alpha])' = \alpha\mathrm{Var}[X_\alpha]$, 其中 X_α 是 X 的参数为 $\alpha>0$ 的 Esscher 变换.
3. 如果 $N\sim\mathrm{Poisson}(\lambda)$ 且 $X\sim\mathrm{gamma}(\alpha,\beta)$, 那么保费为 $1.1\lambda\alpha/\beta$.
4. $\dfrac{\lambda}{\gamma}[\mathrm{m}_X(\gamma)-1]$.
5. $\dfrac{\lambda\alpha}{\beta}\left[1+\dfrac{\gamma}{\beta}(1+\alpha)\right]$.
6. 利用 $\kappa_X(h)=\log\mathrm{E}[\mathrm{e}^{hX}]$.
7. 为同一分布族中的分布, 但参数不同.
8. 证明: Esscher 变换的导数 =Esscher 变换的方差.
9. $\lambda\mathrm{E}[X\mathrm{e}^{hX}]$.
10. 利用第 6 题及泰勒展开.
11. 利用 $\mathrm{E}[\mathrm{e}^{\alpha X}]\geqslant \mathrm{e}^{\alpha(b-\varepsilon)}\Pr[X\geqslant b-\varepsilon]$.
15. 这样的混合是可加的.
16. 条件为: "X 和 Y 非正相依".

$$\pi[X+Y]-\pi[X]-\pi[Y]=\cdots\geqslant 0 \iff |\rho_{XY}|\leqslant 1.$$

§5.5

2. Cauchy-Schwarz 不等式; 从数理统计教材中都可找到.

§5.6

1. TVaR = 9.022945; ES = 0.1651426.
2. 利用图 5.1 和图 5.2, 以及定义式 (5.35) 和式 (5.41).
5. $\mathrm{CTE}[X+Y;0.9]=0.95$, 而 $\mathrm{CTE}[X;0.9]=0.95$.
6. 令 $U=(S-\alpha)/\beta$, 利用 $\mathrm{VaR}[U;p]=p$, $\mathrm{TVaR}[U;p]=1+\dfrac{p}{2}$, $\mathrm{ES}[U;p]=\dfrac{1}{2}(1-p)^2$.
7. 如果 $U=\dfrac{S-\mu}{\sigma}$, 则 $\mathrm{TVaR}[U;p]=\dfrac{\varphi(\Phi^{-1}(p))}{1-p}$. 在式 (5.41) 中替换 $u=\Phi^{-1}(t)$ 然后证明.
8. 利用习题 3.9 第 6 题中的结果.
10. 根据部分分式求 a 和 b, 使其满足 $\displaystyle\int_1^{z-1}\frac{1}{z-t}\frac{1}{t^2}\,\mathrm{d}t=\int_1^{z-1}\left(\frac{a}{z-t}+\frac{b+ct}{t^2}\right)\mathrm{d}t$.
11. 如果 $h>0$, 则 $\pi[2S;h]=\cdots=2\pi[S;2h]>2\pi[S;h]$.

第 6 章

§6.2

1. 45%; 760% vs. 900%.

§6.3

1. 参考式 (6.9) 前面内容.

2. $\boldsymbol{P}^2$ 的所有行均为 (p, pq, q^2).

3. $l(\infty)=(p,q)$, $\mathrm{e}(\lambda)=\lambda\mathrm{e}^{-\lambda}(c-a)/[c(1-\mathrm{e}^{-\lambda})+a\mathrm{e}^{-\lambda}]$.

4. 利用 $b(\lambda)>(c-b)(1-\mathrm{e}^{-2\lambda})$, 以及 $u\mathrm{e}^{-u}/(1-\mathrm{e}^{-u})=u/(\mathrm{e}^{u}-1)\leqslant 1$ 对 $u\geqslant 0$. 当 $b\ll c$ 和 λ 很小时, 有 $e(\lambda)\approx 1$.

6. $\alpha=0.3$.

7. $e(0.050)\approx 0.50$.

8. $s/(1-t)=p/(1-p)$.

第 7 章

§7.2

1. 利用定理 7.2.1.

2. 利用前面习题, 或者伽玛随机变量的可加/可乘性质.

3. 对适当的伯努利变量, 比较 B_i 与 A_iB_i.

6. 验证 $F_N(i)\geqslant F_M(i)$ 成立, 对 $i=0,1,2,3$. 为什么它对 $N\leqslant_{\mathrm{st}} M$ 也是充分的?

7. 取 $Y=X+I$, 其中, 当 $X\in\{0,2\}$ 时 $I=I(X)=0$, 否则 $I=1$. 或者给出 $\Pr[X=i,Y=j]$ 的概率分布表, 满足边缘分布相同, 且对 $i>j$ 有 $\Pr[X=i,Y=j]=0$.

§7.3

1. 考虑密度函数的比值. 为了避免收敛性问题, 将止损保费写为有限和形式: $\sum_{d}^{\infty}=\sum_{0}^{\infty}-\sum_{0}^{d-1}$.

2. 根据第 1 题以及习题 7.2 第 3 题.

3. 利用对于所有非负的 x, y 和 d 有 $(x+y-d)_+\leqslant\left(x-\frac{1}{2}d\right)_+ +\left(y-\frac{1}{2}d\right)_+$ 成立. 根据该结果可得 $\mathrm{E}[(X_1+X_2-d)_+]\leqslant 2\mathrm{E}[(X_1-0.5d)_+]=\mathrm{E}[(2X_1-d)_+]$; 独立不是必需的.

4. $\mathrm{E}[(X-a_1)_+]=\mathrm{E}[(Y-a_1)_+]$; $\mathrm{E}[(X-a_3)_+]=\mathrm{E}[(Y-a_3)_+]$; 所以 $\mathrm{E}[(X-d)_+]$ 和 $\mathrm{E}[(Y-d)_+]$ 不会相交. 或者分布函数交叉一次, 密度交叉两次. 对于反例, 可参考 §7.4.2 的例子.

5. 在 (a,b) 中令 $G(x)=p$, 并且令 $F(x_0+0)\geqslant p$, $F(x_0-0)<p$, 那么在 $(-\infty,x_0)$ 有 $F\leqslant G$, 在 (x_0,∞) 有 $F\geqslant G$. 注意这里除非总有 $F\equiv G$, $F\geqslant G$ 或者总有 $F\leqslant G$ 成立, 否则上面结果不等式是严格的.

7. 如果 H 为 $(0,3)$ 上均分分布的分布函数, 考虑 G 满足: 在 $(-\infty,1.5)$ 有 $G=F$, 在 $[1.5,\infty)$ 有 $G=H$.

8. 参考第 4 题.

9.(a) 考虑密度函数的比值; (b) 对于 Poisson(E[M]) 利用例 7.3.2.

10. $X\leqslant_e Y$.

14. 考虑 $\mathrm{m}_Y(t)-\mathrm{m}_X(t)$ 的级数展开.

15. 否, 否, 否. [为什么它仅对证明最后一种情形是充分的?]

16. 如果 $d\geqslant 0.5$, 那么 $V\leqslant_{\mathrm{SL}}W$. 如果 $d<0.5$, 我们不会有 $V\leqslant_{\mathrm{SL}}W$. 如果 $\mathrm{E}[W]\leqslant\mathrm{E}[V]$, 则 $d\leqslant 1-\sqrt{1/2}$, 那么 $W\leqslant_{\mathrm{SL}}V$, 因为分布函数交叉一次.

17. 参考定理 7.6.1.

18. 根据第 17 题有 $X_1\leqslant_{\mathrm{SL}}X_2\leqslant_{\mathrm{SL}}X_3\leqslant_{\mathrm{SL}}X_4$. 根据散布有 $X_2\leqslant_{\mathrm{SL}}X_5$. 因为 $\mathrm{Var}[X_5]>\mathrm{Var}[X_3]$ 但 $\Pr[X_3>15]>0$, 所以 $X_3\leqslant_{\mathrm{SL}}X_5$ 和 $X_5\leqslant_{\mathrm{SL}}X_3$ 均不成立. 对 X_4 情况一样. 为了证明指数序不成立, 可考虑 $\mathrm{e}^{5(\mathrm{e}^t-1)}/\{2/3+1/3\mathrm{e}^{5t}\}$ 当 $t\to\infty$ 的情形, 或者用上面类似的方法.

19. 否: $\mathrm{E}[X_p]\equiv 1$. X_p 的矩母函数为 $\{1-t+t^2p(1-p)\}^{-1}$. 利用 $(p(Y-d)+(1-p)(Z-d))_+\leqslant p(Y-d)_++(1-p)(Z-d)_+$, $\mathrm{E}[X_p|X_{1/2}]\equiv X_{1/2}$, 以及推论 7.3.1.

20. G 和 V 是理赔额服从 $F(\cdot)$ 的复合分布的分布函数. 所以确定 q_i 满足 $(q_0,q_1,q_2)\leqslant_{\mathrm{SL}}(1/4,1/4,1/4,1/4)$.

21. 根据理赔额计数频率, 记 $S_2=2N_2+\cdots+5N_5$ 和 $S_1=N_1+S_2$. 或者: 如果 $\lambda_3=5$, 对 $x=0,2,3,4,5$, $p_3(x)=1/5$, 则 $S_3\sim S_2$. 注意: 只比较具有相同参数 λ 的复合泊松分布.

22. $\mathrm{E}[X]=\mathrm{E}[Y]$ 成立排除了随机序. 根据凸性有 $\mathrm{E}[(Y-d)_+]=\dfrac{1}{2}\left\{\mathrm{E}\left[\left(\dfrac{3}{2}X-d\right)_+\right]\right.$

$$\left.+\mathrm{E}\left[\left(\frac{1}{2}X-d\right)_+\right]\right\}=\frac{3}{4}\mathrm{E}\left[\left(X-\frac{2}{3}d\right)_+\right]+\frac{1}{4}\mathrm{E}\left[(X-2d)_+\right]\geqslant\mathrm{E}[(X-d)_+].$$

23. $\lambda=0$; λ 满足 $e^{-\lambda}\leqslant 1/4$ 且 $(1+\lambda)e^{-\lambda}\leqslant 3/4$, 因此 $\cdots$; $\lambda\geqslant 1$.

25. 如果 $p_j<\overline{p}<p_k$, 则将 A_j 和 A_k 分别用 $B_j\sim\mathrm{Bernoulli}(\overline{p})$ 和 $B_k\sim\mathrm{Bernoulli}(p_j+p_k-\overline{p})$ 代替, 然后利用第 8 题. 用归纳法.

26. 考察密度函数交叉 1 次和交叉 2 次的情形. 当 $p^5\geqslant\dfrac{1}{6}$ 或者 $(1-p)^5\geqslant\dfrac{1}{6}$ 时有随机序, 当 $p^5\geqslant\dfrac{1}{6}$, 即 $p\geqslant 0.699$ 时有止损序, 当 $p\leqslant 0.5$ 时有反向止损序. 验证: 对 $p\in\left(\dfrac{1}{2},\sqrt[5]{1/6}\right)$, $X\leqslant_{\mathrm{SL}}Y$ 和 $Y\leqslant_{\mathrm{SL}}X$ 均不成立.

§7.4

1. 分布函数关于 p 和 μ 单调. 止损保费为 $p\mu e^{-d/\mu}$. 对于等均值 $p\mu$ 的情形, 止损序下关于 μ 单调.

2. 利用前面关于二项分布随机变量之间序关系的结果.

3. $m_M(\log m_X(t)) \leqslant m_M(\log m_Y(t)) \leqslant m_N(\log m_Y(t)),\ t \geqslant 0$.

4. $X \leqslant_e Y$.

5. 等式表明经止损、超赔、和比例再保后自留理赔在水平 d 的止损保费, 均值均相等.

6. 根据式 (3.116), 说明偏度越大可推出尾部越厚止损保费也越大的判断是不正确的.

7. 根据 $E[S] = E[T]$ 可排除随机序. 为了证明 $S \leqslant_{SL} T$, 假设对 $i = 1, 2$ 的类中只有一个保单 (非 1000 个保单) 考察 $f_S(x) - f_T(x)$, $x = 0, 1, 2, 3, 4$ 的符号变化, 再利用定理 7.3.5.

8. 比较均值, 即 $d = 0$ 时的止损保费. 同时利用洛必达法则, 对较大的 d, 考察止损保费的比值.

9. 参考本节最后一句话.

10. $m_X(t) - m_Y(t) = \cdots$.

§7.5

1. 如果 $E(X - d)_+] > E[(Y - d)_+]$, 那么根据 X 的停止–损失变换形式可知, 对所有的 t 都有 $E[(X - t)_+] > E[(Y - t)_+]$ 成立. 根据式 (3.115) 可知这是不可能的.

3. 如果式 (7.36) 成立, 则它是最大的, 否则, 支撑集为 $\{0, \bar{0}\}$ 和 $\{b, \bar{b}\}$ 的随机变量的止损保费是最大的.

5. 分别为 $\{b, \bar{b}\}$ 和 $\{0, \bar{0}\}$. 将三阶原点矩用 $t = (d - \mu)/\sigma$ 表示.

6. 对 $d = 0$ 和 $d = b$, 分别考虑 $E[(X - d)(X - \bar{d})^2]$.

7. 用集中和散布的方法. 方差: $\lambda E^2[Y]$, $\lambda E[Y^2]$, $\lambda b E[Y]$.

§7.6

3. $X \sim \text{Bernoulli}(0.5)$, $Y \equiv 1$.

4. 根据经验法则 3.10.1, 止损保费的比值约为 5 : 3.

6. 对于同单调分布函数 $H(x, y) = \min\{F_X(x), F_Y(y)\}$ 支撑集中满足 $x > y$ 的点 (x, y), 我们一定有 $H(x, y) > H(y, y)$. 根据 $F_X(y) \geqslant F_Y(y)$ 可知这是不可能的.

7. 联合概率分布表是什么样子?

9. 对 TVaR, 利用 VaR 相应的性质. 为了证明 (c), 在 TVaR 的刻画 (5.43) 中取 $d' = \text{VaR}[Y; p]$.

10. 利用 $\text{Var}[X^U + Y^U]$ 的极大性. 对所有的 x, y, 有 $\Pr[X \leqslant x] \Pr[Y \leqslant y] = \min\{\Pr[X \leqslant x], \Pr[Y \leqslant y]\}$ 成立意味着什么?

11. $X + Y$ 和 $X^U + Y^U$ 都是正态随机变量.

§7.7

2. 给定 $Z=z$, X 的条件分布仍然是正态分布, 参数为 $\mathrm{E}[X|Z=z]=\mathrm{E}[X]+\rho\dfrac{\sigma_X}{\sigma_Z}(z-\mathrm{E}[Z])$ 和 $\mathrm{Var}[X|Z=z]=\sigma_X^2(1-\rho^2)$, 其中 $\rho=r(X,Z)$.

4. $\Pr[g_i(U,Z)\leqslant x]=\int \Pr[F_{X_i|Z=z}^{-1}(U)\leqslant x]\mathrm{d}F_Z(z)=\cdots$.

5. 在 $X=x$ 的条件下, S_u' 的第一项以概率 1 等于 x, 第二项的条件分布为 $X=x$ 的条件下 Y 的条件分布.

§7.8

1. $\Pr[X\leqslant x|Y\leqslant y]=\Pr[X\leqslant x,Y\leqslant y]/\Pr[Y\leqslant y]\geqslant\cdots$, 因此 $\cdots$.

2. 利用 $\Pr[X\leqslant x_1,X\leqslant x_2]\geqslant\Pr[X\leqslant x_1]\Pr[X\leqslant x_2]$, 在对 $Y=y$ 和 $Z=z$ 取条件.

3. 证明如果 $|\alpha|\leqslant 1$, 那么就有 $C(1,1)=1$ 和 $c(u,v)\geqslant 0$ 成立, 并证明边缘分布为 uniform(0, 1). 为了确定 X 和 Y 的斯皮尔曼秩相关系数 ρ, 计算 $\iint uv\,c(u,v)\,\mathrm{d}v$, 从而得到该系数为 $\alpha/3$. 肯德尔 τ 等于 $\tau=2\alpha/9$.

5. $r(X,Y)=\{\mathrm{e}^{\sigma}-1\}/\sqrt{(\mathrm{e}^{\sigma^2}-1)(\mathrm{e}-1)}$. 因为 $\sigma\to\infty$ 时 $r(X,Y)\downarrow 0$, 所以存在完全相依的随机变量, 其相关系数可任意接近于零. 但对任意 σ, 有 $\rho=\tau=1$, 因此, 肯德尔和斯皮尔曼比皮尔逊相关系数表现要好.

6. $r(X^2,(X+b)^2)=(1+2b^2)^{-\frac{1}{2}}$.

第 8 章

§8.2

1. 这些协方差关系的基础是: 如果 $i\neq j$, $\mathrm{Cov}[\Xi_i+\Xi_{it},\Xi_j+\Xi_{ju}]=0$; 如果 $i=j$ 且 $t\neq u$, $=a$; 如果 $i=j$ 且 $t=u$, $=a+s^2$.

4. (a) 最小化 $\mathrm{Var}[\{X_{j,T+1}-m-\Xi_j\}+\{m+\Xi_j-z\overline{X}_j-(1-z)\overline{X}\}]$. (b) $z(\overline{X}_j-\overline{X})$.

5. $az+a(1-z^2)/(Jz)$; $s^2+a(1-z)\{1+(1-z)/(Jz)\}$; $a(1-z)\{1+(1-z)/(Jz)\}$.

6. $z\overline{X}_j+(1-z)\overline{X}/[1+a/(Jzm^2)]\leqslant$, 因此, 估计为向下有偏的.

7. 已付保费总和为 $J\overline{X}$.

8. 利用 $\mathrm{E}[(\overline{X}_j-\overline{X})^2]=(a+s^2/T)(1-1/J)$ 和 $\mathrm{E}[(X_{jt}-\overline{X}_j)^2]=s^2(1-1/T)$.

9. 令 $\dfrac{\mathrm{d}}{\mathrm{d}p}\mathrm{E}[(Y-p)^2]=0$, 或者从 $\mathrm{E}[\{(Y-\mu)+(\mu-p)\}^2]=\cdots$ 开始推导.

10. 考虑以 $a\boldsymbol{J}+s^2\boldsymbol{I}$ 为子矩阵的分块对角矩阵, 其中 $\boldsymbol{I}$ 为单位阵, $\boldsymbol{J}$ 为所有元素为 1 的矩阵.

§8.3

1. 对等式 $\mathrm{Cov}[X,Y|Z]=\mathrm{E}[XY|Z]-\mathrm{E}[X|Z]\mathrm{E}[Y|Z]$ 取期望.

§8.4

1. 这个条件最小化问题的拉格朗日函数为 $\sum_t \alpha_t^2 s^2/w_t - 2\lambda(\alpha_\Sigma - 1)$. 关于 α_i 求导并令导数为零, 可得: $\alpha_i/w_i = \lambda/s^2$, 对所有 i. 或者: $\sum_t \alpha_t^2/w_t = \sum_t (\{\alpha_t - w_t/w_\Sigma\} + w_t/w_\Sigma)^2/w_t = \cdots$.

2. 参考本节最后的注.

3. 仿照定理 8.4.1 的证明, 从 m (而不是 $m + \Xi_j$) 的线性预测量的均方误差开始.

4. 类似于定理 8.2.2; 应用习题 8.2 第 9 题.

9. 参考注 8.4.1.

10. $\widetilde{s^2} = 8, \widetilde{a} = 11/3 \Longrightarrow \widetilde{z} = \cdots \Longrightarrow \widetilde{m + \Xi_j} = 12.14, 13.88, 10.98.$

§8.5

2. 用贝叶斯公式.

3. 用习题 8.3 第 1 题计算 $\mathrm{Cov}[X_1, X_2]$.

4. 对密度求导并令导数为零.

5. $\widetilde{\alpha} = 1.60493$; $\widetilde{\tau} = 15.87777$; $\chi^2 = 0.22$.

6. 利用 $\Lambda \equiv \mathrm{E}[N|\Lambda]$.

第 9 章

§9.2

1. 例如, gamma ($\alpha = 1/\psi_i, \beta = 1/(\psi_i\mu_i)$) 随机变量的均值等于 $\alpha/\beta = \mu_i$. 方差则分别为: ψ_i; μ_i; $\psi_i\mu_i$; $\psi_i\mu_i(1-\mu_i)$; $\psi_i\mu_i^2$; $\psi_i\mu_i^2$. 见附表 D.

2. 变异系数: 标准差/均值 $= \cdots = \sqrt{\phi}$; 偏度 $= 2\sqrt{\phi}$.

§9.3

4. 变异系数为常数.

6. x_iy_j 的值不变, 但 χ^2 的值要乘以 0.1.

8. BS 方法为负值, 边缘总和法为 0.

§9.4

1. 在式 (9.28) 中代入 $\mu_i = \hat{\mu}_i$ 和 $\mu_i = y_i$ 可得到 $\hat{L}$ 和 $\widetilde{L}$.

3. 在式 (9.17) 中关于 i 和 j 求和.

第 10 章

§10.1

1. 24.

§10.3

1. X_{ij} 服从对数正态分布; 见附表 A 和习题 3.8 第 6 题.

§10.4

1. 将第一个模型中的 α_i 替换为 $\alpha_i\gamma^{i-1}$.
2. 如果 $t \geqslant 4$, 则有 $3(t-1) < t(t+1)/2$.
4. 式 (10.14) 表明 $\hat{X}_{11} = 102.3 \times 1.00 \times 1 \times 0.42^0 = 102.3$; 式 (10.16) 表明 $\hat{X}_{11} = 101.1$.
5. 利用 $\sum\limits_{j=1}^{\infty} \beta^{j-1} = (1-\beta)^{-1}$.

第 11 章

§11.3

1. 从 $\mathrm{e}^{\ell(y)}\dfrac{\partial \ell}{\partial \theta} = \dfrac{\partial e^{l(y)}}{\partial \theta}$ 出发, 交换积分与微分的次序.
2. 参考例 11.3.2.
3. 利用 $\dfrac{\partial \ell}{\partial \beta_j} = \dfrac{\partial \ell}{\partial \theta}\dfrac{\mathrm{d}\theta}{\mathrm{d}\mu}\dfrac{\mathrm{d}\mu}{\mathrm{d}\eta}\dfrac{\partial \eta}{\partial \beta_j} = \cdots$, 见式 (11.39). 以权重 β_j 将 ML-方程加总, 再利用 $\eta_i = \sum\limits_j x_{ij}\beta_j$.
5. 在 $\log f_Y(y;\theta,\psi)$ 中代入 $\widetilde{\theta}_i$ 和 $\hat{\theta}_i$, 见式 (11.4), 式 (9.27), 式 (9.29) 和式 (9.32).
6. 由 $b(\theta)$ 和 $\theta(\mu)$ 导出 $b(\theta(\mu))$.
7. 计算密度函数, 或者矩母函数.

附录 C　注释及参考文献

当一件事件被提出，大家都认为好且没有迟疑，接收它，复制它.

——Anatole France (1844–1924)

第 1 章

精算领域中关于效用理论及保险奠基性的材料是 Borch (1968, 1974). 关于效用的概念可追溯到 von Neumann 和 Morgenstern (1944). Allais 悖论由 Allais (1953) 提出. 关于 Yaari(1987) 的对偶风险理论, 我们可以参考 Wang 和 Young (1998) 与 Denuit 等 (1999), 也可参考 Denuit 等 (2005) 一书. 效用理论和 Yaari 对偶理论都可用于构造偿付能力框架中非常重要风险度量, 具体可参考 Wason(2004).

第 2 章

自从有深远影响的论文 Panjer (1981) 研究了聚合模型下的递推公式以来, 也得到了很多在个体模型下关于 (近似或精确) 计算分布的递推公式. 这里所有的方法都假设组合中包括大量同质的保单. 对相关介绍, 我们推荐读者参考 De Pril (1986), Dhaene 和 De Pril (1994), Dhaene 等 (2006), Sundt (2002) 和 Sundt & Vernic (2009).

第 3 章

对于聚合模型的内容, 读者可参考文献 Bowers 等 (1986, 1997). 还有很多其他的书籍也涉及这些内容, 例如, Seal (1969), Bühlmann (1970), Gerber (1979), Goovaerts 等 (1990), Heilmann (1988) 和 Sundt (1999), 以及 Rolski 等 (1998) 的工作. Beard 等 (1977, 1984) 中包含了很多关于正态幂 (NP) 近似的内容. 对比聚合风险模型中假设理赔额相互独立, 现在一个新的趋势是研究相依风险的和, 例如, Denuit 等 (2005). Hogg 和 Klugman (1984) 以及最近的 Klugman 等 (1997) 中涉及了损失分布中统计方面的内容. Ter Berg (1980a, 1980b, 1994) 中介绍了逆高斯分布的精算应用. 拒绝法是由 von Neumann (1951) 提出, 关于该方法或者其他数值方法的介绍, 读者可参考 Press 等 (2007). Panjer 递推公式由 Panjer (1981) 提出, 随后被 Sundt 和 Jewell (1981) 推广. 注 3.5.3 中的函数 `Panjer.Poisson` 是由 Vincent Goulet 基于 `actuar` 包生成. Bühlmann (1984) 通过计量乘法的次数对 Panjer 递推公式和基于快速傅里叶变换的方法进行了比较.

第 4 章

破产理论方面的研究开始于 F. Lundberg (1909), Cramér (1930, 1955), 以及

O. Lundberg (1940) 的工作. Gerber (1979) 给出了基于鞅的一个有意思的研究方法. Bühlmann (1970) 提出了将破产概率作为稳定标准. Beekman (1964) 一书中最早给出了泊松过程与维纳过程之间的联系, 最近 Embrechts 等 (1997) 中也有介绍. 自从 Goovaerts 和 de Vylder (1984) 以来, 很多关于如何数值计算破产概率的论文相继发表. 需注意的是 F.E.C. de Vijlder 是以 de Vylder 为笔名发表的论文. Gerber (1989) 导出了对离散分布计算破产概率的递推公式 (4.79). Babier 和 Chan (1992) 讨论了如何用理赔额的前三阶矩去近似破产概率, 也可参考 Kaas 和 Goovaerts (1985). Seal (1978) 指出风险理论的目标就是生存概率.

第 5 章

联结保费准则与离散破产模型的一节的内容基于 Bühlmann (1985). Gerber (1979) 介绍了通过聚集可减少保险风险. 在 20 世纪 70 年代, 保费准则成为精算研究中的热门问题. Bühlmann(1970) 介绍了相关基础内容, 对于保费准则的特征, 读者也可参考 Gerber (1979, 1983) 和 Goovaerts 等 (1984). Goovaerts 和 Dhaene (1998) 介绍了 Wang (1996) 提出的一类保费准则的特征. 一致风险度量的概念由 Artzner 等 (1997, 1999) 提出, 读者也可参考 Huber (1981). Dhaene 等 (2008) 探讨了注 5.6.1 中 VaR 的优化问题, 以及最优成本即为 TVaR 的结论. 注意到, 在过去的文献中, 关于 TVaR, CVaR, CTE 以及 ES 的定义有些混乱, 见注 5.6.4.

第 6 章

在奖惩系统的理论及实务方面的工作, 最早见 Bichsel (1964), 以及Loimaranta (1972). Denuit 等 (2007) 对保险的奖惩系统进行了全面的描述. 本章中关于荷兰奖惩系统的研究可参考 de Wit 等 (1982). Denuit 和 Dhaene (2001) 考虑了具有非对称损失函数的奖惩系统.

第 7 章

Bühlmann 等 (1977) 首先将止损序的概念引入精算领域中. 在统计学中, 关于凸序的内容中有关于止损序一般化的结果, 例如, 可参考 Karlin 和 Studden(1966). Shaked 和 Shanthikumar (1994) 是关于随机序的一本标准参考书. 序准则在运筹及信度方面的应用可参考 Müller 和 Stoyan (2002). 最近, 凸序的概念被用于金融风险和保险风险相结合的领域. 在这些相依模型中, 同单调风险起到了很重要的作用. Dhaene 等 (2002a, 2002b) 介绍了关于该主题的内容. 第 7 章的内容源于基于博士毕业论文 Van Heerwaarden (1991) 的专著 Kaas 等 (1994), 也可以参考 Goovaerts 等 (1990) 中相应章节. Denuit 等 (2005) 全面介绍了关于精算理论中的相依风险及随机序内容. §7.7 中的关于条件变量 V 的选择, 在 Vanduffel 等 (2008) 中有讨论.

第 8 章

信度理论的思想可追溯到论文 Mowbray (1914) 和 Whitney (1918). Bühlmann (1967, 1969) 给出了全面的理论基础, 也可参考 Hickman 和 Heacox (1999), 本章的箴言就来自这本书. 有几种方法来介绍信度理论. 一种是贝叶斯方法, 采用最小二乘误差标准和一个风险参数 Θ 随机变量刻画隐藏风险. 另外一种方法是应用希尔伯特空间中的投影, 如 de Vylder (1996). 在本书中我们应用计量经济学中经常会遇到的方差成分模型. 除简单和优美之外, 采用该方法的好处是在正态情形下与 ANOVA 有明确的关系. Searle 等 (1992) 是关于方差成分模型的参考书. 本书中我们仅限于 Bühlmann 的基本信度模型, 因为基于这些模型, 信度理论中类型异质和参数估计等思想都能介绍清楚. 对于信度理论更全面的内容, 读者可参考 Dannenburg 等 (1996) (这是本书第 8 章的基础) 和博士毕业论文 Dannenburg (1996). Norberg (1976) 首先利用信度理论解释了奖惩系统. 对于负二项模型下的奖惩系统, 我们推荐 Lemaire (1985).

第 9 章

论文 Nelder 和 Wedderburn (1972) 介绍了广义线性模型. McCullagh 和 Nelder (1989) 一书中介绍了在保险费率制定方面的应用. De Jong 和 Heller (2008) 是一本将广义线性模型带给精算学者参考书. van Eeghen 等 (1983) 中介绍了更多更全面的定价技术. Antonio 和 Beirlant (2007) 将信度理论和广义线性模型作为广义线性混合模型的特例进行了描述. 例 9.1.1 中的立方根变换是有名的关于标准的 χ^2 随机变量的 Wilson-Hilferty (1931) 变换.

第 10 章

首先应用统计方法处理 IBNR 问题的文献可追溯到 Verbeek (1972). de Vijlder (1978) 介绍了该问题的三个维度. Taylor (1986) 对各种模型进行了全面的介绍, 也可参考 Taylor (2000). Taylor 和 Ashe (1983) 提出的三角形技术在涉及 IBNR 问题的文献中广泛应用. Verrall (1996, 2000) 探讨了 IBNR 问题与广义可加和可乘线性模型之间的联系. 链梯法背后的模型是由 Mack (1993, 1994) 提出. Doray (1996) 给出了在具有对数正态理赔分布、行和列两个解释因子的模型下 IBNR 理赔的均值和方差的一致最小方差无偏估计 (UMVUEs). 现在的研究转向确定贴现流量理赔的经济值. 利用统计框架可给出作为现金流的预测理赔数据. 日历年是不同于进展年和起始年的另一个因素, 因为它将通胀和贴现包含在内, 读者可参考 Goovaerts 和 Redant (1999). England 和 Verrall (1999) 和 England (2002) 中都给出了如何对 §10.6 中的链梯法和 Bootstrap 法的预测误差进行解析估计. Bornhuetter 和 Ferguson (1982) 介绍了 IBNR 准备金提取的 Bornhuetter-Ferguson 法. Verrall (2004) 证明了该方法以及链梯法都可以用贝叶斯框架下广义线性模型描述. §10.7 中的数据来自于 ASTIN NL 组织的一次竞赛.

第 11 章

高斯–马尔可夫理论可在 Bain 和 Engelhardt (1992, 第 15 章) 中找到, 关于广义线性模型的理论也可参考 McCullagh 和 Nelder (1989). Nelder 和 Wedderburn (1972) 给出了 IRLS 递推算法. 为了纪念 M.C.K. Tweedie (1984) 的工作, Jørgensen 将之以 Tweedie 名字命名. Nelder 和 Pregibon (1987) 给出了拓展的拟似然方法. Dunn 和 Smyth (2005) 介绍了他们在 `R` 中给出的函数 `d/p/q/rtweedie` 在数值应用方面的内容. Wüthrich (2003) 介绍了 Tweedie 类指数散布模型在理赔准备金提取方面的应用.

附录 A

除了附录 A.1 中基于 Burns(2005) 的简要介绍, 在 CRAN 的官方网站 `http://cran.r-project.org` 上有大量关于 `R` 的有用材料. 对于 `R` 的初学者, Paradis (2005) 是一本很好的教材. Crawley (2007) 是一本最近介绍 `R` 在统计中应用的教材. MASS 库是基于 Venables 和 Ripley (2002), Jarque-Bera 检验来自 Bera 和 Jarque (1980). Racine 和 Hyndman (2002) 介绍了如何用 `R` 教授计量经济学.

参考文献

Allais M. (1953). "Le comportement de l'homme rationnel devant le risque: critique des postulats et axiomes de l'Ecole Americaine", *Econometrica*, 21, 503–546.

Antonio K. & Beirlant J. (2007). "Actuarial statistics with generalized linear mixed models", *Insurance: Mathematics and Economics*, 40, 58–76.

Artzner P., Delbaen F., Eber J.M. & Heat, D. (1997). "Thinking coherently". *Risk*, 10(11), 68–71.

Artzner P., Delbaen F., Eber J.M. & Heat, D. (1999). "Coherent Measures of Risk", *Mathematical Finance* 9.3, 203–228.

Babier J. & Chan B. (1992). "Approximations of ruin probability by di-atomic or di-exponential claims", *ASTIN Bulletin* 22-2, 235–246.

Bain L.J. & Engelhardt M. (1992). "Introduction to probability and mathematical statistics", Duxbury, Belmont.

Beard R.E., Pentikäinen T. & Pesonen E. (1977, 1984). "Risk theory", Chapman & Hall,

London.

Beekman J.A. (1964). "Two stochastic processes", Halsted Press, New York.

Bera A.K. & Jarque C.M. (1980). "Efficient tests for normality, homoscedasticity and serial independence of regression residuals", *Economics Letters* 6, 255–259.

Bichsel F. (1964). "Erfahrungs-Tarifierung in der Motorfahrzeughaftplicht-Versicherung", *Mitteilungen der Vereinigung Schweizerischer Versicherungsmathematiker*, 64, 119–130.

Borch K. (1968). "The economics of uncertainty", Princeton University Press, Princeton.

Borch K. (1974). "The mathematical theory of insurance", Lexington Books, Toronto.

Bornhuetter R.L. & Ferguson R.E. (1972). "The actuary and IBNR", *Proceedings of the Casualty Actuarial Society*, LIX, 181–195.

Bowers N.L., Gerber H.U., Hickman J.C., Jones D.A. & Nesbitt C.J. (1986, 1997). "Actuarial mathematics", Society of Actuaries, Itasca, Illinois.

Bühlmann H. (1967). "Experience rating and credibility I", *ASTIN Bulletin*, 4, 199–207.

Bühlmann H. (1969). "Experience rating and credibility II", *ASTIN Bulletin*, 5, 157–165.

Bühlmann H. (1970). "Mathematical methods in risk theory", Springer Verlag, Berlin.

Bühlmann H., Gagliardi B., Gerber H.U. & Straub E. (1977). "Some inequalities for stop-loss premiums", *ASTIN Bulletin*, 9, 169–177.

Bühlmann H. (1984). "Numerical evaluation of the compound Poisson distribution: Recursion or Fast Fourier Transform?", Scandinavian Actuarial Journal, 116–126.

Bühlmann H. (1985). "Premium calculation from top down", *ASTIN Bulletin*, 15, 89–101.

Burns P. (2005). "A Guide for the Unwilling S User",
`http://www.burns-stat.com/pages/Tutor/unwilling_S.pdf`

Cramér H. (1930). "On the mathematical theory of risk", Skandia Jubilee Volume, Stockholm.

Cramér H. (1955). "Collective risk theory, a survey of the theory from the point of view of stochastic processes", Skandia Jubilee Volume, Stockholm.

Crawley M.J. (2007). "The R book", Wiley, Chichester.

Dannenburg D.R., Kaas R. & Goovaerts M.J. (1996). "Practical actuarial credibility models", Institute of Actuarial Science, Amsterdam.

Dannenburg D.R. (1996). "Basic actuarial credibility models — Evaluations and extensions", Ph.D. Thesis, Thesis/Tinbergen Institute, Amsterdam.

Denuit M., Dhaene J. & Van Wouwe M. (1999). "The economics of insurance: a review and some recent developments", *Mitteilungen der Vereinigung Schweizerischer Versicherungsmathematiker*, 99, 137–175.

Denuit M. & Dhaene J. (2001). "Bonus-malus scales using exponential loss functions", *Blätter der Deutsche Gesellschaft für Versicherungs-mathematik*, 25, 13–27.

Denuit M., Dhaene J., Goovaerts M.J. & Kaas R. (2005). "Actuarial Theory for Dependent Risks: Measures, Orders and Models", Wiley, New York.

Denuit M., Maréchal X., Pitrebois S. & Walhin J.-F. (2007). "Actuarial Modelling of Claim Counts: Risk Classification, Credibility and Bonus-Malus Systems", Wiley, New York.

De Jong P. & Heller G.Z. (2008). "Generalized linear models for insurance data", Cambridge University Press, Cambridge.

De Pril N. (1986). "On the exact computation of the aggregate claims distribution in the individual life model", *ASTIN Bulletin*, 16, 109–112.

De Vylder, F. (1978). "Estimation of IBNR claims by least squares", Mitteilungen der Vereinigung Schweizerischer Versicherungsmathematiker, 78, 249-254.

De Vylder F. (1996). "Advanced risk theory, a self-contained introduction", Editions de l'Université de Bruxelles, Brussels.

De Wit G.W. *et al.* (1982). "New motor rating structure in the Netherlands", ASTIN-groep Nederland.

Dhaene J. & De Pril N. (1994). "On a class of approximative computation methods in the individual risk model", *Insurance : Mathematics and Economics*, 14, 181–196.

Dhaene J., Denuit M., Goovaerts M.J., Kaas R. & Vyncke D. (2002a). "The concept of comonotonicity in actuarial science and finance: Theory", *Insurance: Mathematics & Economics*, 31, 3-33.

Dhaene J., Denuit M., Goovaerts M.J., Kaas R. & Vyncke D. (2002b). "The concept of comonotonicity in actuarial science and finance: Applications", *Insurance: Mathematics & Economics*, 31, 133–161.

Dhaene J., Ribas C. & Vernic (2006). "Recursions for the individual model", *Acta Mathematica Applicatae Sinica*, English Series, 22, 631–652.

Dhaene J., Laeven R.J.A., Vanduffel S., Darkiewicz G. & Goovaerts M.J. (2008). "Can a coherent risk measure be too subadditive?," *Journal of Risk and Insurance* 75, 365–386.

Doray L.G. (1996). "UMVUE of the IBNR Reserve in a lognormal linear regression model", *Insurance: Mathematics & Economics*, 18, 43–58.

Dunn P.K. & Smyth, G.K. (2005). "Series evaluation of Tweedie exponential dispersion model densities", *Journal Statistics and Computing*, 15, 267–280.

Embrechts P., Klüppelberg C. & Mikosch T. (1997). "Modelling extremal events for insurance and finance", Springer-Verlag, Berlin.

England P. & Verrall R. (1999). "Analytic and bootstrap estimates of prediction errors in claims reserving", *Insurance: Mathematics and Economics*, 25, 281-293.

England P. (2002). "Addendum to Analytic and bootstrap estimates of prediction errors in claims reserving", *Insurance: Mathematics and Economics*, 31, 461-466.

Gerber H.U. (1979). "An introduction to mathematical risk theory", Huebner Foundation Monograph 8, distributed by Richard D. Irwin, Homewood Illinois.

Gerber H.U. (1985). "On additive principles of zero utility", *Insurance: Mathematics & Economics*, 4, 249–252.

Gerber H.U. (1989). "From the convolution of uniform distributions to the probability of ruin", *Mitteilungen der Vereinigung Schweizerischer Versicherungsmathematiker*, 89, 249–252.

Goovaerts M.J. & De Vylder F. (1984). "A stable recursive algorithm for evaluation of ultimate ruin probabilities", *ASTIN Bulletin*, 14, 53–60.

Goovaerts M.J., De Vylder F. & Haezendonck J. (1984). "Insurance premiums", North-Holland, Amsterdam.

Goovaerts M.J., Kaas R., Van Heerwaarden A.E. & Bauwelinckx T. (1990). "Effective actuarial methods", North-Holland, Amsterdam.

Goovaerts M.J. & Dhaene J. (1998). "On the characterization of Wang's class of premium principles", *Transactions of the 26th International Congress of Actuaries*, 4, 121–134.

Goovaerts M.J. & Redant R. (1999). "On the distribution of IBNR reserves", *Insurance: Mathematics & Economics*, 25, 1–9.

Heilmann W.-R. (1988). "Fundamentals of risk theory", Verlag Versicherungswirtschaft e.V., Karlsruhe.

Hickman J.C. & Heacox L. (1999). "Credibility theory: The cornerstone of actuarial science", North American Actuarial Journal, 3.2, 1–8.

Hogg R.V. & Klugman S.A. (1984). "Loss distributions", Wiley, New York.

Huber P. (1981). "Robust Statistics", Wiley, New York.

Jørgensen B. (1987). "Exponential dispersion models", *J. R. Statist. Soc. B*, 49, 127–162.

Jørgensen B. (1997). "Theory of Dispersion Models", Chapman & Hall, London.

Kaas R. & Goovaerts M.J. (1985). "Bounds on distribution functions under integral constraints", *Bulletin de l'Association Royale des Actuaires Belges*, 79, 45–60.

Kaas R., Van Heerwaarden A.E. & Goovaerts M.J. (1994). "Ordering of actuarial risks", Caire Education Series, Amsterdam.

Kaas, R. & Gerber, H.U. (1995) "Some alternatives for the individual model", *Insurance:*

Mathematics & Economics, 15, 127-132.

Karlin S. & Studden W.J. (1966). "Tchebycheff systems with applications in analysis and statistics", Interscience Publishers, Wiley, New York.

Klugman, S.A., Panjer H.H. & Willmot, G.E. (1998). "Loss models — From data to decisions", Wiley, New York.

Lemaire J. (1985). "Automobile insurance: actuarial models", Kluwer, Dordrecht.

Loimaranta K. (1972). "Some asymptotic properties of bonus systems", *ASTIN Bulletin*, 6, 233–245.

Lundberg F. (1909). "Über die Theorie der Rückversicherung", *Transactions of the first International Congress of Actuaries*, 2, 877–955.

Lundberg O. (1940). "On random processes and their applications to sickness and accidents statistics", Inaugural Dissertation, Uppsala.

Mack T. (1993). "Distribution-free calculation of the standard error of chain ladder reserve estimates", *ASTIN Bulletin*, 23, 213–225.

Mack T. (1994). "Which stochastic model is underlying the chain ladder model?", *Insurance: Mathematics and Economics*, 15, 133-138.

McCullagh P. & Nelder J.A. (1989). "Generalized Linear Models", Chapman & Hall, London.

Melnick E. & Everitt B. (Eds.) (2008). "Encyclopedia of Quantitative Risk Analysis and Assessment", Wiley, New York.

Mowbray A.H. (1914). "How extensive a payroll exposure is necessary to give a dependable pure premium", *Proceedings of the Casualty Actuarial Society*, 1, 24–30.

MÜLLER A. & *Stoyan D.* (2002). *Comparison Methods for Stochastic Models and Risks.* Wiley, New York.

Nelder J.A. & Wedderburn, R.W.M. (1972). "Generalized Linear Models", Journal of the Royal Statistical Society, A, 135, 370–384.

Nelder J.A. & Pregibon D. (1987). "An extended quasi-likelihood function", *Biometrika*, 74, 221–232.

Norberg R. (1976). "A credibility theory for automobile bonus systems", *Scandinavian Actuarial Journal*, 92–107.

Panjer H.H. (1981). "Recursive evaluation of a family of compound distributions", *ASTIN Bulletin*, 12, 22–26.

Paradis E. (2005). "R for beginners", `http://cran.r-project.org/doc/contrib/Paradis-rdebuts_en.pdf`

Press W.H., Teukolsky S.A., Vetterling W.T. & Flannery B.P. (2007). "Numerical Recipes 3rd Edition: The Art of Scientific Computing", Cambridge University Press.

Racine J. & Hyndman R. (2002). "Using R to teach econometrics", *Journal of Applied Econometrics*, 17, 175-189 (2002)

Rolski T., Schmidli H., Schmidt V. & Teugels J. (1998). "Stochastic Processes for Insurance and Finance", Wiley, Chichester.

Searle S.R., Casella G. & McCulloch C.E. (1992). "Variance components", Wiley, New York.

Seal H.L. (1969). "Stochastic theory of a risk business", Wiley, New York.

Seal H.L. (1978). "Survival Probabilities: The Goal of Risk Theory", Wiley, New York.

Shaked M. & Shanthikumar J.G. (1994). "Stochastic orders and their applications", Academic Press, New York.

Stoyan D. (1983). "Comparison methods for queues and other stochastic models", Wiley, New York.

Sundt B. & Jewell W.S. (1981). "Further results of recursive evaluation of compound distributions", *ASTIN Bulletin* 12, 27–39.

Sundt, B. (1992). "On some extensions of Panjer's class of counting distributions", *ASTIN Bulletin* 22, 61–80.

Sundt B. (1999). "An introduction to non-life insurance mathematics", 4th edition, Verlag Versicherungswirtschaft GmbH, Karlsruhe.

Sundt B. (2002). "Recursive evaluation of aggregate claims distributions". *Insurance: Mathematics and Economics* 30, 297–322.

Sundt B. & Vernic R. (n.d.). "Recursions for convolutions and compound distributions with insurance applications", Book manuscript in preparation.

Taylor, G.C. & Ashe, F.R. (1983). "Second Moments of Estimates of Outstanding Claims", *Journal of Econometrics* 23, 37–61.

Taylor G.C. (1986). "Claims reserving in non-life insurance", North-Holland, Amsterdam.

Taylor G.C. (2000). "Loss Reserving: An Actuarial Perspective", Kluwer Academic Publishers, Dordrecht.

Ter Berg P. (1980a), "On the loglinear Poisson and Gamma model", *ASTIN-Bulletin* 11, 35–40.

Ter Berg P. (1980b), "Two pragmatic approaches to loglinear claim cost analysis", *ASTIN-Bulletin* 11, 77–90.

Ter Berg P. (1994), "Deductibles and the Inverse Gaussian distribution", *ASTIN-Bulletin* 24, 319–323.

Teugels J. & Sundt B. (Eds.) (2004). "Encyclopedia of Actuarial Science I–III", Wiley, New York.

Tweedie M.C.K. (1984). "An index which distinguishes between some important exponential families". In Ghosh J.K & Roy J. (Eds.), *Statistics: Applications and New Directions. Proceedings of the Indian Statistical Institute Golden Jubilee International Conference*, Indian Statistical Institute, Calcutta, 579-604.

Van Eeghen J., Greup E.K. & Nijssen J.A. (1983). "Rate making", Nationale-Nederlanden N.V., Rotterdam.

Van Heerwaarden A.E. (1991). "Ordering of risks — Theory and actuarial applications", Thesis Publishers, Amsterdam.

Vanduffel, S., Chen X., Dhaene J., Goovaerts M., Henrard L. & Kaas R. (2008). "Optimal approximations for risk measures of sums of lognormals based on conditional expectations", *Journal of Computational and Applied Mathematics*, to be published.

Venables W.N. & Ripley B.D. (2002, 4th ed.). "Modern Applied Statistics with S", Springer, New York.

Verbeek H.G. (1972). "An approach to the analysis of claims experience in motor liability excess of loss reinsurance", *ASTIN Bulletin* 6, 195–202.

Verrall R. (1996). "Claims reserving and generalized additive models", *Insurance: Mathematics & Economics* 19, 31–43.

Verrall R. (2000). "An investigation into stochastic claims reserving models and the chain-ladder technique", *Insurance: Mathematics & Economics* 26, 91–99.

Verrall, R.J. (2004). "A Bayesian generalized linear model for the Bornhuetter-Ferguson method of claims reserving", *North American Actuarial Journal* 8(3), 67–89.

Von Neumann J. & Morgenstern O. (1944). "Theory of games and economic behavior", Princeton University Press, Princeton.

Von Neumann J. (1951), "Various techniques used in connection with random digits. Monte Carlo methods", Nat. Bureau Standards, 12, pp. 3638.

Wang S. (1996). "Premium calculation by transforming the layer premium density", *ASTIN Bulletin* 26, 71–92.

Wang S. & Young V. (1998). "Ordering risks: expected utility theory versus Yaari's dual theory of risk", *Insurance: Mathematics & Economics* 22, 145–161.

Wason S. *et al.* (2004). "A Global Framework for Insurer Solvency Assessment", Report of the Insurer Solvency Assessment Working Party, International Actuarial Association.

Wilson, E. B. & Hilferty, M. M. (1931). "The distribution of chi-square", *Proceedings of the National Academy of Sciences of the United States of America* 17, 684–688.

Whitney A.W. (1918). "The theory of experience rating", *Proceedings of the Casualty Actuarial Society* 4, 274–292.

Wüthrich, M.V. (2003). "Claims Reserving Using Tweedie's Compound Poisson Model", *ASTIN Bulletin* 33, 331–346.

Yaari M.E. (1987). "The dual theory of choice under risk", *Econometrica* 55, 95–115.

附录 D 表　　格

事实是很简单的事情

——Ronald Reagan (1911–2004)

表 A　常用的离散型与连续型分布

分布	密度 & 支撑	矩 &累积量	矩母函数
二项分布 binomial(n,p) $(0<p<1,\ n\in\mathbf{N})$	$\binom{n}{x}p^x(1-p)^{n-x}$ $x=0,1,\cdots,n$	$\mathrm{E}=np,\mathrm{Var}=np(1-p)$ $\gamma=\dfrac{np(1-p)(1-2p)}{\sigma^3}$	$(1-p+p\mathrm{e}^t)^n$
伯努利分布 Bernoulli(p)	$\equiv$ binomial$(1,p)$		
泊松分布 Poisson(λ) $(\lambda>0)$	$\mathrm{e}^{-\lambda}\dfrac{\lambda^x}{x!},\ x=0,1,\cdots$	$\mathrm{E}=\mathrm{Var}=\lambda$ $\gamma=1/\sqrt{\lambda}$ $\kappa_j=\lambda,\ j=1,2,\cdots$	$\exp[\lambda(\mathrm{e}^t-1)]$
负二项分布 negative binomial(r,p) $(r>0,\ 0<p<1)$	$\binom{r+x-1}{x}p^r(1-p)^x$ $x=0,1,2,\cdots$	$\mathrm{E}=r(1-p)/p$ $\mathrm{Var}=\mathrm{E}/p$ $\gamma=\dfrac{(2-p)}{p\sigma}$	$\left(\dfrac{p}{1-(1-p)\mathrm{e}^t}\right)^r$
几何分布 geometric(p)	$\equiv$ negative binomial$(1,p)$		
均匀分布 uniform(a,b) $(a<b)$	$\dfrac{1}{b-a};\ a<x<b$	$\mathrm{E}=(a+b)/2$ $\mathrm{Var}=(b-a)^2/12$ $\gamma=0$	$\dfrac{\mathrm{e}^{bt}-\mathrm{e}^{at}}{(b-a)t}$
$\mathrm{N}(\mu,\sigma^2)$ $(\sigma>0)$	$\dfrac{1}{\sigma\sqrt{2\pi}}\exp\dfrac{-(x-\mu)^2}{2\sigma^2}$	$\mathrm{E}=\mu,\ \mathrm{Var}=\sigma^2,\ \gamma=0$ $(\kappa_j=0,\ j\geqslant 3)$	$\exp\left(\mu t+\dfrac{1}{2}\sigma^2t^2\right)$
gamma(α,β) $(\alpha,\beta>0)$	$\dfrac{\beta^\alpha}{\Gamma(\alpha)}x^{\alpha-1}\mathrm{e}^{-\beta x},x>0$	$\mathrm{E}=\alpha/\beta,\ \mathrm{Var}=\alpha/\beta^2$ $\gamma=2/\sqrt{\alpha}$	$\left(\dfrac{\beta}{\beta-t}\right)^\alpha\ (t<\beta)$
exponential(β)	$\equiv$ gamma$(1,\beta)$		
$\chi^2(k)\ (k\in\mathbf{N})$	$\equiv$ gamma$(k/2,1/2)$		
逆高斯分布 inverse Gaussian $(\alpha,\beta)(\alpha>0,\beta>0)$	$\dfrac{\alpha x^{-3/2}}{\sqrt{2\pi\beta}}\exp\left(\dfrac{-(\alpha-\beta x)^2}{2\beta x}\right)$	$\mathrm{E}=\alpha/\beta,\mathrm{Var}=\alpha/\beta^2$ $\gamma=3/\sqrt{\alpha}$	$\mathrm{e}^{\alpha(1-\sqrt{1-2t/\beta})}$ $(t\leqslant\beta/2)$
	$F(x)=\varPhi\left(\dfrac{-\alpha}{\sqrt{\beta x}}+\sqrt{\beta x}\right)+\mathrm{e}^{2\alpha}\varPhi\left(\dfrac{-\alpha}{\sqrt{\beta x}}-\sqrt{\beta x}\right),\ x>0$		
Beta(a,b) $(a>0,b>0)$	$\dfrac{x^{a-1}(1-x)^{b-1}}{B(a,b)},\ 0<x<1$	$\mathrm{E}=\dfrac{a}{a+b},\ \mathrm{Var}=\dfrac{\mathrm{E}(1-\mathrm{E})}{a+b+1}$	

续表

分布	密度 & 支撑	矩 &累积量	矩母函数
对数正态分布 lognormal(μ,σ^2) $(\sigma>0)$	$\frac{1}{x\sigma\sqrt{2\pi}}\exp\frac{-(\log x-\mu)^2}{2\sigma^2}$ $x>0$	$E=e^{\mu+\sigma^2/2}$, $\text{Var}=e^{2\mu+2\sigma^2}-e^{2\mu+\sigma^2}$ $\gamma=c^3+3c$, 其中 $c^2=\text{Var}/E^2$	
帕累托分布 Pareto(α,x_0) $(\alpha,x_0>0)$	$\frac{\alpha x_0^\alpha}{x^{\alpha+1}}$, $x>x_0$	$E=\frac{\alpha x_0}{\alpha-1}$, $\text{Var}=\frac{\alpha x_0^2}{(\alpha-1)^2(\alpha-2)}$	
Weibull(α,β) $(\alpha,\beta>0)$	$\alpha\beta\,(\beta y)^{\alpha-1}e^{-(\beta y)^\alpha}$, $x>0$	$E=\Gamma(1+1/\alpha)/\beta$ $\text{Var}=\Gamma(1+2/\alpha)/\beta^2-E^2$ $E[Y^t]=\Gamma(1+t/\alpha)/\beta^t$	

表 B 标准正态分布、分布函数 $\Phi(x)$ 和止损保费 $\pi(x)$

x	+0.00		+0.05		+0.10		+0.15		+0.20	
	$\Phi(x)$	$\pi(x)$	$\Phi(x)$	$\pi(x)$	$\Phi(x)$	$\pi(x)$	$\Phi(x)$	$\pi(x)$	$\Phi(x)$	$\pi(x)$
0.00	0.500	0.3989	0.520	0.3744	0.540	0.3509	0.560	0.3284	0.579	0.3069
0.25	0.599	0.2863	0.618	0.2668	0.637	0.2481	0.655	0.2304	0.674	0.2137
0.50	0.691	0.1978	0.709	0.1828	0.726	0.1687	0.742	0.1554	0.758	0.1429
0.75	0.773	0.1312	0.788	0.1202	0.802	0.1100	0.816	0.1004	0.829	0.0916
1.00	0.841	0.0833	0.853	0.0757	0.864	0.0686	0.875	0.0621	0.885	0.0561
1.25	0.894	0.0506	0.903	0.0455	0.911	0.0409	0.919	0.0367	0.926	0.0328
1.50	0.933	0.0293	0.939	0.0261	0.945	0.0232	0.951	0.0206	0.955	0.0183
1.75	0.960	0.0162	0.964	0.0143	0.968	0.0126	0.971	0.0111	0.974	0.0097
2.00	0.977	0.0085	0.980	0.0074	0.982	0.0065	0.984	0.0056	0.986	0.0049
2.25	0.988	0.0042	0.989	0.0037	0.991	0.0032	0.992	0.0027	0.993	0.0023
2.50	0.994	0.0020	0.995	0.0017	0.995	0.0015	0.996	0.0012	0.997	0.0011
2.75	0.997	0.0009	0.997	0.0008	0.998	0.0006	0.998	0.0005	0.998	0.0005
3.00	0.999	0.0004	0.999	0.0003	0.999	0.0003	0.999	0.0002	0.999	0.0002
3.25	0.999	0.0002	1.000	0.0001	1.000	0.0001	1.000	0.0001	1.000	0.0001
3.507	1.000	0.0001	1.000	0.0000	1.000	0.0000	1.000	0.0000	1.000	0.0000

表 C 标准正态分布的几个分位点

x	1.282	1.645	1.960	2.326	2.576	3.090	3.291	3.891	4.417
$\Phi(x)$	0.900	0.950	0.975	0.990	0.995	0.999	0.9995	0.99995	0.999995

用法举例 $\Phi(1.17)\approx 0.6\Phi(1+0.15)+0.4\Phi(1+0.20)\approx 0.879$; $\Phi^{-1}(0.1)=-1.282$; $\Phi(-x)=1-\Phi(x)$; $\pi(-x)=x+\pi(x)$.

NP 近似 如果 S 的均值为 μ, 方差为 σ^2, 偏度为 γ, 那么

$$\Pr\left[\frac{S-\mu}{\sigma}\leqslant x\right]\approx\Phi\left(\sqrt{\frac{9}{\gamma^2}+\frac{6x}{\gamma}+1}-\frac{3}{\gamma}\right) \quad \text{且} \quad \Pr\left[\frac{S-\mu}{\sigma}\leqslant s+\frac{\gamma}{6}(s^2-1)\right]\approx\Phi(s).$$

平移伽玛近似 如果 $G(\cdot;\alpha,\beta)$ 表示伽玛分布函数, 那么

$$\Pr[S\leqslant x]\approx G(x-x_0;\alpha,\beta), \quad \text{其中} \quad \alpha=\frac{4}{\gamma^2};\quad \beta=\frac{2}{\gamma\sigma};\quad x_0=\mu-\frac{2\sigma}{\gamma}.$$

表 D 以常规参数表示的广义线性模型指数散布族的主要分布类, (μ,ϕ) 和 (θ,ϕ) 的重新参数化, 以及其他性质

分布	密度 定义域	(μ,ϕ) 重新参数化 典则联结 $\theta(\mu)$ 方差函数 $V(\mu)$	累积量函数 $b(\theta)$ $\mathrm{E}[Y;\theta]=\mu(\theta)=b'(\theta)$
$\mathrm{N}(\mu,\sigma^2)$	$\frac{1}{\sigma\sqrt{2\pi}}\mathrm{e}^{-\frac{(y-\mu)^2}{2\sigma^2}}$	$\phi=\sigma^2$	$\frac{\theta^2}{2}$
		$\theta(\mu)=\mu$	θ
		$V(\mu)=1$	
$\mathrm{Poisson}(\mu)$	$\mathrm{e}^{-\mu}\frac{\mu^y}{y!}$	$\phi=1$	e^θ
	$y=0,1,2,\cdots$	$\theta(\mu)=\log\mu$	e^θ
		$V(\mu)=\mu$	
$\mathrm{Poisson}(\mu,\phi)$	$\mathrm{e}^{-\mu/\phi}\frac{(\mu/\phi)^{(y/\phi)}}{(y/\phi)!}$	$\theta(\mu)=\log\mu$	e^θ
	$y=0,\phi,2\phi,\cdots$	$V(\mu)=\mu$	e^θ
$\mathrm{binomial}(m,p)$	$\binom{m}{y}p^y(1-p)^{m-y}$	$\mu=mp;\ \phi=1$	$m\log(1+\mathrm{e}^\theta)$
($m\in\mathbf{N}$ 固定)	$y=0,\cdots,m$	$\theta(\mu)=\log\frac{\mu}{m-\mu}$	$\frac{m\,\mathrm{e}^\theta}{1+\mathrm{e}^\theta}$
		$V(\mu)=\mu\left(1-\frac{\mu}{m}\right)$	
$\mathrm{NB}(r,p)$	$\binom{r+y-1}{y}p^r(1-p)^y$	$\mu=\frac{r(1-p)}{p};\ \phi=1$	$-r\log(1-\mathrm{e}^\theta)$
($r>0$ 固定)	$y=0,1,\cdots$	$\theta(\mu)=\log\frac{\mu}{r+\mu}$	$\frac{r\,\mathrm{e}^\theta}{1-\mathrm{e}^\theta}$
		$V(\mu)=\mu\left(1+\frac{\mu}{r}\right)$	

续表

分布	密度 定义域	(μ,ϕ) 重新参数化 典则联结 $\theta(\mu)$ 方差函数 $V(\mu)$	累积量函数 $b(\theta)$ $\mathrm{E}[Y;\theta]=\mu(\theta)=b'(\theta)$
$\mathrm{gamma}(\alpha,\beta)$	$\frac{1}{\Gamma(\alpha)}\beta^{\alpha}y^{\alpha-1}\mathrm{e}^{-\beta y}$ $y>0$	$\mu=\frac{\alpha}{\beta};\ \phi=\frac{1}{\alpha}$ $\theta(\mu)=-\frac{1}{\mu}$ $V(\mu)=\mu^2$	$-\log(-\theta)$ $-\frac{1}{\theta}$
$\mathrm{IG}(\alpha,\beta)$	$\frac{\alpha y^{-3/2}}{\sqrt{2\pi\beta}}\exp\frac{-(\alpha-\beta y)^2}{2\beta y}$ $y>0$	$\mu=\frac{\alpha}{\beta};\ \phi=\frac{\beta}{\alpha^2}$ $\theta(\mu)=-\frac{1}{2\mu^2}$ $V(\mu)=\mu^3$	$-\sqrt{-2\theta}$ $\frac{1}{\sqrt{-2\theta}}$
$\mathrm{Tweedie}(\lambda,\alpha,\beta)$ $\left(\alpha\right.$ 固定; $\left.p=\frac{\alpha+2}{\alpha+1}\right)$	$\sum_{n=1}^{\infty}\frac{\beta^{n\alpha}y^{n\alpha-1}\mathrm{e}^{-\beta y}}{\Gamma(n\alpha)}\frac{\lambda^n\mathrm{e}^{-\lambda}}{n!}$ for $y>0$; $\mathrm{e}^{-\lambda},\ y=0$	$\mu=\frac{\lambda\alpha}{\beta};\ \phi=\frac{\alpha+1}{\beta}\mu^{1-p}$ $\theta(\mu)=\frac{\mu^{1-p}}{p-1}$ $V(\mu)=\mu^p$	$\frac{\{(1-p)\theta\}^{(2-p)/(1-p)}}{2-p}$ $\{(1-p)\theta\}^{1/(1-p)}$

索　引

知识有两个含义. 它可以是我们熟知的一个主题, 也可以是我们知道在哪里查找关于它的信息.

——Samuel Johnson (1709–1784)

E

F

G

H

J

K

其他